Le Roman de Renart dans la littérature française et dans les littératures étrangères au Moyen Age

The *Roman de Renart* was for long little known, even in France, in its original mediaeval version, but the reputation of the wily fox was widespread, in large measure because of his fame in the Middle Ages. This fame had spread to much of the rest of Western Europe and the stories of Renart had inspired many different literary works in many countries; they were among the earlier published works in Belgium, Holland, Germany, and England. A copious iconography—mediaeval wall-paintings, misereres, architectural carvings, manuscript illustrations, and, later, book illustrations—maintained the fame of the wily fox. Renart, originally a comic but also satirical personage, finally became one of the most popular personifications of the devil in literature and in art.

This book will interest the specialist in many fields, treating as it does a subject that had ramifications not only in French literature, but also in German, Italian, Flemish and Dutch, English, and mediaeval Latin literature. Interest in the *Roman de Renart* has increased notably of late, and the iconography of Renart continues to attract attention. For students of English literature the subject of Renart is an important one, first because of the close relationship of mediaeval French and English literature, and also because of Chaucer's charming story of the Nuns Priest's Tale, which was largely inspired by the oldest French branch of Renart.

JOHN FLINN is a graduate of the University of Toronto and of the Sorbonne. He is Assistant Professor in the Department of French, University College, University of Toronto.

UNIVERSITY OF TORONTO ROMANCE SERIES

---

1. J.E. SHAW, *Guido Cavalcanti's Theory of Love: The Canzone d'Amore and Other Related Problems*
2. John C. LAPP, *Aspects of Racinian Tragedy*
3. A.E. CARTER, *The Idea of Decadence in French Literature, 1830—1900*
4. John FLINN, *Le Roman de Renart dans la littérature française et dans les littératures étrangères au Moyen Age*
5. Ronald FRAZEE, *Henry Céard, idéaliste détrompé*

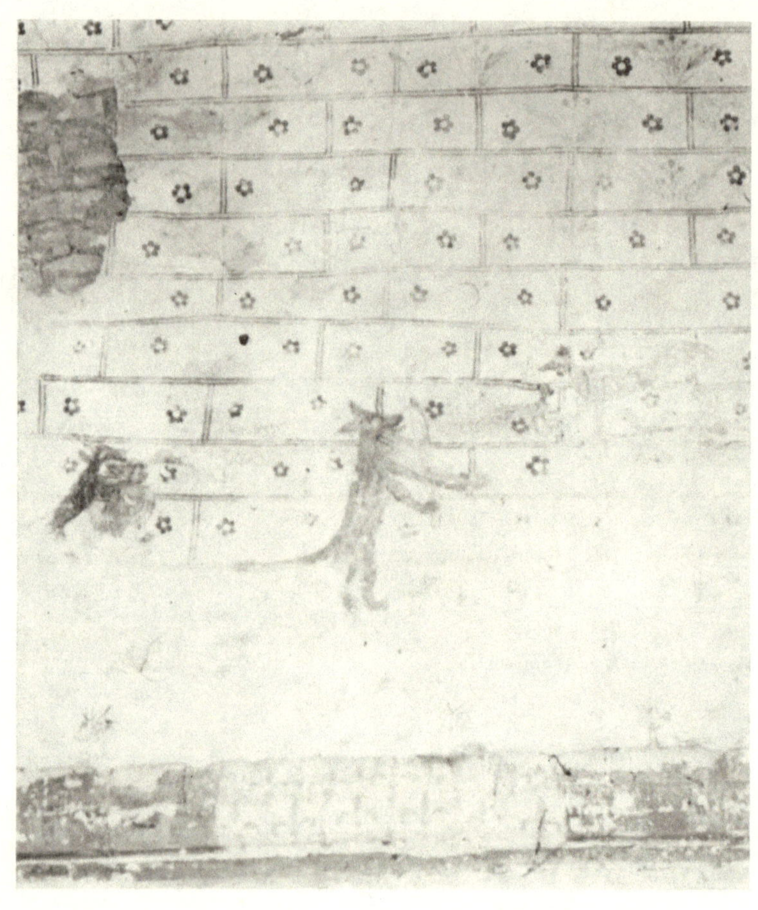

RENART MUSICIEN JOUE EN PRÉSENCE DE CHANTECLAIR

(*Chapelle de Plaincourault, Indre*)

JOHN FLINN

LE ROMAN DE RENART

DANS LA LITTÉRATURE FRANÇAISE ET DANS LES LITTÉRATURES ÉTRANGÈRES

AU MOYEN AGE

UNIVERSITY OF TORONTO PRESS

1963

University of Toronto Press, 1963

Reprinted 2017

ISBN 978-1-4875-9868-6 (paper)

IMPRIMÉ EN POLOGNE

PRÉFACE

Depuis le Reinhart Fuchs *de Jacob Grimm, publié en 1830, de nombreuses études ont été consacrées au* Roman de Renart *et aux différentes versions — remaniements, adaptations, traductions — qui en ont été tirées dans plusieurs pays au Moyen Age. Aucun travail cependant n'a donné une vue d'ensemble de toutes ces versions écrites en français, latin, franco-italien, allemand, flamand, anglais, qui avaient répandu la renommée de Renart le goupil dans la majeure partie de l'Europe Occidentale. Souvent ces versions, ainsi que les études qu'elles ont inspirées, sont peu connues en dehors de leur pays d'origine. Les faire connaître a été un premier but de cet ouvrage. Ensuite j'ai voulu, par une étude comparative, démontrer l'importance de tout cet ensemble de branches originales et de continuations qui fait du* Roman de Renart *une oeuvre maîtresse, non seulement de la littérature française du Moyen Age, mais aussi de la littérature européenne.*

La plus grande partie de l'ouvrage est consacrée aux continuations. Mais avant de procéder à leur examen, il m'a paru nécessaire de faire à mon tour une revue des branches anciennes. En effet, malgré toutes les études antérieures qui, comme le bel ouvrage de Lucien Foulet, Le Roman de Renard, *ont surtout traité des questions de composition, de chronologie et de sources, les intentions de l'auteur ou la véritable signification de plus d'une branche ancienne restaient encore obscures ou mal comprises. C'est ainsi que j'ai été souvent amené à donner une nouvelle explication d'une allusion ou d'une branche entière; en même temps j'ai mis en lumière l'importance de la satire dans les branches anciennes, qui avait d'habitude été contestée ou du moins minimisée mais qui explique dans une large mesure l'évolution des branches postérieures. Il m'a été suggéré que j'aurais pu pousser plus loin mon enquête dans la question tant débattue des sources du* Roman de Renart *en tenant compte de la fréquence et de la diffusion dans le folklore de certains thèmes du* Roman de Renart. *Il est vrai que l'ouvrage récent de M. Juan Nogués,* Estudios sobre el Roman de Renard, *semblait rouvrir le débat sur les origines folkloriques ou littéraires que j'ai résumé au chapitre II. Cet ouvrage était entièrement rédigé quand j'ai eu connaissance de l'étude de M. Nogués; mais ni les affirmations de M. Nogués, ni les statistiques sur la fréquence de certains thèmes des contes d'animaux dans le folklore espagnol contemporain que donne M. A. M. Espinosa dans son recueil,* Cuentos populares españoles, *n'apportent aucun élément vraiment nouveau ou décisif à la discussion. Il est vrai que les origines du* Roman de Renart *offrent encore un beau sujet d'étude, ou il faudrait toutefois examiner la question des sources folkloriques comme une partie dans un ensemble, en déterminant si possible la chronologie des contes populaires, comme Lucien Foulet l'avait fait il y a longtemps pour les branches de Renart.*

Dans tout mon travail il a bien fallu tenir compte de tout ce qui avait déjà été écrit sur mon sujet, mais à chaque problème j'ai essayé d'apporter une conception personnelle et des solutions originales. C'est ainsi par exemple qu'après un examen approfondi de Renart le Bestourné *j'ai préféré à l'explication qu'offrait M. Edward B. Ham celle d'Edmond Faral; mais je crois avoir apporté à l'appui de sa thèse des arguments nouveaux et concluants. De même, si mes vues coïncident souvent avec celles de M. Henri Roussel, dont* l'Etude sur Renart le Nouvel *fut présentée en Sorbonne dix-huit mois avant la mienne, sur plus d'un point important j'ai exprimé un avis bien différent. Enfin je pense avoir apporté à plus d'un problème une solution originale et définitive.*

Cet ouvrage, dont le sujet m'avait été proposé par le regretté Gustave Cohen et qui fut présenté en Sorbonne comme thèse de doctorat en 1958, a été publié grâce à une subvention accordée par le Conseil Canadien de Recherches sur les Humanités et provenant de fonds fournis par le Conseil des Arts du Canada. Le « Publications Fund of the University of Toronto Press » a fourni le complément des sommes nécessaires à la publication. Qu'ils trouvent ici mes remerciements sincères.

Je veux aussi exprimer ma profonde reconnaissance à la Direction Générale des Relations Culturelles auprès du Ministère des Affaires Etrangères du Gouvernement Français, et à la Société Royale du Canada, qui m'ont aidé par l'attribution de bourses à mener à bien mes travaux.

Enfin je veux remercier M. Jean Frappier qui, comme directeur de thèse, a patiemment suivi l'élaboration de cet ouvrage en m'accordant l'aide précieuse de ses conseils et de ses critiques, ainsi que mes amis français, belges et néerlandais qui m'ont apporté pendant plus de dix années de travail leur encouragement et l'appui de leur affectueuse amitié.

J. F.

Toronto, mars 1960

Chapitre Premier

INTRODUCTION

Nature et but de l'étude : une mise au point. Le rayonnement du Roman de Renart, son influence sur la littérature française et les littératures étrangères au Moyen Age.

Dans la littérature française du Moyen Age, le *Roman de Renart* occupe une place de premier rang. Sa popularité fut énorme, et son importance dans le genre comique est unanimement reconnue : « Là où la France, cependant, a le mieux déployé son esprit comique, c'est au dernier quart du XIIème siècle, dans le *Roman de Renart* », a écrit Gustave Cohen [1]. Mais le comique n'est qu'un des aspects du *Roman de Renart* et n'explique que partiellement son succès. Lucien Foulet en a déjà souligné la popularité et l'importance au Moyen Age : « De cette longue série de citations et de témoignages, il ressort avec évidence, croyons-nous, que le *Roman de Renard*, pris dans son ensemble, a été une des œuvres maîtresses du XIIème siècle. Commencé brillamment vers 1176, terminé dans ses assises essentielles une trentaine d'années après, c'est aux alentours de 1200 que sa popularité commence à s'affirmer impérieusement. Et dès lors c'est un succès tel que c'est à peine si, de ce point de vue, on peut lui comparer plus de deux

[1] La *Vie littéraire en France au Moyen Age*, Paris, 1949, p. 129.

autres œuvres médiévales, *Tristan et Iseult* et le *Roman de la Rose.* Encore ces deux poèmes, plus significatifs à coup sûr pour l'avenir de la littérature française, semblent-ils avoir pénétré moins avant et moins profondément que le *Roman de Renard.* C'est qu'ils sont, bien qu'à des titres divers, des œuvres d'exception ... Le *Roman de Renard* était bien plus près du cœur et de l'intelligence de la nation toute entière, et il en a été pendant bien des années la véritable expression littéraire. Aussi tout le monde au XIIIème siècle le connaît ou semble le connaître... Il n'est pas une profession, pas une classe sociale qui n'ait été sous le charme. Les rares critiques qui se soient élevées viennent de gens qui l'avaient lu d'aussi près que les autres »[1].

Une première preuve de l'impression faite par le *Roman de Renart* sur l'intelligence française au Moyen Age est fournie par la disparition au XVème siècle du vieux mot « goupil », remplacé par le nom propre du héros de notre *Roman.* Des allusions dans la littérature française commencent à paraître peu de temps après la composition des premières branches du *Roman de Renart,* et deviennent plus nombreuses et plus étendues aux siècles suivants. Mais le témoignage capital sur l'importance de notre œuvre est donné par le nombre d'ouvrages de toutes sortes qui, dès la première moitié du XIIIème siècle, reproduisent les histoires ou du moins le cadre du *Roman de Renart,* tout en apportant au gré de leur fantaisie de nouveaux épisodes et de nouveaux éléments.

D'autres ouvrages du Moyen Age avaient préparé la voie au *Roman de Renart.* Déjà vers 937 le poème latin *Ecbasis Captivi,* écrit en Lorraine, avait présenté des animaux et des scènes qui vont se trouver plus tard dans le *Roman de Renart.* La chronique de l'an 1112 par Guibert de Nogent fait croire que quelques personnes, vraisemblablement des clercs, donnaient déjà le nom d'Isengrin aux loups, et dans le premier fabliau, *Richeut,* apparaît le nom d'Hersent, qui est celui de la louve dans

[1] *Le Roman de Renard,* Paris, 1914, p. 534-5.

le *Roman de Renart*[1]. Mais c'est dans l'*Ysengrimus*, poème latin terminé en 1149[2] par le Flamand Maître Nivard de Gand, qu'on trouve pour la première fois le récit des exploits de Renart et de sa lutte avec Isengrin le loup. Ce qui distingue surtout l'*Ysengrimus*, c'est l'attribution de noms propres à tous les animaux de l'histoire. Quelques années plus tard ont dû apparaître les premières branches du *Roman de Renart*, qui marque le vrai point de départ de cette étude.

Lucien Foulet a fixé la date de composition de la première branche du *Roman de Renart* vers 1174-1177. Avant la fin du XIIème siècle nous trouvons dans la littérature française des allusions aux personnages ou aux faits des branches de *Renart*, et pendant le XIIIème et le XIVème siècle ces allusions deviennent plus fréquentes, tout en prenant de plus en plus une signification bien précise dans chaque cas. De bonne heure au XIIIème siècle, même des prélats occupant des postes très élevés témoignent d'une connaissance très approfondie du *Roman de Renart*, l'un d'eux en condamnant sévèrement l'engouement général pour une œuvre de moralité douteuse, d'autres en s'en inspirant dans leurs prédications. Un peu plus tard apparaissent des poèmes qui constituent de véritables branches nouvelles, mais dont le style et le but marquent une évolution vers un nouvel esprit, de moins en moins comique et de plus en plus satirique. Loin du sol français, Philippe de Novare insère dans sa *Geste des Chiprois* toute une « branche » de la guerre entre Renart et Isengrin où nous reconnaissons la lutte engagée entre le maître de Philippe et ses rivaux pour le bailliage de l'île de Chypre. Suivent *Renart le Bestourné*, de Rutebeuf, et le *Couronnement de Renart*, anonyme, deux poèmes assez obscurs, mais pénétrés d'une haine vigoureuse pour les ordres mendiants. Vers la fin du

[1] Je signale l'existence de ces deux noms à l'époque, sans en tirer toutefois trop de conséquences. Je renvoie plutôt aux réserves formulées par L. Foulet, *Roman de Renard*, V.

[2] L. Willems avait proposé la date de 1152, qui avait été acceptée par L. Foulet. D'après les arguments de J. Van Mierlo dans un ouvrage plus récent, *Het vroegste Dierenepos in de Letterkunde der Nederlanden: Isengrimus van Magister Nivardus*, Gand, 1943, l'*Ysengrimus* a vraisemblablement été commencé en 1148 et bien terminé en 1149.

XIIIème siècle Jacquemart Gielée compose son *Renart le Nouvel,* longue œuvre allégorique et moralisatrice dont le succès est pourtant attesté jusqu'au XVIème siècle par le nombre important des éditions d'une adaptation en prose.

Aux XIVème et XVème siècles, l'intérêt pour le *Roman de Renart* persiste et se manifeste dans plusieurs nouvelles branches, surtout dans l'immense ouvrage d'un poète champenois inconnu, le *Roman de Renart le Contrefait,* où Renart sert à exposer les opinions en même temps que les connaissances encyclopédiques du poète.

L'enthousiasme soulevé par le *Roman de Renart* ne fut cependant nullement limité à la France. Peu de temps après ses débuts dans la littérature française, Renart avait passé les frontières de son pays natal. Une de nos meilleures branches est le charmant *Rainardo e Lesengrino,* écrit en franco-italien au XIIIème siècle. Contemporain des premières branches françaises, dont il s'inspirait, le *Reinhart Fuchs,* poème en moyen haut-allemand par l'Alsacien Heinrich der Glichezâre, réunit plusieurs histoires de Renart pour la première fois dans un récit cohérent et doté d'une conclusion fort originale. En Angleterre un poème de la fin du XIIIème siècle, *Of the Vox and of the Wolf,* raconte l'histoire d'une des meilleures branches françaises. Vers la fin du XIVème siècle Geoffrey Chaucer reprend l'histoire de Renart et de Chantecler dans un de ses *Contes de Cantorbéry.*

Mais c'est surtout dans les pays situés au nord de la France que le *Roman de Renart* a connu une très grande popularité et a pris une extension importante. Vers 1250 — ou peut-être bien plus tôt — plusieurs branches françaises furent rassemblées avec beaucoup d'art dans le long poème flamand *Reinaert de Vos.* Un siècle plus tard, un autre poète flamand ajouta une nouvelle conclusion pour former un poème de plus de huit mille vers. Traduit en prose néerlandaise et imprimé en 1479, ensuite mis en vers néerlandais, traduit en bas-saxon et en latin, *Reinaert de Vos* devait faire connaître les histoires de Renart dans plusieurs pays. En 1481, Caxton publia une traduction anglaise de la version en prose, et au cours des trois siècles suivants parurent des traductions en danois, en allemand, en suédois, en islandais, dont la liste se termine avec le très célèbre *Reinecke Fuchs* de Goethe. On pourrait même dire qu'avec le poème de Goethe le cycle est complet, puisque c'est sous forme d'une traduction du *Reinecke Fuchs* que le *Roman de Renart* est souvent présenté en France aujourd'hui.

Ainsi s'est créé autour du *Roman de Renart* un vaste ensemble de continuations, d'imitations, de traductions. Mais une œuvre reprise par tant de personnes, dans plusieurs pays, au cours de plus de trois siècles, a dû subir des modifications, voire des changements importants. Déjà dans les branches françaises du *Roman* original l'esprit comique est souvent subordonné à l'esprit satirique. Cet esprit satirique, mélangé souvent avec un esprit allégorique, didactique et moralisateur, s'affirme de plus en plus et remplacera entièrement l'esprit comique dans les continuations françaises. Les premiers trouvères du *Roman de Renart* s'étaient donné la tâche d'amuser, de faire rire — du moins ils le prétendaient souvent dans des exordes. Les auteurs qui ont repris leurs poèmes voulaient souvent réformer les mœurs de leur époque. De même que le *Roman de Renart* avait été, selon les mots de Lucien Foulet, la véritable expression littéraire de la nation française, les œuvres qu'il a inspirées sont l'expression des querelles et des luttes politiques, sociales et religieuses d'une époque agitée. Les continuations, quelquefois d'une valeur littéraire médiocre, ont gardé souvent pour nous un intérêt surtout documentaire. Mais on peut citer peu d'œuvres de la littérature française du Moyen Age qui ont eu une influence aussi répandue que le *Roman de Renart.* Dans cette esquisse rapide j'ai voulu seulement indiquer les grandes lignes du développement de cette influence, depuis la création du *Roman de Renart* au XIIème siècle jusqu'à la fin du XVème siècle. Par la suite je ne prétends pas présenter toutes les traces, toutes les allusions, toutes les continuations du *Roman de Renart* dans la littérature du Moyen Age — il y en a presque certainement qui ont échappé à mes recherches. Mais cette oeuvre, d'origine et d'esprit essentiellement français, avait vite dépassé les limites de la langue et de la littérature française. Rassembler tous ces écrits qui dans plusieurs langues différentes ont parlé de Renart, en donner la description, l'analyse, ou même le résumé pour les rendre plus accessibles, tel a été un premier but de mon travail. Mais il s'agit ensuite d'examiner tout cet ensemble de littérature consacrée à Renart, d'en évaluer l'importance dans la littérature médiévale. Je me propose d'étudier les continuations du *Roman de Renart* d'après leur origine, les auteurs, la chronologie. J'essaierai de dégager leur signification et les intentions de leurs auteurs qui les ont souvent laissées consciemment obscures. Du *Roman de Renart* s'était dégagé le caractère du héros, rusé, méchant, hypocrite et malveillant. C'est ce personnage qui a inspiré une œuvre littéraire très vaste qui occupe les esprits pendant tout le Moyen Age. Renart était devenu un symbole pour les gens du Moyen Age ; c'est ce symbole que je m'efforcerai d'expliquer en le dégageant de tous les éléments, comiques, satiriques, allégoriques et moralisateurs, dont les écrivains médiévaux l'avaient entouré.

CHAPITRE II

LE ROMAN DE RENART

Qu'est-ce que le Roman de Renart? Description; les éditions principales. Résumé des idées et des théories générales sur les origines.

Dans le premier chapitre j'ai indiqué les grandes lignes du vaste ensemble littéraire qui a été inspiré au Moyen Age par le *Roman de Renart.* J'ai remarqué que le *Roman de Renart* présentait un cadre commode dans lequel sont venus s'installer des contes nouveaux, des additions ou des continuations, des inventions de toutes sortes et de toutes provenances, attachés plus ou moins étroitement à l'œuvre qui les avait provoqués et qui leur avait fourni un point de départ. Renart le goupil devint un personnage fort connu et qui exerça une grande attraction sur les esprits pendant plusieurs siècles. Créé au XIIème siècle, le grand héros comique de la littérature française devient aux siècles suivants un symbole généralement reconnu et constamment repris par les conteurs, mais aussi par les mécontents et les censeurs, les satiristes et les moralistes dans plusieurs des pays de l'Europe occidentale. Une telle évolution n'a cependant rien de surprenant, car l'esprit satirique et allégorique se manifeste, à côté du comique, dans les premières branches du *Roman de Renart.* Ce double caractère, comique et satirique, n'a pourtant pas toujours été reconnu — au contraire, on l'a souvent nié — et il conviendra un peu plus tard de le démontrer, avant d'entreprendre l'examen de l'évolution postérieure vers la satire et l'allégorie. Mais d'abord il faut regarder de près le *Roman de Renart,* étudier un peu ses origines, pour en dégager la vraie signification et pour comprendre sa vraie nature.

En commençant l'étude du *Roman de Renart,* on trouve dès le début une contradiction apparente entre le titre et l'œuvre même. En effet, il ne faut pas prendre le mot « roman » au sens moderne, ni même au sens qu'on lui attachait au Moyen Age, comme dans le *Roman de la Rose.* A l'origine le titre *Roman de Renart* signifiait tout simplement des contes de Renart mis en français, ainsi que l'indique l'introduction de la Branche XII :

> Oez une novele estoire
> Qui bien devroit estre en memoire
> Lontans a este adiree :
> Mes or l'a un mestres trovee
> Qui l'a translatee en romanz.

Cependant ce nom figure dans les manuscrits des XIIIème et XIVème siècles, et Philippe de Novare, écrivant en 1229, reconnaît sa dette au « roman » de Renart [1]. Pour employer l'expression de Lucien Foulet, il n'y a pas en réalité un roman de Renart, mais plusieurs. Le *Roman de Renart* est composé de plusieurs contes appelés par leurs auteurs « branches », nom qu'on garde encore aujourd'hui pour désigner les poèmes créés à différents moments par une vingtaine de poètes et qui traitent de sujets des plus divers.

Ces multiples branches sont d'inspiration très différente, et leur valeur littéraire est très variable. Mais il y a des liens qui permettent de les rassembler dans une seule œuvre sous la rubrique du *Roman de Renart.* Dans toutes les branches, nous nous trouvons dans un monde très spécial, un monde d'animaux, d'animaux traités en êtres humains et groupés autour du goupil Renart. C'est la lutte implacable entre Renart et son ennemi Isengrin le loup qui a inspiré nos premiers conteurs; ce sont les tours joués par Renart à Isengrin et aux autres animaux

[1] *Mémoires, 1218—1243,* éd. Charles Kohler, Paris, 1913, S. LXXII : « . . . toutes ces bestes sont de la partie d'Ysengrin au romans de Renart. »

qui font l'intérêt de la plupart des branches, et des meilleures. Dans ce monde d'animaux nous reconnaissons la parodie de la cour des rois de France et de la société médiévale et féodale, où chaque animal a son propre caractère, son nom, et souvent une fonction auprès du roi, le lion Noble.

Ce n'est pas cependant dans la matière, dans l'unité de décor et d'action, qu'on trouve les liens les plus forts entre les nombreuses branches du *Roman de Renart.* Ce sont surtout le ton et l'esprit qui font l'unité de ces contes d'animaux. Les premiers poètes de Renart annonçaient leur intention de créer « des ris et gabets ». Le *Roman de Renart* est donc destiné à amuser, à faire rire. Mais le comique inspiré par la parodie a presque inévitablement un élément de malice; celui du *Roman de Renart* provoque le rire par une moquerie, gaie et légère en général, par une douce ironie sur la société médiévale. Très tôt cependant cette ironie s'affirme de plus en plus, pour prendre souvent un caractère plus franchement satirique. Mais dans les meilleures branches la satire reste liée, sinon subordonnée, au désir d'amuser, tout en raillant, plutôt que de créer des ouvrages d'une âpre critique. Quand l'intention satirique prédomine sur le comique, on est arrivé aux branches postérieures du *Roman de Renart.*

Dans une étude sur le *Roman de Renart,* Charles Guerlin de Guer a écrit : « Au XIIème siècle la vogue était aux Chansons de geste... Or, une geste désigne un ensemble de chansons épiques sur une famille dont le chef a donné son nom à la geste. L'usage a prévalu de les désigner par le nom du héros central »[1]. De là il explique que l'esprit français – « gouailleur et frondeur » – a fait du *Roman de Renart,* où les animaux se conduisent en barons féodaux sous l'autorité suprême et absolue du roi Noble, la parodie des chansons de geste, des épopées chevaleresques. Les branches du *Roman de Renart* forment l'épopée animale, la geste du goupil qui est en même temps le meilleur conseiller du roi et son adversaire le plus dangereux, et l'ennemi

[1] *Le Roman de Renart, dans la Revue des Cours et Conférences,* 1929 (15—30 juin), Poitiers et Paris, 1930, p. 2.

héréditaire de tous les autres animaux à cause de sa ruse et de sa méchanceté. La première branche, dans laquelle un certain Pierre de Saint-Cloud raconte les débuts de la grande guerre entre Renart et Isengrin, a éte composée probablement entre 1174 et 1177, selon la chronologie établie par Lucien Foulet. D'autres branches ont dû suivre rapidement, et déjà en 1205 il existait vraisemblablement quatorze branches. De bonne heure on avait commencé à faire des recueils de ces branches indépendantes. Mais non contents de les rassembler, les copistes qui ont fait ces premières collections ont voulu rattacher les branches en les raccordant au moyen d'additions ou de suppressions faites aux textes originaux, pour en former une œuvre unie et cohérente. Puisque Renart le goupil est toujours le héros de ces récits et par ce fait même accorde une certaine unité à l'ensemble, on a fini par donner son nom à l'épopée animale.

Quelles sont les diverses branches du *Roman de Renart ?* Par qui ont-elles été créées, et à quel moment ? A toutes ces questions nous n'avons que des réponses très incomplètes. Des auteurs nous ignorons presque tout, jusqu'à leurs noms; Pierre de Saint-Cloud, Richard de Lison, le prêtre de la Croix-en-Brie, voilà les seuls noms que les conteurs des récits de Renart nous aient laissés. Quant aux branches mêmes, elles nous ont été conservées dans des manuscrits qui forment trois collections, toutes du XIIIème siècle et appelées, α, β et γ. Mais aucune collection ne contient toutes les branches, et il a fallu avoir recours à toutes les collections pour préparer un texte entier du *Roman de Renart.* Les différences entre les trois collections sont moins des différences de leçons ou de rédaction, que de présentation et d'arrangement des branches. « L'originalité des collections réside surtout dans le choix et la disposition relative des branches », a observé Mario Roques [1].

[1] *Le Roman de Renart,* première branche, Paris, 1948, p. V. Pour une étude plus approfondie des manuscrits du *Roman de Renart,* je renvoie à l'édition de Mario Roques, p. IV-XII ; à l'*Examen critique des manuscrits du Roman de Renart* d'Ernest Martin, Bâle, 1872, et à l'ouvrage de Hermann Büttner, *Die Überlieferung des Roman de Renart, insbesondere die Handschrift* O, Strasbourg, 1891.

La première édition complète du *Roman de Renart* fut celle de D.-M. Méon [1]. Elle représente surtout un manuscrit de la collection γ, la dernière en date du XIIIème siècle. Méon s'était efforcé d'arranger les branches, dont son édition compte trente-deux, de façon à donner de la suite à l'ensemble, de présenter en somme un vrai « roman », et pour compléter son œuvre il avait utilisé des manuscrits qui se trouvaient dans les deux autres collections. Mais les branches du *Roman de Renart* ne se prêtent guère à un tel dessein; elles se suivent sans se continuer, elles reprennent les mêmes thèmes en les traitant d'une autre façon, leur style et leur valeur littéraire sont très variables, de sorte que nul arrangement selon un enchaînement rigoureusement logique ne peut être satisfaisant.

Dans son édition Ernest Martin [2] a employé une tout autre méthode. Son premier souci étant de donner un texte lisible, il a pris pour chaque branche le manuscrit qui paraissait présenter la version la plus rapprochée de l'originale. Pour la première partie de son édition il s'est servi d'un manuscrit de la collection α, le suppléant toutes les fois que cela s'avérait nécessaire par d'autres manuscrits de la même collection, et ainsi il a reconstitué les quatorze premières branches. Pour les autres branches, il n'a pas hésité à utiliser des manuscrits appartenant aux autres collections – certaines branches ne paraissent que dans un seul manuscrit – mais il a évité autant que possible de mêler les leçons des différentes collections. De ce procédé, il résulte un premier volume contenant onze branches qui se retrouvent dans chacune des trois collections et qui semblent constituer, de l'avis de Martin, une ancienne collection. Le tome II contient des branches qui n'ont été conservées que dans des manuscrits d'une seule ou de deux collections, et le tome III donne les variantes de tous les manuscrits pour chaque branche.

[1] *Le Roman de Renart*, Paris, 1826.

[2] *Le Roman de Renart*, Strasbourg, 1882-1885-1887., V. aussi ses *Observations sur le Roman de Renart*, suivies d'une table alphabétique des noms propres, Strasbourg-Paris. 1887 (incorporées aussi dans t. III du *Roman de Renart*).

Il ressort de ce procédé que l'édition de Martin ne suit intégralement aucun manuscrit, ni même aucune collection de manuscrits. Martin s'était efforcé avant tout de donner la leçon la plus satisfaisante pour chaque branche, se refusant à toute tentative d'enchaînement des récits dans un ordre logique. Lucien Foulet a relevé « l'incohérence complète », le manque total d'unité qui résultent de cette façon d'éditer le texte. « Les numéros d'ordre placés en tête de chaque poème ou branche nous font l'effet d'avoir été distribués au hasard. Simple artifice d'éditeur moderne amoureux de la symétrie, mais les anciens trouvères n'y ont contribué pour rien. Sans doute le moyen âge ne nous a pas habitués à chercher dans ses œuvres une composition très sévère et il n'a guère su ce que c'était que l'unité de l'œuvre d'art. Mais ici le désordre semble passer toute limite. C'est l'incohérence complète » [1].

On se demande avec Foulet sur quoi repose la classification des branches adoptée par Martin. Que signifient donc ces numéros donnés aux branches ? Ce n'est pas une question futile, car depuis la publication de l'édition de Martin, sa classification des branches est généralement utilisée. Ce n'est certainement pas une numérotation fournie par les manuscrits. Martin s'est défendu dans son œuvre d'avoir voulu donner une édition critique. Il n'a pas essayé d'établir le texte primitif du *Roman de Renart,* tâche qu'il considérait d'ailleurs comme peut-être impossible dans la pratique, bien que possible en théorie. Il a voulu présenter avant tout un texte lisible. Il a donné donc sa préférence à la collection α, et surtout au manuscrit A dont il a suivi en général l'ordre des branches. Les numéros donnés habituellement aux branches du *Roman de Renart* correspondent donc tout simplement à l'ordre des branches dans l'édition de Martin, ordre purement arbitraire et qui ne se repose sur aucune suite logique ou chronologique des branches.

Dans la nouvelle édition qu'il prépare du *Roman de Renart,* Mario Roques [2] reproduit le texte du manuscrit B de la collec-

[1] *Le Roman de Renard,* p. 19-20.
[2] *Le Roman de Renart,* Paris, 1948-1958.

tion β, auquel il apporte quelques corrections à l'aide de deux autres manuscrits de la même collection. Les branches qui manquent à la collection β paraîtront en supplément à l'édition. Il était évidemment impossible d'appliquer la numérotation de l'édition de Martin à l'édition fidèle d'un manuscrit donné. Les numéros des branches dans l'édition de Roques correspondent donc à l'ordre des branches dans le manuscrit B, mais à rien d'autre. Cette nouvelle classification, toute raisonnable qu'elle soit, n'aide malheureusement pas à dissiper l'impression de désordre que Lucien Foulet a déjà déplorée dans l'édition Martin [1].

Avec les trois éditions que nous venons d'examiner si sommairement, nous avons vu trois façons d'envisager l'étude des branches du *Roman de Renart.* Il faut admettre que nulle ne nous satisfait. Lucien Foulet a réclamé dans le Chapitre III de son *Roman de Renard* une autre classification des branches que celle fournie par tel ou tel manuscrit. Il a démontré la futilité de vouloir grouper les branches selon un ordre logique, et il a amorcé lui-même l'examen du *Roman de Renart* selon un nouvel ordre : « Il ne s'agit pas de retrouver les articulations logiques d'un grand poème arrêté et complet, mais de déterminer comment de courts poèmes composés sur un même thème fécond se sont peu à peu multipliés jusqu'à former un ensemble si imposant. Il nous faudra sûrement fixer les dates, peut-être mettre en lumière des imitations, des plagiats, des influences. Mais avant tout il importe d'établir un point de départ. Nos branches doivent s'enchaîner, non pas suivant un ordre logique, mais suivant un ordre chronologique » [2].

Cet ordre chronologique s'impose pour notre étude, puisque lui seul nous permettra de considérer dès ses débuts le *Roman de Renart,* les thèmes qui y entrent, l'esprit qui l'anime, de

[1] Pour atténuer les inconvénients de ce changement de numérotation, Roques a établi un système de correspondances entre son édition et celle de Martin, et propose de dresser ultérieurement « une table de concordance des numéros de Martin avec ceux qu'impose la distribution des épisodes dans le ms. de Cangé (le ms. B) ».

[2] *Le Roman de Renard,* p. 32.

sorte que nous puissions mieux suivre ses développements et son expansion à travers les siècles. Un grand pas dans cette direction avait déjà été fait peu de temps après la publication de l'édition de Martin. Martin n'avait nullement aspiré à présenter le texte primitif, ni à restituer l'arrangement original ou chronologique des branches. Rien n'empêchait d'ailleurs de croire que les recueils de manuscrits qui nous sont parvenus et qui ne sont que du XIIIème siècle au plus tôt ne représentent peut-être pas les premiers efforts faits au Moyen Age pour rassembler les branches disparates. L'arrangement des événements dans le *Reinhart Fuchs* de Heinrich der Glichezâre laisse supposer l'existence d'une collection de branches françaises même avant la fin du XIIème siècle. Martin avait cru lui-même que les branches I jusqu'à IX avaient constitué la plus ancienne collection des branches, l'archétype de tous nos manuscrits. Dans son livre *Die Überlieferung des Roman de Renart,* Hermann Büttner a continué le travail à peine commencé par Martin. A la fin de ses recherches dans les manuscrits il est arrivé à la conclusion que l'archétype contenait quinze branches, dont il a réussi à déterminer la disposition. Gaston Paris et Lucien Foulet n'hésitaient pas à accepter les conclusions de Büttner, mais Foulet a ajouté une branche, de sorte que l'on croit connaître la composition de l'original des manuscrits du *Roman de Renart* et l'arrangement des seize branches qui y furent recueillies.

Pour Foulet cependant les résultats auxquels avait abouti Büttner n'étaient qu'un point de départ. La détermination de l'ordre des branches dans l'original des manuscrits ne nous avançait guère et n'éclaircissait nullement le texte établi par Martin, dont l'ordre des branches donne une si forte impression de désordre et de confusion. Foulet imaginait cet archétype comme l'œuvre d'un collectionneur du XIIIème siècle qui avait recueilli tous les poèmes sur Renart existant à l'époque, mais qui n'avait pas essayé de les coordonner, de les mettre dans un ordre logique. C'est à ce point de son étude que Foulet s'est donné la tâche de déterminer l'ordre chronologique des branches : « Nous avons devant nous seize poèmes différents qui traitent du même sujet sous des formes plus ou moins variées et qu'il s'agit d'étudier comme si jamais collectionneur n'avait songé à les réunir dans les limites du même manuscrit. Ainsi seulement nous pourrons déterminer la date et l'importance de chacun et remettre dans leur vraie perspective un ensemble de textes qui, placés pêle-mêle sur le même plan, ont peut-être par là perdu leur vraie couleur et leur sens premier »[1].

Cette perspective et cette compréhension du sens premier sont évidemment indispensables si l'on veut suivre le développement et l'évolution du *Roman de Renart* à travers le Moyen Age. Il convient donc de suivre attentivement l'examen des textes par lequel Foulet est arrivé à établir la chronologie des seize branches qui constituaient primitivement le *Roman de Renart.* Il serait pourtant inutile de décrire ici les méthodes employées par Foulet dans sa démonstration. Ce sont les conclusions auxquelles il est arrivé qui nous intéressent surtout. Connaissant la chronologie des branches anciennes, nous pourrons mieux étudier leur importance et leur influence sur tous les ouvrages qui ont conté de Renart. Je vais donc constituer la table chronologique des branches d'après les recherches de Foulet, tout en reconnaissant comme lui la part d'arbitraire qu'il y a dans cette table. C'est Gaston Paris qui a le premier donné des titres ou quelques mots indiquant le contenu aux branches du *Roman de Renart*[2], et je les conserverai, ainsi que les numéros des branches de l'édition Martin. Je substituerai quelquefois aux titres de Gaston Paris ceux du *Roman de Renart* de Marc Boyon et Jean Frappier[3], et j'ajouterai au besoin quelques notes explicatives.

Comme je l'ai déjà remarqué, les recherches de Büttner l'avaient amené à reconstituer l'archétype de tous les manuscrits du *Roman de Renart,* archétype contenant quinze branches

[1] *Le Roman de Renard,* p. 31.

[2] *Le Roman de Renard,* dans *Mélanges de Littérature Française du Moyen Age,* 2 ème partie, Paris, 1912.

[3] *Le Roman de Renart* (Extraits), Paris, Larousse.

auxquelles Foulet avait ajouté une seizième. Ce sont ces plus anciennes branches que je présente d'abord, mais on remarquera qu'il y en a plus de seize, puisque j'ai tenu à garder les divisions que Foulet avait constatées dans la Branche I :

(1) 1174-1177 - II-Va — Renart et Chantecler ; Renart et la mésange ; Renart joué par Tibert ; Renart et le corbeau ; l'adultère, ensuite le viol d'Hersent ; l'escondit de Renart.

En détachant de la Branche V la partie Va pour la joindre à la Branche II, Foulet a rendu au poème de Pierre de Saint-Cloud sa forme primitive, après une longue séparation effectuée vraisemblablement par un copiste médiéval.

(2) 1178 - III — Le vol des poissons ; le moniage d'Isengrin ; la pêche à la queue.

Foulet estime que la Branche III est très probablement, après II-Va, la plus ancienne de la collection.

(3) ? - V — Renart, Isengrin et le vol du jambon ; Renart et le grillon.

Foulet n'a pas pu donner une date précise à cette branche, mais il la place directement après II-Va, à laquelle elle se rattache étroitement.

(4) ? - XV — Renart, Tibert et l'andouille.

Foulet n'a pas réussi à dater cette branche non plus, mais il la considère, avec V, comme « une sorte de double appendice à II-Va ». Elle semble toutefois nous renvoyer par deux fois à III, et Foulet conclut que vraisemblablement la date « devrait en être cherchée plus près de 1175 que de 1200 ».

(5) 1178 - IV — Renart et Isengrin dans le puits.

(6) 1178 - XIV — Renart et Tibert dans le cellier; tours joués par Renart à Primaut.

(7) 1179 - I — Le Jugement de Renart, ou le Plaid.

(8) 1180-1190 - X — Renart Médecin.

(9) 1190 - VI — Le combat singulier de Renart et d'Isengrin. Renart au couvent.

(10)	1190	- XII	Renart et Tibert au moutier, ou les Vêpres de Tibert, par Richard de Lison.
(11)	1190	- VIII	Le pèlerinage de Renart.
(12)	1190-1195	- Ia	Le siège de Maupertuis.
(13)	?	- Ib	Renart teinturier; Renart jongleur. Foulet n'a trouvé aucune indication de la date de cette branche, mais il croit qu'elle n'est pas postérieure au premier quart du XIIIème siècle, et que fort probablement elle daterait des dernières années du XIIème siècle.
(14)	1195-1200	- VII	La confession de Renart.
(15)	1196-1200	- XI	Renart empereur.
(16)	1200	- IX	Le vilain Liétart, l'ours et Renart, par le prêtre de la Croix-en-Brie.
(17)	1202	- XVI	Renart et le vilain Bertaud. Le partage de Renart.
(18)	1205	- XVII	La mort et la procession Renart.

Avec la branche XVII a dû se terminer, selon Foulet, l'archétype de nos manuscrits. Pour les branches postérieures l'absence complète d'allusions aux événements contemporains a rendu impossible une datation précise, et Foulet s'est contenté d'indiquer seulement les dates extrêmes de toute cette production. Il estime que le terminus a quo ne peut être antérieur à 1205, date supposée pour la composition de l'archétype. Il fixe le terminus ad quem à 1250, puisque commencent à paraître tôt après cette date des continuations du *Roman de Renart* qui diffèrent radicalement de l'œuvre originale par l'esprit qui y règne. Pour terminer l'étude de l'ordre chronologique, je complète la liste avec les branches postérieures, selon l'ordre numérique de l'édition Martin :

XIII — Les peaux des goupils. Renart noirci, et se faisant appeler Chuflet.
XVIII — Isengrin et le prêtre Martin.
XIX — Isengrin et la jument Raisant.
XX — Isengrin et les béliers.
XXI — Patous l'ours, le vilain et sa femme.

XXII — Les semailles, ou le labourage en commun.
XXIII — Renart magicien, et le mariage du roi Noble.
XXIV — Création de Renart et d'Isengrin.
XXV — Renart et le héron. Renart et le batelier.
XXVI — L'andouille jouée aux marelles.

On remarquera que cette liste compte vingt-huit branches. J'ai gardé aux branches Ia et Ib leur identité, en essayant de les insérer dans la table à l'endroit qui semble le plus vraisemblable dans l'ordre chronologique. De l'autre côté, je réserve pour un autre chapitre le poème franco-italien *Rainardo e Lesengrino,* avec lequel Martin avait clos son édition. Ce poème, de même que le *Couronnement de Renart* et *Renart le Nouvel* qui formaient le Tome IV de l'édition Méon, trouvera sa place parmi les continuations du *Roman de Renart,* auxquelles ils appartiennent par leurs dates de composition et par l'esprit qui les anime et qui les distingue du *Roman de Renart* lui-même.

Dans la première partie de ce chapitre nous venons d'entrevoir la façon dont le *Roman de Renart* fut construit, ainsi que la chronologie de ses branches. L'étude des branches dans l'ordre chronologique permettra, espérons-le, de dégager le sens premier de cette oeuvre aux origines si obscures, de comprendre les motifs et les buts de ces poètes médiévaux inconnus qui ont parodié leur siècle. Pour déterminer les motifs de nos poètes, il faut examiner les origines des poèmes de Renart, les sources où ils ont puisé leur inspiration. La question des sources du *Roman de Renart* a soulevé de nombreux débats, souvent assez passionnés. Des théories tout à fait divergentes ont été élaborées suivant les idées qu'on se faisait de la date de composition des branches et de leur véritable signification, ainsi que du caractère et des motifs des poètes. J'essaierai d'indiquer brièvement ces différentes théories avant de présenter mes propres conclusions.

Les premiers critiques qui se sont penchés sur le *Roman de Renart* au début du XIXème siècle ont tous voulu placer la composition des branches que l'on possède actuellement dans le premier tiers du XIIIème siècle. C'est Legrand d'Aussy qui, selon Lucien Foulet, avait fait l'erreur initiale, en se basant sur une citation du *Roman de Renart* par Gautier de Coincy en 1233, et en même temps sur le fait qu'aucun manuscrit du *Roman de Renart* n'est antérieur au XIIIème siècle. Raynouard avait par la suite cru trouver dans d'autres citations ou allusions du XIIème siècle les preuves de l'existence d'un autre *Roman de Renart* antérieur à celui que nous connaissons et qui serait aujourd'hui complètement disparu [1]. C'est à partir de ce moment que date l'hypothèse d'un original *Roman de Renart,* créé au XIIème siècle, mais aujourd'hui inconnu, et d'un *Roman de Renart* composé de remaniements au XIIIème siècle des branches originales et qui serait le seul qui soit venu jusqu'à nous. Mais c'est surtout Jacob Grimm, d'après Foulet, qui a fait passer nos branches pour des remaniements. Ses études sur le *Reinhart Fuchs* de Heinrich der Glichezâre avaient convaincu Grimm que l'ouvrage du poète alsacien avait été composé vers le milieu du XIIème siècle sur le modèle d'un poème français de Renart qui aurait existé dans le Nord de la France dès le début du XIIème siècle ou même avant : « Der Untergang einer oder mehrerer romanischen Dichtungen aus diesem Kreise (ist) höchlich zu beklagen, die im Laufe des 12ten. oder gar schon am Schlusse des 11ten. müssen da gewesen sein und als deren jüngerer Niederschlag oder Fortwuchs die Branches des 13ten. zu betrachten sind » [2].

Mais l'hypothèse formulée par Grimm ne s'arrêtait pas là. Il voyait dans le *Roman de Renart* le lointain aboutissement de traditions populaires germaniques, transportées en France par les Francs, assimilées aux traditions et au génie français, et devenues dans les mains de trouvères français les premiers modèles des branches que nous possédons : « Mir ist als empfände ich noch germanischen Waldgeruch in dem Grund und der Anlage dieser lange jahrhunderte fortgetragenen Sagen » [3]. L'épopée animale populaire fut, selon Grimm, d'origine et d'inspiration purement germanique et n'avait rien emprunté à l'étranger,

[1] F. J. M. Raynouard, dans *Journal des Savants,* 1826, p. 334-45.
[2] *Sendschreiben an Karl Lachmann, über Reinhart Fuchs,* Leipzig, 1840, p. 6.
[3] *Reinhart Fuchs,* Berlin, 1834, p. CCXCIV.

malgré des ressemblances trompeuses avec des contes et des fables de provenance grecque et orientale, ou de l'Europe septentrionale.

L'hypothèse de Grimm fut anéantie par Paulin Paris, qui donnait une explication « ésopique » de la création des premières branches de Renart : « Les fables aesopiques, imitées et continuées en vers latins et même en prose latine, sont .... les premières sources dans lesquelles aient puisé les trouvères français »[1]. Les récits latins, composés au Moyen Age par des clercs universitaires et monastiques et qui nous ont été souvent conservés, auraient été les avant-coureurs des récits vulgaires. Paulin Paris affirmait qu'il fallait faire confiance aux trouvères qui alléguaient qu'ils parlaient d'après le livre. Parmi les récits latins dans lesquels auraient puisé les trouvères, Paulin Paris citait le *Poenitentiarius, l'Ecbasis captivi, Sacerdos et lupus, Gallus et vulpes,* l'*Ysengrimus,* et la *Fecunda ratis,* poèmes dont la popularité aux Xème, XIème et XIIème siècles est incontestable.

Dans *Les Sources du Roman de Renart,* une des plus importantes études sur les origines de la grande œuvre française, Léopold Sudre[2] niait l'influence directe des fables ésopiques et des récits latins, œuvres essentiellement scolastiques et monacales. Entre ces récits et les branches du *Roman de Renart* il ne voyait qu' « un lien indirect et une parenté lointaine ». Il maintenait que les fables étaient passées au Moyen Age des écoles dans le folklore, d'où elles étaient parvenues, sous forme de contes d'animaux, aux trouvères français, auxquels elles fournirent des éléments des branches du *Roman de Renart.* Sudre voyait les sources des poèmes français surtout dans le folklore du Moyen Age, un vaste ensemble de littérature orale et populaire composé de contes d'origine indienne, de fables classiques et de contes particuliers au sol français. A l'appui de sa thèse il faisait des rapprochements entre les branches du *Roman*

[1] *Les Aventures de Maître Renard, suivi de Nouvelles Recherches sur le Roman de Renard,* Paris, 1861, p. 346.

[2] *Les Sources du Roman de Renart,* Paris, 1893.

de Renart et des contes tirés du folklore de plusieurs pays et de plusieurs races. Il faisait ressortir l'esprit enjoué et plaisant des poèmes français, leur gaîté franche et insouciante, le « débordement de bonne humeur que ne vient jamais troubler quelque grave ou amère réflexion sur les événements ou quelque sage avertissement donné au lecteur » [1], pour démontrer qu'ils étaient sortis directement des contes légers, gais et amusants du folklore. Il ne pouvait admettre que les poèmes français, d'un haut comique, puissent remonter aux récits latins du Moyen Age, de forte tendance didactique et d'une satire âpre et mordante, tel l'*Ysengrimus.* « Au point où en est notre connaissance des rapports de la littérature écrite et de la littérature orale entre le XIème et le XIVème siècle, on peut regarder comme solidement acquis que le *Roman de Renart,* malgré son air de famille avec les apologues antiques, ne présente avec eux que des affinités rares et lointaines. Je suis même persuadé que tous les documents qu'il reste à découvrir, toutes les preuves que l'on pourra accumuler, seront favorables à cette thèse et établiront de plus en plus que l'épopée du goupil et du loup est sortie de la foule et non des livres » [2]. Et puisqu'il était convaincu que les contes de Renart avaient eu une forme populaire et orale avant d'être mis en écrit, il réduisait le rôle des trouvères français, qui nous ont laissé les branches que nous connaissons, à celui de simples scribes, de pauvres copistes sans grand mérite d'originalité ou d'invention : « Presque tout entière, on peut le dire, l'œuvre de nos trouvères est sortie de leur mémoire, où s'était emmagasiné, avec sa riche complexité, le vaste trésor des récits vieux comme le monde » [3].

Bien qu'il maintînt qu'il n'y avait entre les branches du *Roman de Renart* et les récits latins du Moyen Age que des liens lointains et indirects, Sudre reconnaissait qu'il existe entre l'*Ysengrimus* et certaines parties du *Roman de Renart* des analogies frappantes qui pourraient indiquer que l'un dérive de

[1] *Ibid.,* p. 39.
[2] *Ibid.,* Avant-propos, p. VII.
[3] *Ibid.,* p. 339.

l'autre. Mais Sudre ne modifiait nullement son hypothèse, et expliquait ces analogies en alléguant que Nivard et les trouvères français avaient puisé à la même source, c'est-à-dire, à la tradition orale. En même temps il minimisait l'importance des analogies et insistait plutôt sur les différences entre le poème latin et les branches françaises. Parfois cependant l'écart était tellement grand entre les poèmes français et les contes du folklore présentés comme leurs sources, qu'il était difficile de maintenir la thèse d'une imitation presque servile de la part des conteurs français. Alors Sudre trouvait une solution toute faite en reprenant l'argument selon lequel les branches qui nous sont parvenues du *Roman de Renart* ne sont que des remaniements tardifs. Si l'on connaissait les poèmes originaux, on y reconnaîtrait les formes primitives des contes folkloriques. Mais cette croyance à l'origine folklorique des branches françaises entraînait des conclusions qui, à la lumière de découvertes plus récentes, se sont révélées fausses. Puisqu'il tenait le *Roman de Renart* pour l'œuvre de remanieurs du XIIIème siècle, Sudre pensait que les poèmes français ne devaient pas être à l'origine des ouvrages qui, à partir du XIIIème siècle, continuaient à conter de Renart dans la veine comique et satirique, des ouvrages comme *Reinhart Fuchs,* le *Reinaert de Vos* flamand, le *Rainardo e Lesengrino* franco-italien, ou même les « exempla » latins d'Eudes de Cheriton. Pour comprendre comment ses préjugés en faveur de ses hypothèses ont induit Sundre en erreur, il suffit de considérer ses vues sur le *Reinaert* flamand. La première partie de ce poème suit de très près l'histoire de la branche I française, le *Jugement de Renart,* tandis que la seconde partie n'a pas de modèle dans les branches françaises. Le poète flamand a-t-il donc tiré la matière de cette seconde partie de sa propre imagination, ou l'a-t-il trouvée « dans une des innombrables branches que nous avons perdues » ? Sudre penchait pour la seconde hypothèse, comme en effet il le fait chaque fois qu'un ouvrage postérieur présente des variations des thèmes tels qu'on les trouve dans les branches françaises. En parlant du *Reinaert* et des variations du thème du *Jugement* que présente aussi le *Rainardo* italien, Sudre laisse apercevoir son parti pris contre les auteurs des branches françaises : « Ce qui nous préoccupait pour le *Reinaert,* c'était surtout de découvrir ce que le traducteur avait pu ajouter à son modèle. Ici, nous avons bien plus à nous demander quelles mutilations ont dû opérer dans le thème primitif plusieurs générations de scribes ignorants et inintelligents » [1].

Comme nous le verrons plus tard, les différences entre le *Jugement de Renart* et les versions plus tardives de ce thème s'expliquent très facilement, sans qu'on ait besoin d'évoquer des « mutilations » ni même des branches perdues. Malheureusement pour la méthode suivie par Sudre, nous ne trouvons nulle part les traces de branches originales disparues du *Roman de Renart.* Après Sudre, Karl Voretzsch et Gaston Paris ont soutenu la théorie de l'origine folklorique. Comme Sudre, ils croient que nos branches françaises ne sont que des remaniements tardifs ; ils appuient surtout leurs opinions sur les différences entre les branches françaises et *Reinhart Fuchs* qui représenterait selon eux une tradition plus ancienne. Gaston Paris suggère cependant que les contes avaient été transmis du folklore au *Roman de Renart* par un poème latin qui aurait été très répandu avant le XIème siècle dans la Lotharingie, de Saint-Gall jusqu'à Gand, et où l'on aurait donné pour la première fois les noms d'hommes aux animaux de l'épopée ancienne. En même temps, Gaston Paris démolit le système « nordique » établi par Sudre pour faire remonter l'épopée animale au folklore des pays de l'Europe septentrionale. Mais tout en croyant à l'influence prédominante du folklore dans la composition du *Roman de Renart,* il donne un rôle plus important que ne le fait Sudre aux récits latins du Moyen Age. Il rehausse considérablement le prestige des trouvères français, leur reconnaissant une originalité, une capacité d'invention, que Sudre leur avait complètement refusées. Il découvre dan le *Roman de Renart* une œuvre française qui reflète bien l'esprit de son époque : « Ainsi de récits qui, comme tous les récits populaires, n'ont aucune couleur de

[1] *Ibid.*, p. 96.

temps et de lieux et peuvent circuler, comme ils circulent en effet, chez les peuples les plus divers, se forme peu à peu une véritable épopée animale, qui n'a pu naître qu'en un certain pays et en un certain temps, qui reflète, en la parodiant, la société civile et religieuse de ce temps et de ce pays, œuvre inachevée et incohérente, qui n'a pas trouvé son unité et son couronnement, mais qui, dans son ensemble, et malgré les origines probablement très lointaines d'une partie de ses éléments, est essentiellement une œuvre médiévale, féodale et française » [1].

Cette reconnaissance du caractère français et médiéval du *Roman de Renart* marque un tournant dans la critique de l'œuvre. Dans son ouvrage magistral sur le *Roman de Renart,* Lucien Foulet réfute presque entièrement les théories énoncées par Sudre et soutenues par Voretzsch et, en partie au moins, par Gaston Paris. Il renverse la formule de Sudre et proclame que « le *Roman de Renard* sort des livres, mais il a été écrit pour la foule et c'est la foule qui en a fait le succès » [2]. Il proclame dès le début son intention de « rendre aux branches françaises l'intérêt qu'on leur a injustement enlevé ». Il maintient que les branches françaises que nous possédons sont des poèmes originaux, écrits par des conteurs doués de beaucoup d'imagination et d'esprit, et qui donnent une image fidèle de la vie en France à l'époque. Il donne enfin des preuves difficilement contestables que les vraies sources du *Roman de Renart* sont, comme Paulin Paris l'avait déjà proposé, dans la littérature latine du Moyen Age, d'origine cléricale et monacale, et surtout dans l'*Ysengrimus* de Nivard, long poème satirique du XIIème siècle.

Foulet reproche à Sudre et à Voretzsch, avec beaucoup de justesse, de s'être occupés « trop des contes que nous n'avons pas, trop peu du roman que nous avons ». Il base ses recherches sur une étude approfondie du texte même des branches du *Roman de Renart.* En établissant d'abord la chronologie des branches il a pu se faire une idée claire de la façon dont le *Roman de Renart* avait été composé par une vingtaine de poètes, et

[1] *Le Roman de Renard,* dans *Mélanges . . .* 2 ème partie, p. 397.
[2] *Le Roman de Renard,* p. 18.

en même temps il a pu démolir la théorie des remaniements, si importante dans la défense de la thèse des origines folkloriques. Il fait ressortir la richesse d'imagination, l'originalité, le talent poétique des trouvères français qui ont su créer une des œuvres les plus originales et les plus goûtées de toutes les classes sociales à leur époque et aux siècles suivants.

Foulet n'exclut point la possibilité d'une influence directe par les contes du folklore sur nos branches françaises, mais après un examen serré, il attribue quelques éléments de trois branches seulement au folklore. En revanche, c'est dans l'*Ecbasis captivi,* la *Disciplina clericalis,* le *De lupo et sacerdote,* les collections latines de fables et la collection de fables de Marie de France, finalement et surtout dans l'*Ysengrimus,* qu'il trouve les sources où ont puisé directement les trouvères français. Il démontre le véritable parallélisme qui existe entre de grandes parties du *Roman de Renart* et l'*Ysengrimus* et qui nous amène inévitablement à une seule conclusion, à savoir que les trouvères français ont le plus souvent tiré de l'*Ysengrimus* l'inspiration et la matière de leurs poèmes. Dans un chapitre « Le *Roman de Renard* et le folklore », Foulet démontre la modernité de plusieurs des contes cités par Sudre et les folkloristes comme les ancêtres des poèmes français, et il maintient que dans plusieurs cas au moins c'est plutôt le *Roman de Renart* qui est à l'origine des contes populaires qui sont parvenus jusqu'à des pays éloignés de la France.

En même temps qu'il insiste sur l'importance des récits latins, Foulet fait la part de la littérature française médiévale dans le *Roman de Renart.* Là où Sudre croyait entendre « l'écho lointain de peuples disparus et de civilisations depuis longtemps détruites », Foulet trouve des traces de l'œuvre de Chrétien de Troyes et de Marie de France, des romans arthuriens et de *Tristan et Iseut,* du *Roman de Troie* et des *Aliscans.* Maurice Wilmotte a relevé encore des reflets de l'œuvre de Chrétien de Troyes [1], et on est facilement convaincu que nos poètes avaient

[1] *L'Auteur des branches II et Va du Renard et Chrétien de Troyes,* dans *Romania,* n° 44, 1915—17, p. 258—60.

de bonnes connaissances générales de la littérature française de leur époque. Sudre croyait que le *Roman de Renart* est sorti de la foule, d'un vaste ensemble littéraire commun; Foulet trouve à l'origine de nos poèmes de Renart des hommes de lettres qui connaissaient la littérature latine classique et médiévale, aussi bien que la littérature française, et qui ont su combiner une poésie très personnelle et essentiellement médiévale avec des formes classiques : « Lisons donc les poèmes de Renard. Nous y trouverons des inventions antiques, des mœurs médiévales, un souffle de large humanité, un art tout français » [1].

Dans un article du *Folklore Fellows' Communications*, Adolf Graf [2] a cherché une position moyenne entre les thèses des folkloristes et celle de Foulet, bien qu'il ne fasse allusion qu'une seule fois à l'ouvrage du dernier. Graf s'était donné la tâche de trouver les origines du *Reineke Fuchs* de Goethe, en remontant par le *Reinke Vos* bas-allemand et le *Reinaert* flamand jusqu'au *Roman de Renart* et à ses antécédents, qu'il pensait trouver dans le folklore européen et dans les fables de l'antiquité. Mais Graf donne aux contes d'animaux élaborés dans les milieux cléricaux et surtout monacaux une importance bien plus grande que ne faisaient les précédents partisans de la thèse folklorique. Sudre n'admettait que des liens rares et lointains entre le *Roman de Renart* et les fables antiques. Graf cependant admet que les fables antiques, en passant par les écoles médiévales, avaient subi l'influence des clercs, presque exclusivement des gens d'Eglise, qui leur avaient donné souvent un caractère et des éléments nettement ecclésiastiques. L'idée du loup qui se fait moine se trouve au centre, dit Graf, de tous les poèmes latins du XIème jusqu'au XIVème siècle. L'origine de ce thème si populaire au Moyen Age se trouvait dans la fable ésopique du loup vêtu de la peau de l'agneau. Cette fable devait sa transformation à deux éléments d'inspiration purement cléricale : d'abord, le passage de l'Evangile selon saint Matthieu,

[1] *Le Roman de Renard*, p. 570.

[2] *Die Grundlagen des Reineke Fuchs*, dans *Folklore Fellows' Communications*, N° 38, Helsinki, 1920, p. 1-136.

VII, 15, où nous trouvons l'avertissement : « Gardez-vous des faux prophètes. Ils viennent à vous en vêtements de brebis, mais au-dedans ce sont des loups ravisseurs » ; et ensuite, la satire dirigée contre les ordres mendiants, accusés de manquer d'éducation et de finesse. De même, Graf démontre l'origine non seulement cléricale, mais très spécifiquement monastique d'autres thèmes des récits latins médiévaux, tels que celui où l'on s'amuse à habiller de vêtements de moine ou d'ermite le goupil, Renart le roux, l'hypocrite fini, ou celui encore où l'on tonsure le loup avec un plaisir tout évident. Et Graf ne cache pas l'importance qu'il donne à ces thèmes dans l'évolution de l'épopée animale : « Die Grundlage des *Reinke Vos* und der mitteralterlichen Tierepen ist eine zwiefache : die antike Fabel und das europäische Volksmärchen, dessen Wurzel einerseits einheimisch ist, anderseits im Orient zu suchen ist. Als Bestandteil des Tierepos kommen in dritter Linie die in mönchskreisen ausgebildeten Tierschwänke in Betracht, die im allgemeinen als unter klösterliche Gesichtspunkte gebrachte antike Fabeln bezeichnet werden dürfen » [1].

Les récits latins que Graf cite comme étant ceux qui ont eu un rôle si important dans la préparation de l'épopée animale nous sont déjà connus : l'*Ecbasis captivi,* les collections de fables du Moyen Age, les poèmes qui ont comme héros le loup et que l'on groupe sous le titre de *Luparius,* la *Disciplina clericalis,* et en tout premier lieu l'*Ysengrimus.* Graf a fait la démonstration que ces poèmes sont généralement des remaniements par des clercs de fables antiques. Il fait remonter un grand nombre des thèmes de l'épopée animale du Moyen Age à ces fables. En même temps, il insiste sur les développements que les fables avaient subis, non seulement des mains des clercs, mais aussi dans le folklore, par lequel elles étaient également parvenues aux trouvères qui ont écrit les branches françaises : « Selten ist eine antike Fabel in das Tierepos aufgenommen worden, ohne dass sie eine klösterliche oder volkstümliche Entwicklung durch-

[1] *Ibid.*, p. 5-6.

gemacht hätte »[1]. Mais quoique Graf indique pour certaines branches de l'épopée animale des sources dans les contes du folklore européen, on croit apercevoir une différence entre ses idées et celles des autres folkloristes que nous avons déjà rencontrés. En fait, Graf semble avoir un concept du folklore européen qui diffère radicalement de celui de Sudre, par exemple. Sudre nous a bien défini ce qu'il appelle le folklore : « C'est le trésor des idées et des imaginations non point créées par le peuple, mais acceptées par lui, la plupart depuis un temps immémorial, conservées par lui et recueillies de nos jours sur ses lèvres »[2]. Graf semble considérer pour sa part que la plupart des contes du folklore qu'il nous présente sont le produit de l'imagination populaire, non pas d'un temps immémorial, mais simplement du Moyen Age, et qu'ils dérivent tout simplement de la littérature écrite, surtout des fables antiques. « Die Wolf (bär)-Fuchsmärchen gehören nicht in das mythenbildende Zeitalter. Ob das frühe Mittelalter viele solcher Erzählungen (schlichten Tierschwänke) gekannt hat, ist zweifelhaft ; die äsopisch-phaedrische Fabel hatte schon damals die Vorherrschaft. Im XI-XII. Jahrhundert lässt sich eine einheimische volkstümliche Tradition belegen »[3]. En d'autres termes, Graf accorde très peu d'ancienneté aux histoires qui mettent en scène le loup et le renard, et selon l'idée qu'il se fait du folklore le haut Moyen Age n'a guère connu de ces histoires. Dans d'autres endroits, il est encore plus précis et reconnaît que les contes populaires qui ont trait aux animaux ou aux aventures de l'épopée animale du Moyen Age nous ramènent dans plusieurs cas à cette épopée, ou dans sa forme primitive, le *Roman de Renart* français, ou au *Reinaert* flamand, ou au *Reinke Vos* bas-allemand. Dans cette démonstration, il s'accorde singulièrement avec Lucien Foulet, qu'il le veuille ou non, et on a l'impression que son étude, en insistant sur l'importance des fables antiques et des poèmes latins des clercs médiévaux, en tout premier lieu de l'*Ysengrimus*,

[1] *Ibid.*, p. 47.
[2] *Les Sources du Roman de Renart*, p. 3.
[3] *Die Grundlagen des Reineke Fuchs*, p. 128.

confirme surtout la thèse de Foulet, plutôt qu'elle ne tient la balance égale entre celle-ci et celle des folkloristes convaincus, comme le prétend Alexander Krappe dans une courte notice bibliographique [1].

Je terminerai cette étude sur les sources du *Roman de Renart* par quelques remarques sur l'ouvrage du Dr. J. Van Mierlo sur l'*Ysengrimus* [2]. Van Mierlo avance plusieurs raisons pour soutenir son opinion que l'*Ysengrimus* n'a été ni la source ni le modèle du *Roman de Renart,* mais ces raisons ne sont pas nouvelles pour la plupart. L'*Ysengrimus,* dit-il, est une véritable épopée, construite avec art, bien achevée, où plusieurs aventures ont été réunies dans un seul récit. Par conséquent, dit Van Mierlo, aucun trouvère n'aurait suivi son modèle, puisque le *Roman de Renart* ne rassemble que des histoires indépendantes les unes des autres et n'a aucune unité organique. A son avis, l'*Ysengrimus* n'a pas servi non plus de modèle à ces histoires indépendantes. Il relève les ressemblances déjà notées par Foulet et par Sudre, mais il maintient que les différences dans le traitement de certains épisodes communs à l'*Ysengrimus* et au *Roman de Renart* sont encore plus frappantes. On ne comprend pas, dit-il, pourquoi les trouvères français auraient pris certains éléments de l'*Ysengrimus,* tandis qu'ils en auraient négligé complètement ou modifié d'une façon tout à fait inutile d'autres qui sont bien plus spirituels et plus dignes d'être reproduits. Ce n'est que dans les branches postérieures du *Renart* que l'on trouve une imitation directe de l'*Ysengrimus.* Par contre, la simplicité et la sobriété de certaines branches françaises, contrastant fortement avec le style érudit et poli de l'*Ysengrimus,* l'amènent à croire que les poèmes français représentent une forme plus primitive, plus ancienne, que les récits latins.

Dans ces arguments, on distingue encore une fois un mépris complet de la chronologie du *Roman de Renart* si soigneusement établie par Foulet. Et même, Van Mierlo ne semble pas

[1] Dans *A Critical Bibliography of French Literature,* I., éd. U. T. Holmes, Syracuse, 1947, no. 2230.

[2] *Het vroegste Dierenepos in de Letterkunde der Nederlanden,* Gand. 1943.

tenir compte de l'importance de la création personnelle dans l'élaboration du *Roman de Renart*. Les trouvères français n'étaient pas simplement de serviles imitateurs ou copistes, sans originalité et sans talent. Ils étaient nombreux, et ils ont traité, plus ou moins heureusement, mais chacun à sa façon et souvent avec beaucoup d'originalité, la matière qu'ils trouvaient dans l'*Ysengrimus* ou ailleurs. Le dernier argument de Van Mierlo, qui voit dans la simplicité littéraire la preuve du caractère primitif d'une œuvre, avait déjà été employé par W. J. A. Jonckbloet pour essayer de prouver l'antériorité de *Reinhart Fuchs* sur le *Roman de Renart* : « Le peu d'étendue, la sobriété, la sécheresse de la rédaction est toujours un signe indubitable de l'originalité et de l'ancienneté dans les compositions poétiques » [1]. Lucien Foulet s'était élevé contre cette idée, et je ne crois pas qu'il soit nécessaire de faire ici la démonstration que la sobriété, la sécheresse de la rédaction est, au contraire, très souvent le résultat des efforts délibérés d'un remanieur qui, en transformant l'oeuvre d'un prédécesseur, la réduit, la simplifie. Puisque nous allons cependant rencontrer plusieurs exemples de ce procédé, il convient de réfuter une première fois cet argument fallacieux.

En conclusion, Van Mierlo exprime l'avis que l'étude des origines de l'épopée animale dans la littérature occidentale est rendue difficile par le caractère international de la fable. Il croit cependant que le goût pour les fables – « Die Lust am Fabulieren » – était particulier aux Francs, et que c'est ce goût inné, nourri par les écoles et la littérature savante, qui a créé les contes d'animaux. En même temps, il serait difficile de nier l'influence de la tradition populaire dans cette création. Van Mierlo cite comme une des premières fables d'origine franque celle qui fut écrite à Liège au milieu du IX ème siècle par Sedulius Scotus – « De quodam verbece a cane discerpto », – et l'on trouve au début du XIème siècle dans la *Fecunda ratis* d'Egbert de Liège, que j'ai d'ailleurs déjà citée, un nombre de fables où apparaissent souvent le loup et le renard. A ces origines

[1] *Etude sur le Roman de Renart*, Groningue, 1863, p. 73-4.

nationales et populaires se sont ajoutées les fables orientales et la littérature des écoles qui a introduit un esprit satirique et épique, et surtout ecclésiastique. Van Mierlo maintient surtout que les Francs ont donné de bonne heure une forme littéraire aux contes d'animaux indigènes, mais que le coeur des plus anciens contes d'animaux dans la littérature européenne est la fable ésopique, traitée d'une façon germanique. C'est à cette littérature écrite, conclut-il, que Nivard aurait surtout puisé la matière de son *Ysengrimus.*

La thèse de Sudre n'est plus depuis longtemps acceptée, et les vues des tenants de l'origine folklorique du *Roman de Renart* tels que Graf et Van Mierlo se rapprochent singulièrement de celles de Foulet, malgré l'apparente opposition des deux thèses. Il faut remarquer que Graf et Van Mierlo n'évoquent point des contes folkloriques provenant « d'un temps immémorial ». Certes, ils croient à la diffusion populaire des contes d'animaux, diffusion en partie orale sans doute ; mais ils insistent tous les deux sur leur peu d'ancienneté. Avant tout, ils nous ramènent, exactement comme Foulet, à des récits écrits, une littérature des écoles et, de plus, une littérature qui remonte surtout aux fables ésopiques. Peut-être faudra-t-il, à la suite d'autres découvertes, attribuer une part un peu plus large au folklore, mais jusqu'ici on revient avec insistance à la littérature écrite chaque fois qu'on cherche les origines de la plupart des contes de Renart. Après avoir étudié l'ouvrage de Foulet, Edmond Faral [1] a exprimé également sa certitude que le *Roman de Renart* est uni par un lien de parenté très étroit aux fables issues d'Esope, et que l'hypothèse d'autres origines dans les pays du Nord ou dans le « génie populaire » ne semble pas devoir être retenue. Lui aussi croit que les poèmes latins du Moyen Age, et surtout l'*Ecbasis captivi* et l'*Ysengrimus,* sont les authentiques précurseurs du *Roman de Renart.* C'est à l'*Ysengrimus,* ajoute-t-il, que le *Roman de Renart* se rattache directement par l'esprit général et souvent par l'emprunt de tel ou tel épisode.

[1] *Le Roman de Renart,* dans *l'Histoire de la littérature française* par Bédier et Hazard, Paris, 1923, I, p. 29.

Dans tous ces contes d'animaux en latin tout le monde a reconnu des fables ésopiques qui ont généralement subi une influence cléricale en passant par les écoles médiévales. Graf a souligné le caractère satirique de ces contes d'un côté, et de l'autre l'esprit clérical, moralisateur et didactique qui répand dans la littérature érudite les thèmes du loup rapace, glouton, lourdaud, et du renard rusé et hypocrite. A son tour Van Mierlo a insisté sur l'empreinte très nettement satirique et cléricale des fables que Nivard avait utilisées dans la composition de l'*Ysengrimus*. Il faut donc, en étudiant le *Roman de Renart,* retenir ces caractéristiques des contes latins qui l'ont inspiré. Nous avons vu que le *Roman de Renart* reflète, en la parodiant, la société française de son époque. L'importance de l'élément comique dans les branches françaises a été soulignée très souvent. Mais ce comique provient essentiellement de la parodie, et dans les premières branches on relève une gaie moquerie, une ironie, qui sont inhérentes à la parodie. En même temps, on doit constater, même dans les toutes premières branches, un certain emploi de la satire. Lucien Foulet a dit que le *Roman de Renart* est une œuvre du XIIème siècle qu'il faut expliquer par le XIIème siècle. Il faut, en effet, nous reporter aux ouvrages qui ont fourni l'esprit général et la matière même de nos branches, en premier lieu donc à l'*Ysengrimus,* puis à l'*Ecbasis captivi,* à la *Disciplina clericalis,* et aux autres poèmes latins qui ont été mentionnés plus d'une fois. Or, l'*Ysengrimus,* que Voigt a appelé « das umfassende, planmässig angelegte, geistreich und kunstvoll durchgeführte Werk eines der grössten Dichter des Mittelalters » [1], est d'un bout à l'autre une satire dont chaque vers, selon Sudre, respire la haine ou le dégoût. Regardons la description qu'en donne Auguste Rothe : « L'ironie y prédomine tellement, qu'il n'y a presque aucune phrase, aucun vers, surtout dans les discours et dialogues, où elle ne perce, ce qui rend souvent le sens fort difficile à pénétrer ; les allusions comiques sont infiniment multipliées et ont besoin d'explications parti-

[1] Ernest Voigt, *Ysengrimus, herausgegeben und erklärt,* Halle, 1884, Vorrede.

culières pour être bien comprises. L'abondance d'allusions morales, directes ou apparentes, et d'éléments comiques, explique encore l'opinion de plusieurs commentateurs et leur tendance à faire reposer la composition, dans son ensemble, sur un cadre, un fond historique. Le joyeux auteur donne partout une libre carrière à son esprit de saillie et de satire; il ne s'impose aucune entrave, aucun égard pour l'Etat ni pour la religion; il parodie et profane hardiment les paroles et les cérémonies de la religion, il attaque sans ménagement les prêtres, les moines et les religieuses » [1]. A son tour, Ulrich Leo fait ressortir l'effet satirique que Nivard obtient du contraste entre la matière naïve fournie par les histoires d'animaux et ses intentions malveillantes : « ... er will nichts als moralisieren, kritisieren, ironisieren, mehr als 6000 Verse hindurch, und bedient sich der Tiere und des Kontrastes zwischen dem naiven Stoff der Erzählungen und seinen unnaiven Absichten, um diese wirksamer herauskommen zu lassen » [2].

Telle est donc l'œuvre qui a été la principale source à laquelle ont puisé les auteurs de nos branches du *Roman de Renart.* Nous sommes obligés de croire que ce poème, dont le caractère est si fortement défini, répondait bien aux désirs et aux intentions des trouvères français. Ils ont atténué l'âpreté de la satire, réduit le nombre d'allusions morales et historiques, supprimé l'érudition alourdie de Nivard, pour dégager les éléments de leurs récits relativement simples et directs. Ils ont substitué un autre cadre, un autre fond historique, qui n'avait presque certainement pas besoin d'explications particulières pour être compris, puisque nous le reconnaissons encore aujourd'hui sans beaucoup de peine. De l'épopée latine, unie, cohérente, soigneusement construite, mais alourdie par la satire, la moralité et l'érudition, les trouvères français ont tiré un nombre de contes réalistes, vifs, originaux et essentiellement français. Dans l'*Ysengrimus,* ils avaient assisté à la lutte entre Ysengrin, rapace,

[1] *Les Romans de Renart examinés, commentés et comparés,* Paris, 1845, p. 58-9.

[2] *Die erste Branche des Roman de Renart nach Stil, Aufbau, Quellen und Einfluss,* Göttingen, 1917, p. 16.

brutal, glouton, sot, et Renart le roux, hypocrite et rusé. C'est cette lutte qu'ils ont surtout racontée, sous un déguisement féodal qui cache très souvent une satire de la société et des institutions féodales. Mais ces trouvères, pour la plupart des clercs, nourris par la culture et l'enseignement des écoles cléricales, avaient retenu aussi de leurs lectures le thème du loup et du renard qui cachent sous les vêtements de prêtre ou de moine les pires vices. La ruse et la fausseté de Renart sont des sources inépuisables, et pendant des siècles dans la littérature européenne les moralistes et les satiristes ne se lasseront pas de reprendre le thème, rendu populaire et plus accessible par le *Roman de Renart,* de ce mauvais sujet qui est capable de toutes les méchancetés, toutes les déceptions, et de toutes les trahisons.

Chapitre III

LE ROMAN DE RENART ET LA LITTÉRATURE FRANÇAISE AU MOYEN AGE

Le double caractère — satirique et comique — du premier *Roman de Renart.* L'intention comique au début, enfin prédominance de la veine satirique ; l'influence de l'*Ysengrimus.* Les allusions au *Roman de Renart* dans la littérature française et provençale au Moyen Age, la signification attachée aux personnages du *Roman de Renart.* Histoire de quelques mots comme « renardie ».

Dans sa conviction que le *Roman de Renart* est une collection de poèmes d'origine folklorique, destinés uniquement à amuser, Léopold Sudre avait nié dans le *Roman de Renart* tout élément satirique et tout lien direct avec des œuvres proprement satiriques : « Pour nous, en effet, le *Roman de Renart* n'offre, ni dans ses éléments primordiaux, ni dans la plupart de ceux qui s'y sont successivement ajoutés, un caractère vraiment satirique » [1]. Certes, il avait constaté dans certaines branches au moins une « douce moquerie », et dans d'autres même « une satire âpre et mordante ». Mais il considérait que la satire est inséparable d'un but didactique, et il observait que les vues morales sont extrêmement rares dans le *Roman de Renart* : donc, concluait-il, la satire dans le *Roman de Renart* n'est qu'un accident, ou tout au plus elle ne marque que la dernière phase de son évolution. Mais il a été abondamment dé-

[1] *Les Sources du Roman de Renart,* p. 21.

montré qu'il existe une étroite parenté entre le *Roman de Renart* et des poèmes latins du Moyen Age, d'ordre satirique, didactique et moralisateur, tel l'*Ysengrimus.* Or, malgré cette étroite parenté, la plupart des études consacrées au *Roman de Renart* insistent surtout sur son caractère comique. Un nouvel examen des branches, selon l'ordre chronologique, permettra donc de faire la démonstration de l'importance de la satire à côté de l'aspect purement comique.

D'où provient d'abord le comique du *Roman de Renart?* Avant tout, du travestissement de la société française féodale et de la parodie qui s'en ensuit. Cette parodie est souvent doublée de celle des chansons de geste, des épopées chevaleresques. Sudre admettait que du fait même du travestissement il résultait une certaine satire dans le *Roman de Renart,* mais il maintenait que nos trouvères n'avaient nullement l'esprit moralisateur et que c'est « bien inconsciemment » qu'ils ont fait le tableau des vices, des faiblesses, des sottises de la société humaine. L'intention moralisatrice ne se révèle pas souvent dans le *Roman de Renart,* il est vrai, mais la satire n'implique pas forcément une leçon morale, ou du moins elle n'a pas besoin de la mettre en relief. Je suis convaincu que c'est au contraire bien consciemment que les trouvères français ont satirisé, en la travestissant, la société française du XIIème et du XIIIème siècle, et qu'ils se sont souvent contentés de faire rire leurs contemporains sans leur faire de la morale.

La branche II-Va, qui raconte les amours de Renart et d'Hersent, retient notre attention non seulement parce qu'elle a la première présenté en français les aventures de Renart, mais aussi parce qu'elle fournit d'emblée l'illustration du double caractère, comique et satirique, du *Roman de Renart.* Gustave Cohen a fait la part de la satire dans le poème de Pierre de Saint-Cloud : « Il semble que l'esprit parisien commence à faire valoir ses droits et l'on sait combien la satire l'excite. La plus belle branche et la plus caractéristique est la deuxième, qui tourne autour du viol de la louve par Renart en présence de ses louveteaux. Thème essentiellement scabreux par lequel l'auteur ridiculise ou ridicoculise les belles amours d'Arthur et Guenièvre, de Tristan et Iseut. Toujours le chant du légionnaire derrière le char du triomphateur » [1]. En effect, l'introduction de la branche II-Va invoque les plus grands ouvrages de la littérature française, dont l'intérêt ne saurait dépasser celui du poème qu'on va écouter :

v. 1 Seigneurs, oï avez maint conte
Que maint conterre vous raconte,
Conment Paris ravi Elaine,
Le mal qu'il en ot et la paine :
De Tristan qui la chievre fist,
Qui assez bellement en dist
Et fabliaus et chancon de geste.
Romanz de lui et de sa geste
Maint autre conte par la terre.
Mais onques n'oïstes la guerre,
Qui tant fu dure de grant fin,
Entre Renart et Ysengrin,
Qui moult dura et moult fu dure.

Avant Gustave Cohen, Lucien Foulet avait fait un rapprochement entre Hersent, qui veut prouver son innocence « par sairement et par joïse » contre la charge d'adultère, et Iseut qui se défend par le serment sur les reliques. Il voit du roi Marc dans Isengrin, et dans le rêve de Chantecler au début de la branche II il trouve une imitation et une parodie des songes qui sont si nombreux dans les épopées du XIIème siècle. Les paroles de Pierre de Saint-Cloud trahissent son amusement, quelque peu teinté de malice, quand il maintient la véracité du rêve du seigneur de la basse-cour :

v. 132 Ne m'en tenes a menconger,
Car il sonja (ce est la voire,
Trover la poez en l'estoire).

Mais Pierre de Saint-Cloud réserve pour la fin de son poème sa parodie la plus directe – et la plus amusante – de la littérature

[1] *La Vie littéraire en France au Moyen Age*, p. 131.

épique. Renart, venu pour « l'escondit », s'aperçoit du piège qu'on lui a préparé et se sauve à toute vitesse, poursuivi par une meute furieuse et hurlante. Cette chasse effrénée est manifestement inspirée par les chevauchées à bride abattue des chansons de geste. Ernest Martin voyait dans cette scène des souvenirs du cycle de Guillaume d'Orange, et Lucien Foulet croit y reconnaître des échos d'*Aliscans*. En effet, ces chiens qui se lancent à la poursuite de Renart « lance levée sor le fautre », nous rappellent le début d'*Aliscans* :

> Bien i feri li Palasins Bertrans,
> Gaudins li Bruns et Guicars li aidans
> Et Guiëlins et li preus Guinemans,
> Girars de Blaives, Gautiers li Tolosans,
> Hunaus de Saintes et Huës de Melans [1].

Ce combat épique aurait bien pu servir de modèle à Pierre de Saint-Cloud dans l'énumération détaillée de ses héros canins : Roonel – « le chien Dant Frobert » ; Espinars et Hurte-Vilain ; « Clemens i fu et Oliviers » : Vaculars « qui miex se desresne, et plus tost va et miex le trace » ; Ivolez « li max florez », Torne-en-fuie et Passe-mer « qui vint de vers Pont-Audemer », Pinçonete « qui si se pene » et maint autre. La liste est tellement longue, qu'il faut croire que le poète prenait un vrai plaisir à accumuler les épithètes burlesques et dérisoires, auxquels est associé, notons-le, le nom illustre d'Olivier. On peut se demander si, pour les auditeurs du XIIème siècle, nourris dans l'admiration des héros épiques, le comique de cette parodie ne renfermait pas une certaine malice dirigée contre les chevaliers de l'époque.

Si les gens du XIIème siècle n'ont pas attaché un sens plus profond à la parodie des exploits de leurs héros légendaires, on peut se demander néanmoins s'ils sont restés insensibles à la moquerie de leur propre époque dans cette branche II-Va. Dans

[1] *Aliscans, kritischer Text*, von E. Wienbeck, W. Hartnacke, P. Rasch, Halle, 1903 ; v. 4 ss.

l'histoire de l'amour adultère de Renart et Hersent, la parodie des « jugements de Dieu » équivaut à une attaque peu camouflée de certains aspects de la justice médiévale. Hersent, épouse infidèle, essaie de nier sa faute « par sairement et par joïse ». Gustave Cohen a remarqué que Pierre de Saint-Cloud touche à l'impiété en se moquant ainsi de l'ordalie, institution religieuse. A la fin de la branche, l'impiété est donc d'autant plus grande que non seulement l'accusé, mais aussi le juge, sont coupables d'une perfidie : Renart s'apprête cyniquement à se parjurer, tandis que le juge nommé par le roi pour présider « l'escondit », Roenel, « moult bon chien et vrai », se laisse suborner par Isengrin et est prêt à fausser un jugement considéré comme divin. L'impiété du poète ne fait pourtant pas oublier les défauts qu'il met en lumière dans l'ordalie comme instrument de justice.

Il est vrai que Pierre de Saint-Cloud se moque de l'ordalie à une époque où l'on y avait recours de plus en plus rarement. Mais c'est bien la société française du XIIème siècle qu'il caricature dans cette branche. Quand Isengrin et Hersent arrivent à la cour du roi Noble, ils le trouvent entouré de toutes les bêtes « feibles et fors, de totes guises », tel le roi de France au milieu de ses vassaux. A la demande du roi Noble, les plus grands du royaume se retirent pour décider en conseil privé de l'action à prendre pour régler la dispute entre Isengrin et Renart. Dans la discussion qui s'ensuit, les héros de Pierre de Saint-Cloud parlent comme des pairs de France, mus par des passions et des sentiments complètement humains. Brichemer, sénéchal du royaume, préside avec dignité et sagesse ; Baucent refuse avec indignation d'écouter aucune proposition contraire au droit et à la justice ; Brun, animé par la haine et le désir de vengeance, ne se soucie guère des procédés juridiques et demande une condamnation sommaire de Renart ; Plateau le daim essaie de ramener la discussion à ses véritables proportions ; et Cointreau le singe, sceptique et moqueur, recommande sournoisement miséricorde pour le pécheur.

La scène de discussion est traitée avec un réalisme et une attention aux détails qui trahissent une grande connaissance en même temps qu'un profond respect de la part de Pierre de Saint-Cloud pour la procédure de son temps, et sa satire des jugements de Dieu se révèle par conséquent comme un sincère désir de perfectionner un système auquel il est très attaché. Les preuves de son admiration et de son respect pour les principes fondamentaux et pour les formes de la justice abondent dans la branche II-Va. Après le viol d'Hersent, Renart se défend contre les accusations d'Isengrin par des arguments juridiques :

v. 1312 « Pour dieu, biau sire, ne creez
Que nulle rien i aie faite,
Ne draps levez ne braie traite.
Onc par cest corps ne par ceste ame
Ne mesfis rien a vostre fame.
Et pour moi et pour lui desfendre
Partot la ou le voudrez prendre
Un serement vous aramis
Au los de vos meillors amis ».

Noble, en sage monarque, donne des conseils de prudence et de modération à Isengrin et cherche une formule de réconciliation entre ses deux barons. A sa demande le légat du pape, messire Chameau – « moult fu sages et bon legistres » – donne un avis basé sur des précédents dans d'autres pays. Finalement, exaspéré par les violences d'Isengrin, Noble lui défend de troubler la paix du royaume en ayant recours à la guerre privée contre Renart, et fait retenir la cause.

Pierre de Saint-Cloud consacre plusieurs centaines de vers aux débats sur les formes et les principes de la justice. Ces débats juridiques ont fait l'objet d'une étude par Jean Graven [1], qui les a comparés avec les principes de la procédure et du droit criminel féodal tels qu'on les trouve définis dans les traités de droit du Moyen Age : les *Assises de Jérusalem,* le *Livre de jostice et de plet,* les *Coutumes de Beauvaisis,* les *Etablissements de saint Louis ; le Très Ancien Coutumier de Normandie* et le

[1] *Le Procès criminel du Roman de Renart : Etude du droit criminel féodal au XIIème siècle,* Genève, 1950.

Grand Coutumier de Normandie, et la *Très ancienne Coutume* de Bretagne. De cette dernière en particulier il dit : « Nous nous sommes assuré qu'elle offre l'image d'un ordre ou d'un style criminel assez rapproché de celui du *Roman de Renart* (sauf en ce qui concerne l'enquête d'office qui, à ce moment, y apparaît pour les crimes graves à côté de la procédure accusatoire antérieure). Car, si elle a été très probablement rédigée entre 1312 et 1325 environ, les auteurs présumés qu'une longue tradition lui attribue, Copu le Sage, ce Brichemer, Tréal le Fier, ce Baucent, et Mahé le Loyal, ce Grimbert, ont recueilli un ' style de procédure civile et criminelle ' bien antérieur et qui plonge ses racines dans le vieux droit du siècle précédent » [1].

Dans toute cette comédie, la plainte d'Isengrin qui est décidée par ses pairs et le serment de Renart, Pierre de Saint-Cloud a fait une caricature amusante qui est au fond un tableau fidèle et réaliste des formes et des procédés de la justice de son siècle, et où sont représentés les notables de l'aristocratie française. La satire extrêmement fine et agréable – car il s'agit certainement de la satire – d'un des hauts personnages qui entourent le roi Noble, permet de juger combien cette partie de la branche II-Va est basée sur l'observation de la réalité. Dans messire Chameau le légat, dont le jargon franco-italien réjouit ses auditeurs, on a reconnu un personnage réel et très en vue à la cour française. Ernest Martin avait cru que cette caricature était une satire dirigée contre les jurisconsultes italiens qui avaient défendu les droits impériaux de Frédéric Ier. Lucien Foulet cependant a identifié dans la personne de Chameau le cardinal Pierre de Pavie, légat du pape Alexandre III auprès de Louis VII, personnage très connu et respecté à la cour de France.

Un poème où l'on discute pendant des centaines de vers les principes de la justice et des points épineux du droit, où le roi et les plus grands nobles du royaume, les hauts fonctionnaires, sont caricaturés, où finalement un haut prélat, ami et

[1] *Ibid.*, p. 16-17.

légat du pape et conseiller estimé du roi de France, est l'objet de la risée générale, telle est la dernière partie de la branche II-Va. On peut bien se demander si vraiment elle était destinée simplement à nous faire rire. Pierre de Saint-Cloud caricature la cour féodale réunie pour écouter une cause, mais il respecte soigneusement les procédés et les principes de la justice féodale, il les défend contre les barons tels qu'Isengrin et Brun, qui veulent leur porter atteinte. A vrai dire, la comédie pure n'a guère rien à faire avec une parodie si fidèle. On sent plutôt que le poète vise les personnages qu'il met ainsi en scène. En les caricaturant, il les expose à la moquerie, à la risée de son public. En fin de compte, quel est le résultat de ces profondes délibérations ? Renart trompe ceux qui voulaient le détruire. Satire de l'ordalie ? Mais il est à remarquer que le faux serment n'est jamais prononcé, quoique Renart soit bien prêt à se parjurer. D'un bout à l'autre de la branche II-Va, Pierre de Saint-Cloud se montre légiste savant et profondément respectueux des formes et des procédés de la justice. Il se montre moins respectueux de ses personnages. Lucien Foulet signale la ressemblance qu'il y a entre la peinture du puissant roi Noble qui tient sa cour au milieu de ses vassaux, et différents passages des romans arthuriens. En outre, dit-il, Noble a ici un faux air de roi Arthur. Mais les lecteurs du XIIème siècle, n'étaient-ils pas peut-être tentés de faire d'autres rapprochements ? On ne peut guère hésiter à croire que le chameau, originaire de Lombardie et légat du pape, est bien Pierre de Pavie ; tout coïncide trop bien pour qu'on puisse en douter. Par conséquent, on peut supposer, comme le pense Foulet, que Noble devait représenter le roi Louis VII. Au vers 448 de la branche Va, on apprend que messire Chameau était venu apporter à Noble « treü devers Costentinoble ». Or, on sait que Pierre de Pavie avait été chargé par le pape d'essayer d'arranger une paix entre Louis VII et le roi d'Angleterre, car les hostilités entre les deux monarques menaçaient d'exposer les pays chrétiens d'Orient aux dévastations des infidèles. A partir de 1176 il avait la mission d'entraîner Louis VII à la croisade. L'allusion du vers 448 semble donc claire : « Il est donc à croire que pendant l'année 1176 Pierre de Pavie prêcha vigoureusement la croisade : s'appuyant sur la lettre du pape, il ne dut pas se faire faute de déclarer que l'empereur Manuel lui-même réclamait le secours du puissant roi de France et de sa vaillante noblesse. Si ce n'était pas là apporter le « treü » de Constantinople, cela y ressemblait fort, et on ne saurait guère demander à l'auteur d'une épopée héroï-comique une exactitude plus rigoureuse »[1]. A la lumière de ces précisions, certains passages du poème nous semblent plus clairs, plus significatifs. Au conseil des grands barons pour examiner la plainte d'Isengrin, Brichemer, sénéchal très averti, s'inquiète de la possibilité que le roi Noble soit absent au moment de l'escondit :

> v. 871 Une cose a qui molt me serre,
> Se li rois n'est en ceste terre,
> Devant qui cist plès soit tretiez ?

On sait que Louis VII avait juré en 1177, devant le légat Pierre de Pavie, de prendre la croix et d'aller à Jérusalem. Or, dit Foulet, c'est la possibilité de ce départ qui explique les vers qui sont autrement fort obscurs. Mais, continue-t-il, sait-on comment un lecteur de l'époque interprétait des vers semblables ? « Il est possible qu'il y ait dans ces simples mots une nuance d'ironie qui nous échappe. C'est un fait certain que, malgré les exhortations de Pierre de Pavie et malgré un engagement solennel, Louis VII resta chez lui. Qui empêche de croire que plus d'un sujet du roi de France avait dès longtemps prévu ce résultat et en avait plaisanté à l'occasion ? »[2]. De même on pourrait voir une certaine raillerie dans le nom de Musard que Pierre de Saint-Cloud donne au chameau, légat du pape. Finalement, Foulet relève le fait que malgré l'éloge probablement sincère de l'excellent légiste, le trouvère n'a pas oublié les ridicules qui pouvaient frapper les Français : « Le jargon qu'il lui prête,

[1] *Le Roman de Renard*, p. 223.

[2] *Ibid.*, p. 225.

où l'italien et le latin se mêlent au français, devait être d'un effet très sûr ». On note que le long discours du chameau est élaboré avec un soin curieux, et Foulet pense que l'auteur de Va a travaillé ici d'après nature : « Il ne serait pas impossible qu'il eût entendu prêcher Pierre de Pavie lui-même et eût retenu quelques singularités de son accent d'outre-mont » [1]. Les occasions n'en manquaient pas, et on peut penser comme Foulet que bien des contemporains du poète ont reconnu immédiatement derrière Musard le chameau le cardinal Pierre.

Si par moments le poème de Pierre de Saint-Cloud nous rappelle le monde arthurien, si nous sentons parfois l'influence des chansons de geste, c'est bien le XIIème siècle français qui est évoqué dans toute la dernière partie. Mais tout en dehors de certaines des institutions les plus caractéristiques du XIIème siècle, en dehors même des types de la société féodale, on reconnaît enfin dans II-Va des personnages historiques, véritables – Louis VII, Pierre de Pavie. Qui sait même si les contemporains de Pierre de Saint-Cloud ne reconnaissaient pas d'autres personnages encore ? N'y voyaient-ils pas peut-être des allusions moqueuses, satiriques, qui nous échappent aujourd'hui ? Les allusions que nous reconnaissons, avec quelque difficulté souvent, avaient peut-être bien plus de piquant pour les lecteurs du XIIème siècle.

Il ne faut pas sous-estimer cet aspect moqueur, voire satirique de la branche II-Va. Même la parodie des chansons de geste et des romans courtois a dû avoir une autre signification, une autre force, au XIIème siècle. Ces légendaires héros que Pierre de Saint-Cloud avait pris comme modèles, Tristan et Iseut, les rois Marc et Arthur, Guillaume d'Orange, étaient bien moins éloignés des gens du XIIème siècle que de nous. Mais voilà que déjà on se moque d'eux ; « Tout a son temps. Les grands sentiments, le courage aux combats, les grands coups d'épée, l'idéal d'honneur féodal avaient alimenté l'inspiration épique ; les auditoires, haletants, s'étaient passionnés au récit de chevau-

[1] *Ibid.*, p. 225.

chées merveilleuses et lointaines. Or, certainement « l'éloquence continue ennuie » ; – l'héroïsme aussi. A l'âge aristocratique va succéder l'âge bourgeois. L'esprit gouailleur, l'esprit frondeur, qui est humain, et qui est surtout français, revendique ses droits. Les jongleurs doivent renouveler l'affiche ; ou du moins y faire alterner le plaisant et le sérieux ; l'œuvre qui exalte les grands sentiments, et l'œuvre qui les raille en parodiant »[1]. Dans l'œuvre de Pierre de Saint-Cloud, c'est la dernière partie qui parodie la société féodale, et c'est dans cette partie qu'on sent le plus nettement la verve et l'originalité du poète. C'est là aussi qu'il a modifié considérablement son modèle latin, l'*Ysengrimus*, qu'il a en effet amorcé le récit de la guerre entre Renart et Isengrin qu'il nous avait promis dans le prologue. La différence entre les deux parties de II-Va est assez frappante. Des quatre épisodes de la première partie de la branche II, deux, *Renart et Chantecler* et *Renart et la Mésange,* viennent de l'*Ysengrimus* ; *Renart et Tibert* est une invention de l'auteur, tandis que *Renart et le Corbeau* dérive probablement de la fable de Marie de France. Mais dans les quatre épisodes on ne trouve pas encore l'intérêt dans la parodie et la caricature qui caractérisent toute la dernière partie de la branche. Certes, on y trouve l'anthropomorphisme essentiel au *Roman de Renart,* mais en même temps on ne s'éloigne jamais beaucoup du conte d'animaux, ni du monde des animaux. Dans le prologue Renart est appelé « baron » ; lui et les autres personnages des quatre épisodes ont les attributs des êtres humains. Néanmoins, ils restent surtout dans leur milieu normal, les bois et les champs. C'est par une gradation habile que ces animaux se transforment en membres de la société humaine, et ce n'est que dans l'histoire du viol de dame Hersent et ensuite dans la partie Va qu'ils apparaissent en représentants de la noblesse féodale. Ces premiers épisodes sont des contes amusants qui mettent en évidence le caractère du héros principal, rusé, hypocrite, sans scrupules. Ces histoires ont leur propre charme : « L'épopée animale de la

[1] Ch. Guerlin de Guer, *Le Roman de Renart,* dans *Revue des Cours et Conférences,* 1929, p. 2-3.

première époque n'est pas autre chose qu'un spectacle de ruse et de supercherie, en vue du divertissement ; le plaisir de la tromperie ; le plaisir que le trompeur prend à la tromperie, et le plaisir réciproque que prend le trompé à tromper le trompeur »[1]. Certes Pierre de Saint-Cloud s'est plu à imiter parfois dans ces histoires les modes littéraires contemporaines ; Foulet a signalé des ressemblances de style qui suggèrent nettement l'influence de l'oeuvre de Chrétien de Troyes, tandis que le rêve de Chantecler du premier épisode est une parodie charmante et réussie des songes que nous trouvons si fréquemment dans la littérature épique du XIIème siècle : « Il est difficile de décider si notre trouvère a eu dans l'esprit ou sous les yeux un modèle précis, mais il est certain de toute façon que, s'il a inséré cet épisode dans le récit de Nivard, c'est sous l'influence de la littérature épique de son temps. Il y a à la fois imitation et parodie : car si Chantecler et Pinte gardent jusqu'au bout une aristocratique dignité, leur sérieux même finit par devenir irrésistiblement comique »[2]. Mais, comme l'a souligné Guerlin de Guer, cette parodie n'est pas toujours exempte de raillerie, surtout quand on peut reconnaître dans ces aristocrates du monde des bêtes des personnages véritables du siècle, personnages aussi importants que Louis VII et Pierre de Pavie. La dernière scène de la branche est certes une parodie très amusante de la chevauchée épique ; mais ne peut-on pas y voir comme un certain mépris de la part de notre poète, clerc très versé dans le droit et profondément respectueux de la justice, pour les exploits de l'aristocratie féodale, pour ses chevauchées et ses « grands coups d'épée » ? Il me semble difficile de ne pas admettre que Pierre de Saint-Cloud a introduit dans la toute première branche de Renart l'élément satirique à côté de la comédie.

Lucien Foulet avait constaté la proche parenté, l'air de famille, des branches V et XV avec II-Va, et il en avait conclu

[1] *Ibid.*, p. 16.
[2] *Le Roman de Renard*, p. 215.

qu'elles avaient été composées comme une sorte de double appendice à l'histoire de Pierre de Saint-Cloud. Aussi est-il sans doute préférable de les examiner avant la branche III, qui leur est vraisemblablement antérieure.

La branche V, *Renart, Isengrin et le vol du jambon* et *Renart et le Grillon,* avait été composée selon toute vraisemblance pour faire suite à l'histoire du viol d'Hersent. Dans l'édition Méon, elle débute par un nouveau songe, raconté par Renart, mais qui rappelle singulièrement celui de Chantecler au début de II-Va. L'auteur de Va imité assez fidèlement Pierre de Saint-Cloud et a ajouté un seul trait : le charme que dame Hermeline indique à son mari pour le préserver du danger qui le menace. La courte histoire de Renart et la corneille qui suit est certainement inspirée par les *Bestiaires* et se distingue surtout par son obscénité.

Toute cette introduction manque dans l'édition Martin, et la branche V commence avec la rencontre de Renart et son oncle Isengrin, qui est assoiffé de vengeance. A part quelques plaisanteries sur un ton ironique de la part d'Isengrin sur le service qu'il va rendre à son indigne neveu en le mettant dans une « forte prison », à l'abri de tout danger et de tout souci, il n'y a rien dans l'histoire du vol du jambon qui rappelle le monde aristocratique de II-Va. Nous ne quittons guère le monde des bêtes de la forêt, et le poète nous raconte simplement une histoire amusante, une nouvelle ruse du goupil Renart. L'épisode de Renart et le grillon apporte un nouvel élément : Renart essaie de tromper Frobert en se prétendant pèlerin, mais la petite bête ne se laisse pas convaincre par le nouveau pénitent. L'influence des récits latins médiévaux, d'origine cléricale, se fait sentir dans cette petite histoire du goupil qui prétend être religieux pour tromper les autres bêtes. Ce thème de l'hypocrite, du faux dévot, prendra une importance capitale plus tard dans le *Roman de Renart.*

Avec la branche XV, *Renart, Tibert et l'Andouille,* qui introduit l'aventure de Tibert avec le prêtre, nous retrouvons le style et la méthode de Pierre de Saint-Cloud. L'histoire de l'andouille est dans le goût des premiers épisodes de la branche II et était évidemment désignée à faire suite au récit de *Renart joué par Tibert.* Le thème est de nouveau celui du trompeur trompé, mais à l'élément comique s'ajoutent des passages fortement ironiques sur la perversion du monde et la duplicité des gens. Les deux rusés compères rivalisent d'hypocrisie, et la rage de Renart surpassé en finesse, venant tout de suite après des professions d'amitié et de sincérité et combinée avec les remarques hypocrites ou ironiques de Tibert, donne un effet de comique très plaisant au récit. Mais en même temps il faut sans doute reconnaître qu'il y a dans le sermon de Renart et la piété complètement fausse de Tibert une satire de l'hypocrisie religieuse. Cette satire devient plus directe et plus âpre dans le récit de l'aventure de Tibert avec les deux prêtres, qui sont fortement ridiculisés. Le tableau que le poète fait des prêtres n'est point flatteur. En disputant avec son collègue la peau de Tibert, messire Torgiz fait preuve d'une avarice et d'un manque de charité peu chrétiens :

v. 403 « Leissier ? » fet, il, « pour quel servise ?
Quel bonté ay de vous prise ?
Pour quel bonté, pour quiex merites
La vous lairoie, ce me dites ? »

Il exige le paiement de la moitié de la valeur de la peau, mais refuse en revanche toute aide au malheureux Rufrangier. Ce sont cependant la naïveté, la crédulité, voire la stupidité des deux prêtres que le poète met surtout en évidence. Ils vendent littéralement la peau du chat avant de l'avoir attrapé, et par la suite c'est l'animal qui se montre plus intelligent que les hommes. L'auteur se moque avec un plaisir évident de la peur et de la repentance du pauvre Rufrangier meurtri, convaincu qu'il est victime d'un diable :

v. 501 Lors conmence une kyriele,
Son credo et sa miserele,
Pater noster, la letanie :
Et sire Torgis li aÿe.

C'est Tibert qui remporte tous les honneurs de la rencontre. La branche XV nous rappelle II-Va par son mélange du comique et de la satire, mais c'est la dernière qui domine à la fin. La branche introduit d'ailleurs un nouvel élément de satire dans le *Roman de Renart.* Pierre de Saint-Cloud avait ridiculisé le cardinal Pierre de Pavie, mais il s'en était pris au juriste solennel et quelque peu pompeux, qui prêtait à la risée générale avec son effroyable jargon, et non pas au prélat. L'auteur de XV au contraire satirise ouvertement des serviteurs de l'Eglise, leur ignorance, leur stupidité, leur avarice, leurs superstitions. La branche Va avait attaqué – fort discrètement – une institution religieuse, l'ordalie, mais dans la branche XV on attaque des gens d'Eglise.

Avec la branche III, *Le Vol des poissons* suivi du *Moniage d'Isengrin* et de la *Pêche à la queue,* nous sommes encore dans le monde des clercs, et le comique de cette belle branche provient des aventures de nos deux héros irréligieux dans la vie religieuse. Lucien Foulet croit, en dépit des contes folkloriques qui reprennent le thème, que cette branche a été inspirée par l'*Ysengrimus.* Certes, il accorde au folklore l'inspiration de la première partie, le vol des poissons, mais cette partie, la plus courte du récit, ne sert que d'introduction à l'épisode du moniage. Dans le Vème livre de l'*Ysengrimus* on trouve cependant un épisode qui porte une étroite ressemblance à celui du moniage dans la branche III. Renart apaise son oncle, qu'il a rencontré inopinément, en lui offrant des gâteaux qu'il prétend recevoir au couvent. Il dit qu'il s'appelle maintenant Frère Renart, et montre la tonsure qu'il s'est fait faire. Isengrin veut entrer à son tour au couvent, il se fait tonsurer par Renart et est admis à l'abbaye du Mont Blandin. La suite du récit latin est toute différente du français, mais, comme le dit Foulet, on reconnaît ici les grandes lignes et quelques-uns des épisodes les plus caractéristiques du conte du moniage. Il est pourtant intéressant de comparer les deux récits pour constater avec quelle indépendance et quelle originalité travaillaient souvent les auteurs du *Roman de Renart.* On peut trouver également dans l'*Ysengrimus* le modèle du dernier épisode, la pêche à la queue. Mais, malgré ses liens étroits avec l'*Ysengrimus,* la branche III diffère radicalement du poème de Nivard. Ernest Martin avait trouvé dans les allusions à la vie monastique une ironie pleine de gaîté et d'esprit. Mais la branche III est essentiellement un poème comique ; le monde des moines sert simplement de cadre amusant aux inventions de l'esprit gai et ironique de Renart qui joue de nouveaux tours à son lourdaud d'oncle. Il est vrai que le poète donne plusieurs détails sur la vie conventuelle des frères de l'ordre de Tiron, auquel Renart prétend appartenir. Mais la congrégation de Tiron a bel et bien existé [1], et on peut constater que les détails que le poète nous donne sont pleinement en accord avec les règles de saint Benoît. La branche III est un exemple de cette littérature des écoles médiévales, où des clercs et des moines en verve s'amusaient à parodier la vie monacale. Ce qui est d'un intérêt particulier pour nous dans ce poème, c'est l'emploi pour la première fois dans le *Roman de Renart* du thème du loup qui se fait tonsurer et devient moine. Par la suite, ce thème sera repris plus d'une fois par les conteurs de Renart et leur fournira le prétexte à des caricatures très développées et pleines d'une âpre satire, mais il faut constater ici l'emploi restreint et comique que l'auteur de la branche III en fait.

Si jusqu'ici il a fallu examiner attentivement les branches du *Roman de Renart* pour découvrir les intentions de leurs auteurs, celui qui a composé la branche IV, *Renart et Isengrin dans le puits,* nous enlève dès l'introduction tout doute sur la nature de son récit :

Or me convient tel chose dire
Dont je vos puisse fere rire.
Qar je sai bien, ce est la pure,
Que de sarmon n'aves vos cure
Ne de cors seint oïr la vie.
De ce ne vos prent nule envie,
Mes de tel chose qui vos plese.

[1] Boyon et Frappier, *Roman de Renart*, p. 31, 1 . « La congrégation de Tiron (près de Nogent-le-Rotrou), fondée en 1113 et réunie plus tard à l'ordre de Cîteaux. »

On va donc nous amuser, sans intention aucune de nous faire un récit édifiant. Ayant remarqué que Renart et Isengrin sont ici plus près des bêtes des champs et des bois que de la société humaine, Lucien Foulet a appelé cette branche une fable épique, où il s'agit de raconter « un sol gabet » du rusé goupil. A première vue IV semble nous raconter en effet une simple ruse de plus de Renart. Mais un examen plus approfondi révèle que l'intérêt de la branche n'est pas dans l'action, mais dans le dialogue entre les deux acteurs principaux et dans les nombreuses allusions à la vie monastique. Mais ne peut-on pas voir dans l'introduction que je viens de citer, en dehors d'un simple prologue, une moquerie ironique à l'adresse des auditeurs, de ces Français du XIIème siècle qui avaient dèjà marqué leur préférence pour les récits de Renart aux sermons édifiants ou aux histoires des saints ? Un peu plus loin, le poète nous assure que malgré sa réputation de fou, il peut nous raconter une histoire qui mérite d'être retenue. Mais que faut-il retenir de ce conte ? La morale facile, de ne pas se laisser duper par Renart « qui tant set d'abet » ? Cela ne s'accorderait pas avec l'intention exprimée dans le prologue. Non, ce qui fait le charme, l'intérêt de ce beau récit, c'est le comique des descriptions satiriques des Moines Blancs et de la moquerie de la vie monacale. Le trouvère semble avoir emporté de l'école une fort mauvaise impression de ses maîtres :

v. 103 Li moine retendront son gage
O lui meismes en ostage :
Car felon sont a desmesure.

On pourrait maintenir qu'il n'y a rien de vraiment diffamatoire dans ces vers, puisque la « félonie » des moines est réservée aux gens comme Renart qui visent les habitants de leur poulailler. Mais un autre passage se moque ouvertement de ces moines :

v. 369 Seigneurs, or oiez des renduz
Conme il perdirent leur vertuz.
Leur feves furent trop salées

Que il orent mangie gravées.
Li sergent furent pareceus
Que d'eve furent souffreteus[1].

Dans la version qu'offre l'édition Méon l'accusation de paresse est encore mieux précisée :

Si orent trop dormi le soir.
La nuit dormirent comme loir. (v. 6917-8).

Venant après l'énumération des richesses de l'abbaye, bien gardées dans une grange qui a plutôt l'air d'une forteresse, ces vers complètent le tableau des défauts de ces moines avares, gourmands et paresseux. Peut-être faut-il voir aussi une comparaison satirique, une insinuation peu flatteuse, dans la qualité des confesseurs d'Isengrin – « un viez lievre et une barbue chievre ». Le ridicule s'ajoute au comique dans la scène qui montre toute la sainte communauté sortant de l'abbaye pour aller assommer le pauvre Isengrin :

Li abes prent une macue
Qui moult estoit grant et cornue,
Et li priours un chandelier.
Il n'i remest moine ou moustier
Qui ne portast baston ou pel :
Tuit sont issu de leur hostel.
Au puis en prennent a venir
Et s'aprestent de bien ferir.

Il pourrait m'être reproché d'exagérer l'importance dans cette branche de la satire qui semble d'ailleurs avoir échappé à l'attention de la plupart des critiques du *Roman de Renart*. Mais le poète semble manifester contre les Moines Blancs une

[1] Cf. Gunnar Tilander, *Lexique du Roman de Renart*, Göteborg, 1924 : « Les moines sont tombés malades et ils ont grand' soif parce que leurs fèves furent trop salées. » D'autres manuscrits donnent « crevées » ou « colées, » à la place de « gravées ». Tilander pense que « tous ces adjectifs se rapportent aux pois qui ont commencé de germer. Les pois germés ne sont pas bien bons, et c'est peut-être pour cela qu'on les avait trop salés ». Mario Roques traduit « crevées » par « en purée ».

réelle animosité qui se révèle chaque fois qu'il parle d'eux, et qui se trahit dans la malédiction lancée sur l'un des assaillants du loup :

v. 431 Atant estes vous le priour
Cui diex otroit grant deshonnour.

En tout cas, l'auteur de la branche IV fait preuve d'un esprit bien moqueur dans l'amusante mais fort irrévérente prière du loup qui veut aller au paradis :

v. 324 Ysengrins n'i volt plus ester :
Son cul tourna vers orient
Et sa teste vers occident,
Et conmenca a orguener
Et tres durement a usler.

La moquerie implicite dans le renversement intentionnel de la posture du priant nous fait penser à l'anticléricalisme de Voltaire par exemple, dont le Zadig arrange les commandements de l'Eglise à sa façon avec la même désinvolture qu'Isengrin. On n'a qu'à comparer les branches III et IV pour constater que la verve joyeuse de la première est remplacée dans la seconde par une moquerie irrespectueuse et franchement caustique.

Pierre de Saint-Cloud avait caricaturé le légat pontifical et s'était moqué discrètement de certaines institutions religieuses. L'auteur de III nous avait introduits dans la vie monastique qu'il traitait avec beaucoup de gaîté, et c'est dans le même cadre que s'était exercée la verve plutôt satirique de l'auteur de IV, ennemi prononcé des moines. Mais combien plus grande est l'impiété de l'auteur de la branche XIV qui, dans la seconde partie de son poème, *Renart et Primaut,* fait une joyeuse mascarade, un burlesque effréné de la plus sacrée des institutions de l'Eglise, la sainte Messe ! Plus tard, nous verrons d'autres parodies des offices religieux, mais nulle part les conteurs de Renart ne se donneront plus de licence que dans cette branche XIV. Amené par Renart dans une église de village et saoulé du vin de communion, Primaut veut être tonsuré pour pouvoir célébrer la messe. Renart ne se fait pas prier et lui rase promptement toute la tête, en se servant de l'eau bénite; puis, pour comble de blasphème, il s'arroge même le droit de consacrer le nouveau prêtre. Primaut exerce son sacerdoce avec un enthousiasme et une vigueur débordants. Il annonce la messe au village en sonnant toutes les cloches – « a glas sone et a quareignon ». Il s'habille, avec l'aide de Renart, de tous les vêtements sacerdotaux – aube, aumuce, fanon, étole, chasuble, ceinture – et se met à chanter la messe devant l'autel :

> v. 468 A chanter a mis son pense.
> Durement brait et ulle et crie.

La description de la messe est faite avec une verve, avec une profusion et une précision de détails, qui trahissent, en même temps que sa connaissance intime des choses de l'église, le plaisir qu'éprouvait le poète à les parodier. Mais le ton devient plus âpre après cette scène de folle gaîté. Le poète manifeste à l'égard du curé de la paroisse une animosité qui rappelle celle que montrait l'auteur de la branche IV pour les moines blancs. Il se montre plein de méfiance envers ce prêtre « qui moult sot d'aguet ». La scène à la porte du moûtier est riche en comique, mais c'est un comique plein de satire, qui vient de l'émoi du curé et de ses paroissiens devant l'apparition diabolique de Primaut qui chante sa messe. Encore une fois le texte de l'édition Méon est plus détaillé :

> Li Prestres qui moult sot d'aguet
> Par un pertuis fist son aguet,
> Si voit Primaut qui ulle et crie,
> Et sachiez qu'il nel' conut mie
> Por la teste qu'il vit pelée,
> Et la corone grant et lée.
> L'uis fet sovent clorre et ovrir,
> Et si l'ot uller et glatir
> Aussi conme se fust déable.
> Ne cuidiez pas que ce soit fable,

Que si grant péor a éue,
Tote l'en trouble la véue;
S'est à terre pasmé chaü;
Et la Dame l'a connéu,
Conmence à crier et à brere,
Et li Clerc ne se volt plus tere,
Par la vile s'en va criant,
Les vilains va toz esveillant. (v. 3423 sq.)

Dans la branche XV, il est fait allusion à la femme du malheureux prêtre Rufrangier. La dérogation à la règle du célibat fournit souvent dans le *Roman de Renart* l'occasion d'attaquer le clergé ; dans la branche XIV, le poète se contente de s'en servir pour rehausser l'effet comique de cette scène de consternation et d'effroi. Un peu plus loin dans le texte de Méon, Primaut fait une nouvelle plaisanterie aux dépens du curé dont il a emporté tous les vêtements sacerdotaux :

Se il velt demain chanter messe,
Praingne le chainse à la prestresse,
Ou sa chemise, et aube en face. (v. 3537-9)

Dans le supplément à l'histoire de la messe que présente l'édition Méon, « Si conme Renart et Primaut vendirent les vestemens au prestre por un Oyson », le prêtre est tenu « por fol » à deux reprises, sans autre explication sauf évidemment que ce sont les deux bêtes qui tirent le plus grand bénéfice de la transaction. On aura l'occasion de revenir sur la question de l'animosité qu'affichent régulièrement les conteurs de Renart pour les prêtres villageois, animosité qui provenait vraisemblablement du mépris que sentaient nos poètes, clercs lettrés, pour des hommes qui, malgré leur sacerdoce, ne s'élevaient guère au-dessus de la classe très humble des vilains dont ils étaient le plus souvent sortis.

Les distinctions sociales de l'époque se reflètent d'ailleurs dans un autre passage de la branche XIV dans l'édition Méon. Le conteur imite Pierre de Saint-Cloud, qui avait parodié la noblesse du royaume, pour se moquer des vilains. Il reprend la parodie de l'épopée pour décrire avec un mépris très visible une ruée vers les armes, un attroupement de guerriers de la basse-cour, auxquels il n'épargne pas ses sarcasmes :

> Qui donc véist vilains saillir
> Et droit à cel mostier venir,
> Bien li membrast de grant aïe :
> Li uns endosse sa cuirie,
> L'autre prent son chapel de fer
> Que il semble venu d'enfer,
> Trop avoit géu en fumiere :
> Li autre prent sa forche fiere
> Dont devoit espandre son fiens,
> Et li autre maine ses chiens :
> Un autre tient espée en main,
> Bien furent quatre cent vilain
> Qui sont de moult très male estrace.
> Chascun porte baston ou mace,
> Ou flael, ou maçue ou hasche,
> Bien conbatront à la limace. (v. 3451 sq.)

Quelle ironie dans l'appellation « Seignors » avec laquelle le curé lance cette bande contre Primaut! Non, vraiment, notre trouvère n'aime pas les vilains : comparez encore la mise en garde contre toute la race que Renart fait à Primaut:

> « Vilain sont déable sanz faille,
> Voir de vilain n'est-il nul conte,
> Car l'en n'en puet conter le conte.
> Vilain si est sanz amistié,
> Vilain si n'a d'ome pitié ». (v. 4266 sq).

A un autre endroit, on parle de « li ort vilain », ailleurs de « vilain fel et cuivert ». Mais ce dénigrement systématique se trouve aussi dans l'édition Martin, et atteint son point culminant avec le récit du vol des jambons; après le châtiment que le vilain de la ferme lui inflige, Primaut se sauve en emportant un morceau de fesse, mais Renart refuse la chair de vilain :

v. 844 « Primaut » dit Renars, « par ma pel
Et foi que je doi Malebranche,
Char a vilein noire o blanche
Si n'est prous en nule seison ».

Lucien Foulet a remarqué que l'auteur de la branche XIV, tout en reprenant la méthode de Pierre de Saint-Cloud, n'a pas réussi à créer la même cohésion entre les différents épisodes, ni la même unité de ton et d'atmosphère dans l'évocation du monde féodal. Il y a cependant dans cette branche une autre unité, qui résulte de la satire systématique du bas clergé et des vilains. Cette unité de ton existe dans les deux parties du poème, qui sont autrement sans thème commun. Le poète a voulu, il me semble, faire beaucoup plus que d'allonger la liste des mauvais tours joués par Renart au loup; la parodie de l'office religieux, la moquerie du prêtre et des villageois, jouent un rôle trop important pour qu'on puisse négliger l'intention satirique de notre auteur.

Suivant l'ordre chronologique nous arrivons maintenant à la branche I, le *Jugement de Renart* ou le *Plaid,* qui a certainement été une des plus goûtées, sinon la plus populaire, de toutes les branches du *Roman de Renart.* Lucien Foulet a demandé en effet si la branche I n'est pas le chef d'oeuvre du Cycle de Renart, en faisant valoir l'art de composition du poète, la variété, le mouvement, la fidélité de la peinture du monde des animaux. En même temps il signale l'importance capitale d'un autre élément : « Pour la première fois au cours de cette étude, nous rencontrons chez un trouvère de Renard un penchant décidé à la satire. Les critiques et les railleries portent sur deux institutions essentielles de la société médiévale, la royauté et le clergé. C'est le roi, il faut le dire tout de suite, qui est le moins maltraité » [1].

J'ai essayé de démontrer que, même s'ils n'avaient pas de penchant décidé à la satire, les auteurs des branches précédentes

[1] *Le Roman de Renard,* p. 348.

avaient eu recours fréquemment et délibérément à la satire. Quelquefois, ils l'avaient employée pour rehausser l'effet comique ; mais il faut dire que cet emploi de la satire est d'autant plus fréquent et réussi que les auteurs y prenaient un plaisir tout évident. En écrivant la branche I, le trouvère avait le dessein d'achever la branche II-Va en développant « le meilleur de la matière ». Par conséquent, il n'y a rien de surprenant à ce qu'il ait repris la manière de Pierre de Saint-Cloud. La parodie de l'épopée chevaleresque avait constitué un élément important et fondamental du comique de la branche II-Va; de même elle fournit le fond sur lequel se joue l'action de la branche I. Ernest Martin fait allusion à l'emploi par l'auteur de preuves prétendues d'authenticité – « Ce dist l'estoire el premer vers » – ce qui est, selon lui, l'imitation ou plutôt la parodie de l'épopée héroïque. Il signale en outre comme une imitation du style épique le titre d'empereur que le poète donne à Noble et qui devait vraisemblablement suggérer la comparaison plaisante du monarque des animaux avec Charlemagne. Dans les appellations et les titres de noblesse donnés aux animaux dans l'entourage de Noble il y a peut-être plus d'un souvenir de la *Geste du roi,* ainsi que dans les scènes de dispute à la cour. Il n'y a par contre aucun doute sur l'intention de l'auteur dans les scènes de bataille qu'il s'est plu à nous donner à deux reprises dans la branche I. Dans le récit de l'assaut des villageois contre Brun, le contraste entre une charge de chevaliers des chansons de geste, ou de chevaliers féodaux, et la ruée des vilains aux épithètes dérisoires et souvent grossières, dépasse les limites de la simple parodie :

v. 632 Qui dont veïst vileins venir
Et formier par le boscage!
Qui porte tinel, et qui hache,
635 Qui flael, qui baston d'epine.
Grant peor a Brun de s'escine.

On trouvera une certaine similarité dans la description de l'assaut des vilains dans les différentes branches – ici il y a des échos de la branche XIV. Mais l'énumération des vaillants guerriers est bien l'œuvre du poète de la branche I :

Bertot le filz sire Gilein,
Et Hardoïn Copevilein,
Et Gonberz et li filz Galon,
Et danz Helins li niez Fancon
Et Otrans li quens de l'Anglee
Qui sa feme avoit estranglee :
Tyegiers li forniers de la vile
Qui esposa noire Cornille,
Et Aymer Brisefaucille
Et Rocelin li filz Bancille,
Et le filz Oger de la Place,
Qui en sa mein tint une hache :
Et misire Hubert Grosset
Et le filz Faucher Galopet.

A côté de cette version de l'édition Martin il faut placer celles, beaucoup plus hardies dans leur grossièreté et leur recherche de l'effet ridicule et satirique, des éditions de Méon et de Mario Roques, qui sont d'ailleurs à peu près identiques. Il est vrai que les idées de notre époque sur ce qui est obscène et grossier ne correspondent pas toujours à celles des gens du Moyen Age [1], mais il faudra admettre que l'auteur des vers suivants a dû chercher sciemment ses injures, ses noms par trop suggestifs, ses épithètes franchement scabreuses :

Devant lui vient Hurtevilain
et Joudoïn Trouseputain
et Baudoïn Porteciviere
qui fout sa fame par derrieres,
Girout Barbete qui l'acole
et un des fiuz sire Nichole

[1] Cf. Italo Siciliano, dans *François Villon et les thèmes poétiques du Moyen Age*, Paris, 1943, p. 148 : « Lorsqu'on aborde l'étude de Villon, lorsqu'on aborde tout simplement le moyen âge, on est effrayé par la scatologie et par la licence extrême du langage. Mais il n'est pas du tout sûr que le moyen âge ait eu conscience d'être obscène, ni que Villon se soit rendu compte de l'inconvenance de ses expressions. Certes, à notre sens, ou si l'on veut, au sens absolu, c'est de la grossièreté, mais il faut dire que c'est de la grossièreté inconsciente et, par là, très souvent sans malice ».

et Trosseanesse la puant,
qui por la moche va fuiant,
et Corberant de la Ruelle,
le bon voideor d'escuëlle,
et Tiegerins Brisefouace
et li fil Tieger de la Place.

(Ed. Roques, Br. I)

En comparant ce récit de la déroute de Brun avec la dernière scène de la branche II-Va, Lucien Foulet a écrit : « Il faut avouer que Pierre de Saint-Cloud quand il parodie les chansons de geste a la main plus légère : il a grand soin de n'enrôler parmi ses troupes épiques que des animaux; il a senti que d'y mêler des hommes eût introduit dans son œuvre une nuance étrangère de satire et d'âpreté » [1]. C'est même plus qu'une nuance de satire et d'âpreté qu'on sent dans ce passage de la branche I. Dans la scène qui termine le *Plaid,* au contraire, on retrouve la couleur épique du poème de Pierre de Saint-Cloud. Ce sont ici les barons du roi Noble, « la gent du roi », qui se lancent sur les traces de Renart. Mais malgré l'atmosphère chevaleresque de cette scène, il y a un dernier trait moqueur qui nous rappelle qu'il s'agit dans le poème d'une parodie: le gonfanonier qui mène les puissants et fougueux vassaux du roi n'est autre que Tardif le limaçon, la bête la plus humble et la plus lente de toute la cour !

Dans l'épisode de Chantecler qui vient à la cour, accompagné de dame Pinte, porter plainte contre Renart, il y a un naturel, une simplicité et une fidélité dans la peinture qui justifient l'opinion de Lucien Foulet que l'épopée de Renart atteint ici son point culminant. La puissance dramatique fait perdre de vue pour un instant la parodie, qui se mêle dans cette branche à la satire au point de s'y confondre. Même Sudre avait reconnu l'élément satirique de la branche I : « La Branche du *Jugement* n'est d'un bout à l'autre qu'une douce moquerie à l'adresse des rois impuissants et des courtisans hypocrites » [2]. Malgré

[1] *Le Roman de Renard,* p. 341-2.
[2] *Les Sources du Roman de Renart,* p. 35.

l'introduction des hommes dans la scéne de l'attaque contre Brun, ce que Foulet a considéré comme « un léger manque de tact littéraire », l'auteur du *Jugement* a su, en rattachant les divers épisodes dans un poème très uni, associer avec un parfait réalisme ses animaux aux personnages de la société féodale. Mais ce n'est pas simplement le caractère satirique de la parodie qui frappe ici ; c'est aussi un véritable mécontentement qui semble se faire sentir à l'égard de la structure politique et sociale du pays. Les critiques très solides sont mélangées avec des plaisanteries sur les mœurs de l'époque, l'humour contient souvent des vérités acerbes. Noble, monarque désabusé, donne lui-même des conseils ironiques à son malheureux connétable :

« Ysengrin, leissiez ce ester.
Vos n'i poes rien conquester,
Ainz ramentevez vostre honte.
Musart sont li roi et li conte,
Et cil qui tienent les granz corz
Devienent cop, hui est li jorz.
Onques de si petit domage
Ne fu tel duel ne si grant rage.
Tel est cele ovre a escient
Que li parlers n'i vaut noient ».

Ce conseil au mari cocu et le commentaire déshonorant sur l'état moral de son royaume sont d'un rare cynisme dans la bouche de Noble. Mais le monarque lui-même et sa politique n'échappent pas à la critique. A deux reprises Renart formule des plaintes contre la conduite des rois. La première fois, il proteste contre le mauvais accueil et le dédain que rencontrent à la cour les seigneurs pauvres, qui sont moins bien traités que les domestiques. L'autre plainte porte sur un sujet plus grave, la mauvaise politique du roi qui oublie les bons services rendus et prête l'oreille aux mauvais conseillers. Renart prétend avoir rendu plus de services à Noble que n'importe quel autre baron du royaume. Mais à peine parti de la cour, honoré et estimé de son seigneur, il se trouve attaqué par des envieux, des calomniateurs, que le roi a écoutés trop volontiers. Que Noble se méfie des détracteurs :

« Mes puis, sire, que rois s'amort
A croire les maveis larons,
Et il lesse ses bons barons,
Et gerpist le chef por la qeue,
Lors vet la terre a male veue.
Qar cil qui sont serf par nature
Ne sevent esgarder mesure.
S'en cort se poent alever,
Molt se peinent d'autrui grever.
Cil enortent le mal a fere.
Que bien en sevent lor prou fere,
Et enborsent autrui avoir ».

Je suis de l'avis de Lucien Foulet, qui trouve dans ces vers « l'écho d'un mécontentement réel », et qui remarque en outre que de telles plaintes ne sont pas rares dans la littérature française de la fin du XIIème siècle.

L'auteur du *Jugement* ne partage pas l'intérêt que montre Pierre de Saint-Cloud pour la jurisprudence, et il n'en respecte pas aussi rigoureusement les formes. Malgré une défense habile contre les accusations qui l'accablent, Renart est condamné par Noble avec une hâte indécente. Le roi non plus n'est pas traité avec le respect que Pierre de Saint-Cloud lui avait témoigné. Il est représenté comme un monarque très humain, à la fois despotique et faible, désabusé et débonnaire. Par moments fougueux et impérieux, il se laisse souvent abuser par les mauvais conseillers; parfois il est emporté par la rage, à d'autres moments il est vacillant, trop vif à condamner Renart comme pour lui pardonner peu après, se laissant en fin de compte duper toujours par les fourbes et les hypocrites. Est-ce un portrait de Louis VII, roi dévot, borné et médiocre, impuissant en face de ses grands vassaux ? Il est trop osé de le soutenir absolument, mais par la suite nous trouverons des allusions qui semblent se rapporter avec certitude à des événements de son long et vacillant règne.

Les critiques à l'adresse du roi et de sa politique sont au fond assez voilées – Renart n'ose pas s'opposer trop ouvertement à son souverain. Par contre, la raillerie contre le clergé est bien plus directe, par son intensité et son âpreté elle porte bien plus loin que celle des branches antérieures. L'auteur du *Jugement* se moque à son tour des « jugements de Dieu », dont Hersent l'adultère est toute prête à subir l'épreuve, tandis que le serment qu'elle fait jette sournoisement des doutes sérieux sur la chasteté des religieuses de l'époque :

v. 172 « Or revendrai a ma parole.
Qui m'en voult croire, si m'en croie,
Et si voil bien que chascun l'oie :
Onc, foi que doi Sainte Marie,
Ne fis de mon cors puterie
Ne mesfet ne maveis afere
Q'une none ne poïst fere ».

De nouveau il y a un travestissement des offices religieux : l'enterrement de dame Copée donne lieu à une courte mais jolie scène à laquelle toute la cour prend part. La parodie est très poussée dans tout l'épisode de Chantecler et de l'enterrement de dame Copée. Parodie d'abord de la « déploration » d'un défunt, thème fréquent dans l'épopée, le roman et dans les *Vies* des saints. Parodie amusante des récits de miracles, par la guérison miraculeuse de Couart sur la tombe de Copée et par la béatification subséquente de la sainte martyre. Plus loin c'est la parodie de la confession : Renart fait une longue énumération de péchés graves, et reçoit de Grimbert l'absolution. Dans cette longue confession on voit une nouvelle manifestation de la gaîté et la verve des clercs qui s'amusaient à badiner avec les choses religieuses. Mais en même temps il y a dans la sévère réprimande que Grimbert donne au pénitent qui a rechuté trop rapidement, comme une légère note moralisatrice condamnant l'hypocrisie religieuse en général, note qui est encore accentuée dans les remarques du poète.

Pour la deuxième fois dans le *Roman de Renart* on rencontre dans la branche I des allusions aux croisades, et comme dans la branche II-Va, ces allusions ont un caractère franchement satirique. Ayant condamné Renart à la pendaison, Noble se laisse fléchir par les prières de Grimbert et fait grâce à son baron, à condition toutefois qu'il parte en croisade pour la Terre Sainte. Noble rejette cependant énergiquement la suggestion qu'il serait peut-être fort content un jour de rappeler à son service Renart, ce « hardi serjant », car, dit-il, les croisades ont un effet néfaste sur ceux qui y participent :

v. 1405 « Ce » dit li rois « ne fet a dire.
Quant revendroit, si seroit pire :
Qar tuit ceste custume tenent :
Qui bon i vont, mal en revenent ».

Lucien Foulet met en garde contre une interprétation trop facile de ce passage : « Assurément il serait absurde de chercher là une condamnation en règle des croisades, mais c'est une boutade qui donne tout de même à réfléchir, quand on pense que nous ne sommes qu'à un peu plus de trois quarts de siècle de Pierre l'Ermite » [1]. Si pourtant on rapproche cette boutade de celle que Renart lance de loin contre Noble, on échappe difficilement à la conviction que notre poète exprime une nette désapprobation, sinon du principe, au moins de la façon dont les croisades étaient menées, ainsi que de leurs résultats. Une fois éloigné de la cour, Renart se dévêt des insignes de pèlerin et nargue le roi :

v. 1520 « Sire », fet il, « entendes moi !
Saluz te mande Coradins
Par moi qui sui bons pelerins.
Si te crement li paien tuit,
A pou que chacuns ne s'en fuit ».

Ce « Coradins » – d'autres manuscrits donnent « Noradins » – est sans doute Nour ed-Din ou Nouradin, sultan d'Alep et re-

[1] *Le Roman de Renard*, p. 350.

doutable ennemi des Francs en Syrie. On pourrait au premier abord penser que ces vers contiennent une allusion fort mordante à la deuxième croisade de 1147–1148 qui, menée très ineptement par Louis VII et l'empereur Conrad, avait été un échec complet et humiliant. Foulet met la date de composition de la branche I en 1179, au plus tard en 1184, bien après la deuxième croisade. Nouradin était mort en 1173, mais certainement ses exploits étaient restés dans la mémoire des Français pendant des années. Par conséquent, on peut croire que l'auteur de la branche I fait allusion non seulement à la croisade désastreuse de Louis VII, mais aussi à son refus d'en entreprendre une autre avec Henri II d'Angleterre, malgré sa promesse solennelle en 1177, refus qui avait suscité, on se le rappelle, une plaisanterie pareille de la part de Pierre de Saint-Cloud. Nul doute que les croisades et les événements des luttes des Francs contre les infidèles ont trouvé leur reflet de temps à autre dans le *Roman de Renart*. La branche IV contient à ce propos un autre souvenir de Nouradin : Isengrin, descendu au fond du puits, se trouve en fort mauvaise posture et s'en lamente :

> v. 366 Se il fust pris devant Halape,
> Ne fust il pas si adoulez
> Que quant ou puis fu avalez.

C'est Ernest Martin qui a expliqué cette allusion. En 1165, Nouradin avait écrasé les armées des barons francs près d'Alep, où les prisonniers durent subir un dur emprisonnement.

Comme d'autres conteurs de Renart qui l'avaient précédé, l'auteur du *Jugement* réserve sa plus forte satire pour les membres du clergé et des ordres religieux. J'ai déjà signalé la plaisanterie à l'adresse des religieuses. Mais le poète révèle ses sentiments envers les moines d'une façon bien plus brutale. Quand Grimbert lui lit la sommation du roi, Renart se sent pour une fois vraiment menacé et souhaite un instant la sécurité de la vie monastique. Mais immédiatement une amère réflexion lui échappe qui porte un accent d'indéniable sincérité :

v. 1012 « Qar fusse je moignes rendus
A Clugni ou a Cleresvax !
Mes je conois tant moines fax
Que je croi q'issir m'en conviegne.
Por ce est meux que je m'en tiegne ! »

Combien de fois dans le *Roman de Renart* reviennent les accusations de mauvaise foi et de félonie, portées contre les moines! Accusations d'ailleurs qui apparaissent comme de simples commentaires le plus souvent, sortis spontanément de l'esprit des poètes.

La satire du curé de paroisse dans la branche I dépasse par sa violence et par sa richesse de détails celle de la branche XIV. La dérision dont le poète comble le pauvre prêtre ne peut pas être attribuée à la seule recherche d'effets comiques. Qu'est-ce qui incite le trouvère à une satire si impitoyable du curé ? On sent avant tout le mépris de son ignorance, de son manque total de spiritualité et des qualités intellectuelles et morales. Le prêtre nous est présenté alors qu'il rentre d'épandre son fumier, la fourche encore dans les mains. Nous apprenons qu'à cause de son attachement à sa femme il est dans une pauvreté extrême :

v. 837 Toute la vile le plaignoit
Por une putein qu'il tenoit,
Qui mere estoit Martin d'Orliens.
Si l'avoit gite de granz biens
Que il n'avoit ne buef ne vache
Ne autre beste que je sache
Fors deus gelines et un coc.

C'est l'appétit charnel du prêtre qui soulève la moquerie du trouvère; il ridiculise avec insistance et parfois avec quelque ribauderie cette faiblesse. Mais ce satirique a un sens très développé de l'humour qui, combiné avec un vrai talent poétique, a produit des scènes parmi les plus comiques du *Roman de Renart,* parmi d'autres celle du combat avec Tibert :

v. 865 La mere Martinet s'esveille,
Saut sus, s'alume la chandelle.

A une mein tint sa conoille.
Li prestres, en son poing sa coille,
S'est erraument du lit sailliz.
Lors est Tybert molt assailliz,
Qu'il prist cent cox de livroison
Eins qu'il partist de la meson.
Fiert li prestres, fiert la soignanz.
Et Tybert jete avant les danz,
Si con nos trovons en l'estoire,
Esgarda la colle au provoire :
As denz et as ongles trenchans
Li enracha un des pendans.
Quant la feme vit sa grant perte,
Lors par fu sa dolor aperte.
Trois fois s'est chaitive clamee,
A la quarte chaï pammee.

Son réalisme robuste fait de cette scène le point culminant de la satire du prêtre uxorieux et explique peut-être pourquoi cette branche, si haute en couleur, a exercé un si fort attrait sur le poète flamand qui a écrit le *Reinært* du XIIIème siècle. La dernière plaisanterie, ou plutôt le dernier sarcasme aux dépens du prêtre mutilé fournit à cette histoire du châtiment d'une vie déréglée une conclusion qui a la force d'un proverbe :

v. 908 Mes d'un des pendanz n'a il mie.
A tot le meins en sa paroche
Ne puet soner qu'a une cloche.

Cette satire impitoyable du prêtre de paroisse, toute limitée qu'elle paraisse à un cas particulier, a une signification bien plus large. On trouvera en effet que les membres du bas clergé, les moines parfois mais surtout les simples prêtres de paroisse, sont régulièrement moqués, bafoués, cruellement ridiculisés, tandis que les ecclésiastiques de rang plus élevé sont traités à leurs rares apparitions avec infiniment plus de respect. Cette distinction jette une certaine lumière sur le *Roman de Renart* et ses créateurs. Leur parti pris contre les humbles prêtres de campagne n'est qu'un reflet de l'esprit de l'époque et de leur propre condition. Le mépris du poète de la branche I est celui de sa classe, de ces clercs dont Lucien Foulet a parlé, qui étaient sortis des cloîtres et qui connaissaient bien la littérature classique et médiévale. Entre eux et le curé de campagne il y avait un gouffre que notre poème nous permet de mesurer et qui explique en partie le caractère du *Roman de Renart*. Le *Roman de Renart* est souvent en effet le reflet de son siècle :

> Le groupe des « oratores » est fortement hiérarchisé, et la distance qui existe entre les membres des chapitres cathédraux, tous fils de seigneurs et vivant largement en seigneurs des produits de leur prébende, et les très humbles clercs chargés à la campagne du ministère paroissial, tous fils de rustres, bénéficiaires d'un maigre casuel et fréquemment réduits à pousser eux-mêmes la charrue sur l'étroite tenure presbytérale, est exactement celle qui, parmi les laïcs, sépare les riches des pauvres, le groupe des guerriers professionnels de celui des travailleurs. En effet, cette dernière distinction sociale est bien la plus profonde, puisqu'elle a son reflet à l'intérieur de l'église séculière, et jusque dans les fraternités monastiques : au XII ème siècle, dans les couvents bénédictins, on commence à isoler nettement les moines de chœur, frères de chevaliers, des convers, frères de paysans [1].

Régulièrement donc dans le *Roman de Renart* le prêtre de campagne est confondu avec ses ouailles, paysans rustres et incultes. Les trouvères sont du côté des riches, par intérêt peut-être mais certainement aussi par des affinités de goûts et de culture. Ce sont les distinctions de classe qui expliquent en bonne partie l'importance de la satire dans le *Roman de Renart*. Les conteurs de Renart parodient les riches et les puissants, ils critiquent bien souvent leurs faiblesses et leurs erreurs, mais ils sont sans sympathie aucune pour le menu peuple. Cette attitude, si visible dans plusieurs branches, vient appuyer forte-

[1] *Histoire générale des civilisations*, publiée sous la direction de Maurice Crouzet, Paris, 1955 ; III, *Le Moyen Age*, p. 241.

ment la thèse de Lucien Foulet, selon laquelle le *Roman de Renart* n'est pas sorti du peuple ni du folklore, mais des livres, des milieux cléricaux qui méprisaient le peuple.

L'importance de l'aspect purement satirique dans le *Jugement* ne nuit cependant pas au comique. Au contraire, ce sont la raillerie et la satire qui font dans une large mesure le charme et le comique de la branche. Peut-être, ainsi que le conseillait Lucien Foulet, ne faut-il pas exagérer l'importance des traits de satire dans la branche I : « Ce sont des boutades qui ne sont peut-être pas toujours méchantes dans le fond. Il est difficile après tant de siècles d'y mettre l'intonation et la nuance justes » [1]. Mais on peut avec autant de raison se demander si, après tant de siècles, la satire n'a pas perdu de son âpreté, si à son époque elle n'avait pas eu une virulence qui nous échappe aujourd'hui. Il est en effet très difficile de saisir toujours les motifs et les intentions des poètes de Renart. Dans un article sur la branche I et les deux branches qui lui font suite, Ia et Ib, Pierre Jonin [2] exprime l'opinion que les poètes ne veulent pas faire la charge du roi. Le rôle de Renart dans le *Jugement* vise simplement à faire le portrait intellectuel de notre héros, dont le trait dominant est la ruse. Renart prétend qu'il est victime du mauvais gouvernement du roi. Il accuse Noble de ne pas savoir récompenser ses bons serviteurs. Mais Renart est dans une situation dangereuse, il se défend : « Paroles insolentes certes, mais qui ne traduisent ni un mouvement de mauvaise humeur, ni un accès de colère. C'est une tactique : c'est de l'offensive » [3]. Jonin trouve même que, loin d'être maltraité, Noble est présenté sous un jour favorable dans l'ensemble de la branche I et de ses suites immédiates. Il en reconnaît cependant le caractère souvent satirique : « Au reste, lorsque l'auteur du roman veut vraiment faire la charge d'une institution ou de ses représentants, il n'est pas possible de s'y tromper. La satire est vive, nette,

[1] *Le Roman de Renard*, p. 351.

[2] *Les Animaux et leur vie psychologique dans de Roman de Renart* (br. I), dans *Annales de la Faculté des Lettres d'Aix*, XXV, fasc. 1-2, p. 63-82, Gap, 1951.

[3] *Ibid.*, p. 68.

gouailleuse, ce qui est bien le cas pour le clergé mais non pour le roi »[1]. Certainement, la satire du prêtre est vive et nette, et l'on a le sentiment que le trouvère a créé le tableau du père de Martin d'Orléans d'après un modèle bien réel. Mais on peut dire aussi que la satire du roi est souvent très nette, et les allusions très précises permettent de croire que c'est bien Louis VII qui a servi de modèle, ou du moins que le poète le visait avec ses allusions aux croisades, que l'on ne peut guère qualifier autrement que de gouailleuses. Pour la première fois la satire joue un rôle important et indépendamment de la comédie dans le *Roman de Renart.*

Bien qu'ayant été composées plusieurs années plus tard, les branches Ia, *Le Siège de Maupertuis,* et Ib, *Renart Teinturier* et *Renart Jongleur,* continuent en quelque sorte la branche I. Chacune essaie en effet de fournir au *Jugement* une conclusion moins abrupte. La branche Ia offre un curieux mélange du monde des animaux et du monde féodal; tantôt les personnages se conduisent en vraies bêtes, tantôt en grands seigneurs. Maupertuis est conçu, non comme le terrier du goupil, mais comme un château fort, assis sur un haut rocher et garni de « torz, murs, roilleïz, forteresces, donjons » qui résistent à tous les assauts de Noble et ses barons. Mais quand Renart fait une sortie tout seul la nuit, il met les hommes du roi hors d'action en les liant par la queue aux arbres! De cette confusion des deux mondes il résulte une certaine comédie burlesque assez éloignée de la caricature et de la fine ironie de la branche I, comme témoigne par exemple le passage du réveil du roi Noble :

v. 1803 Mis sire Nobles en piez saut,
Et sache et tire : ne li vaut.
1805 Par pou la coue n'a ronpue,
Grant demi pie l'a estendue.
Et li autre sachent et tirent,
Par pou li cul ne lor descirent.

[1] *Ibid.*, p. 72.

La branche Ia ajoute quelques traits au portrait satirique du roi. Jonin a maintenu que c'est pour une raison très pratique, pour assainir son trésor, que Noble accepte la rançon apportée par Hermeline et accorde son pardon à Renart. Il trouve même que Noble paraît sous un jour encore plus favorable, comme « souverain ménager du sang de ses sujets ». Le texte cependant ne fait aucune mention de difficultés de trésorerie. Il dit simplement que le roi convoitait bien le grand trésor qui lui était offert. Le poète ne manque pas d'ailleurs d'attaquer les souverains qui sont amenés par la vénalité et la cupidité d'agir trop souvent contre la justice et le bien de leurs royaumes. Il est vrai que Noble n'est pas une figure caricaturale, et on n'a pas de raison de penser que le poète voudrait se moquer de l'institution monarchique. Mais c'est justement le caractère limité des critiques, leur précision, leur application directe à des personnes ou à des situations bien déterminées, qui donnent aux observations des poètes des branches I et Ia une valeur satirique.

Il y a dans la branche Ia une allusion sévère à l'infidélité des femmes. Sur le point d'être pendu, Renart autorise Grimbert le blaireau, son cousin et fidèle ami, à déposséder dame Hermeline si elle se remarie après sa mort, ce qu'il considère comme très probable, car, dit-il, les femmes ne savent pas rester fidèles. Jonin pense que de nouveau ce n'est que de la tactique, que Renart a besoin de Grimbert dans ce moment critique. Mais la cause de Renart est presque désespérée, Grimbert ne peut lui apporter aucune aide, et effectivement c'est Hermeline qui sauve son mari de la mort. Mais des attaques pareilles contre les femmes sont suffisamment fréquentes dans la littérature médiévale, et encore dans le *Roman de Renart,* pour qu'on ne doute pas ici de l'intention satirique du poète.

Le comique de la branche Ib est encore plus gros, voire même grossier. Ernest Martin a comparé ce poème à des fabliaux du Moyen Age, en particulier au fabliau *Des deux Anglais,* à *Boivin de Provins,* et au récit du *Pescheor de pont seur Seine,* tous les trois des satires grossières des femmes. Le désespoir d'Hersent en découvrant la cruelle mutilation qu'avait subie son mari et qui l'empêchait désormais de remplir son devoir conjugal, l'empressement d'Hermeline à oublier Renart et à se remarier, fournissent au conteur la matière d'une satire dirigée contre l'inconstance des femmes et leur attachement aux plaisirs charnels. Satire d'ailleurs gaie, grossière, sans beaucoup de portée. C'est un conte de jongleur, fait pour amuser la foule.

Dans ces trois branches, I, Ia et Ib, la parodie de la littérature médiévale tient une place très importante. Les personnages féminins sont en fin de compte tous des parodies. Dame Fière la lionne, a constaté Jonin, ressemble tout à fait à la dame courtoise, chez qui la fierté va généralement de pair avec une grande liberté de manières, et le don de l'anneau au pèlerin Renart achève la parodie du roman courtois. Nous avons déjà vu à quel point Hersent est la caricature d'Iseut dans le *Jugement.* Mais dans Ib, Hersent est la digne compagne d'Hermeline, en qui on reconnaît un autre type de femme de la littérature médiévale : « Il est manifeste que l'auteur du roman a voulu représenter dans Hermeline la femme telle qu'on la rencontre souvent dans les fabliaux, les chansons de geste ou les sermons d'église : sensuelle, vulgaire, toujours prête au plaisir, ou comme on lit dans *Aliscans* « de luxure esprise et allumée » [1]. De tous ces portraits de femmes on peut dire ce que Jonin a écrit à propos de la reine dans la branche I : « Nous ne voyons donc dans le portrait de la reine aucun trait vraiment individuel mais la reprise à des fins satiriques d'un type littéraire en vogue » [2]. Si on admet donc que les poètes ont eu des intentions non seulement parodiques mais aussi satiriques dans des portraits qui n'ont aucun trait vraiment individuel, ne peut-on pas croire, à plus forte raison, qu'ils avaient également des intentions tout à fait satiriques là où on peut reconnaître des personnages et des faits historiques ?

Comme Ia et Ib, la branche X, *Renart Médecin,* avait été composée pour fournir une autre conclusion au *Jugement.* Le trouvère a repris la première partie de la branche I, en sub-

[1] *Ibid.*, p. 77.
[2] *Ibid.*, p. 74.

stituant Roenel et Brichemer à Brun et Tibert comme victimes de la méchanceté de Renart. L'invention de la maladie de Noble et de sa guérison par Renart est basée sur l'*Ysengrimus.* Mais le poète n'avait ni le talent poétique de l'auteur du *Jugement,* ni l'esprit ironique de Nivard. La branche X n'est pas une parodie, gaie et amusante, du monde féodal; l'anthropomorphisme est presque complet et les héros de l'épopée animale disparaissent pour devenir de vrais chevaliers. L'auteur promet dans un prologue de raconter une partie de la guerre de Renart et Isengrin. Mais dès le début, il révèle un certain parti pris, une attitude qu'on n'avait pas rencontrée jusque là dans le *Roman de Renart :*

> v. 7 Se vos me prestés vos oreilles,
> Ja vos voldrai dire merveilles
> De Renart qui est vis maufés.

Plus de promesses de nous amuser; plutôt un ton moralisateur qui devient plus prononcé à mesure qu'on avance dans le poème. Le héros n'est plus notre Renart le rusé qui nous divertit avec ses multiples tours méchants; c'est plutôt Renart le traître, rebelle, fourbe, déloyal, ennemi des autres vassaux du roi. Le poète condamne la folie de sa conduite : « Molt est Renart de grant desroi », tandis qu'il dresse la liste des vertus des bons barons Brichemer, Isengrin, Grimbert et Belin le bélier :

> v. 717 Cil quatre furent bien du roi.
> En els n'avoit point de desroi,
> Ainz furent prodome ancien :
> Molt estoient bon cristien
> Tuit quatre et de molt grant renon.

Le ton moral qui ressort d'une si nette opposition entre les forces du bien et du mal est assez nouveau. Autrement *Renart Médecin* est une assez pâle copie de la branche I, où toutefois le cadre n'est plus une parodie mais plutôt une représentation assez fidèle du monde féodal.

La branche VI, *Le Combat de Renart et d'Isengrin,* avec en conclusion le petit récit de *Renart au couvent,* continue l'anthropomorphisme déjà si marqué dans la branche X. La parodie devient plus réaliste, Renart et Isengrin sont en tous points des barons féodaux qui choisissent avec grand soin écus, hauberts, chausses, et qui se battent selon toutes les règles du combat judiciaire. En fin de compte, la parodie disparaît et la vraisemblance est telle que, comme l'a proposé Lucien Foulet, la branche VI pourrait paraître aux historiens un document de valeur. Mais avec cette plus grande vraisemblance, avec cette représentation fidèle du monde féodal, la satire se rapporte avec plus de force à la société humaine. Nous voyons Hersent qui prie que son seigneur ne sorte pas du combat et que Renart « qui lui avait fait la chose si doucement dans la tanière » soit vainqueur : en quoi, dit le poète ironiquement, elle se conduit bien en « franche borgoise ». Il faut évidemment donner à ce mot « borgoise » le sens de « honorable » [1], et par sa réflexion sur la femme du connétable du roi le trouvère exprime une satire mordante des nobles dames de la société féodale. Plus loin cependant il fait une condamnation en règle de toutes les femmes, qu'il charge de fausseté, d'infidélité, de trahisons et de ruses qui créent le désordre dans le monde entier :

Entre ses dens moult se demente
Et dit « fox est qui met s'entente
En famme pour riens qu'ele die ;
Poi sont de fames sanz boidie.
Ja la moie ne crerai mais.
Par famme est plus guerre que pais,
Par famme sont honis maint homme,
De touz les maus est fame somme,
Fox est qui trop i met s'entente ».

Dans la version que présente l'édition de Mario Roques, cette charge contre les femmes est encore plus virulente :

[1] Cf. Gunnar Tilander, *Lexique du Roman de Renart,* et aussi La Curne de Sainte-Palaye, *Dictionnaire historique de l'ancien langage françois.*

Fame fait haïr pere et mere,
v. 8528 fame fait tuer son conpere,
par fame sont ocis .M. home.

Cette attaque sauvage nous surprend, car à vrai dire rien ne nous y avait préparés. Certes, nous avons pu constater l'infidélité d'Hersent, mais on peut prétendre que notre Renart n'est pas l'homme à regretter vraiment les faveurs que la louve lui avait accordées. Comme nous l'avons déjà vu, les attaques contre les femmes, fréquentes dans la littérature médiévale, reviennent souvent dans le *Roman de Renart.* Dans ce passage de la branche VI, on a l'impression que le trouvère, racontant un combat judiciaire dont une femme légère avait été la cause et qui devait être mortel pour un des combattants, a exprimé des sentiments sincères, inspirés peut-être par de très réels combats de cette sorte.

Après le récit parfois assez sombre du combat, la branche VI se termine sur une note plus gaie, avec une charmante satire de l'hypocrisie religieuse. Vaincu par Isengrin, Renart est sauvé de la potence par l'intervention auprès du roi de Frère Bernart et amené dans un couvent, où il embrasse la vie monacale et se fait très estimer par sa dévotion. Voilà Renart vêtu de la robe des moines, mangeant du poisson à la place de la viande, apprenant les règles de son ordre, bref le modèle du faux dévot, car sous cette apparence de dévotion Renart reste lui-même et pense souvent avec regret à sa vie d'autrefois :

1445 Sovent li membre des jelines
Dont il selt rongier les eschines.
A peine tient estacions
Car sovent a tentacions.

Finalement il mange en secret les chapons de l'abbé, mais il se fait surprendre et il est chassé du couvent – à sa grande satisfaction.

Le tableau du faux dévot, le premier dans le *Roman de Renart,* mérite que nous nous y arrêtions un instant. Renart apprend bien ses leçons, il se fait bien aimer par les autres moines, il fréquente assidûment les offices, il trompe enfin tout le monde sur ses vrais sentiments :

> v. 1437 Bien retient ce que en l'enseigne,
> N'a pas senblant que il se feinne.
> Les signes fet del moiniage.
> Molt le tienent li moine a sage,
> Cher est tenuz et molt amez.
> Or est frere Renart clames.
> Molt est Renart de bel service,
> Volenters vet a seinte iglise.

Dans les éditions de Méon et de Mario Roques, l'hypocrisie de Frère Renart est résumée dans une formule nouvelle :

> Et il fait mout le papelart,
> tant que s'en puisse issir par art.
>
> (Roques, V. 8699—8700)

C'est la première fois que nous rencontrons le mot « papelart » dans le *Roman de Renart* pour stigmatiser l'hypocrite religieux. Ces deux vers se trouvent dans cinq seulement des manuscrits qui contiennent la branche VI, et de ces cinq, le plus ancien date du milieu du XIIIème siècle. La branche VI ayant été composée probablement vers 1190, il semble que les deux vers ont été interpolés par un copiste ou un remanieur. Or, les premiers exemples de l'emploi du mot « papelart » donnés dans les dictionnaires de l'ancienne langue française de la Curne de Sainte-Palaye et de Godefroy sont tirés des œuvres de Gautier de Coincy et de la *Chronique* de Philippe Mousket. Le premier exemple donc n'est pas postérieur à 1236, date de la mort de Gautier de Coincy, et l'autre date de 1242 au plus tard. Par conséquent, l'emploi de « papelart » dans la branche VI, cité en tête de liste par La Curne de Sainte-Palaye, est peut-être postérieur à ces deux exemples qu'on peut dater avec un peu plus de précision. Néanmoins on peut affirmer que depuis son apparition dans la langue française, ce mot si évocateur a été appliqué au héros de notre *Roman*. De plus, la fréquence avec laquelle, dans la littérature française jusqu'à la fin du Moyen Age et au-delà, le mot « papelart » a été associé au nom de Renart pour désigner le faux dévot, indique que le caractère satirique du *Roman de Renart* a été bien senti à son époque.

En dehors de la satire des faux dévots, il y a dans la branche VI une critique acerbe de ceux qui sont trop empressés à pardonner et qui se laissent tromper trop facilement par des hypocrites comme Renart. Renart est sauvé de la mort par l'intervention d'un certain Frère Bernart de Grand-Mont, à qui le roi Noble ne sait rien refuser. Jonckbloet et Foulet ont reconnu dans ce personnage Bernard de Coudrai, « correcteur » du prieuré grandmontain de Vincennes et favori du roi Philippe Auguste. Dans la description de la facilité avec laquelle le roi accorde son pardon à Renart il y a peut-être un accent personnel de désapprobation et une critique discrète de l'influence du prélat sur le monarque. Quant à la réception de Renart dans les ordres religieux, le poète exprime vigoureusement et durement son indignation :

v. 1429 Poissons li donent por amordre,
Bien le dotrinent de lor ordre,
De dras a moine l'ont vestu
Le fil a putein, le testu.

Quel ton de mépris dans ce « drap à moine » qui cache Renart ! La conclusion démontre la folie du roi qui gracie trop légèrement un criminel notoire, et l'erreur encore plus impardonnable du prélat qui croit au repentir du goupil. Encore une fois Renart trompe tout le monde, grâce à une conversion parfaitement feinte il échappe aux plus grands dangers, prêt à se venger de ses ennemis.

Avant de quitter la branche VI, il faut regarder un instant un autre mot, sur lequel je reviendrai, et qui a fait avec le *Roman de Renart* son apparition dans la langue française. Déjà dans certains manuscrits de la branche I le roi Noble emploie ce mot de « renardie » pour stigmatiser la conduite infâme de Renart et pour l'assurer que toutes ses ruses ne le sauveront pas :

v. 1289 « N'i a mester chere hardie
Ne n'i vaut vostre renardie ».

Dans la branche VI, Isengrin lance son défi à Renart, en lui promettant que dans un combat singulier, au milieu des coups, sa renardie ne lui sera pas de grand secours :

779 « Quant m'estordras, que que nus die,
Petit valdra ta renardie ».

D'après le témoignage des manuscrits, les exploits de Renart lui avaient déjà valu au XIIIème siècle au moins, sinon au XIIème, une telle notoriété que les conteurs ont résumé dans ce mot de « renardie » toutes les idées de ruse, déloyauté, fausseté, infidélité, qu'on associait au nom de Renart. Par la suite, nous verrons d'autres notions s'attacher à « renardie », donnant finalement à la figure de Renart dans la littérature médiévale une valeur symbolique.

La tendance à la satire que Lucien Foulet avait constatée à partir de la branche I se confirme très nettement dans la branche XII, *Les Vêpres de Tibert.* Ce récit est essentiellement une parodie des choses religieuses et une satire du bas clergé qui est souvent féroce malgré sa gaîté. La première partie raconte l'histoire de Tibert et du prêtre qui convoitait sa peau. A son tour le poète, qui s'appelle Richard de Lison, raille les curés de campagnes peu instruits, qui, en dehors de leurs livres de messe ignorent tout des lettres, et qui préfèrent la chasse à leurs devoirs spirituels. Dans une scène fort amusante le poète dépeint la déconfiture complète du prêtre qui se fait rosser pour sa maladresse par les autres chasseurs, puis échoue lamentablement dans un concours de latin avec Tibert, qui lui dérobe son cheval et ses livres. Tibert apostrophe rudement ce prêtre qui oublie ses charges spirituelles pour aller à la chasse :

v. 381 « Dahez ait prestre veneor!
Il doit vivre d'autre labor,
Puis qu'il est a prestre sacrez
Et tant fet q'il est ordenez,
Del mester damledeu doit vivre.
Et vos, danz prestre, esteez ivre
Qui laisseez vostre mester
Por aler un chat dechacer.
Mes c'ert por metre el pelecon
A vostre putein de maison ».

Il y a probablement une bonne part de sincérité dans cette dénonciation du prêtre qui ne vit pas « du métier de Dieu ». En même temps on sent que le poète est motivé par l'esprit de caste que nous avons constaté dans d'autres branches. Car Richard de Lison écrit son poème pour un grand seigneur, le connétable de Normandie, et si, clerc lui-même, il se moque du prêtre inculte, illettré, il partage aussi le mépris de son maître et de son entourage pour le menu peuple; la chasse est le privilège des grands seigneurs et des grands prélats comme ce Dant Huon que nous rencontrons avec sa suite et ses levriers tout au début de la branche.

Après l'introduction que constitue l'incident de Tibert avec le prêtre, Richard de Lison exerce sa verve à imaginer une folle discussion entre Tibert et Renart, une discussion qui ridiculise, en les parodiant, les vains débats scolastiques de l'époque. C'est dans le récit des *Vêpres* cependant que le poète montre tout son talent. Dans cette parodie soutenue il n'y a pas l'exagération et le burlesque de la messe célébrée par Primaut dans la branche XIV. Il y a plutôt un contraste curieux entre l'esprit de licence bouffonne qui inspire la parodie dans XIV et le sérieux, l'intensité même avec lesquels Tibert et Renart récitent l'office. L'attention aux détails et le réalisme de la branche XII nous éloignent du monde des animaux pour nous transporter dans un autre que les auditeurs de Richard de Lison ont dû bien connaître. Le nom du poète et les nombreux noms de lieux qu'il fournit indique clairement que l'action de la branche se déroule dans une région bien définie de la Normandie. Celui qui voulait la peau de Tibert est appelé à deux reprises « le prestre del Breil » ou « Brueil », et son aventure désastreuse lui arrive sur la route qui le mène à « seint Martin a Blaengnie ». Tibert et Renart vont chasser « au bois de Veneroi » ou « Vernoi », et sur le domaine de Guillaume Bacon « au Moloi ». Que tous ces endroits se trouvent près de Bayeux, ressort de la remarque sur la « feste as fox » qui va y avoir lieu. Ailleurs, Renart parle du prêtre de « la Folie ». Or, précisément, on trouve entre Bayeux et Lison, lieu d'origine du poète, tous ces endroits – les communes du Breuil, de Saint-Martin de Blagny, du Molay, de la Folie, et la forêt du Vernai. En outre, on sait que le seigneur du Molay vers 1200 était en effet Guillaume Bacon, et que Gautier de Coutances, mentionné à la fin du poème, était archevêque de Rouen de 1185 jusqu'à sa mort en 1207 [1]. Une autre indication de la date du poème est donnée par la formule d'exorcisme d'un vilain qui somme Tibert de répondre au nom des rois de France et d'Angleterre, ce qui fait croire qu'au moment de la composition de la branche la Normandie n'avait pas encore été réunie à la couronne de France. Selon l'abbé de la Rue le connétable pour qui Richard de Lison avait composé son poème était Richard du Hommet, « second du nom, connétable héréditaire de Normandie et baron de Stamford, mort en 1204 » [2].

Dans nulle autre branche de Renart, on ne trouve tant de précisions permettant d'établir si bien la date et le théâtre où

1 Voir l'Abbé Gervais de la Rue, *Essais historiques sur les bardes, les jongleurs et les trouvères normands et anglo-normands*, Caen, 1834 ; et Mario Roques, *Romania*, LXXVI, 1955, p. 519-22, et *Le Roman de Renart*, br. X-XI, 1958, p. VII.

2 *Essais historiques sur les bardes*, II, p. 375. Par contre, Mario Roques identifie le connétable de la branche XII avec Guillaume du Hommet, qui succéda à son père Richard du Hommet dans la charge en 1176 et dont le nom figure avec le titre dans un acte daté de 1191 (cf. C. H. Haskins, *Norman Institutions*, Cambridge, Mass., 1918). Cf. aussi Jacques Boussard, *Le Gouvernement d'Henri II Plantagenêt*, Paris, 1956, p. 363-4 : « Richard, puis Guillaume du Hommet furent tous deux et successivement connétables de Normandie, ce titre leur étant officiellement reconnu par les textes. »

se passe l'action. Je suis de l'avis d'Ernest Martin, qu'on doit croire que les autres personnes mentionnées par Richard de Lison ont également existé – « l'Arceprestre » et Dant Davi, Huon l'abbé et Huon « le doien au couvent a la confrarie » de Rouen : « Tous ces noms appartiennent à un milieu tel qu'il se trouvait aux cours du haut clergé : c'est là aussi que l'on goûtait ces plaisanteries à l'adresse des prêtres, plus grands amateurs de la chasse que des livres, ces parodies de la messe et des débats scolaires, dont la branche se compose »[1]. On peut croire aussi que ces personnages se sont trouvés réunis plus d'une fois à la cour du connétable, ce Richard du Hommet qui possédait, selon l'abbé de la Rue, un grand nombre de seigneuries dans le Bessin. Devant cette profusion de détails historiques et géographiques, on est tenté de penser que les plaisanteries à l'adresse du pauvre prêtre du Breuil ont été inspirées d'un accident arrivé réellement à une connaissance de Richard de Lison, qui a su en tirer un récit satirique des plus amusants.

Quelles sont donc les origines du récit des *Vêpres de Tibert,* la partie la plus curieuse de la branche XII ? Richard de Lison dit dans les premiers vers qu'il a traduit « en romanz » une vieille histoire. Léopold Sudre pensait en effet qu'il s'était inspiré de la branche XIV, l'histoire de Primaut au moutier. Je crois cependant que, tout comme la première partie du poème peut être basée sur certaine réalité connue du poète, cette parodie des saints offices provient de l'expérience vécue, qu'elle est, comme l'a dit Ernest Martin, ou du moins en partie, l'écho d'une « feste as fox » à laquelle Richard de Lison avait dû assister lui-même, peut-être même à la cathédrale de Bayeux :

v. 469 « Dan prestre, il est la feste as fox.
Si fera len demein des chox
Et grant departie a Baieus :
Ales i, si verres les jeus ».

L'allusion aux choux demande à être éclaircie. Elle se rapporte certainement aux festivités qui accompagnent les fêtes des fous.

[1] Ernest Martin, *Observations sur le Roman de Renart,* p. 73.

Les fêtes des fous, appelées aussi fête des Innocents ou fête de l'âne, étaient célébrées régulièrement avec de grandes réjouissances et au milieu d'un grand désordre dans de très nombreux couvents et églises un peu partout en France au Moyen Age. Comme nous aurons l'occasion de le remarquer encore un peu plus loin, ces réjouissances étaient accompagnées d'amples libations. Dans le Glossaire de son édition de la branche XII [1] Mario Roques donne à « chous » le sens de « mets de bombance », sans autre commentaire. Il me semble pourtant qu'on peut proposer une explication plus satisfaisante, une explication qui ressort encore plus clairement de la leçon des vers dans l'édition de Mario Roques :

> Danz prestres, il est la feste as fous
> si fera on demain des chous
> grant departie a Bahieux. (v. 11937-9)

Or pendant longtemps le chou passait pour un excellent remède contre l'ivrognerie, sans doute à cause d'une croyance populaire qu'il y a une haine mortelle entre le chou et la vigne. Les gens qui rencontrent le pauvre prêtre croient en effet qu'il a trop bu et qu'il a par conséquent besoin de manger des choux, dont on fait une forte consommation le lendemain des fêtes des fous pour se remettre de libations trop copieuses.

Les fêtes des fous, qui donnaient lieu à des excès sacrilèges difficiles à imaginer aujourd'hui, avaient un office et des chants particuliers appropriés aux cérémonies qui s'y déroulaient. Un des plus célèbres de ces offices et le mieux conservé, l'Office des Fous de la cathédrale de Sens, nous fournit des renseignements intéressants sur cette curieuse fête [2]. Cet office aurait été composé par Pierre de Corbeil, archevêque de Sens mort en 1222, mais qui a dû rassembler des morceaux qui existaient déjà, auxquels il a ajouté d'autres morceaux appropriés à la fête. Le livre de Félix Bourquelot donne aussi une liste

[1] *Le Roman de Renart,* branches X-XI, 1958.
[2] Félix Bourquelot, *Office de la fête des fous de Sens,* Sens, 1856.

des offices semblables qui nous sont parvenus, parmi lesquels on trouve le programme de la fête des ânes de Rouen, un Ordinaire de la cathédrale de Rouen pour la fête des Innocents, et la fête de l'âne de Beauvais. Du Tilliot [1] décrit la singulière fête du chapitre d'Evreux célébrée le premier jour de mai, qui donnait lieu aussi à des excès et qui finit par faire partie de la fête des fous et des sous-diacres. Ordinairement ces fêtes avaient lieu tout de suite après les réjouissances de Noël, mais l'exemple de celle d'Evreux et d'autres encore prouvent qu'elles étaient célébrées souvent à d'autres époques de l'année : ce qui est de quelque importance pour notre étude, puisque Richard de Lison prétend que les événements qu'il raconte eurent lieu au mois de mai. Ces fêtes de Rouen, de Beauvais et d'Evreux montrent aussi que la fête des fous était célébrée en Normandie comme ailleurs, et il n'y a pas de raison de douter que Richard de Lison n'y eût été un spectateur attentif. L'étude de l'office des fous de Sens permettra justement de faire des rapprochements fort intéressants avec le poème de Richard de Lison et aussi avec le récit de la messe de Primaut de la branche XIV.

L'office des fous était chanté à Sens le jour de la fête de la Circoncision, après les premières vêpres et les complies, et toute la première partie parodiait l'office canonial des vêpres, exactement comme fait Richard de Lison. Mais les vêpres ne marquaient que le début de la fête des fous : suivait un très long office composé de morceaux de la messe, des nocturnes, des vigiles, des matines, de tous les offices de la journée. « Cet office est une véritable rapsodie de tout ce qui se chante durant le cours de l'année » a dit l'abbé Lebeuf [2] en parlant de l'ensemble de l'office de Sens. N'est-il pas possible que l'auteur de XIV pensait à une de ces fêtes burlesques quand il songeait à parodier les offices religieux, car son célébrant Primaut veut tout mélanger : « Vespres m'estuet ici chanter / Vigilles et

[1] Du Tilliot, *Mémoire pour servir à l'histoire de la fête des fous*, Lausanne et Genève, 1741.

[2] Bourquelot, *Office de la fête des fous de Sens*, p. 82.

messe sanz faille » ? Richard de Lison ne laisse au contraire aucun doute sur la nature de l'office récité par Tibert et Renart. On peut suivre les différentes parties des vêpres, depuis le « Deus in adjutorium » jusqu'au « benedicamus » et le « Deo gratias », en passant par les psaumes et les antiennes, le capitule et le « Magnificat », le tout suivi de complies. Le poète a senti clairement que l'effet de comédie et de parodie provenant du spectacle d'un office religieux récité par des bêtes ne serait que renforcé en gardant exactement l'ordre et les paroles de l'office. Il conserve la vraisemblance même dans la façon de chanter : Renart et Tibert chantent les psaumes et les antiennes « moult hautement a deus envers » et « moult noblement » ; Tibert lit le capitule tout simplement, tandis que Renart chante l'antienne du « Magnificat » avec éclat: « Et Renart l'a bien entoné / Et gloriosement chanté » (v. 867-8). Et puis, soudainement, arrivé à la fin des vêpres, Renart se donne libre cours et se lance dans un « Benedicamus » d'une longueur extrême et d'un effet des plus ennuyeux :

Atant a Renart envaï
Un benedicamus farsi
A orgue, a treble et a deschant,
Que il n'a home si vaillant
El mont, ne si mesaaisé,
De soi n'oüst gregnor pitié,
S'il oïst Renart, que de lui.
Tot le mont repeüst d'ennui
Renart de son seri chanter.
Deus liues poïssiez aler
Ainz que il l'oüst parfiné.

L'importance et le sens de cette parodie de l'office chanté semblent avoir échappé à l'attention des critiques. La scène apporte en effet un nouvel élément de satire à la branche XII, un élément qui n'est nullement incompatible d'ailleurs avec les extravagances inspirées de la fête des fous. Richard de Lison a emprunté à la musicologie de son temps les termes par lesquels il décrit ce « Benedicamus » chanté par Renart [1]. « A orgue » signifie l' « organum », la première forme de la musique polyphonique, inventée au IXème siècle. Le « treble » est la partie supérieure de la musique polyphonique, ou voix de soprano. C'est dans le livre de Jacques Chailley, *Histoire musicale du Moyen Age* [2], que j'ai cherché l'explication du terme « à deschant » : le déchant – « qui dans son expression le plus simple est « le contrepoint note contre note » – dans le passage qui nous intéresse a sans doute le sens du déchant plus libre, « où la voix principale expose le chant donné syllabique tandis que sur chacune de ses notes la voix organale se livre à de longues vocalises ». C'est ce principe, ajoute Jacques Chailley, qui, poussé à ses conséquences extrêmes, a donné naissance à l'« organum purum ». Il ressort par conséquent de l'emploi qu'il fait de ces termes, que Richard de Lison veut dépeindre Renart qui chante tour à tour la partie principale et la partie supérieure en se livrant à de longues vocalises.

Un tel exercice exigerait une virtuosité peu commune, et le tableau est plaisant, presque burlesque même. Mais l'intention du poète a dû être satirique autant, sinon plus, que comique. Richard de Lison a composé la branche XII centre 1190 et 1200. Or la grande époque de l'« organum » était la fin du XIIème siècle, et Pérotin, qui l'avait porté à son apogée, était contemporain de notre poète [3]. A la fin du XIIème siècle l' « organum » était devenu, selon Jacques Chailley, une œuvre d'art et l'élément principal des grandes festivités liturgiques : « Au stade qui nous intéresse l' « organum » est une vaste composition polyphonique, destinée à l'office, et qui s'exécute solennellement au chœur ; ... si l'on tient compte de ce qu'on « organum » intégral de Pérotin ne dure pas moins de vingt minutes, on voit

[1] Cf. Ducange, *Glossarium mediae et infimae latinitatis*, Annal. Regni S. Ludov. : « Conme dévotement il fit chanter la messe ... et tout le service à Chant, et à Déchant, à ogre et à treble ».

[2] Paris, 1950, p. 108 et p. 110.

[3] Cf. *Grove's Dictionary of Music and Musicians*, éd. Eric Blom, 5ème éd., London, 1954 : Pérotin aurait exercé ses fonctions à Notre-Dame de Paris d'environ 1180 à 1230. Jacques Chailley réserve son jugement sur l'identité de Pérotin mais date ses compositions de la fin du XIIème siècle.

que c'est à un véritable concert spirituel qu'assistaient les fidèles... »[1]. La musique polyphonique allongeait beaucoup le chant liturigique : un « Benedicamus domino » par exemple, arrangé en « organum purum » peut être « facilement » dix ou vingt fois plus long qu'il ne l'est dans le plain-chant[2]. Or c'est précisément un « Benedicamus », arrangé en « organum » que Renart chante dans la branche XII, et Richard de Lison ne manque pas d'en souligner la longueur excessive – « On aurait pu couvrir deux lieues avant que Renart n'eût terminé son chant ». D'autre part les observations de notre poète sur l'ennui qu'on ressentait du chant de Renart trouvent un écho dans des témoignages des XIème et XIIIème siècles que cite Jacques Chailley, et qui indiquent qu'en dehors d'une élite cultivée les gens n'appréciaient guère les « jeux » divers de la musique polyphonique[3]. Il est plus que probable que les remarques peu flatteuses de Richard de Lison reflétaient les sentiments de ses auditeurs, eux-mêmes sans doute plus amateurs de la chasse que des longs offices ou de la musique polyphonique.

A la suite de sa parodie de l'office, Richard de Lison introduit dans son récit des épisodes qui rappellent fortement la fête des fous. C'est peut-être même un élément de l'office des fous qui avait suggéré, du moins en partie, sa parodie du chant des Vêpres. A la tête de l'office des fous se trouve l'indication de chanter « in falso ». Bourquelot et Millin[4] croyaient que ce terme signifiait le faux-bourdon. Mais le faux-bourdon, une autre forme de la musique polyphonique, n'a été inventé qu'au XIVème siècle. Dans le texte de Sens « in falso » signifie simplement le chant « en fausset ». Or pour exécuter la partie supérieure de son « Benedicamus », le « treble », Renart a dû lui aussi prendre une voix de fausset. D'après tous les témoignages, les fêtes des fous étaient pour leur part extrêmement discordantes et tumultueuses. Dans la prose de l'âne, qui est

[1] *Histoire musicale du Moyen Age*, p. 153-4.
[2] Cf. Willi Apel, *Harvard Dictionary of Music*, Cambridge, Mass., 1951.
[3] *Histoire musicale du Moyen Age*, p. 81.
[4] A.-L. Millin, *Monuments antiques inédits*, Paris, 1806, II.

en latin, chaque strophe est suivie d'un curieux refrain en français : « Hez ! sire âne, hez ! » Dans l'office de l'âne de Beauvais ce refrain devient un « hinhan » qui imite plus exactement encore le braiment de la bête. Millin raconte qu'après la récitation de la prose tout le peuple, mêlé au clergé, dansait autour de l'âne dans la nef de l'église en imitant son chant. Un Capitulaire de la cathédrale de Sens de l'an 1444 mettait fin à ces abus en enjoignant au clergé de chanter mélodieusement et sans dissonance – « voce modulosa, absque dissonantia » – et d'exécuter l'office dévotement et sans tumulte ni indécence – « devote et cum reverentia, absque aliqua derisione, tumultu aut turpitudine ». Léopold Sudre avait maintenu que les sources de ces deux branches XII et XIV, qui mettent en scène des animaux qui chantent un office religieux, se trouvent dans la littérature orale, c'est-à-dire dans le folklore : « Ces deux motifs, celui du loup qui chante la messe dans une église par présomption naïve et celui du loup qui chante à la suite de libations prolongées ne sont au fond qu'un seul thème plus simple, celui de l'animal à la voix discordante qui veut envers et contre tous faire résonner les échos de ses accents »[1]. Mais les contes folkloriques qu'il cite à l'appui de sa thèse ne sont pas convaincants. On peut maintenir par contre que l'office que chantent Renart et Tibert avec tant de soin est une parodie satirique du chant liturgique de la fin du XIIème siècle; tandis que l'auteur de la branche XIV semble avoir pris pour modèle de Primaut les membres du clergé qui, pendant des heures, se livraient avec enthousiasme au chant retentissant et peu harmonieux de l'office des fous. Nulle part dans la branche XIV, ni dans la branche XII, il n'est indiqué ou suggéré que nos animaux désirent chanter pour montrer la qualité de leur voix. Il y a plus qu'une simple coïncidence, me semble-t-il, dans le fait que l'auteur de la branche XIV a employé un mot qui rappelle immédiatement et avec force l'image du clergé chantant la prose de l'âne et son refrain : « Durement

[1] *Les Sources du Roman de Renart*, p. 242-3.

brait et ulle et crie » (v. 469). L'intérêt dans les deux poèmes est tout entier dans la parodie de l'office, dont l'effet satirique est rehaussé, non en faussant la forme ou les paroles, mais en travestissant la manière de chanter, tout comme la fête des fous travestissait l'office sans cesser d'en respecter les formes.

Il en est de même du motif de la sonnerie des cloches, que Sudre expliquait simplement comme un prétexte pour attirer les gens à l'église afin de préparer le dénouement du récit. Il était très normal au fond, et même nécessaire pour garder la fiction de la messe, que Primaut sonnât les cloches avant de commencer l'office, tout comme il l'était dans XII pour annoncer la fin des vêpres, ou plutôt, comme prétend Renart, pour annoncer les vigiles. Mais les deux poètes soulignent que tout le mal provient de ce que Primaut et Tibert sonnent avec trop de zèle. Bien qu'il n'en soit pas mention dans l'office des fous de Sens, il est permis de penser que pendant la fête les cloches ont été sonnées avec la même vigueur que l'on mettait à chanter, et un témoignage vient appuyer cette supposition. Du Tilliot dit qu'à la fête du premier mai du chapitre d'Evreux, qui fit partie par la suite de la fête des fous et des sous-diacres, l'abus s'était introduit de sonner toutes les cloches de la cathédrale à toute volée, et même que l'on avait sonné une fois avec tant de vigueur qu'une des plus grosses cloches était tombée. En outre, à deux reprises des chanoines qui avaient voulu faire arrêter la sonnerie avaient été fort malmenés par le bas clergé. En vérité, la longueur extraordinaire et l'introduction de tant d'offices dans la fête des fous ont dû fournir aux joyeux célébrants l'occasion de sonner fréquemment les cloches.

En dehors de la célébration des offices, il existe des rapports étroits entre les deux branches du *Roman de Renart* et les fêtes des fous. C'est le même fol esprit de gaîté, de satire, de licence et de profanation qui animait les ébats joyeux des vicaires, des chantres et des enfants de choeur et qui poussait Renart et Tibert, ainsi que Primaut, à se comporter, dans les paroles de Martin, « en vrais écoliers échappés à la discipline ».

C'est peut-être le spectacle d'un âne vêtu d'une belle chape et conduit dans le choeur même de l'église pour présider l'office divin qui a donné à Richard de Lison et au créateur de Primaut l'idée d'habiller des bêtes de vêtements sacerdotaux et de leur faire chanter solennellement les vêpres. Quelle est l'origine de la huche pleine de pain, de viande et de vin que Primaut et Renart trouvent dans l'église, près de l'autel, et des deux fromages dont Tibert et Renart se régalent après avoir chanté vêpres ? Simple invention par l'auteur de XIV pour expliquer l'ivresse de Primaut et son chant peu harmonieux, et imitation par Richard de Lison, prétendait Sudre. Hypothèse peu convaincante, surtout qu'on trouve d'autres motifs pour le chant de nos héros, et qui ne suffit pas à expliquer ces repas bruyants sur les marches de l'autel qui profanent si outrageusement les églises. Il est vrai qu'on présentait souvent à l'autel des offrandes en nature. Ces provisions étaient gardées à l'usage du clergé, mais elles n'étaient pas, bien entendu, utilisées dans l'église même. Je crois plutôt qu'on y entend encore un écho des fêtes des fous. Il est certain que pendant l'office de la fête des fous à Sens, les officiants et les chanteurs se mettaient à table au moins deux fois pour manger et boire – Millin dit que, l'office durant deux fois plus longtemps que ceux des plus grandes fêtes, il fallait bien se restaurer de temps à autre. Dans l'office de Sens, les hymnes étaient précédées par des rubriques « Conductus ad poculum » et « Versus ad prandium », qui annonçaient le moment de prendre des rafraîchissements, et le répons contenait une invocation à Jésus-Christ et à la Vierge, les priant « d'aiguiser l'appétit des convives et de leur inspirer de joyeux propos ». Bourquelot donne aussi des précisions intéressantes sur l'office de l'âne de Beauvais. D'après le texte latin, le clergé se présentait à l'office muni de quoi se désaltérer : « Postea (c.à.d. après l'hymne qui annonçait le jour de liesse) omnes eant ante januas ecclesiae clausas, et... stent foris, tenentes urnas vini plenas, cum scyphis vitreis, quorum unus canonicus incipiat : Kalendas januarias »[1]. Mais il n'y a pas de raison de douter que les célébrants n'eussent déjà commencé leurs libations avant de se rendre à la cathédrale. Bourquelot cite un autre passage du manuscrit de Beauvais, tout en ajoutant qu'il ne l'avait pas rencontré lui-même : « Hac die incensabitur (i.e. l'autel) cum boudino et saucita ». Millin répète cette assertion, en ajoutant que les diacres et les sous-diacres mangeaient leurs boudins et leurs saucisses sur l'autel, devant le célébrant – digne précédent pour la branche XIV, où Primaut et Renart prennent leur repas sur la nappe de l'autel qu'ils ont étalée sur les marches.

Il y a toute raison de croire que dans la première partie de son poème Richard de Lison a daubé largement sur des personnes de sa connaissance, en racontant de sa propre façon des faits d'intérêt local. Il me semble que dans la seconde partie également il a peu inventé. Tout ce qui, dans son récit des vêpres de Tibert semble relever de la plus haute fantaisie et de l'exagération, avait en réalité son origine dans les fêtes et les coutumes de son époque, dont il avait été un observateur attentif et amusé. Quand on considère les nombreuses analogies entre le récit des vêpres et ce que l'on sait des fêtes des fous, on est tenté de croire que Richard de Lison ne mentait pas en disant qu'il avait traduit en français une vieille histoire, mais qu'il n'avait fait qu'adapter à des fins satiriques un de ces offices tels que l'*Officium festi stultorum (ou fatorum), ad usum, seu potius ad abusum metropolitanae ac primatialis Senonensis ecclesiae,* qui existait probablement déjà au moment où il a créé la branche XII. D'ailleurs, ne finit-il pas par s'associer à ces joyeux fous ? Car, dit-il, le fou ne doit pas essayer d'agir autrement qu'en fou :

v. 1476 Ce vos dit Richart de Lison
Qui conmenche a ceste fable
Por doner a son connestable :
Se il a en rien mespris,

[1] *Office de la fête des fous de Sens*, p. 85.

v. 1480 Il n'en doit ja estre repris,
Se il a de son langaje :
Que fox naïs il n'iert ja sage
N'il ne vout gerpir sa nature,
Que dex nostre sire n'a cure.

Une histoire de fous convient bien à un fou, comme, dit notre poète finalement en guise d'excuse, « Toz jorz siet la pome el pomer ». Ce n'est pas dans le folklore que Richard de Lison avait puisé sa matière, mais dans les événements de la vie quotidienne, dans les aventures de ses contemporains comme dans leurs faiblesses et leurs sottises. Avec la branche XII nous sommes bien au XIIème siècle, dont elle satirise quelques-uns des aspects par l'exactitude même de la parodie joyeuse qu'elle en fait.

La branche VIII, *Le Pèlerinage de Renart,* composée vers la même date que *Les Vêpres de Tibert,* est sortie de la tradition cléricale qui s'amusait à représenter Renart dans des vêtements de moine ou d'ermite. Le récit est court et assez simple, mais en même temps un des plus spirituels et des plus amusants du *Roman de Renart,* où l'on voit, comme dans les *Vêpres,* la verve joyeuse des clercs qui s'amusaient à parodier parfois la vie ecclésiastique ou monacale. Fatigué de sa vie de tromperie et de ses guerres incessantes contre tout le monde, Renart se repent et se confesse à un ermite. Le repentir est sincère, et le poète prend plaisir à lui donner plus d'éclat en allongeant la liste de péchés. Mais tant sont graves les fautes que Renart avoue, que l'ermite se récuse et lui ordonne de se rendre en pèlerinage à Rome et de se confesser au Saint Père même. Et voilà Renart qui s'en va :

166 Escrepe et bordon prent, si muet.
Si est entres en son chemin.
Molt resemble bien pelerin
Et bien li sist l'escrepe au col

Il y a souvent dans les petites scènes de ce genre, dans les observations du poète, un ton d'ironie qui pourrait être inconsciente, mais qui pourrait en même temps trahir la vraie pensée du conteur. Malgré ces belles apparences, et malgré les bonnes intentions du moment, notre pèlerin est toujours... Renart.

Mais Renart n'aime pas partir tout seul, et trouvant sur son chemin Belin le bélier, il veut le persuader de l'accompagner. Belin se lamente de ce qu'on a promis sa peau

> v. 195 A housiaux fere a un prodome
> Qui les en doit porter a Rome.

A Rome ? Qu'il y porte sa peau lui-même, propose Renart. Et d'ailleurs, si Belin échappe à la mort cette fois-ci, il n'aura pas la même chance « le jeudi de Rogations, quand les gens mangent les moutons ». Puis Renart prend un ton solennel, il tire de beaux arguments de la Bible :

> « Dex a commande que l'en lest
> Pere et mere, frere et seror
> Et terre et herbe por s'amor.
> Cist siecles n'est qu'un trespas.
> Molt est or cil chaitis et las
> Qui aucune foiz ne meüre.
> Ja trovons nos en escriture
> Que dex est plus liez d'un felun,
> Quant il vient a repentison,
> Que de justes nonante noef.
> Cist siecles ne vaut pas un oef ».

L'effet comique de cette « herbe » est d'autant plus grand que le reste du passage suit fidèlement le texte scriptural – « c'est la Bible à l'usage des moutons », a observé Lucien Foulet. Et en fin de compte ce ne sont pas les motifs pieux qui décident Belin à accompagner Renart, mais une promesse d'ordre purement pratique :

> 232 « S'avoc moi voloies venir,
> L'en ne feroit ouan housel
> Ne chaucement de ta pel ».

Un peu plus loin les deux pèlerins rencontrent Bernart l'âne, qui est appelé « archiprêtre ». Renart lui fait le reproche d'aimer mieux porter des fardeaux et supporter les piqûres de l'aiguillon et des mouches, que de souffrir « martire et travail » pour acheter son salut éternel. Mais c'est la promesse d'avoir assez à manger qui séduit l'archiprêtre ! Hélas ! les dangers de la route ont vite fait de vaincre la dévotion et le zèle des trois pèlerins, et dès le lendemain ils abandonnent leur projet et retournent sur leurs pas. Pour se consoler, ou plutôt pour s'excuser d'abandonner si vite le service de Dieu, Renart formule des doutes sur la valeur des pèlerinages qui nous rappellent les critiques des croisades dans la branche I :

« Segnor » dist Renart, « par mon chef,
Cist eires est pesanz et gref.
Il a el siecle meint prodome
Qu'onques encor ne fu a Rome.
Tiex est revenuz de sept seins
Qui est pires qu'il ne fu eins.
Je me voil metre en mon retor :
Et si vivrai de mon labor
Et gaaignerai leelment.
Si ferai bien a povre gent ».

Encore l'humour ironique du poète, qui constate que les pèlerinages peuvent faire plus de mal que de bien, et que celui qui reste chez lui à s'occuper honnêtement de son travail a autant de mérite, sinon plus, que ceux qui visitent les lieux saints. En même temps critique importante, qui s'attaque à une des institutions les plus respectées du Moyen Age.

Léopold Sudre s'étonnait du peu d'accord entre le cadre, le pèlerinage de Renart, et les événements qui se passent dans ce cadre, entre le prétexte religieux du voyage et les motifs peu religieux qui inspirent Bernart et Belin. Ayant trouvé dans « un nombre infini » de contes populaires les mêmes raisons égoïstes – le désir d'échapper à la mort et la promesse d'une abondante nourriture – que poussent des animaux à partir en voyage, il avait conclu que le *Pèlerinage de Renart* n'était qu'une transformation littéraire de récits oraux. Il reconnaissait la place que tenait dans les poèmes satiriques sortis des cloîtres le travestissement religieux donné au loup et au renard, et il voyait dans le *Pèlerinage* le prolongement jusque dans le *Roman de Renart* de ce travestissement, mais il n'admettait pas que le poète français ait utilisé ce travestissement dans un but satirique. Mais quoi de plus satirique que la longue confession d'un Renart désespéré et le repentir si sincère, qui le font partir en pèlerinage, le coeur plein de joie et de ferveur pieuse, pour abandonner lâchement au premier échec ! On s'étonne que Sudre n'ait pas apprécié l'effet satirique qui provient de la juxtaposition des arguments bibliques et des sentiments pieux de Renart avec les motifs bas et égoïstes qui inspirent ses partenaires. La condamnation des pèlerinages, discrète mais très précise, avec laquelle le poète termine la branche, porte la vraie leçon du *Pèlerinage* et fait paraître finalement toutes les bonnes paroles, tous les arguments si édifiants du début, comme une parodie des sermons de l'époque en faveur des pèlerinages, tandis que la conduite des trois animaux apprenait simplement à se méfier des faux pèlerins.

Une question intéressante est soulevée dans la branche VIII par l'appellation donnée à Bernart l'âne. Au début, il est appelé « archeprestre », une autre fois « archeprovoire ». Dans un des manuscrits de la branche du *Jugement*, l'âne est encore appelé « arceprestre », mais on peut se demander si ce titre n'avait pas été ajouté tardivement, car dans la scène de l'enterrement de dame Copée, où l'on aurait pensé trouver l'archiprêtre dans l'exercice de ses fonctions, aucune mention n'est faite de l'âne. Par conséquent, il me semble permis de chercher l'explication de l'attribution du titre à l'âne dans les fêtes des fous qui avaient tant fourni à Richard de Lison et probablement à l'auteur de la branche XIV. Certainement le Moyen Age affublait l'âne souvent des habits de prêtre ou de moine dans une intention satirique, comme en témoignent les nombreuses miséricordes qui représentaient dans les chœurs mêmes des églises des ecclésiastiques qui portent les oreilles démesurément longues de l'humble bête [1].

S'il est parfois assez difficile d'estimer l'importance de la satire et du comique dans le *Roman de Renart,* la branche VII, *Renart mange son confesseur* ou la *Confession de Renart,* ne laisse aucun doute sur les intentions et les sentiments de l'auteur. Lucien Foulet a qualifié cette branche de « fabliau obscène doublé d'une violente satire », et même Léopold Sudre en a reconnu la violence satirique : « La confession de Renart au milan est une charge à fond contre les prêtres et les moines; de plus, dans un langage d'un cynisme révoltant, elle dépeint toute une société de ribauds corrompus et débauchés dont les types ont été sans doute fournis à l'auteur par quelques-uns de ses contemporains » [2]. L'élément narratif est très restreint dans cette branche; le poète se sert du cadre ainsi que du personnage connu de Renart le rusé et l'hypocrite pour déverser sa moquerie et sa haine sur ses contemporains. Le poème débute par un long prologue qui n'est qu'un amas de proverbes sur l'inconstance de la fortune. Mais ce prologue, d'une longueur exceptionnelle, marque l'abandon du style narratif en faveur de la critique et la moralisation. Le poète saisit ainsi chaque occasion au cours de son récit pour esquisser une observation philosophique, sinon une amère critique ou une mordante satire. La cruauté de Renart qui tue un chapon inoffensif est rapprochée de l'injustice de la cour royale, où les innocents paient souvent pour les fautes d'autrui. Par la bouche de Renart le poète satirise l'arrogance et la rapacité de la noblesse :

> Honte ai fors deu qui destina
> C'onques vilein d'oie manga !
> Vilein doit vivre de cardons,
> Mes moi et ces autres barons
> Lait l'en les bons morsaus mangier :
> Car nus les manjon sanz dangier !

[1] Cf. Louis Maeterlinck, *Le Genre satirique, fantastique et licencieux dans la sculpture flamande et wallonne,* Paris, 1910.

[2] *Les Sources du Roman de Renart,* p. 34.

Mais ce sont surtout les ecclésiastiques de toute sorte qui suscitent les injures et les grossièretés haineuses du poète. Pris en flagrant délit dans le poulailler de l'abbaye de Compiègne, Renart reproche aux moines d'être trop fiers et « de moult male maniere ». Leurs habits noirs lui inspirent l'épithète diabolique de « maufez », et il voit dans leur conduite la justification de cette appellation. Dans ses prières, il demande que Dieu donne grand tourment « as moines et as abez et as provoires coronez, et as hermites de boscages ». Hubert le héron, ermite et confesseur du pénitent Renart, lui assure que les clercs et les prêtres sont tous des fous, destinés aux peines d'enfer qu'ils promettent eux-mêmes aux pécheurs. Renart regrette que la règle de la chasteté l'empêche de devenir moine, mais il recommande la stricte application de cette règle pour maintenir la paix et le bon ordre dans les couvents, le moindre relâchement de la discipline pouvant engendrer les pires désordres et les pires excès, car « trop sont lecheor li moine ».

Pour exposer finalement toute la monstruosité de ses péchés, Renart se compare, à son propre désavantage, avec les plus grands pécheurs de sa connaissance. A la tête d'une longue liste de débauchés et de pervertis dont les noms sont souvent tout un programme, se trouve le supérieur de l'abbaye de Corbie « qui honnit tout l'ordre ». Quelle collection pittoresque ! Après l'abbé viennent Hunant le Roux et Tabarie, «qui tuit vivent de roberie »; Coquin et Hernauz « qui vet contant des roges trouz »; Mauduis « li clercs d'Auteinvile Qui tant cuide savoir de gile »; ce Herberz « de males bordez » qui a mérité la corde ; Marcheterres « qui se fet or molt bon borderez » ; Pierre le Roux et Fetas « qui sevent remuer lor dras », et d'autres encore aux moeurs aussi dépravées. Ce sont certainement tous des moines, et l'on a même l'impression qu'ils sont tous de cet ordre de Corbie, car, dit Renart, toute la bande – « tuit cil qui sont de la jeste » – toute cette famille de mauvais moines n'est pas aussi coupable que lui. Ernest Martin a émis l'opinion que l'auteur de la *Confession* était un bouffon qui prenait une mine sérieuse en affirmant « Je ne di pas par tot folie » pour relever tout simplement le comique extravagant de son conte. Il me semble pourtant que ces âpres plaisanteries s'adressent avec trop de précisions à un certain groupe de la société de l'époque pour être considérées comme de simples bouffonneries. La définition de notre poète que donne Lucien Foulet me paraît bien plus juste : « un clerc défroqué et qui de son passage dans les milieux ecclésiastiques n'a rapporté que haine et rancune » [1]. On peut même penser que le poète avait fréquenté la vieille et puissante abbaye de Corbie avant d'en être chassé. Comme dans la branche XII, la région où se déroulent les événements est assez nettement définie. C'est sans doute à l'abbaye de Saint-Corneille à Compiègne que Renart est surpris et battu par les moines : cette abbaye, dont la « fierté » et la sévérité de la règle inspiraient à Renart une antipathie profonde et qui, propriétaire de la principale seigneurie de Compiègne, avait amassé des biens considérables, avait été réformée par Suger. Après Compiègne et l'Oise, le poète mentionne plusieurs endroits qui se trouvent tous dans la région de Beaumont-sur-Oise; Chambly et Ronquerolles; « Poisseux » qui pourrait être le Puiseux à l'ouest de Pontoise mais qui est plus probablement Puiseux-le-Hauberger au nord de Chambly, ou encore Puiseux-en-France, qui n'est pas loin de Mareil-en-France, vraisemblablement le « Maroil » du poème. Ces deux derniers sont à quelques kilomètres encore d'Attainville, d'où venait sans doute Mauduis « li clercs d'Auteinville ». Enfin « Morenci » me semble représenter Montmorency qui est effectivement relié, comme dans la branche VII, directement avec Puiseux-en-France. Toutes ces allusions démontrent que le poète parle avec familiarité et exactitude d'une région qu'on reconnaît bien, ce qui porte à croire qu'il parle également de personnes véritables dont il connaît bien les faiblesses et les travers. Mais tandis que Richard de Lison raillait avec beaucoup de bonne humeur l'ignorance, la superstition, les excès du bas clergé pour l'amu-

[1] *Le Roman de Renard*, p. 443.

sement de ses supérieurs laïques et ecclésiastiques, l'auteur de la *Confession de Renart* a exhalé une haine toute personnelle contre les ordres religieux et contre le clergé en général, dans une satire très violente, diffamatoire, souvent obscène.

Les branches des *Vêpres de Tibert* et de la *Confession de Renart* marquent une tendance croissante de la part des conteurs de Renart à s'éloigner des contes d'animaux et à se servir du *Roman de Renart* comme d'un cadre qui permet de dauber sur leurs contemporains sans trop se dévoiler. La branche XI, *Renart Empereur,* marque une étape décisive de cette évolution. Lucien Foulet a considéré cette branche, la plus longue du *Roman de Renart,* comme peut-être la moins attrayante. Il est vrai que l'anthropomorphisme qui avait existé d'une façon plus ou moins marquée dans presque toutes les branches et qui est appelé par le genre même, est ici complet: les animaux ont toutes les caractéristiques humaines, ils se conduisent non plus comme des animaux mais comme des hommes. Martin et Foulet ont tous les deux signalé l'étroite ressemblance de la branche XI avec la *Chanson de Guillaume,* à laquelle l'auteur de *Renart Empereur* avait emprunté plusieurs scènes de combat et une quantité d'expressions. L'identité des animaux avec des chevaliers est absolue, l'élément original du monde des bêtes disparaît sous l'apparat du monde féodal. Il n'y a plus de parodie, de travestissement, le conte de Renart est devenu une pauvre imitation de la chanson de geste.

Au début de cette étude j'ai voulu montrer comment Pierre de Saint-Cloud et quelques-uns de ses successeurs avaient fait des chansons de geste des parodies qui étaient certes satiriques, mais dont le but était essentiellement de faire rire. La disparition de la parodie et l'assimilation des héros du *Roman de Renart* à des êtres humains accompagnent une nouvelle orientation vers la satire pure et simple, sans souci d'amuser. Renart n'est plus, dans la branche XI, la bête rusée qui trompe tout le monde pour le plaisir de tromper et qui parfois présente des similarités frappantes avec les hommes. Il est au contraire un baron féodal, grand seigneur, hardi, ambitieux, brutal et sans scrupules, qui conspire à usurper la place de son monarque absent. La conspiration est traitée avec un sérieux, un réalisme qui ne relèvent point de la parodie. On est tenté d'y chercher, comme Ernest Martin, des motifs historiques. Martin renvoie d'abord à l'hypothèse de Jonckbloet [1], d'après laquelle notre poème est inspiré par l'histoire de Conrad de Monferrat qui en 1189 enleva la reine du royaume de Jérusalem à son mari, l'épousa lui-même, et succéda au trône. Martin a proposé pourtant une autre explication : « Notre poète a peut-être voulu flétrir la conduite infâme de Jean Sans-Terre pendant l'absence de son frère Richard Coeur de Lion : Jean s'empara en 1193 du royaume de son frère après avoir répandu la fausse nouvelle de sa mort; puis il implora et obtint le pardon de Richard » [2].

Entre les faits historiques rappelés par Martin et ceux de la branche XI, il y a plusieurs ressemblances. Les adversaires du roi Noble viennent de l'Orient, et dans un endroit ils sont appelés même « Sarrazins ». Noble les accuse de lui avoir enlevé deux de ses plus forts châteaux : il est possible que le poète français pensât à la prise par Saladin des plus fortes villes franques, y compris Jérusalem, ce qui déclencha la troisième croisade conduite par Richard Coeur de Lion et Philippe Auguste. A la fin de la branche, il y a une remarque qui semble appuyer la thèse de Martin : capturé par les forces de Noble, Renart reçoit son pardon et s'en va tranquillement à Maupertuis :

v. 3395 Et puis fu si bien du Roi Noble
Que tuit cil de Constantinoble.

Cette observation semble laisser percer l'amertume du poète, qui s'aperçoit que Jean Sans-Terre jouit des mêmes faveurs que les barons fidèles qui avaient accompagné leur suzerain en Terre Sainte. La mention de Constantinople confirme en tout cas que le poète faisait allusion aux événements de son époque. Une

[1] *Etude sur le Roman de Renart*, p. 370.
[2] *Observations sur le Roman de Renart*, p. 69.

étude des dates appuie encore l'hypothèse de Martin. Foulet croit que la branche XI a été composé entre 1196 et 1200, c'est-à-dire dans la période suivant immédiatement la rentrée en Angleterre de Richard après son emprisonnement en Allemagne en 1193. Il faut admettre cependant que l'on n'a pas d'indications assez précises pour permettre de confirmer l'une ou l'autre de ces hypothèses. Mais il me semble difficile de ne pas croire que la branche XI n'ait pas été écrite sous l'impulsion d'événements contemporains, dans le but de stigmatiser la conduite de certains personnages éminents, tout comme feront Philippe de Novare et Rutebeuf au siècle suivant.

Si les dernières branches que nous venons d'examiner ont marqué une tendance progressive à substituer aux contes d'animaux divertissants des tableaux des moeurs de l'époque dont l'intention est toute critique et satirique, les deux premières branches du XIIIème siècle nous ramènent brusquement aux premières traditions du *Roman de Renart.* La branche IX, *Renart, l'Ours et le Vilain Liétart,* écrite par le prêtre de la Croix-en-Brie, a été appelée par Foulet « l'épopée d'un village briard ». Son thème est celui des premiers épisodes du poème de Pierre de Saint-Cloud, le trompeur trompé. Cette fois cependant c'est l'adversaire de Renart qui veut le premier tromper le trompeur universel, et cet adversaire, c'est le vilain Liétart. Il s'excuse d'ailleurs de sa mauvaise foi en alléguant qu'on a le plein droit de tromper Renart.

> v. 1102 Si est il et raison et drois
> Del engingneür qu'en l'engint.

Mais la ruse paysanne ne prévaut pas contre le maître des ruses, et pour échapper aux fourches patibulaires Liétard doit se soumettre à Renart. Le récit est bien conforme à la définition par Guerlin de Guer du *Roman de Renart* – « un spectacle de ruse et de supercherie, en vue de divertissement ». Il me semble pourtant que le curé de la Croix-en-Brie a eu en outre l'intention de créer un récit édifiant, où la fourberie et la malhonnêteté reçoivent une punition exemplaire. En même temps, il y a un certain humour bien moqueur, voire une satire des paysans, qui déploient tant d'activité et de ruse pour dépecer l'ours et emporter les morceaux pour la salaison sans être découverts par les hommes du comte Thibaut. Le poète connaît bien ses paroissiens et leurs péchés, mais tout en les raillant il ne montre point à leur endroit le mépris qu'on sent chez les auteurs de quelques autres branches.

Dans la première partie de la branche XVI, *Renart et Bertaud,* Renart est opposé de nouveau à un vilain. Ernest Martin pensait que, par sa reconnaissance de l'honnêteté et la fidélité des paysans, l'auteur se distingue des autres conteurs de Renart. Les premières paroles du poète au sujet de son vilain Bertaud ne sont pourtant guère tendres :

> v. 113 Une vileins entulles et riches
> Qui moult estoit avers et chiches.

Presque invariablement les vilains sont présentés dans le *Roman de Renart* comme étant sots, avares, de mauvaise foi et Bertaud n'est pas une exception. Grâce à sa maladresse, il tombe dans une situation des plus ridicules, prisonnier de Renart. Faute d'invention, le poète fait dépendre le dénouement de son récit de la soumission totale du vilain à Renart. Il y a plus d'une trace d'ironie et de mépris dans le tableau du riche paysan qui s'aplatit peureusement et abjectement devant Renart.

Ce mépris constant des clercs pour les paysans se révèle de façon indiscutable dans la seconde partie de la branche XVI, dans le récit du *Partage de Renart.* Ici le vilain est noyé ignominieusement, et, reconnaissons-le, cruellement, et nous sommes un peu choqués même par le cynisme du poète qui exprime par la bouche du roi Noble son horreur de cette race d'êtres :

> v. 1183 « Je n'ai mie vilain tant chier.
> Autant ameroie a touchier
> A un ort vessel de ma main
> Conme je feroie a vilain ».

Cette brutalité à l'égard du pauvre hère, victime de la malice de Renart, est au fond étrangère à l'esprit primitif du *Roman de Renart,* où la gaîté prend presque toujours le dessus pour empêcher les contes les plus satiriques de tourner au tragique. Cette attitude paraît néanmoins tout à fait sincère, puisque cette histoire de Renart et du vilain, qui introduit le récit du *Partage,* constitue à peu près le seul apport personnel du poète, le *Partage de Renart* étant calqué très fidèlement sur un récit de l'*Ysengrimus.* C'est peut-être un des indices les plus sûrs de la prédominance de la veine satirique sur le comique dans le *Roman de Renart,* que cette indifférence ou plutôt cette hostilité envers les vilains. Car il s'agit dans ces deux branches, IX et XVI, de la satire des vilains. Encore une fois le *Roman de Renart* reflète fidèlement les tendances de l'époque. Tout comme le pauvre prêtre campagnard était méprisé, moqué, par ses frères plus riches, plus instruits, ainsi les vilains encourent le déplaisir des clercs et des chevaliers :

> Enfin une petite élite de ruraux s'éleva très nettement dans la hiérarchie des fortunes. Signe de cette élévation que les chevaliers jugeaient scandaleuse, le thème du paysan parvenu, ridicule et indigne de sa richesse, se répandit brusquement dans la littérature au début du XIIIème siècle. Il est peu de villages en effet où un rustre, plus habile à vendre le fruit de son travail, ne soit parvenu à amasser un petit capital, à acquérir des rentes sur les terres de ses voisins, à acheter à des chevaliers dans la gêne des pièces de terre noble, à constituer ainsi une petite seigneurie, à exercer sur la paroisse une profitable domination économique...[1].

Les vilains sont presque invariablement présentés comme étant riches, avares et usuriers, aussi bien que sots et ridicules, et les sympathies de nos trouvères sont visiblement du côté de Renart, qui réussit régulièrement à les humilier et à leur extorquer un tribut. Il est d'ailleurs significatif que ces rencontres entre Renart et des vilains apparaissent assez tard, à un moment où la

[1] *Histoire générale des civilisations,* éd. Maurice Crouzet, III, *Le Moyen Age,* p. 366.

satire s'était bien établie comme un élément normal du *Roman de Renart.*

La branche XVII, *La Mort et la procession Renart,* complète l'archétype présumé des manuscrits du *Roman de Renart.* En même temps elle marque encore une étape importante dans l'évolution de notre *Roman.* Il est évident que le poète voulait donner une conclusion aux récits de Renart, qu'il connaissait certainement bien et dont il a retenu à la fois les meilleurs et les pires aspects. Comme dans *Renart Empereur,* l'anthropomorphisme est complet. Les animaux sont de nouveau des chevaliers du Moyen Age, et comme l'on a remarqué chaque fois que l'anthropomorphisme est poussé très loin, le conte d'animaux, gai et fantaisiste, est remplacé par un tableau réaliste des mœurs et des usages de l'époque. Ainsi le récit du jeu d'échecs entre Renart et Isengrin, avec sa gageure si funeste pour Renart, ne relève nullement de la fantaisie un peu obscène du poète mais est basé sur une coutume répandue à l'époque. Ernest Martin le démontre en citant des lois de certaines villes du Moyen Age qui défendaient aux joueurs de mettre en jeu un membre quelconque. Après ce trait réaliste, on n'est pas surpris de constater que dans toute cette longue branche le poète satirise plaisamment les gens et les moeurs des grandes cours au début du XIIIème siècle.

L'intérêt principal de la branche XVII est cependant la parodie, faite avec beaucoup de gaîté et d'esprit, des choses de l'Eglise. Ici surtout le poète s'est servi largement des branches précédentes. L'introduction, qui raconte la mutilation que Renart inflige à un moine blanc, n'est qu'une imitation de l'aventure de Tibert avec le prêtre dans le *Jugement.* La confession de Renart semble être calquée sur celle de la branche VII. Il faut croire que les auditeurs du Moyen Age prenaient goût aux caricatures des offices saints, car la scène la plus importante de la branche XVII est celle des Vigiles des Morts, célébrées pour l'âme de Renart avec les neuf leçons, les neuf répons et les neuf versets, et chantées par une collection pittoresque de bêtes, depuis le limaçon jusqu'au taureau, tous vêtus des robes sacerdotales.

Dans l'exactitude avec laquelle il reproduit l'office, le poète suit ses prédécesseurs, Richard de Lison et les auteurs des branches I et XIV; mais par le ton dans lequel il raconte la confession de Renart, ainsi que le sermon de l'archiprêtre Bernart, il nous rappelle la manière de l'auteur de la *Confession de Renart.* Renart avoue ses péchés avec une complaisance tout évidente et sous réserve de tout désavouer au cas où il se remettrait de sa blessure. Un des passages les plus remarquables de la branche est celui du sermon de Bernart qui fait l'éloge, en termes directs et vigoureux, de la fornication, en promettant le paradis à ceux qui s'y adonnent et l'enfer à ceux qui s'en abstiennent. Il apporte à l'appui de sa thèse l'exemple de tous les princes du monde, boutade qui dépasse celles de Pierre de Saint-Cloud sur la licence de l'époque. Par moments, dans l'éloge de Renart que fait Bernart et dans l'adresse de Ferrant le roncin surtout, le poète se laisse aller à une obscénité qui surpasse presque celle de la branche VIII. Il réserve sa plus lourde satire pour la conclusion du sermon de Bernart : Renart est blanchi de toute accusation, sa repentance et sa fin édifiante sont exaltées, et sa longue carrière de vols, de meurtres, de luxure et d'infidélité, est qualifiée de « vie de martyr et d'apostre » ! Lucien Foulet considérait que *La Mort et la procession Renart* n'est que l'aboutissement de la longue lignée de récits sortis des cloîtres et où les clercs laissaient épanouir leur verve et leur gaîté autour des choses de l'Eglise : « Seul pourtant de tous ces rieurs irrespectueux, l'auteur de la branche XVII, à plusieurs reprises, a délibérément versé dans l'obscénité ... Peut-être plus d'un lecteur moderne sera-t-il enclin à lui faire un autre reproche. De tous ces gens d'Eglise, réguliers ou défroqués, qui sans arrière-pensée de satire en prennent si à leur aise avec les choses saintes, il est certainement le plus audacieux »[1]. J'ai voulu démontrer au contraire les arrière-pensées satiriques de ces caricatures des offices religieux, qui aboutissent certes à une satire souvent gaie et enjouée, mais

[1] *Le Roman de Renard,* p. 472.

toutefois à la satire. Cette fois-ci, si on lit attentivement cette parodie, et surtout l'éloge funèbre, ne peut-on pas entendre le ricanement du poète qui se moque d'autres éloges qu'il avait vraisemblablement entendus lui-même et dans lesquels des grands seigneurs avaient reçu une absolution tout aussi inattendue et imméritée ? Ou encore, est-ce plutôt une défense ironique des moeurs brutales et licencieuses de la noblesse féodale ?

Avec la branche XVII on est arrivé à la fois à la fin des branches de la première heure et de l'oeuvre la plus originale du *Roman de Renart.* Trop souvent les branches postérieures ne font que ressasser les récits que nous venons d'examiner, ou elles s'écartent trop de l'esprit et du cadre primitifs du *Roman de Renart* pour contribuer beaucoup à cette étude. Dans la branche XIII, *Les Peaux des goupils,* le héros traditionnel n'est même pas traité sous l'aspect du travestissement ou de la parodie et devient tout simplement une bête chassée par les hommes. Ailleurs, Renart ne figure même plus. Dans l'ensemble, les dernières branches n'ont ni la franche gaîté, ni l'élément de parodie et de satire qui font l'intérêt des branches primitives. Il y a néanmoins parfois des traits heureux et amusants. La branche XVIII, *Isengrin et le prêtre Martin,* vient en ligne droite des récits latins du Moyen Age, étant une traduction assez fidèle, avec quelques additions par le poète français, du poème *Sacerdos et lupus* du XIème siècle. Le conteur français a développé surtout l'aspect railleur de cette poésie sortie des cloîtres. Comme d'autres conteurs de Renart qui se moquaient ouvertement du petit clergé, il fait ressortir le manque d'instruction, la simplicité combinée avec la ruse paysanne, de ce curé campagnard :

v. 7 Viellarz estoit auques li prestres,
Ne fu onques de letres mestre :
Plus savoit de truie enfondue
Que de letre deporveüe.

Tilander explique dans son *Lexique du Roman de Renart* cette expression « truie enfondue » comme signifiant l'art de conserver le porc dans le sel : notre prêtre connaissait évidemment les arts domestiques ou campagnards bien mieux que les livres. Il est le digne collègue du curé de paroisse du *Jugement,* mais il est en fin de compte bien moins malmené.

C'est vraisemblablement l'auteur d'*Isengrin et le prêtre Martin* qui a créé les deux branches XIX, *Isengrin et la Jument,* et XX, *Isengrin et les béliers.* La première est une adaptation d'une fable ésopique d'après la version légèrement modifiée du *Romulus,* l'autre est une version très abrégée d'un récit de l'*Ysengrimus.* Dans les trois récits le héros est Isengrin, et Renart n'y apparaît pas. Dans les deux derniers, il s'agit essentiellement de mettre en relief la gloutonnerie et la stupidité du loup.

Il convient de mentionner ici la branche XXII, *Les Semailles* ou *Le Labourage en commun,* puisque le thème des animaux laboureurs sera repris dans la branche franco-italienne et dans un récit du Ménestrel de Reims. Comme Lucien Foulet a déjà remarqué, la branche XXII traite le thème du point de vue de la fable, et elle s'éloigne de la tradition épique. Quant à la suite, qui raconte la vengeance de Renart sur les autres bêtes, vengeance bien sanglante, l'auteur reprend la branche *Renart Médecin,* mais avec une obscénité extrêmement déplaisante.

La branche XXIII, *Renart Magicien* et *Le Mariage du roi Noble,* débute avec le *Plaid* de Renart, ce qui prouve l'intérêt inlassable que l'on portait à ce thème primitif du *Roman de Renart.* Le poète imagine une solution assez originale – Renart se fait pardonner en donnant à Noble une femme d'une incomparable beauté. Pendant la fête qui marque les fiançailles, Renart se venge encore une fois de ses ennemis traditionnels, mais autrement ce récit, avec ses bêtes fabuleuses et ses tours magiques, a peu en commun avec les parodies et les joyeux travestissements des premières branches. L'élément satirique y a cependant toujours sa place. En rappelant une aventure célèbre de Tibert, le poète condamne formellement – et assez sauvagement – le mariage, ou le concubinage des prêtres :

v. 530 « Por ce q'as denz tranchai la coille,
Tot lessai le prestre effree.
Tel fussent ore conree
Tuit li prestres qui fames ont,
S'en lor ostex lor dames sont. »

Il montre peu de tendresse pour les femmes, dont il craint la nature vindicative :

910 Bien ont fames les dez avant :
Otroiez li quanqu'ele velt.

Vers la fin du poème il explique le succès constant de Renart dans une formule succinte qui exprime en même temps un profond mépris pour la crédulité des gens :

2057 Or ot Renarz ce qu'il li plaist
Qui de musage le fol paist.

Le « musage » ou la tromperie, l'arme si puissante de Renart, doit une bonne partie de sa réussite, dit le poète en somme, à la bêtise de ceux contre qui on l'emploie.

Je terminerai cette étude des branches du *Roman de Renart* par quelques observations sur la branche XXIV, *La Création de Renart et d'Isengrin.* Cette branche de la dernière heure prétend servir d'introduction au *Roman de Renart,* et c'est pour cette raison que Méon l'avait placée à la tête de son édition, mais en réalité elle en marque la dernière étape. Du travestissement comique et satirique de la société humaine qu'etait l'épopée animale à ses origines, il ne reste plus rien. On finit par prendre Renart au sérieux, la franche gaîté et la satire, qui nous faisait rire le plus souvent, sont remplacées par un ton nettement moralisateur, et les aventures de Renart deviennent matière à une allégorie. Le trouvère raconte une tradition populaire, selon laquelle les bêtes sauvages doivent leur origine à Eve, tandis que c'est Adam qui a créé les animaux domestiques. Mais tout le récit est orienté dans un sens didactique et allégorique — on y trouve l'histoire de Balaam et son âne, racontée pour rendre plausible la fiction des animaux qui parlent, ce qui démontre combien on est loin de l'épopée animale. Renart et Isengrin, Hersent et la renarde, appelée ici Richeut, ont chacun une signification morale :

v. 99 Tot cil qui sorent bien rober
Et par nuit et par jor embler,
Sont bien a droit dit Ysengrin.

Il suffit de comparer cette branche avec le poème de Pierre de Saint-Cloud pour apprécier l'importance de l'évolution qui s'était effectuée dans le *Roman de Renart.* Au début Renart était le héros, rusé et malicieux, de joyeuses histoires qui parodiaient la société féodale. Dans la branche XXIV il est de nouveau le goupil, non plus sire Renart, baron du roi Noble, et ce goupil devient le symbole de la race des Renarts humains :

83 Icil gorpis nos senefie
Renart qui tant sot de mestrie :
Tot cil qui sont d'anging et d'art
Sont mes tuit apele Renart.

L'auteur développe longuement le côté purement moral de son poème. Dans une longue conclusion notre gai et rusé héros devient ainsi le symbole de tout mal :

A Renart puet on bien aprandre
Grant sen qui bien i viaut entendre :
Car cil Renart nos senefie
Caus qui sont plain de felonie,
Qui ne finent del agaitier
Con puissent autrui engingnier.
Ne ja le fel liez ne sera
Le jor q'autrui n'engingniera.
A engingnier li sont onni
Prive ou estrange ou ami :
Ja un seul n'en esparnera,
Ja si chier ami ne sera.
Et avec cele felonie

A il le cuer tout plain d'envie
Et envie est cele racinne
Ou tout li mal prenent orine.

Ce n'est plus une aventure de Renart le seigneur de Maupertuis qu'on raconte, mais une parabole bien sentencieuse. Sa réputation l'a perdu, et désormais Renart n'aura que rarement une existence personnelle, une vie indépendante. Il devient le plus souvent un personnage allégorique, il finira même par devenir le symbole de la ruse et du mal, universellement reconnu sous ses multiples apparences.

*

* *

Au commencement de ce chapitre, j'ai dit que l'effet comique du *Roman de Renart* provenait à l'origine du travestissement. Mais dès la première branche il était évident que le travestissement impliquait presque fatalement une certaine satire : dans sa parodie des cours de justice, Pierre de Saint-Cloud ne pouvait se retenir de railler doucement certains usages, certains personnages très en vue – le légat du pape lui-même n'était pas à l'abri des attaques de ce satirique spirituel. Toutes les classes de la société féodale encourent la censure et la satire, plus ou moins âpre, des conteurs de Renart. Il faut cependant observer que le plus souvent la satire n'englobe pas une classe tout entière, ou du moins qu'elle n'attaque pas les institutions établies. Le principe de la monarchie n'est jamais mis en question, bien que les conteurs s'en prennent parfois au caractère ou à la politique du monarque. La brutalité, l'arrogance et la rapacité de la noblesse féodale sont condamnées, sans qu'on mette en question l'organisation féodale de la société. De même, on ne peut pas parler d'un anticléricalisme systématique dans le *Roman de Renart*. Des critiques sévères sont pourtant adressées aux membres du clergé qui par leur ignorance et leur stupidité, leur manque de dévotion et leur mauvaise vie, ou encore par leur orgueil et leur richesse, donnent le mauvais exemple de la vie chrétienne et suscitent le mépris et la risée générale. Mais comme nous avons eu l'occasion de la constater à plusieurs reprises, il est difficile après tant de siècles d'apprécier au juste la portée de boutades satiriques que nous ne comprenons pas toujours parfaitement aujourd'hui. Il serait donc utile de déterminer, d'après les allusions de la littérature de l'époque, quelle était la signification que l'on attachait aux récits et aux personnages du *Roman de Renart* au Moyen Age. Les contemporains de Pierre de Saint-Cloud, de Richard de Lison et des autres conteurs de Renart considéraient-ils le *Roman de Renart* comme un ouvrage purement comique, ou y attachaient-ils un sens plus profond ? Quelles étaient en somme les idées et les impressions qu'ils retenaient de la lecture des différents récits de l'épopée animale ?

Dans son désir de démontrer l'origine folklorique du *Roman de Renart* et par conséquent l'absence de tout élément satirique ou littéraire à ses débuts, Léopold Sudre s'était appuyé sur quelques passages de l'œuvre qui prouvaient, selon lui, que les trouvères ne considéraient leurs propres récits de Renart que comme des divertissements de peu d'importance, sans aucun fond sérieux. Il maintenait en outre que telle avait dû être l'opinion de leurs contemporains, en citant des textes à l'appui. Le second de ces textes est la traduction des *Moralia* de Martin de Braga, dédiée à Philippe Auguste et composée vraisemblablement entre 1214 et 1223. Le traducteur inconnu a voulu rehausser la sagesse et les vertus de son héros Sénèque par une comparaison avec un ouvrage qu'il estimait peu :

Sacies que ne vous vœl pas dire
Si con dans Rainars se fist mire,
Ne com Hersens fist l'estipot ;
De tout çou n'i ara un mot,
Ne de nul (e) autre lecerie
N'i orés point, ne de folie [1].

[1] Gaston Paris et L. Pannier, éd., *La Vie de saint Alexis*, Paris, 1872, p. 213-16.

Eugen Irmer[1] donne au mot « estipot » le sens obscène d'« arçon », sens d'ailleurs bien connu de ceux qui connaissent les récits de Renart. L'autre exemple cité par Sudre est tiré du *Remède d'amour* de Jacques d'Amiens, composé vers le début du XIIIème siècle :

v. 42 La matere est assez gentiux
Et avenans et convingnable,
Elle n'est pas faite de fable,
Ne de Renart ne d'Ysengrin
Ne de Biernart ne de Belin[2].

On peut conclure que le traducteur de Martin de Braga avait été frappé par la luxure et l'immoralité d'Hersent, tandis que l'histoire de *Renart Médecin* a dû lui sembler par trop fantaisiste. Dans sa *Vie des set dormanz,* Chardri associe Renart et Hersent à toute une noble compagnie dans une condamnation assez dédaigneuse :

Ne voil pas en fables d'Ovide
Seinnurs, mestre mon estuïde,
Ne jà, sachez, ne parlerum
Ne de Tristram, ne de Galerum,
Ne de Renard ne de Hersente.
Ne voil pas mettre m'entente.

Il est permis de penser, tout comme Edélestand du Méril qui a commenté ce passage[3], que beaucoup des auditeurs de Chardri étaient loin de partager son mépris, qui englobait avec le *Roman de Renart* des ouvrages aussi peu frivoles que *Tristan et Iseut* et *Ile et Galeron.* Il ne faut pas oublier que les trois ouvrages qui traitent ainsi le *Roman de Renart* de fable ou d'œuvre frivole appartiennent à la littérature morale, et il est évident que leurs auteurs voulaient surtout faire valoir cette qualité en les opposant à la littérature populaire. Dans

[1] Eugen Irmer, *Die altfranzösische Bearbeitung der Formula vitæ bonestæ des Martin von Braga,* Erankenhausen, 1890.

[2] G. Körting, *Jakes d'Amiens, Remedes d'amours,* Leipzig, 1868.

[3] Edélestand du Méril, *Poésies inédites du Moyen Age,* Paris, 1854, Introduction, p. 101-31.

ses *Miracles de Nostre Dame,* Gautier de Coincy s'est plaint plus d'une fois de la concurrence que le *Roman de Renart* faisait aux ouvrages pieux. Même les moines dans les couvents, gémit-il, partagent l'engouement populaire pour les contes de Renart :

Plus volentiers œnt un conte
Ou une trufe, s'en leur conte,
Si com Tardius li limeçons
Lut et chanta les III. liçons
Seur la biere dame Coupee
Que Renard avoit escroupee,
Qu'il ne feroient, par Saint Gile,
Un bon serment d'une evangile [1].

Ailleurs il blâme les moines de faire peindre des scènes de la vie de Renart jusque dans leurs appartements :

En leurs moustier ne font pas faire
Si tost l'ymage Nostre-Dame,
Com font Ysengrin et sa fame,
En leur chambres ou il reponnent
Les gelines qui la mort ponnent.

Dans la branche XIII, *Les Peaux des goupils,* le poète dit que l'on voyait sur les murs du château une scène représentant la *Procession de Renart,* et j'ai trouvé une autre scène de Renart sur le mur d'une ancienne église dans le Berry [2]. On sait d'ailleurs que les sculpteurs du Moyen Age n'hésitaient pas à représenter Renart et ses compagnons dans les églises, taillés dans le bois ou la pierre. Plusieurs de ces scènes, datant des XIIème et XIIIème siècles, existent encore, bien que la plus fameuse, celle de la cathédrale de Strasbourg qui représentait la messe funèbre et la procession de Renart,

[1] Chanoine A.-E. Poquet, *Gautier de Coincy, Les Miracles de la Sainte Vierge,* Paris, 1857.

[2] Cette fresque, du XIVème siècle et représentant Renart jouant de la vielle, est commentée dans mon étude sur *l'Iconographie du Roman de Renart. Cf. aussi* G. Delahache, *La Cathédrale de Strasbourg,* et A. L. Meissner, *Archiv für das Studium der neueren Sprachen und Literaturen,* LVI, LVIII, LXV.

ait été détruite au XVIIème siècle. Dans le *Miracle de Notre-Dame de Sardenay,* le prieur de Vic-sur-Aisne s'élève de nouveau contre la préférence de son époque pour la littérature populaire. Mais il a dû se rendre compte de la futilité de ses efforts pour détourner le public d'une œuvre aussi populaire que le *Roman de Renart,* car dans le prologue de son Second Livre il mentionne les héros de l'épopée animale pour vanter les mérites de son propre ouvrage :

> Talent m'en prent qu'encor vous conte
> Ce que la lettre de lui conte,
> Plus délitant sont tuit li conte,
> A bonnes genz, par Saint-Omer,
> Que de Renart ne de Romer,
> Ne Tardiu le limeçon.

Gautier a certainement connu la branche I, le *Jugement,* car il a bien retenu le nom de Tardif le limaçon, et, ce qui est encore plus significatif, le rôle qu'il avait joué à l'enterrement de dame Copée, jusqu'à citer même avec précision dans le premier passage les vers où on en parle :

> v. 409 Sire Tardis li limaçons
> Lut par lui sol les trois lecons
> Et Roenel chanta les vers,
> Et li et Brichemers li cers.

Il est fort curieux de remarquer que, malgré ses protestations, cet ecclésiastique qui, comme l'a fait observer Lucien Foulet, comptait parmi les plus pieux et les plus rigoristes de son temps, témoigne d'une connaissance approfondie du *Roman de Renart* [1]. Il est pourtant encore plus intéressant de voir

[1] Dans un article dans *Neophilologus,* XXXV, 1951, p. 241-3, K. Sneyders de Vogel, Jr., fournit d'autres exemples de ces connaissances, avec une observation intéressante : « En comparant le vocabulaire de Gautier à celui du *Roman de Renart,* on est frappé par le nombre de mots qui, tout en étant assez rares en français, se trouvent tant chez Gautier que dans le *Roman de Renart.* Il me semble que Gautier a largement tiré profit de ses lectures. »

comment il a réagi devant ces parodies des offices religieux qui sont si nombreuses dans l'oeuvre. Il est évident qu'il n'en a pas apprécié l'effet comique et qu'il a été plutôt scandalisé par la parodie de l'office des morts dans le *Jugement de Renart.* Et il est très significatif que malgré sa désapprobation, et peut-être en désespoir de cause, Gautier emprunte souvent au *Roman de Renart* des métaphores et des comparaisons dont il illustre ses *Miracles.* Ainsi, dans le miracle *Du vilain qui à grant poine savoit la moitié de son Ave Maria,* les anges disputent avec les diables l'âme d'un vilain « qui plus est soz et bobelins / Que li moutons sire Belins ». Edélestand du Méril a observé que ces deux vers ne se rapportent point aux branches qui nous sont parvenues. Mais dans le *Roman de Renart,* Belin est souvent présenté comme étant plutôt sot, et certainement Gautier de Coincy a dû comprendre le caractère superficiel de sa foi et la bassesse des motifs qui inspiraient Belin dans le *Pèlerinage de Renart.* On peut penser que Gautier a connu aussi la branche VI, ou peut-être que la feinte repentance de Renart qui entre au couvent sous l'égide de frère Bernard était devenue proverbiale au début du XIII ème siècle ; dans l'histoire du ribaud qui, connu pour son habitude de jurer par Dieu et par tous les saints, se repent néanmoins d'avoir blasphémé contre la Vierge, Gautier écrit :

> Ses compains lors li fist la loupe
> Et dist : Or est moines Renars.

C'est d'ailleurs le trait de l'hypocrisie que le XIIIème siècle associera au nom de Renart, et surtout l'hypocrisie religieuse. Comme je l'avais déjà signalé en parlant de la branche VI, un des premiers emplois du mot « papelart » se trouve dans les écrits de Gautier de Coincy, et pour définir ce mot dont il stigmatise les faux dévots il lui suffit de l'appliquer au héros du *Roman de Renart* et à son compagnon et proche parent :

Peu portent fruit et assez fuelles
Li pappelart et li begin.
Tuit sont Renart et Ysengrin.

Il est évident que Gautier ne craignait pas que ces allusions satiriques, sans aucune explication ni amplification, ne fussent pas comprises par ses lecteurs. Les exploits de Renart et de ses compagnons étaient certainement généralement connus au début du XIIIème siècle, et déjà on attachait aux personnages du *Roman de Renart* des valeurs symboliques.

Loin de justifier les conclusions de Sudre, les textes de Gautier de Coincy démontrent que les branches de Renart étaient lues au Moyen Age avec beaucoup d'intérêt et d'attention, et que leur caractère satirique n'échappait à personne. Elles avaient un retentissement même dans les ouvrages les plus sérieux, et Edélestand du Méril a observé que « l'histoire officielle elle-même ne dédaignait pas d'y chercher des formes plus saisissantes ». Dans la *Chronique des ducs de Normandie,* Benoît de Sainte-Maure évoque les hurlements d'Isengrin pour mieux dépeindre la rage d'un de ses personnages :

Dunc vout quens Herluins parler ;
Ausi le prist talant d'usler
Cume fist à dan Isengrim.

Ce passage est d'autant plus intéressant qu'il a été composé peu de temps après la création du poème de Pierre de Saint-Cloud – peut-être même quelques mois seulement, suggère Lucien Foulet. Un peu plus tard, vers la fin du XIIème siècle, Alexandre de Bernay évoque la ruse par laquelle Renart avait happé Chantecler en racontant un exploit des Grecs – « l'assaut de la roche » dans la branche I du *Roman d'Alexandre,* composé vraisemblablement entre 1182 et 1190. La réussite du stratagème des Grecs inspire au poète l'observation :

Les Grigois les engignent com Renars fist le gal
Qu'il saisi par la goule quand il chantoit clinal [1].

[1] *The Medieval French Roman d'Alexandre,* III, éd. Alfred Foulet, Princeton et Paris, 1949, v. 2351-2.

Alfred Foulet attribue à Alexandre de Bernay l'invention de ce mot « clinal » qui équivaut à l'expression « les oilz cligniez » qu'avait employée Pierre de Saint-Cloud. Les faits et dits de Renart ont inspiré au Moyen Age de nombreuses expressions ou des réflexions qui prennent souvent une valeur proverbiale. Lucien Foulet cite un incident amusant de *l'Histoire de Guillaume le Maréchal*[1]. Rendant visite à ses terres en Irlande où des traîtres avaient fomenté des troubles, le maréchal est étonné de voir son fidèle vassal Jean d'Erlée venir à sa rencontre en panoplie de guerre :

> Li Mareschaus li dist : « Comment
> Avint ? nel me celez naient.
> Sire Johan, par quel raison
> Avez vos vestu herbergon ?
> Dont n'est-il pais ? est ço dont gas ?
> — Sire, tuit ne la tienent pas ».
> Si respondi comme soutilz ;
> Issi dist Reinart li gorpilz.

Le chroniqueur, qui a écrit vers 1225, fait clairement allusion à l'épisode du baiser de la paix de la branche II. Tout comme Renart qui craint que les chiens n'observent pas la paix, Jean d'Erlée prend ses précautions car il pourrait dire à son tour : « Jei n'en sui pas or aisiez ».

Lucien Foulet a relevé aussi[2] une allusion à Renart qui se fait moine dans une histoire qui raconte une querelle entre le comte de Flandre et le duc de Brabant. « En octobre 1213, Ferrand, comte de Flandre, envahit les terres du duc de Brabant qui avait commis sacrilèges et massacres sur les terres du comte. Effrayé, le duc « fugit ad ipsum Comitem : quaerens inducias et veniam de commisso. Super cuius palliata hypocrisi Flandrensis indignati proceres : Eya, inquiunt, Rainardus factus est monachus ». Foulet met la première rédaction du passage au début du second tiers du XIIème siècle, mais il ajoute

[1] *Le Roman de Renard*, p. 518-19.
[2] *Ibid.*, p. 502, note 2.

que l'allusion à Renart provient peut-être, non des nobles flamands, mais de leur historien anonyme. Mais nous retrouverons ce dicton plusieurs fois au courant du Moyen Age, sous des formes différentes.

Dans la version en alexandrins de *Girart de Roussillon,* du XIVème siècle, ainsi que dans le remaniement en prose fait par Jean Wauquelin en 1447, il se trouve un récit de la prise d'une ville qui serait presque digne de figurer parmi les branches authentiques du *Roman de Renart*[1]. Le principal personnage de ce récit « Comment l'evesque de Langres fit ardoir l'abbaye de Poultières », ressemble en maints points au célèbre héros dont il porte le nom si dignement :

> Ung evesque out à Langres qui avoit nom Regnart :
> Il pourta bien son nom qu'il out le cuer gaignart.
> Et fel et fier et fort et foul et orguilleux,
> Hardi et couraigeux, ancres et artoilleux.

Comme le sire de Maupertuis, le nouveau Renart masque ses noirs desseins sous le manteau de la religion :

> Il assembla communes par simulacions,
> A crouix y eau benoit à grans procescions,
> A Poutières entra Regnars regnardement :
> Ses gens furent armées à couvert faulsement.

Le mot « regnardement », de la fabrication du poète, met bien en relief le caractère du sinistre évêque, et en même temps nous invite à chercher un parallèle de l'histoire dans le *Roman de Renart.* La prose de Jean Wauquelin nous le propose peut-être plus clairement :

> ...Or dit l'istoire que à ce temps, l'église de Poultières estoit très bien fermée de bons palis et de bons foussez, ...pourquoy le dit évesque pensant qu'icelle il ne pourroit

[1] Prosper Mignard, *Le Roman en vers de... Girart de Roussillon, jadis duc de Bourgogne,* Paris et Dijon, 1858, v. 6471-4 et 6485-8.

> prendre de force, ou cas que ceulx de la ville en seroient advertiz, faindit ung jour que il avoit très grant dévocion à aller visiter l'église... et puis s'en vint à la ville de Poultières par une manière de pourcession, la benoiste eaue, les croix et les confanons devant, et lui et pluseurs gens d'église revestuz et parez des armes de nostre seigneur Jésus-Christ, dessoubs armés à la couverte come dist est. Et quant ceulx de la ville sceurent et virent ce, cuidans que il veneist par très grant dévocion, humblement et doulcement le receurent en lui faisant tout l'onneur et la révérence que faire lui devoient, et ne se doubtoient en riens de lui... Si advint que prestement que le dit Regnard se fut lui et toute sa compagnye mis en bouté en la ville...[1].

Evidemment il n'y a pas de branche de Renart qui raconte une histoire pareille, mais cette description semble vouloir évoquer une des scènes les plus célèbres du *Roman de Renart,* la *Procession Renart.* En même temps il est incontestable que le Moyen Age avait associé avec Renart l'idée surtout de l'hypocrisie religieuse, idée que devait évoquer immédiatement le « regnardement » du poète du XIVème siècle.

La personnification par Renart de l'hypocrisie et de la fausse dévotion découle en bonne mesure de la fin de la branche VI, mais aussi de la *Confession Renart,* ainsi que du *Pèlerinage.* Les allusions moqueuses à la conversion de Renart commencent de très bonne heure. Déjà à la fin du XIIème siècle et avant Gautier de Coincy, l'auteur du *Roman de Robert le Diable* avait écrit en parlant de son héros: « Renart, je croy, devient hermitte », et le remaniement en alexandrins du XIVème siècle donne bien le sens de la locution :

> L'un des larrons parla et dit sans alentir :
> « Je croi que Renart veut hermite devenir :
> Robert qui estoit hier le pire de nous touz
> Est devenu preschierres ; il se moque de nous ».

Au XIIIème siècle le héros du *Chevalier au barisel* se moque

[1] *Ibid.,* p. 497.

de ses camarades qui se confessent avant d'aller commettre de nouveaux crimes, en rappelant notamment la *Confession Renart :*

> « Quant il s'erent fez confesser,
> s'iront rober de mainte part ;
> c'est la confessïons Renart
> qu'il fist entre lui et l'escoufle :
> tels confesse chiet a un souffle » [1].

Mais la locution a dû devenir extrêmement courante en peu de temps, car elle a fini par prendre sa place dans les proverbes du Moyen Age. E. du Méril cite des *Proverbes communs* de Sylvestre « A la fin sera le renart moyne », et c'est le même qu'on trouve sous une autre forme dans la collection faite par Joseph Morawski : « Regnart a descogneü sa gent » [2].

La personnification par Renart de l'hypocrisie et de la fausseté se prêtait admirablement à la satire des femmes. Dans l'*Evangile aux femmes,* satire maintes fois reprise au cours du Moyen Age, on reproche aux femmes la plus noire hypocrisie, la fausseté dans toutes leurs paroles et tous leurs actes. Ainsi dans la version F du poème [3], composée vraisemblablement vers 1300, le poète compare les femmes ironiquement à Renart :

> Quicomques veut mener pure et saintisme vie,
> Femes aint et les croie, et dou tout s'i affie ;
> Car il n'i a de mal, faussete, ne boidie,
> Ne qu'il a en Renart, cant il sa proie espie.

Dans une autre version de ce poème c'est plus spécialement l'hypocrisie religieuse dans les femmes qui suscite l'humour caustique du poète :

[1] O. Schultz-Gora, *Zwei altfranzösische Dichtungen,* Halle, 4ème éd., 1899, v. 128-32.

[2] *Proverbes français antérieurs au XVème siècle,* Paris, 1925.

[3] Ed. George C. Keidel, Baltimore, 1895.

La maniere des femes si est moult sainte et digne,
Selonc ce que raconte Marie de Compigne ;
Feme ne pense mal, ne nonnain, ne beguine ;
Ne que fait le renart quant hape la geline.

Il n'y a pas que Renart cependant qui ait inspiré les satiriques du Moyen Age. Dans une chanson dialoguée, composée peut-être par un baron révolté en 1229, le sobriquet infâmant « dame Hersant » est donné à la reine Blanche de Castille [1] :

Honor ont fait a esciënt
Et li chardenal et li roi,
Qui les a menes en besloi,
Par le conseil dame Hersent.

C'est un joli incident du *Jugement de Renart* qui a fourni à l'auteur de l'*Epître des femmes* une réflexion cinglante sur la perfidie et la ruse des femmes :

Feme n'est mie gengleresse ;
Ne por cose que on l'engresse,
On ne le poroit metre en ire :
Volentiers en va oïr messe,
Jehir au prestre sa confesse,
Et s'ele set, son sautier lire ;
Et s'il est hom qui le require
De mal bien se set escondire ;
Ausi loiax fust or m'anesse ;
Et quant on fu au grant concille,
Ne seut on que sor elles dire
Fors que pute, gloute et larnesse [2].

Ainsi le poète reproduit, dans une intention satirique bien calculée, les paroles si pleines d'admiration et si inconsciemment ironiques avec lesquelles le naïf Bernart l'âne avait accueilli le serment ambigu d'Hersent :

v. 185 « Ah ! fait il, gentil barnesse,
Qar fust or si loial m'anesse ».

[1] *Chansons de Thibaut de Champagne*, éd. Tarbé, Appendice, p. 177.

[2] Dans A. Jubinal, *Jongleurs et trouvères des XIIIème et XIVème siècles*, Paris, 1835, p. 21 et seq.

Lucien Foulet pense que cette allusion, si bien dissimulée et pourtant si précise, impliquerait de la part des lecteurs et des auditeurs de l'*Epître* une grande familiarité avec le *Roman de Renart*. Mais elle montrerait en même temps qu'on avait apprécié les traits satiriques les plus subtils de l'épopée animale. A son tour, Jean de Meuen n'a pas dédaigné d'y chercher des comparaisons pittoresques et amusantes pour illustrer différents passages du *Roman de la Rose*. Son héros Faux-Semblant avoue que, tout comme Tibert le chat ne pense qu'à rats et souris, lui met toute son étude à tromper le monde. Un peu plus loin, en définissant la vraie dévotion, il invoque l'avertissement biblique contre les faux prophètes, mais sous une forme imagée qui a dû être bien plus suggestive pour les lecteurs du XIIIème siècle :

v. 11117 « Bons cueurs fait la pensee bone,
La robe n'i tost ne ne done ;
E la bone pensee l'euvre,
Qui la religion descuevre.
Ileuc gist la religion
Selonc la dreite entencion.
Qui de la toison dam Belin,
En leu de mantel sebelin,
Sire Isengrin afublerait,
Li lous, qui mouton semblerait,
Pour qu'o les berbiz demourast,
11128 Cuidiez vous qu'il nes devourast ? » [1]

En introduisant ainsi les noms de Belin et Isengrin, Jean de Meun donne au passage scriptural une nouvelle vigueur, un peu plus d'actualité. Mais c'est surtout le caractère rusé et perfide de Renart qui se prête aux intentions satiriques de Jean de Meun. « Renart » devient synonyme de « lobierres » et « enfantosmierres » dans un endroit. Ailleurs le désir de l'Amant de partager l'emprisonnement de Bel-Accueil rencontre un refus énergique de la part de Danger, qui démontre de façon très imagée les risques d'une telle association :

[1] Ed. Ernest Langlois, Paris, 1914-24.

v. 15008 « Hé ! Deus ! quel requeste ci a !
Metre vous en prison o li,
Qui tant avez le cueur joli,
E il le ra tant debonaire,
Ne serait autre chose faire
Fors que par amouretes fines
15014 Metre Renart o les gelines ».

Jean de Meun avait tiré la leçon de l'histoire de Renart au couvent; et c'est peut-être sous l'influence de la même branche VI qu'il fait rimer « renardie » avec « papelardie », dans la bouche de Faux-Semblant qui explique comment il vit aux frais des crédules, grâce à sa ruse :

11520 « De labourer n'ai je que faire :
Trop a grant peine en labourer.
J'aim meauz devant les genz ourer
E afubler ma renardie
Dou mantel de papelardie ».

Encore une fois Renart et son art sont associés intimement à l'hypocrisie religieuse.

Dans des ouvrages les plus sérieux Renart joue son rôle, un rôle qui prend d'ailleurs plus d'importance encore. Les moralistes font de Renart le symbole, non seulement de la ruse et de l'hypocrisie, mais du péché tout entier et du Mal. Au début du XIIIème siècle Guillaume le Clerc expliqua que Renart, qui « soleit embler des gelines Costeins de Noës », est bien le diable :

v. 1341 Cest gopil, qui tant set de fart,
Que nos apelons ci Renart,
Signefie le mal gopil,
Qui le poeple met en eissil.
1345 C'est li malfez, qui nos guerreie,
Chescun jor vent sor nos en preie [1].

Quelques années plus tard le Reclus de Molliens met ses lecteurs en garde contre les Renarts médisants :

[1] R. Reinsch, éd., *Guillaume le Clerc, Le Bestiaire*, Leipzig, 1890.

Chil de s'onour bien s'esnue
Ki montre se pensee nue
A home plain de renardie.
Puis ke le coupe est conneüe
A Renart, ja n'iert retenue
Se langue ke il n'en mesdie [1].

Vers le milieu du XIIIème siècle, dans le poème artésien *Li Vers de la Mort,* les pécheurs sont qualifiés de disciples de Renart :

Cil qui pecié vont traïnant
Sont cil qui vont contrefaisant
A lor pooir, Renart l'oupil [2].

Même beaucoup plus tard, quand le nom de notre héros avait complètement évincé le vieux mot « goupil », Charles d'Orléans fait de nouveau rimer papelart avec Renart :

Quant oyez prescher le renart,
Pensez de vos oyes garder,
Sans a son parler regarder,
Car souvent scet servir de l'art,

Contrefaisant le papelart,
Qui scet ses paroles farder.
Quant oyez prescher le renart
Pensez de vos oyes garder.

Les faiz de Dieu je metz a part
Ne je ne les vueil retarder,
Ne contre le monde darder ;
Chascun garde son estandart,
Quant oyez prescher le renart [3].

La notoriété de ses exploits et l'universalité de son génie pervers prédestinaient Renart tout naturellement à devenir un

[1] A. G. Van Hamel, éd., *Li Romans de Carité et Miserere, du Renclus de Molliens,* Paris, 1885, II, strophe CXV.

[2] Kurt Windahl, *Li Vers de la Mort, poème artésien anonyme du milieu du XIIIème siècle,* Lund, 1887, strophe CCLX.

[3] Pierre Champion, *Charles d'Orléans : Poésies,* Paris, 1927, Rondeau CCXV.

symbole préféré des auteurs satiriques ou moraux. Les personnages du *Roman de Renart* forment cependant dans leur ensemble toute une société humaine, avec ses vertus bien entendu, mais aussi et surtout, sous la plume si souvent satirique de nos trouvères, avec ses faiblesses et ses vices. Dans le *Roman de la Rose* Isengrin illustrait, avec Belin, les paroles de l'évangéliste contre les faux semblants d'une façon très vivante. Une chanson religieuse du Moyen Age qui louait la Vierge, présente le diable sous les traits d'Isengrin [1] :

> Terre et ciels fuissent muei
> En encre et en parchamin
> Et eust lou sen Merlin,
> Jai ne diroit la bontei
> De celi ke per « Ave »
> Consut lou douls enfantin
> Ki le monde ait delivreit
> Des lais amal Isangrin.

Huon de Méry, l'auteur du *Tournoiement de l'Antéchrist,* a certainement connu la branche du *Jugement,* dont l'esprit critique et satirique ne lui avait pas échappé. Trois des personnages de l'épopée animale deviennent donc les emblèmes des champions de l'Antéchrist. D'abord on reconnaît ainsi dans le blason d'Orgueil le roi Noble lui-même :

> v. 614 De geules estoit ses escuz
> Plus vermeilles que nus sinoples ;
> Parmi rampoit misires Nobles
> A une queue bobenciere [2].

Un caractère cruel et haineux avait destiné Brun à figurer sur le bouclier de Félonie :

> 700 Felonie, qui het pitié
> Avoit Bourgaignons a plenté

[1] W. Wackernagel, *Altfranzösische Lieder und Leiche,* Bâle, 1846, p. 63 « Quant froidure trait afin ».

[2] G. Wimmer, éd., *Li Tornoiemenz Antecrit,* Marburg, 1888.

Et portoit l'escu endenté
A .I. rous mastin rechignié ;
Parmi rampoit Bruns sans pitié
Pour bien demostrer felonie.

Et bien entendu Couart le lièvre trouve tout naturellement une place parmi ces emblèmes des vices :

v. 1184 Itant vos di, que couardie
Ert armée trop cointement :
L'escu pale a lievre rampant
Portoit, qui estoit fet de tremble.

Un témoignage convaincant de l'influence qu'exerçait le *Roman de Renart* sur la littérature morale du Moyen Age en France est fourni par l'*Isopet I de Paris.* L'auteur de ce recueil de fables a substitué souvent les noms propres des personnages de l'épopée animale aux noms des animaux tels qu'ils paraissent dans le *Romulus.* Ainsi, comme l'a déjà remarqué Lucien Foulet, le mot « goupil », ne paraît point dans l'*Isopet I,* mais est remplacé toujours par « Renart » employé comme nom propre. Plusieurs fois le loup est appelé Isengrin, et l'on trouve également dans d'autres fables les noms de différents personnages du *Renart* – dame Hersent, Bernart l'âne, Brichemer, Tiécelin, Roenel. Mais bien plus significatif encore est le fait que le fabuliste donne à ces personnages les titres et les attributs qui leur sont propres dans le *Roman de Renart.* Dans une fable Isengrin est « connestable »; ailleurs il est appelé « li lierres atains » ou « le mauvais glout ». Bernart l'âne devient « l'archeprestre » dans deux fables dont le contexte ne justifierait point cette appellation. Mais ce qui est le plus frappant dans ces fables, qui dérivent directement du *Romulus* de Walter l'Anglais et de l'*Avianus* latin, c'est la manière dont le traducteur les a développées très souvent, les transformant en de véritables contes d'animaux qui ressemblent étrangement aux histoires de Renart. Dans ces transformations on reconnaît sans étonnement de nombreux emprunts au *Roman de Renart.* La fable XXXVII, *Du Singe, Renart et le Lievre* [1], qui est une adaptation fort libre de la fable *De vulpe, simia et lepore* du *Romulus* de Walter l'Anglais, illustre bien la méthode du fabuliste français. Deux lignes suffisent dans le poème latin pour présenter le sujet : une accusation de vol portée par Renart contre le lièvre. Le poète français présente les choses bien autrement : il connaît bien Renart et il donne de la vraisemblance à sa plainte en spécifiant l'objet volé – « une geline grasse et grosse ». Puis il fait de l'accusation de Renart le motif d'un véritable procès où le lièvre invoque dans sa défense les ordonnances royales et qui rappelle immédiatement les plaidoyers et tout l'appareil judiciaire du poème de Pierre de Saint-Cloud et du *Jugement.* Ce récit, qui se fait en huit vers dans le *Romulus,* n'en remplit pas moins de cinquante-huit dans le poème français. Quand le jugement est finalement prononcé, il est précédé d'une réflexion sur « la guile et l'art » de Renart qui ne découle pas logiquement des faits donnés dans le récit, mais qui semble plutôt être l'écho de la méfiance populaire pour le rusé Renart.

Il est vrai que l'auteur de l'*Isopet I* n'innovait pas tout à fait en donnant aux personnages des fables les noms propres qu'ils portent dans le *Roman de Renart.* Déjà au XIIIème siècle l'auteur de l'*Isopet de Lyon* avait employé les noms de Renart et d'Isengrin, mais bien timidement ; le nom d'Isengrin ne paraît que dans deux fables, celui de Renart dans quatre. Au demeurant il n'y a qu'une fable où « Renart » remplace entièrement le vieux mot « goupil », et dans d'autres le nom du héros de l'épopée animale ne paraît même pas. Une comparaison de l'*Isopet de Lyon* avec l'*Isopet I de Paris* permet d'ailleurs de constater combien le dernier s'écarte du cadre étroit de la fable pour se rapprocher des contes de Renart. L'introduction de la fable XLIII, *De vulpo et lupo,* est par sa concision, voire même sa sécheresse, très caractéristique du style du *Romulus* de Walter l'Anglais :

[1] Julia Bastin, *Recueil général des Isopets, II,* Paris, 1930.

Ditat praeda Lupum, ducit Lupus otia longo
Facta cibo Vulpes invidet, ista movens :
« Frater, ave, miror cur tanto tempore mecum
non fueris, nequeo non memor esse tui ».

La version de l'*Isopet de Lyon* semble à première vue bien plus longue et plus détaillée :

Li Lous viande ot porchacie,
Sa maison en ot bien garnie.
Tant con sa viande li duire,
Oisous est, d'ovrer ne ai cure.
Enviouse fut la Vulpille ;
Au Lou vient, et li dist per guile :
« Deu vos saut, frere, ce dist ele,
Lonc tens ai de vos n'oiz novele.
Nule foiz ne suis sanz memoire
De vos, se Deus me doint sa gloire.
Si lonc tens n'avez en maison
Estey, ne sai per quel raison ».

(Fable XLVII)

Un examen plus attentif révèle pourtant que malgré les apparences le poète français n'a rien ajouté qui soit étranger à la fable latine. Regardons combien les choses sont présentées autrement dans l'*Isopet I de Paris :*

Sire Ysangrin le Connestable
Jadis estoit, ce dit la fable,
A grant repos en sa maison.
Assez avoit char et poisson,
Pain et vin et autre viande,
Telle com ses ventres demande.
Renart, qui menjast volentiers,
Par ces bois et par ces sentiers
Chaçoit, si est venus tout droit
La ou ses comperes estoit.
Au saluer, son chapiau tret
Et demande : « Comment vous vet,
Comperes, qu'avés vous eü ?

Aves vous malades jeü
Que ne vous vi si grant pieç'a ? »

(Fable XLIII)

A la place de l'introduction grêle et sans recherche imaginative de la fable, on nous fait toute une mise en scène, vivante et imagée, qui nous rappelle un monde familier et aimé. Nous retrouvons, non plus deux personnages traditionnels de fable, sans vie personnelle, mais deux grands barons du monde des animaux qui ont derrière eux une légende variée et pittoresque. D'emblée l'on entre dans le monde du *Roman de Renart* avec ses châteaux féodaux bien garnis de « pain et vin et char et poisson », et où Renart, baron rebelle et affamé, chevauche à travers bois et champs à la recherche d'une proie. Comme les auteurs de plus d'une branche du *Renart,* le traducteur du *Romulus* prétend donner de l'authenticité à son récit en alléguant une autorité antique. On trouve pourtant une preuve encore plus concluante de l'influence du *Roman de Renart* sur l'*Isopet I* dans cette même fable, en dehors de l'emploi des noms propres, du titre de « connétable » donné au loup. Dans la fable du *Romulus* le goupil appelle le loup « frater », terme de parenté que l'*Isopet de Lyon* avait conservé. Mais dans l'*Isopet I* Renart salue Isengrin du titre « compère ». L'attibution de ce lien de parenté avait été faite à l'origine par Pierre de Saint-Cloud et doit être considérée comme un trait caractéristique et distinctif du *Roman de Renart.*

Si l'on examine la fable XV de l'*Isopet I — Du Renart et du Corbel* – on est encore plus frappé par les libertés qu'avait prises le poète français avec son modèle latin. Comme d'habitude la fable du *Romulus* est dépouillée de tout ornement, de toute fantaisie descriptive:

Vulpe gerente famem, Corvum gerit arbor, et escam
Ore gerens Corvus, Vulpe loquente, silet :
« Corve decore decens, superas splendore parentes ;
Si cantu placeas, plus ave quaque places ».

On remarque que les flatteries du goupil portent surtout sur la beauté du plumage de son adversaire. L'*Isopet de Lyon* suit fidèlement le *Romulus,* jusqu'à en reproduire une variante qui compare le corbeau au cygne par sa beauté éclatante : « cygnum candore parentas », que le poète français a rendu naïvement par une allusion à sa « blanche et fresche colour ». La version de l'*Isopet I de Paris* a non seulement développé considérablement l'introduction en lui donnant un fond descriptif et psychologique, mais elle a apporté au dénouement un élément complètement étranger au *Romulus :*

Sire Tiercelin, le Corbiau,
Qui cuide estre avenant et biau,
Tenoit en son bech un fromage.
Renart, qui a fait maint dommaige,
Par mi le bois chassant couroit
Com cil qui de grant fain mourroit.
Le fromaige li vit tenir ;
Bien scet qu'il n'i puet avenir
Se n'est par art et par engin.
« Ha, dit Renart, biau Tiercelin,
Qui si estes enparentés,
Dommaiges iert que ne chantés
Aussi bien com fist vostre pere.
Se aussi chantissiez, par saint Pere,
Je cuit qu'en tout le bois n'eüst
Oisel qui tant a tous pleüst. »

On sent de nouveau combien cette technique si simple, qui consiste à conjurer l'image familière de Renart chevauchant par le bois, réussit à nous faire oublier la fable en nous projetant dès les premiers vers dans l'atmosphère de l'épopée animale. Le terme de noblesse donné à Tiécelin, l'épithète de style épique qui accompagne le nom de Renart, tout nous fait penser au poème de Pierre de Saint-Cloud, qui a vraisemblablement servi de modèle au remanieur tardif du *Romulus.* En effet il y a dans la fable du XIVème siècle plus d'un souvenir de la branche II-Va. Le poète n'est pas pressé d'arriver à la moralité, il s'intéresse à son récit et au personnage de Renart qui doit triompher par son « art et engin », et c'est précisément la ruse employée par Renart qui trahit l'influence de la branche II. J'avais observé que dans le *Romulus,* ainsi que dans l'*Isopet de Lyon,* toutes les flatteries portent sur le plumage du corbeau, ce qui est une marque particulière de la fable antique, cette forme du récit s'étant transmise intacte depuis Phèdre jusqu'au *Romulus* de Walter l'Anglais. Qu'est-ce qui a donc inspiré l'auteur de l'*Isopet I* à rompre avec la tradition et à faire porter les éloges non plus sur le plumage de Tiécelin, mais sur les qualités de son chant ? Il est vrai que dans l'*Isopet de Lyon* également Renart complimente le corbeau sur son beau chant ; mais dans l'*Isopet I* l'auteur a ajouté un détail, la comparaison du chant de Tiécelin avec celui de son père, qui permet de répondre avec certitude à ma question. C'est toujours dans le poème de Pierre de Saint-Cloud qu'il faut chercher les sources des modifications que l'auteur de l'*Isopet I* apporte aux fables antiques. L'épisode de Renart et Tiécelin en apporte la preuve, si l'on regarde les flatteries de Renart:

v. 918 « Par les Sainz Deu, que voi ge la ?
Estes vos ce, sire compere ?
Bien ait hui l'ame vostre pere
Dant Rohart, qui si sot chanter.
Meinte fois l'en oï vanter
Qu'il en avoit le pris en France.
Vos meïsmes, en vostre enfance,
Vos en soliëz molt pener.
Savez vos mais point orguener ?
Chantez moi une rotruenge ! »

On retrouve ici tous les éléments qui distinguent le poème de l'*Isopet I* de la fable antique ainsi que des autres versions du Moyen Age. Les ressemblances entre la fable XV et l'histoire de Renart et Tiécelin sont trop frappantes pour ne pas imposer la conclusion que le fabuliste du XIVème siècle avait emprunté au poème de Pierre de Saint-Cloud les éléments qui rajeunissent et égayent le vieux récit latin. On verra dans un autre chapitre qu'un autre écrivain moraliste, du début du XIIIème siècle,

Eudes de Cheriton, avait fait de larges emprunts aux récits de Renart pour illustrer ses *Fables* et *Paraboles.* Il est vraisemblable que l'auteur de l'*Isopet I* avait connue l'œuvre d'Eudes, mais rien n'indique qu'il s'en soit servi comme modèle, ainsi que Léopold Sudre le prétendait. Au contraire c'est dans le *Roman de Renart* qu'il faut chercher les détails et l'atmosphère toute féodale qui caractérisent certaines des fables de l'*Isopet I.* La moralité du *Renart et du Corbel* en apporte une dernière preuve; une connaissance de l'histoire des amours de Renart et de dame Hersent fournit la clef de ces vers qui sont autrement quelque peu mystérieux :

> Les fols qui quierent vainne gloire
> Sieulent assés de honte boire ;
> Gloire les met hors de leur sen.
> Plus saige tien dame Hersen
> Qui viut sa coloingne filer ;
> Pour ce ne la doi aviler.

En somme, dit le fabuliste, Tiécelin avait cherché son propre malheur, et il est plus à blâmer que dame Hersent qui, dans sa vie débauchée, n'est que fidèle à son propre caractère. Il n'est pas surprenant que le poète, ayant transformé l'apologue en un véritable conte de Renart, alerte et enjoué, termine par une nouvelle allusion bien dans la veine comique et moqueuse du *Roman de Renart,* auquel il avait déjà fait tant d'emprunts.

Dans la plupart de ces allusions que j'ai citées, ce sont surtout l'hypocrisie et la fausse dévotion qu'évoque le nom de Renart – comme nous l'avons vu, « Renart » rime souvent avec « papelart ». Mais ce n'est là qu'un côté du caractère de Renart. Dès le début de son épopée, Renart s'était rendu célèbre par sa ruse, par ses tours ingénieux et malicieux, par son absence de scrupule. De bonne heure son nom était devenu synonyme aussi de ruse et de perfidie. Dans le dernier quart du XIIème siècle, l'auteur du *Roman des Sept Sages* stigmatise d'un mot une femme hypocrite et perfide :

A tant s'en torne celle part
Come cele qui sot de Renart [1].

Dans une chanson fort satirique Gobin de Reims, chansonnier du XIIIème siècle, qualifie de fou celui qui aime les femmes, car « Dame set bien de Renart » [2]. Dans *Guillaume de Dôle* le sénéchal n'échappera de sa tour qu'à condition de savoir « mout de Renart ». Mais le plus souvent le terme associe la perfidie à la ruse : « Ouvrons du sens Renart », exhorte le mari dans le fabliau *Le Segretain ou le Moine,* et dans un autre, *Les Braies au Cordelier,* une dame « set mout de Renart ». Parfois c'est l'idée de la perfidie qui domine, quelquefois presque à l'exclusion de la ruse. Dans *La Chanson des Saisnes* on lit du fidèle duc Naymes :

Li dux Naymes parole, qi le cuer ot liart,
Vallianz fu et prodom et de molt bone part,
Toz jorz ama le roi sanz branche de Renart [3].

De même dans *Anseïs de Carthage :* « Rois Anseïs n'ot pas cuer de Renart ». Adent le Roi écrit dans *Bueves de Commarchis :* « Je croi bien k'envers nous n'ait pensée renarde », en parlant de Malatrie, fille de l'amustant de Cordes, qui a renié la foi musulmane pour l'amour de Gerart, fils de Bueves [4]. Cette signification est affirmée de façon frappante dans l'expression curieuse, « sa trahison et son renart », qui se trouve dans le *Roman de la Violette,* où le mot est devenu un pur synonyme de « perfidie » [5].

Comme « Renart », le mot « renardie » a pris à son tour tous ces sens différents : ruse, perfidie, mensonge, hypocrisie. Au vers

[1] Jean Misrahi, éd., *Le Roman des Sept Sages,* Paris, 1933, v. 2249-50.

[2] Prosper Tarbé, *Les Chansonniers de Champagne aux XIIème et XIIIème siècles,* Reims, 1850, p. 55.

[3] D'après le manuscrit L, *Jean Bodel : La Chanson des Saisnes,* éd. Francisque Michel, Paris, 1839, strophe XIX.

[4] Auguste Scheler, éd., *Bueves de Commarchis,* Bruxelles, 1874, v. 3536.

[5] Ed. Fr. Michel, Paris, 1834, v. 1509.

3306 du même *Roman de la Violette,* une dame exprime ses craintes de perdre son amant à une rivale qui « set trop de renardie », et dans le fabliau *Le Prestre et la Dame* le mot prend une force presque proverbiale : « Molt set feme de renardie ». Dans *Philomena* le traître Térée verse des larmes « par barat et par renardie » en faisant son récit de la prétendue mort de Philomène. Parfois ces idées s'expriment sous une forme plus cachée, qui ne peut être comprise sans une connaissance assez sérieuse du *Roman de Renart.* C'est ainsi que Maupertuis, le redoutable château de Renart, la forteresse inexpugnable, devient également un synonyme de ruse, comme dans le *Tristan* de Béroul :

> Qant li rois vait a ses deduis
> Tristran set mot de Malpertuis,
> En la chanbre vet congié prendre [1].

Lucien Foulet a signalé un passage dans *Garin le Lorrain* où un baron réfugié dans son château, auquel on accède par de nombreux souterrains, est comparé à Renart dans Maupertuis. Dans la seconde partie du *Roman d'Aiol* Robaut, chef des brigands, se cache dans son château de Malrepaire, nom qualifié de « fantaisiste » dans l'édition de J. Normand-G. Raynaud [2]. Il y a aussi dans ce poème une dame Hersent – « felenese et mesdisant /Cuiverte et orgellouse et mal parlant » – mais elle paraît dans la première partie, composée vraisemblablement vers 1160, et il est probable que son nom a été suggéré par sa ressemblance avec dame Hersent du fabliau *Richeut.* Mais si la deuxième partie a vraiment été composée au début du XIIIème siècle, hypothèse qui est maintenant mise sérieusement en doute, l'auteur aurait bien pu connaître le *Roman de Renart,* et dans ce cas il aurait bien pu être influencé dans le choix du nom

[1] Ed. Ernest Muret, 4 ème éd., Paris, 1947.

[2] Paris, 1877.

« Malrepaire » par l'analogie existant entre cette forteresse et le « Maupertuis » de Renart [1].

Dans le jeu rimé *Courtois d'Arras,* écrit peut-être à la fin du XIIème siècle ou au plus tard vers 1228, selen Edmond Faral, on voit de nouveau comment le seul nom d'un personnage du *Roman de Renart* inspirait, sans autre explication, des idées ou des images très précises. L'Hôte explique à Courtois de façon brève et imagée l'énormité de l'erreur qu'il a commise en se fiant à la belle et perfide Porrete :

v. 356 Et s'avés fol consel eü
Qant remés estes en ostage
La plus fause et la plus sauvage
Qui ainc se mellast de tel art :
360 Plus set Porrete de Renart
Que vous ne savés d'Insangrin [2].

Le conflit éternel entre la ruse et la force avait trouvé son reflet exact, son expression succinte, dans l'évocation de la lutte implacable entre Renart le rusé et le brutal Isengrin. Il est vrai que c'est parfois le nom de Renart qu'on associait à l'idée de la cruauté et de la violence, comme en témoigne la plainte du bourreau Morans dans *Berthe aux grands pieds,* qui regrette sa cruauté envers Berthe : « Esploitié en avons com felon et renart » [3]. C'est pourtant Isengrin qui personnifie d'habitude la cruauté sans intelligence et la violence irréfléchie ; le *Roman d'Aubery le Bourguignon,* du milieu du XIIIème siècle, en fournit une belle illustration :

L'aignel resemble qui joe a Isengrin :
Il n'i avoit ne parent ne cousin
Qui ne voulest ocire le matin
Ances la nuit qu'atendre le matin [4].

[1] Selon Maurice Delbouille (dans *Revue Belge de Philologie et d'Histoire,* XI, 1932), les deux parties d'*Aiol* datent d'avant 1173, thèse reprise et développée par J. Deschamps dans *De Limburgse Aiolfragmenten,* dans *Spiegel der Letteren,* I, Oktober 1956.

[2] Ed. Edmond Faral, 2 ème éd. 1922, Paris.

[3] Ed. Auguste Scheler, Bruxelles, 1874, v. 648-9.

[4] Ed. Prosper Tarbé, Reims, 1849, p. 4.

Si on quitte pour un moment le nord de la France pour regarder la littérature médiévale en langue d'oc, on trouve relativement peu d'allusions aux personnages ou aux épisodes du *Roman de Renart.* De plus, ces allusions ne correspondent pas toujours aux idées que nous avons trouvées dans la littérature en langue d'oïl, ni aux données du *Roman de Renart.* Pendant la guerre qui éclata en 1197 entre Philippe Auguste et Richard Coeur de Lion, un des vassaux du dernier, le Dauphin d'Auvergne, avait refusé de suivre son suzerain, et dans un sirvente écrit en dialecte poitevin Richard l'accuse de lui avoir apporté une foi « pareille à celle qu'Isengrin avait apportée à Renart » ;

> «Daufin, ieus voill deresnier,
> Vos et le conte Guion,
> Que ain en ceste seison
> Vos feïstes bon gerrier.
> E vos jurastes ou moi
> E portastes me tiel foi
> Come Aengrins a Rainart,
> Qui senblez dou poil liart »[1].

L'interversion des rôles de Renart et d'Isengrin peut nous frapper, car dans toutes les branches du *Roman de Renart* c'est presque toujours Isengrin qui est trahi par Renart. A peu près le seul exemple où Renart soit la victime de son oncle se trouve dans la branche V, quand Isengrin lui refuse sa part du jambon volé. Jules Brakelmann avait été tenté d'accepter la leçon d'un autre manuscrit du poème qui donne : « Com a N'Alengri Raynart », mais il y a renoncé à cause du vers 8, qui ajoute aux autres affinités entre le Dauphin et Isengrin une ressemblance physique, car le mot « liart » signifiant grisâtre ne pourrait point s'appliquer à Renart le roux. D'ailleurs on n'a guère d'illusions sur la fidélité que ressentait normalement Isengrin pour son neveu.

[1] Jules Brakelmann, *Les plus anciens chansonniers français. Fortsetzung des 1891 . . . erschienen ersten Teiles,* Marburg, 1896, p. 2.

Cette confusion des personnalités d'Isengrin et de Renart semble avoir été assez générale dans le Midi, si l'on en juge d'après d'autres témoignages. Dans un poème dont du Méril plaçait la date de composition vers 1220 – « Del sonet d'En Blacatz »[1] – Isnart d'Entrevenas cite les noms de héros littéraires dont les aventures retiennent mieux que ses propres écrits l'intérêt de ses auditeurs. A la tête d'une liste qui comprend Raoul de Cambrai, Floire et Perceval, apparaissent nos héros « Dons Rainatz lo ros », « Belins lo moutos », « Isingrins l'afilatz ». On note que c'est la ruse qui semble caractériser Isengrin, tandis que Renart n'est signalé que par sa couleur distinctive. Peire Cardenal, le grand troubadour satirique de la période de la guerre des Albigeois, employait volontiers le nom d'Isengrin dans ses satires morales et politiques. Dans une chanson où il se montre particulièrement misogyne, il fait d'Isengrin un symbole de la ruse et de la perfidie féminines :

> Las amairitz, qui encolpar las vol,
> Respondon gen a for d'en Ysengri :
> L'una fai drut, quar estai en aujol,
> L'autra lo fai, quar paubreira l'auci,
> L'autr'a un vielh e di qu'el' es tozeta,
> L'autra es grans et ha un pauc guarsi,
> L'autra non a sobrecot de bruneta,
> L'autra n'a dos e fai lo atressi[2].

(Les amoureuses, quand on veut les réprimander, répondent gentiment, à la manière de messire Isengrin : l'une prend un amant parce qu'elle est de haute naissance, l'autre fait de même parce qu'elle meurt de pauvreté, une autre a pour mari un vieillard et dit qu'elle est toute jeune, une autre est une grande femme mariée à un petit jeune homme, une autre n'a pas de surcot de drap brun ; mais une autre en a deux et se livre de même à l'amour).

[1] C.A.F. Mahn, *Die Werke der Troubadours in provenzalischer Sprache*, Berlin, 1846-86, III, p. 365.

[2] Jean Audiau et René Lavaud, *Nouvelle Anthologie des troubadours, avec glossaire et index*, Paris, 1928, p. 180, Sirventes, XLIV.

On cherche en vain dans le *Roman de Renart* un exemple de l'emploi par Isengrin de la douceur pour désarmer ses critiques. Il me semble qu'on trouvera l'explication de cette métamorphose inattendue du loup en se rapportant à deux poèmes dirigés également contre les femmes, par des poètes septentrionaux, l'*Evangile aux femmes* et surtout l'*Epître des femmes,* où nous avons déjà vu avec quelle ironie délicieuse le poète rappelle la plaidoirie mensongère et doucereuse de dame Hersent au début de la branche Va. On peut penser que Peire Cardenal songeait à cette même scène, et peut-être plus encore aux deux occasions dans la branche II où Hersent proteste de son innocence et essaie de calmer la rage de son mari. Reste à expliquer la substitution par Peire Cardenal d'Isengrin à Hersent. On est obligé de se demander si Peire Cardenal avait vraiment des connaissances très exactes des histoires de Renart, et même à quel point le *Roman de Renart* était connu dans le Midi. Il est significatif à cet égard qu'il n'existe aucune trace d'une véritable branche de Renart en langue d'oc. Dans un poème violent dirigé contre le clergé, ce clergé du Midi dont la conduite scandaleuse et les exactions fiscales faisaient dire au cardinal Jacques de Vitry que « ce ne sont pas des prélats mais des pirates » – « non praelati sed pirati » – Peire Cardenal récite une nouvelle aventure d'Isengrin :

Li clerc si fan pastor
E son aucizedor
E semblan de sanctor ;
Quan los vey revestir,
E pren m'a sovenir
De n'Alengri q'un dia
Volc ad un parc venir,
Mas pels cas que temia
Pelh de mouton vestic,
Ab que los escarnic ;
Pueys manget e trahic
Selhas que. l abellic [1].

[1] *Ibid.*, no XLV, p. 180 : « Un clergé infâme ».

(Les clercs se donnent pour des bergers, et ce sont des assassins sous des airs de sainteté. Quand je les vois se vêtir (des habits sacerdotaux), il me souvient de messire Isengrin qui voulut un jour entrer dans la bergerie ; mais par crainte des chiens, il endossa une peau de mouton et trompa leur surveillance ; puis il dévora par trahison les bêtes qui lui plurent).

Un tel épisode ne se trouve dans aucune branche du *Roman de Renart.* C'est l'admonition de l'Evangile sur les faux prophètes que le poète a transposée sur le plan d'une brûlante actualité, mais pour ses lecteurs comme pour ceux des trouvères du Nord de la France, le nom de messire Isengrin a dû renforcer l'idée de rapacité qu'il stigmatisait dans la conduite du clergé. La rapacité d'Isengrin est d'ailleurs rappelée dans un poème inspiré par la guerre des Albigeois et dirigé contre les croisés venus du Nord de la France :

Tals a lo semblant effanti
Qu'el sens es de Trebellia,
E'l lengua de logicia,
E'l voluntatz d'En Alengri :
Tals a belh cors et saura cri
Que dins a felh cor e vila [1].

(L'un a un visage d'enfant et convoite un héritage auquel il n'a aucun droit, et emploie le langage de la logique, et est rapace comme messire Isengrin ; il a des cheveux blonds et le corps gracieux, mais à l'intérieur son coeur est faux et mauvais).

D'après Carl Vossler [2], c'est le jeune roi Louis IX qui a inspiré ainsi la satire de Peire Cardenal. Le portrait sommaire correspondrait bien aux descriptions qu'on possède du jeune saint Louis – « un aspect angélique et une physionomie gracieuse », teint clair et cheveux blonds, grand et svelte – et les événements du début de son règne semblent confirmer l'hypothèse de Vossler et expliquer l'hostilité du poète. Par le traité de Meaux en 1229 le dernier comte de Toulouse, Raymond VII, fut en effet obligé de

[1] C.A.F. Mahn, *Die Werke der Troubadours*, II, no. VIII.

[2] Carl Vossler, *Peire Cardenal : ein Satiriker aus dem Zeitalter der Albigenserkriege*, Munich, 1916, p. 125-6.

céder tout le Languedoc oriental au jeune roi et d'assurer l'héritage du reste de ses possesions à la royauté après sa mort.

Dans un autre endroit c'est Renart maître de la ruse qui figure, avec d'autres personnages célèbres, dans un sirvente de Peire Cardenal dirigé de nouveau contre le roi de France. En 1212 Philippe Auguste s'était allié avec le pape Innocent III pour assurer l'élection de Frédéric II comme empereur. Par la suite cette coalition était dirigée contre l'empereur Otton IV et le roi Jean d'Angleterre, et c'est à ce moment-là que Peire a dû composer son sirvente, « Per follhs tenc Polles e Lombartz », dans lequel il condamne les visées ambitieuses de Philippe Auguste, terminant avec un avertissement solennel :

E aura'l ops bos estandartz
E que fieira mielhs que Rotlans,
E que sapcha mais que Raynartz,
E aia mais que Corbarans :
E tema meyns mort
Que. l coms de Monfort
Qui vol qu'a barrey
Lo mons li sopley [1].

(Il faut, pour celui qui veut conquérir le monde, qu'il ait un bon étendard et qu'il soit plus fort que Roland, plus rusé que Renart, plus riche que Corbaran, et plus dédaigneux de la mort que le comte de Montfort).

Dans son *Histoire de la littérature méridionale* [2], Joseph Anglade a dit que le *Roman de Renart* paraît avoir existé en traduction du français. Il ne reste pourtant aucune trace d'une telle traduction, et la rareté et l'imprécision des allusions à l'épopée animale dans la littérature méridionale semblent au contraire indiquer que le *Roman de Renart* n'avait pas été connu des troubadours. Même dans quelques poèmes qui font un récit plus circonstancié d'une aventure arrivée à Renart ou à un de ses

[1] C.A.F. Mahn, *Die Werke der Troubadours*, II, no. XII.

[2] Joseph Anglade, *Histoire sommaire de la littérature méridionale au Moyen Age des origines à la fin du XVème siècle*, Paris, 1921.

compagnons, comme dans le sirvente de Peire Cardenal contre le clergé, les troubadours n'ont généralement pas suivi leurs modèles français. Un autre sirvente, *Quan lo dous temps d'abril,* écrit, probablement à la fin du XIIème siècle, par Peire de Bussignac pour blâmer la conduite des dames, nous montre comment un récit de Renart, probablement imparfaitement connu dans le Midi, a été confondu avec d'autres versions du même thème qui nous font remonter aux origines littéraires de l'épopée animale :

VII. Anc Rainartz d'Isengri
No. s saup tan gent venjar,
Quan lo fetz escorjar,
E. il det per escarnir
Capel e gans,
Com ieu fas quan m'azir[1].

(Jamais Renart ne se vengea mieux l'Isengrin, quand il le fit écorcher et lui donna pour se moquer de lui, chapeau et gants, que je ne le fais quand je m'irrite).

Cette allusion à une vengeance sanglante de Renart nous fait penser d'abord à la branche du *Jugement,* à l'épisode qui coûte à Brun la peau des pattes et de la tête, ce qui provoque la cruelle plaisanterie de Renart : « De quele ordre volez vos estre / qui rouge chaperon avez ? » Mais le fait que Renart avait fait écorcher le loup nous rappelle plutôt la vengeance de Renart dans la branche X. Il semble certain cependant que le troubadour n'a pas suivi cette version du thème, car elle ne contient pas de paroles moqueuses inspirées par l'état piteux du loup. Par contre, dans l'*Ysengrimus,* Renart se moque longuement du loup qu'il a fait écorcher, tout en lui laissant la peau de la tête et des pieds. Il me semble pourtant que Peire de Bussignac est remonté plus loin, à une version du thème plus ancienne encore, à celle de Paul Diacre dans le *Poenitentiarius,* où Renart demande à l'ours, qui joue ici le rôle du loup : « Quis dedit, urse pater, capite hanc gestare tyaram / Et manicas ves-

[1] Audiau et Lavaud, *Nouvelle Anthologie,* p. 173, XLII.

tris quis dedit has manibus ? » Il est très probable que le poète méridional a mélangé des souvenirs de ses lectures latines au cloître avec des récits populaires de Renart, venus du Nord de la France.

Les autres allusions au *Roman de Renart* dans la littérature méridionale ne sont guère plus précises. Mais si elles n'autorisent pas à croire à l'existence de l'épopée animale en vieux provençal, elles démontrent du moins que l'on connaissait bien dans le Midi l'histoire de la guerre entre Renart et Isengrin, et que l'on appréciait suffisamment la nature de cette lutte et le caractère des principaux protagonistes pour saisir le sens des métaphores et des comparaisons que les troubadours en tiraient. Ecrivant dans le premier quart du XIIIème siècle, Ricau de Tarascon accuse Gui de Cavaillon de fausseté et de déloyauté, et il termine sa tenson en menaçant de le faire comparaître devant leur seigneur le comte de Toulouse :

« Cabrit, el poder N'Audiart
Vos n'apel, no us vei tan gaillart,
Que vas mi es de peior art
Non fon vas N'Esengrin Rainart » [1].

(Cavaillon, je vous appelle en justice devant Audiart (le comte de Toulouse), vous qui êtes si hardi, car votre conduite à mon égard est pire que celle de Renart envers Isengrin).

Dans un sirvente qui fait le procès des faiseurs de mauvais vers, le troubadour Palais affirme que « depuis le temps de Renart, qui fut si trompeur, jamais il n'avait entendu tant de mauvais baragouinage ». Plus tard dans le siècle, Matfre Ermengaud évoquait une des meilleures scènes satiriques du *Jugement de Renart* pour illustrer le chapitre « De Contricio » dans son *Breviari d'amor*. La pénitence, dit-il, qui n'est pas accompagnée de la contrition ne vaut rien; se repentir sans sentir le désir

[1] F.J.M. Raynouard, *Choix des poésies originales des troubadours*, Paris, 1816-21, V, p. 436 : « Cabrit, al mien . . . »

sincère de ne plus pécher, c'est la pénitence de Renart – « la penedensa del Raynart ».

Quoiqu'il ne paraisse pas qu'il ait jamais existé une véritable branche de Renart dans la vieille littérature provençale, le nom de notre héros a connu en langue d'oc une évolution parallèle à celle que nous avons observée dans le Nord de la France, parvenant finalement à évincer le vieux mot provençal « volp ». Le phénomène de l'éviction du mot « goupil » de l'ancien français avait commencé vers la fin du XIIème siècle, à l'époque où les aventures de Renart commençaient à se répandre, et déjà au XIIIème siècle « renard » est employé tout seul comme simple substantif – le Dictionnaire de Du Cange en donne l'exemple : « Je devant diz Robers reconnais que li prevos de Rumigni puist prendre en ce bois lievre ou connin, lou, renart et tessin ». Mais la branche XIII, *Les Peaux des goupils,* qui ne doit pas être postérieure à 1250, emploie le mot « goupil » presque de préférence à « renart », qui semble être réservé plutôt pour désigner le héros du *Roman.* Le Dictionnaire de Godefroy fournit des citations qui prouvent que le vieux mot n'avait pas entièrement disparu même au XVème siècle [1].

Dans la langue du Midi l'évolution du mot « raynart » semble avoir été aussi rapide que dans le Nord, quoique moins généralisée, puisque des dialectes modernes des Pyrénées et des Alpes Maritimes connaissent encore le vieux mot « volp » sous les formes « voup », « houp » ou « voulp ». Déjà en 1207 ou 1208 le troubadour Elias Cairel fait une comparaison désobligeante entre Guillaume IV, marquis de Monferrat, et son illustre père, Boniface, roi de Thessalonique, dans une métaphore qui présente le mot « rainart » comme simple substantif :

> Be pot hom dir qu'anc mais filhs de lioupart
> no. s mes en cros a guisa de rainart [2].

[1] « Et par sa fraude et se voisdie est il samblans au houppil ch'est au renardt » (XVème siècle, Sermon ...) . « Une pliche de piaus de houpieus » (XVème siècle, ms. Valenciennes).

[2] Hilda Jaeschke, *Der Troubadour Elias Cairel,* Berlin, 1927 ; Sirvente « Pos cai la fuolha del garric », p. 149.

(On peut bien dire que jamais un fils de léopard ne s'était blotti dans une tanière à la manière d'un renard).

En même temps, le mot prenait un sens figuré et signifiait, comme si fréquemment dans le Nord, la ruse et la finasserie :

Anc En Sordels non fo, que ten hom per rainart,
cavalliers, per ma fe [1].

« Jamais ce Sordel, que l'on tient pour un fin renard, n'a été chevalier », dit Peire Bremon Ricas Novas au cours d'un échange acerbe de sirventes avec le troubadour Sordel vers 1234 ou 1240. Dans *Les Quatre Vertus cardinales* que Daude de Prades composa entre 1220 et 1236 probablement, la Sagesse met le lecteur en garde contre les risques que comporte une trop grande fréquentation avec elle :

« Om ti appellaria moysart,
Tric e sospetjos e rainart.
Otracujatz e veziatz
Serias dese doncs appellatz,
Enganaire, tracher e fals » [2].

(« Tu seras appelé musart, faux, suspect et renard, outrecuidant et rusé, trompeur et traître »).

Bien plus tard, dans *Las Leys d'amors* qu'il commença en 1355, Guilhem Molinier tira du *Roman de Renart* des illustrations pour un chapitre sur la nature de l'Allégorie et de la Métaphore, qui montre d'un côté le sens figuré ou symbolique qu'avaient pris le nom du fabuleux Renart, mais qui témoigne en même temps de la survivance jusqu'à cette époque du moins du mot « volp ». Une métaphore, dit le troubadour, n'a pas d'explication, et il donne en exemple : « No sabetz gayre del raynart » (« Vous

[1] Jean Boutière, *Les poésies du troubadour Peire Bremon Ricas Novas*, Toulouse-Paris, 1930 ; « En la mar major », p. 68.

[2] Cité par Emile Lévy dans *Provenzalisches Supplement Wörterbuch*, Leipzig, 1894-1924.

n'en savez guère du renard »). Mais l'Allégorie, continue-t-il, n'est pas aussi claire :

> Par exemple, si l'on voulait parler de deux hommes, dont l'un est faux et l'autre glouton, et qu'on dit :
>
> L'a volps el lops si son trobat,
> E portan se gran amistat.
>
> (Le renard et le loup se sont trouvés,
> Et ils se portent grande amitié).
>
> on n'entendrait pas de qui l'on veut parler, à moins qu'on ne l'expliquât ou ne désignât les personnes de qui l'on parle [1].

On s'étonne un peu que Joseph Anglade ait eu quelques hésitations à reconnaître dans ces vers une allusion au *Roman de Renart.* A vrai dire, l'opposition entre le « raynart » et le « volps », exactement comme dans la branche XIII, explique toute l'évolution du mot « renart », tant dans le Midi que dans le Nord de la France. Du nom d'un personnage célèbre de la littérature il était devenu tour à tour un symbole et un terme purement abstrait, et ce n'est que très lentement qu'il a perdu sa valeur métaphorique pour devenir finalement le nom de la bête sauvage.

Parmi les poètes de langue d'oc qui ont parlé de Renart, il faut mentionner trois troubadours catalans. Le premier, Guilhem de Cervera, plus connu sous le nom de Cerveri de Girona, a fait allusion trois fois dans son œuvre à Renart et à ce qu'il appelle « le livre de Renart ». Dans le quatrain 525 de ses *Proverbes* [2] on lit :

> So dits al lop Raynarts :
> Tals de letra sebia
> Qu'era pecs et musarts.

[1] A. F. Gatien Arnoult, *Guilhem Molinier : Las Flors del gay saber estier dichas Las Leys d'amors*, Toulouse, 1841-3 ; III, p. 255.

[2] Éd. Martin de Riquer, *Obras completas del Trovador Cerveri de Girona*, Barcelone, 1947. Cf. aussi A. Thomas, *Les Proverbes de Guylem de Cervera*, *Romania*, XV, 1886.

(Ainsi Renart dit au loup : celui qui savait lire était sot et nigaud).

Et encore dans *La Canço del Comte,* Pièce 46, aux vers 5–6

per ço Raynartz dix al lop que legia :
tals era pecs qui de letra sabia.

(C'est pour cela que Renart dit au loup qui lisait que celui qui savait lire était un sot).

Et dans le même poème on trouve une allusion au « livre » de Renart :

v. 458 E si es qui be gart
el libre de Raynart,
on ha mantes de drey...

(Si quelqu'un regarde bien au livre de Renart, où il y a beaucoup de matière de droit...)

Guilhem de Cervera écrivait vers 1250-1280. Nous savons qu'il a vécu à la cour de Jacques Ier et de Pierre III d'Aragon de 1259 à 1282 environ, mais nous savons en outre qu'il a séjourné en France, où il a eu des rapports avec des trouvères et des troubadours. Or, dans le *Roman de Renart* nous n'avons pas de branche qui nous montre le loup en train de lire. Mais dans une variante de l'histoire d'Isengrin avec la jument Raisent qu'on trouve dans les *Fabulae extravagantes,* collection de fables qui existait vraisemblablement au XIIIème siècle et que nous aurons l'occasion d'examiner plus tard, Renart échappe au malheur en prétendant ne pas savoir lire, tandis qu'Isengrin paie lourdement sa prétention d'être très érudit. Quant à l'allusion au « livre de Renart », il n'est guère nécessaire d'insister de nouveau sur l'importance de l'élément juridique dans certaines branches anciennes pour être convaincu que Guilhem de Cervera pensait bien au *Roman de Renart* qu'il a dû connaître pendant son séjour en France.

Tout comme Guilhem de Cervera, Ramon Llull avait passé plusieurs années en France. Dans le *Libre de les besties,* qui fait partie de son *Libre de meravelles,* il appelle le goupil « Na Renart », ou « dame Renart » (« vulpes » en latin est du genre féminin). Mais il est à remarquer aussi que c'est le seul animal du récit à porter un nom propre. Le *Libre de meravelles* a vraisemblablement été composé en France, peut-être entre 1285 et 1288, quand Ramon Llull était à Paris. On est tenté d'ailleurs de chercher à établir des rapports directs entre le *Roman de Renart* et le *Libre de meravelles,* véritable épopée animale catalane. J.-H. Probst l'a appelé même une version espagnole du *Roman de Renart* [1]. Il est vrai qu'on y trouve certains éléments essentiels de l'épopée de Renart : le cadre du royaume du lion, les ruses et les machinations du goupil, ennemi des autres bêtes. Il semble pourtant impossible d'établir une influence de l'œuvre française sur les histoires catalanes. Tout au plus on peut imaginer une certaine influence dans le choix du sujet et dans la conception générale.

Le troisième troubadour catalan, Guilhem de Berguedan, accuse son ami Aimeric de Peguilhan dans un débat de faire exactement comme fit Renart quand il ne pouvait pas avoir ce qu'il désirait :

« N'Aimerics, tot enaissi o faitz vos
Cum fetz Rainautz qand ac del fruich sabor ;
Que s'en laisset non per autre temor
Mas car non poc sus el cereis montar ;
E blasme .l fruich car aver ni manjar
Non poc ; e vos etz ab lui acordatz,
C'aisso que non podetz aver blasmatz ».

(« Sire Aimeric, vous faites exactement comme fit Renart quand il avait envie du fruit ; il y renonça pour la seule raison qu'il ne put monter dans le cerisier, et il dit que le fruit n'était pas bon, parce qu'il ne put pas l'avoir ni le

[1] *Caractère et origine des idées du B. Raymond Lulle,* Toulouse, 1912.

> manger ; et vous êtes d'accord avec lui, puisque vous trouvez mauvais ce que vous ne pouvez pas avoir » [1].

Dans la branche XI ce sont des mûres que Renart convoite en vain. Guilhem de Berguedan est mort vraisemblablement vers 1200, mais la branche XI a dû être composée entre 1195 et 1200. Il est très probable que Guilhem de Berguedan, ami et correspondant de Bertran de Born, avait séjourné lui aussi en France. Les allusions des troubadours catalans ne permettent pas par conséquent de conclure que le *Roman de Renart* fut généralement connu en Catalogne ou en Espagne. L'absence d'autres allusions ou d'autres indications de l'influence du *Roman de Renart* dans la littérature espagnole semble indiquer au contraire que l'œuvre française ne fut guère connue de l'autre côté des Pyrénées [2].

Pour terminer cette liste d'allusions au *Roman de Renart* dans la littérature en France pendant le Moyen Age, retournons dans le Nord, à Paris même, où parut au XIVème siècle un ouvrage qui donne des indications précieuses sur la popularité et l'influence des histoires de Renart à l'époque. Nous avons déjà vu que les aventures de Renart avaient souvent inspiré les artistes

[1] *The Poems of Aimeric de Peguilhan*, éd. F. M. Chambers et W. P. Shepard, Evanston, Ill., 1950, p. 116. D'autres manuscrits donnent les formes plus normales de « Rainarz » ou « Rainart ». Philippe de Beaumanoir fait allusion à cette histoire de Renart dans *Jehan et Blonde* : obligé de renoncer à l'amour de Blonde, le comte de Gloucester prétend qu'il n'en a plus envie ; ce qui inspire au poète l'observation : « Aussi n'eut des meures Renars. »

[2] Cf. Juan Nogués, *Estudios sobre el Roman de Renard (su relacion con los cuentos españoles y extranjeros)*, Salamanca, 1956. Certains contes populaires espagnols (cf. E. M. Espinosa, *Cuentos populares espanoles recogidos de la tradiciom oral de España*, Madrid, 1947) ont en effet des ressemblances frappantes avec des branches de Renart ou des épisodes de l'*Ysengrimus*. Il faut cependant remarquer tout de suite qu'un des traits essentiels du *Roman de Renart* et de l'*Ysengrimus*, l'attribution de noms propres aux animaux, ne se retrouve pas dans les contes espagnols. Reprenant la thèse de Sudre par opposition à celle de L. Foulet, Juan Nogués explique les ressemblances entre les différentes versions en leur attribuant une source commune dans le folklore européen. Ce n'est pas l'occasion de rouvrir la discussion sur l'influence du folklore et de la tradition littéraire dans la formation du *Roman de Renart* (cf. ch. II), à laquelle d'ailleurs le travail de Juan Nogués n'apporte guère d'arguments nouveaux ou concluants. Je reviendrai cependant dans le chapitre XI au sujet de l'influence du *Roman de Renart* dans la littérature espagnole.

médiévaux, même pour la décoration des églises et des couvents. La *Chronique métrique* de Geffroy de Paris nous apprend que la carrière mouvementée de Renart avait fourni également les sujets de toute une série de scènes comiques présentées au cours d'une procession joyeuse dans les rues de Paris, dont le chroniqueur avait presque certainement été un spectateur curieux. En 1313 Philippe le Bel avait donné, en présence du roi et de la reine d'Angleterre, la chevalerie à ses trois fils, et il avait tenu à marquer l'occasion par des fêtes somptueuses qui ont duré toute une semaine. Après des spectacles et des processions fastueux, c'était au cinquième jour le tour des corps des métiers à défiler dans les rues de Paris – « tous les métiers en garnemens », dit Geffroy [1] dans une description assez circonstanciée – chaque corps d'artisans ayant choisi un motif où l'on reconnaissait des personnages célèbres de la Bible ou de la littérature profane. Les sujets même les plus profanes étaient mêlés aux plus sacrés dans la procession des tisserands :

> La vit on Dieu sa mere rire,
> Renart, fisicien et mire.

Et plus loin, toujours dans la représentation des tisserands :

> Veoir pot on, et decoler,
> Feu, or argent aussi voler,
> Herode et Caÿphas en mitre.
> Et Renart chanter une espitre
> La feu veü, et evangile,
> Crois et floz, et Hersent qui file.

Voilà au milieu de personnages sacrés et légendaires, on voit notre Renart médecin, comme dans la branche X. Le spectacle de Renart célébrant un office sacré fait penser d'abord aux *Vêpres de Tibert*. Mais l'allusion à l'épître et à l'évangile, avec la mention des croix et des « floz » [2], indiquent que les tisse-

[1] Ed. Armel Diverrès, Strasbourg, 1956.

[2] A. Diverres donne à « floz » le sens de « houppes », qui servent, selon Littré, de timbre au chapeau des hauts dignitaires de l'Eglise.

rands s'étaient inspirés plutôt de la branche XVII et de la célèbre *Procession Renart.* Là c'est Bernart l'âne qui officie, et Brichemer et Ferrant lisent l'épître et l'évangile. Lucien Foulet explique cependant ce renversement des rôles par le désir de faire jouer le premier rôle par Renart. Certainement on sait maintenant que l'on aimait à représenter Renart en chaire au Moyen Age – c'est un motif très fréquent dans la décoration des stalles des églises – et la branche XIII fait croire que la *Procession Renart* figurait dans des fresques des châteaux, ainsi qu'elle avait été taillée dans les murs de la cathédrale de Strasbourg vers 1298. Qu'il s'agit vraiment de la *Procession,* ressort de la description de la même scène par un autre témoin oculaire, Jean de Saint-Victor, qui la nomme dans son *Memoriale historiarum* la « processionem vulpis » et dit que plusieurs bêtes y prenaient part.

Les corroyeurs étaient eux aussi de la fête, et ils avaient entrepris de présenter toute la vie de Renart d'après son histoire :

Corroier aussi contrefirent,
Qui leur entente en ce bien mirent,
La vie de Renart sanz faille,
Qui manjoit et poucins et paille.
Mestre Renart i fu evesque
Veü, et pape, et arcevesque ;
Renart i fu en toute guise,
Si com sa vie le devise :
En biere, en crois et en cencier.
Et en meintes guises dancier
En blanches chemises ribaus
I vit on, liez et gais et baus.

A la fin de ce passage nous avons de nouveau une représentation de la *Procession,* cette fois-ci cependant plus fidèle au récit de la branche XVII. On reconnaît au fond les instructions du roi Noble pour l'enterrement de Renart : Isengrin et Chantecler précèdent la bière en portant la croix et l'encensoir, tandis que la chèvre les accompagne en tambourinant et sire Ferrant joue sur la harpe « un air gallois ». Il ne faut pas oublier non plus que les Vigiles étaient suivies de jeux bruyants et joyeux devant la bière de Renart jusqu'à l'aube – « Icele nuit firent il joie / Ge ne cuit que james tele oie » dit l'auteur de la branche XVII (v. 657-8).

Il est moins aisé d'expliquer l'autre tableau, celui qui présentait le spectacle curieux de Renart, sacré évêque et pape, mangeant avidement des poules. Entre la date des fêtes de Philippe le Bel et celle des dernières branches du *Roman de Renart,* il avait paru différentes histoires de Renart, toujours hautement satiriques, où notre héros est élevé aux plus hautes dignités. Dans *Renart le Nouvel* par exemple, paru vers 1290, Renart devient chef des Templiers et des Hospitaliers et tout le clergé, y compris le pape, se met à son école. Il me semble pourtant que c'est dans les événements de l'époque plutôt que dans l'influence des continuations du *Renart* qu'il faut chercher l'explication de ce tableau irrespectueux, et plus particulièrement dans les rapports entre la France de Philippe le Bel et la papauté. On est évidemment tenté d'y discerner immédiatement une intention satirique, à laquelle Lucien Foulet par exemple ne croyait cependant pas : « A notre avis, en jouant la comédie de Renart prêtre, les corroyeurs et les tisserands de Paris n'avaient pas plus l'intention d'insulter le pape que, quinze ans auparavant, le sculpteur de Strasbourg n'avait voulu par ses grotesques chapiteaux outrager l'Eglise. Ce sont deux manifestations analogues d'un état d'esprit qui n'est plus le nôtre. Le moyen âge est un grand enfant qui ne prenait pas très volontiers certaines choses au sérieux » [1]. Il est vrai aussi que les chanoines qui commandaient et payaient les travaux dans leurs églises ne semblent pas s'être offensés des sculptures dans les stalles qui représentaient Renart, habillé en prêtre et prêchant à un auditoire de volailles, dont quelques-unes, victimes de leur crédulité, sont cachées dans le capuchon du « papelart ». Mais il faut remarquer que, les personnages sacrés à part, les autres personnes qui appa-

[1] *Le Roman de Renard,* p. 534.

raissaient avec Renart dans les scènes que nous regardons, tels que Caïphe, Hérode et Pilate, étaient dans la littérature du Moyen Age des personnages très impopulaires, en but à la haine et à la satire des poètes. Or, si l'on considère un peu l'histoire des années qui précédaient les événements dont parle Geffroy de Paris, on voit qu'il régnait en France un état d'esprit très enflammé et hostile à la papauté. Pendant le règne de Philippe le Bel, en raison de la querelle âpre et violente qui opposait le roi de France au pape Boniface VIII, insulter, menacer, ridiculiser le souverain pontife étaient devenus des procédés d'état. La querelle avait été déclenchée par les efforts de Boniface pour contrôler l'emploi des impôts levés par Philippe sur les revenus des clercs pour financer des croisades. Quoique Boniface dût céder, il s'était attiré l'hostilité de Philippe et, ultérieurement, de la majorité des Français. Dans son *Histoire du Moyen Age,* Joseph Calmette [1] a retracé les différentes étapes de ce long conflit :

> On commença à parler en France contre Boniface. Son tempérament violent et outrancier le desservait. On l'accusait d'avoir fait démissionner son prédécesseur pour prendre sa place. Sa fiscalité le rendait impopulaire. Le jubilé de 1300, où son tempérament vaniteux se déchaîna par des formules et des manifestations également imprudentes, aggrava d'autant plus les susceptibilités princières qu'il saisit toutes les occasions de brandir, sur un ton de provocation, les doctrines les plus tranchantes de la théocratie.

Philippe riposta, et le pape publia des bulles qui prétendaient imposer en France des thèses des plus audacieuses et les doctrines théocratiques intégrales. Le principal résultat fut d'envenimer complètement les rapports entre les deux puissances :

> On a dit que la bulle *Ausculta Fili* avait été brûlée à Paris, qu'on avait parodié cette bulle en termes outrageants pour le Saint-Siège ; il semble que s'il y a quelque chose de vrai dans

[1] Paris, 1948, p. 244 et seq.

> ces gestes, ils n'ont pas eu de caractère officiel. On se borna à résumer la thèse du pape en formules lapidaires afin de dresser l'opinion contre lui. La seule chose certaine est que le défi lancé par Boniface fit en France une sensation énorme, qu'on y vit une tentative d'asservissement de la part du pouvoir ultramontain et qu'un sursaut patriotique y donna la réplique, équivalent à ce qu'avait été Bouvines face à l'Allemagne sur le terrain militaire.

Finalement les paroles et les actes agressifs de Boniface provoquèrent Guillaume de Nogaret, légiste et conseiller du roi, à accuser le pape d'hérésie et à demander sa déposition devant le clergé français réuni à Paris en 1303. Pour combler ses outrages, Nogaret se rendit en Italie, s'allia avec les ennemis du pape, et organisa l'invasion et le pillage du palais où se trouvait Boniface.

Même la mort de Boniface quelques mois plus tard ne mit pas fin à la politique de violence et diffamation poursuivie par Philippe et Nogaret. Pour l'attentat du palais d'Anagni, Nogaret avait été excommunié. L'élection du pape Clément V, Français et en plus homme maladif, timide et de faible volonté, donna à Nogaret l'occasion de se réhabiliter en continuant ses attaques contre Boniface afin de faire condamner sa mémoire par la Curie : « Nogaret voulait que le corps de son ennemi fût déterré, que ses ossements fussent brûlés. A l'en croire, l'ancien pape était hérétique, coupable de crimes et de pratiques immondes. C'était un criminel, un monstre ». A ce moment, l'affaire des Templiers vint s'ajouter aux démêlés entre Philippe et Clément. La destruction de l'Ordre du Temple entreprise par Philippe en 1307 avait rencontré l'approbation populaire. Les premiers aveux faits par les chefs de l'Ordre avaient amené le pape à inviter les autres souverains de l'Europe à suivre l'exemple de Philippe en faisant arrêter les Templiers et en mettant les biens de l'Ordre sous séquestre au nom du pape. Mais quand les chefs de l'Ordre rétractèrent leurs aveux devant ses légats, Clément fut obligé de suspendre l'action et se réserva l'affaire. Mais nous avons déjà vu que Philippe et Nogaret n'hésitaient pas à employer des mesures énergiques, même avec le souverain pontife. Leur réaction devant cet échec fut violente :

> A ce tournant inattendu, le gouvernement capétien est menacé de voir le scandale tourner à sa confusion. Comment éviter un tel risque ? En intimidant le pape. Une campagne en fournira le moyen, une campagne à l'instar de celles qui ont réussi contre Boniface VIII. On multiplie les pamphlets, on prend à témoin l'opinion, on réveille les vieux griefs contre la Curie, on parle du despotisme et de la fiscalité, on remet au premier plan de l'actualité les crimes et les abus imputés à Boniface, en les mêlant aux crimes et excès du Temple.

Finalement, en 1310, Clément se laissa intimider, il donna son approbation à tout ce que Philippe et Nogaret avaient fait contre Boniface de son vivant, et leva l'excommunication de Nogaret. La menace d'une révision du procès des Templiers par le Concile de Vienne en 1311 obligea Philippe cependant à transiger, et quand Clément prononça la suppression de l'Ordre du Temple en 1312, le roi de France dut se contenter d'une modeste portion de l'immense fortune de l'Ordre qu'il avait tant convoitée, le reste ayant été attribué aux Hospitaliers.

Quand on lit le récit de la campagne d'insultes, de menaces et même d'attentats, d'accusations outrancières, de réquisitoires passionnés et extravagants, qui fut menée contre Boniface VIII et qui menaçait également Clément V pendant plusieurs années, peut-on s'étonner que l'opinion française fût enflammée contre la papauté ? La *Chronique* révèle que Geffroy, ami décidé de l'autorité, avait des sympathies bonifaciennes en matière de discipline ecclésiastique, et il critique violemment la politique de Philippe le Bel et de ses conseillers : « Il est essentiellement conservateur et clérical, regrettant la politique du temps de sa jeunesse, celle qui suivait la tradition de saint Louis », résume A. Diverrès dans l'introduction de son ouvrage. Et pourtant, en décrivant la mort de Boniface, Geffroy emploie dans sa *Chronique* la même image que les corroyers et les tisserands, et manifestement dans un sens critique :

Si fut du tout la prophetie
qui de lui dite fu, aemplie.
C'est assavoir qu'il enterroit
Comme renart et regneroit
Comme lyon et comme chien
Mourroit. De cestui ne sai rien :
Mes bien sai que par renardie
Ot de Romme la seignorie.
Quant resiner fist le preudomme
Celestin du siege de Romme.

En outre, en 1315, donc deux ans seulement après les fêtes dans lesquelles avaient joué les tisserands et les corroyeurs, Geffroy raconte que la foule avait suivi Enguerrand de Marigny à la place d'exécution à Vincennes en vociférant sa haine :

6987 « Avant, Renart,
Honte te doint saint Lïenart !
Ton barat et ta tricherie
A touz nous a tolu la vie.
L'avoir du rëaume as emble ».

On sait combien fut détesté le financier de Philippe le Bel à cause de ses opérations monétaires en 1313 qui avaient abouti à une sérieuse dévaluation de la monnaie royale. Le terme « Renart » a donc évidemment ici une valeur hautement injurieuse et satirique. Dans ces deux derniers exemples de l'emploi du mot « Renart » dans la *Chronique,* le sens d'opprobre et d'insulte qu'il renfermait – non seulement pour l'homme de lettres mais également pour le peuple de Paris – ne peut pas être mis en doute, pas plus que dans la plupart des allusions à Renart que nous avons rencontrées ailleurs dans la littérature française ou provençale. La campagne haineuse et le procès diffamatoire dirigé par Philippe le Bel et Nogaret contre la mémoire de Boniface VIII n'avaient pris fin qu'en 1310. L'affaire des Templiers, terminée seulement en 1314, était venue accroître l'impopularité de Clément V, auquel on reprochait de soutenir les doctrines ultramontaines et de continuer la lourde fiscalité de Boniface.

Par conséquent, il me semble que la pantomime des tisserands était bien la manifestation de l'état d'esprit des Français en 1313, violemment hostiles à l'autorité temporelle du pape et solidement groupés autour de Philippe le Bel dans ses querelles avec le Saint-Siège. Ce Renart qui croque les poules, c'est sans doute aux yeux des Parisiens la papauté en train de s'emparer de leurs droits et de leurs biens. Cette représentation extraordinaire n'était pas une simple fantaisie d'un esprit rieur, mais bel et bien une satire dirigée contre le pape et ses représentants, les évêques et archevêques, qui cachaient sous le voile de la doctrine spirituelle des ambitions et des appétits de pouvoir temporel et de fortune.

En commençant ce chapitre, je m'étais donné la tâche de déterminer l'importance de la satire dans le *Roman de Renart.* La question n'était pas sans intérêt, puisque, si l'on acceptait la thèse, développée et défendue avec insistance par Léopold Sudre, que le *Roman de Renart* est un ouvrage comique sans aucun caractère vraiment satirique, comment expliquerait-on le caractère purement et violemment satirique de la grande majorité des ouvrages dont l'épopée animale française a été l'inspiration et le modèle ? Il est vrai que les premiers trouvères qui ont raconté les aventures de Renart promettaient à leurs lecteurs « des risées et des gabets ». Mais du fait même que le *Roman de Renart* avait pour point de départ le travestissement de la société humaine, il comportait inévitablement un élément de satire, dont dépendait justement en grande partie l'effet comique. Ensuite, l'examen des branches dans leur ordre chronologique avait vite apporté la conviction que leurs auteurs avaient exprimé par l'intermédiaire des bêtes des critiques plus ou moins déguisées, qu'ils n'osaient peut-être pas prononcer plus ouvertement. Pierre de Saint-Cloud avait montré le chemin avec sa parodie de la monarchie et de la société féodales, ses critiques à l'adresse des institutions religieuses et judiciaires, sa caricature du légat du pape. C'est en s'en rapportant à la vie même, aux événements ou aux personnalités, aux coutumes et usages de l'époque à laquelle ils écrivaient, qu'on saisit les intentions de nos trouvères et qu'on comprend pleinement leurs allusions. Ainsi deviennent clairs même les récits apparemment les plus fantaisistes, tels que les *Vêpres de Tibert* ou la *Mort de Renart,* que l'on attribuait autrement à l'imagination débordante des trouvères ou à un état d'esprit qui aurait disparu à la fin du Moyen Age. Le *Roman de Renart,* a dit Charles Lenient, a laissé, grâce à son caractère satirique, une image complète du Moyen Age : « Tout ce que le Moyen Age a vénéré, pratiqué avec foi, avec amour, pélerinages, croisades, miracles, pieuses légendes, duels judiciaires, confessions, chevalerie, papauté, se retrouve là parodié sans éclat, sans violence, avec une ironie douce et légère, qui n'est pour cela ni moins vive ni moins profonde » [1]. Ce n'est qu'à condition d'en apprécier le caractère satirique que l'on savoure pleinement la comédie du *Roman de Renart.*

C'est donc cette satire douce et légère qui fait un des charmes des premières branches. Mais déjà avec le *Jugement de Renart* le ton était devenu plus aigre, les critiques plus directes. Les plaintes semblaient plus sincères et témoignaient souvent d'un réel mécontentement. Désormais les aventures de Renart devaient donner un tableau plus sombre de la vie de l'époque, que les trouvères satirisaient de plus en plus ouvertement. Le caractère même de Renart changeait ; ses tours, ingénieux et amusants au début, devenaient toujours plus méchants, plus cruels et dangereux à mesure que ses appétits et son ambition grandissaient. On finissait par prendre au sérieux le joyeux rusé qui ne pensait à l'origine qu'à soulager sa faim et berner son lourdaud d'oncle. Edmond Faral a résumé cette transformation du caractère du *Roman de Renart* d'un ouvrage comique en un ouvrage essentiellement satirique : « Renart n'était pour les premiers poètes qui l'ont chanté qu'un joyeux fripon, dont la malice incorrigible rebondissait de farce en farce : tant de bonne humeur se dégageait de sa personne ... que personne ne lui gardait rancune de ses tours : il avait les lecteurs pour complices. Mais maintenant il se transforme, et c'est fini de rire. Il

[1] *La Satire en France au Moyen Age,* Paris, 4 ème éd., 1893, p. 143.

cesse d'être un drôle qui amuse; on le prend au sérieux, voire au tragique : il est dangereux par ses mauvais instincts, odieux par les multiples ressources de sa perfidie ; on le peint comme étant l'ami du mal. L'interprétation allégorique s'en mêlant, il devient le Mal en personne, et l'Hypocrisie. En lui s'incarnent tous les vices du siècle : rapacité des princes, esprit d'intrigue des gens de cour, simonie des clercs, luxure des prêtres et des moines, mauvaise foi des marchands. Pauvre Renart le Roux ! Son succès même l'a perdu, et on l'a chargé des péchés du monde » [1]. Les allusions dans la littérature montrent bien que le Moyen Age français ne s'était pas trompé sur le caractère satirique du *Roman de Renart.* Ces allusions, et plus encore les branches elles-mêmes, ont apporté la justification de mon opinion initiale : en apparence une œuvre comique, le *Roman de Renart* avait toujours eu un certain caractère satirique, l'inspiration en était souvent franchement satirique, et c'est la veine satirique qui a finalement prédominé, produisant, selon Lenient, « l'œuvre satirique par excellence, celle qui domine toutes les autres par l'importance et la popularité » [2].

[1] Dans Bédier et Hazard, *Histoire de la littérature française*, I, p. 53.
[2] *La Satire en France au Moyen Age*, p. 131.

Chapitre IV

PHILIPPE DE NOVARE ET LE ROMAN DE RENART

L'influence du *Roman de Renart* dans les chansons satiriques et dans les *Mémoires* de Philippe de Novare.

On me reprochera peut-être d'avoir consacré trop de temps à démontrer le caractère essentiellement satirique du *Roman de Renart.* Cette démonstration m'a pourtant paru tout à fait indispensable pour comprendre l'importance et la nature de l'influence que le *Roman de Renart* a exercé sur la littérature et la pensée du Moyen Age; d'autant plus que la plupart des études qui lui ont été consacrées nient toute intention vraiment satirique de la part de ses auteurs. Même les rares critiques qui ont affirmé la prédominance de la veine satirique basent leurs assertions sur des preuves indirectes, notamment sur le témoignage des ouvrages qui ont continué la tradition de Renart plutôt que sur les branches originales. En effet, toutes ces allusions que j'ai relevées aussi bien en langue d'oc qu'en langue d'oïl, montrent bien l'intérêt que l'on portait en France au *Roman de Renart* dès sa création, et donnent raison à l'opinion exprimée par Lucien Foulet que peu d'œuvres médiévales ont été autant lues. Mais j'ai voulu démontrer en même temps que ces allusions, généralement moqueuses, satiriques, diffamatoires, ont été tirées directement et naturellement des branches mêmes du *Roman de Renart,* dont elles reflètent bien l'esprit et l'intention.

Les écrivains du Moyen Age ne se sont pas contentés cependant d'agrémenter ou d'illustrer leurs œuvres par des comparaisons ou des métaphores inspirées par un ouvrage si célèbre; ils ont voulu raconter eux-mêmes des aventures de Renart, et dès la premiére partie du XIIIème siècle paraît un ensemble de poèmes en France et aussi dans les pays voisins, consacrés à la carrière variée et mouvementée de Renart. Ces productions, qui se succèdent pendant tout le Moyen Age, finissent souvent par ne plus avoir beaucoup de ressemblances avec les branches originales. On y trouvera de plus en plus les tendances vers l'allégorie et le symbolisme qui avaient marqué la décadence de l'épopée animale. Mais malgré cet éloignement progressif du style direct, moqueur, enjoué et gai même quand la satire est la plus évidente, on retrouve toujours des thèmes et même des incidents du *Roman de Renart,* remaniés selon les intentions de l'auteur et adaptés aux cadres locaux et nationaux. De plus, même dans les ouvrages qui semblent, par l'allégorie ou le symbolisme, s'écarter le plus des contes d'animaux, où tout semble être prétexte à moraliser et à enseigner, on reconnaîtra en général le vieil esprit de critique, de moquerie et de satire, voire parfois d'opposition et de révolte, qui avait animé l'œuvre de Pierre de Saint-Cloud et de ses successeurs et qui explique l'énorme popularité du *Roman de Renart* et de ses continuations pendant plusieurs siècles.

Une œuvre qui correspondait si bien à l'esprit critique et railleur du peuple français, qui était selon toute l'évidence fort goûtée et très généralement connue, n'a pas manqué d'exercer une influence plus que considérable sur la littérature française. Pendant tout le Moyen Age le *Roman de Renart* fut repris, remanié, copié ; il a inspiré dans la littérature française une production énorme, assez mal connue aujourd'hui mais qui suffit en elle-même à marquer l'étendue de son rayonnement et de son importance dans la littérature médiévale. Il est à la fois curieux et significatif que le premier ouvrage qui ait continué à parler en français de Renart fut composé par un Lombard, Philippe de Novare. Mais, fait encore plus important pour apprécier la popularité et l'influence de nos anciennes branches à leur époque, ce fut dans le royaume franc de Chypre que

Philippe de Novare a dû les connaître et qu'il a composé une nouvelle branche. Philippe était un fidèle serviteur des Ibelin, maîtres de Chypre et de Beyrouth, dans la lutte qui les opposait entre 1218 et 1243 à l'empereur Frédéric II et à ses vassaux les cinq « baus ». Dans des chansons satiriques et des sirventes il attaqua les ennemis de ses maîtres avec autant de fougue qu'il les avait combattus sur le champ de bataille. Au milieu des combats et aux moments les plus critiques, Philippe avait composé des poèmes de circonstance où tous les personnages importants des deux camps apparaissaient sous les noms et les traits des personnages du *Roman de Renart.* Plusieurs années plus tard il incorpora ces poèmes dans son récit en prose, l'*Estoire et le droit conte de la guerre qui fu entre l'Empereor Federic et Messire Johan de Ybelin, seignor de Baruth,* récit qui forme la deuxième partie de ses *Mémoires,* qui nous furent préservés dans les *Gestes des Chiprois*[1]. Philippe a raconté comment l'idée lui était venue de chanter en vers les épisodes de la guerre. Pendant l'absence de Jean d'Ibelin et de ses fils en Terre Sainte, leurs adversaires s'étaient emparés des places fortes de Chypre, puis essayèrent de saisir Philippe en l'invitant à la cour de Nicosie. Philippe put se réfugier avec quelques hommes dans la tour de l'Hôpital de Saint-Jean à Nicosie et y subit un siège, dont il nous a laissé un récit pittoresque :

> L'endemain saisirent les cinc baus tous les fiés de monseignor de Baruth et de ses amis. Phelippe fist faire une cisterne dedens la tour de l'Opitau, et fist faire assés de bescut, et mout garny et horda bien l'Ospital ; et quant les cinc baus sorent que Phelippe fu laens, si l'assegerent, et firent mout durement garder de jour et de nuit qu'il n'en issist. Phelippe de Nevaire vost faire assaver cest fait tout premierement a monseignor Balian d'Ybelin, son conpere, et puis qu'il ot comencié a escrire les letres, li prist il talant de faire les en rime. Et por ce que sire Heimery Barlais estoit plus malvais que tous le autres, il le vorra contrefaire a Renart, et por

[1] Cf. *Mémoires,* éd. Charles Kohler, Paris, 1913.

> ce que, au romans de Renart, Grimbert, le taisson, est son cousin germain, il apela messire Amaury de Betsan Grinbert, et por ce que sire Hue de Giblet avoit la bouche torte, et il faisoit semblant que il feïst tous jors la moe, Phelippe l'apela singe [1].

Ce passage en prose vient heureusement aider à comprendre la lettre rimée, dont quelques obscurités laissent supposer des lacunes. Ainsi nous voyons que ce fut Aimery Barlais, le premier des « cinq baus », qui méritait par sa méchanceté et sa perfidie le sobriquet de Renart. Amaury de Bethsan, le Grimbert de l'histoire, était en effet cousin germain d'Aimery Barlais. Hue de Gibelet, avec sa « torte bouche », s'apparentait tout naturellement à Cointreau le singe, celui qui dans le *Roman de Renart* « faisait la moue » ; mais il faut se rappeler aussi que Cointreau était toujours l'allié sournois mais fidèle de Renart.

Quelques mois plus tard, ce fut le tour d'Aimery Barlais et de ses compagnons d'être assiégés, dans le château de Deudamor en Chypre. Pendant le siège Philippe fut sérieusement blessé, et les assiégés se réjouissaient de cet accident en criant « Mort est vostre chanteor, tué est ! » Mais le lendemain même, Philippe se fit porter devant les murs du château et là il chanta un poème moqueur en forme de sirvente :

Nafré sui je, mais encor ne puis taire
De dan Renart et de sa compaignie,
Qui pour luy est afamée et honie,
Dedens Maucreus, ou il maint et repaire.
Mais, se Renart a de son cors paour,
Que ont mesfait li autre vavassour
Et ly sergent ? por quei se laissent vendre ?
Come bricons leur fait aucuns atendre.

Car Renart sait plus de traïson faire
Que Guenelon, dont France fut traïe.
A son eus a la tainere farsie.
La seus est mis pour maistrier la terre.

[1] *Ibid.*, S. LIV, p. 29.

Et de la pais les chufle chascun jor.
Bien est honis qui sert tel traïtor :
Pour luy servir les fait l'on sa hors pendre,
Et il les fait la dedens les saus prendre[1].

(Je suis blessé, mais je ne peux pas me taire au sujet de sire Renart et de sa compagnie, qui souffre faim et honte pour lui dans Maucreux, sa demeure. Mais si Renart a peur pour son propre corps, les autres vassaux et les soldats, en quoi ont-il mal fait ? Pourquoi se laissent-ils vendre ? On les fait attendre comme des fripons et des lâches.

Car Renart sait plus de trahison que Ganelon, par qui la France fut trahie. Il a rempli la tanière de provisions à son propre usage. Il s'y est mis seul pour dominer la terre. Chaque jour il les berne en leur promettant la paix. Celui qui sert un tel traître est bien honni : dehors, on les fait pendre pour l'avoir servi, et là-dedans il les fait sauter[2].)

Il faut croire que le nom de Renart que Philippe avait donné peu de temps avant à Aimery Barlais lui était resté. Il est clair aussi que Philippe était allé chercher directement dans le *Roman de Renart* les éléments de ce sirvente, comme pour son premier essai satirique. L'étymologie de « Maucreux » laisse percer facilement sa proche parenté avec « Maupertuis ». De plus, l'échange d'insultes entre les assaillants et les assiégés suggère un rapprochement avec la branche Ia, *Le Siège de Maupertuis,* bien que les rôles soient tout simplement invertis. La scène où Renart lance des remparts de son château des moqueries au roi Noble et à ses barons est une des mieux réussies du *Siège* et eût bien pu inspirer Philippe. En reprochant aux hommes d'Aimery Barlais de se laisser duper par un tel fourbe, Philippe voulait peut-être leur rappeler le mauvais paiement que Renart, d'après son propre aveu dans la branche I, avait autrefois réservé à ses soldats. Dans une autre

[1] *Ibid.,* S. LXVII, p. 39-40.

[2] Kohler : « Prendre les saus » peut-être « être pendu ». Lucien Foulet y voit plutôt une allusion à un épisode saillant de la branche XXIII, où Renart fait sauter et « tumber » les courtisans du roi Noble : « Encui fera fere biax saux », v. 1764.

chanson d'ailleurs, composée un peu plus tard pendant le siège du château de la Candare par les Ibelin, Philippe rapporte la plainte des assiégés, qui n'espéraient plus de secours : « Traï nous a Renart, que Dieu maudie ». Le travail de propagande que faisait Philippe semble avoir commencé à porter fruit.

Ce fut cependant dans le dernier et le plus important de ses poèmes que Philippe montra à quel point il assimilait la guerre de Chypre aux aventures de Renart. Il a raconté comme d'habitude dans ses *Mémoires* en prose dans quelles circonstances il avait composé ce long poème, qu'il appelait lui-même « une branche de Renart » :

> ...Si tost come la pais fu faite, Phelippe en vost faire chanson a rime, mais le seignor de Baruth ne le vost soufrir; a quelque peine soufri qu'en feïst une branche de Renart, en quei il nouma bestes plusors. Et afigura le seignor de Barut a Ysengrin, et ses enfans a ses louveaus, et sire Anceau de Bries a l'ours, et soy meïsme a Chantecler le coc, et sire Toringuel a Tinbert le chat : toutes ces bestes sont de la partie d'Yzengrin au romans de Renart. Et sire Heimery afigura il a Renart, et sire Aumaury a Grinbert le taisson, et sire Hue au singe ; et autre fois les avoit il ensi apelés, si com vous avés oï ; et celes bestes sont de la partie de Renart au roumans meïsmes [1].

Comme l'a dit Lucien Foulet à propos de ce poème, on avait la haine vigoureuse au Moyen Age. Non content de stigmatiser trois des cinq « baux » en leur attribuant les noms diffamatoires de Renart et de ses partisans, Philippe souligne la nature fondamentale et radicale de l'opposition entre les deux parties en assimilant les Ibelin et leurs partisans aux ennemis implacables de Renart. Ainsi se justifie le choix du nom d'Isengrin pour Jean d'Ibelin, seigneur de Beyrouth, dont le caractère droit et généreux semblerait autrement s'accorder mal avec le personnage sauvage et rapace qu'est le loup dans le *Roman de Renart*. Anceau de Bries, parent de Jean d'Ibelin,

[1] *Ibid.*, S. LXXII, p. 43-4.

semble avoir mérité le nom de Brun par ses qualités physiques : « juenes hom et fort et durs, membrus et ossus, vigourous et penibles, ... camus, a une chiere grefaignie... ». Quant à Philippe lui-même, quel rôle lui eût mieux convenu que celui de Chantecler, le chanteur arrogant, ennemi farouche de Renart et toujours méfiant du rusé traître ? Et n'avait-il pas, tout comme Chantecler, échappé de justesse à la mort des mains de Renart, et ne s'était-il pas distingué à la fois par son chant et par ses prouesses sur le champ de bataille ?

A propos de la « branche de Renart » qui est la dernière des poésies de Philippe qui nous ont été conservées, Gaston Paris a dit : « ... il (Philippe) a si bien adapté sa satire au cadre où il la plaçait que, si on l'avait trouvée détachée du contexte, on aurait pu y voir simplement une des variantes innombrables du vieux conte à tant d'épisodes » [1]. Certes le titre « C'est la rime de Renart, come Yzengrin le desconfist », pourrait servir même pour présenter la branche VI, le *Combat singulier* entre les deux adversaires, et l'introduction reproduit le style des meilleures branches qui ont raconté la guerre des deux compères :

Tant a esté Renart en guerre
Qu'arce et destruite en est la terre ;
Mout fu diverce s'aventure,
A toute fois et aspre et dure.
Mout fu Renart pres de sa fin,
Quant desconfit l'ot Yzengrin
Et assegé dedens Maucreus,
Un chasteau qu'ot puis a son eus [2].

Dans tout le poème il n'est jamais directement question ni des personnages ni des événements de la guerre de Chypre, mais tout le récit n'est qu'une satire cinglante dans laquelle Philippe remémore tous les griefs des Ibelin contre Aimery Barlais. Comme ce fut si souvent le cas des branches originales

[1] *Les Mémoires de Philippe de Novare*, dans *Mélanges de littérature française du Moyen Age*, Paris, 1912, II, p. 465.

[2] Mémoires, p. 44, v. 1-8.

du *Roman de Renart,* le poème de Philippe avait été conçu à la suite d'un incident particulier. Après le siège de la Candare, les cinq « baux » – ou plutôt les trois survivants, qui figurent dans la « branche » – avaient fait leur paix avec Jean d'Ibelin, libérant en même temps le jeune roi de Chypre, Henri Ier, qui paraît dans le poème sous le nom approprié de Noble. Encore une fois Philippe a raconté dans ses *Mémoires* les événements qui sont à l'origine du poème :

> Après la pais, le bon seignor de Baruth et ses enfans firent grans biens et grans honors et grant reverence a leur enemis... ... et ne tenoyent rien au cuer qui eüst esté. Mais leur enemis garderent et retindrent leur foles volentés, et bien le mostrerent si tost come il porent. Phelippe de Nevaire avoit bien deviné et devisé en la branche de Renart ce que il firent après. Messire Heymeri Barlais estoit mout baut et s'esforsoit moult de faire compaignie et feste au seigneur de Baruth et a ses enfans, et l'apeloit son seignor et son pere, et messire Balian (d'Ibelin) l'apeloit frere ; et mout parloit souvent de la bataille quy avoit esté et dou siege, tant que l'on tenoit a mal, car moult recorder sa honte est malvaistié et malice [1].

Ainsi par sa ruse et sa perfidie Aimery-Renart put se réconcilier avec ses ennemis, contre le gré des autres barons ; mais les « louveteaux », les fils d'Ibelin, n'acceptent cette réconciliation qu'à contre-cœur aussi, car ils ne pardonnent point à Renart les vilenies qu'il leur avait fait subir :

> Et si vous dy que les louveaux
> N'orent pas bien tous leur aveaux,
> Quant il lor covint faire pais.
> Renart n'ameront il ja mais ;
> Car dan Renart, quant il fu miege
> Et il les ot fait prendre au piege,
> Les conpissa en la louviere.

Les autres barons manifestent aussi leur mécontentement et leur hostilité contre celui qui les avait tant trahis et tant malmenés :

[1] *Ibid.*, S. LXXIV, p. 51.

Messire l'ours, Timbert le chat,
Dient qu'il ly donront un flat ;
Et sire Chantecler le coc,
Qui de l'eschiquier est un roc,
Ly passe en chantant par le siege ;
Souvent retrait au loup le piege
Et en chansons et en fableaus,
Con l'on pissa sur les louveaus.
Le coq refaite l'esperon,
Et dit qu'il n'a si haut baron
En la court, s'ill oze envaïr
Renart, qu'o luy l'ira ferir.

Entre cette description de la réception hostile que trouva Aimery Barlais à la cour de Chypre et plusieurs scènes du *Roman de Renart,* il y a un véritable parallélisme. Dans les branches I, VI, et X notamment, Renart fait une entrée à la cour de Noble parmi les menaces de ses ennemis et victimes. Mais il est curieux de constater encore que cette ressemblance dans la forme correspond curieusement à une similarité extraordinaire entre les événements de la guerre de Chypre et des épisodes de l'épopée animale. Les allusions à Renart médecin et au mauvais traitement infligé aux louveteaux renvoient évidemment à la branche X et au poème de Pierre de Saint-Cloud; en même temps il ne s'agit pas d'une simple imitation de la part de Philippe de Novare. Renart « miege » figure certainement Aimery Barlais au moment où il conseilla à l'empereur Frédéric II, lors de son arrivée en Chypre en 1228, de s'emparer de l'île. Quant à l'insulte qu'auraient subie les fils du loup, Philippe n'a nullement employé un langage métaphorique. En effet, l'empereur avait exigé que le seigneur de Beyrouth lui laissât ses deux fils comme otages, et il les enferma dans la tour de l'Hôpital de Limisso, où ils souffrirent l'outrage dont Philippe parle dans son poème et qu'il a raconté plus explicitement en prose :

Et le vieill prince d'Antioche... et moult d'autres gens vindrent a l'empereor a Lymesson, et tant con il i fu, messire Aymeri Barlais et sa rote estoient herbergiés par dessus la maison

> ou estoient les ostages en prison. L'en disoit que il faisoyent mout grant vileinies sur eaus, teles qu'eles venoient jusques a eaus [1].

Mais tout ce qui a précédé n'est que la mise en scène de la « branche », mise en scène qui voulait certainement reproduire le cadre de tant de branches de Renart, c'est-à-dire l'assemblée plénière à la cour du roi Noble. Encore une fois ce cadre se conforme à merveille à la réalité des faits que Philippe voulait relater sous une forme satirique et dont il a laissé un résumé en prose :

> Un jour fu la court pleniere, et messire Heimery Barlais et toute sa route y furent. Au derein de tous entrerent a la court ensemble messire Anceau de Brie, Phelippe de Nevaire et Toringuel. Messire Heimery les esgarda mout et vit que il conseilleent ensemble; si douta moult, et dist qu'il estoit si malade que il moroit. A tant s'en party de la court, luy et les suens, en son hostel ; tantost se fist confesser et comenier, et dist qu'il pardouneit a toutes gens et qu'il voleit crier mercis as trois dedesus només, car il les doutoit moult, por ce que il ne furent present a la pais, ni ne jurerent. Il manda gens de religions, qui les prierent qu'il venissent a luy ; et il ne vostrent aler, mais il ly respondirent que se il moreit, qu'il en fust quite ; et ce fu avant que la dite branche fust faite ; et por ce en fait Phelippe mencion en la branche [2].

Tel est donc l'essentiel de l'incident. Mais l'introduction du poème, qui comprend une cinquantaine de vers, permet d'entrevoir la maniére dont Philippe recrée l'atmosphère des branches primitives en ranimant la vieille querelle de Renart avec les autres bêtes. Dans le récit même il conserve rigoureusement le ton des meilleures branches. La caricature est soutenue jusqu'à la fin, et nous ne quittons point le royaume des animaux : pas de moralisation, pas d'explication de la satire, qui se développe tout naturellement avec l'action. Voilà Renart à la cour du roi, exerçant tous ses talents à se réconcilier avec ses anciens ennemis :

[1] *Ibid.*, S. XXXIV, p. 70.
[2] *Ibid.*, S. LXXV, p. 51.

v. 55 Atant es vous Renart a court,
Et si veut bien qu'on l'i hennort.
Mout s'acoste pres d'Yzengrin ;
Par poi ne se fait son couzin ;
Les louveaus racointe un a un,
Ses bras jete au col de chascun ;
Mout fait laens Renart sa noise.

Mais ses trois ennemis traditionnels, l'ours, le chat et le coq, ne se laissent pas prendre par ses belles paroles et lui montrent une attitude si menaçante, qu'il saisit le prétexte d'une maladie subite pour s'éloigner le plus vite possible de la cour, pour rentrer dans sa famille :

81 Renart s'en vait en sa maison ;
O luy vait Grinbert le taison,
Et le singe dans Cointereaus,
Et dans Renardins li mezeaus,
Et Percehaye et Malebranche,
Et dame Hermeline la franche,
I sont corus come desvés.

Philippe reproduit non seulement les noms propres du *Roman de Renart,* mais jusqu'aux épithètes – Hermeline est appelée dans les anciennes branches « la dame franche » – et jusqu'à certaines scènes, telle que cette dernière qui semble être calquée sur celle de la fin de la branche I, où l'on voit Renart, ayant échappé aux forces du roi, rentrer à Maupertuis. La ressemblance entre les deux passages est même frappante :

v. 1601 Sa feme a l'encontre li vient,
Qui molt le dote et molt le crent.
Troi filz avoit la dame france :
C'est Percehaie et Malebrance,
Et li tiers si a nun Rovel
Ce est des autres le plus bel.

Dans la variante, qui figure dans l'édition de Roques, le dernier fils s'appelle Renardiaus, et la forme Renardin figure ailleurs, dans la branche XXVI.

Aimery-Renart demande un prêtre, car, dit-il, il est dans un état désespéré. Mais le poète nous explique sa ruse dans un commentaire dont le style et la substance rappellent plus d'un passage du *Roman de Renart* :

v. 99 Renart, le trechiere plumés,
De trecherie acoustumés,
C'est porpencés par lecherie
D'une mout fiere trecherie,
Qu'en semblant de confession
Pardonra et querra pardon
A toute gent en pril de mort
A meins de honte et atrui tort,
Neïs a l'ours quy le foula,
Envers qui il se rechata,
A Chantecler et a Tinbert,
Qui son mal quierent en apert.

Le thème de la confession revient dans plusieurs branches du *Roman de Renart* en dehors de la branche VII, et Philippe de Novare a pu le développer à sa guise. Il semble pourtant qu'il se soit inspiré plutôt de la branche XVII où Renart, quoiqu'au bord de la mort, réaffirme sa haine pour ses ennemis et ne se confesse que sous réserve de se rétracter si par hasard il guérit de sa blessure. Philippe fait parler son Renart sans aucune ambiguïté :

123 « Sire, en vostre sainte presence,
De qui tous biens vient et comence,
Vueil regehir que Ysengrin
N'amai ni n'ameray en fin ;
Et quant je fis antan la jure,
S'au desus venist m'aventure,
Ja n'en eüsse autres mersis
Que j'os de ses autres amis ».

Il est prêt à se repentir, puisqu'il ne peut pas faire autrement, mais il ne regrette nullement les torts qu'il a faits a autrui : « Trop ai forfait a mout de gent, / Encor en ay mout bon talent » (v. 149-50). Finalement il exprime le désir que Chantecler vienne lui donner son pardon. Mais Chantecler connaît trop bien Renart et refuse sa demande brutalement, tout en ajoutant un bon conseil à l'adresse de son maître :

> Le quoc respont : « Par Dieu li dites
> Que, se il muert, qu'il en soit quites ;
> Mais je sai que sa maladie
> Est traïson et felonie.
> Se messire Yzengrin est sage,
> Il maintendra vers luy l'usage
> Que tient le fauconier grifon :
> S'il nel fait paistre par raison,
> Il devenra encor hautein ;
> Fasse le venir au reclain.
> Mout me poise qu'est eschapés
> De la ou il fu atrapés ».

Cette réponse comble Renart de désespoir et le pousse à d'amères réflexions sur sa mauvaise vie. Comme son illustre prédécesseur, il songe même à entrer au couvent :

> 192 « Je morray anuit ou demain.
> Se de cest mal pooye estordre,
> Maintenant entreroie en ordre ».

N'entend-on pas l'écho des paroles de Renart : « Quar fusse je moignes rendus » dans le *Jugement,* au moment où il se trouve en grave danger ? A la fin il reçoit l'absolution, mais bien entendu il fait une restriction mentale bien « renardesque » : « S'il eschape, qu'il veigne a luy ». Le poème se termine avec une condamnation en règle du traître, où se mêle le même reproche que dans la branche XVII à l'adresse des prêtres qui donnent l'absolution à des gens qui ne la méritent point :

> 207 Le prestre ly douna celuy
> Quy ne devroit entrer a luy ;
> Et il le prent en sa male houre.

Jehsu s'en part, Renart demore,
Plein de barat et de mal art.
Diables ot en luy grant part ;
Mout ot de luy mal en sa peau.
Desleal traïtour et feau
Est et sera tant com il vive,
Jusque parte l'arme cheitive.

Philippe de Novare appelle son poème une nouvelle branche de Renart, et il a suivi son modèle avec une fidélité et un succès qui justifient l'observation de Gaston Paris. Or, la nouvelle branche est essentiellement et entièrement satirique, les *Mémoires* enlèveraient au besoin tout doute là-dessus. Ainsi le premier ouvrage français qui continue la forme et la tradition du *Roman de Renart* est cette satire féroce. Il convient de noter avec quelle facilité le cadre du *Roman de Renart* s'accommodait aux intentions satiriques de Philippe. Et pourtant, si l'on ne connaissait pas le véritable fond de l'histoire, on ne pourrait guère distinguer cette branche des anciennes auxquelles on contestait tout caractère vraiment satirique. Mais la branche de Philippe de Novare nous permet exceptionnellement de suivre pas à pas la pensée du poète et d'assister depuis l'inspiration initiale à la création d'une « branche » de Renart. Elle nous fournit donc une nouvelle preuve de la compatibilité parfaite de la satire et du *Roman de Renart*. La vieille histoire des luttes de Renart et d'Isengrin coïncidait très exactement avec l'état d'esprit du guerrier fougueux qui, obligé de poser son épée, trouvait dans la création littéraire le moyen d'exprimer sa haine et sa révolte. La branche de Philippe de Novare démontre encore une fois la nécessité de chercher dans les événements de l'époque, souvent très difficiles ou impossibles à discerner avec précision après tant de siècles, les sources et l'inspiration des branches de Renart.

Les poèmes de Renart composés par Philippe de Novare fournissent un témoignage capital de la popularité et du rayonnement du *Roman de Renart*. D'abord les allusions à plusieurs épisodes de l'épopée animale, les emprunts faits à différentes branches, la fidélité avec laquelle Philippe a reproduit jusqu'à certaines scènes et même presque certains vers du *Roman de Renart,* tout atteste une très grande familiarité avec l'œuvre de Pierre de Saint-Cloud et ses successeurs. Où donc Philippe avait-il puisé ce que Lucien Foulet a appelé cette « érudition renardesque » ? Philippe avait à peine vingt ans quand il était parti pour Chypre, et il est possible en effet qu'il connaissait déjà les aventures de Renart et d'Isengrin avant de quitter son pays natal. Mais je suis de l'avis de Lucien Foulet pour penser que c'est après son arrivée en Chypre que Philippe a pu se familiariser avec le *Roman de Renart.* En 1218 Philippe assistait au siège de Damiette, et dans son *Livre de forme de plait* il nous a raconté comment il y avait passé une partie de son temps :

> Pendant que j'étais au premier siège de Damiette, comme écuyer de messire Pierre Chape, messire Raoul de Tibériade vint un jour dîner avec lui. Après dîner messire Pierre me fit lire devant lui en un roman ; messire Raoul dit que je lisais fort bien. Messire Raoul ayant été ensuite malade, messire Pierre m'envoya sur sa demande auprès de son ami pour lui faire lecture. Cela dura trois mois et davantage...[1].

N'est-il pas permis de penser que Philippe lisait le *Roman de Renart* – parmi d'autres ouvrages – à son malade ? En même temps, a ajouté Lucien Foulet, les chansons de Philippe ne pouvaient être appréciées que par un public « au courant des grandes lignes » du *Roman de Renart.* En parlant de la branche composée par Philippe il a remarqué fort justement : « Il est clair que, pendant toute cette année 1229, Philippe et ses compagnons ont vécu dans une atmosphère très spéciale où le roman se mêlait curieusement à la réalité »[2]. Mais les grands seigneurs même semblent avoir une connaissance assez profonde des histoires de Renart pour les rapprocher des événements auxquels ils assistaient eux-mêmes. Les *Mémoires* de

[1] Tiré des *Assises de Jérusalem* et cité par Jean Longnon, *Les Français d'Outre-Mer au Moyen Age,* Paris, 2ème éd. 1929, p. 189-90.

[2] *Le Roman de Renard,* p. 516.

Philippe le montrent bien. En 1233 l'empereur Frédéric envoya à Acre l'évêque de Sidon, avec la mission de rétablir la paix entre lui et Jean d'Ibelin. La seule condition que l'empereur imposait, c'était que le seigneur de Beyrouth vînt lui offrir sa soumission en personne et qu'il reconnût la suzeraineté de l'empereur sur le royaume de Chypre. En guise de réponse le seigneur de Beyrouth proposa de raconter une histoire : « Sire evesque, a la fin de ma parole ferai respons a vostre requeste ; mais tout avant vous diray un conte et une essample quy est escrite au livre des fableaus de Renart. Ce m'est avis qu'il afiert bien a ceste raison que vous m'avés dite »[1]. Ce conte était en effet l'apologue du *Cerf qui n'avait pas de coeur*, mais dans le récit du sire d'Ibelin elle devient un nouveau conte d'animaux où figurent Renart et Isengrin. C'est encore Renart qui en est le héros, et on pourrait croire vraiment que l'histoire, qui par sa vivacité et sa longueur sort nettement du cadre de l'apologue, avait été tirée d'une branche de Renart[2].

Venant après les chansons satiriques de Philippe de Novare, cette histoire apporte une confirmation de plus de l'attraction que le *Roman de Renart* exerçait dans la première partie du XIIIème siècle. Les observations de Philippe sur ses lectures pendant le siège de Damiette laissent supposer que les contes de Renart étaient parvenus aux royaumes francs d'Orient, non seulement par voie orale, mais aussi sous forme de manuscrits, et la façon dont on semblait associer les personnages du roman avec les personnalités les plus marquées dans la vie réelle est une preuve frappante de l'attention et du plaisir avec lesquels on devait les accueillir.

[1] *Mémoires*, S. CL, p. 86.
[2] *Ibid.*, S. CLI-CLIV, p. 86-7.

Chapitre V

RENART LE BESTOURNÉ

Le *Renart le Bestourné* de Rutebeuf et le *Roman de Renart* ; Rutebeuf hanté par le *Roman de Renart.*

Si les poèmes satiriques de Philippe de Novare ne diffèrent guère par la forme ainsi que par l'esprit des meilleures branches du *Roman de Renart,* il faudra par contre constater une transformation radicale et abrupte des vieux contes d'animaux dans les oeuvres qui ont perpétué le souvenir de Renart en France à partir de la seconde moitié du XIIIème siècle. La première de ces œuvres, le *Renart le Bestourné* de Rutebeuf, fut composée à peu près trente ans après les « branches » de Philippe de Novare, mais déjà la transformation est complète : « *Renart le Mal-Tourné* ne se rattache au roman de Renard que par le titre et par les noms des personnages. Il ne s'agit pas d'une nouvelle aventure de Renard; ce n'est pas un récit, mais une suite de traits satiriques qui visent des personnages du XIIIème siècle, trop bien cachés pour nous sous les noms des héros du célèbre roman »[1]. Il est vrai que Rutebeuf avait un talent spécial pour la satire : « Surtout, sa verve satirique, à laquelle il s'abandonnait volontiers et un peu à l'étourdie, devenait, à l'emploi qu'il en faisait, le don brillant d'un polémiste fougueux » [2]. Il n'est donc nullement surprenant que le *Roman de Renart,* œuvre foncièrement satirique, ait servi de prétexte —

[1] Léon Clédat, *Rutebeuf,* Paris, 1891, p. 134.

[2] Julia Bastin et Edmond Faral, *Onze Poemes de Rutebeuf concernant la Croisade,* Paris, 1946, Introduction, p. 5.

et vraisemblablement de couverture – dans la composition de *Renart le Bestourné,* qui cache sous le masque de l'allégorie animale une explosion de rage et de dépit d'une rare violence.

Alfred Foulet a appelé *Renart le Bestourné* une satire à clef, « ce que Rutebeuf a écrit de plus ramassé, de plus vigoureux et aussi de plus obscur »[1]. Ulrich Leo le qualifie de « beschreibend-lyrisches Gedicht » et de « allegorisches Gedicht » : mais il ajoute que, bien que le sens soit quelque peu obscur au lecteur d'aujourd'hui, *Renart le Bestourné* n'a pas dû présenter des difficultés d'interprétation aux contemporains de Rutebeuf[2]. De nos jours *Renart le Bestourné* a suscité diverses interprétations et plusieurs hypothèses sur ses origines et les intentions du poète. Des éditions critiques du poème ont été faites successivement par Achille Jubinal[3], par Adolf Kressner[4], et plus récemment par Edward B. Ham[5], mais l'obscurité subsistait sur l'interprétation de plus d'un passage, de même que sur le sens général du poème. Or, a remarqué Edmond Faral, pour saisir le sens et le but de cette satire féroce il faut en comprendre le sens littéral : « ... chose délicate : quand il s'agit de Rutebeuf, la multiplicité des intentions, la subtilité des nuances, le jeu des raisonnements, l'abondance des allusions, la richesse de la langue, la complexité des effets de style exigent beaucoup d'attention; et l'on peut se tromper »[6]. Justement, dans son compte-rendu de l'édition d'Edward B. Ham, Edmond Faral a proposé quelques modifications, quelques interprétations différentes de celles proposées par Ham, même parfois une ponctuation qui faciliterait la compréhension de passages difficiles. De l'ensemble de ces remarques se dégage une

[1] Dans l'Introduction, p. XLVII, de son édition du *Couronnement de Renard,* Princeton et Paris, 1929.

[2] Dans *Studien zu Rutebeuf, Entwicklungsgeschichte und Form des Renart le Bestourné und der ethisch-politischen Dichtungen Rutebeufs,* dans *Beiheft zur Zeitschrift für romanische Philologie,* LXVII, 1922, p. 9-44.

[3] Dans *Oeuvres complètes de Rutebeuf,* Paris, 1839.

[4] *Rutebeufs Gedichte,* Wolfenbüttel, 1885.

[5] *Renart le Bestourné,* dans *University of Michigan Contributions in Modern Philology,* no 9, April, 1947.

[6] Dans son compte-rendu de l'édition d'Edward B. Ham, dans *Romania,* 278, II, 1948, p. 278.

image suffisamment différente de celle que proposait Ham, et en même temps tellement plus nette, que j'ai décidé de reproduire le poème ici, en utilisant abondamment les suggestions de Faral et en l'analysant de nouveau pour essayer de rendre encore plus clairs les motifs qui avaient inspiré Rutebeuf. L'édition de Ham suit très fidèlement le manuscrit C, admettant seulement trois corrections autorisées par l'accord des deux autres manuscrits, A et B. Mais Faral a préféré à plusieurs autres endroits la leçon du texte commun de AB, et j'incorporerai ces corrections dans la version que je donne ici.

Ci encoumence li diz de Renart le Bestourne
Renars est mors, Renars est vis ;
Renars est ors, Renars est vilz,
Et Renars reingne.
Renars at moult reinei el reingne,
Bien i chevauche a lasche reigne,
Coul estendu.
Hon le devoit avoir pendu
Si com je l'avoie entendu,
Mais non at voir :
Par tanz le porreiz bien savoir.
Il est sires de tout l'avoir
Mon seigneur Noble
Et de la brie et dou vignoble.

Rutebeuf a manifestement voulu évoquer le souvenir du *Roman de Renart* dans cette introduction, où l'on trouve des allusions à la branche XVII, *La Mort et la procession de Renart* (et non pas à la branche XVI comme Faral l'a indiqué), et à la branche I, *Le Jugement,* dans les vers 7-9. Les vers 5-6 ont certainement été empruntés directement à la vieille épopée animale. Faral croit que les vers 2-3 évoquent le souvenir de la branche XI, où Renart usurpe le trône du roi Noble ; il me semble pourtant que Rutebeuf a voulu plutôt recréer l'image de Renart tel qu'il paraît dans les dernières branches et surtout dans la littérature française en général : maître de tous les vices et symbole du Mal régnant sur le monde. Par contre, son explication du mot « brie » (v. 13), qui signifie « berrie » et désigne une plaine, pendant naturel du vignoble, résout heureusement la controverse sur le sens de ces 3 derniers vers et met fin, comme il le dit, aux commentaires historiques bâtis sans fondement sur une erreur d'interprétation.

Renars fist en Coustantinoble
Bien ces aviaux,
Et en cazes et en caviaux
Ne laissat vaillant .ij. naviaux
L'empereour,
Ainz en fist povre pecheour,
Par pou ne le fist pescheour
Dedens la meir.

Ham, comme Leo et Alfred Foulet avant lui, a pris « Constantinople » au sens propre et voit dans ces vers une allusion à la chute de l'empire latin de Constantinople sous le règne de l'empereur Baudouin II. Faral déclare cependant qu'il n'y a ici aucun renvoi à l'histoire et que Rutebeuf rappelle tout simplement la branche XI « où Noble est empereur et où sa capitale est Constantinople ». La seule allusion historique qu'il accepte à la rigueur est dans le jeu de mots sur « pecheour-pescheour », qui rendrait Renart responsable du naufrage que saint Louis faillit faire en 1254 devant Chypre. L'importance de ce passage dans l'économie de ce poème si intense et si ramassé dans sa satire – huit vers sur un total de 162 – dépassant de loin toutes les autres allusions au *Roman de Renart,* me fait croire qu'il y a là plus qu'un simple souvenir des aventures du goupil. De plus, dans la branche XI Noble n'est nullement empereur de Constantinople : aux vers 857-861 Renart mentionne Constantinople parmi les pays étrangers et lointains qu'il avait visités dans ses recherches d'un remède pour Noble, et l'allusion à la fin de la branche ne signifie pas du tout que Noble règne à Constantinople [1]. Dans *Renart le Bestourné* Noble est appelé

[1] Cf. mes remarques (p. 99-100) sur la mention de Constantinople dans la branche XI, v. 3396.

roi deux fois, et rien dans le poème ne nous autorise autrement à l'identifier avec « l'empereour » du vers 18. Le passage semble au contraire ramener au souvenir de faits bien définis, contemporains de ceux que le poète raconte. Il y a en effet de solides raisons d'y voir une allusion à la chute de Constantinople le 25 juillet 1261. Le sort de cet empereur réduit à la pauvreté par les agissements de Renart correspond assez bien à la situation où se trouvaient les empereurs latins de Constantinople dans les années précédant la perte de la capitale : « L'Empire latin, cette Nouvelle France comme l'appelait le pape Honorius III, en butte aux attaques des uns et des autres, déclina rapidement... Les Grecs reprirent Salonique en 1222, et deux années après ils réduisaient les possessions de l'empereur latin aux environs immédiats de Constantinople »[1]. Quant à la fin malheureuse de l'empereur « qui faillit devenir un pauvre pêcheur dans la mer », ne peut-elle pas être une version poétique – et ironique – de la déchéance de Baudouin II, telle que la raconte Jean Longnon : « Mais le 25 juillet 1261, le chef de l'armée grecque, profitant d'une trêve, pénétra par surprise dans Constantinople et Baudouin put tout juste s'enfuir sur un vaisseau vénitien ». Rappelons-nous le passage du *Roman d'Alexandre,* où la ruse employée par les Grecs pour s'emparer d'une forteresse avait déjà provoqué des réflexions sur Renart ! Quant aux derniers vers du passage, Faral y voit une allusion au naufrage qui faillit arriver à saint Louis en 1254. Mais comme je l'ai déjà dit, on ne peut pas assimiler l'empereur des vers 14-21 avec le roi Noble du reste du poème, qui représente effectivement saint Louis, comme nous le verrons. Dans *La Complainte de Constantinople* Rutebeuf a exprimé la douleur qu'il avait ressentie de la perte de l'empire latin, et il y formule contre les ordres mendiants qu'il rend responsables du désastre, des critiques qui se renouvelleront plus tard dans *Renart le Bestourné.* Faral propose comme date de composition du *Bestourné* « les quelques mois postérieurs à avril 1261 », donc très probablement postérieure

[1] Jean Longnon, *Les Français d'Outre-Mer au Moyen Age,* p. 206.

aux événements du 25 juillet 1261 ou même contemporaine. Dans ce cas il est plus logique de penser que les vers de Rutebeuf avaient été inspirés par la chute de Constantinople plutôt que par un naufrage qui avait failli avoir lieu sept ans plut tôt. Mais je reviendrai sur ces vers quand il s'agira de dégager le sens général du poème. Poursuivons donc l'examen du texte.

Ne doit hon bien Renart ameir,
Qu'en Renart n'at fors que l'ammeir,
C'est sa droiture.
Renars at mout grant norreture,
Mout en avons de sa nature
En ceste terre.
Renars porra mouvoir teil gueirre
Dont mout bien se porroit sosferre
La regions.
Mes sires Nobles li lyons
Cuide que sa sauvacions
De Renart vaigne :
Non fait voir — de Dieu li sovaingne,
Ansois dout qu'il ne l'en aveingne
Damage et honte.

v. 28. Ham traduit : « Renart aura l'occasion de commencer une guerre ». Ce sens convient bien à la signification générale qu'il veut donner à *Renart le Bestourné ;* il faut cependant accepter la correction de Faral : « Il pourrait arriver que Renart ... etc. »
v. 34. La leçon de AB – « non » à la place de « nou » – s'impose. « Cela n'est pas vrai ».
v. 35. Il est préférable de considérer, avec Faral, le « dout » comme une troisième personne du subjonctif, marquant une opposition naturelle avec « cuide » du v. 32.

Se Nobles savoit que ce monte
Et les paroles que om conte
Par mi la vile !
Dame Raimbors, dame Poufile,
Qui de lui tiennent lor concile,
Sa .x., sa vint,
Et dïent c'onques mais n'avint

N'onques a franc cuer ne souvint
De teil gieu faire !
Bien li deüst membreir de Daire
Que li sien firent a mort traire
Par s'avarice.
Quant j'oi parleir de si grant vice,
Par foi toz li peuz m'en herice
De deul et d'ire
Si fort que je ne sai que dire
Car je voi roiaume et empire
Trestout encemble.
Que dites vos, que vos en senble
Quant mes sires Nobles dessemble
Toutes ces bestes
Qu'il ne pueent metre lor testes
Aus boens jors ne aus bones festes
En sa maison,
Et se n'i seit nule raison
Fors qu'il doute de la saison
Qu'el n'encherisse ?

v. 40. Dame Poufile paraît dans une variante de la branche Va du *Roman de Renart.* B donne « Raimbout », ce qui rappelle au souvenir le chien de « Rainbout » le boucher dans Va également.

v. 53-4. Faral confirme le jeu de mots sur « empire / en pire » que Ham entrevoyait avec hésitation. Faral : « Je vois confondus royaume et empire » (« qui périssent ensemble »). Cette distinction très nette entre les deux états confirme que c'est vraiment la perte de Constantinople que Rutebeuf déplore aux vers 12-21.

v. 55-63. On est tenté de retourner contre Ham à propos de son long commentaire sur ces vers l'adjectif « overcharged » qu'il applique aux observations de Leo, et on s'étonne des conclusions sans aucun fondement qu'il y exprime (p. 35-36). Le sens des vers 62-63 a été déformé par Ham. La traduction de Faral s'impose : « Il craint que les temps ne deviennent durs. »

Mais jai de ceste annee n'isse
Ne mais coustume n'estaublisse
Qui se brassa !
Car trop vilain fait embrassa.

Roniaux li chiens le porchassa
Avec Renart.
Nobles ne seit enging ne art
Ne c'uns des asnes de Senart
Qui buche porte :
Il ne seit pas de qu'est sa porte.
Por ce fait mal qui li ennorte
Se tout bien non.
Des bestes orrois ce le non
Qui de mal faire ont le renon
Touz jors eü.
Moult ont grevei, moult ont neü,
Aus seigneurs en est mescheü,
Et il s'en passent :
Asseiz emblent, asseiz amassent,
C'est merveilles qu'il ne se lassent.
Or entendeiz
Com Nobles at les yeux bandeiz.
Et ce ces oz estoit mandeiz
Par bois, par terre,
Ou pourroit il troveir ne querre
En cui il se fiast de guerre ?
Ce mestiers iere,
Renars porteroit la baniere,
Roniaus qu'a toz fait laide chiere
Feroit la bataille premiere
O soi nelui.
Bien vos puis dire de celui
Ja nuns n'avra honeur de lui
De par servise.

v. 73. Faral traduit « porte » par « charge » (sens qu'il a trouvé ailleurs dans Rutebeuf), ce qui est bien plus raisonnable que la traduction sans imagination de Ham (« door »), et qui mène bien plus naturellement au sens abstrait caché dans les vers 70-73 : « le roi est comme l'âne – il ne sait pas ce qu'il fait ».
v. 93. En traduisant ce vers par « would fight the first battle » Ham semble ne pas avoir apprécié la délicieuse ironie contenue dans le vers suivant et que le sens courant de l'expression, que Faral indique, fait clairement ressortir : « Il formerait le premier corps de troupes – mais tout seul ».

Quant la choze seroit emprise,
Ysangrins que chacuns desprise
L'ost conduroit
Ou, se devient, il s'en furoit.
Bernars l'asne les deduroit
A tout sa crois.
Cist quatre sont fontainne et doix,
Cist quatre ont l'otroi et la voix
De tout l'ostei.
La chose gist sor tel costei
Que rois de bestes ne l'ot teil —
Le bel aroi ! —
Se sunt bien maignie de roi !
Il n'aimment noise ne desroi
Ne grant murmure
Quant mes sires Nobles pasture,
Chascuns s'en ist de la pasture,
Nuns n'i remaint.
Par tanz ne savrons ou il maint.
Ja autrement ne se demaint
Por faire avoir,
Qu'il en devra asseiz avoir
Et cil ont assez de savoir
Qui font son conte.

v. 98. Ham traduit : « Whenever the enterprise would be undertaken », ce qui contribue à appuyer ses vues sur le rôle de Renart et de ses compagnons, c'est-à-dire, qu'ils poussent Noble dans une folle entreprise militaire. Faral ramène le sens du vers à ses justes proportions en remarquant qu'il s'agit simplement du moment où le combat s'engagerait.

v. 106. On s'étonne que Ham traduise : « the whole court », au lieu de « Hôtel » qui, remarque Faral, « est une institution précisément définie », à ne pas confondre avec la cour [1].

v. 113-4. L'extraordinaire traduction de Ham « When sir Noble offers his meager fare, everyone goes away from the trough », est en contradiction avec sa note sur le *Mariage de Rutebeuf* qui semble indiquer qu'il comprenait bien qu'il ne s'agissait pas

[1] Cf. E. Faral, *La Vie quotidienne au temps de saint Louis*, Paris, 1942, p. 28.

du frugal repas de Noble, mais du fait que la porte fut désormais fermée aux étrangers à l'Hôtel du roi.

Bernars gete, Renars mesconte,
Ne connoissent honeur de honte.
Roniaus abaie
Et Ysengrins pas ne s'esmaie,
Le seel porte ; tropt que il paie !
Gart chacuns soi !
Ysangrins at .I. fil o soi
Qui toz jors de mal faire a soi,
S'a non Primaut ;
Renars .I. qui at non Grimaut ;
Poi lor est coument ma rime aut
Mais que mal fassent
Et que toz les bons us effacent.
Diex lor otroit ce qu'il porchacent,
S'avront la corde.
Lor ouvragne bien c'i acorde,
Car il sunt sens misericorde
Et sens pitié,
Sens charitei, sans amistié.
Mon seigneur Noble ont tot gitié
De bœns usages,
Ses hosteiz est .I. rencluzages.
Asseiz font paier de muzages
Et d'avaloignes
A ces povres bestes lontoingnes
A cui il font de grans essoingnes.

v. 126. Le sentiment est celui d'Isengrin : « Qu'il paie ! ».
v. 136. Certainement un jeu de mots sur « cordes », en pensant aux Cordeliers.
v. 144-7. Ham : « These verses unquestionably refer to specific exactions for the 1270 crusade ». En même temps il traduit v. 144-5 par : « For many debauches and gluttonous revelries they exact payment... ». Faral remarque : « En tout cas, il n'y a ici aucune idée de débauches et de bombances imputées à Renard et à sa compagnie » ; il propose, avec plus de raison, pour « paier de musages et d'avaloignes »: « faire subir beaucoup de

déceptions et de longues attentes », et pour v. 147 « auxquels ils causent de grands ennuis ». Encore une fois Ham a sollicité le texte pour étayer sa propre hypothèse.

148 Diex les confonde
Qui sires est de tot le monde,
Et je rotroi que l'en me tonde
Se maux n'en vient,
152 Car d'un proverbe me sovient
Que hon dit tot pert qui tot tient ;
C'est a boen droit.
La chose gist sor tel endroit
156 Que chacune beste vorroit
Que venist l'once.
Se Nobles copoit a la ronce,
De mil n'est pas .I. qui en gronce ;
160 C'est voirs cens faille.
Hom senesche guerre et bataille,
Il ne m'en chaut mais que bien n'aille.

v. 157. L'once paraît dans le *Roman de Renart*, dans la branche Ib :

2827 Moü sont ja por querre aïe
A ma dame Once la haïe.
Tot li secles est en sa mein,
2830 Et tuit li mont et bois et plein.
Il n'en a beste jusqu'as porz,
Tant soit hardie ne si forz,
Ors, chien ne lou ne autre beste,
Qui vers lui ost torner la teste.

Ham consacre trois pages aux différentes explications qui avaient été proposées au sujet de l'once, mais conclut qu'il n'y a là qu'un souvenir de la branche Ib, et que, suivant toujours sa propre théorie sur l'intention satirique du poème, Rutebeuf voulait dire que la croisade serait la dernière étape de la tragédie qui planait sur la France. Puisque, dans l'idée de Ham, il n'est sujet que d'une croisade menaçant la France de désastre, il semblerait plus logique de penser que Rutebeuf prévoyait

l'once comme une solution préférable, ou simplement moins répugnante. Faral croit de son côté que Rutebeuf voulait ainsi indiquer la première bête de l'Apocalypse (Chapitre XIII) dont on lit : « Puis je vis monter de la mer une bête qui avait dix cornes et sept têtes, et sur ses cornes dix diadèmes, et sur ses têtes des noms de blasphème ... Et il lui fut donné une bouche qui proférait des paroles arrogantes et des blasphèmes ... Et il lui fut donné autorité sur toute tribu, tout peuple, toute langue, et toute nation ». Mais en attendant que de nouvelles découvertes permettent d'identifier cette bête fabuleuse avec plus de certitude, je préfère considérer les vv. 156-157 tout simplement comme une imprécation inspirée vraisemblablement par l'allusion de la branche Ib et qui n'a peut-être pas eu une signification très précise même dans l'esprit de Rutebeuf.
v. 161. Cf. Faral : « seneschier » signifie « présager », et non « proclamer ».
v. 162. Cf. la note importante de Faral. La traduction de Ham : « I do not care provided, indeed, that I do not go myself » doit être écartée. L'interprétation de Faral : « Je ne me soucie plus que les choses n'aillent pas bien » donne une note finale au dépit qui se manifeste partout dans le poème.

*

* *

Après un examen des études précédentes consacrées à *Renart le Bestourné,* Ham essaie de démontrer que l'accent du poème est tout entièrement sur une guerre désastreuse que le roi Noble préparerait :

> Is it possible to hold any view except that this poem reflects hopelessness over a mad military exploit ? ...Does not the emphasis on war, through at least 81 out of 162 lines point to a specific military risk ? Not only half the poem, but also the additional details on the king's petty frugalities to finance the 1270 crusade bear unquestionably upon this same venture. The accent throughout *Renart le Bestourné* is explicitly on war and the king's ineptitude for it.

Cette guerre serait donc la croisade de 1270, et la satire serait dirigée contre ceux qui poussaient saint Louis à s'y engager. Ham croit reconnaître sous les traits des bêtes les instigateurs de cette politique. Renart serait donc Charles d'Anjou, son fils Grimaut (souvenir de Grimbert le taisson, cousin ou neveu de Renart) serait le fils de Charles, le futur Charles II de Naples ; Isengrin représenterait Jean le Roux, duc de Bretagne, dont le fils serait par conséquent Primaut ; Bernart pourrait bien être, pense Ham, le Franciscain Eudes Rigaud, archevêque de Rouen ; et finalement Roenel est identifié avec Thibaut V, comte de Champagne et roi de Navarre.

A cette interprétation de *Renart le Bestourné* et aux identifications que propose Ham, il faut répondre, comme l'a déjà fait Faral : assurément non.

Quelles sont, dans au moins la moitié de *Renart le Bestourné,* les allusions à un projet militaire bien spécifié ? D'abord, selon Ham, aux vv. 28-30 Rutebeuf prévoit que Renart va amener une guerre qui pourrait être désastreuse pour la France. Mais Faral observe que ces vers sont ambigus, et dans les notes sur le texte j'ai reproduit ce qu'il dit du mot « porra ». Faral ajoute que la guerre que Renart pourrait provoquer serait peut-être une guerre civile tout aussi bien qu'une guerre à l'extérieur, et les allusions au mécontentement général dans le poème donnent du poids à la première supposition. Mais rien dans ces trois vers ne laisse supposer que Rutebeuf considérait la guerre comme imminente et inévitable.

Il est exact que les vers 46-49 critiquent âprement l'avarice du roi, mais ne disent nullement que ce soit l'imminence de la guerre qui a provoqué ces économies. Les vers 88-103 donnent un tableau satirique des qualités guerrières des nouveaux favoris du roi, tandis que le dernier passage que Ham cite à l'appui de sa thèse n'est qu'une longue plainte amère contre la frugalité du roi et la disparition des bons usages de l'Hôtel du roi. Rutebeuf tient évidemment grief au roi d'écouter trop ses mauvais conseillers qui seraient vraisemblablement de bien faibles appuis en temps de guerre ; il redoute leur influence sur le roi et par là sur tout le pays. *Renart le Bestourné* respire une haine vigoureuse et un profond dépit, mais il n'y est nullement question d'armes ni de guerre.

Quant aux identifications proposées par Ham pour Renart et sa bande, elles ne résistent pas au moindre examen critique. Renart serait Charles d'Anjou. Mais alors, comment interpréter les vers 11-13 ? Le frère de saint Louis ne fut jamais le maître absolu des biens royaux. Malgré une note de Ham sur le traité de Viterbo, on ne peut pas prétendre que Charles d'Anjou fut responsable de la chute de Baudouin II. Saint Louis ne confia certainement jamais son salut – temporel ou spirituel – à son frère (cf. vv. 31-33). Quant à ses qualités militaires, Charles d'Anjou en avait donné des preuves irréfutables pendant la première croisade de saint Louis, à laquelle il avait participé avec autant de compétence que de courage. Et ainsi de suite. Jean le Roux ne fut pas chambellan de l'Hôtel du roi, donc il ne portait pas le sceau royal. Quant à Thibaut V de Champagne, comment peut-on concilier le rôle que Rutebeuf lui assignerait dans *Renart le Bestourné* avec l'éloge qu'il devait lui faire en 1271 après sa mort dans sa *Complainte du roi de Navarre* ? Sur qui saint Louis devait-il compter en temps de guerre sinon sur ses grands féodaux, tels Charles d'Anjou, le duc de Bretagne et le comte de Champagne ? La vérité historique interdit absolument les identifications que Ham a proposées.

Il faut dire que Ham n'est même pas conséquent avec lui-même : en réfutant la théorie avancée à l'origine par Clédat et développée systématiquement par Denkinger [1] et Leo [2], et selon laquelle *Renart le Bestourné* serait dirigée contre les ordres mendiants, Ham objecte que saint Louis était notoirement têtu et qu'il écoutait singulièrement peu les conseils d'autrui. Cela ne l'empêche pourtant pas de présenter sa propre liste de candidats, qui contrôleraient tous les biens et toute la politique de

[1] *Die Bettelorden in der französischen didaktischen Literatur des 13. Jahrhunderts, besonders bei Rutebeuf und im Roman de la Rose*, dans *Franziskanische Studien*, 2-3, 1915-16.

[2] *Studien zu Rutebeuf . . .*

saint Louis et dont l'un, Eudes Rigaud, était effectivement Franciscain. Il admet que les Dominicains étaient particulièrement favorisés par saint Louis, mais il maintient en même temps que ses générosités s'étendaient à tous les ordres religieux. Il faut reconnaître pourtant que les Dominicains et les Franciscains jouissaient d'une faveur et d'une situation toutes spéciales auprès de saint Louis ; Joinville en donne plus d'une preuve :

> Quant li menestrier aus riches homes venoient léans et il apportoient lour vielles après mangier, il attendoit à oïr ses graces tant que li menestriers eust fait sa lesse : lors se levoit, et li prestre estoient devant li, qui disoient ses graces. Quant nous estiens privéement léans, il s'asséoit aus piés de son lit ; et quant li Preescheour et li Cordelier qui là estoient, li ramentevoient aucun livre qu'il oyst volentiers, il lour disoit : « Vous ne me lirez point ; car il n'est si bons livres après mangier comme quolibet, c'est-à-dire que chascuns die ce que il veut » [1].

On voit que des Franciscains et des Dominicains étaient des familiers du roi. Mais Ham élève aussi l'objection qu'à une époque où des attaques violentes et ouvertes contre les ordres mendiants étaient chose courante, Rutebeuf n'aurait pas eu recours à une critique si détournée et si obscure si vraiment il avait visé les Dominicains et les Franciscains. A cet argument Leo a déjà répondu : pour les contemporains de Rutebeuf *Renart le Bestourné* ne présentait vraisemblablement aucune difficulté, n'était nullement un poème mystérieux. Nous avons déjà vu l'association que l'on faisait depuis le *Roman de Renart* du nom de Renart avec l'hypocrisie et le mal, au point que souvent « renardie » était devenue synonyme de l'hypocrisie en général et plus spécialement de l'hypocrisie religieuse. Quel est donc le sens de « renardie » dans *Renart le Bestourné* ? Ayant écarté définitivement l'hypothèse de Ham, il faut discerner le vrai sens du poème, relever ses traits déterminants.

[1] Natalis de Wailly, *Joinville, Histoire de saint Louis*, Paris, 1874, p. 368.

A Renart et à ses compagnons sont reprochés un mauvais gouvernement du royaume, une politique qui a abouti à la perte de l'empire franc de Constantinople, une gestion mauvaise et malhonnête des finances, l'éloignement du roi des bons et loyaux serviteurs, et surtout l'institution dans l'Hôtel du roi d'un régime d'austérité et d'économie qui découragent toutes les bonnes volontés. Pour arriver à comprendre les motifs du poète et le sens de son poème, Faral a employé une méthode que j'ai utilisée plus d'une fois pour déterminer la portée satirique des branches du *Roman de Renart,* des poèmes satiriques de Philippe de Novare et de la *Chronique rimée* de Geffroy de Paris : chercher le fait divers qui est à l'origine du poème. Cette méthode est essentielle pour comprendre une grande partie de l'oeuvre de Rutebeuf, dont une des qualités très particulières était, selon Leo, une capacité très développée de se passionner pour une cause et de s'y donner totalement. *Renart le Bestourné* appartient à cette catégorie d'ouvrages polémiques, dont Faral dit : « Les écrits polémiques de Rutebeuf, comme les articles de nos publicistes modernes, ont été suscités par une « actualité », par un « fait du jour ». Ce « fait du jour », qui a été le germe de l'œuvre, ne se trouve pas toujours au début du texte : il faut le découvrir à l'endroit du développement où il a pris place ; et alors on a la clé de l'interprétation ».

Or, pour déterminer avec précision ce « fait du jour », il faut trouver d'abord le thème du poème. L'accent dans *Renart le Bestourné* n'est certainement pas sur les préparatifs d'une guerre qui serait imminente, mais sur les économies pratiquées par le roi dans la vie de son Hôtel, économies imposées par Renart et sa bande et que Rutebeuf qualifie tout simplement d'avarice. Renart a promis au roi le salut de son âme, mais le résultat, dit le poète, sera bien autre. Tout le monde en parle dans la ville, et l'on rappelle le sort de Darius, dont l'avarice avait entraîné la mort (vv. 31-48). Quand il entend parler de ce terrible vice, Rutebeuf est saisi de frissons dans tout son corps (vv. 49-54). Les gens ne peuvent plus se montrer à l'Hôtel du roi aux grandes fêtes, parce que le roi craint que les temps ne deviennent durs (vv. 56-63). Jamais on n'a vu un roi pareil : quand il se met à table, chacun doit s'en aller ; toute gaîté et toute animation ont été bannies, et bientôt on ne saura plus où se trouve la demeure du roi (vv. 108-116). Renart et sa bande ramassent tout l'argent pour eux-mêmes en faisant payer les autres, mais ils ont chassé toutes les bonnes institutions, toute charité, toute pitié et toute amitié de l'Hôtel du roi, qui est en passe de devenir un ermitage (vv. 122-143). Certainement cette politique amènera un désastre, car le proverbe dit : « qui tout tient tout perd ». Le roi est devenu si impopulaire que personne ne le regretterait s'il lui arrivait un accident (vv. 150-159). Rutebeuf ne se soucie plus lui-même que tout aille mal, tant il est dégoûté (vv. 161-162).

Voilà donc les traits dominants de la pensée de Rutebeuf dans *Renart le Bestourné* ; c'est l'avarice de saint Louis qui a déclenché la colère du poète. Pour comprendre son indignation, il faut se souvenir des conditions de vie d'un poète du XIIIème siècle tel que Rutebeuf :

> Prenons garde d'abord que Rutebeuf, s'il nous semble aujourd'hui mériter du respect par certaines qualités de son talent, était, en son temps, soumis aux nécessités d'une condition sociale de petite dignité. Il ne vivait pas mieux que beaucoup d'amuseurs et, comme eux, ne pouvait compter, pour subsister, que sur les dons des riches qui l'écoutaient. Les jours de fête étaient des jours d'aubaine. Alors on avait part aux distributions ; et la cour du roi de France, quand elle s'ouvrait, était le plus envié des paradis.

De ce passage de l'article de Faral on comprend qu'un retranchement dans les générosités de saint Louis aurait pu toucher Rutebeuf directement et très sensiblement, et de là on a cherché le fait du jour qui fut à l'origine de *Renart le Bestourné :*

> Or, un beau jour, arrivent de graves nouvelles : les Tartares se font menaçants, ils défient la chrétienté, il y a péril. Le pape et les rois s'inquiètent. Le 10 avril 1261, Louis IX réunit à Paris une assemblée solennelle... et là, pour apaiser le courroux divin, on décide de retrancher les péchés, de faire

> des jeûnes, de réprimer les superfluités de la table et du vêtement, etc. Si maintenant, même aux jours de fête, le roi mange « à porte fermée », c'est qu'il prêche d'exemple.

Faral cite d'autres jongleurs du Moyen Age qui ont exprimé la détestation dans laquelle ils tenaient les repas seigneuriaux « à porte fermée ». La suppression des grandes fêtes, auxquelles il avait pu participer, suffit à expliquer les allusions amères de Rutebeuf à l'avarice du roi et son souhait au vers 65 que la nouvelle institution ne s'établît pas.

Après le premier accès de rage contre Louis IX, Rutebeuf se retourne contre les conseillers qui sont au fond responsables du nouvel ordre : Renart et Isengrin, Roenel et Bernart. Comment peut-on identifier ces quatre personnages ? De Renart nous savons que Rutebeuf lui reproche la perte de Constantinople ; que sa race est très nombreuse ; qu il contrôle les biens et même le royaume de Louis IX, à qui il assure son salut spirituel ; qu'il a été l'instigateur des restrictions dans la vie de la cour ; et qu'il fausse les comptes de l'Hôtel du roi. Cette représentation, remarque Faral, correspond bien à celle faite ailleurs par Rutebeuf des Frères Mendiants, et surtout des Jacobins. Une comparaison des autres poèmes où Rutebeuf attaque les ordres mendiants fournit en effet des renseignements précieux. Dans *La Complainte de Constantinople* il y a évidemment une autre allusion aux restrictions imposées par Louis IX après le concile de 1261 :

> Or nos deffent hon la quarole,
> Que c'est ce qui la terre afole,
> Ce nos vuelent li frere aprendre [1].

La Complainte de Constantinople n'est en somme qu'une longue attaque contre les Jacobins et les Cordeliers ; ce sont eux les « frere » du poème, et il est évident que Rutebeuf les rendait responsables des restrictions décrétées en 1261. Déjà dans le même

[1] Bastin et Faral, *Onze Poèmes de Rutebeuf concernant la Croisade*, p. 35-42.

poème il avait jeté le ridicule sur le concile et avait accusé les ordres mendiants de semer l'hypocrisie en France (vv. 37–48). Il les accuse à deux reprises de garder pour eux-mêmes l'argent qui aurait dû secourir les armées chrétiennes en Proche-Orient :

Que sunt li denier devenu
Qu'entre Jacobins et Menuz
Ont receüz de testamens
De bougres por loiaux tenuz
Et d'uzuriers vielz et chenuz
Qui se muerent soudainnement,
Et de clers ausi faitement,
Dont il ont grant aünement
Dont li oz Dieu fust maintenuz ?
Mais il en font tot autrement,
Qu'il en font lor granz fondemenz
Et Dieus remaint la outre nuz.

Le roi est accusé de sévir injustement contre les chevaliers au lieu de les chérir, et de nouveau on trouve une remarque ironique sur les qualités guerrières des nouveaux favoris :

Li rois ne fait droit ne justize
A chevaliers, ainz les desprize
(Et ce sunt cil par qu'ele est chiere),
Fors tant qu'en prison fort et fiere
Met l'un avant et l'autre ariere,
Ja tant n'iert hauz hom a devise.
En leu de Nainmon de Baviere
Tient li rois une gent doubliere
Vestuz de robe blanche et grise.

Le jeu de mots sur « doubliere » vise manifestement les Dominicains avec leur costume noir et blanc, tandis que Rutebeuf les a souvent accusés d'être fourbes et trompeurs. Il continue avec un nouvel avertissement au roi dont le royaume, sous la conduite de la « gent divine », est en mortel danger :

Tant fas je bien savoir le roi :
S'en France sorsist un desroi,
Terre ne fu si orfeline ;

Que les armes et le conroi
Et le consoil et tout l'erroi
Laissast hon sor la gent devine.
Lors si veïst hon biau couvine
De ceus qui France ont en saisine,
Ou il n'a mesure ne roi.
Sou savoient gent tartarine,
Ja por paor de la marine
Ne laisseroient cest aroi.

Allusions à la saisie du pouvoir par les Mendiants, à leur incapacité de défendre la France contre une invasion tartare, à leur concile avec des décisions qui ne devaient guère effrayer les Tartares – dans *La Complainte de Constantinople* et dans *Renart le Bestourné* s'entendent les thèmes communs qui trahissent les mêmes préoccupations du poète ainsi que les mêmes intentions. Le témoignage de la *Complainte* appuie l'idée que les vers 14–21 de *Renart le Bestourné* font vraiment allusion à la prise de Constantinople, mais la mention des Tartares et de la réunion du clergé font croire en effet que ce sont les mesures décrétées par le Concile de Paris de 1261 qui sont à l'origine de *Renart le Bestourné.*

Si l'on voulait d'autres exemples de l'hostilité de Rutebeuf envers les ordres mendiants et des reproches qu'il leur adressait pour leur responsabilité dans les échecs subis par les Chrétiens et les Francs en Proche-Orient, on les trouverait en abondance dans bon nombre de ses autres poèmes. Dans *La Chanson de Pouille,* une plainte sur le règne de l'hypocrisie dans le monde semble viser les ordres mendiants encore, mais Rutebeuf ajoute qu'ils ont tellement ensorcelé le monde, que l'on n'ose plus dire la vérité sur ce qui est pourtant tout apparent. Faral propose que Grimaut, appelé fils de Renart dans *Renart le Bestourné,* représente les Frères Mineurs, les Franciscains. Or dans la *Descorde de l'Université et des Jacobins* les Franciscains sont directement associés avec Renart, et les Jacobins avec Isengrin :

v. 41 Jacobin sont venu al monde
Vestu de robe blanche et noire ;

Tote bontez en els abonde,
Ce puet quiconques voldra croire ;
Se par l'abit sont net et monde,
Vos savez bien, ce est la voire,
S'uns lous avoit chape roonde
Si resambleroit il provoire.

Si lor oevre ne se concorde
A l'abit qu'amer Dieu devise,
Au recorder aura descorde
Devant Dieu au jor du juise ;
Quar se Renarz caint une corde
Et vest une cotele grise,
N'en est pas sa vie mains orde :
Rose est bien sor espine assise [1].

L'on ne peut pas se tromper sur la description des Cordeliers, avec leur robe grise et la corde. *La Chanson des ordres* accuse les deux ordres d'avoir ramassé beaucoup d'argent malgré leur apparence de simplicité. Mais c'est dans *Le Pharisien,* ou *De l'ypocrisie,* que se retrouvent les traits dominants par lesquels Rutebeuf désigne les Jacobins dans *Renart le Bestourné* : ils sont maîtres de la ville, ils gouvernent le monde, ils ramassent de l'argent, ils sont sans foi ni pitié, ils amèneront un désastre sur le pays :

v. 62 Itel gent, ce dist l'Escripture,
Nos metront a desconfiture ;
Quar verité
Pitié et foi et charité
Et larguesce et humilité
Ont ja sozmise [2].

Tout le poème est une protestation contre Hypocrisie, dont les représentants sont les Jacobins, et encore une fois l'hypocrisie religieuse est symbolisée par Renart :

Ypocrisie la renarde,
Qui defors oint et dedenz larde,
Vint ou roiaume ;

[1] Ed. Kressner, *Rustebeufs Gedichte,* p. 56-7.
[2] *Ibid.,* p. 71-4.

Tost ot trové frere Guillaume,
Frere Robert et frere Aliaume,
Frere Giefroi,
Frere Lambert, Frere Lanfroi.

Il est parfaitement évident donc que dans *Renart le Bestourné* Renart représente les mêmes personnes que dans *Le Pharisien,* c'est-à-dire les Dominicains – dans ses accusations Rutebeuf emploie dans les deux poèmes presque les mêmes termes parfois. Il est vrai que d'habitude Rutebeuf traitait les Dominicains beaucoup plus durement que les Cordeliers ; mais dans *Renart le Bestourné* la mention de Grimaut, membre « mineur » de la race de Renart, et encore le jeu de mots sur « corde » au vers 136, semblent viser directement les Franciscains, que Rutebeuf associait dans son esprit avec les Jacobins.

Quant aux autres personnages de *Renart le Bestourné,* il est plus malaisé de les reconnaître. Il est en effet bien possible que Bernart, avec sa croix, représente l'autorité pontificale, comme l'a proposé Faral. Le concile de Paris qui avait décrété les restrictions si détestées par Rutebeuf avait été convoqué à l'instigation du pape Alexandre IV. Cette provocation serait donc venue s'ajouter à l'animosité sentie déjà par Rutebeuf contre le pape pour son appui des ordres mendiants, et à son gallicanisme qui s'était manifesté bruyamment pendant la Querelle de l'Université [1]. Une telle attaque contre la papauté et son ingérence dans les affaires intérieures de la France ne saurait pas étonner, venant seulement cinquante ans avant les manifestations publiques décrites dans la *Chronique* de Geffroy de Paris. Faral a exprimé une certaine réserve en proposant que Bernart représente l'autorité pontificale, puisque, dit-il, « Bernard et Renart... ne s'imaginent pas dans une fonction relevant des services de l'Hôtel ... » Mais y a-t-il là vraiment une difficulté ? Dans la Querelle de l'Université Rutebeuf avait protesté avec véhémence, lors de la condamnation assez sommaire de Guillaume de Saint-Amour, contre l'immixtion du pape Alexandre IV dans une

[1] Sur le gallicanisme de Rutebeuf cf. P. Keins, *Rutebeufs Weltanschauung im Spiegel seiner Zeit,* dans *Zeitschrift für romanische Philologie,* LIII, 1933, p. 569-75.

affaire purement française. A ce moment il avait reproché – avec quelque injustice – à saint Louis d'avoir accepté cette juridiction pontificale sur la terre de France. Son opposition s'était manifestée à plusieurs reprises contre ce qu'il considérait comme une trop grande soumission de la part du roi aux conseils et à l'influence des Dominicains et des Franciscains. La convocation du Concile de Paris en avril 1261 à l'instigation du pape et la présence du légat pontifical ont dû confirmer aux yeux de Rutebeuf la mainmise du pape et des ordres mendiants sur le royaume, et expliquent sa colère et son hostilité.

Le choix de Roenel comme compagnon de Renart peut sembler à première vue assez curieux, puisque dans les branches originales ils étaient toujours de farouches ennemis. C'est sans doute sa nature de mâtin qui l'avait préposé au rôle qu'il joue dans *Renart le Bestourné,* et qui donne un indice permettant de reconnaître le personnage qu'il représente. Rutebeuf le rend d'abord directement responsable, avec Renart, des mesures d'austérité instituées dans la vie de l'Hôtel du roi. Il est désagréable et peu accueillant, il n'a pas d'amis, il ne récompense jamais les services rendus, et finalement il aboie. Tous ces traits ont amené Faral à proposer pour le rôle un personnage important dans l'Hôtel du roi : « Ces caractères font penser au Chambrier, qui avait la police de l'Hôtel, et commandait aux huissiers et portiers, lesquels avaient la réputation d'être lents à admettre et prompts à refouler les visiteurs. On comprend que l'auteur, en la circonstance, ait pu lui en vouloir spécialement ». Il est logique aussi de penser que celui qui avait la charge de mettre à exécution les mesures décidées par le Concile a dû partager avec les Mendiants la rancune de notre poète.

Le rôle d'Isengrin dans *Renart le Bestourné* semble être celui d'un autre officier de l'Hôtel du roi : il est dit qu'il porte le sceau et qu'il fait payer, donc toujours selon Faral, il serait chambellan, celui qui portait le sceau secret du roi et qui était chargé de la comptabilité de l'Hôtel. Il semble permis de penser qu'Isengrin représente Jean Sarrasin, premier chambellan en 1261. Primaut serait donc vraisemblablement un des aides de Jean Sarrasin, peut-être le deuxième ou le troisième chambellan, ou même le fameux Pierre de la Broce.

Ainsi, ayant d'abord établi avec soin le sens du texte même, on trouve dans les événements contemporains la clé de *Renart le Bestourné.* A la question posée par Ham : pourquoi, à une époque où des attaques contre les ordres mendiants étaient chose courante, Rutebeuf eût-il choisi un moyen si détourné de les critiquer, l'on doit répondre que *Renart le Bestourné* n'est nullement une œuvre obscure, enveloppée de mystère, mais une satire féroce et ouverte qui trouve sa place parmi les autres ouvrages satiriques et polémiques du poète. J'ai déjà fait remarquer combien le *Roman de Renart* convenait aux intentions satiriques de Rutebeuf. Il faut ajouter cependant que le *Roman de Renart* semble avoir eu un attrait tout spécial pour Rutebeuf. En dehors de *Renart le Bestourné* et *La Descorde de l'Université et des Jacobins,* où nous voyons Renart déguisé en Cordelier, la poésie de Rutebeuf contient plusieurs souvenirs des anciennes branches de Renart. Le lièvre dans le poème *De Charlot le Juif* est appelé « sire Coarz ». Dans un poème adressé à un débiteur, Rutebeuf emploie le nom du cerf Brichemer, mais rien ne permet d'identifier cet individu ni d'établir un rapport quelconque avec le sénéchal du roi Noble. Nous avons affaire plutôt avec le héros des fables latines ou des *Bestiaires* dans le poème *Des regles,* où le goupil qui fait le mort pour happer les oiseaux sert de modèle aux membres du clergé régulier. Mais c'est l'image de Renart symbole de l'hypocrisie et de la fausseté qui hante Rutebeuf. Après *Renart le Bestourné,* après *Le Pharisien* et *La Descorde de l'Université,* dans lesquels il s'en prend aux ordres mendiants, il bat sa propre coulpe dans *La Mort Rustebeuf,* reconnaissant en même temps la suprématie du mal dans le monde :

v. 79 Je cuidai engignier Renart ;
Or n'i valent engin ne art,
Qu'asseür est en son pales.

Rapprochement intéressant du Renart du *Roman,* se tenant en sûreté dans Maupertuis, et le Renart symbolique qu'on avait tiré finalement des branches anciennes. C'est ce Renart, l'ennemi mortel, l'emblème de l'hypocrisie, de la fausse dévotion, de la ruse, de la fourberie, que Rutebeuf attaque avec ses dernières forces, tout en sachant l'inutilité de son geste.

Une dernière question subsiste à propos de *Renart le Bestourné* : quelle est la signification du titre même ? Jubinal l'avait interprété, d'après le sens initial du verbe « bestorner », par « Renart le métamorphosé ». Toujours suivant le sens original, l'on pourrait arriver à l'idée de « l'envers de Renart », ou « Renart démasqué », ce qui conviendrait assez bien aux intentions du poète mais qui semble vraiment un titre trop plat, trop édifiant, pour une œuvre d'une telle intensité de sentiments. Il faut aller plus loin, considérer les autres sens du mot : « détourner, altérer, bouleverser », et finalement « mal tourner ». Clédat a intitulé le poème « Renard le Maltourné ». Mais il est probablement nécessaire de chercher plus loin que dans l'étymologie les origines du titre. L'exemple le plus connu de l'emploi du mot « bestorner » au XIIIème siècle a certainement dû être le nom de l'église de Saint-Benoît le Bestourné, ainsi appelée parce que le chœur était tourné, contre l'usage général, du côté de l'Occident, et ce n'est qu'à partir de 1349 que l'on trouve le nom de Saint-Benoît le bien-tourné. Il semble aussi que cette appellation peu flatteuse fut appliquée du temps de Rutebeuf à la fois au saint et aux moines de l'ordre. Dans un poème anonyme de la fin du XIIIème siècle, *Les Moustiers de Paris* [1], le poète s'adresse d'abord à Notre-Dame, puis à Saint-Benoît :

Saint Benéois li bestornez,
Aidiez a toz mal atornez.

Il semble que le qualificatif s'applique aussi bien au saint qu'à l'église; dans un poème de Rutebeuf, *De la vie dou monde* ou *C'est la complainte de Sainte Eglise,* il y a moins d'ambiguité encore :

[1] Cf. H-L. Bordier, *Les Eglises et monastères de Paris, pièce en prose et en vers de IXème, XIIIème et XIVème siècles*, Paris, 1856.

En l'ordre des noirs moines sont a ce atorné,
Il soloient Dieu querre, mes il sont retorné,
Ne Diex n'en trouve nul, quar il sont destorné
En l'ordre Saint Benoit qu'on dit le Bestorné [1].

Qu'on ait appliqué parfois le mot « bestorné » aux Bénédictins, on peut bien le concevoir quand on lit un peu la chronique du temps : « Les chanoines de Saint-Benoît étaient donc sous la juridiction du chapitre de la cathédrale. Au mois de mars 1257, il déclarait privé de sa prébende et déchu de son canonicat le chanoine Albéric, fils de Théophanie du Petit-Pont ; il est vrai qu'il s'était affilié à une bande de voleurs » [2]. Les vers de *La vie dou monde* peuvent, il est vrai, s'appliquer aussi bien à l'ordre qu'au saint. Mais Ulrich Leo a observé que le terme « Benoît le bestourné », employé dans un sens péjoratif, était fermement implanté dans la littérature et dans l'imagination populaire au XIIIème siècle, et qu'il frappait en même temps les moines de l'ordre. De là il pensait que le mot « bestourné » avait acquis le sens supplémentaire de « métamorphosé vers l'esprit des moines ». Par conséquent *Renart le Bestourné* signifierait « Renart devenu moine et corrompu ». Renart serait ainsi le symbole des moines mal-tournés, corrompus par l'avarice. On peut rapprocher cette idée d'autres vers de *La Vie dou monde* qui lient bien ensemble les deux mots « avarice » et « bestourner » dans l'esprit de Rutebeuf :

Covoitise, qui fet les avocaz mentir
Et le droit bestorner et le tort consentir.

Une telle interprétation du titre coïncide, il faut le reconnaître, avec le thème central du poème, c'est-à-dire la dénonciation de l'avarice des ordres mendiants personnifiés par Renart. Nous connaissons suffisamment bien la faiblesse de Rutebeuf pour les jeux de mots développés à l'extrême, pour admettre que la thèse de Leo est bien plausible. Renart le Bestourné serait donc la

[1] *Rutebeufs Gedichte*, p. 181-6.

[2] Pierre Champion, *François Villon, sa vie et son temps*, Paris, 2ème édition, 1933, I, p. 8.

personnification des moines avaricieux et ambitieux, et très spécialement des Mendiants.

Avec *Renart le Bestourné* nous avons quitté définitivement l'ancienne tradition du *Roman de Renart.* Les rapports du poème de Rutebeuf avec les vieilles branches du *Roman* sont limités à quelques souvenirs surtout évocateurs de la pérennité du mauvais génie du héros. Le cadre des contes de Renart est désormais adapté aux besoins du symbolisme et de l'allégorie. Nous sommes pourtant encore loin, dans *Renart le Bestourné,* de la longue allégorie de *Renart le Nouvel* ou des divagations érudites et des moralisations confuses et lassantes des derniers poèmes sur Renart. Il faut au contraire admirer dans *Renart le Bestourné* la vigueur du style, la concision de la satire, la manière directe et incisive dont Rutebeuf s'en prend aux ordres mendiants et, en passant, au roi lui-même. Les motifs qui ont inspiré *Renart le Bestourné* peuvent sembler peu élevés, mais Rutebeuf s'y révèle, malgré son gallicanisme, croyant fervent, défenseur des croisades, et bon patriote. Ses critiques s'adressent à ceux qu'il considère comme des ennemis de la vraie foi et du royaume. Il est intéressant de remarquer comment on revient régulièrement à la notion de Renart comme la personnification de l'hypocrisie religieuse, des mauvais religieux. Par son style direct et mordant, *Renart le Bestourné* appartient bien à la tradition satirique de Pierre de Saint-Cloud, de l'auteur du *Jugement de Renart,* ou de Richard de Lison ; mais par sa nature allégorique, ainsi que par l'absence de tout élément purement comique, absence plus marquée que dans les chansons satiriques de Philippe de Novare, le poème de Rutebeuf marque un changement radical de la conception du rôle de Renart dans la littérature française.

Chapitre VI

LE COURONNEMENT DE RENART

Le Couronnement de Renart, poème satirique de la seconde moitié du XIIIème siècle. L'influence du Roman de Renart dans un *Récit d'un Ménestrel de Reims* et dans les querelles politiques en Flandre *au XIIIème siècle.*

Le *Renart le Bestourné* de Rutebeuf marque un tournant décisif dans l'évolution des histoires de Renart. Ecrivant quelques années après Rutebeuf, dont il semble avoir subi assez fortement l'influence, l'auteur inconnu du *Couronnement de Renart* s'est écarté à son tour de l'ancienne épopée animale et a poussé plus loin encore dans la voie de l'allégorie. Il laisse prévoir dès le début que son poème ne sera pas un simple conte de Renart, et dans un prologue de 140 vers, qui donne le ton du poème tout entier, il le relie en quelque sorte aux personnages et aux événements de l'époque.

Le Couronnement de Renart, dit son auteur, est dédié à la mémoire « dou preu vaillant conte Williaume qui jadis fu contes de Flandres », chevalier sage, généreux, preux et courtois que la Mort avait emporté par dépit. Le poète propose ensuite de nous expliquer les motifs qui l'avaient décidé à consacrer un poème au comte, mais il débute par une longue plainte allégorique sur la puissance d' « Avoirs » :

v. 22 Li tans d'ore est si en us
Que pau de forche au dire voir,
Fait nus, fors a querre l'avoir ;

Car qui avoir a asamblé
Tost le paiis a asamble ;
Qui grant avoir a mis ensamble
Tost a mis des amis ensamble.
Avoirs, quant tu ies asamblés,
Tost as des amis asamblés ;
Avoirs, tu les amis asambles,
Avoirs, tu tos les desasambles ;
Avoirs, mout ies or conjoiis,
Avoirs, mout ore as d'amis ;
Avoir, mout te puet on amer
Mais en toi n'a fiel ne amer
Que tout ne soit confusion.
Avoir, toi enamer puet on.
Mais en la fin voit on d'avoir
Que par lui est on prest d'avoir
Confusion, ce sevent maint,
Qui en l'avoir repose et maint,
Que, quant il l'ont mis en un mont,
De lour avoir tost parti sont ;
Veillent ou non, partir l'enstuet,
Que ses avoirs tenir nel puet,
Anchois l'encace et si le hue,
Ausi con l'en conte de Hue
Qui la toile a la feme prist
Si come li contes le dist [1].

A l'opposé d'Avoirs, qui sème la confusion dans le monde, le poète cite en exemple le noble comte de Flandre :

Pou çou que li cuens morut ains
C'avoirs montast en si grant pris,
Si l'ai jou en mon conte pris,
Pour doner exemple d'onour
A son linage, qui la flour
Ont aveuc aus de tout le monde.

L'hôtel du comte de Flandre, continue le poète, avait toujours été fermé à Avoirs, à Envie, Orgueil et Mesdis qui, pour se

[1] Ed. Alfred Foulet, *Le Couronnement de Renard, poème du treizième siècle*, Princeton et Paris, 1929.

venger, ont tramé la mort du comte dans un tournoi. Et le prologue se termine par une variante d'une idée exprimée par Chrétien de Troyes dans le prologue d'*Yvain* – « mieux vault uns cortois morz qu'uns vilains vis » :

Car jou di sa chevalerie,
Sa renomee et ses boins los,
La ou il gist, mime si os
Valent mout mius, ce m'est avis,
C'uns empereres vilains vis,
Et dont puisqu'il vaut mius tous mors
C'uns vilains a cui sui amors,
Pour sa valour veil par example
Moustrer aucuns une voie ample
Que mout doi on amer signour
Qui prodom est.

Il paraît donc du prologue que le *Couronnement de Renart* a été inspiré par un fait bien précis, la mort dans des circonstances suspectes du comte de Flandre. L'intention clairement annoncée du poète est de tirer la leçon de la vie exemplaire et de la perte inattendue du comte. Nous sommes bien loin des risées et gabets des branches primitives, et le ton moralisateur, la prédilection pour les proverbes, le style allégorique qui caractériseront toute l'œuvre, s'annoncent déjà.

Le vrai récit du *Couronnement de Renart* commence seulement au vers 141. Après sa longue introduction pleine de réflexions morales, le poète nous ramène directement dans le royaume des animaux. Il essaie de recréer le cadre et l'atmosphère du *Roman de Renart.* On trouve Renart qui se repose avec sa femme dans son château de Maupertuis. Les premiers vers pourraient faire croire qu'il s'agit d'une nouvelle « branche », mais on s'aperçoit vite de certaines nouveautés. La femme de Renart s'appelle désormais Ermengart. Mais au lieu de la dame « courtoise et franche » des anciennes branches, elle est pleine de ruse, d'orgueil et de méchanceté, « estoute et orguilleuse envers la pauvre gent ». Elle est ambitieuse, et pousse son mari à briguer le trône du roi Noble. Renart prétend cependant qu'il n'a plus le temps ni la force pour une telle aventure, et il songe plutôt à se préparer à la mort en menant une vie religieuse. Mais un coucou se met inopinément à chanter, lui annonçant ainsi encore treize ans à vivre, et voilà Renart qui s'en va dès le lendemain matin mettre à exécution ce projet audacieux.

Dans cette première partie du récit, le poète évoque à plusieurs reprises le souvenir des vieilles branches de Renart : la scène qui depuis longtemps nous est familière de Renart à Maupertuis, tenant sa femme dans ses bras « pour lui deduire et solasier », et qui prélude d'habitude à de nouvelles aventures; la caricature maintenant classique de l'épopée chevaleresque qui débute par une phrase presque rituelle : « Ce fu au tans noviel d'esté » et qui mélange, de cette façon particulière au *Roman de Renart,* le conte d'animaux à l'épopée :

v. 268 Il si s'en vint les menus saus,
Par mi une lande puingnant.

Au cours de sa chevauchée Renart rencontre Isengrin qui, comme dans les anciennes branches, avance « lance sor fatre ». Dans les paroles aigres que les deux barons s'adressent, le poète semble faire un effort pour mettre en évidence les liens traditionnels de compérage qui existent entre eux. Les lâmentations de Renart sur sa mauvaise vie, ses craintes et ses résolutions de se repentir avant sa mort, font penser au Renart vieux et fatigué de la branche VIII. Les anguilles rôties qu'Isengrin offre à Renart aux vers 568-593 rappellent la branche III, quoique la version de l'épisode dans le *Couronnement* soit entièrement nouvelle. Quant aux trois aventures préliminaires de Renart dans le *Couronnement,* elles sont manifestement destinées à relier le poème aux anciennes branches. Renart rencontre d'abord Timer l'âne et l'amène au moutier, dont il prétend avoir la cure. Là, Timer se met à chanter à tue-tête et se fait rouer de coups, à la manière de ses illustres prédécesseurs Primaut et Tibert. En outre, Renart se moque de sa victime et lui réclame la moitié de l'offrande, ainsi que dans la branche des *Vêpres de Tibert.* Par la suite il rencontre un vilain qui porte des andouilles et réussit à les lui dérober par une ruse qui rappelle le vol du jambon dans la branche V; mais c'est dans la branche XVI qu'est mentionné le trésor de l'empereur Octavien, avec lequel Renart leurre le vilain trop crédule. La troisième rencontre est avec Isengrin qui, tombé dans un piège, est pris par le louvetier et sauvé par son compère. C'est sans doute la branche XVI, *Le Partage,* qui a suggéré le châtiment ignoble que les deux bêtes infligent au louvetier.

A première vue ces histoires paraissent entrer tout simplement dans la tradition du *Roman de Renart* à la manière des multiples scènes de la première partie du poème de Pierre de Saint-Cloud. Mais on est obligé de constater que le poète a mené ces récits surtout pour en tirer un enseignement, une morale. Ainsi Timer regrette sa décision de chercher une meilleure nourriture que les « chardons asnins » qui lui conviennent parfaitement, et condamne ceux qui aspirent à des choses qui sont en dehors de leur portée :

> Fox est li hom qui desitieus
> N'est quant il cuert chose ne fait
> Dont il en la fin a mal plait.
> Qui segnor a en son endroit
> Fox est que d'enpirer ne croit.

De même le vilain, qui dans l'incident suivant se laisse leurrer par la promesse d'un trésor fabuleux et perd ses andouilles, reconnaît sa propre erreur : « Decheüs me sui ore par covoitisse ». On a toute raison de croire que l'auteur du *Couronnement* s'était inspiré largement des *Fables* de Marie de France, et dans ces courts récits il revient au point de vue de la fable [1]. Edmond Faral a émis l'opinion [2] que ces épisodes, qui n'ont en vérité aucun rapport avec le récit du *Couronnement* même, avaient été tirés du vieux fonds des histoires de Renart pour faire bénéficier

[1] Cf. A. Foulet, *Le Couronnement . . .*, p. XXXII-XXXVI.
[2] Dans *Histoire de la Littérature Française,* I, p. 70-1.

l'œuvre de la popularité dont jouissait le *Roman de Renart,* et partant, de l'accréditer auprès du public. Il faut cependant reconnaître que dans ces épisodes le poète exprime des sentiments et des opinions très personnels et qui ne sont pas sans importance si l'on veut bien comprendre le sens de son œuvre. En dehors de l'esprit moralisateur, le poète révèle des sentiments qui ont été qualifiés de conservateurs par Ulrich Leo [1]. Déjà dans l'introduction, à la fin de l'éloge du comte Guillaume, on peut lire :

> v. 136 Hui en cest jour
> Voit on sovent poi amender
> De signorage remüer,
> Ausi com vos dirai avant,
> S'oïr volés icest roumant.

Le poète apparaît donc comme un partisan de l'ordre établi et il promet formellement de défendre cet ordre dans son poème. Il exprime les mêmes sentiments en tirant la morale de l'épisode de Timer au moutier :

> 403 Vilains qui n'a apris honor
> Pau puet siervir empereour.
> D'escoufle puet on bien savoir
> Que hairon n'en puet on avoir.

Alfred Foulet a observé dans une note qu'on peut voir dans ces vers « un lieu commun de la poésie que, si on l'oppose à la poésie « bourgeoise » d'un Jean de Meun, on pourrait qualifier de féodale ». Mais ce sentiment de classe se révèle à plusieurs reprises. Le poète va même jusqu'à déconseiller de faire des bienfaits aux vilains, qui sont incapables de les apprécier, et Renart, qui représente le seigneur, est même justifié d'avoir berné l'âne, car celui-ci, qui représente le vilain, aurait été incapable d'apprécier des bienfaits. Il est vrai que les lieux communs abondent dans le *Couronnement,* mais le poète se révèle au début de son poème moraliste et en même temps aristocrate d'esprit, voire féodal.

[1] Dans *Studien zu Rutebeuf . . .,* p. 14.

Après l'épisode de Renart et du vilain, nous abordons finalement le vrai thème du poème. Continuant son voyage, dont le but, comme nous l'apprenons pour la première fois, est de chercher le roi Noble, Renart rencontre Isengrin. Après un échange d'insultes et de reproches, les deux compères essayent de se jouer un mauvais tour, l'un à l'autre. Isengrin propose perfidement à son compagnon un repas d'anguilles cuites, et par un retour en arrière assez adroit le poète rappelle l'histoire de la pêche à la queue : à la question d'Isengrin, Renart répond qu'il n'a jamais mangé d'anguilles cuites, mais il ajoute plaisamment qu'il s'est souvent régalé d'anguilles rôties en broche. Pour mettre fin aux moqueries gênantes du loup, Renart lui dit que les astrologues ont annoncé que la fin du règne de Noble est imminente, et il s'en va au galop, suivi d'Isengrin qui veut savoir plus de cette grande nouvelle. Isengrin tombe dans un piège, est pris par le louvetier, et libéré par les ruses de Renart.

On pourrait croire d'abord que cet épisode, comme les deux qui le précèdent, n'est destiné qu'à montrer encore un bon tour de Renart et à amener une nouvelle illustration des méfaits de la convoitise. De façon générale la morale des trois épisodes est que « Convoitise nuit ». Mais finalement c'est le sentiment de classe du poète qui se fait de plus en plus net. Alfred Jeanroy [1] a avoué qu'il ne comprenait pas pourquoi Renart délivre Isengrin des mains du louvetier, et semble considérer l'épisode, ainsi que les deux qui le précèdent, comme inutile et maladroit. On pourrait évidemment répondre que ce serait contraire à toutes les traditions du *Roman de Renart* de laisser Isengrin à la merci de l'homme. En même temps il faut reconnaître encore ici l'esprit de caste du poète : Isengrin, comme Renart, est baron, membre de l'aristocratie animale, tandis que le louvetier n'est que trop évidemment vilain, membre de la classe la plus basse de la société. Il serait donc inconcevable, dans la pensée du poète, que Renart abandonne son compère et pair. Il faut reconnaître aussi que dans toute cette partie qui met Renart et Isengrin en scène

[1] Compte-rendu du *Couronnement de Renard* d'Alfred Foulet, *Romania*, LVI, 1930, p. 131-4.

(v. 542-1079), il y a moins de confusion et de maladresses que Jeanroy ne l'a prétendu. Ses multiples éléments jouent tous un rôle dans le développement tortueux de l'intrigue. La réconciliation avec Isengrin est nécessaire pour que Renart puisse lui demander par la suite de se rendre à la cour de Noble, où il peut être certain que le loup répandra sans tarder sa prédiction de la fin du règne de Noble. Plus tard aussi cette nouvelle amitié permettra à Renart de cacher son jeu en proposant de mettre Isengrin sur le trône que Noble doit bientôt quitter – Jeanroy s'est mépris complètement sur les vers à cet endroit, où il croit que Renart confie à Isengrin son vrai dessein de s'emparer du trône lui-même.

A partir du vers 1080, l'action du *Couronnement* avance plus rapidement. Renart quitte Isengrin, s'en va à un « chastiel ou il avoit Jacobins et Frere Menos », et demande au prieur des Jacobins de l'admettre dans son ordre. Le prieur a très envie de le recevoir, mais doit d'abord demander l'avis de tous les frères. Dans une plaidoirie extraordinaire le prieur évoque l'évolution des mœurs et les difficultés des temps : au temps de leur jeunesse, dit-il, la vie fut simple, mais à l'heure actuelle on ne peut réussir sans agir par ruse et par fraude :

> v. 1106 « Singnor, le tans que jou voie ore
> Est mout müés puis que premiers
> Ne fui au siecle escoliers.
> Jadis li siecles estoit teus
> Que mout troviens poi sienteus
> Le siecle. Or est plains de barat :
> Nus ne vaut rien sans sain de cat,[1]
> Ou de renart sache parler. »

Le pauvre ne peut devenir riche s'il ne sait pas tromper. Il leur rappelle leur état de mendiants, et leur promet un avenir glorieux s'ils reçoivent Renart parmi eux :

> v. 1126 « Se chiaus avons, çou est la flours
> De tout le mont, je vos afi,

[1] « Sain de cat » — ruse.

Car dou clergié, d'iaus tous, di fi :
D'apostoile, de chardenaus,
Des archevesques ; nus de chiaus
N'ara si hardi pour le nes
Qu'i contredie en ces renés
Chose nule que veulliens dire.
Et pour itant vos veil jou dire
Que li meillour clerc sont o nos
Ne nos faut el entre nos tous
Fors que Renart a compaingnon
Aions d'ore en avant paingnon
Et pains, fouache et encor vins.
Poissons de mer, tenres pouchins,
Lus et saumons et venisons
Ne nos faura tant que l'aions
Aveuques nos, ce sachiés tuit ! »

S'ils refusent d'accepter Renart, ils n'auront que « grant dolour et grant paine » ; donc, conclut le prieur, qu'il reste parmi nous et que chacun apprenne de son art et de sa ruse. Les Frères sont tellement contents de recevoir le nouveau convers, que le chantre entonne un Te Deum retentissant. Mais malheur ! Las d'attendre à la porte, Renart est parti chez les Franciscains, qui l'ont reçu immédiatement, et le prieur des Jacobins, déterminé à le ramener dans son ordre, le trouve déjà vêtu de la robe des Mineurs. Pour mettre fin à la dispute, Renart propose une solution qui satisfait les deux ordres :

« Et jou veil, dist Renars, ma cote
Soit partie et harligote
D'une chape a Jacobin,
Et par itant cestui hustin
Partirai, que g'iere d'andeus,
Jacobins et Frere meneurs ».

Voilà donc Renart devenu à la fois Jacobin et Franciscain, et les deux ordres qui s'accordent en se vouant désormais à la renardie ! Leur seule préoccupation est désormais d'honorer Renart, et, ajoute le poète, « il si fisent longuement ». Dans *Renart le Bestourné* Rutebeuf avait représenté en Renart les ordres mendiants ; dans le *Couronnement de Renart* nous voyons Renart qui enseigne son art aux Frères des deux ordres :

v. 1232 De l'un a l'autre bonement
Aloit Renars et lor aprist
Coment cascuns se maintenist
En cours de contes et de rois.
Tous les maintiens et les conrois
Lor aprist Renars en .j. an.
Mainte paine et maint ahan
I mist chascuns ains que seuist
Coment chascuns se maintenist
Quant il estoit venus a court.

Voilà donc les Franciscains et les Dominicains prêts à fréquenter les cours princières. Mais Renart pose une condition essentielle : que les deux ordres cachent soigneusement son passage chez eux. Ils ont bien observé cette consigne, observe le poète ironiquement; jamais Jacobin ni Franciscain n'avouera que Renart a été de leur ordre.

Jusqu'ici, dans cette suite confuse d'aventures de Renart selon la vieille tradition, de réflexions et moralités de toutes sortes, et de passages purement allégoriques, il a été impossible de discerner les véritables intentions du poète. Au début il avait déclaré qu'il voulait mettre la vie exemplaire et le règne heureux du comte Guillaume en opposition avec l'époque qui avait suivi sa mort, celle où régnaient Avoirs, Orgueil, Médisance et Envie. L'intrigue semblait se dessiner quand Renart s'est décidé à s'emparer du trône de Noble. Puis on lisait pendant plusieurs centaines de vers des histoires qui relèvent du conte d'animaux et de la fable simplement.

L'entrée en scène des ordres mendiants marquent pourtant un tournant. Leur pacte avec Renart et les observations satiriques du poète font penser inévitablement à *Renart le Bestourné*. Si on les rapproche des remarques acerbes du début sur l'état du pays après la mort du comte Guillaume, on commence à deviner les sentiments et les intentions du poète. En effet, l'action se déroule désormais plus rapidement et d'une façon plus cohérente. Ayant inculqué son art à ses disciples zélés, Renart se rend à la cour de Noble, déguisé en « grans clercs » et accompagné par le prieur des Jacobins. Introduit auprès du monarque sans être reconnu, Renart débite quelques moralités sur l'inconstance de la fortune et exhorte Noble à songer à son âme, car sa fin est annoncée, dit-il, pour le lendemain de la Pentecôte. A l'appui de son assertion il répète la prophétie qu'il avait faite à Isengrin et montre comme preuve l'étoile Vénus qui brille cette nuit-là d'un éclat exceptionnel. La compagnie du prieur de Saint-Ferry semble garantir la foi du faux Jacobin, et Noble, déjà vieux et souffrant, se met au lit, mortellement atteint par cette funeste prophétie.

Ainsi Renart prépare avec une ruse diabolique sa prise du pouvoir, soutenu par les ordres mendiants. Il reçoit la confession de Noble et lui demande de proposer son successeur. Noble propose le léopard – « li plus cortois, li mius faisans, li plus hardis ». Mais Renart n'approuve évidemment pas ce choix et recommande plutôt « .j. home sage qui senés soit et soutius et enginneus », faisant en même temps l'éloge de la ruse ;

Mius vaut engins que ne fait forche,
Car engins a la fois le met
Ou sa force bien le demet.
On dist que force le pré paist,
Mais de force mout sovent naist
Guere qui mal est maintenue.

Bien entendu, Noble trouve que c'est Renart qui, de tous ses barons, répond le mieux à cette recommandation. Renart loue hautement ce baron dont il fait semblant de tout ignorer, et entreprend sa défense quand Noble l'accuse de connaître mieux que quiconque le mal. En somme, dit-il, puisque l'on le critique tellement, il est certainement digne d'être roi, et il exprime le désir de le voir. Noble se fâche parce que Renart n'est pas là, mais le faux Jacobin trouve des excuses pour cette absence : peut-être Renart est-il allé chercher un successeur au roi, ou même – un remède pour le guérir !

Le roi accepte cette défense de l'absent, et prie le faux Jacobin de prêcher à la cour. Renart saisit avec rapidité cette occasion unique, et plaide adroitement sa propre cause dans un sermon remarquable qui, observe A. Foulet, se conforme aux règles d'un prône du XIIIème siècle. Son sujet est la pauvreté, dont le symbole est la natte. Le Paradis est réservé aux pauvres et à ceux qui les aiment ; celui qui hait les pauvres méprise Dieu. Les plus grands saints ont couché sur des nattes. Les Frères Mendiants se sont voués à la pauvreté, et partout dans leurs couvents on voit des nattes et d'autres signes de pauvreté. Une exhortation aux seigneurs à suivre la voie de la pauvreté permet à Renart d'aborder son vrai sujet : le choix du successeur du roi Noble. Que les seigneurs s'efforcent à obtenir de Dieu un roi qui gouverne avec justice, et qu'ils choisissent eux-mêmes un homme plein de sagesse, qui sache reconnaître les méchants et les ambitieux dont les disputes et les prétentions sont à l'origine de tant de maux. Le poète exprime probablement sa propre pensée en condamnant les ambitions et la cupidité des grandes maisons, qui essayent de s'avancer par tous les moyens, n'hésitant même pas à causer la perte d'autres membres de leur famille :

Li pluisour d'iu, soit tors ne drois,
Veulent lour lingnage avanchier.
Jou voi sovent d'aucuns princhier
Qu'i mariages font de gens
A ciaus qui sont de fors parens
Et aloianches et fois
Pour autrui metre en defois
Son iretage ou son eschance,
Dont a la fois ont mescheance.
De la lour maus hiretemens
Dont autrui deshiretemens
Est; si se dampnent morteilment ;
Car tele lois cascum jour ment.

A ces gens-là, conclut Renart, le Paradis sera interdit. Et il termine son sermon par la prière que Dieu leur donne un roi qui maintiendra la paix, tout en soutenant les justes et en amenant les méchants à des sentiments meilleurs. Encore dans ces vers, comme si souvent dans les branches de Renart, on trouve des critiques bien précises qui sont dirigées spécifiquement contre certaines coutumes de l'époque. On peut évidemment penser que le poète n'exprime que des vérités d'une portée générale, mais ces allusions aux luttes entre les familles seigneuriales apportent des indices précieux, que nous regarderons plus tard, sur les motifs qui avaient inspiré l'auteur du *Couronnement.*

A la fin de sa péroraison, Renart est supplié par les barons de nommer un successeur à Noble, mais il refuse en feignant une ignorance du monde et des prud'hommes dont la sagesse et les vertus guerrières les rendraient dignes d'être roi. On décide donc de choisir le nouveau roi le jour de l'Ascension – encore un souvenir de la branche I peut-être – et le faux Jacobin promet au roi Noble de revenir pour cette élection, afin de l'aider de ses conseils. Ayant mis ainsi son plan en train, Renart retourne chez les Franciscains et les Dominicains, qui sont bien contents en apprenant ce qu'il a accompli.

Le poète laisse momentanément Renart pour reprendre le récit des aventures d'Isengrin, qui était parti convoquer les animaux à la cour de Noble. Il profite de ce changement de thème pour revenir à ses plaintes sur les moeurs de l'époque. Il voudrait que Dieu l'amène au puy où l'on couronne les « biau dis », mais il reconnaît que c'est plutôt le contraire qui arrive, car « tous mesdits est coronés en cort de roi ». Celui qui méritait les plus grandes louanges n'a pas été célébré dans la littérature, et maintenant il est mort. S'il vivait encore, Renart n'eût pas été couronné. Lui, le poète, va donner une couronne à celui qui subit maintes contrariétés et maintes attaques le jour où Renart triompha. Mais Renart, qui a succédé au bon comte Guillaume, est maintenant soutenu par les plus forts et les plus estimés du royaume et ne sera jamais détrôné.

Après ces réflexions amères le poète raconte comment Isengrin avait convoqué « par dela mer et par deça » tous les barons du royaume des animaux. Ils se rassemblent le jour de l'Ascension à Malrepaire, le château où naquit Noble et où il veut mourir (on se rappelle que Malrepaire est le nom du château des brigands dans le *Roman d'Aiol*). Quelle pittoresque collection le poète nous détaille, « en roumanch, ou en droit latin », à commencer par l'âne ! C'est à Alfred Foulet que revient le mérite d'avoir découvert la source de cette liste de bêtes aux noms souvent si bizarres, liste qui commence par « Aper » et finit par « Zubrones » : le poète du *Couronnement* a tout simplement copié, en respectant jusqu'à l'ordre même, la table des quadrupèdes donnée dans le Livre IV du *De natura rerum* de Thomas de Cantimpré.

Devant ses nobles réunis, Noble annonce qu'il doit mourir le jour de la Pentecôte, et il leur donne donc la consigne de choisir un nouveau roi qui maintiendra l'ordre parmi eux. Mais voilà qu'arrive dame Ermengart, portant dans ses bras son fils Renardiel. Ils saluent ensemble le roi, et Ermengart présente son fils à la place de Renart qui, dit-elle, était entré au couvent en apprenant la maladie de Noble. Isengrin saisit l'occasion de causer du tort à son ennemi et fait le récit détaillé de ses rencontres avec Renart, n'omettant pas de mentionner l'offre que Renart lui avait faite de lui procurer le trône. Noble lui reproche pourtant sa rancune, et Ermengart, voulant défendre son mari, est insultée par le loup. Irrité par ce manque de respect envers lui-même et une noble dame de la part d'Isengrin, le roi lui ordonne d'aller chercher Renart. Mais Isengrin ne craint plus un roi moribond et refuse insolemment. Le léopard et le tigre refusent de venger le roi de l'impudent, ainsi que tous les autres barons, peu soucieux de s'aliéner la voix d'Isengrin dans l'élection prochaine. Seul le hérisson s'indigne de cette ingratitude, qui inspire au monarque désabusé une nouvelle réflexion mélancolique sur l'époque:

v. 2042 « Teus est li siecle, a mon avis,
Que puis c'on a de l'oume affaire
Pau troueve amis et mout contraire ».

Le hérisson attaque Isengrin, et aidé par Tibelin le mouton, il le malmène rudement ; seule l'intervention des autres barons sauve le loup de la mort, et il doit partir sur-le-champ chercher Renart à Saint-Ferry.

Isengrin trouve Renart chez les Jacobins, mais Renart joue son rôle jusqu'au bout et refuse de quitter le couvent sans l'autorisation du prieur. Il enjoint à celui-ci de l'accompagner à Malrepaire, mais en même temps il lui conseille de cacher son long séjour dans l'ordre. En retour il promet qu'au cas qu'il deviendrait roi, les Dominicains seront les seigneurs du monde. Ils se rendent à la cour, et le prieur explique à Noble que Renart est devenu moine depuis cinq jours seulement, pour mieux solliciter de Dieu le salut de l'âme du roi. Noble commande aux barons de choisir le nouveau roi, car il veut que sa succession soit décidée avant sa mort, et il leur recommande le hérisson comme étant le plus digne de porter la couronne d'or. Le conseil des barons a lieu le jour même de la Pentecôte. Isengrin est prononcé d'abord inéligible, en raison de sa conduite insolente envers Noble. Puis il est décidé d'honorer le hérisson et le mouton de leur fidélité en leur laissant la tâche de choisir le nouveau roi : ce qui les oblige, bien entendu, à retirer leur propre candidature.

Le mouton propose d'abord comme nouveau roi son parent Capra, ce qui suscite le rire indigné du hérisson. Celui-ci propose à son tour Renart, à l'étonnement de Tibelin : ne sait-on pas, dit-il, que Renart a été convaincu de meurtre et de vol ? – encore un souvenir de la branche du *Jugement*. Mais le hérisson défend son choix habilement : si Renart connaît si bien le mal, il doit connaître aussi le bien, de sorte qu'il est parfaitement bien préparé pour régner :

v. 2350 « Ainch ne vis home terriien
Qui grant honour a maintenir
Euist, que s'il ne seut partir
Le bien dou mal, qui vausist mie
En singnorage une alie. »

C'est ainsi que tous ceux qui gouvernent – rois, ducs, comtes et chevaliers – savent maintenir la paix entre les bons et les mauvais. Et d'ailleurs, fait valoir le hérisson, aucun autre baron ne vaut mieux que Renart, puisqu'il ont tous refusé de venger l'insulte qu'Isengrin avait fait au roi Noble. Le mouton accepte les arguments de son compagnon qui, comptant sur la reconnaissance du nouveau souverain, lui promet de le faire seigneur du monde et maître du royaume. Ils se rendent auprès de Noble, et ayant reçu encore une fois l'assurance de tous les barons que leur choix sera accepté sans remontrance, ils expliquent leur choix au prieur des Dominicains et lui demandent de proclamer le nom du nouveau roi. Renart est donc proclamé roi, mais il veut recevoir l'approbation de Noble avant d'accepter la couronne. Noble accepte pourtant sans difficulté la décision de ses barons et conjure Renart d'être « prodom ».

Renart est porté en triomphe au « moustier », où il est couronné par Isengrin et le léopard, aidés par le lynx. Dans la presse, seuls les grands et les forts se mettent en vue, tandis que les petits et les faibles se cachent de leur mieux. Le hérisson, voulant recevoir la récompense de ses services, essaie de se frayer un chemin jusqu'au roi, mais les gens qu'il pique sur son passage s'en plaignent, et Renart ordonne qu'on mette le trouble-fête à la porte. Tibelin subit le même sort, car Renart n'aime pas les gens « niches, simples ». Le hérisson va se plaindre à Noble de ce traitement, mais Noble ne veut plus s'occuper que du salut de son âme.

Le lendemain, jour de la Pentecôte, Renart reçoit sa cour et nomme les officiers de son hôtel. L'hôtel du lion est complètement transformé par le nouveau maître, et avec une délicieuse ironie le poète indique le sens des changements : l'éléphant, qui est lent, est nommé huissier pour ouvrir la porte « as grans fiestes », et le bufle joue le rôle dévolu à Roenel dans *Renart le Bestourné :*

v. 2675 Li bugles, qui mout estoit fors,
Refu huisiers, pour çou que hors
Demourassent cil a court

N'aportent chose qui atourt
A la maisnie charité.

Néanmoins le nouveau roi donne un grand dîner, dont l'abondance déplaît au prieur des Jacobins. A son observation critique Renart répond que l'on aura toujours assez à manger et à boire dans son hôtel, remarque que le poète approuve. Mais quand les bêtes reviennent à la cour le soir, elles sont reçues par « un fel gars » qui leur annonce que le roi est parti prier au moutier et qu'il faut aller souper ailleurs.

Le lendemain le roi Noble meurt, emporté, selon le poète, par Orgueil, Envie et Renardie, qui tuent toujours les meilleurs et épargnent les mauvais. Ainsi le lion, qui était « la plus noble bieste qui fust », ne peut échapper à la mort malgré ses biens, ses parents et ses amis. Renart est arrivé à son but, et ceux qui l'ont aidé à triompher ont été les premiers à en souffrir. Mais maints autres en ont souffert aussi, si le récit est vrai que le poète propose de nous faire du règne de Renart.

Désormais on va nous parler du roi Renart – « que Dius maudie ». Dans cette dernière partie du *Couronnement* qui est comme un épilogue à l'histoire primitive, l'allégorie prend un caractère satirique féroce et ouvert. Après l'enterrement de Noble, Renart reçoit l'hommage des grands seigneurs, à qui il donne de riches cadeaux. Mais les pauvres ne reçoivent rien. Ensuite Renart quitte Malrepaire pour se rendre à son château de Grenomaisnil. En route il rencontre le hérisson et le mouton, qui se plaignent de la mauvaise récompense qu'ils ont eue pour leurs bons services. Mais Renart leur répond qu'il les a simplement traités selon leur condition : « Come de ciaus qui en maison / D'oume qui vaille n'ont a faire ». Il ne peut pas les faire autrement que Dieu ne les a créés, dit-il, en continuant son chemin. C'est un des membres du cortège royal, Castor, qui tire la leçon des paroles de son maître. Malgré les services qu'ils lui ont rendus, les deux malheureux ne doivent pas attendre de Renart une autre récompense. Ils sont responsables de leur propre malheur; qu'il se tiennent donc tranquilles :

v. 2867 « Un'autre fois, s'il ne vos siet,
Si faites çou c'a vos afiert.
Car se Renars est ore rois
Ne porroit il pour nus endrois
Cangier de rien son viés usage,
Pour coi ne vos tieng mie a sage
Se vos li cuerés fors la piel ».

Enfin, ajoute le Castor, ce n'est que grâce à l'intervention des autres qu'ils n'ont pas été punis. En somme, dit le poète en guise de conclusion à l'incident, les deux imprudents n'ont eu que ce qu'on doit attendre d'un mauvais.

Des souvenirs des vieilles branches reviennent fréquemment dans le *Couronnement,* malgré son caractère essentiellement différent. Ainsi, tout comme son prédécesseur dans la branche XI, qui se retranche dans Maupertuis après s'être fait couronner, Renart prend soin tout d'abord de fortifier Grenomaisnil. Puis il va en Terre Sainte, où il visite Jérusalem et le Saint-Sépulcre, n'oubliant pas, en bon pèlerin, de faire des offrandes. Mais son renom s'étend « jusqu'en la grant Asie », et fait la joie de tous les gens faux et médisants, dont il s'entoure de préférence. Partout il fait école :

Renars tout partout fist savoir,
v. 2935 En Galilee, par tout Pierse,
Que bleue lainne n'ert pas pierse,
Ne boueles n'ert mie chars,
N'avers hom n'ert mie eschars,
Ne hom couvoitous envïeus,
Rires, gabers n'estoit pas geus,
Chapelés ne rert mie aumuche,
N'escrins n'estoit mie huche,
Ne tarbars houche d'autre part.

Avant de quitter ces pays, Renart y a fermement établi sa loi. Ensuite il va à Tolède où il est bien connu, ayant appris là la magie – la branche XXIII nous l'a déjà raconté. Personne en France ne savait autant d'enchantements que lui. De là il passe en France, où il est fort bien accueilli. Pour lui faire honneur, le roi convoque tous ses nobles à Paris, et tout le monde lui fait des cadeaux « pour son maintien ». Les barons le tiennent en très haute estime, et tous s'empressent d'apprendre la renardie :

N'i eut nul d'iaus qui s'aseüre
Devant çou qu'il orent empris
La maniere qu'il ont apris
De la noviele contenance
Qui dont estoit venue en France,
Que Renars avoit aportee.

Nul autre monarque couronné n'est son égal en ruse et en fausseté, nul autre ne sait déformer la vérité comme lui :

Nus autres rois ne faisoit bordes
Ester pour voir, mais ce fist il.
Ne fust nus drois qu'ens el peril
Pa son sens ne feïst vierser,
Tant savoit il tres biel parler
Et ramener .j. drois avant
Qui mout sont souef et plaisant,
Delitable a toute gent.

Telle est la réputation de Renart, qu'elle parvient jusqu'au pape, qui envoie un messager à Paris pour l'inviter à se rendre à Rome. A cet endroit on découvre une des rares allusions à des événements ou à des personnages historiques qui permettent de déterminer la date approximative de la composition du *Couronnement,* ainsi que de déterminer les sentiments ou les sympathies du poète. Le messager arrive à Paris et, en homme « qui pas ne fu esbahis », sait où il faut s'adresser directement :

v. 3017 Trova le roi droit as Precheurs,
Ensi com des Freres Meneurs
Venoit, ou messe avoit oïe.

Cette allusion moqueuse rappelle bien le ton de *Renart le Bestourné,* et dans la personne de ce roi entouré de Frères Mendiants nous n'avons pas de mal à reconnaître saint Louis.

Renart accepte l'invitation du pape avec empressement, et part sans délai pour Rome. Les cardinaux viennent à sa rencontre, accompagnés des plus belles dames de la ville. Le pape le reçoit avec honneur et lui explique sa pensée : il a besoin d'apprendre l'art de Renart pour pouvoir imposer sa volonté sur tous :

> «J'ai mout a faire em pluisors lius,
> Si ne puis mie avoir mon chius
> De chascun a ma volenté.
> Pour quel raison vos ai mandé,
> Que m'aprendés des vostre tours,
> Car on m'a dist chastiaus ne tours
> Ne se püent tenir a vos,
> Que ne tournés tout au desous
> Çou qui au deseure doit iestre.»

Il cite nombre des métamorphoses merveilleuses que Renart aurait effectuées. Dans la réponse de Renart qui énumère quelques-unes de ses plus grandes réussites se révèle un sentiment anticlérical qui avait été jusqu'alors dirigé contre les seuls ordres mendiants :

> 3072 « Voirs est d'on mouton fa ge .j. prestre
> Et .j. abé d'un cornabus,
> D'un mais loudier bien .j. renclus
> Et .j. evesque d'un guinau. »

(D'un mouton je fais un prêtre, et un abbé d'un idiot[1], un ermite d'un mauvais fainéant et un évêque d'un sot).

Mais, ajoute Renart, c'est un travail dur, faire ces instruments de l'Eglise, et qui coûte fort cher. Il révèle que son art consiste en l'application de « l'ongement », qu'Alfred Foulet traduit par « onguent » mais qui me semble correspondre plutôt à « onction »,

[1] Tel est le sens donné à « cornabus » — « cornet à bouquin » — par A. Schulze dans les corrections qu'il a apportées au Vocabulaire de l'édition d' A. Foulet dans *Textkritisches zum Couronnement de Renart*, dans *Zeitschrift für romanische Philologie*, LIII, 1933, p. 171-7.

le sens figuré convenant beaucoup mieux à l'exercice de la renardie. Mais avec cet « ongement » il faut employer aussi la « manière », sans laquelle on ne peut arriver à ses buts.

Le pape jure de se fier désormais entièrement à Renart, qui est plus intelligent que tous les cardinaux. Le poète fait un tableau presque burlesque, profondément dérisoire et irrespectueux, du pape qui embrasse Renart et se réjouit de sa nouvelle science :

> v. 3110 A tant chascuns illuec vint la,
> Si virent Renart, qui se sist
> Jouste le pape, qui se rist
> De la grant joie que il ot
> Qu'ensi Renars apris li ot
> A faire evesques et abbés
> Et de moutons et de chabrés,
> D'asnes a pont, de cas cornus.
> Dist qu'il feroit desous desus
> Et çou devant metroit arrier.
> Car l'onguement seit ja broiier,
> L'onguement seit il ja bien faire.

Quelle moquerie sauvage du clergé, que le poète prétend être créé de moutons et de chèvres, d'ânes et de chats-huants ! Dans sa révolte contre les agissements indignes et les nominations abusives du pape, le poète s'élève contre l'emploi sur le sceau pontifical de l'effigie des saints Pierre et Paul, qui ne devraient pas être associés à des manœuvres malhonnêtes.

Pour récompenser Renart le pape lui donne « sa chape » – sans doute faut-il comprendre le cardinalat – et lui accorde un pardon général. Renart enseigne son art aux cardinaux, de sorte que toute Rome est marquée à son départ de son empreinte. De Rome il se rend en Angleterre et ensuite en Allemagne, où il répand sa doctrine. Les convertis sont nombreux, car personne ne peut plus espérer réussir dans le monde sans savoir l'art de Renart :

> v. 3161 Car ja estoit de si grant pris
> Renardie que n'ert em pris

Nus hom qui ne l'avoit aprise.
Pour çou disoit que mout pau prise
L'oume qui dou renart ne seit.
Ne doit on tenir a seneit
Home qui Renart ne conoist.

L'histoire du hérisson et du mouton sert pourtant d'avertissement à ceux qui seraient tentés de se mêler de la renardie sans en avoir acquis la maîtrise absolue.

Finalement Renart retourne à Grenomaisnil, où une foule importante – « duc, conte et princhier, bourgois et dames et riche home » – l'attend impatiemment pour solliciter son aide. Il est entouré d'Orgueil, Médisance et Fausseté, et l'éléphant remplit bien sa charge d'huissier en refoulant les pauvres, les faibles et les vieux. Devant le palais les pauvres élèvent une plainte désespérée contre Argent, qui est tout-puissant :

« Haï, Argent, Argent, Argent,
Come tu fais ces huis ouvrir !
Argens, tu fais tous ciaus finir
Qui ne te püent mie avoir.
Argent, jou di : priés est d'avoir
Vilonie qui trop t'a chier.
Argent, qui a toi atachier
Se puet si le fais eslever.
Argent, qui toi puet amaser,
Si besoingne tous jours a cort.
Argens, pour coi te tient on cort
Quant il ne te püent contendre ?
Argent, de toi nos covient prendre
Povre loiier, qui riens n'avons.
Argent, pour toi pierdu avons
No bon singnour qui tant valoit ».

Argent peut tout faire ou défaire, sauf ressusciter les morts. Et la complainte est dirigée ensuite contre Mort, qui a achevé la perte des pauvres en emportant le roi Noble pour leur donner Renart à sa place :

« Mors, con tu nos fais povres dons

Quant aisil dones pour claré [1].
Mors, com tu nos as declaré
Tenebres pour cler jour en mai.
Mors, com nos as mis en esmai
Sans droiture que nus i voie.
Mors, car nos mostre une autre voie
Par coi nos puisons vivre a pais ».

Le récit de Renart se termine sur cette note déchirante. Le poète cependant continue en s'adressant à Mort, qui a emporté son seigneur le comte Guillaume, dont la renommée continue pourtant à vivre. Il répète sous plusieurs formes le thème qu'il avait mis en tête de son poème :

3308 Et par itant ai jou prové
Que mout vaut mius nons de prodome,
Tout soit il mors, çou est la some,
Que Renars qui encor est vis.

Le comte Guillaume ne cherchait que l'honneur, et méritait bien de régner. Le marquis de Namur lui ressemble bien en cela, qui n'a jamais pratiqué la renardie non plus. Mais le poète n'est pas certain que la renardie n'ait pas été introduite dans sa cour par des gens qui ont été à l'école de Renart. Il est dommage que le marquis ne sache pas mieux ce que c'est que l'art de Renart, car il reconnaîtrait ceux auxquels le poète fait ainsi allusion. Le marquis est comme le joueur d'échecs, qui voit moins bien qu'un spectateur toutes les possibilités du jeu. Aussi le poète écrit-il pour mettre ceux qui ne pensent qu'à faire honneur et largesse en garde contre les méchants et les orgueilleux, qui provoquent à la longue des luttes terribles dont résonnent « pays et empire ».

Les cinquante derniers vers du *Couronnement* constituent un épilogue. Dans le prologue le poète avait consacré son récit à la mémoire du comte Guillaume, à qui – à ce qu'il prétend du moins – Marie de France avait dédié son *Izopet.* Nous avons

[1] « Aisil » — vinaigre.

vu comment Renart a étendu son règne, avec la bénédiction du Saint-Père, sur tous les pays habités du monde. Puisque personne ne peut plus réussir dans le monde sans renardie, notre poète voudrait parfaire l'éducation de son seigneur, le marquis de Namur, dans l'art de chasser Renart, ce qui serait avantageux à ceux « qui n'aiment for le droit », par conséquent il fait suivre son propre récit de l'*Izopet,* avec ses bons proverbes. Et il termine le tout en souhaitant « haute honor et bone aventure » à celui pour qui il avait conçu son récit édifiant.

Ayant fait l'analyse du *Couronnement de Renart,* il faut se poser, comme pour *Renart le Bestourné,* la question : quelle est la vraie signification de ce poème confus et curieux ? Quels furent les motifs et les intentions du poète ? Avant tout, il faut déterminer la véritable nature du *Couronnement de Renart.* Le *Couronnement de Renart* est évidemment un poème satirique, comme *Renart le Bestourné.* Mais, selon Alfred Foulet, au contraire de *Renart le Bestourné,* qu'il appelle une satire à clef, le *Couronnement de Renart* est une fable symbolique « qui dépeint ce qui pourra peut-être se passer à la cour de Flandre, si l'on n'y met bonne garde »[1]. Il faut cependant reconnaître que l'élément fabuleux ne sert que de prétexte à des considérations morales très générales. Devant l'âpreté de la satire contre les ordres mendiants et le clergé en général, aussi bien que la haine vigoureuse que le poète manifeste pour Renart et ses compagnons, et le ton poignant de la complainte des pauvres, il est presque impossible de considérer le *Couronnement de Renart* autrement que comme un cri de protestation et d'effroi inspiré par les conditions de vie et les événements du jour. Le *Couronnement* fait l'effet d'un pamphlet, a dit A. Jeanroy, et il doit être traité en poème à clé, tout comme *Renart le Bestourné.*

Malheureusement la tâche d'expliquer le *Couronnement de Renart* par des allusions aux personnages et aux faits du jour est rendue difficile dès le début par l'ignorance où nous sommes sur la personnalité de l'auteur. Le poète n'a pas signé son œuvre,

[1] *Le Couronnement de Renard,* p. XLIX, no I.

et nous sommes réduits à tirer du poème même tous nos renseignements sur lui et sur son époque. Le comte Guillaume, en l'honneur de qui le poète avait composé le *Couronnement,* est Guillaume de Dampierre, fils de Marguerite, comtesse de Flandre, et qui portait en tant qu'héritier de sa mère le titre honoraire de comte. Le marquis de Namur est Gui de Dampierre, frère cadet de Guillaume. Guillaume fut tué dans un tournoi en 1251, mais Gui n'acheta le comté de Namur qu'en 1263. En outre, le vers 7, en parlant du Guillaume « qui jadis fu contes de Flandres », semble indiquer assez clairement que le poème fut commencé ou composé au moins un certain temps après la mort de Guillaume; par conséquent il me semble qu'Alfred Foulet a été excessivement prudent en gardant 1251 comme terminus a quo pour la composition du *Couronnement de Renart* et qu'il faut la mettre après 1263. A. Foulet affirme que c'est la mort tragique de Guillaume dans le tournoi qui a déterminé la création de notre poème, mais cet avis me semble reposer sur une erreur d'interprétation du texte, sur laquelle je reviendrai plus tard. Quant au terminus ad quem, A. Foulet le fait descendre jusqu'à 1288, date du plus ancien manuscrit de *Renart le Nouvel,* dont l'auteur a presque certainement connu le *Couronnement.* G. Gröber, que cite A. Foulet, s'est arrêté à 1280, date à laquelle Gui de Dampierre devint comte de Flandre, puisqu'il pensait qu'après cet événement le poète n'aurait plus employé le titre de marquis de Namur. A. Foulet objecte que pour un poète d'origine namuroise le titre de marquis de Namur aurait pu demeurer plus important que celui de comte de Flandre. Il a pourtant fait remarquer que d'après le protocole le titre namurois suivait celui de comte de Flandre. En outre je crois, pour des raisons que je développerai, que ce sont des événements qui se passaient en Flandre qui intéressaient notre poète, et plus précisément des conditions qui devaient aboutir aux révoltes de 1280. Par conséquent je suis porté à donner plus de poids qu'A. Foulet à deux passages du texte qui feraient remonter la date de composition. D'abord la mention des chiens du comte de Poitiers au vers 443. Or, comme l'a observé A. Foulet lui-même, le seul à porter ce titre au XIIIème siècle fut Alphonse, frère de saint Louis, qui mourut en 1271, et il est en effet peu probable que notre poète eût mentionné sa meute si le comte de Poitiers n'avait pas été encore vivant. Ensuite je considère, comme Leo et Jeanroy, que les vers 3017-19 font bien allusion à saint Louis : le terminus a quo que j'ai préféré, 1263, permet de penser que le poète a pu connaître *Renart le Bestourné* et que, par conséquent, ce coup de griffe contre Louis IX et les Mendiants a pu être inspiré ou suggéré par le poème de Rutebeuf. En conclusion donc le *Couronnement de Renart* a dû être commencé après 1263 et avant 1270, l'année de la mort de saint Louis.

Quant au poète, nous n'en savons que ce que laisse deviner son texte. Tout laisse croire qu'il avait été au service de Guillaume de Dampierre, et il a pu être également au service de Gui de Dampierre, qu'il appelle son seigneur au vers 3392. Ses attaches avec la famille des Dampierre, ainsi que ses connaissances des milieux aristocratiques et dirigeants parmi lesquels se déroule toute l'action du *Couronnement de Renart,* permettent de penser qu'il occupait un poste quelconque à la cour des comtes Guillaume et Gui. A. Foulet était de l'avis que « son manque évident de virtuosité poétique » rend impossible la supposition qu'il fut ménestrel, et conclut qu'il a dû se trouver à l'hôtel des comtes de Flandre en qualité de clerc. En effet, ses connaissances du latin, son érudition large et un peu lourde, et surtout ses connaissances du droit, qu'il manifeste dans tout le récit de l'élection de Renart, le qualifient pour le rôle de clerc de chancellerie.

C'est donc sur ces données assez maigres qu'il faut trouver l'explication du *Couronnement de Renart*. L'on a souvent cherché dans la longue et âpre lutte entre les Dampierre et les d'Avesnes la clef de notre poème. La mort du comte Guillaume en 1251 dans la mêlée confuse d'un tournoi avait avivé les rancunes entre les deux partis, pourtant proches parents, et avait suscité contre les d'Avesnes l'accusation, vraisemblablement tout à fait injustifiée, d'avoir machiné la mort de leur principal rival. Dans son excellent récit de cette querelle Charles Duvivier [1] attribue la naissance du *Couronnement de Renart* à cet événement. Alfred Foulet y trouve aussi le motif qui a déterminé notre poète à entreprendre son oeuvre : « L'auteur, ému de voir périr dans un traquenard le comte Guillaume de Flandre, qui fut peut-être son patron et en qui il se plaît à saluer l'incarnation de toutes les vertus chevaleresques, veut à la fois flétrir les meurtriers de ce seigneur et mettre son frère le marquis de Namur en garde contre le retour d'une pareille machination » [2]. Par la suite il concilie cet élément de la mort du comte Guillaume avec le récit de l'aventure de Renart : Calomnie, Envie, Orgueil et Fausseté avaient tué le comte. Mais ces quatre termes, qui peuvent se résumer en un seul, Renardie, représentent en somme les ordres mendiants. A la question qui se présente immédiatement : les ordres mendiants furent-ils coupables donc de la mort du comte Guillaume ? A. Foulet a répondu non, en essayant d'interpréter la pensée de l'auteur : « Les chevaliers qui ont assassiné Guillaume de Dampierre étaient gens envieux, orgueilleux et félons. Leurs vices se retrouvent chez les Jacobins et les Cordeliers. Marquis de Namur, prenez garde ! » [3].

Contre cette explication du *Couronnement de Renart* l'on est obligé de soulever immédiatement une objection fondamentale : si, comme je le crois, notre poète avait commencé son poème en 1263 seulement, comment peut-on croire qu'il ait attendu douze ans après la mort de son maître pour en faire le motif de son poème. La démonstration de Foulet est d'ailleurs basée uniquement sur deux éléments du poème, et deux éléments qui sont, à mon avis, secondaires : la mort de Guillaume de Flandre et le rôle des Mendiants. On a été tenté trop souvent de considérer le *Couronnement de Renart* comme une satire contre les ordres mendiants. Mais cette interprétation ne sert absolument pas à expliquer la victoire de Renart, ni son succès dans le monde, ni ce tableau saisissant de la lutte des classes

[1] *Les Influences française et germanique en Belgique au XIIIème siècle; la querelle des (d') Avesnes et des Dampierre jusqu'à la mort de Jean d'Avesnes (1257)*, Bruxelles, 1894.

[2] *Le Couronnement de Renard*, p. LIV.

[3] *Ibid.*, p. LV.

sur lequel se termine cette histoire de Renart. Le vrai accent du poème est ailleurs, et il faut le déterminer pour trouver la clef du *Couronnement de Renart.*

Ce qui complique la tâche quand on veut saisir le sens véritable du *Couronnement,* c'est qu'il y a deux éléments à la base du poème : d'abord, ce qu'A. Foulet a appelé la fable symbolique, ensuite l'histoire du comté de Flandre et des Dampierre. Quelquefois ces deux éléments semblent exister indépendamment l'un de l'autre, à d'autres moments ils sont intimement mêlés; le tout est d'appliquer correctement la leçon de la fable à l'histoire. Il s'agira donc de découvrir dans ces deux éléments un thème commun sur lequel porte surtout l'accent.

Dans mon analyse du prologue du *Couronnement,* j'ai observé que, si c'est la mort du comte Guillaume qui semble avoir suggéré son œuvre au poète, son intention est pourtant de pouvoir tirer un enseignement de la vie aussi bien que de la mort du prince. Les regrets qu'exprime le poète sur la mort de son seigneur n'ont aucun accent aigu, ne trahissent aucunement une douleur récente, actuelle. La dénonciation des ennemis qui ont tué le comte, Avoirs, Envie, Orgueil et Mesdisance, pourrait avoir un sens abstrait, et si vraiment elle visait les d'Avesnes, elle pourrait n'être que l'écho assez lointain des accusations que les partisans des Dampierre avaient formulées après le tournoi. Si le poète parle de la mort du comte Guillaume, c'est, dit-il, pour démontrer quel tort en est issu pour son pays, et pour prouver que l'on n'a pas intérêt à « signorage remüer ». Il faut cependant remarquer l'importance de la plainte sur la puissance d'Avoirs, qui est recherché par tout le monde. Il est à noter aussi le rapport entre le comte Guillaume et Avoirs : c'est après la mort du prince que le monde est tombé sous l'emprise d'Avoirs, et le poète évoque précisément la vie du prince pour représenter une époque malheureusement disparue. Le poète laisse entendre qu'Avoirs n'eût pas triomphé si le bon comte Guillaume n'était pas mort.

Quelle est l'importance des trois aventures de Renart avec les autres bêtes au début du récit ? Il faut admettre qu'elles sont presque des interpolations et qu'elles ne contribuent point au développement de l'intrigue. On pourrait les considérer comme destinées à faire rentrer le *Couronnement de Renart* dans l'ancienne tradition du *Roman de Renart.* Mais j'ai déjà souligné l'intérêt de ces trois épisodes pour les indications qu'ils nous donnent sur l'esprit aristocratique et même féodal du poète. En même temps il faut observer l'unité de pensée qui s'en dégage : dans les trois cas le poète tire la moralité sur le caractère nocif de la convoitise et conseille aux gens de garder leur rang dans la vie. Il est manifestement partisan de l'ordre établi, qui est pour lui celui qui existait autrefois sous le comte Guillaume.

Il faut maintenant aborder l'examen du thème central : la conspiration contre le roi et le triomphe de Renart. Renart est poussé à entreprendre son projet par sa femme, qui, ambitieuse et intrigante, est surtout orgueilleuse et dure envers les pauvres – l'opposée, il faut le remarquer, du comte Guillaume. Considérons ensuite le rôle des ordres mendiants dans la réussite de Renart. Peut-on vraiment prétendre, comme l'a fait A. Foulet, que Renart, ou Renardie, représentent les ordres mendiants ? Je ne le crois pas. C'est d'abord Renart qui va les chercher pour en faire ses disciples et surtout ses aides. C'est sous le manteau mi-franciscain mi-jacobin qu'il prépare sa victoire, mais cette aide lui est accordée en échange d'une promesse de fortune et de puissance pour les deux ordres qui sont autrement condamnés à la pauvreté. Mais il faut toujours se rappeler que les Franciscains et les Jacobins sont simplement des jouets aux mains du maître Renart, et une fois couronné, il n'hésite pas à rabrouer le prieur qui entend lui donner des conseils (v. 2708-20). Malgré la malveillance que le poète leur manifeste, les Mendiants ne restent à la fin qu'une illustration parmi d'autres de ce que peut faire le tout-puissant Renart. Ce que le poète leur reproche dans le *Couronnement de Renart,* c'est leur désir de richesses, pour lesquelles ils abandonnent tous leurs principes. Leur nouveau dieu est Renart, et ils prêtent allégrement leur prestige et leur autorité à une bien mauvaise cause.

C'est encore l'ambition désordonnée qui est condamnée, avec des accents très sincères, dans les vers 1572-1600 : l'ambition désordonnée des grands qui veulent s'avancer, contracter des alliances riches et puissantes. Le poète déplore les dissensions, les luttes de prestige et d'intérêt dans lesquelles les grandes familles s'entredéchirent. Un peu plus loin, les deux thèmes du poème sont rapprochés d'une façon très précise : la mort du comte Guillaume a permis le triomphe de Renart. Les bonnes vieilles vertus sont mortes, et les plus grands du royaume ont fini par se rallier, eux aussi, au parti de Renart. L'incident du hérisson et du mouton illustre cet esprit d'opportunisme qui guide maintenant les actions des grands, même de ceux qui, peu de temps auparavant, s'étaient montrés les plus loyaux. Quoiqu'il eût défendu son vieux suzerain malade, le hérisson agit contre ses principes en choisissant Renart comme roi, comptant ainsi recevoir une belle récompense. Jeanroy pensait que les familiers de la cour de Flandre ont dû reconnaître dans ces deux « faiseurs de roi » « deux intrigants qui n'avaient pas eu à se louer d'avoir fait la courte échelle aux Mendiants ». Il me semble que c'est ainsi attacher trop d'importance au rôle des Mendiants. C'est Renart qui a renvoyé les deux malheureux qui attendaient des faveurs de lui, et dans la pensée du poète c'est bien le traitement qu'il faut attendre d'un maître comme Renart.

A. Foulet croit que l'auteur du *Couronnement de Renart* a emprunté le thème de l'hôtel du roi à l'*Ecbasis captivi*, et fait remarquer, à l'appui de son assertion, la correspondance à peu près identique du personnel dans les deux poèmes. Je pense cependant que le *Renart le Bestourné* de Rutebeuf a exercé une influence assez importante, et surtout sur l'esprit qui a déterminé l'attribution des différentes fonctions. Ainsi l'éléphant et le bufle sont nommés huissiers afin de rendre difficile l'accès à l'hôtel de Renart. On remarquera toutefois que Renart est bien maître chez lui, et que pendant le grand dîner il montre clairement qu'il n'acceptera aucune ingérence dans ses affaires de la part des ordres mendiants. On ne peut donc pas prétendre que les Mendiants soient maîtres chez Renart, pas plus qu'ils l'aient fait roi. De même le poète affirme solennellement que ce sont Envie, Orgueil et Renardie qui ont tué le bon roi Noble, comme d'ailleurs ils tuent toujours les bons et laissent les mauvais. Dans tout ce complot les Frères Mendiants n'ont été que les instruments de Renart, à qui même les plus forts ne peuvent résister.

Dans l'épilogue au couronnement de Renart, il convient de distinguer les caractéristiques du règne de la Renardie. En Terre Sainte et jusqu'en Asie, Renart étend son royaume de médisance, de mensonge et de fausseté. Partout il établit sa loi, qui est de dire toujours le contraire de la vérité. Le souverain pontife lui-même apprend son art pour pouvoir mieux exercer son autorité, en nommant à son gré des créatures même les plus indignes. Renart est invité partout, car il est universellement reconnu que personne ne peut réussir s'il n'est pas versé dans la renardie. La scène dans le palais de Grenomaisnil est des plus significatives pour comprendre le *Couronnement de Renart*. Tous les puissants du royaume, noble et riche bourgeois, homme et femme, cherchent auprès de Renart l'avancement de leur fortune ; seuls les pauvres n'ont aucune place dans son hôtel. Puis survient brusquement cette étonnante plainte des pauvres, pathétique, déchirante, la plainte contre la puissance de l'argent qui retentira, comme l'a remarqué Edmond Faral, plus d'une fois au cours des âges, mais qui fait sa première apparition ici dans l'histoire de Renart. Il faut constater pourtant que notre poète ne fait que reprendre, en le développant, la plainte contre Avoir qui domine et donne le ton au prologue, cet Avoir qu'il accuse de la mort du comte Guillaume. Le poète s'adresse ensuite à la Mort, et c'est le même cri de désespoir des pauvres, qui se voient perdus, livrés à Renart par suite de la mort du bon comte, c'est-à-dire, à n'en pas douter, à la puissance de l'Argent.

C'est sur ce cri désespéré que le poète laisse l'histoire de l'ascension de Renart, pour faire une dernière fois le point de son argument : le comte Guillaume, qui représentait toutes les vertus chevaleresques, vaut mieux, même mort, qu'un monarque du type de Renart. Il faut maintenant faire nous-mêmes le point du *Couronnement de Renart.* Où, en fin de compte, est l'accent dans ce poème ? Certainement pas sur les agissements des Mendiants, qui disparaissent d'ailleurs complètement après la réprimande que Renart fait au prieur. Il n'est pas possible d'interpréter le *Couronnement de Renart* comme une autre satire, sur le modèle de *Renart le Bestourné,* des ordres mendiants. Si l'on considère le poème tout entier, l'accent est sur un changement survenu dans les mœurs et les institutions du pays. Et ce changement provient de la perte des vertus chevaleresques et surtout de la puissance nouvelle de l'argent. Quel est le résultat de la prise de la couronne par Renart ? Une ruée par les nobles et les riches vers la fortune et le pouvoir, et, en corollaire, la misère toujours plus grande des pauvres. Renart est entouré de Fausseté, de Mensonge et de Médisance, d'Orgueil, qui l'aident à se débarrasser du roi Noble, tout comme ils avaient été les complices d'Avoir dans l'assassinat du comte Guillaume. Renart et Avoir jouent exactement le même rôle dans les deux thèmes parallèles du poème. Renart est donc ce nouvel esprit qui, profitant de la disparition des vieilles vertus et de l'affaiblissement de l'autorité aristocratique et féodale, s'insinue dans le gouvernement et la direction du pays par la ruse et la fausseté et règne par le pouvoir de l'argent, au détriment des pauvres. Le règne de Renart, c'est le règne d'Argent, le triomphe de l'ambition égoïste, de la fausseté et de l'hypocrisie, de l'avarice et de l'orgueil.

Si tel est les sens du texte, il reste à en trouver la portée. Alfred Foulet a appelé le *Couronnement de Renart* une fable symbolique, destinée à ouvrir les yeux à Gui de Namur sur le jeu et les intentions des Frères Mendiants : « Si l'on n'y met pas bon ordre l'histoire de Noble, que Renard détrône, deviendra celle du lion de Flandre, de Gui de Namur ». J'ai voulu démontrer cependant que cette hypothèse, selon laquelle nous aurions affaire à une satire des Mendiants, ne correspond pas aux données du texte. Pour moi le *Couronnement de Renart* est une allégorie dont nous trouverons l'explication en étudiant l'histoire de la Flandre vers les années 1263-1270. Car la juxtaposition et le parallélisme des histoires du roi Noble et du comte Guillaume, ainsi que les avertissements adressés à Gui de Namur, prouvent incontestablement que les deux thèmes sont inséparables. A. Foulet a maintenu, en parlant du poète, que le *Couronnement* contient une flatterie très nette à l'adresse des Dampierre, puisque la Flandre ne figure pas parmi les pays que Renart visite au cours de son voyage triomphal, ni parmi ceux où la renardie s'est établie. Mais tout nous oblige à reconnaître que c'est à la Flandre que le poète pense toujours en parlant du royaume de Renart. C'est la mort du comte Guillaume qui a permis le triomphe de Renart. Il n'y a pas de pays au monde où Renart soit encore inconnu (v. 3376–9). Et surtout, tout le poème a été conçu pour servir d'avertissement au comte Gui et pour lui apprendre à chasser Renart. Il faut donc appliquer à la Flandre les thèmes principaux : la disparition des vertus chevaleresques, l'ascendance d'une nouvelle aristocratie, celle de l'argent, la misère des pauvres.

Edmond Faral a souligné l'impression profonde que le *Couronnement de Renart* produit, et cite surtout la grandeur du chant des pauvres, la complainte de l'argent « qui peut tout au monde, même rendre blanches les abeilles et rouges les brebis ». Mais le plus remarquable, selon lui, est le ton : « la satire est constante, systématique, âpre; pas d'explosions violentes, de récriminations à grand fracas : une colère sourde, qui ne se laisse pas désarmer et ne s'apaise point. Il y a bien de la tristesse et de l'amertume dans ces vers légers ». Il y voit la peinture noire de la société contemporaine, mais ne cherche pas les raisons profondes du pessimisme du poète. Mais l'auteur du *Couronnement de Renart* n'est pas simplement un moraliste qui s'élève, conformément à une tradition bien établie, contre les vices de son siècle. Ce qui a suscité sa colère est particulier à la Flandre, et à son époque. Au XIIème siècle il s'est produit dans les Pays-Bas un développement économique et industriel qui devait bouleverser au XIIIème siècle toute la structure sociale et aboutir, surtout dans le comté de Flandre, à des luttes de classes longues et sanglantes. Les comtes de Flandre, explique Henri Pirenne dans son *Histoire de Belgique* [1], furent souvent les protecteurs des bourgeoisies, et depuis Baudouin IX ils aidèrent la libre expansion du commerce au lieu de l'exploiter, comme faisaient la plupart de leurs contemporains. Dans la première moitié du XIIème siècle s'établissent en Flandre des prêteurs et des usuriers, des banquiers, surtout lombards. Mais, à partir du XIIIème siècle l'importance de l'industrie du drap de Flandre dépasse celle du commerce. Une nouvelle classe, la bourgeoisie, est créée et donne bientôt une physionomie très caractéristique au pays. Les grandes villes sont purement bourgeoises et laïques :

> En ville même, le sol n'appartient que pour une faible partie aux chapitres et aux couvents ; presque tout en entier il est aux mains des patriciens enrichis par le commerce, et ce qui en reste encore dans la possession des églises est racheté par le conseil au cours du XIIIème siècle... Il en va de la noblesse comme du clergé... (Les chevaliers) durent à la longue céder la place à la bourgeoisie. Exclus des gildes, ils ne pouvaient se maintenir longtemps à côté des patriciens, aux mains desquels s'accumulait rapidement la fortune mobilière... Peu à peu, ils disparurent ou se retirèrent à la campagne, vendirent leurs terres et leurs donjons. Bien rares sont les villes belges où, comme en Allemagne, ils se fondirent dans le patriarcat. Dans la plupart d'entre elles ils disparurent sans laisser de trace [2].

Cette évolution économique n'engendrait pourtant pas simplement la disparition de la vieille aristocratie de la ville; elle

[1] Bruxelles, 1900, I, *Des origines au commencement du XIVème siècle.*
[2] *Ibid.*, p. 259.

tendait à la destruction pure et simple de la classe : «La classe des chevaliers, si extrêmement nombreuse dans les Pays-Bas au XIème et au XIIème siècle, s'amoindrit considérablement au XIIIème. Les dépenses croissantes qu'entraînait la vie militaire les ruinaient... Les revenus de leurs petits fiefs ne leur permettent plus de mener une vie conforme à leur rang. Aussi beaucoup d'entre eux, endettés chez des Lombards ou de riches bourgeois, tombent-ils dans la misère » [1]. Ne semble-t-il pas raisonnable de voir dans cette disparition de la vieille aristocratie féodale en Flandre la source d'une des plaintes de notre poète : la perte des vieilles vertus chevaleresques, dont le comte Guillaume fut la dernière illustration ? Et la nouvelle société qui a chassé les bonnes vieilles vertus et qui leur a substitué le règne de l'argent et de l'avarice, n'est-elle pas cette nouvelle classe, la riche bourgeoisie, de tendance nettement républicaine ? Mais la comparaison devient encore plus convaincante quand on considère les aboutissements de la politique patricienne. Les échevinages urbains, auxquels furent confiés le droit commun et l'administration des villes flamandes, se resserrent sur la magistrature du prince et finissent par l'absorber complètement : « C'est qu'aussi ce pouvoir (du bailli comtal) a graduellement déchu ... Le patriarcat urbain donne le ton. Il contrarie l'action baillivale. Il délibère, entre grandes villes, sur ses intérêts communs : les « échevins de Flandre » commencent à se mêler de politique. L'impécuniosité du prince fait de lui l'otage des communes prêteuses; il leur vend des privilèges et ne fait que se désarmer encore » [2]. Marguerite de Flandre et Gui de Namur s'étaient en effet fortement endettés à saint Louis pendant la longue lutte contre Jean d'Avesnes. Peut-être notre poète, clerc dans la chancellerie comtale où il s'est rendu compte de la situation financière désastreuse de ses maîtres, a-t-il voulu mettre Gui de Namur sur ses gardes contre les ambitions des patriciens quand il parle de chasser Renart. Plus significative encore pour l'interprétation du *Couron-*

[1] *Ibid.*, p. 272-3.
[2] Humbert Ligny, *L'Occident médiéval*, Bruxelles, 1947, p. 233.

nement de Renart est l'évolution sociale des villes flamandes sous le gouvernement patricien. Dans la lutte des communes flamandes contre l'autorité des comtes, l'artisanat local avait emboîté le pas aux meneurs, les marchands des gildes. Mais ces marchands, devenus opulents, avaient vite monopolisé les échevinages et les conseils municipaux. Le pouvoir devient alors l'apanage de quelques familles, qui écartent le peuple de toutes les fonction publiques et lui refusent tout contrôle. Leur autorité devient plus lourde et plus oppressive. Elles édictent des taxes accablantes dont elles s'exonèrent elles-mêmes, elles gaspillent l'argent, refusent de rendre des comptes. Mais le peuple est frappé plus lourdement encore :

> L'exploitation du travail y soulève des colères inexpiables. Dans les villes drapières, les gros entrepreneurs mettent en coupe réglée tisserands et foulons. Qui fixe le taux des salaires ? C'est tantôt l'échevinage et tantôt la gilde. Mais l'échevinage n'est-il pas le reflet du grand commerce ? Comment édicterait-il des règlements impartiaux et rendrait-il une justice sereine ? Et la gilde, jadis si ouverte, ne devient-elle pas, en Flandre, et même en Brabant, un syndicat de marchands drapiers ? Un long usage du pouvoir, et une longue expérience de la richesse perfectionnent, au possible, chez les gros bourgeois, les modes classiques d'oppression [1].

La classe ouvrière en Flandre, affirme Pirenne, est tourmentée au XIIIème siècle par d'âpres revendications sociales : « Depuis 1225 la Flandre ne cessa plus d'être en proie à une agitation sociale ». Le régime patricien, sorti de la classe des marchands et des commerçants, était devenu une oligarchie égoïste et exclusive, pratiquant le monopole et le protectionnisme. C'est, à mon avis, cette classe patricienne, exploitant et opprimant le commun peuple, ses ouvriers, évinçant les grands féodaux et les vieilles communautés religieuses des villes, grignotant les privilèges du prince, osant même à la fin s'opposer à son autorité, qui est condamnée dans le *Couronnement de Renart*. Re-

[1] *Ibid.*, p. 237-8.

nart, qui a détrôné le roi légitime et amené sa mort, qui a banni les bons vieux usages, qui enseigne partout l'art de réussir dans le monde et de gouverner, qui s'entoure des riches mais qui ferme sa porte aux pauvres, c'est le patriciat flamand. Son « onguent » secret qui réduit toutes les oppositions et le rend maître du monde, c'est l'argent, et la « manière » de l'appliquer, c'est la fausseté, la calomnie, la ruse, qui ont toujours été les armes de Renart.

Les multiples éléments et allusions du *Couronnement de Renart* prennent, envisagés sous ce jour, leur vraie signification. Cette foule qui hurle sa misère et sa haine devant les portes du palais de Grenomaisnil, ce sont les ouvriers de Flandre qui devaient en 1280 se révolter contre la tyrannie patricienne. Cet avertissement, mettant le prince en garde contre la nouvelle puissance qui menace son autorité et même son régime, Gui de Namur, comte de Flandre à partir de 1278, a dû l'entendre plus d'une fois. C'est lui qui prend la tête des forces du peuple dans les luttes contre les patriciens, appuyés par le roi de France, et c'est son fils qui remportera la victoire étonnante de Courtrai en 1302, à la tête d'une armée d'ouvriers et de paysans qu'encadraient quelques centaines de chevaliers. C'est d'ailleurs peut-être cette ingérence des rois de France dans les affaires de Flandre qui a provoqué des allusions à l'emprise de Renart sur la France. Philippe Auguste et Louis VIII s'étaient assujetti la Flandre en imposant leur volonté à Jeanne, la très jeune comtesse de Flandre après la disparition de son père Baudouin IX, empereur de Constantinople. L'influence française s'affirmait encore sous le règne de Marguerite, qui devait s'endetter de plus en plus envers saint Louis en retour de son aide et protection dans la lutte avec Jean et Bouchard d'Avesnes. Cette domination française, qui était souvent accompagnée d'humiliations pour la famille comtale et de lourdes exactions, peut-être a-t-elle suffi en elle-même pour froisser les sentiments patriotiques de notre poète. Il est probable pourtant qu'il ressentait encore plus l'appui que les rois de France prêtaient aux patriciens. En 1274 par exemple, les premiers troubles éclatèrent à Gand, et Gui de Namur en profita pour abolir le gouvernement des patriciens, que Philippe le Bel rétablit promptement. On pourrait soutenir, bien entendu, que le poète ne manifeste pas d'antipathie extraordinaire pour la France, puisqu'il fait une longue énumération des pays d'Europe et d'Asie où Renart a établi son règne. Il est à remarquer pourtant que la France est un des pays, avec l'Angleterre, l'Allemagne et la Terre Sainte, qui reçoivent la visite du roi Renart. Il ne faut pas oublier que pendant les règnes de Marguerite de Flandre et de Gui de Dampierre, le comté de Flandre était la proie des ambitions et des intrigues, non seulement des Français, mais aussi du roi d'Angleterre et de ses voisins, la Hollande, le Hainaut et le Brabant, qui reconnaissaient tous les trois la suzeraité de l'Empire. Le poète emploie le terme dérisoire de « coué » que l'on donnait aux Anglais au Moyen Age, en ajoutant plaisamment que « l'on en trouve plus en Angleterre que dans n'importe quel autre pays ». Quant à l'allusion au règne de Renart en Terre Sainte, elle sonne comme l'écho des plaintes de Rutebeuf contre l'incapacité de la chrétienté occidentale à mettre la lutte contre l'infidèle avant ses jalousies, ses intérêts et ambitions égoïstes. L'importance commerciale des royaumes francs qui attirait, beaucoup plus que le zèle religieux, beaucoup de chevaliers flamands ruinés, les rivalités qui, engendrées par ce commerce, déchiraient ces royaumes et aboutissaient à la perte des places fortes franques, l'une après l'autre, l'orgueil et la soif de richesses des ordres militaires qui nuisirent souvent aux états francs : autant de raisons suffisantes pour expliquer les critiques désabusées du poète.

Reste à expliquer le rôle que jouent les ordres mendiants dans le *Couronnement de Renart*. Suffit-il, pour expliquer l'attitude du poète, d'invoquer l'hostilité qu'éprouvaient les gens de la cour envers les Mendiants à cause de leur influence auprès des princes, comme le fait A. Foulet? Une telle explication est inacceptable si l'on accepte mon interprétation du *Couronnement de Renart*. Ce que le poète leur reproche, c'est leur association, de très bon cœur, avec Renart, dans le but d'acquérir pouvoir et fortune. Renart représente le nouvel ordre social qui remplace les anciennes vertus chevaleresques par l'ambition, la ruse, l'égoïsme, et qui gouverne par la force et l'argent : plus spécifiquement Renart représente les patriciens flamands. Or il existait entre les Mendiants et les patriciens des liens qui expliquent bien cette association que le poète dénonce – A. Foulet s'en était aperçu, mais n'y avait pas attaché assez d'importance. La bourgeoisie flamande, dit Pirenne, était extrêmement hostile aux anciens ordres religieux en Flandre, aux grandes abbayes qui entravaient le développement du commerce par leurs privilèges, et elle les harcelait, les chassait des villes, restreignait par tous les moyens les droits et l'autorité ecclésiastiques. Mais considérez par contre le traitement réservé aux ordres mendiants :

> Si les anciens monastères et les chapitres sont en butte à une hostilité déclarée, les ordres mendiants se voient accueillis au contraire avec enthousiasme. Il n'est pas de ville de quelque importance qui ne possède, dès la première moitié du XIII ème siècle, ses cloîtres de Franciscains et de Dominicains, et dans la lutte de ces ordres contre le clergé séculier et les anciens monastères, l'opinion publique se déclare violemment pour les nouveaux venus. Ceux-ci sont mêlés activement à la vie urbaine ; c'est eux qui prêchent dans les églises... [1].

Ce sont donc les Mendiants qui recevaient les offrandes qui allaient autrefois aux monastères mais qui étaient maintenant réservées aux églises paroissiales, comme ce sont eux qui bénéficiaient des libéralités des riches bourgeois. Notre poète, sorti vraisemblablement d'un des cloîtres bénédictins ou cisterciens, jadis si nombreux et si riches en Flandre, a dû contempler avec amertume la ruine des anciens ordres, tandis que la fortune subite des ordres mendiants, associée étroitement à la puissance et la richesse grandissantes des patriciens, le remplit de dépit et de méfiance. Voilà donc l'origine du pacte entre Renart et les deux ordres mendiants. Il y a une concordance extraordinaire

[1] *Histoire de Belgique*, I, p. 332.

entre l'histoire de Flandre et notre poème à cet endroit. En prêchant l'humilité et la pauvreté, le prieur de Saint-Ferry fait bénéficier Renart de l'autorité et du respect dont jouissaient les ordres mendiants, tout comme dans la réalité les Dominicains et les Franciscains profitaient des largesses de la bourgeoisie et s'enrichissaient au mépris de leurs vœux. Le résultat, tel que nous le voyons dans le *Couronnement de Renart,* Pirenne l'a constaté également dans l'histoire de Flandre : « La classe ouvrière ... est tourmentée au XIIIème siècle par d'âpres revendications sociales. Les prêtres et moines mendiants qui se sont consacrés à l'évangélisation de la foule des pauvres gens, qui lui ont donné le sentiment de la dignité humaine, y ont bien souvent aussi, en prêchant l'humilité chrétienne, répandu sans le vouloir le mépris et la haine du riche » [1]. C'est cette apparente hypocrisie des Mendiants, la contradiction entre leurs paroles et les richesses qu'ils tiraient de la bourgeoisie, qui a fait tourner contre eux, comme complices des patriciens, la colère satirique du créateur du *Couronnement de Renart.* Cette apparente hypocrisie a dû paraître encore plus flagrante du fait que les Frères Mendiants avaient connu la faveur de la maison de Flandre – A. Foulet cite une liste des générosités de Marguerite de Flandre aux deux ordres [2] – et on en voit le reflet dans le *Couronnement.* Tout comme les Mendiants profitent de leur autorité morale auprès du roi Noble pour le faire supplanter par Renart, source de leur fortune, ils sont en train, selon notre poète, d'évincer Gui de Namur pour mettre au pouvoir le patriciat qui leur montre tant de générosité. C'est vraisemblablement son opposition aux ordres mendiants qui a déterminé en outre l'attitude du poète envers le Saint-Siège. Dès leur création les deux ordres avaient bénéficié constamment de la faveur des papes, qui les soutenaient immanquablement dans leurs conflits avec les autorités ecclésiastiques et avec les autres ordres. En retour ils s'étaient faits les collecteurs zélés des taxes pontificales, toujours impopulaires. C'est donc cette politique fiscale, confiée de surcroît à des gens si odieux et

[1] *Ibid.*, p. 347.

[2] *Le Couronnement de Renard*, p. LIX.

si suspects, qui, à mon avis, a suscité l'accusation contre le pape et tout le sacré collège d'être inféodés à Renart, autrement dit, à l'amour et à la poursuite de l'argent. Il me semble aussi que les allusions aux nominations faites par le suprême pontife avec l'aide du fameux « onguent » de Renart constituent une attaque peu voilée contre la simonie, attaque qui sera renouvelée un peu plus tard dans *Renart le Nouvel*.

Ulrich Leo et Edmond Faral avaient tous les deux reconnu l'importance de la critique politique et sociale dans le *Couronnement de Renart*. Leo considérait pourtant que le *Couronnement* est un poème symbolique composé par un moraliste qui, situé sur le terrain du « féodalisme éclairé », essaie de tirer la leçon, politique aussi bien que morale, des événements et des tendances dont il est le témoin. Ainsi les ordres mendiants représentent sous une forme concrète et actuelle le concept de la renardie – Avarice, Convoitise, Orgueil et Hypocrisie. Mais, ajoute-t-il, il ne faut pas faire d'autres comparaisons. Les personnages du *Couronnement de Renart* représentent des concepts, et le poème n'est pas une allégorie. Mais j'ai déjà essayé de démontrer qu'on ne peut pas séparer les deux thèmes du *Couronnement de Renart*. Il est évident que le poète voulait faire une allégorie sur l'état de la Flandre, et que c'est entièrement par rapport aux conditions de la vie et de la société en Flandre dans la dernière moitié du XIIIème siècle qu'il faut interpréter son poème. Et c'est d'après cette interprétation du poème que je juge le poète. Leo l'a qualifié de « Moralist und Feudalist, ebenso rein wie konservativ in seinen Anschauungen; geistig und moralisch ein Aristokrat ». Peut-être d'origine assez humble, entré au service du comte Guillaume, dont il a pu ainsi apprécier les qualités chevaleresques, il a vu disparaître peu à peu la noblesse de Flandre et diminuer l'autorité du comte, tandis que le nouveau patriciat remplaçait par une oligarchie égoïste et tyrannique le régime féodal, qui avait malgré tout préservé les droits et les privilèges des petits gens. Voilà donc l'explication de son amertume, de ses regrets de la chevalerie disparue – évolution d'ailleurs spéciale à la Flandre à cette époque, et qui confirme l'hypothèse sur les origines historiques du poème. Il n'y a donc pas de raison de parler de conservatisme, de réaction contre les tendances démocratiques du temps. Le *Couronnement de Renart* exprime tout au plus le malaise social. Son intérêt est, comme l'a dit Edmond Faral, dans sa valeur de document, dans sa peinture, si fidèle, si on sait la chercher sous la satire et l'allégorie, de la société à laquelle appartenait le poète. Comme *Renart le Bestourné,* le *Couronnement de Renart* est un pamphlet. Renart incarne toute une classe de la société, et c'est le ton déchirant de la complainte de ses victimes, un ton où s'expriment une détresse profonde et une haine terrible, qui donne son sens et sa valeur au *Couronnement de Renart.*

Le ton de polémique sociale et politique du *Couronnement de Renart* nous rappelle les poèmes satiriques de Philippe de Novare. Mais on le retrouve dans d'autres querelles qui ont laissé des traces dans la littérature en Flandre vers la même époque. On peut penser que l'auteur du *Couronnement* a fait plus d'un emprunt à *Renart le Bestourné,* et on peut dire d'une façon plus générale que le *Roman de Renart* semble avoir été très apprécié de bonne heure dans le nord-est de la France et en Flandre. Sans parler ici de *Reinaert de Vos,* qui occupe une place si importante dans la vieille littérature flamande, on trouve des souvenirs très curieux du *Roman de Renart* dans la littérature et l'histoire de ces régions. Dans une communication à la Société d'Histoire et d'Archéologie de Gand, Léonard Willems [1] a signalé un emploi curieux du sobriquet « Isengrin ». En 1201 une lutte s'engageait dans le métier de Furnes entre la comtesse Mathilde, veuve de Philippe d'Alsace, comte de Flandre, et une faction composée de diverses familles nobles à laquelle fut donné le nom de « Blauwvoets ». Or, explique Willems, « Blauwvoet » signifie « lanier », qui fut souvent employé au Moyen Age dans le sens de « lâche ». En retour les Blauwvoets appelaient les partisans de Mathilde « Isengrins », sobriquet auquel Willems donne le sens, assez limité d'ailleurs, d'imbécile et glouton. Dans une commu-

[1] *Notes sur la querelle des Blauwvoets et des Isengrins, dans Bulletin de la Société* . . . , Gand, no. 6, 1906, p. 253-85. Cf. V. Fris. *ibid.*, no. 3, 1906.

nication antérieure V. Fris avait proposé la signification plus large de « loups, partisans du pouvoir avide et rapace », ce qui est conforme au caractère du héros du *Roman de Renart.* Willems pensait qu'il avait existé peut-être parmi les partisans de Mathilde une famille Ingrekin, puisque ce nom existe dans certains des récits de la querelle, mais que ce nom avait été estropié méchamment par leurs ennemis en « Isengrins », par rapprochement avec le *Roman de Renart.* Signalons toutefois que l'on m'a signalé que dans la région de Melden, près d'Audenarde en Flandre-Orientale, « Isengrin » est encore donné en sobriquet aux hommes méchants.

En parlant du *Couronnement de Renart* j'avais réfuté d'emblée l'hypothèse selon laquelle le poème aurait été inspiré par la mort tragique de Guillaume de Dampierre. La querelle des Dampierre et des d'Avesnes a été cependant l'occasion d'une charmante petite histoire digne de figurer parmi les branches du *Roman de Renart.* Après l'arbitrage de saint Louis en 1246, Jean d'Avesnes s'allia avec Guillaume II de Hollande, roi des Romains, se fit proclamer comte du Hainaut au mépris des droits de sa mère, Marguerite de Flandre, et revendiqua la Flandre. Dans la guerre contre Guillaume, Gui de Dampierre et son frère Jean attaquèrent Walcheren, mais furent battus et capturés. Affolée par ce désastre, Marguerite de Flandre sollicita l'aide de Charles d'Anjou. Charles d'Anjou et son frère Alphonse de Poitiers envahirent le Hainaut à la tête d'une armée française et redressèrent la situation en 1254 avant d'être arrêtés par l'armée de Guillaume.

C'est cette intervention de Charles d'Anjou et de son frère en faveur de Marguerite qui est racontée, sous une forme pittoresque mais sans grande valeur historique, dans un épisode des *Récits d'un ménestrel de Reims au treizième siècle* [1]. Ces *Récits* ayant vraisemblablement été rédigés en 1260, selon Natalis de Wailly, ils précédaient de quelques années le *Couronnement de Renart.* Mais chez le ménestrel anonyme de Reims il n'y a rien

[1] Éd. Natalis de Wailly, Paris, 1876, no XXXVIII, p. 207-15.

de l'allégorie, ni du ton moralisateur, qui caractérisent le *Couronnement de Renart.* Sauf pour l'avertissement en tête : « Or vous vuel dire un essemple sour ce que la contesse avoit quis ajue au conte de Poitiers et au conte d'Anjo », ce récit pourrait passer pour une vraie branche, et non des moindres, du *Roman de Renart.* Isengrin propose un jour à la chèvre qu'elle cultive un champ à lui dont il ne peut pas s'occuper à cause d'un plaid qui l'oppose à Belin le mouton et qui le retient à la cour de Noble. La chèvre accepte après quelque hésitation, et il est convenu qu'ils partageront la récolte. Arrivé le moment de la moisson, le loup allègue toujours son plaid pour s'excuser d'aider son associée. Mais une fois la moisson faite, il vient réclamer sa part. Sûr de sa force, il prétend prendre tout le grain, en laissant la paille à la chèvre. Le lendemain matin Isengrin revient avec une charrette, et accompagné de son compère Renart. Mais la chèvre avait sollicité l'aide de deux gros mâtins, Taburel et Roenel, qu'elle avait autrefois nourris de son lait. Les deux chiens se cachent dans le tas de paille et attendent Isengrin. Malgré les conseils de Renart, qui a aperçu les chiens, Isengrin se met à charger le blé sur la charrette. Sur un signal de la chèvre, les mâtins attaquent le loup et le laissent pour mort. Ils emportent le blé chez la chèvre, et le charretier emporte Isengrin, qui doit subir encore les moqueries de Renart. Tandis que les mâtins s'en vont à leur abbaye, d'où ils peuvent revenir au besoin secourir leur mère adoptive, Isengrin doit garder le lit cinq mois.

Le ménestrel de Reims nous explique cette histoire, qui est en apparence un simple conte d'animaux :

> Or vous dirons pourquoi je vous ai contai cest essemple : pour Jehan d'Avesnes que je di qui fu li leus; et sa mere fu la chievre ; et li cuens d'Anjo et li cuens de Poitiers furent Roeniaus et Taburiaus. Et Jehans d'Avesnes vouloit avoir le grain, et vouloit sa mere laissier la paille; car il li vouloit tolir sa terre ou il n'avoit droit, et la vouloit deseritier. Mais sa mere, que je comper a la chievre, nou pot souffrir; ains ala au conte d'Anjo et au conte de Poitiers, que je di qui furent Roeniaus et Taburiaus ; et fist tant envers eus que il li aidierent son droit a retenir envers son fil, qui est compareiz

> au leu. Et li foula on si sa vendenge qu'il n'ot pouoir ne talant de regibier, si comme vous orrez ça en avant se j'ai lieu et tans dou dire.

Au chapitre suivant, le ménestrel reprend son récit historique qu'il avait donné ainsi, en ajoutant des détails qui complètent un peu le tableau. Renart, qui joue un rôle prudent et même effacé, semble représenter Guillaume II de Hollande qui, quoique beau-frère de Jean d'Avesnes, aurait refusé de lui apporter son aide au début de sa querelle avec Marguerite de Flandre. Nous reconnaissons donc que le récit est vraiment une allégorie satirique, mais il est intéressant de constater avec quels soins l'auteur essaie de créer une véritable branche de Renart. Le prétexte du plaid, les précisions sur l'abbaye – cistercienne – où habitent les deux mâtins, les moqueries que Renart adresse à son compère déconfit et les sarcasmes que lui prodiguent dame Hersent et ses enfants à son retour : autant de traits qui donnent une marque individuelle et naturelle au récit, tout en évoquant avec force des souvenirs qui le rattachent à la vieille tradition de Renart. En effet ce récit fournit encore une démonstration éloquente de la façon dont le Moyen Age déguisait en branches de Renart les plus mordantes satires. Nous retrouverons le fond de ce récit dans deux autres ouvrages, la branche franco-italienne et *Renart le Contrefait,* qui nous permettront de constater comment le cadre des histoires de Renart et souvent les récits eux-mêmes se prêtaient aux traitements les plus divers. Mais le récit du Ménestrel de Reims et le *Couronnement de Renart,* créés à peu d'années d'intervalle, dans la même région et par des gens favorables à la famille des Dampierre, illustrent l'un et l'autre l'évolution, dans le genre satirique, du *Roman de Renart :* le premier, fidèle à la tradition originale, présentant l'aspect d'un conte de Renart : l'autre se rattachant de façon plus ou moins lâche au cycle de Renart, profitant de sa popularité pour attirer le public, mais se perdant souvent, sous l'influence de l'allégorie, dans de longues divagations morales, prolixes et confuses, où nous nous sentons déjà loin du royaume des animaux.

Chapitre VII

RENART LE NOUVEL

Renart le Nouvel, poème allégorique de la fin du XIIIème siècle par le poète lillois Jacquemart Gielée. Son succès : le *Livre de Maistre Regnart,* version en prose du XVème siècle, et les éditions du XVIème siècle. L'influence de *Renart le Nouvel :* le *Dit d'Entendement* de Jean de Condé et le *Dit de la queue de Renart.*

Si le *Couronnement de Renart* appartient par certains aspects à la littérature morale commune à tout le Moyen Age, il faut par contre reconnaître que la situation politique et sociale qui avait inspiré les plaintes du poète n'a probablement pas eu beaucoup de résonance en dehors du cercle relativement restreint de la cour de Flandre. Le *Couronnement de Renart* semble en effet avoir eu très peu de succès à son époque. Il nous est conservé dans un seul manuscrit, et son influence semble avoir été limitée essentiellement à *Renart le Nouvel,* long poème allégorique écrit très vraisemblablement en 1289 par un poète de Lille, Jacquemart Gielée. Tout le long de l'étude de l'histoire de Renart, on constate en effet l'attrait constant que les aventures et le personnage même de Renart semblent avoir exercé en Flandre, d'ailleurs son pays d'origine. On retrouve dans *Renart le Nouvel* les personnages des branches anciennes, les mêmes données essentielles et souvent les mêmes aventures, tandis que plusieurs nouvelles aventures sont calquées évidemment sur les vieux récits. Le poète avait un très réel talent de conteur, et ses contes d'animaux, enjoués et amusants, souvent satiriques, se rattachent à la meilleure tradition du *Roman de Renart.* Mais ce n'est là qu'un aspect de *Renart le Nouvel,* et en fin de compte un aspect secondaire. Tout comme dans le *Couronnement de Renart* on s'aperçoit très vite de la vraie nature de *Renart le Nouvel*; dès les premiers vers l'intention moralisatrice du poète est évidente. Contrairement à *Renart le Bestourné* et au *Couronnement de Renart,* le poème de Jacquemart Gielée n'est pas inspiré par une conjoncture historique précise, il n'est pas un roman à clef. Dans ces deux autres ouvrages pourtant Renart était devenu un personnage allégorique bien différent du Renart des branches anciennes, et c'est dans la voie de l'allégorie que Jacquemart Gielée a amené son nouveau Renart. Et quand le poète est arrivé au bout de cette voie, le vieux Renart, le russé héros de tant d'aventures gaies et amusantes, a complètement et définitivement disparu et à sa place on trouve un Renart purement symbolique, l'incarnation du Mal.

Il est vrai que cette conception de Renart n'est nullement nouvelle. Nous l'avons déjà rencontrée plus d'une fois au cours de cette étude, dans les vieilles branches de Renart et notamment dans la branche XXIV, qui raconte sous une forme allégorique la création de Renart et d'Isengrin, ainsi que dans les nombreuses allusions à Renart dans la littérature médiévale. Dans *Renart le Bestourné* et le *Couronnement de Renart* les poètes s'en prennent à des ordres de la société qui, selon eux, créent le mal autour d'eux : dans le premier, les ordres mendiants, dans le second, les patriciens flamands. Pour Jacquemart Gielée Renart est un adversaire bien plus redoutable, une force bien plus maligne et plus puissante que n'importe quel élément de la société humaine. Je ne propose pas de faire ici une étude détaillée de *Renart le Nouvel.* D'abord une telle étude ne rentre pas dans les limites de cette thèse, et puis elle vient d'être faite tout récemment dans une thèse par Henri Roussel [1]. J'aurai certaine-

[1] Henri Roussel, *Étude sur Renart le Nouvel du poète lillois, Jacquemart Gielée,* thèse de Doctorat ès Lettres présentée devant la Faculté des Lettres de Paris, 1956. Thèse complémentaire, *Jacquemart Gielée, Renart le Nouvel, édité d'après le manuscrit La Vallière (B.N. fr. 25 566),* Paris, 1961.

ment souvent recours à cette étude très complète, mais ma tâche est plus limitée que celle de Roussel. Il s'agit ici, en examinant *Renart le Nouvel,* d'en dégager les idées et les intentions du poète pour déterminer d'abord les rapports avec le *Roman de Renart,* ensuite la place et l'importance de ce nouveau récit de Renart dans la littérature française du Moyen Age.

Il n'existait jusqu'ici qu'une seule édition de *Renart le Nouvel,* celle de Méon dans le tome IV de son *Roman de Renart* publié en 1826. Grâce au travail d'Henri Roussel nous possédons maintenant une nouvelle édition, préparée selon les exigences des méthodes philologiques modernes. *Renart le Nouvel* nous a été conservé par quatre manuscrits. Méon avait reproduit le texte du manuscrit L, en ajoutant des développements de C et F. Roussel a entrepris donc d'éditer le texte du manuscrit V, qui lui semblait par surcroît reproduire le plus fidèlement le texte écrit par Jacquemart Gielée, et il n'a corrigé ce texte qu'aux endroits où il lui semblait être évidemment fautif. On doit lui reprocher même d'avoir parfois suivi trop scrupuleusement le texte du manuscrit V, écartant ainsi des leçons des autres manuscrits qui donnent pourtant un sens bien plus clair. Mais le texte qui résulte de ce travail présente en effet des différences considérables avec celui de l'édition de Méon, notamment par la suppression de ce que Roussel a appelé « des développements parasites dus sans doute au copiste de L » auxquels s'ajoutent d'autres que Méon avait empruntés à C et F. C'est ainsi que Roussel a supprimé tout le développement de 140 vers qui a trait à la lutte menée contre les privilèges des Mendiants par les évêques de France de 1287 à 1290 (Méon v. 7447–7589), développement qui était certainement une addition faite postérieurement à l'achèvement de l'œuvre par un autre que Jacquemart Gielée. Comme la plupart de ces développements parasites sont de caractère moralisateur et plus ou moins anticlérical, Roussel suggère que le texte de *Renart le Nouvel* qu'il nous présente donnera peut-être une impression d'ensemble quelque peu différente de celle qui se dégage de l'édition Méon. Il sera donc sans doute utile de procéder comme j'ai déjà fait pour *Renart le Bestourné* et le *Couronnement de Renart,* en accompagnant mes observations d'un résumé du texte même de *Renart le Nouvel* d'après cette nouvelle édition, et d'autant plus que je n'arrive pas tout à fait aux mêmes conclusions que Roussel sur l'œuvre.

Au vers 7735 de *Renart le Nouvel* on lit le nom du poète – « Jaquemars Gelee ». Au début de son *Etude littéraire* sur le poème Henri Roussel a essayé de donner des précisions sur ce Jacquemart Gielée, précisions basées sur les archives de la ville de Lille, mais les résultats sont en fin de compte assez maigres et peu concluants. Si en effet le nom de Gielée figure assez souvent dans l'obituaire de la Collégiale Saint-Pierre de Lille, et si d'autres documents des environs de 1288 parlent de deux Jacques Gielée, nous ne pouvons pourtant tirer des archives aucun renseignement certain sur l'auteur de *Renart le Nouvel.* Roussel affirme avec quelque témérité que le poète et sa famille habitaient rue d'Angleterre, près de la Collégiale Saint-Pierre; qu'ils étaient certainement « en relations suivies » avec les chanoines de Saint-Pierre, et que le poète avait probablement des relations littéraires avec Adenet le Roi et Adam de la Bassée, l'auteur du *Ludus super Anticlaudianum.* « Vivant rue d'Angleterre, il était là au centre de l'activité intellectuelle de la ville et il a pu y participer directement. Par l'intermédiaire de Jean Makiel (clerc de Gui de Dampierre) il a dû prendre contact avec les poètes de l'entourage de Gui de Dampierre. On imagine mal en effet que Jacquemars Gielée n'ait pas un jour ou l'autre rencontré Adenet le Roi quand celui-ci séjournait à Lille en compagnie de son maître et que le clerc du comte de Flandre n'ait pas songé à mettre en rapport les deux poètes » [1]. On pourrait penser que parmi les poètes que Jacquemart Gielée a dû ainsi connaître se trouvait l'auteur du *Couronnement de Renart,* qui faisait presque certainement partie de l'entourage de Gui de Dampierre. Mais il n'y a là toutefois que de simples hypothèses, et li faut reconnaître qu'on ne sait rien de certain sur Jacquemart

[1] Roussel, *Étude sur Renart le Nouvel,* p. 336-7.

Gielée. Il ne faut donc surtout pas tenir compte de ces hypothèses, contrairement à ce qu'a pensé Roussel, quand on aborde le problème du sens de *Renart le Nouvel* et des sentiments du poète. Quant à la date du poème, on peut accepter, du moins provisoirement, celle de 1289 que donne la version du manuscrit V et qui est appuyée assez solidement par des allusions historiques dans le poème même. Passons donc tout de suite à l'étude de *Renart le Nouvel* qui nous renseignera certainement mieux sur la personnalité et les idées de Jacquemart Gielée.

Dans le manuscrit C le poème porte en titre : « Ci conmence le rouman du petit Renart de moralité ». Que ce titre fût donné par Jacquemart Gielée ou par un autre, il indique assez exactement la nature de *Renart le Nouvel.* Le poème commence en effet par un prologue de quarante vers qui révèle l'intention moralisatrice du poète. C'est son devoir, dit Jacquemart Gielée dès les premiers vers, de dire la vérité, sous peine d'avoir à répondre à Dieu de son silence : « Qui le bien set dire le doit » (v. 1). Malheureusement le monde est plein de fausseté, car Envie et Convoitise règnent dans les cœurs des hommes :

C'est dure nouvele a che monde
Qui de fausseté est tous plains
v. 12 Et ens es vaus et ens es plains
Par Envie qui tous maus pont,
Et Couvoitise a fait son pont
En che monde, seur coi monter
16 Fait les prelas et desmonter.
De Dieu en montant se desmontent
Quant plus as temporeus biens montent,
Car par avoir voit on avoir
20 Orgueil, gardés se je di voir.

Tous les puissants du monde sont soumis à Convoitise – « Roi et conte, Prince et Casé [1] ». Mais qu'ils prennent garde, car la mort peut les surprendre :

[1] « Casé » — « pourvu d'un fief » (Roussel, *Glossaire*).

N'i a roy ne conte
Dont Diex n'ait tost deffait le conte,
Clerc, vesque, preste ni abé
N'est asseür, tant ait abbé[1]
De longue vie, soir ne main,
Qu'i en che siecle ait nul demain.

Mais le monde est si corrompu que personne ne songe à s'amender :

Li cuer sont mais plain de renart
Et pour che que tant monteplie
Renars, me plaist que vous en die
Une branche ou pluseur porront
Prendre essample, s'en aus sens ont.

Voilà donc l'énoncé très net du but de *Renart le Nouvel,* et en même temps un portrait du poète : un moraliste qui se propose de dénoncer l'emprise de Renart sur le monde, c'est-à-dire le règne de la Convoitise et de l'Envie qui suscitent l'orgueil et la fausseté. Pas d'allusions historiques comme dans le *Couronnement de Renart,* mais une condamnation générale de la société aristocratique et du clergé. Il est à mon avis significatif que Jacquemart Gielée reproche tout d'abord aux prélats d'agir par convoitise, le vice qui engendre les autres, ensuite aux puissants, et que le clergé tout entier figure notablement dans ce prologue. Il est vrai que le prologue n'apporte rien d'original, ni sur le plan littéraire ni sur le plan moral. Le *Couronnement de Renart* n'est qu'une longue dénonciation de la puissance d'Avoir. Rutebeuf, dans *Renart le Bestourné,* et d'autres poètes du Moyen Age se plaignaient régulièrement du nombre toujours croissant des Renart, dans le monde, tandis que « coeur plein de Renart » était une expression bien courante dans la littérature de l'époque, ainsi que nous avons pu le constater dans un autre chapitre. Le thème de Renart symbole du Mal nous est maintenant tout à fait familier. Henri Roussel a signalé d'un autre côté l'analogie complète des

[1] « abbé (avoir) » — « désirer ».

premiers vers de *Renart le Nouvel* avec le début du *Tournoiement d'enfer*[1], et il a expliqué très justement qu'on ne doit guère parler de sources à propos de *Renart le Nouvel* mais plutôt de lieux communs de la littérature de l'époque. La plupart des développements moralisateurs de notre poème ne font en somme que reprendre des thèmes traditionnels de la littérature édifiante du Moyen Age, dit Roussel en citant la définition que Félix Lecoy a donnée de cette littérature : « *Renart le Nouvel*... doit trouver sa place dans la vaste littérature « qui se retrouve identique à elle-même tout au long du Moyen Age, et qui mettait en langue vulgaire, à la disposition des laïcs, une partie de l'enseignement, une portion des connaissances qui étaient alors le bien commun de la chrétienté tout entière » [2]. Dans sa thèse Roussel a amplement justifié ces assertions. Il est vrai aussi que ces thèmes traditionnels ont souvent un caractère satirique et anticlérical. Mais je ne suis plus de l'avis de Roussel quand il tend à soutenir que la satire des mœurs ecclésiastiques et l'anticléricalisme qui sont si marqués dans *Renart le Nouvel* font simplement partie intégrante de ces thèmes traditionnels et ne reflètent pas forcément la véritable pensée de Jacquemart Gielée. Le fait qu'il employait trop régulièrement ces thèmes traditionnels, jusqu'à nous en lasser complètement, ne prouve nullement que Jacquemart Gielée ne partageait pas les sentiments qui les animaient, y compris les sentiments satiriques et anticléricaux. En l'absence d'autres renseignements, de tout autre moyen d'appréciation, nous devons juger le poète sur son œuvre. Cherchons donc l'impression d'ensemble que nous laisse *Renart le Nouvel.* Peut-être que son peu d'originalité paraîtra alors comme le signe d'un manque de talent poétique plutôt que d'un manque de sincérité.

Après le prologue, le premier livre de *Renart le Nouvel* nous ramène directement au cadre si familier des branches anciennes de Renart, à la cour du roi Noble, à la saison de mai où arbre et pré sont fleuris et les oiseaux chantent dans les

[1] *Étude sur Renart le Nouvel, Étude Littéraire,* p. 466.
[2] *Ibid.,* p. 467.

bois et forêts, tandis que les cœurs amoureux reprennent leur chant. De nouveau les animaux se sont réunis autour de leur souverain, qui fête son anniversaire le jour de Rogations. Notre monde des animaux a pourtant grandi au cours des années depuis la branche de Pierre de Saint-Cloud. Noble est entouré de sa femme, dame Orgilleuse, et de leurs trois fils, Orgilleus, appelé ailleurs Orgueil, Noblet et Lionnel. Renart est accompagné de ses trois fils Malebranche, Percehaie et Roussel, qui n'est nommé que plus tard, ainsi que dame Emmeline ou Emme. Nous avions déjà rencontré les trois fils de Renart dans les vieilles branches, où cependant le plus jeune s'appelait Rovel, tandis que le nom Roussel désignait habituellement l'écureuil. Isengrin a amené dame Hersent et leurs deux fils Pinchart, qui avait paru dans la branche I, et Primaut. Tous les barons sont là, accompagnés souvent de plusieurs nouveaux personnages, leurs femmes ou leurs enfants. Même l'archiprêtre Timer, malgré son saint office, est père de jumeaux, Bauduin et Fromons, qui sont coiffés de leur emblème traditionnel, un chardon fleuri. Le poète semble avoir pris un certain plaisir à allonger la liste des bêtes, qui s'étend sur près de 200 vers. Est-ce là l'influence de la longue énumération des bêtes d'après Thomas de Cantimpré dans le *Couronnement de Renart* ? En tout cas, il est intéressant de remarquer, comme l'avait fait A. Rothe [1], comment le poète sort du cadre traditionnel en introduisant des bêtes plus exotiques, tels que Fortins l'éléphant (dans *La Mort le Roi Artu* « Fortins » est l'épithète de Samson, le héros de l'Ancien Testament), Vrediaus le papegai, venu de l'Inde, Desdaigneus l'autruche d'Afrique, Hardi le léopard, cousin de Noble, venu d'au-delà de Constantinople avec sa femme Harouge, Rimocheron l'unicorne, et finalement un personnage fabuleux, Malegrape le griffon, venu de Frise, pays encore insoumis et inconnu.

Dans l'ensemble Jacquemart Gielée a gardé aux bêtes les noms qu'elles portaient dans les vieilles branches de Renart,

[1] *Les Romans de Renard.* Paris, 1845 : *Renard le Nouvel*, p. 360-459.

et les changements ne sont souvent que des échanges avec d'autres personnages du *Roman de Renart.* Ainsi l'archiprêtre s'appelle comme l'âne dans la branche XI ainsi que dans IX, et le nom de Primaut, appelé compère de Renart dans VIII et frère d'Isengrin dans XIV, est simplement transféré à un des fils du loup. Il faut cependant voir une signification plus profonde dans les noms que Jacquemart Gielée donne à la lionne et à son fils aîné. Si la reine est appelée Orgueilleuse dans la branche XVI, ce nom sert plutôt de qualificatif dans la plupart des branches, où la femme de Noble est souvent appelée dame Fiere l'orgueilleuse. Dans *Renart le Nouvel* elle devient Orgueilleuse, et son fils lui doit son nom Orgueil. Orgueilleuse engendre Orgueil, et par la suite l'allégorie expliquera la signification morale de ces noms.

Le développement du thème de la cour plénière démontre le désir de Jacquemart Gielée de continuer dans la veine des branches anciennes en parodiant la vie féodale et chevaleresque. Noble annonce son intention d'armer Orgueil chevalier. Toute l'assemblée crie son approbation, et le roi fait apporter les armes pour adouber le nouveau chevalier. Mais là nous entrons abruptement dans l'allégorie. Sans autre introduction le poète nous apprend que ces armes avaient été envoyées à Orgueil par Proserpine directement de l'enfer, car les deux s'aimaient « d'amor fine ». C'était Lucifer qui les avait données à l'origine à Proserpine, et c'est maintenant Belzébuth qui les apporte à Orgueil avec les salutations de sa bien-aimée. C'est donc par le personnage important qu'est le fils aîné de Noble que Jacquemart Gielée introduit l'élément allégorique dans sa nouvelle branche de Renart. Orgueil personnifie donc le vice d'orgueil, qui était considéré généralement comme le vice fondamental. Et voilà donc Noble, monarque fait à l'image des rois très chrétiens, qui, sans hésitation, fait habiller son fils et héritier de ces armes infernales dont nous avons la description détaillée et qui représentent autant de vices :

Premiers li vesti l'auqueton
Qui estoit, en lieu de coton,

De desdaing, de despit farsis.
v. 252 Li auquetons fu mout jolis.
Aprés li vesti la chemise [1]
De Chartres, qui ert a devise
Bele si con de vanterie ;
256 Aprés l'auberc qui fu d'envie
Mailliés et les cauches aussi ;
Aprés che li rois li vesti
De manaches une cuirie ;
260 Aprés li rois li a vestie
Cote a armer de vaine gloire,
Che nous raconte li estoire.
De beuban li donna escu,
264 Tés ne fu puis le tans Artu ;
De descorde et de traïson
Ot enmy un rampant lion.
Et s'ot hiaume de convoitise
268 Ou il ot mainte pierre assise,
Safirs, rubis et casmahiex ;
Des pierres resplendist li liex.

Renart et Isengrin chaussent le prince des éperons qui sont

.... de mauvais œvre,
Sans repentanche manouvré,
280 Doré de propre volenté.

Et finalement c'est le roi lui-même qui donne à son fils une épée faite de haine et de félonie. Après une messe dite par Timer, Orgueil va jouter avec ses compagnons, son armure étant complétée d'une lance « de fausseté avec fer de cruauté et fanon de tromperie ».

Rothe a parlé de la « singulière confusion d'idées et de choses, de paganisme et de christianisme » dans ce chapitre, ce qui me semble indiquer un manque total de compréhension des intentions du poète. Dans cette scène allégorique, où le fils du vaillant et preux roi Noble s'allie aux puissances de l'enfer

[1] « chemise de Chartres » — « chemise à vêtir à nu, distinguée des chemises de maille » (Dict. La Curne de Sainte-Palaye).

tandis que son père fait preuve d'une indifférence étonnante ou d'un aveuglement total, il me semble que Jacquemart Gielée veut démontrer la décadence des vieilles vertus et la corruption du monde dont il s'était plaint dans le prologue. C'est en somme une nouvelle forme de la plainte contre l'influence corrosive de Renart sur la vieille noblesse que nous avions rencontrée dans le *Couronnement de Renart.* Henri Roussel a fait remarquer que l'introduction d'Orgueil dans un conte de Renart posait une difficulté technique à l'auteur. « Un vice aussi important devait figurer parmi les personnages de premier plan. Jacquemart Gielée ne pouvait guère le mettre sur le même rang que Noble, Renart ou Ysengrin, le faire surgir tout à coup aux côtés de ceux que j'appellerais volontiers les héros de la première génération, et lui faire jouer, sur le devant de la scène, un rôle à sa mesure. Il lui était malaisé d'introduire de son propre chef, dans un monde fixé par une longue tradition, un personnage non pas inconnu ou fraîchement imaginé, mais un héros qui, en d'autres œuvres, joue lui aussi son rôle et qui n'est pas des moindres. Orgueil ne pouvait donc, si Jacquemart Gielée voulait lui accorder quelque rôle voyant, appartenir qu'à la seconde génération, celle des enfants, dont les personnalités et le rôle laissaient beaucoup plus de place à la fantaisie et aux inventions »[1]. Evidemment Orgueil ne pouvait pas être le fils de Renart, ajoute Roussel, car il aurait pu paraître ainsi comme une sorte d'émule de son père, un second Renart, qui pourrait même, le cas échéant, rivaliser avec son père. Mais, observe Roussel très justement, les Puissances du Mal ne s'opposent pas entre elles. La même objection ne joue pas si Orgueil devient le fils de Noble. En même temps la littérature, sacrée aussi bien que vulgaire, fournit plusieurs exemples de l'orgueil représenté allégoriquement sous les traits du lion, ainsi que de la royauté de ce vice[2]. Jacquemart Gielée avait donc des précédents pour son choix, et nous savons déjà qu'il a repris surtout des thèmes traditionnels, bien plus qu'il n'a inventé,

[1] *Étude sur Renart le Nouvel,* p. 472.
[2] Cf. *ibid.*, p. 473-4.

dans la partie moralisatrice de son œuvre. Mais il me semble qu'il faut attribuer à Jacquemart Gielée une certaine originalité dans la création du nouveau personnage, une intention allégorique et, disons-le, satirique dans la parenté qu'il établit entre Noble et le jeune Orgueil. Noble, roi du monde des animaux et personnification en fin de compte assez respectée de la royauté féodale depuis plus de cent ans dans le *Roman de Renart,* engendre dans *Renart le Nouvel* Orgueil; tout inconsciemment il introduit dans la société noble dont il est le chef, l'élément du péché qui amènera la perte de toutes les vertus qui avaient guidé la conduite de la société chevaleresque.

Le thème de la lutte du Bien et du Mal est ainsi introduit dans le cycle du *Roman de Renart,* et l'allégorie restera étroitement associée aux aventures de Renart et de ses compagnons traditionnels dans *Renart le Nouvel.* Trop étroitement même, car le récit de ces aventures, dans lequel Jacquemart Gielée montrera son vrai talent, est constamment interrompu par de longues digressions moralisatrices qui développent la signification symbolique des événements racontés. De cette façon de procéder il résulte une confusion certaine, mais il est impossible de séparer les deux éléments narratif et moralisateur, car le premier sert, au fond, uniquement à introduire le second. C'est ainsi qu'après l'adoubement tout allégorique d'Orgueil le poète nous présente une scène de tournoi. Les fils d'Isengrin surpassent Orgueil en jouant à la quintaine et encourent ainsi son hostilité. Pendant le souper il révèle son dépit à Renart, qui saisit l'occasion de faire du mal à son vieil ennemi. Par souci évident de rattacher son œuvre aux récits anciens le poète rappelle l'histoire du viol d'Hersent et prétend que Noble avait réconcilié les deux ennemis peu de temps auparavant. Renart devient maître de l'Hôtel d'Orgueil et son conseiller. Sur la prière de son fils Noble organise un tournoi. Dans la mêlée Renart tue Primaut d'un coup de poignard sans que personne s'en aperçoive et blesse Isengrin grièvement. Ce double crime va déclencher une grande guerre entre Noble et Renart.

Mais pour le moment le tournoi permet à Jacquemart Gielée un long développement allégorique basé sur la description des armes des combattants.

Renart et ses fils portent au tournoi des écus « de malisse et de trecherie », mais celui de Renart se distingue par un « lambel de tromperie ». Isengrin porte un écu parti « de larrechin a reuberie », mais ses fils ajoutent au blason de leur père le meurtre et un lambel garni de peaux d'agneaux. C'est cependant le personnage d'Orgueil qui intéresse le poète dans cette première partie de son œuvre. Il faut croire que la conception que Jacquemart Gielée nous donne d'Orgueil lui avait été suggérée par le *Tournoiement Antéchrist* de Huon de Méry. On peut en effet faire des rapprochements précis entre les deux textes, qui reprennent d'ailleurs tous les deux le thème de la lutte entre les forces du Bien et du Mal. Dans le *Tournoiement Antéchrist* Huon de Méry avait employé le thème traditionnel de l'armure du chrétien, faisant des vertus les différentes pièces de l'armure des champions d'Espérance, tandis qu'il avait retourné le symbolisme pour faire des vices les pièces de l'armement des forces d'Antéchrist. Dans ce premier livre de *Renart le Nouvel* Orgueil joue, tout comme Antéchrist dans le *Tournoiement,* un rôle de premier plan, et l'on reconnaît clairement l'influence du *Tournoiement* dans la description du tournoi. Mais on se rappelle que les armes qu'Orgueil avait reçues à son adoubement venaient directement de l'enfer, envoyées par Proserpine à celui qu'elle aimait :

Et li rois a fait aporter
Armes pour son fil adouber,
Qu'envoiies ot Proserpine
v. 232 Del puc d'infer, car d'amour fine
Amoit Orgueil et Orgieus li,
Mais a Pluto point n'abeli
Car il en fu en jalousie.

Ces armes avaient été données à Proserpine par Lucifer, nous dit Jacquemart Gielée, et c'est Beugibus ou Belzébuth qui les apporte à Orgueil de la part de Proserpine. Or, dans le *Tournoiement Antéchrist* on lit à propos d'Antéchrist :

v. 552 .I. hiaume ot qui trop bien li sist,
Qui iert d'un aÿmant crousé :
Proserpine li ot donné
En enfer par grant druerie.
De ce vint la grant jalousie
Dont Pluto l'ot soupeçonneuse [1].

Au vers 561 on lit que Proserpine avait envoyé ce heaume « tant estoit d'Antecrit esprise » ; et si le poète ne nomme pas le messager qui l'a apporté, il fait toutefois de Belzébuth le gonfanonier d'Antéchrist. L'enseigne qu'il porte vient aussi de Proserpine :

573 L'enseigne qu'en la hante ot mise,
Qu'ele ot fete de sa chemise.

Or, dans *Renart le Nouvel* Orgueil porte également les faveurs de sa dame :

524 Orgieus le manche Proserpine
Ot en sen brac, car d'amour fine
L'amoit et s'ot son couvrechief
Seur le hiaume desus son chief.

Mais ce n'est pas seulement le personnage d'Antéchrist qui se retrouve dans l'Orgueil de *Renart le Nouvel.* Dans le *Tournoiement Antéchrist* il y a aussi un Orgueil, le principal lieutenant d'Antéchrist, et c'est certainement en partie ce personnage qui a inspiré Jacquemart Gielée. Orgueil fait une entrée en scène bien marquée dans le *Tournoiement :*

602 Qui lors veïst orgeil saillir
Sor .I. destrier d'Espaigne sor !
Bobenz, qui du vis semble mor,
Au vent li desploie s'ensaigne.

Ses armes sont décrites en détail :

[1] Éd. Georg Wimmer, Marburg, 1888.

v. 614 De geules estoit ses escuz
Plus vermeilles que nus sinoples ;
Parmi rampoit misires nobles
A une queue bobenciere ;
618 Coronne ot precïeuse et chiere
Sus son hiaume qu'ot d'aïmant.
N'est pas mestiers qu'en me demant,
S'en la coronne ot pierres fines
622 Car toupaces et crapaudines
Avoit en l'aïmant asisez
Et pierres de diverses guises
Dont la pire ert de grant renon.

(C'est à tort d'ailleurs que Roussel a attribué ces vers à la description de l'écu et du heaume d'Antéchrist. Il s'agit bien d'Orgueil). Mais on se rappelle la description de l'écu et du heaume d'Orgueil dans *Renart le Nouvel* – et il est à remarquer aussi que la description du heaume est étroitement liée à celle du bouclier, exactement comme dans le *Tournoiement :*

De beuban li donna escu,
264 Tés ne fu puis le tans Artu ;
De descorde et de traïson
Ot enmy un rampant lion.
Et s'ot hiaume de couvoitise
268 Ou il ot mainte pierre assise,
Safirs, rubis et casmahiex ;
Des pierres resplendist li liex.

Il est évident que Jacquemart Gielée ne pouvait pas parler de « misires Nobles » en parlant d'Orgueil, mais il a gardé néanmoins le même blason, exprimé simplement en termes héraldiques. On peut trouver d'autres emprunts encore. Regardons toujours Orgueil dans *Renart le Nouvel :*

528 Orgieus chevauchoit cointement
C'a se sele et a ses lorains
Ot .XV. cloquetes au mains
Qui demenoient grant tintin
532 Con li maisnie Hellekin.

Huon de Méry avait parlé dans le *Tournoiement Antéchrist* de Cointise, qui appartient à la maison d'Orgueil, en termes correspondants :

v. 686 De la mesniée Hellequin
Me membra, quant l'oï venir.

Nous aurons l'occasion de faire d'autres rapprochements entre les deux poèmes, mais l'exactitude de ceux que j'ai déjà signalés est telle qu'on est justifié à dire que Jacquemart Gielée ne s'est pas seulement inspiré de Huon de Méry, mais qu'il l'a même imité parfois, et jusque dans l'emploi des mêmes termes. Il me semble d'ailleurs que le désir d'imiter Huon de Méry, de reprendre son allégorie sur l'Antéchrist et Orgueil, explique, du moins en partie, la création par Jacquemart Gielée du personnage et du rôle d'Orgueil. Dans le *Tournoiement Antéchrist* il faut reconnaître qu'il y a une certaine confusion des rôles d'Antéchrist et d'Orgueil ; Orgueil est dans une certaine mesure la réplique de son maître, et au vers 647 il est même appelé « rois de toz vices ». On sent que Jacquemart Gielée a saisi cette identité de personnes dans la manière dont il a mêlé des traits empruntés aux deux personnages dans sa description d'Orgueil. Mais il faut reconnaître aussi que dans *Renart le Nouvel*, Orgueil joue un rôle épisodique; il ne paraît que dans le premier livre du poème, et il en disparaîtra avant la fin, pour ne plus revenir. Personnage purement allégorique en fin de compte, créé sur le modèle Antéchrist-Orgueil, il permet à Jacquemart Gielée d'introduire dans son histoire de Renart le thème nouveau de l'armure des forces du Mal qu'il a dû beaucoup admirer. L'adoubement d'Orgueil n'est qu'un développement de ce thème. Orgueil est donc affublé des armes et des emblèmes de tous les vices, de tous les personnages qui avaient apparu dans la première partie du *Tournoiement Antéchrist.* Il ne joue aucun rôle important dans le déroulement de l'action – an contraire, comme je l'ai déjà dit, il disparaît assez rapidement du poème. Mais son rôle allégorique exigeait qu'Orgueil soit un personnage bien en vue, sur lequel Jacquemart Gielée pourrait développer longuement et commodément le thème de l'armure. L'adoubement d'un fils de roi se prêtait bien à ce développement, le fils de Noble était un personnage de premier plan, et finalement, en faisant de ce prince de sang royal le possesseur de tous les vices, Jacquemart Gielée introduisait dans son poème, ainsi que je l'ai déjà expliqué, le thème de la corruption de l'ancienne noblesse. Quand on reparlera d'Orgueil dans *Renart le Nouvel,* ce sera simplement pour reprendre et développer cette dernière idée. Les deux autres fils de Noble appartiennent véritablement au monde animal du *Roman de Renart*; Orgueil est une création allégorique inspirée vraisemblablement par le poème de Huon de Méry et qui se situe tout à fait en dehors des contes de Renart.

L'attentat contre Isengrin et son fils déclenche une guerre entre Noble et Renart. Dénoncé par Isengrin et menacé d'être pendu par le roi, l'assassin s'était prudemment retiré au plus vite du tournoi pour se réfugier avec toute sa famille chez son cousin Grimbert, d'où il regagne ensuite son château de Maupertuis. Noble envoie ses gens à la recherche du traître, mais Renart est déjà en sûreté. Noble regrette amèrement d'avoir admis Renart à sa cour après tous ses crimes; il n'y a que deux ans, ajoute le roi, qu'il a tué Copée et déshonoré la femme d'Isengrin. C'est encore la branche I, notamment l'enterrement de Copée, qui a inspiré à Jacquemart Gielée la description de l'enterrement de Primaut (v. 817-823). La description de Maupertuis pourrait, il est vrai, s'appliquer à beaucoup de forteresses médiévales. On peut cependant croire que Jacquemart Gielée s'est inspiré de la branche Ia dans son récit des défenses et de l'approvisionnement qui mettent Renart à l'abri de tout assaut, car les détails qu'il énumère correspondent trop exactement avec ceux de la branche ancienne pour être simplement l'effet du hasard. Mais Maupertuis est métamorphosé dans *Renart le Nouvel*; c'est de nouveau en termes allégoriques que Jacquemart Gielée nous en parle. Toute personne qui entre dans Maupertuis ne sait plus sortir, mais doit y rester jusqu'à sa mort :

C'est li lieus de perdition,
v. 860 Chiex entre ens qui fait traïson
Ne qui seur l'autrui a envie ;
Qui boise ne fait trecherie [1],
Chiex entre dedens la maison
864 Ne qui het le gent sans raison,
S'est de la maisnie Renart.

Le sens de ces vers devient plus clair par la suite; Jacquemart Gielée proclame en effet l'universalité de Renart :

Renars a el mont mout des siens
868 Que il a chaint de ses liens,
Qu'il n'est qui en sache le conte.
Pres que tout li roi et li conte
En sont et aussi li clergiés
872 Par Renart, dont c'est grans meschiés.

L'universalité de Renart, c'est en effet le règne du mal et aussi de l'hypocrisie, que Jacquemart Gielée introduit sous une forme symbolique :

873 Tout jouent de le fauve anesse
Et de Gillain se compaignesse.

Dans la *Chronique des ducs de Normandie,* Benoît de Sainte-Maure avait employé l'expression « la fauve asnele », et dans la branche I du *Renart,* Noble dit à Renart « Molt savez de la fauve annesse » (v. 1291) pour lui reprocher ses multiples tromperies. L'expression revient dans la branche VI : « Renars qui scet de fauve anesse » (v. 161), et on peut penser que c'est dans ces deux branches de Renart que Jacquemart Gielée a trouvé cette personnification de la tromperie. La « fauve ânesse » reviendra à plusieurs reprises dans *Renart le Nouvel,* en compagnie de dame Guile, cette autre personnification de la tromperie, et je

[1] Roussel a choisi dans ce passage la leçon de V, « Qui bloise . . . ». « Bloisier », « bléser », au sens de « tromper », tandis que la leçon de CFL, « boise », avec « Ne » au v. 864 à la place de « Et », comme au v. 861, convient parfaitement au sens du passage.

parlerai à une autre occasion de son influence dans la création du *Roman de Fauvel,* dont le héros est le digne émule de Renart. Remarquons pourtant en passant la nouvelle accusation dirigée contre le clergé et les princes : à leurs péchés s'ajoute maintenant celui de l'hypocrisie.

Pour venger Isengrin, le roi Noble part avec tous ses barons pour Maupertuis et ordonne l'assaut. L'anthropomorphisme est complet à cet endroit de *Renart le Nouvel,* et nous assistons à l'attaque d'un véritable château fort. Jacquemart Gielée a sans doute employé bien des formules stéréotypés, il n'y a certainement rien de très original dans son récit de l'assaut, mais, comme chaque fois qu'il se contente de conter et non de moraliser, son récit est alerte, vivant, non sans intérêt. Il peint donc un véritable tableau de l'art militaire de son époque en évoquant le siège de Maupertuis. Les assaillants lancent le feu grégeois et partent à l'assaut sous une pluie de projectiles, de pierres, de plomb et d'huile bouillante lancés par les défenseurs. Sous la couverture d'un bombardement intense ils franchissent les fossés sur un énorme pont recouvert de peaux et essayent de saper le mur. En vain. Ils dressent des échelles contre les murs, mais ceux qui y montent sont vite précipités en bas. Les mangonneaux et les béliers sont incapables d'abattre les défenses. Finalement le roi fait avancer une énorme tour de bois à trois étages, où s'entassent chevaliers, arbalétriers et simples soldats. Grâce à cet engin, les assaillants réussissent à occuper une partie des remparts, mais Renart mène une contre-attaque et rétablit la situation. Dans le désarroi des troupes royales, la tour est détruite par le feu grégeois lancé du château. Découragé par cet échec, Noble rappelle ses troupes et l'armée royale se couche, tandis que Renart festoie dans Maupertuis.

Dans la nuit Renart fait une sortie en force et ramène un prisonnier de marque, Orgueil. Le fils de Noble fait semblant d'être fort dépité, mais au fond il est très content de se retrouver avec son ami Renart. Le fils de Renart, Roussel, est cependant resté aux mains de Noble, avec une centaine de chevaliers. Cette sortie fait penser à la branche Ia, mais encore plus à XI, où d'ailleurs l'anthropomorphisme est poussé aussi loin que dans *Renart le Nouvel.* Dans XI, un autre fils de Renart, Rovel, est fait prisonnier par les forces de Noble, tandis que Brun et Bruiant sont pris par Renart. On peut admettre en effet que Jacquemart Gielée a fait des emprunts fréquents à la branche XI, mais par la suite on voit que tous ces emprunts mènent directement à un développement allégorique et moralisateur. Orgueil est traité par Renart en hôte distingué. Il lui fait visiter tout Maupertuis avant de l'amener à son logis, dont la description est développée selon le mode symbolique du début de l'épisode :

Renars Orgueil en se maison
Maine, qui ert de traïson,
De haïne et d'envie ouvree ;
v. 1148 De haïne et d'envie ouvree ;
Et de blasmes li pavemens.

Six dames richement habillées, les princesses de l'hôtel de Renart, viennent accueillir Orgueil. Ce sont, bien entendu, des personnages tout à fait allégoriques : Ire et Envie, Accide ou la Paresse Spirituelle, Avarice, Luxure et Gloutonnie. Elles présentent à Orgueil une couronne d'or sertie de pierres précieuses. C'est Renart qui met la couronne sur la tête du fils de Noble et le proclame roi de tous les vices. A l'annonce de cette nouvelle, Proserpine envoie à son bien-aimé un sceptre d'or pour le consacrer dans la dignité suprême du royaume des vices :

D'infer avœc maint anemi
.I. septre d'or par signerie
1200 Li envoia par druerie,
Pour che que roi et empereres
Soit au mont et che que li peres
Fist en crois son fil racater
1204 Fait Orgieus en infer aler ;
Par le conseil de Lucifer
Fu li septres tramis d'infer
A Orgueil.

L'influence du *Tournoiement Antéchrist* a déterminé la conception et le rôle d'Orgueil dans *Renart le Nouvel* dès sa première apparition, et à la fin Orgueil est sacré Antéchrist. Quelle est la véritable signification de ce sacre ? Jacquemart Gielée nous l'explique :

> v. 1213 Par mout de gent est couronnés
> Orgieus ou monde : couronnés [1]
> N'est qui d'Orgueil ne viegne et naisse.

Les six dames jurent fidélité à Orgueil en le proclamant roi du monde entier, car il n'existe personne, si pur qu'il soit, qui ne soit pas marqué de leur empreinte ou de la fausseté de Renart. Renart a installé l'esprit de tromperie et d'hypocrisie un peu partout, on observe peu les ordonnances de Dieu :

> 1244 « Renars vessie pour lanterne
> Fait a entendre a tous les siens,
> Cui il a chaint de ses liens ;
> Et nous aussi ne nous faignons,
> 1248 Mais tout le pis que nous poons
> Faisons ou monde. Li clergiés
> Est tous d'Avarisse cargiés
> Et de se fille Couvoitise
> 1252 Qui en leur cuer sen fu atise.
> Li princhе, li conte et li roi
> Sont pres que tout de notre loi ;
> Par les grans avons les petis,
> 1256 Ensi est li mondes honnis ».

De nouveau donc Jacquemart Gielée accuse le clergé d'avarice et de cupidité, tandis que les puissants du monde sont presque tous soumis à tous les vices. Et aussi longtemps que Renart, Orgueil et les six princesses s'entendent entre eux, leur emprise sur le monde ne sera pas secouée. Les six vices ont seize ennemis cependant – quoique Jacquemart Gielée n'en énumère que

[1] «Couronnés » — « porteur de couronne ».

quinze : Repentance et sa soeur Confession ; Humilité, adversaire redoutable ; Sobriété et Abstinence ; Foi, Largesse, Virginité et Chasteté ; Tempérance, Sens, Raison, Concorde, Silence et Paix. A la fin de cette longue exposition, Jacquemart Gielée retourne à l'idée qu'Orgueil, c'est l'Antéchrist : si Orgueil, roi des péchés, prête son secours à Renart et aux Vices, la part du Christ dans le monde sera bien petite. Les six dames, personnifications des péchés capitaux, proposent à Orgueil d'aller voir leurs gens, qui se trouvent aussi bien parmi des gens d'Eglise que dans le monde. Ils partent donc tous ensemble, et sur la prière d'Orgueil, Renart lui donne comme conseiller son fils aîné Malebranche, qui sait par cœur tout l'art de son père. Orgueil et sa compagnie partent donc à la conquête du monde. Orgueil commande aux dames de visiter « cités et villes, parlements et conciles », tandis qu'il suit lui-même un autre chemin :

« Et g'irai les rentés veoir[1]
v. 1328 Qui m'onneurent a leur pooir,
Si que prinches, comtes et rois,
Dames, chevaliers et bourgois ;
S'irai a l'apostoile a Ronme
1332 Et as lyegaus qui waleconme
Diront a moi. Li archevesque
Sont pres tout mien et li evesque
Et li prelat de sainte Glise
1336 Et li abbé ; chascuns me prise
Tant qu'il me tienent pour ami,
Par les grans li menu a mi
Venront ».

Il est clair maintenant qu'Orgueil, c'est le vice que Jacquemart Gielée reproche plus spécialement aux gens de son siècle. Orgueil sera reçu et honoré par les riches, les rois, les princes et les comtes, les nobles dames et leurs chevaliers, ainsi que par le suprême pontife lui-même et par tout le haut clergé – cardinaux, archevêques, légats, abbés mitrés. Il me semble que l'influence

[1] « Rentés » — « pourvus d'une grande fortune ».

du *Couronnement de Renart* se fait sentir assez nettement ici, dans la condamnation très précise que le poète fait des agissements et des ambitions des ecclésiastiques. Comme Renart dans le *Couronnement,* Orgueil partira expressément à Rome, où il est certain de recevoir un accueil chaleureux. Il est d'ailleurs significatif d'observer que le poète réserve régulièrement ses critiques les plus détaillées et les plus sévères au clergé. C'est ainsi qu'Orgueil fait le procès du clergé tout en révélant le secret de son succès :

« Avarisce, venés
v. 1340 O moi et avœc amenés
Couvoitise vo fille ainsnee,
Qui mout sera waleconmee
As cardonnaus et au clergié.
1344 Par vous deus en ai waaignié
Maint que, quant il sont amonté
D'avoir, qu'i n'ont d'umelité
Cure, ains me metent en son lieu.
1348 Maint povre sont qui mout sont pieu
Humle, simple, douc, debonnaire,
Qui mout seroient d'autre affaire
S'il fussent rique et assasé ;
1352 Il sont humle par povreté ».

C'est en somme une nouvelle forme de la plainte de l'auteur du *Couronnement de Renart* contre Avoir. Convoitise et Cupidité amènent Avoir, et Avoir engendre Orgueil. Jacquemart Gielée reproche donc au haut clergé son orgueil, son avarice et sa cupidité. S'il fait les mêmes reproches aux dirigeants du monde, il est pourtant à noter qu'à côté de la longue apostrophe à l'adresse du clergé, les allusions aux riches tiennent dans quelques vers seulement.

Au moment qu'il part en voyage dans le monde, Orgueil disparaît du récit et nous n'entendrons plus parler de lui dans tout le premier livre. Il réapparaîtra, indirectement d'ailleurs, à la fin seulement du poème. Toute cette partie du couronnement d'Orgueil constitue donc une digression où s'affirme de nouveau toute la pensée morale de l'auteur et le fond allégorique de son œuvre. Jules Houdoy [1] y avait vu une satire de la société de l'époque, où Renart remporte un succès sur la royauté en séduisant l'héritier du trône. Rien ne permet pourtant d'appliquer cette scène à des personnages réels des cours de France ou de Flandre. Elle est purement allégorique. La maison de Renart, demeure des six princesses qui personnifient les Vices, n'est qu'une variante d'un thème traditionnel, celui de la maison allégorique des Vices et des Vertus et qu'on trouve par exemple dans le *Songe d'Enfer* de Raoul de Houdenc, dans la *Voie du paradis* de Rutebeuf et dans cette autre *Voie de paradis* qui est attribuée sans certitude à Raoul de Houdenc également. H. Roussel a très justement noté cependant qu'on ne peut pas reprocher à Jacquemart Gielée de prolonger démesurément les descriptions de ce genre ou de les multiplier à l'excès, ainsi que les poètes allégoriques de l'époque le font le plus souvent. Il a signalé aussi que Jacquemart Gielée a emprunté au *Miroir de vie et de mort* de Robert de l'Omme l'idée de transformer en princesses les six péchés. On voit qu'il y a peu d'originalité dans tous les développements allégoriques de *Renart le Nouvel,* basés sur des thèmes traditionnels et répétant un enseignement moral tout aussi traditionnel. Nous devons en effet, comme Roussel le propose, savoir gré à Jacquemart Gielée de sa modération, de sa discrétion dans l'emploi de ces thèmes qui étaient des procédés à succès à l'époque : « Là où d'autres développeraient longuement des thèmes connus, notre poète se borne à de simples allusions . . . La métaphore dans *Renart le Nouvel* ne devient pas la source d'une longue description allégorique » [2].

C'est dans le rôle de Renart au milieu de toute cette allégorie des Vices que Jacquemart Gielée a fait preuve d'une certaine originalité. Jusqu'ici Renart ne s'est pas au fond écarté tellement du rôle et du caractère que lui conféraient les auteurs des premières branches. La fauve ânesse, symbole de la tromperie, figu-

[1] Jules Houdoy, *Renart le Nouvel,* Paris, 1874.
[2] H. Roussel, *Étude sur Renart le Nouvel,* p. 479.

rait déjà dans deux des branches anciennes, et depuis longtemps Renart était symbole de la ruse, de la tromperie et de l'hypocrisie dans la littérature française. Plus d'une fois cependant, dans des allusions comme dans des branches du *Roman de Renart,* Renart devient l'incarnation du Mal, du Démon, dans le monde, et le mot « renardie », qui était au début synonyme de la ruse, de la tromperie hypocrite aussi, signifiait bientôt le Mal tout court. Il est évident que dans l'idée de Jacquemart Gielée Renart est également celui « qui tous maux couve », et déjà dans *Renart le Nouvel* il s'est plaint plus d'une fois de l'universalité de Renart. Mais jusqu'ici le poète a développé essentiellement le thème du *Couronnement de Renart,* celui de la corruption du monde par trois vices : l'orgueil, l'avarice et l'envie. Il a couronné Orgueil roi des Vices et il l'identifie même avec l'Antéchrist – comparez les vers 1198-1207 et aussi les vers 1300-02 :

v. 1300 Orgieus de Maupetruis se part
Ot grant baudour et les .VI. dames
Qui en infer metent mout d'ames.

Mais le rôle de Renart, tout subordonné qu'il semble être à celui d'Orgueil, est pourtant du premier rang. En faisant de la demeure de Renart, le vieux château de Maupertuis, la résidence des Vices, Jacquemart Gielée associe Renart très intimement aux puissances de l'Enfer. Le concours de Renart assurera le succès de la campagne de conquête du monde qu'entreprennent Orgueil et les six autres Vices. Renart reste donc l'emblème de la tromperie, de la ruse, de la méchanceté et de l'hypocrisie, mais en même temps il est clairement désigné comme la source essentielle des Vices.

Cette longue digression allégorique se termine par une prière à Dieu de nous préserver d'Orgueil, de Convoitise et d'Avarice, et de Renart, et le récit de la guerre entre Noble et Renart recommence tout de suite. Pour essayer de libérer son fils Roussel, Renart décide d'aller dans le camp de ses ennemis. Il se fait tonsurer, se teint le visage « d'une herbe que blans ne bis / Ne fu mais entre .II. couleurs », et s'habille en frère mineur. Ainsi déguisé il s'en va le soir. Devant le camp ennemi il commence à crier, et quand les soldats de Noble viennent le trouver, il prétend que les troupes de Maupertuis avaient tué ses camarades et que seule l'aide de la Vierge l'a sauvé de la mort. Disant qu'il a été envoyé par le pape, il demande d'être amené devant le roi. Il se présente à Noble comme Frère Jonas de Dijon, envoyé pour prêcher la croisade.

Dans les branches Ib et XIII, Renart s'était teint et avait réussi à tromper ainsi ses ennemis. Le déguisement en Cordelier a dû cependant être inspiré par le *Couronnement de Renart,* où Renart, habillé « en grand clerc » et accompagné du prieur des Jacobins, se rend à la cour de Noble. Ne faut-il pas voir dans ce teint « entre deux couleurs » un trait satirique, qui accuse les Cordeliers, et peut-être les deux ordres mendiants, d'hypocrisie ? Certainement le déguisement lui-même, qui rappelle le rôle des Mendiants dans le *Couronnement,* comporte irrésistiblement un élément d'hostilité et de satire.

Renart demande à Noble l'autorisation de prêcher la croisade le lendemain, et Noble l'accorde. Grimbert implore ensuite le roi de permettre aux prisonniers, qui doivent être exécutés le lendemain matin, de se confesser à Frère Jonas. Le matin, Noble fait amener devant lui Roussel, à qui il pose une question assez singulière :

v. 1504 « Roussel, se tu mi
Tenoies, si que je fac ti,
Qu'en feroies, nel choile pas ».

La réponse de Roussel est emphatique : « Vous seriez pendu demain, sans plus de répit ». Noble lui dit qu'il a prononcé son propre jugement et qu'il sera promptement mis à mort. Cet échange verbal rappelle celui, à peu près identique, qui aurait eu lieu entre Charles d'Anjou, roi de Sicile, et Conradin son adversaire qui avait été pris après la bataille de Tagliacozzo en 1268, à la suite duquel Charles avait effectivement fait mettre à mort le jeune Conradin [1]. La ressemblance entre les deux inci-

[1] Cf. J. Longnon, *Les Français d'Outremer au Moyen Age,* p. 271.

dents paraît trop grande pour être une simple coïncidence. On se demande donc pourquoi Jacquemart Gielée a introduit dans son poème un épisode qui a été peut-être assez célèbre à son époque mais qui n'a aucun rapport visible avec *Renart le Nouvel ?* L'hypothèse d'un rapport entre *Renart le Nouvel* et le règne de Charles d'Anjou est sans fondement. Jacquemart Gielée n'a-t-il pas voulu plutôt suggérer une analogie entre la dynastie des Hohenstaufen et celle de Renart ? Roussel, fils de Renart, ressemble à Conradin. Or Conradin était l'adversaire du pape et petit-fils de l'empereur Frédéric II, surnommé l'Antéchrist. Que Jacquemart Gielée appelle Renart l'Antéchrist n'a rien de surprenant quand on considère le rôle que le goupil joue avec Orgueil et les autres Vices dans la corruption du monde.

Jacquemart Gielée a fait nombre d'emprunts aux branches anciennes du *Roman de Renart* qu'on n'a pas de difficulté à reconnaître. En promettant à Roussel un châtiment sans pitié, Noble énumère les nombreux méfaits de Renart qui indiquent plusieurs branches encore que le poète avait certainement connues : la mort de dame Copée et les mésaventures de Brun et de Tibert de la branche I, le viol de la lionne de Ia, l'adultère avec Hersent et l'outrage fait aux louveteaux de II-Va, l'histoire d'Isengrin dans le puits de IV, celle de Tiécelin et le vol du fromage, la trahison et la mort du milan Hubert de VII. Tous ces souvenirs anciens sont mélangés avec d'autres, plus récents, des événements que Jacquemart Gielée avait racontés lui-même, de façon qu'on a l'impression que l'auteur de *Renart le Nouvel* considérait son récit comme une sorte de continuation directe des contes de Renart. A la vérité, il a un vrai talent de conteur, et les histoires de Renart qu'il invente ne sont pas inférieures aux branches anciennes. Revenons donc au camp de Noble et au faux Frère Jonas. Dans la nuit, un peu avant minuit – « un poi devant les cos cantans », dit le poète – Renart, aidé par Grimbert, libère Roussel et les autres prisonniers et les ramène sains et saufs dans Maupertuis. Roussel entre en chantant joyeusement une chanson d'amour, dont les premiers vers sont reproduits avec leur notation musicale, et sa mère dame Emme lui répond par une autre. Il convient de signaler l'importance des chansons dans *Renart le Nouvel.* C'est Jean Renart qui avait innové en introduisant dans son *Guillaume de Dole* ou *Roman de la Rose* des chansons ou fragments de chansons de tout genre, et il avait été imité par Gerbert de Montreuil dans son *Roman de la Violette* et ensuite par des écrivains dans plusieurs genres. Jacquemart Gielée a ainsi introduit dans *Renart le Nouvel* plus de soixante chansons d'amour qui ont dû être courantes à l'époque, en même temps que les airs [1].

L'enlèvement des prisonniers est le signal d'un nouvel assaut contre Maupertuis. Mais cette fois Jacquemart Gielée retourne très loin en arrière: l'anthropomorphisme est oublié et les bêtes se battent selon leurs propres moyens. Ainsi Tibert, ses fils, et les singes grimpent en haut des murs sans aide d'échelles, Belin et Baucent attaquent les murs à coups de tête ou en fouillant le sol. Morel et Ferrant les chevaux frappent à coups de sabots ; le griffon vole au-dessus des murs et prend plusieurs prisonniers dans ses griffes avant d'être mis hors de combat par Renart. Il en résulte parfois des bizarreries, quelquefois amusantes mais surtout hautement fantaisistes, du moins à nos yeux d'aujourd'hui. L'autruche par exemple avale le haubert d'une de ses victimes, ce qui lui sauve la tête quand Renart l'attaque, le haubert dans son gosier détournant le coup d'épée ! En même temps tous s'efforcent d'effrayer les assiégés en créant un vacarme assourdissant : Timer et ses fils braient, Bruyant le taureau mugit, Roenel et ses compagnons aboyent. Toute la scène est d'une extraordinaire animation non dénuée de charme, mais l'abandon abrupt de l'anthropomorphisme, rendant ainsi aux chevaliers féodaux leur nature originelle, contribue à augmenter le sentiment de confusion et d'incohérence qui se dégage parfois de ce premier livre.

Malgré des efforts héroïques, les assaillants ne réussissent pas à prendre Maupertuis, et Noble abandonne l'assaut après plusieurs heures de combat. Une trêve de deux mois est conclue pour permettre aux deux camps d'enterrer leurs morts et de

Roussel a consacré un chapitre de sa thèse aux refrains, ch. V, p. 312-311.

soigner les blessés. Renart refait et renforce ses murs, Noble fait réparer ses engins d'assaut. Mais, agissant selon les mauvais conseils d'Isengrin, le roi réduit d'un tiers la solde de ses soldats pendant qu'ils sont au repos, ce qui lui vaut de perdre une bonne partie de son armée et de ses chevaliers. Le poète saisit l'occasion de moraliser. Il dénonce les mauvais conseillers des princes, qui sont, dit-il, entourés presque exclusivement de flatteurs, d'avares et de calomniateurs. Ses remarques sur l'avarice, sur les vilains, sur l'avancement des personnes indignes, ne font que reprendre des dictons et des lieux communs de la littérature de l'époque. Il donne des conseils au roi :

> v. 2010 Tu, grans sires, c'au jour d'ui regnes,
> Pren warde a che, pas ne folie
> Hom qui par autrui se castie.

Il est inutile de chercher à savoir à qui s'adresse cette exhortation. Elle constitue, avec d'autres recommandations, un simple développement sur un thème littéraire tout à fait traditionnel. Le bon prince doit être généreux, autrement les bons et les sages l'abandonneront, comme Tibert et ses fils, Cointereau et d'autres hauts barons ont quitté le roi Noble pour rallier le camp de Renart, tandis que Hardi, Bruyant, Brun et d'autres parmi les plus grands seigneurs du royaume sont rentrés chez eux, dépités par la parcimonie du roi. Renart au contraire s'était montré extrêmement généreux, et ses libéralités lui avaient attiré des milliers de mercenaires. De grands princes d'Orient, Cérastes le serpent (plutôt dragon), Mort-Soudaine, « li cos basiles », c'est-à-dire le fabuleux basilic, la taupe d'Ethiopie et d'autres encore viennent avec leurs hommes servir sous l'étendard de Renart, tous attirés par les traitements généreux qu'il offre.

A la veille de la reprise de la lutte, un espion conseille fortement à Noble de faire la paix avec Renart, autrement sa défaite est certaine. Renart, dit-il, ne compte pas sa fortune en or et en argent comme le roi, mais en chevaliers, en soldats preux et hardis. Le roi rejette cette proposition rageusement et le lendemain les armées s'affrontent. Mais devant la supériorité numérique de l'ennemi, Noble a peur. S'apercevant de la frayeur du roi, Renart se met à peser les conséquences de sa victoire certaine. « Sages est qui fait de son tort son droit » ; même s'il remporte la victoire et tue le roi, il est certain d'être poursuivi et finalement mis à mort lui-même par les nombreux amis de Noble. Sa supériorité écrasante lui permet cependant de faire une paix tout à fait honorable, avec la certitude d'être pardonné par Noble; dans ce cas il pourra compter sur l'amitié et l'estime des barons et pourra se venger de son ennemi Isengrin, qui est responsable de la détresse où se trouve le roi. Ses calculs vont plus loin encore :

« Si cuit bien ains un mois
Estre grans maistres de l'ostel
Et si aquerrai un los tel
Dedens un mois que s'il moroit,
Que on de moi, je croi, feroit
Souvrain baillieu et si seroie
Baus des enfants et si porroie
Estre rois, tes vens puet venter
Et mes anemis mout grever
Et faire d'aus me volenté ».

Le projet de devenir roi fait penser au *Couronnement de Renart*, mais il est intéressant de constater que depuis *Renart le Bestourné* le contrôle de l'hôtel du roi devient assez régulièrement le moyen par lequel Renart réalise ses ambitions de pouvoir. Renart va au-devant de Noble et lui offre sa soumission. Noble n'est que trop content de lui donner le baiser de la paix et le nomme sur-le-champ maître de son hôtel et membre de son conseil. L'accord entre les anciens ennemis semble complet, la reine arrive en chantant une chanson d'amour, dame Emme vient chercher confirmation de la nouvelle et envoie son chambellan préparer une fête à Maupertuis.

Tous font une entrée triomphale dans Maupertuis pavoisé et en liesse. La seule note discordante vient d'Isengrin qui n'a pas pardonné à Renart la mort de son fils et l'attentat contre lui-même. L'insistance du roi vainc enfin l'hostilité du loup, et les deux vieux ennemis se donnent le baiser de la paix. Renart reçoit le roi et la reine, avec tous les grands seigneurs, à un grand dîner, et donne de somptueux cadeaux à tous selon leur dignité, ce qui augmente encore sa popularité. Après une joyeuse danse en ronde de tous les animaux, les principaux personnages chantent à tour de rôle une chanson. Jacquemart Gielée a su même incorporer assez adroitement et joliment quelques-unes de ces chansons de l'époque dans la trame de son récit, nous rappelant en même temps les anciennes amours de Renart. A la chanson de la reine « Ja ne serai sans amour / En toute ma vie », Renart répond en chantant harmonieusement « Tres douche dame jolie / Oiiés mon cuer qui vous prie ». Cet échange excite la jalousie d'Hersent qui termine la séance par une chanson de l'amour contrarié : « Hé, Dieus, chele m'a traï / Qui m'a tolu mon ami ».

Le lendemain Noble et Renart renvoient leurs soldats après les avoir rémunérés généreusement, tout le monde rentre chez lui, et Renart reste seul à Maupertuis. Mais l'histoire n'est pas terminée, et le poète nous promet un nouveau récit, car Renart désire toujours faire du mal. Ainsi se termine le premier livre de *Renart le Nouvel.* Rothe pensait que les deux parties du poème avaient été composées séparément et qu'elles avaient été réunies après coup par une transition convenable. Il me semble pourtant que la façon abrupte dont Jacquemart Gielée a mis fin au premier livre, sans aucun effort pour en tirer un enseignement moral qui eût été normal et en parfait accord avec le ton général, indique qu'il avait préalablement conçu les deux livres de son oeuvre. Il y a pourtant des différences considérables entre les deux livres, comme nous le verrons, et l'on peut considérer le premier presque comme une branche indépendante de la suite. Mais les grands traits qui caractérisent le second livre, l'allégorie et la satire, se trouvent déjà dans le premier. Il faut admettre même qu'on retient de la lecture du premier livre l'aspect allégorique et moralisateur et que l'élément comique, l'élément de parodie moqueuse qui distingue les vieilles branches de Renart, n'existe pour ainsi dire pas dans les premiers 2590 vers de *Renart le Nouvel.* On ne peut guère qualifier le premier livre de parodie de la vie et de la société chevaleresque du XIIème siècle. L'anthropomorphisme est trop complet, Noble et ses sujets sont de véritables chevaliers qui n'ont rien gardé de leur nature animale. Il est évident aussi que le poète les a voulus ainsi, pour pouvoir rendre plus transparente son allégorie. Il n'y a en fin de compte aucune véritable branche de Renart, aucune aventure typique du goupil. Renart est surtout un personnage allégorique, son rôle est de fournir au poète l'occasion de débiter des préceptes moraux et de critiquer la société de son époque. En dehors des plaintes bien traditionnelles contre la corruption et les vices du siècle, ce sont les critiques du clergé qui retiennent l'attention. Le poète reproche, il est vrai, l'attachement des classes dirigeantes aux biens temporels, l'histoire d'Orgueil n'est qu'une longue allégorie sur les vices. Mais ce sont là véritablement des thèmes traditionnels, auxquels Jacquemart Gielée apporte peu de nouveauté, tandis que le tableau de la société féodale est tellement général et tellement stéréotypé, qu'on ne sent pas beaucoup de sévérité dans les critiques du poète. Les critiques du clergé appartiennent aussi à des thèmes traditionnels, mais elles sont plus sévères, plus circonstanciées, et bien plus directes. Elles reviennent plus souvent, à des moments assez inattendus. Le suprême pontife lui-même, les prélats de l'Eglise et les ordres mendiants sont spécifiquement mis en cause, accusés d'oublier les préceptes d'humilité et de pauvreté et de s'adonner à la poursuite des richesses temporelles qui assurent la puissance. Mais ce sont là des attaques précises, qui excluent justement une partie du clergé. Jacquemart Gielée a repris le thème du *Couronnement de Renart* en somme, celui de la corruption par Avoir, par orgueil, cupidité et envie – les autres vices ne jouent qu'un rôle conventionnel. On reconnaît dans ces attaques un petit groupe, le pape et le haut clergé, mais dans Noble et ses barons on reconnaît simplement toute la société chevaleresque et féodale. Le roi Noble ressemble surtout à son prototype des vieilles branches, bon, généreux, grand seigneur, un féodal impulsif et quelque peu insouciant. On lui fait des reproches : il écoute les mauvais conseillers, il se laisse tromper régulièrement par Renart, il ne surveille pas l'éducation de son fils. Mais on ne peut pas mettre un nom à ce roi, les critiques du poète sont celles qu'on entend dans toute la littérature morale du Moyen Age. Si Renart représente les forces du mal, Noble reste pourtant le chef de l'état et de la société féodale, et porte par conséquent le blâme de ne pas défendre avec suffisamment de vigueur ses propres prérogatives et les droits de ses seigneurs. C'est toujours le thème du déclin de « noblesse », de la perte des vieilles vertus chevaleresques. Le monarque tout-puissant des vieilles branches a non seulement été dupé, bafoué même par Renart, ce qui s'était souvent produit déjà, mais son propre fils l'a trahi et a rallié le camp de son ennemi. Pour la première fois Noble a subi une défaite sur le champ de bataille et a dû pactiser avec Renart. Le roi est devenu en quelque sorte l'obligé, le protégé de son vassal, et on s'attend à ce que Renart remporte la victoire décisive dans le second livre. L'esprit du mal n'en a pas moins défait les champions de l'esprit chevaleresque et des vertus.

Le second livre débute, comme le premier, par un prologue moralisateur dont les premiers mots sont Amour et Charité. Mais au lieu d'aimer l'amour et la charité et Dieu, continue Jacquemart Gielée, la plupart des gens, poussés par la cupidité, préfèrent Avoir, l'or et l'argent. Pis encore, ceux qui devraient donner l'exemple de la probité et du bien, c'est-à-dire le clergé, n'en font rien :

esmondé
Devriens estre par leur bonne œvre,
v. 2604 Mais tés au preschier nous œvre
Le bouche et nous ensengne a faire
Le bien, qui est tous d'autre affaire ;
Par che ne se convertist nus
2608 Et est mais li mondes si nus
De vertus et de visses plains...

L'on devrait prendre exemple sur le Christ et ses apôtres, mais les cœurs sont rongés par convoitise, envie et haine, et par

Renart « qui ou monde en vie / Est, dont c'est doleurs qu'il tant regne » (v. 2626–7). Jacquemart Gielée propose donc de nous raconter une branche pour chasser Renart de son royaume, c'est-à-dire des cœurs, avec l'espoir que plusieurs, clercs et laïcs, s'amenderont. Le poète ne fait en somme que reprendre, dans des termes peu différents, tout ce qu'il avait dit dans le prologue du premier livre. Mais on ne peut guère nier l'importance de ses remarques à l'adresse du clergé, qu'il accuse très nettement de négliger son devoir et de ne pas suivre les préceptes de la religion. Dans le premier prologue il avait englobé le clergé dans une critique assez générale de la société de l'époque; ici il s'en prend directement et uniquement aux serviteurs de l'Eglise.

Quand il entre dans le récit pourtant, Jacquemart Gielée révèle enfin de l'originalité. On est au mois d'avril, la saison nouvelle, et le roi Noble, parti pour la chasse, fait retentir les bois d'une chanson d'amour, car il est dévoré d'amour pour Harouge, la femme de son cousin le léopard. Voilà au moins quelque chose de nouveau ! Nous savions depuis longtemps que la lionne nourrissait une passion secrète pour Renart et qu'elle avait même trahi le roi plus d'une fois, mais jamais nous n'avions vu Noble amoureux d'une autre que de sa propre femme. Ayant trouvé Renart sur son chemin, Noble lui confie son secret et révèle son intention d'aller voir le soir même sa bien-aimée, qui séjourne dans le pays tandis que son mari est resté dans ses terres près de Constantinople. Renart fait prévaloir des arguments de prudence : le roi ne doit pas se hasarder ainsi la nuit, tout seul. Par conséquent Renart accompagne le roi, à pied, la nuit tombée, au château de Roial Roion où loge dame Harouge. Mais toute la pensée de Renart est de trouver un moyen de tromper le roi, car on dit souvent

v. 2749 Compains n'est mie, coi c'on die,
Qui sen compaignon ne cunkie.

Il conseille la méfiance au roi, et c'est donc lui-même qui entre par la poterne dans le jardin où la léoparde attend impatiemment Noble en chantant : « Diex, trop demeure, quant venra ? / Sa demouree m'ochirra ». Dans l'obscurité Harouge ne reconnaît pas son visiteur, et Renart fait son vouloir de la noble dame, tandis que Noble se consume d'impatience et d'inquiétude de l'autre côté de la porte que Renart a soigneusement refermée à clef ! S'apercevant vite de la supercherie, Harouge se désole, mais Renart la convainc que son mari, Hardi, a eu vent de la visite du roi et l'a fait prisonnier, en attendant de revenir à Roial Roion brûler sa femme. Epouvantée, Harouge part avec Renart qui l'amène à Maupertuis. Après avoir attendu jusqu'à l'aube, Noble retourne à son château, persuadé que Renart a été surpris et mis à mort.

Quoi de plus drôle que ce tableau du monarque amoureux qui se désole toute la nuit dans la fôret, tandis que son vassal et conseiller fait violence à sa bien-aimée et finit par l'enlever ! Véritablement, Jacquemart Gielée renchérit sur Pierre de Saint-Cloud et l'auteur de la branche Ia ! On est amené à penser que s'il avait continué dans cette veine humoristique – et satirique – il aurait su produire une autre branche digne de rivaliser avec les meilleures du vieux *Roman de Renart*. A la fin de cette aventure picaresque Renart renvoie la léoparde, dont il s'est lassé, après lui avoir révélé toute la vérité. Pour protéger son honneur, Harouge est obligée de garder le secret sur toute l'affaire. Renart se rend auprès de Noble à « Orgilleus Castel » et lui fait croire qu'il avait été retenu par ordre de Harouge. Pour comble d'ironie, le roi trop crédule le récompense en le nommant sénéchal du royaume, chef du conseil royal et maître du palais ! Le pauvre roi doit même rougir de honte, car Renart prétend que Harouge est fâchée contre lui parce qu'il avait révélé leurs amours. Hélas ! se lamente le poète, il y a beaucoup de Renart dans le pays :

Au jour d'hui a Renars
v. 2936 De cest monde bien les .II. pars
Des laies gens et du clergié ;
Renars a pres tout gaaignié,

Dont c'est doleurs et grans pités
Que de nous est Renars amés
C'on ne se set en cui fier :
Tout vuelent de Renart ouvrer.
Renars est si très bien de court
Que li plus grant sont li plus court
De vertus ; li conte et li roi
Sont mais pres tout de ceste loi,
Car Renars est a leur consaus.

Seule l'aide du Christ peut nous sauver de Renart. Qu'on l'aime donc et qu'on chasse Renart de son cœur !

Cette agréable histoire amusante des amours contrariées du roi Noble me semble prouver une fois pour toutes que Jacquemart Gielée ne visait pas un personnage réel, que *Renart le Nouvel* n'est pas un roman à clé. On doit y admirer surtout le très réel talent de conteur, qui a créé un véritable fabliau, mais un fabliau qui est caractérisé par ce que Roussel a très justement appelé « la retenue dans l'expression » et dont Jacquemart Gielée fait preuve tout le long de son œuvre. En rapetissant Noble, en le ridiculisant, en lui enlevant sa supériorité royale et en le réduisant au niveau du moindre de ses sujets qui s'abandonne à une liaison adultère, qui passe une nuit pleine d'appréhension et d'angoisse dans la fôret, comme un simple larron, et qui se fait tromper à la fin par un coquin, le poète donne tout simplement une nouvelle illustration de son thème essentiel : la décadence des mœurs et la corruption du siècle. Le maître d'Orgilleus Castel, le roi Noble qui jusqu'ici avait été malgré tout respecté et respectable, est enfin trompé, humilié, son autorité est sérieusement mise en doute. La royauté, qui devrait être, avec la noblesse et le clergé, le soutien le plus sûr des vertus, de l'ordre et de la morale dans la société féodale, est aussi susceptible de corruption. Houdoy avait voulu établir un rapport entre cette critique et les idées de Jean de Meun sur les origines de la royauté, dans le *Roman de la Rose.* Au lieu de concordance de vues, il y a, me semble-t-il, une contradiction absolue d'idées. Jean de Meun insistait sur les modestes origines de la royauté ; sortie du besoin d'un ordre établi pour protéger la propriété privée quand l'égoïsme avait succédé à l'âge d'or, elle avait acquis progressivement des droits et des privilèges qui ne correspondaient souvent ni à ses capacités ni à ses qualités morales. En décrivant les origines électives de la royauté, en faisant une nette distinction entre la noblesse véritable et celle du nom, Jean de Meun révèle un sentiment démocratique [1], qu'on n'aperçoit pas chez Jacquemart Gielée. Celui-ci ne montre jamais une opposition fondamentale au principe monarchique. Moraliste conservateur, s'il critique le monarque, c'est pour mieux défendre la monarchie, pour lui montrer les dangers qui la menacent. Pour lui, la déchéance de la monarchie et de la noblesse, accompagnée ou même engendrée par celle du clergé, menace tout l'ordre établi, la civilisation chrétienne. On sent même qu'il est en opposition non seulement avec les idées anti-féministes, le naturalisme intégral dans l'amour, de Jean de Meun, mais aussi avec l'amour courtois et sa conception du mariage. Les jeux de l'amour se terminent toujours mal dans *Renart le Nouvel,* nous le verrons plus loin, et ne profitent qu'à Renart. Il faudrait rapprocher Jacquemart Gielée plutôt de l'auteur du *Couronnement de Renart,* l'ardent partisan de Gui de Dampierre et des institutions princières.

Ce nouvel exploit de Renart, qui aurait constitué simplement une jolie aventure amusante dans le vieux *Roman de Renart,* prend une importance capitale dans *Renart le Nouvel.* Le poète revient encore sur les avantages énormes que Renart retire de son influence et de sa faveur auprès du roi : les nouveaux offices s'accumulent – receveur de la terre de Noble, grand bailli, seigneur de l'Hôtel du roi et du royaume. Et chaque fois que Jacquemart Gielée y revient, ses critiques sont plus sévères et plus directes, elles perdent un peu plus de leur réserve. Alors qu'au début il laissait entendre qu'il existait

[1] Cf. Georges Falk, *Les Idées philosophiques et sociales de Jean de Meun d'après le Roman de la Rose* : mémoire présenté à la Faculté des Lettres pour l'obtention du Diplôme d'Etudes Supérieures des Langues Classiques, Paris, 1947.

encore quelques princes et seigneurs qui n'obéissaient pas à la loi de Renart, maintenant il enlève les dernières restrictions :

v. 2968 En tous grans osteus Renars regne
Au jour d'ui, dont c'est grans doleurs
Qu'il regne en cours de grans signeurs.

A la Pentecôte Noble convoque tous ses vassaux à une grande fête à la cour. Le rôle que Renart joue dans les cérémonies reflète son importance dans le royaume, car c'est lui qui porte devant le roi l'épée, symbole suprême de la royauté :

2996 L'espee roial ou li non
De Dieu sont, porte devant lui
Toute nue, a che haut jour d'ui,
En seigne qu'il set justichiers
3000 Justes, des tors fais droituriers,
Et espee de sainte Glise.

Ni Rutebeuf ni l'auteur du *Couronnement de Renart* n'avaient employé une image aussi saisissante pour illustrer la victoire de la ruse, de la fourberie, du mensonge et de la méchanceté sur les institutions chevaleresques et chrétiennes, le triomphe de Renart sur la royauté féodale.

Au beau milieu de cette grande fête de la royauté, nous sommes ramenés subitement au conte d'animaux, et pendant près de quatre cents vers nous devons suivre Renart dans des aventures qui sont soigneusement calquées sur certaines branches anciennes. Belin, Chantecler et Pelé le rat viennent devant Noble accuser respectivement Isengrin, Hubert le milan, et Mitou, fils de Tibert, de meurtre. Renart propose que les trois soient pendus sans délai, puisque leur culpabilité est prouvée. Mitou et Hubert sont traînés à la potence et pendus [1]. Isengrin est sauvé au dernier moment par l'intervention de

[1] Cf. Henri Roussel, *Notes :* v. 3050 — « Traîner et pendre. C'est ainsi qu'étaient exécutés à Lille les meurtriers .... Les condamnés étaient traînés sur une claie, une petite échelle ou un traîneau ».

Tiécelin, qui apporte la preuve que c'est Pinchart, le fils d'Isengrin, qui a commis le crime. Isengrin est relâché et son fils est dûment pendu. Sans aucune transition, Jacquemart Gielée passe de l'anthropomorphisme complet et de l'allégorie au conte d'animaux inspiré par les branches anciennes. Comme dans la branche I, une cérémonie à la cour du roi est interrompue par l'arrivée des plaignants; comme dans différentes branches, Renart mange des poules et joue des tours à Isengrin et à Tibert. Il lance des chiens après Isengrin; il viole de nouveau dame Hersent ; il enferme Tibert dans l'office d'une ferme, d'où il échappe avec difficulté après avoir reçu une bastonnade. Une dernière aventure de Renart et Tibert réunit des éléments des branches II, XI, XV et XIV. Des souvenirs des branches anciennes sont ainsi reliés dans un récit coulant, amusant, une espèce d'intermède comique qui ne fait avancer en rien l'action principale mais qui nous repose. Le poète sentait-il la nécessité d'introduire ces contes gais pour mieux faire passer ses allégories et ses moralisations peu originales, ou faisait-il simplement une concession à la tradition à laquelle il avait emprunté son cadre et ses personnages ? L'unité et la cohérence du poème auraient gagné de la suppression de ces historiettes, mais on constate encore une fois que c'est là que Jacquemart Gielée montre le plus de talent et d'originalité.

Après cet intermède, nous retournons, toujours sans transition, au vrai thème du poème. L'aventure amoureuse de Noble a eu des effets, des prolongements inattendus. Rentrant à Maupertuis après ses aventures avec Tibert, Renart est accablé de reproches par dame Emme, qui est encore dévorée de jalousie à cause de dame Harouge. Renart lui répond en lui coupant les cheveux avant de la mettre à la porte ! Sur quoi l'épouse outragée s'en va à la cour et raconte toute la duplicité de son mari non seulement à Noble, mais aussi à Hardi le léopard. Hardi dénonce ses liens de vasselage et menace le roi de guerre. Noble reconnaît sa faute et demande son pardon, ainsi que celui de Harouge, à son cousin, qui le lui accorde en retour d'un serment solennel de faire la guerre à Renart.

Et voilà que Noble rassemble son armée et part de nouveau à l'assaut de Maupertuis. A l'occasion de cette guerre qui a été provoquée par une histoire d'amours illicites, Jacquemart Gielée exprime sa désapprobation dans un langage simple et direct qui tranche dans ce poème tout fait d'allégories et de longues moralisations conventionnelles, et qui porte un accent de sincérité et d'humanité : la guerre, dit-il, est bien belle pour les hommes d'armes, mais elle est fort laide aux pauvres, qui doivent en fin de compte en supporter les frais.

L'armée royale envahit les terres de Renart qui, enfermé dans Maupertuis, se lamente sur la trahison de sa femme et s'inquiète de cette guerre qui l'a pris au dépourvu, sans moyens pour soutenir un long siège. Le premier assaut est fort redoutable; une grande tour, minée par la taupe, s'écroule, et le château est sur le point de tomber quand Noble et Hardi sont blessés. Obligé d'abandonner l'assaut, Noble accorde à Renart une trêve de quinze jours. La description de l'assaut, avec ses pluies de projectiles et du feu grégeois, ne diffère guère de celles qu'on a déjà lues dans le premier livre. L'intensité de la lutte cependant inspire au poète une autre remarque sur la futilité de cette guerre :

> v. 3540 Ainc mais nus ne vit guerre naistre
> Si crueuse pour aussi poi.

C'est par ces petits commentaires, qui ont l'accent de la sincérité, que l'on s'aperçoit, à travers les allégories peu originales et les moralisations bien conventionnelles, d'un fond réaliste et sérieux dans *Renart le Nouvel.*

A partir de ce moment l'aspect narratif perd de plus en plus d'importance, les contes d'animaux disparaissent, et l'allégorie et la moralisation dominent complètement. Au fur et à mesure que l'allégorie se développe, les idées et les critiques du poète s'expriment avec plus de netteté et de hardiesse et l'intention satirique devient plus évidente. Mais l'imitation joue toujours un rôle considérable dans la création poétique de

Jacquemart Gielée, et tel est surtout le cas dans certains passages dont le sens ou l'importance étaient restés obscurs. Quelle explication faut-il donner à la façon bizarre dont sont datées les lettres échangées par Noble et Renart pendant la trêve ? Ainsi la lettre de Noble : « Ches lettres furent faites par grant esgart de nous et de no conseil et carkies l'an que Pasiphé li roïne, fame le roi Minos engenra Minotaurus par le conseil Dedalus, witente et nœf ou mois que li roussignos trait a air ». Et celle de Renart : « Ches lettres furent carkies l'an que li mousson se combatirent as mouskerons. Soissante et .VII. le mois que li pouchin devienent poulet ». La même fantaisie règne à la fin d'une seconde lettre que Renart expédie au roi : « Ches lettres furent donnees et carquies l'an que les wespes et li tahon se combatirent seur le mont de Liban, nonante et un el mois que les raines foursent ». Dans ces bizarreries il faut vraisemblablement voir l'influence des *Fatrasies,* ce genre littéraire assez spécial au Nord de la France, proche parent de la « sotte chanson », « où l'on brode des obscénités et des coq-à-l'âne sur les thèmes des chansons courtoises » [1] et dont l'intention satirique n'est pas absente parfois. Henri Roussel a fait le même rapprochement, qui lui était suggéré en pensant à « toutes les impossibilités que se sont amusés à grouper les auteurs de *Fatrasies* » [2]. Il est vrai aussi, comme Roussel l'ajoute, que si l'on ne peut pas prouver que Jacquemart Gielée a connu les *Fatrasies,* on peut du moins affirmer que l'auteur d'une *Fatrasie* a conu *Renart le Nouvel.* Dans une des *Fatrasies d'Arras* on peut en effet lire :

Vache de pourcel,
Aingnel de veel,
Brebis de malart,
Dui lait home bel,
Et dui sain mesel,
Dui saige sotart,

[1] I. Siciliano, *François Villon et les thèmes poétiques du Moyen Age,* Paris, 1934, p. 398, note.

[2] Étude littéraire, p. 639.

Dui enfant nez d'un torel
Qui chantoient de Renart,
Seur la pointe d'un coutel,
Portoient Chastel Gaillart [1].

En dehors du « parti pris de parler sans rien dire » [2] qui caractérise le genre, on reconnaît dans l'allusion à Chastel Gaillart un souvenir incontestable de Renart le Nouvel, le seul des récits de Renart, remarque Roussel, où apparaisse ce nom. La mention des « dui enfant nez d'un torel », associée au nom de Renart, semble nous renvoyer également à l'allusion à « Minotaurus né de Pasiphé ».

En dehors de l'influence des *Fatrasies,* il faut voir dans ces lettres une parodie du style épistolaire des chancelleries médiévales. J'ai déjà avancé l'hypothèse que l'auteur du *Couronnement de Renart* avait été un clerc de chancellerie au service de Gui de Dampierre, et dans un autre chapitre nous verrons toute une aventure de Renart racontée dans un échange de lettres composées dans ce même style, formel et pompeux, par un inconnu de l'Italie du Nord vers la même époque ou un peu plus tard. On pourrait se demander si Jacquemart Gielée n'avait pas, lui aussi, occupé une fonction dans la chancellerie de Gui de Dampierre, bien que rien ne permette de vérifier une telle hypothèse. Roussel pense par conséquent qu'il est plus vraisemblable de voir dans ces lettres « une parodie de caractère littéraire des adresses de chef à chef dont on trouve des exemples dans la littérature épique et dans la littérature romanesque, tant en français qu'en latin » [3]. Certains rapprochements dans les termes et le ton permettent en effet de croire que c'est la lettre que Noble adresse à Renart dans la branche I qui a servi de modèle et d'inspiration aux lettres dans *Renart le Nouvel.*

[1] Tiré du manuscrit 3.114 de la Bibliothèque de l'Arsenal, et publié dans *Histoire littéraire de la France,* XXIII, 1856, p. 505.
[2] *Histoire littéraire,* article sur les *Fatrasies d'Arras,* p. 505.
[3] *Étude littéraire,* p. 637-8.

Jacquemart Gielée a cependant considérablement développé l'emploi des lettres, dans lesquelles il reprend certains de ses thèmes principaux. Dans la réponse de Renart à la sommation violente de Noble, Jacquemart Gielée parodie justement le style de chancellerie pour exprimer de nouveau l'idée de l'emprise de Renart sur le monde : « Nous, Renars, sires de Maupetruis et du païs entour, maistres des consaus des grans signeurs et de leur regnes et demoisiaus prisiés et amés ou monde des laies gens et du clergié, li qués miens nons vole partout en essauchant ». Il y a quelque chose de bien comique dans cette lettre où le pécheur impénitent se défend avec vigueur contre les accusations du roi et se pose même en victime innocente. Imitant vraisemblablement Pierre de Saint-Cloud, Jacquemart Gielée se moque à son tour des jugements de Dieu : pour prouver son innocence, Renart offre de porter un fer à cheval chauffé à rouge – au bout d'une lance ! Mais Roussel a sans doute raison quand il suggère que Jacquemart Gielée suit encore une autre tradition, celle des lettres écrites par le diable, dans cette lettre de Renart. En effet, Renart est, comme le dit Roussel, le représentant de Satan dans le monde, et il se vante manifestement de ce rôle dans l'exorde que j'ai cité plus haut. Roussel mentionne spécialement « les lettres prétendûment envoyées par le diable au clergé », et cite une formule de salutation qui a été employée avec des variantes par Eudes de Cheriton, Jacques de Vitry et Thomas de Cantimpré : « Princeps tenebrarum principibus ecclesiarum salutem »[1]. On n'a pas de mal à croire que ce texte ou un autre qui lui ressemblait a servi également de modèle à Jacquemart Gielée. A la fin on reste quelque peu rêveur devant la manière dont il incorpore dans son poème des idées, des thèmes, des procédés de toutes sortes, empruntés un peu partout à la littérature de son époque.

L'échange des lettres précède un développement capital de l'allégorie dans *Renart le Nouvel.* La lettre de Renart avait

[1] *Ibid.*, p. 638.

mis Noble dans une rage terrible, et, rentré à Maupertuis, le messager de Renart lui conseille de se soumettre, en faisant état de sa faiblesse. Renart refuse, et promet aux siens de les amener par mer à un pays où Noble ne pourra les atteindre, car il a fait faire, en prévision d'une telle fuite, un bateau merveilleux, dont on n'a jamais vu le pareil. Nous sommes en pleine allégorie avec la description de ce navire, et c'est l'allégorie qui caractérisera tout le reste du poème.

La description de la nef de Renart s'étend sur plus de 120 vers. Elle ne craint aucun orage, dit Renart aux siens, et elle est approvisionnée pour tenir la mer douze ans. Sa construction est tout à fait spéciale :

> Li fons est de maise pensee,
> Et s'est de traïson bordee
> Et cleuee de vilenie
> Et de honte mout bien poiie ;
> De trecherie en est li mas ;
> Par ceste nave iert Nobles mas.
> Si iert li sigles de boisdie.
> Li cofins du mast est d'envie [1],
> Ou li galiot ramperont ;
> De chel cofin mout loins verront,
> Et de haïne en est li cables,
> A che cofin est bien metables.
> Li nave est batillie entour
> De descorde et de peu d'amour.
> De blasmes i a maint cordon
> Au sigle et au mast environ.
> De malisse et de foimentie
> Est li ancres, ne doutés mie.

Les trois ponts faits de « couvoitise, d'avarisse et d'escarseté », le tout décoré de rapine et d'exaction ; tout le monde veut y loger :

> ... n'est quens ne dus ne rois,
> Vesques ne rendus ne prelas,

[1] « Cofin » — la hune.

Papes, clercs, prestres ne legas
Qui n'aiment a manoir dedens.

La sentine est faite de « désespoir sans repentir », le poste de guetteur est de déloyauté. La proue est munie d'une pointe terrible,

Une broke de fer trenchant
Dont li fers est de felenie,
Tous forgiés d'outrecuiderie
Dedens la forge de fierté,
D'outrage et de beubant mellé.
Forgier le fis par grant maistrie
Ens en l'ille de Sartenie,
Li achiers est de cruauté,
Temprés de pure fausseté.

Grâce à cette pointe, la nef de Renart détruira tout ce qu'elle rencontrera sur son chemin. Finalement, pour cacher sa vraie nature, la nef est complètement recouverte d'un drap gris tissé « d'hypocrisie », « de paresse spirituelle, de mauvaise vie et d'égoïsme », et cloué de colère.

Dans une note au v. 3772, Henri Roussel explique que cette « île de Sartenie », écrite aussi « Satalie », est l'ancienne Attalia, ville d'Asie Mineure, et que l'on parle habituellement du gouffre de Satenie, « dangereux pour les navires ». C'est vraisemblablement un autre souvenir du *Tournoiement Antéchrist,* où Huon de Méry écrit en parlant de Vulcain : « Qui son ostel et sa forge a / Pres du goufre de Satreni ».

Ce long développement sur la Nef de Renart, ou la Nef des Vices, suivi d'ailleurs par un autre sur la Nef des Vertus, s'insère tout simplement dans la tradition allégorique du Moyen Age. Le thème des nefs allégoriques ne fait que reprendre en somme celui de l'armure du chrétien et de l'Antéchrist du premier livre de *Renart le Nouvel,* et Roussel l'a rapproché des différents *Chars* allégoriques qui ont certainement connu le succès à leur époque [1]. Mais le thème des nefs des Vices et

[1] *Etude littéraire,* p. 486.

des Vertus existait également dans la littérature. Des analogies assez frappantes font croire à Roussel que Jacquemart Gielée s'est inspiré dans la composition de sa nef des Vertus, que nous regarderons un peu plus tard, d'un sermon sur l'hymne *Ave, maris stella,* qui se trouve parmi les *Sermones centum* qui sont peut-être à attribuer à Richard de Saint-Victor. Il est très possible que Jacquemart Gielée ait simplement retourné l'allégorie pour en tirer la nef des Vices, ainsi qu'il avait déjà fait du thème de l'armure symbolique. Roussel souligne cependant l'importance dans la pensée et la littérature chrétiennes de l'allégorie du navire de l'Eglise, qui se trouve réunie à celle des nefs des Vices et des Vertus dans *Renart le Nouvel.* Mais la comparaison de l'Eglise à un navire dont l'équipage est composé du clergé a été utilisée ensuite par les esprits anticléricaux, et on trouve, tant dans la poésie des Goliards que dans la littérature en langue vulgaire, des attaques violentes contre ceux qui conduisent le navire de l'Eglise.

Jacquemart Gielée suivait donc une tradition bien établie, mais il a donné un développement très considérable au thème de la navigation allégorique. Roussel cite encore un sermon attribué à saint Antoine de Padoue intitulé *De multiplici navi,* où sont déjà réunies les trois significations de l'allégorie du navire : le navire est d'abord le symbole de la malice du démon, ensuite il représente l'esprit de l'homme, et finalement il est l'Eglise. De toutes ces démonstrations Roussel tire la conclusion, très juste sans doute, que Jacquemart Gielée connaissait bien les thèmes de la prédication de son temps. Il est sans doute vrai aussi que beaucoup des lecteurs de *Renart le Nouvel* connaissaient dans le détail les œuvres où ces thèmes traditionnels de la littérature morale étaient traités, en latin ou en langue vulgaire et que, comme le pense Roussel, « ils devaient trouver plaisir à comparer entre eux les divers auteurs, et admirer d'autant plus l'adresse avec laquelle notre poète avait réussi à réunir dans son oeuvre, à utiliser dans son roman des thèmes tout à fait traditionnels, mais auxquels une présentation nouvelle rendait un attrait nouveau »[1]. Mais doit-on présumer, comme Roussel tend à le faire, que Jacquemart Gielée obéissait surtout à la tradition quand il introduisait dans l'allégorie du navire des passages franchement anticléricaux ? C'est en somme la signification de *Renart le Nouvel* tout entier qui est ainsi mise en question. La satire anticléricale occupe une partie considérable du poème, elle revient fréquemment, et on peut même dire qu'elle est rarement absente de la dernière partie du second livre. La fidélité à la tradition, aux « thèmes à succès », suffira-t-elle à expliquer l'insistance que le poète montre à reprendre ses thèmes anticléricaux ? Accepter cette thèse, c'est mettre très sérieusement en doute la sincérité du poète. Nous avons déjà la preuve que Jacquemart Gielée a beaucoup emprunté à la littérature de son époque et que par contre il montre peu d'originalité dans ses moralisations. Dans la satire anticléricale, par conséquent, son peu d'originalité ne doit guère nous surprendre. Il faut donc aborder la question de l'anticléricalisme dans *Renart le Nouvel* avec la détermination de le juger d'après son importance dans le poème et dans la pensée véritable du poète, et non d'après ses rapports avec les autres œuvres qui ont traité les mêmes thèmes.

Revenons donc à Renart et à la nef des Vices. Après la description du navire, Renart nous entretient de l'équipage :

Bien sui de maronniers pourvus ;
Ainc mieudres n'ot ne quoins ne dus,
Car de no nave iert amiraus
v. 3792 Li papes et ses cardonnaus
Ara o lui pour gouvrener
No nave par le haute mer.
Clercs et prestres et archevesques,
3796 Moines, doiens, abbés, evesques,
Jacobins c'on dist preecheurs ;
Avoec aus les freres meneurs,
Arai, s'irons seürement
3800 Et j'espoir que nous arons vent

[1] *Ibid.*, p. 495.

Bon com pour nous, c'est de pechié,
Dont tout le mont voi entechié.

D'emblée la nef des Vices devient la nef de l'Eglise ! Peut-on ignorer la virulence de cette attaque contre l'Eglise ? Ce ne sont plus certains membres individuels du clergé, comme dans quelques-unes des branches anciennes, ni certains ordres, qui sont visés, c'est une attaque contre l'Eglise toute entière. Malgré l'emploi du thème traditionnel, il y a du nouveau dans cette allégorie : Renart n'est plus le complice de l'Eglise; la hiérarchie catholique est désormais à ses ordres. La satire met le clergé carrément du côté de Renart, de l'esprit du Mal, des puissances de l'enfer : Renart propose en effet d'aller tout d'abord en enfer chercher le fils d'Orgueil et de Proserpine. Le fils ressemble en tout à son père et il sera bien à sa place dans le navire. C'est le vent du péché qui les amènera en enfer, mais, dit Renart, l'amiral hait ce vent, et les marins aussi, s'ils sont « loyaux » ! Combien de fois ils l'ont critiqué, Renart ! Mais il connaît le moyen d'obtenir d'eux tout ce qu'il veut :

mais je me tenrai
Es estages dont dit vous ai,
De couvoitise et d'avarisse,
v. 3836 Que nostre amiraus mout prise
Et aussi font si maronnier.
Pour che sai bien tout sans cuidier,
Que no nave feront sigler
3840 Partout ou je vaurrai aler
Par les estages ou seront,
Qui le vent couvenir lairont.

Dans le *Besant de Dieu,* écrit par Guillaume de Normandie vers 1226, on lit : « La nef saint Pere est sainte iglise » (v. 2249). Tout le monde, continue Guillaume, doit obéir au Saint Père et à son vicaire le pape, qui tient le gouvernail de la nef; mais le pape rencontre des difficultés à diriger la nef de l'Eglise :

2272 Sachiez que en ceste nef sont
Trestuit li crestien del mont,

Mes il i a tant d'une gent
Coveitose d'or et d'argent,
Qu'il font la nef croistre et branler
Et hors de dreite voie aler.

Roussel, d'après qui je cite ce passage, ne prétend nullement que Jacquemart Gielée ait connu ou utilisé le *Besant de Dieu,* mais il observe que cette œuvre « montre bien que la satire anticléricale (au sens qu'il faut donner à ce mot quand il s'agit de la période qui nous intéresse) occupe sa place dans la littérature en langue vulgaire, bien avant Jacquemart Gielée »[1]. Il y a certes une ressemblance assez marquée entre ces deux passages, du *Besant de Dieu* et de *Renart le Nouvel,* dans l'emploi du thème de la puissance de la Cupidité et de l'Envie, mais ce qui est plus intéressant pour nous, c'est d'observer comment Jacquemart Gielée a utilisé ce thème. L'anticléricalisme qui s'exprime dans ce passage de *Renart le Nouvel* est assez nuancé malgré sa virulence, et il révèle bien une attitude personnelle de la part du poète. Il fait en somme une certaine distinction entre un clergé « loyal » et un autre qui ne le serait pas. Il admet explicitement l'opposition de l'Eglise au péché – et on en est même quelque peu surpris, après ses accusations antérieures, – et en même temps il laisse entendre que tout le clergé, tous les papes, ne sont pas « loyaux ». Il rejoint ici l'auteur du *Couronnement de Renart* dans son emploi du thème de la puissance d'Avoir et de l'emprise de l'Envie et de la Cupidité sur l'Eglise. La mention spéciale des Dominicains et des Franciscains rappelle encore le *Couronnement* et met encore en relief l'attitude personnelle du poète. Il critique tout le haut clergé, les prêtres, les clercs, et par implication les ordres religieux – mais il veut signaler spécialement les ambitions et la cupidité des Ordres Mendiants.

La fidélité au genre exigeait que Jacquemart Gielée donnât l'explication de son allégorie, et dans son explication il est on ne peut plus conventionnel :

[1] *Ibid.*, p. 492-3.

v. 3857 Li nave qui tant visses a
Est nos cors qui par le mer va
Du monde ou a perilleus vens.

Dans notre périlleux voyage à travers la vie, la mort nous menace à tout instant, et personne ne sait quand elle va frapper. Nous devons par conséquent y penser, et réfléchir sur le danger que nous fait encourir le vent du péché :

3872 Car se li vens fait que hurté
Ait no nave au rochier de mort,
Anchois qu'ele parviegne a port,
Fendue iert no nave et brisie
3876 Et si iert en infer bruïe (— « brûlée »).

Les bons conseils continuent pendant trente-six vers encore, mêlés à de nouvelles remarques sur les défauts du clergé. Nous devons, dit le poète, nous inspirer des paroles et non des actions de nos prêtres; car ils ne sont qu'humains et sont exposés aux mêmes tentations que nous. Qu'ils le veuillent ou non, Convoitise et Cupidité les amènent dans la nef de Renart. Eux, ils verront leurs peines doublées en enfer, mais ceux qui auront bien servi Dieu seront couronnés au paradis. Qu'on soit donc plein de vertu, de charité, de la vraie foi et d'humilité, et le vent du péché ne soufflera plus beaucoup; la nef sera celle des Vertus, Renart et Orgueil seront abattus et chassés du cœur des hommes. Et ce long développement sur la nef des Vices se termine par une prière à la Sainte Trinité.

Il faut admettre que toute cette allégorie moralisante n'a rien d'amusant pour nous, lecteurs modernes. On est vraiment très loin des contes anciens, et Renart n'est qu'un autre symbole, une autre personnification du Mal. On peut même se demander si les contemporains de Jacquemart Gielée étaient vraiment sensibles à « l'attrait nouveau » de sa présentation de thèmes très connus, et l'on constate que le poète ne fait plus preuve de cette modération que Roussel a louée à plusieurs reprises quand il pense avoir trouvé une nouvelle façon de présenter un thème tout à fait traditionnel. Presque deux cents vers sont consacrés ainsi à la nef des Vices et aux moralisations d'une extrême banalité que le poète en tire, et le thème sera encore repris avec la description du navire de Noble, de la nef des Vertus. Mais toutes ces allégories, tous ces sermons, ne font que reprendre ce que le poète a dit à plusieurs reprises dans le premier livre. La partie sans doute la plus originale de tout le développement est celle où Jacquemart Gielée critique vigoureusement le clergé. Remarquons en passant qu'il fait preuve en même temps d'anticléricalisme et d'une foi sincère et même fervente, d'une foi d'ailleurs d'une orthodoxie parfaite.

Retournons encore une fois au récit. Une fois guéri de sa blessure, Noble lance un nouvel assaut contre Maupertuis. La tour principale est abattue et les forces royales se réjouissent déjà de leur victoire imminente quand Lionnel, fils du roi, est grièvement blessé, et de nouveau Noble fait arrêter l'attaque. Jacquemart Gielée ne montre pas plus d'originalité dans ses descriptions des combats que dans ses moralisations. Mais Renart décide d'abandonner Maupertuis dans la nuit. Il fait d'abord une sortie dans le camp du roi pendant que tous dorment, et après avoir semé la mort et la confusion, il se retire en emmenant plusieurs prisonniers de marque, y compris Tiécelin, Baucent et Espinart. Ensuite il s'en va par un passage souterrain jusqu'à son navire, amenant ses gens et ses prisonniers et emportant tout ce qui a de la valeur. Ils s'embarquent tous et se rendent directement auprès de Proserpine, qui confie à Renart Orgueilleux, le fils qu'elle a eu d'Orgueil. Nous avions laissé Orgueil et Proserpine au milieu du premier livre, au moment où ils partaient à la conquête du monde. Rothe a remarqué avec justesse que : « C'est le premier endroit où il est question de cette paternité d'Orgueil, et à la vérité, d'après la marche du reste du récit, son fils a dû grandir bien vite » [1]. Mais nous sommes de nouveau en pleine allégorie, et la vraisemblance n'y compte guère. En parlant d'Orgueil, j'avais dit que c'est un personnage épisodique qui joue un rôle purement allégorique. Son fils, petit-fils du roi Noble, est lui aussi un personnage

[1] *Les Romans de Renard*, p. 397, nº 2;

purement allégorique, et son entrée en scène semble avoir été conçue pour permettre au poète de reprendre le premier thème de *Renart le Nouvel,* celui de la corruption et de la dégénérescence de la noblesse chevaleresque. Ce thème vient pour ainsi dire en complément au thème principal, celui de la corruption du monde par Renart, mais c'est malgré cela un thème indépendant qui explique, me semble-t-il, sans chercher des rapports avec les branches anciennes de Renart, pourquoi Orgueil devait être fils du roi Noble. Orgueilleux possède tous les vices, tous les défauts de son père; son portrait est peu attrayant :

Orgilleus son fil c'ot d'Orgueil,
Qui warlousquoit un peu de l'œil [1]
Par fierté, et s'estoit vestis
D'un drap trop desgisés, faitis,
De despit encontre desdaing ;
Se de voir dire ne me faing,
Fourré erent de vanterie.
Et s'ot cainte par signourie
De manaches une chainture,
Et s'ot par grande envoiseüre,
De cointise un joli capel
Seur son chief, qui mout li fist bel.
Et s'ot seur se poitrine afiche
De vaine gloire, cointe et riche.
Solers ot de jolieté,
Trenquiés seur or de vanité,
Et cauches de presumption,
Faites seur vermeil siglaton.

C'est donc cet élégant vaniteux, ce dégénéré, loucheur, qui est le petit-fils du puissant et chevaleresque roi Noble. Par son défaut d'orgueil, la noblesse féodale s'est perdue; voilà, à mon avis, la signification d'Orgueil et d'Orgueilleux.

Orgueilleux est reçu avec de grandes réjouissances et beaucoup d'honneurs dans la nef de Renart, qui fait voile et arrive en Norvège. Là, ils rencontrent Cointereau le singe et son fils Martin qui avaient été chassés et exilés par Noble en raison

[1] « Warlousquer » — « loucher ».

de leur peu d'ardeur dans la lutte contre Renart. Ils s'enrôlent volontiers sous la bannière de Renart, ainsi que fait Blancart, le grand ours blanc. Cointereau réussit même à rallier les nobles prisonniers à la cause de Renart en leur apprenant que Noble leur a enlevé tous leurs droits. De la région polaire Renart vogue vers l'Orient, où il veut rencontrer Céraste, qui « de nature resanloit Renart », et où il espère rassembler une grande armée. Le principal intérêt du passage semble être la peinture d'un Noble vieillissant, qui aliène ses propres vassaux par sa dureté et sa mesquinerie.

Pendant ce temps, Noble a occupé Maupertuis, mais furieux de ne pas trouver Renart, il ordonne qu'on démolisse la forteresse. Il cède cependant à la prière de dame Emme et lui laisse le château, se contentant d'y mettre une garnison pour empêcher le retour de Renart. Ensuite il renvoie ses soldats dans leurs foyers. Mais il confie à Hardi sa certitude que Renart s'est enfui par mer, et lui révèle sa décision de le poursuivre dans un bateau qu'il a fait construire lui-même. Et bien entendu, Jacquemart Gielée reprend l'allégorie des nefs. La description de la nef de Noble correspond point par point à celle de la nef de Renart, mais l'allégorie est une fois de plus retournée et le navire du roi est la nef des Vertus. Aucune originalité dans l'énumération des vertus et des bonnes qualités, aucun changement même dans l'ordre :

Li fons est de bonne pensee,
Et s'est de fine amour bordée
Et cleuee de courtoisie,
De raison richement poiïe,
Et li mas est tous de pité
Et li sigles d'umelité
Li cofins du mast est de sens,
D'atemprance et de raison; gens
Est teus cofins pour lonc veoir.
Et d'amisté pour pais avoir
Est li chables et grans et fors,
Bien fais et soutievement tors.
Et s'est li nave batillie

De concorde par signourie.
Et pour plus riche estre de pais
— Nus ne vit tel nave onques mais —
De discretion maint cordon
I a entour et environ.
Li ancres est de repentanche,
Forgiés de confession blanche,
Temprés de satisfaction
En l'iaue de devotion.

A la fin, on en est bien lassé, de cette répétition interminable et monotone. Les trois ponts n'ont ni clef ni fermeture, car ils sont faits « de largueche, richement doré de nobleche ». La sentine est de bon espoir, le poste de guetteur est de loyauté ; l'éperon de la proue est « en fer de debonnaireté », avec acier de douceur préparé à la forge d'honneur. Le tout est enveloppé d'un tissu blanc comme la neige et orné de la croix rouge de compassion. En haut du mât est un grand aigle qu'on appelle Charité et dont les plumes sont des vertus : si on fixe son œil sur cet aigle, il sera un guide infaillible. Comme l'aigle vole plus haut que tous les autres oiseaux, ainsi la charité est la plus grande des vertus. Noble ne craint pas les attaques de Renart, car ses troupes sont munies de boucliers de sobriété armés d'abstinence, que les dards de tentation et de gloutonnerie ne peuvent pas pénétrer. Virginité et chasteté protègent le navire contre les flammes de la luxure, plus terribles que le feu grégeois. Et finalement, le navire est rempli de la grâce divine qui a aidé les saints à résister aux tentations du diable.

Après l'explication du symbolisme de la nef de Renart, le poète n'a pas eu besoin d'élaborer l'allégorie de la nef de Noble, mais continue directement le récit. Pendant que Noble explique la nature de son bateau à Hardi, trois messagers arrivent, apportant au roi une longue lettre de Renart. Celui-ci raconte que Céraste lui a donné un château en Orient appelé Passe-Orgueil et de vastes terres. Ensuite il annonce son intention de reprendre Maupertuis et lance un nouveau défi au roi, en rejetant sur lui l'entière responsabilité de la guerre. Noble congédie les messagers en les chargeant de dire à leur maître qu'il aura à se défendre avant un mois. Mais les messagers ont apporté en même temps des lettres d'amour adressées à la reine, à Harouge et à Hersent. Les trois dames lisent leurs lettres ensemble, et tirent au sort pour décider laquelle sera l'amante de Renart, car malgré ses infidélités, les trois dames sont toujours éprises de lui. Elles tirent à la courte paille, et c'est Hersent qui est l'heureuse gagnante, au grand dépit de la reine. Pour la réconforter, Harouge chante une chanson sur les peines d'amour : « Onques pour amer loiaument / Ne conquis fors paine et tourment ». Tout l'épisode est du reste généreusement pourvu de chansons. Mais la plainte d'Harouge a pour résultat de provoquer un rire sardonique de la part de la reine, et le poète saisit l'occasion pour faire un petit exposé sur les secrets et les faiblesses du cœur féminin :

v. 4530 Li roïne a geté un ris
De che que Harouge ot canté,
Qu'ele sot bien de verité
C'amé ot le roi et il li,
4534 Et bien set que Renars goï
De Harouge par traïson,
Et trestout fu par l'acoison
De l'amour qu'ele ot vers le roi,
4538 Et si li porte tele foi
Qu'ele aime miex Renart .C. tans
Que le roi, qui fu ses amans
Fins et entiers, loiaus et vrais.

Tant de duplicité incite la reine à jurer qu'elle ne croira jamais femme. Il y a évidemment une valeur allégorique dans tout l'épisode des trois dames qui disputent ainsi le cœur de Renart. La liaison coupable de Renart et Hersent était à la base de la branche II-Va et, par extension, du *Roman de Renart*. Le penchant de la reine pour Renart n'était pas un secret non plus dans les anciennes branches. Mais, comme je l'ai déjà remarqué, Jacquemart Gielée avait introduit un élément complètement nouveau en dépeignant un roi Noble amoureux d'Harouge, la femme de son propre cousin. Et voilà les suites de cette liaison :

à l'amour véritable et loyal de Noble, Harouge a préféré celui de Renart qui l'avait possédée par fausseté et qui l'avait renvoyée ignominieusement quand il s'était lassé d'elle. Allégorie sur la faiblesse et la duplicité des femmes, mais encore l'allégorie sur le thème de la dégénérescence des anciennes vertus et du triomphe du Mal. Jusque dans ses amours, le pauvre Noble, bon et loyal chevalier, est vaincu par Renart le fourbe.

L'épisode des trois lettres est donc la continuation directe de l'histoire des amours de Noble et Harouge, et fournit de nouveau la preuve que Jacquemart Gielée était un conteur de talent. Chaque fois qu'il laisse ses allégories lassantes et ses plates moralisations, il révèle un esprit mordant et enjoué qui, combiné avec un sens psychologique et une invention qu'on ne lui soupçonnait pas, nous a valu des contes qui se comparent aux meilleures branches du *Roman de Renart.* La suite de l'épisode fait penser aux meilleurs fabliaux. Les trois dames envoient une réponse à Renart dans laquelle elles lui disent comment elles avaient lu ses lettres de concert et comment elles avaient tiré au sort. Furieux d'être raillé de la sorte, Renart jure de se venger. Grimbert lui propose d'utiliser l'aimant pour déshonorer les trois dames, en lui énumérant les qualités de cette pierre : outre sa capacité d'attirer le fer, d'aimanter l'aiguille de la boussole, de déceler le fer caché sous de l'or, et de maintenir des corps suspendus en l'air, l'aimant, placé sous le chevet d'une femme, l'oblige à raconter tout haut sa vie, ses secrets, ses amours et ses fautes. Renart traverse la mer avec une vingtaine de ses hommes et se rend au château de Roche Gaillart où se trouve le roi. Reçu par Noble, il présente ses hommes comme de riches marchands, tandis qu'il prétend être lui-même médecin et savant, connaissant bien la physique, l'astronomie, la magie, la chirurgie, les sciences naturelles et l'algorithme. Ses connaissances de la magie sont trop nombreuses à raconter, dit-il, car il avait été élève de Merlin et de Morgue la Fée, de Galien, Virgile, Hippocrate et Aristote. Parmi les remèdes qu'il possède, herbes, racines, pierres, il y en a un, dit-il, qui permet aux maris trompés de faire révéler à leurs femmes leurs infidélités. Noble le reçoit, avec ses compagnons, dans son service, et parle à Hardi et à Isengrin du secret du prétendu médecin. Hardi s'en moque, mais secrètement il pense y avoir recours pour savoir la vérité sur la conduite et les sentiments de sa femme. Isengrin et Noble ont pris la même décision, et c'est un amusant tableau satirique que nous présente le poète de ces trois grands seigneurs qui, malgré leurs protestations d'amitié et de loyauté, se jalousent et se méfient les uns des autres. Isengrin brûle d'envie de savoir enfin la vérité sur les rapports entre Renart et Hersent. Hardi est jaloux de Noble et de Renart, car il les soupçonne d'être toujours aimés par sa femme, et Noble craint à son tour que le léopard ne veuille se venger de lui en le trompant avec la reine. L'angoisse des maris fait pendant aux tourments amoureux de leurs femmes, dévorées par leur passion pour Renart, et en fin de compte c'est Renart, le faux médecin, qui triomphe en se vengeant de tous. Les maris jaloux font l'expérience de l'aimant, apprenant toute l'histoire des lettres et du tirage au sort, et chassent leurs femmes infidèles après les avoir accablées de coups et d'injures. Pour consommer son triomphe, Renart accueille les dames dans son navire et les emmène à Passe-Orgueil. Là il les installe fastueusement et règne sur sa cour comme un prince oriental :

v. 4819 Des dames faisoit son voloir
Et nuit et jour et main et soir.

Le thème des amours coupables, à commencer par celles de Noble et Harouge, a été inventé par Jacquemart Gielée, et il faut reconnaître qu'il en a fait une véritable branche de Renart. Par contre, les propriétés de l'aimant, et surtout le pouvoir extrêmement curieux qui a fourni une conclusion si originale au récit, avaient certainement été empruntés à des ouvrages littéraires aussi bien que scientifiques du Moyen Age. Je me bornerai à indiquer très brièvement les sources probables, qu'H. Roussel a signalées déjà. L'aiguille aimantée avait été décrite par Alexandre Neckam, vraisemblablement avant la fin du XIIème siècle, dans son *De naturis rerum.* Par la suite, Guiot de Provins l'avait mentionnée dans la *Bible Guiot,* tandis que l'on en trouve la description encore dans le *Dit de la Tremontaine* qui date vraisemblablement de la même époque que *Renart le Nouvel,* c'est-à-dire de la deuxième partie du XIIème siècle. La brièveté de l'allusion dans notre récit ne permet pas cependant de déterminer avec quelque certitude la source utilisée par Jacquemart Gielée.

L'allusion à la propriété de l'aimant de maintenir des corps suspendus en l'air fait état d'une croyance curieuse et fort ancienne, mais Jacquemart Gielée a suivi une tradition encore plus curieuse. De cette propriété il écrit :

> S'en font Mahon et Apolin
> Li Sarasin tenir tout coit
> v. 4634 En l'air, que chascuns qui le voit
> Cuide che soit par se poissanche ;
> Non est, il ont fole creanche.

Roussel attribue à saint Augustin *(De Civitate Dei, XXI-6),* la survivance de la croyance à l'existence d'une idole soutenue en l'air, croyance qui se trouvait déjà chez Pline l'Ancien et d'autres auteurs antiques. Mais l'application de cette tradition au cercueil de Mahomet semble remonter, indique Roussel, à Hildebert de Lavardin, dont l'exemple fut suivi par Gaultier de Compiègne dans un poème latin, ensuite en langue vulgaire dans la *Chanson d'Antioche,* composée au début du XIIème siècle et renouvelée un siècle plus tard, et dans le *Roman de Mahomet,* composé par Alexandre du Pont en 1258.

Quant à l'idée de l'aimant qui fait avouer les femmes adultères, elle se trouvait elle aussi dans la littérature bien avant *Renart le Nouvel.* Le *Lapidaire* de Marbode et les nombreuses adaptations en langue vulgaire, les oeuvres d'Alexandre Neckam, Thomas de Cantimpré et Barthélemy l'Anglais, ont tous rapporté cette tradition. Si nous devons donc constater encore une fois que Jacquemart Gielée n'a rien inventé des différents thèmes qu'il a incorporés dans ce récit, nous pouvons par contre admirer la manière dont il les a utilisés pour créer l'épisode de loin le plus amusant et le plus original de *Renart le Nouvel.* La dernière scène de cette comédie vaudevillesque complète le tableau satirique du malheureux roi Noble : quand il apprend que c'est Renart qui l'a de nouveau trompé, il tombe dans une véritable crise de rage :

> v. 4826 « Que ferai je, sainte Marie ?
> Ahai, roïne de lasus,
> Tous jours me meskiet plus et plus,
> C'est cler, che ne puis je noier,
> Tenés mes dras, je vais noiier,
> De pis en pis va mes affaires.
> Ahai ! me sires sains Acaires,
> Gardés moi, ou de mi est niens ».

La parodie dans cette scène de folie est vraiment très fine, quoique très nette. H. Roussel a fait une bonne appréciation de l'état de Noble : « Il menace de se jeter à l'eau, non sans dire d'abord : « Tenés mes dras ». Nous ne sommes pas loin ici des histoires marseillaises : « Retenez-moi, ou je fais un malheur ». Il a conscience de son état mental, il invoque les saints dont la « spécialité » était la guérison des fous »[1]. Le sens de la parodie, allié à une connaissance profonde de l'âme humaine, a produit les scènes de loin les meilleures de *Renart le Nouvel.*

Après l'épisode de l'aimant, la guerre reprend entre Noble et Renart. Le roi jure la destruction de son ennemi et part pour Passe-Orgueil dans son navire. Renart vient à sa rencontre, et une grande bataille navale s'engage. Blancart, l'ours blanc, plonge sous le navire de Noble pour le trouer et le couler, mais il est blessé et fait prisonnier. Les deux bateaux se heurtent, un combat acharné commence. Renart est comparé à Hector, ou à Achille ou encore à Tydée, Noble à Judas Machabée, ses fils à Perceval, tant ils se battent courageusement. Les pertes sont lourdes des deux côtés, la mer est rouge de sang. Les exploits de Chantecler égalent ceux de Perceval ou de Lancelot, de Gauvain ou de

[1] *Étude littéraire*, p. 636.

Tristan. Malgré sa jeunesse, Renardel, fils cadet de Renart, pense étrangler et manger le coq, car, dit Jacquemart Gielée, « Nature l'ot ja apris » (v. 5086). Et voilà qu'au beau milieu de la bataille le poète introduit une digression d'une centaine de vers sur l'éducation des enfants. Il se plaint d'abord de la méchanceté des enfants de son époque, et il en rend responsables les parents. Il propose tout un programme d'instruction religieuse et morale :

Se pere et mere sage estoient,
Leurs enfans endoctrineroient
A bien dire et a bien ouvrer,
Les sermons et l'eglize anter
Leur feïssent, et leur blamassent
Leur pechiés, et leur ensegnassent
Tous les articles de le foi,
Conment Dieus morut et por coí,
Et tous les .X. conmandemens,
Conment rostis fu sains Leurens,
Et les legendes des bons sains,
Et conment paradis est plains
De leesche, infers de tourmens,
Les fais des anchiienes gens
Ki furent a Dieu vigereus,
Et tous les .VII. pechiés morteus
Blamer et les autres pechiés
Dont tous li mons est entechiés,
Che doivent faire pere et meres,
Et de le vie des sains peres
Recorder as enfans souvent.

Mais en réalité, constate le poète, les parents négligent leur devoir et placent leurs enfants nouveau-nés en nourrice, souvent chez des femmes peu vertueuses ; ce qui amène toujours des résultats catastrophiques, car les enfants acquièrent avec le lait dont ils sont nourris les vices de la nourrice. Et de là à raconter l'histoire de la femme qui, n'étant plus capable d'allaiter l'enfant dont elle avait la charge, le fait nourrir par une truie, de sorte que l'enfant, rendu finalement à ses parents, avait toute la nature d'un porcelet. Qu'on choisisse donc avec prudence une nourrice pour les enfants : qu'elle soit de bonne origine aussi bien que de bonnes moeurs, car la nature ressort toujours, mais « souvent de ses drois / Retaut nourreture a Nature » (v. 5176-7). Mais on se souvient peu de ce précepte, dit Jacquemart Gielée, et le résultat est très visible :

> Pour che ont la gent si peu foi,
> Et voit on tant de ribaudie
> v. 5192 Ou monde et tant de renardie,
> De renardie et de doleur !

Il n'y a plus de loyauté, tout le monde est méchant, Renart est maître du pays.

Après cette digression morale, le poète reprend la description du combat. Orgueilleux, fils d'Orgueil et Proserpine, gagne le sobriquet de Tue-tout, tant il fait de morts parmi les gens du roi. Il essaie de mettre fin à la bataille en abattant la voile du navire royal, la voile d'humilité, mais un vent se lève et la voile gonflée donne un tel coup à Orgueilleux, qu'il retombe dans le navire de Renart. Ce vent qui se lève à un moment si opportun pour la cause de Noble appartient à l'allégorie des nefs, puisqu'il n'est autre que la grâce de Dieu. Une grande tempête vient séparer les deux navires, poussant celui du roi vers l'Occident et l'autre vers l'Orient. Epouvanté par la violence de la tempête qui a abattu sa voile, Renart supplie l'aide de tous les saints et promet de faire amende de tous ses péchés et d'aller en pèlerinage en Terre Sainte s'il est épargné. Tout le monde adresse des prières à Dieu, et un prêtre asperge le bateau copieusement d'eau bénite. Le calme revient et le navire arrive à Passe-Orgueil, où Renart oublie promptement tous ses vœux. Il est même plus mauvais et plus orgueilleux qu'auparavant. Et tout de suite Jacquemart Gielée retrouve le ton moralisateur : nous sommes tous, dit-il, pleins de renardie, de fausseté, de déloyauté, de ruse et d'envie « qui plus est dure de diamant ». Après un jeu de mots – procédé qu'emploie assez souvent notre auteur – sur les mots « dur », « durer » et « endurer » et qui nous reproche notre entêtement à suivre Renart, vient un autre sur « descorde »,

« accorde » et « concorde », introduisant tout un sermon sur la mort du Christ qui nous a ouvert le chemin du paradis. Malheureusement nous faisons tous comme Renart; quand nous sommes très malades, nous sommes pleins de contrition et de repentir; mais une fois guéris, nous oublions vite les promesses que nous avions faites à Dieu, et parfois nous sommes pires qu'auparavant. L'homme qui s'est confessé est comparé à l'oiseau qui s'est déglué; mais, moins prudent que l'oiseau, l'homme se laisse reprendre dans les lacs du diable. Et Jacquemart Gielée raconte un nouvel « exemplum », une petite histoire qui illustre ses propos. C'est un petit conte d'un bourgeois qui fait garder un poulet rôti par son singe. Attiré par l'odeur, le « houpiex » sort du bois et réussit à duper le singe et à emporter le poulet. Le maître, qui avait été témoin du vol, fait rôtir un autre poulet, mais cette fois-ci le renard ne peut pas déjouer la vigilance du singe et doit rester sur sa faim. Le conte se termine, à la manière de l'exemplum, par l'enseignement qu'il doit illustrer :

v. 5532 Li singes mout miex se warda
Que ne faisons quant l'anemis
Nous a a ses las courans pris
Par pechié. Lues que confessé
5536 En sonmes, sonmes delivré,
Mais tantost nous i remetons,
Dont je di mains de sens avons
Que li singes de nous garder.

On ne connaît pas la source de cette petite histoire. Mais ne peut-on pas penser que c'est Jacquemart Gielée qui l'a inventée ? Nous avons déjà pu constater ses talents de conteur, et c'est justement dans ses récits de bêtes qu'il fait preuve d'un esprit d'invention et d'originalité. Si Jacquemart Gielée avait donné aux deux bêtes leurs noms propres, cette petite histoire trouverait facilement sa place parmi les vieilles branches du *Roman de Renart.* Or, elle a un tout autre intérêt pour nous du fait que dans le récit le rusé voleur ne reçoit que son ancienne appellation de « houpiex » ou « goupius ». Encore à la fin du XIIIème siècle, le vieux mot semble être employé pour désigner la bête sauvage des bois et des champs, tandis que Renart reste encore un personnage littéraire et – du moins dans *Renart le Nouvel* – allégorique.

Reprenant le récit, nous apprenons que l'orage qui avait repoussé Renart vers Passe-Orgueil avait mené le navire de Noble – chose curieuse – en sens opposé. Le beau temps revenu, Noble fait hisser la voile, et un vent favorable le mène directement à Passe-Orgueil, que le roi est résolu à anéantir. Le vent pousse le navire avec une telle force même, qu'il s'enfonce une bonne vingtaine de pieds dans le sable du rivage. Sans doute faut-il attacher un sens symbolique à cet incident : le vent de la grâce divine qui lance le navire des Vertus avec une telle violence à l'assaut de la forteresse du Mal !

Les gens de Noble débarquent, mais Renart n'ose pas les attaquer en raison de leur force. Il se retire dans Passe-Orgueil, tandis que Noble s'établit devant ses portes dans un camp fortifié. Une bande de fourrageurs sous la conduite de Lionnel dévaste les terres de Renart et de ses vassaux. Un personnage que nous avions rencontré dans *Renart le Bestourné* vient se plaindre à Renart de l'activité de cette bande : c'est « Dame Outrecuidie li onche », qui tenait de Céraste un fief près de Passe-Orgueil. La nature et la signification de la bête fabuleuse qu'était l'once restent toujours très obscures (cf. supra p. 184-5). Dans *Renart le Nouvel* cependant il est clair que l'once est simplement un autre animal légendaire qui symbolise une des formes de l'orgueil. On peut par conséquent se demander si Jacquemart Gielée n'a pas trouvé l'idée pour sa conception de l'once dans la branche Ib, où on peut lire à propos de « ma dame Once la haïe » que « Tot li secles est en sa mein ». Or, un des thèmes principaux de *Renart le Nouvel* est celui de l'emprise de l'orgueil sur le monde. Mais on ne peut rien préciser à ce sujet, et il est possible aussi que Jacquemart Gielée pensait simplement au caractère hideux et épouvantable que la légende attribuait à l'once quand il en a fait l'incarnation du vice d'outrecuidance.

Les deux fils de Renart partent à la tête d'une force bien supérieure et préparent une embuscade que le fils de Noble aperçoit mais que, en preux chevalier, il ne daigne pas essayer d'éviter. Il exhorte ses hommes à se battre vaillamment, en loyaux soldats de son père et en bons chrétiens, et il leur assure le paradis s'il périssent dans la lutte contre Renart. A la manière des guerriers des épopées, ils se confessent entre eux et attendent l'attaque tranquillement, soutenus par leur foi et par la confiance dans leur cause. Leur attitude inspire au poète un nouveau sermon de quatre-vingts vers sur les vices du monde et la vanité de cette vie. Après ses critiques habituelles sur la convoitise et l'orgueil de son siècle, il reprend, avec plus de hardiesse pourtant, les réflexions sur le pouvoir qui nous rappellent les idées de Jean de Meun. Il condamne une royauté arbitraire et imbue de la notion de sa supériorité en lui rappelant ses origines et sa propre fragilité :

Tout sonmes d'Adam et d'Evain
Fait de no pere souverain,
Dont ne sai nus ait avantage.
Au naistre autant a de malage [1]
La fame au roi c'unne autre dame.
Ceste raisons Orguel mout blame,
Car d'autel matere est estrais
Li rois c'uns autres, n'est fors brais [2]
De lui ne de nous n'est fors fiens.

La gloire mondaine n'est rien, car la Mort nous emporte tous, jeunes et vieux. Dans un sermon plutôt très confus, il mélange des idées bien conventionnelles sur la Mort et un tas de moralisations bien banales. Tout comme l'auteur du *Couronnement de Renart,* il reprend le thème, fréquemment utilisé dans la littérature de l'époque, de la vie comparée à un jeu d'échecs. C'est la Mort, dit-il, qui gagne toujours à ce jeu, et il rappelle cette vérité tout spécialement à l'intention du clergé :

[1] « Malage » — « souffrance ».
[2] « Brais » — « boue, fange ».

v. 5840 Mors set bien geter sa queanche [1],
Ele set au gieu avantage ;
Qui n'i pense, il i a damage.
Clerc et prestre, moine et prelat,
5844 D'iaus vous di eschiec et puis mat.

Il lance un avertissement dont le sens semble être : sur l'échiquier de Convoitise, les pièces d'Avarice et de Cupidité sont mises en échec dans l'angle d'Orgueil, et ceux qui y jouent mourront doublement. Il paraît en fin de compte que toutes ces recommandations s'adressent uniquement au clergé, car après quelques remarques sur le mystère du sacerdoce, il rappelle au pape et aux cardinaux leurs devoirs. Les vêtements sacerdotaux, par leur pouvoir mystérieux, permettent aux ecclésiastiques de vaincre Satan; mais les chefs de l'Eglise ont une lourde responsabilité :

5869 Li papes et li cardonnal
De leur vermaus capiaus font mal
S'il ne tienent l'estruisement.
5872 Seur aus getera jugement
Diex par saint Pierre et par saint Pol.

Cet enseignement leur est donné par les apôtres : qu'ils suivent l'exemple de saint Pierre et saint Paul, qui acceptèrent le martyr pour perpétuer la foi. Les premiers chefs de l'Eglise méritaient leur chapeau rouge qu'ils avaient gagné en versant leur sang ; mais leurs successeurs ne le méritent pas, car ils ont le cœur plein de convoitise.

Après cette critique bien inattendue du Saint-Siège, nous revenons à Lionnel et ses hommes. Après une lutte terrible, ils sont vaincus et les quelques survivants sont amenés à Passe-Orgueil, où Renart les emprisonne en les menaçant de mort. A la nouvelle de ce désastre, Noble lance toutes ses forces contre Passe-Orgueil ; nouvel assaut bien pareil à tous les autres. Renouant avec une tradition des vieilles branches, Jacquemart Gielée met en scène Timer l'archiprêtre, qui, vêtu des ornements

[1] « Bien jeter sa queanche » — « jeter habilement les dés ».

sacerdotaux et accompagné de ses fils qui portent clochette, bénitier et cierge allumé, procède à l'excommunication solennelle de Renart avant la bataille. Le cierge éteint et les dernières paroles de la formule d'excommunication prononcées : «Amen, Amen, Fiat, Fiat », Timer se retire, car, nous apprend le poète, il ne sait pas combattre autrement. Mais son action reste singulièrement inefficace, car Renart se soucie peu d'être excommunié et s'en moque ouvertement :

« Que ferai je, sainte Marie ?
Mengier ne porrai de blanc pain
v. 6040 Sans talent ou se je n'ai fain,
Et mes pos boulir ne porra,
Devant che que fu sentira ».

Il s'en réjouit même, car ainsi il est certain que son corps ne pourrira jamais :

« Cuidier m'ont fait mout grant damage,
6044 Mais il m'ont fait grant avantage,
Car de pourrir n'arai pooir.
J'ai oï dire tout pour voir
Que entirs remanra mes cors
6048 Tous jours puis que je serai mors
Jamais jour ne voeil estre assos ».

Et tous les siens huent Timer : « Hués, as sos, hués as sos ». On peut évidemment discuter de la signification de cette scène, comme de toutes celles qui dans les vieilles branches du *Roman de Renart* semblaient se jouer des offices religieux. L'intention parodique est évidente, et certains commentateurs, Saint-Marc-Girardin et Houdoy notamment, avaient attribué à Jacquemart Gielée une intention satirique. Il est certain que Renart jette le ridicule sur l'excommunication en démontrant son peu d'efficacité. L'interdiction de recevoir les excommuniés à table ou de travailler pour eux ne l'empêchera pas de manger comme il voudra. L'autre allusion est inspirée d'une certaine tradition selon laquelle les corps des excommuniés morts sans absolution ne tombaient pas en poussière. Roussel fait état de

« la pureté d'intention » de Jacquemart Gielée, de sa foi évidente et de « son attachement aux vertus chrétiennes » pour soutenir que notre poète n'entretenait pas d'idées satiriques contre l'excommunication. Mais pureté d'intention et orthodoxie ne sont pas incompatibles avec la satire, et il me semble qu'il faut reconnaître l'intention satirique dans cette parodie de l'excommunication qui n'a pas d'effet et dans le tableau de l'archiprêtre impuissant, dont les menaces ne font plus peur et qui se retire sous les sarcasmes des gens de Renart. Roussel a reconnu lui-même que l'excommunication, mesure d'exception, était souvent employée abusivement par des prélats pour des fins purement temporelles, et que de tels abus soulevaient de nombreuses protestations, « et cela d'autant plus aisément que le moyen-âge a connu dans ce domaine, une liberté de parole plus grande que ce qu'on lui attribue souvent. Il n'était pas toujours aussi crédule qu'on le pense parfois » [1]. Or, à plusieurs reprises déjà dans *Renart le Nouvel,* Jacquemart Gielée a fait preuve justement d'une indépendance de pensée et d'un esprit critique qui n'hésitaient pas à s'exercer aux dépens des plus hautes autorités de l'Eglise. Il est difficile, sinon impossible, à mon avis, de ne pas reconnaître que toute cette parodie de l'excommunication dégage une impression surtout satirique et anticléricale. Mais nous aurons l'occasion d'y revenir plus tard, en examinant la question de l'anticléricalisme de Jacquemart Gielée.

Dans la nouvelle scène de bataille il y a quelques détails assez curieux et amusants. Le premier semble s'inspirer du fond oriental où se trouve Passe-Orgueil : l'éléphant Fortin avance sous les murs du château portant dans un « château en bois » sur son dos les meilleurs des barons du roi, Noblet, Hardi, Chantecler, Brun, Isengrin. Souvenir du *Roman d'Alexandre* ? Les barons s'emparent de toute une partie des remparts, le fils de Noble engage un combat singulier avec Renart, et tous les deux tombent dans le fossé. Renart s'enfuit, poursuivi par toute

[1] *Étude littéraire,* p. 613.

l'armée royale, et l'on retrouve soudainement les poursuites « épiques » des premières branches du *Roman de Renart* :

v. 6104 Quant il si voit, adont s'est mis
Au cours canques il puet au bos.
Aprés lui cuert toute il os
Et en laissent l'assaut ester.
6108 Qui vist Grignart aprés aler
Et Volant le levrier salir,
Et Foillet le braquet tenir,
Dire peüst qu'il sont vaillant.
6112 Ysengrins leur dist : « Ore avant ! ».
Estes vous le cael Hustin,
O lui Roenel le mastin,
Chil le sievent et Renars fuit.

Ce n'est plus le seigneur de Maupertuis et de Passe-Orgueil, ni Renart symbole du Mal, mais Renart le goupil dont les chiens déchirent la peau et qui, pour se sauver, a recours à un vieux stratagème que l'on trouve dans les *Bestiaires :* il urine sur sa queue et aveugle les poursuivants en leur en fouettant les yeux. Le passage est manifestement inspiré de « l'escondit » de Renart de la fin de la branche II-Va. Il y a une certaine incongruité à introduire ainsi les éléments des vieux contes de Renart dans une œuvre où l'anthropomorphisme est complet et où tout n'est que prétexte à la moralisation et à l'allégorie. Mais grâce au goût, à la discrétion, du poète, ces intrusions du monde purement animal restent très restreintes, et le mélange des genres ne choque guère. Au contraire, ce rappel direct des branches anciennes sert à rendre à *Renart le Nouvel* ses véritables dimensions, de sorte que nous ne perdons pas complètement de vue la nature primitive du poème au milieu des développements et des digressions allégoriques et moralisateurs. C'était le mélange du monde animal et du monde chevaleresque qui faisait en bonne mesure le charme du vieux *Roman de Renart,* et Jacquemart Gielée est encore capable d'en recréer l'atmosphère par moments : une jolie scène est celle décrite par un messager qui vient demander de la part des fils de Renart une trêve, et qui apporte en même temps des nouvelles de Lionnel et des autres prisonniers. Lionnel envoie ses salutations au roi son père, dit le messager, ainsi que le fait un autre prisonnier :

> v. 6164 « Et li bievre autretant ou plus,
> Qui toute jour nous cante et note,
> Tout pour Vuate le marmote,
> Pour cui amours fait lais et sons
> 6168 Et rotruenges et canchons ».

A la vérité, ce sont les petits détails tirés de la vie féodale et chevaleresque, parfois satiriques, presque toujours amusants, qui constituent un des principaux attraits du second livre de *Renart le Nouvel.* C'est à ces moments que Jacquemart Gielée montre le plus d'esprit et d'originalité, car dans ses grandes lignes le second livre n'est guère autre chose qu'un remaniement du premier. A partir de la trêve entre Noble et les fils de Renart, l'on peut même dire que le poète a simplement transposé la fin du premier livre, en y ajoutant seulement quelques passages allégoriques ou des considérations morales. Ainsi, Renart s'en va chercher l'aide de Céraste, du dragon d'Ethiopie, du basilic et de tous les autres monstres fabuleux d'Orient et d'Occident dont on a déjà vu l'énumération, en termes presque semblables, dans le premier livre. Mais cette foule innombrable se loge sans difficulté dans Passe-Orgueil, car le château de Renart est, si l'on était près de l'oublier, la demeure du Mal :

> Dedens Passe Orgueil sont entré,
> 6208 Castel i ot et grant et lé,
> Mout le couvient au jour d'ui grant,
> Car pres que tout i sont manant,
> Li laie gens et li clergiés.

De même, Renart se résout à faire de nouveau sa paix avec Noble, pensant ainsi mieux avancer sa cause qu'en remportant une victoire sur le champ de bataille. Noble est en effet son dernier adversaire, et s'il pouvait s'assurer son appui, Renart vaincrait rapidement les dernières résistances à son règne. Par conséquent il sort de leur prison Lionnel et les autres captifs, les traite avec tous les honneurs, et enfin il dévoile au fils du roi son désir de paix. Mais il a déjà préparé soigneusement son terrain : non seulement il a montré au jeune prince ses forces, six fois supérieures à celles du roi, mais il lui a fait rencontrer au cours d'un grand dîner les trois nobles dames, la lionne, Harouge et Hersent, qui ont toutes nié froidement les accusations portées contre elles et qui font l'éloge de la courtoisie et de la générosité de Renart. Détail curieux sur les coutumes de l'époque et sur lequel nous reviendrons d'ailleurs : à chaque plat un membre de l'assistance chante une chanson d'amour.

Par des arguments habiles Renart rejette sur le roi toute la responsabilité de la guerre. Il charge Lionnel de la tâche d'établir la paix entre lui et le roi, et le renvoie dans le camp royal, accompagné de tous ses hommes et des trois nobles dames. Lionnel défend avec vigueur la bonne réputation des dames, et convainc son père de la folie de continuer la lutte contre Renart. Le lendemain, le roi rencontre Renart, qui lui demande pardon, ainsi qu'à Hardi et à Isengrin, et la paix est conclue sans plus de délai.

Cet accord est fait sous les auspices de dame Guile :

Dame Gille fu a le pais,
Qui mout ot plais, et le basti,
v. 6512 Et li pais fu toute par li.

Elle porte une robe très élaborée qui avait été faite au temps de Lucifer et dont les différents éléments – flatterie, mensonge, moquerie, mauvaise foi, ruse et trahison – correspondent à son être. Elle est montée sur sa célèbre mule aux diverses couleurs, Fauve :

6528 Plus merveilleuse ne vic nule,
Blancue, bise, bleue ne perse
Ne fu, mais trop estoit diverse,
Car ele iert toute tavelee
6532 Par le cors de fausse pensee,
De mentir et de parjurer

L'ot faite de nouviel ferer.
De fausseté sambue et sele
v. 6536 Ot, que faite ert toute nouvele
En le vile droit de Hedin [1].
Uns lorrains ot fait a or fin,
Qui de faus jugement estoient.

C'est dame Guile qui est l'architecte de la paix et qui réconcilie Noble avec Renart. Mais c'est Renart qui a triomphé, et sa victoire est le triomphe du Mal universel :

6561 Car tout sont devenu louviel
Chil qu'estre soloient aignel.

A qui en est la faute ? La réponse de Jacquemart Gielée est directe et violente :

Li clergiés qui nous deüst paistre
6564 De bonnes œuvres con bons paistre
Et mener en franche pasture,
N'ont mais de tele cose cure,
Puans Luxure et Gloutrenie
6568 Et Couvoitise est aus amie.
Il nous lœnt Humelité,
Et il ont Orgueil en chierté.
Li leu pueent ore estre cras
6572 Et de nous brebis leur degras [2].
Faire, no paistre ont leur veüe
Au jour d'ui pres toute perdue.

Fuyez, fuyez le loup qui a aiguisé ses dents pour vous manger ! s'écrie le poète. Il ne faut pas nous fier à nos pasteurs, car avec la mort vient le loup, qui est Satan, tout prêt à nous dévorer. Seul l'amour de Dieu peut nous sauver de Satan. Mais en faisant la paix avec Renart le roi a chassé les vertus et il a abandonné nos corps aux vices, à Renart. On ne peut donc échapper encore à l'enfer qu'en aimant Jésus, qui avait souffert la mort sur la croix pour nous sauver.

[1] « Les habitants d'Hesdin avaient une réputation de perfidie » — Roussel, *Notes*, v. 6537.

[2] « Faire ses degras de » — « se régaler de ».

La conclusion de la paix est certainement le point culminant de *Renart le Nouvel,* mais sa signification est dans une certaine mesure éclipsée par le long sermon qui s'ensuit. Il faut considérer le poème tout entier pour que tout devienne clair. Le roi Noble et ses vassaux fidèles représentent la vieille société féodale et chevaleresque, défenseur des traditions et des vertus chrétiennes. Mais sous l'influence et l'exemple d'un clergé corrompu par l'orgueil, l'ambition, la cupidité – exemple qui est bien contraire à son enseignement – la chevalerie a été peu à peu corrompue à son tour, et par le pacte avec Renart elle a fini par abandonner la cause du Bien et s'est alliée aux forces du Mal, à la ruse, la duplicité, l'irréligion et l'hypocrisie. Renart n'est plus le représentant d'un ordre religieux ou social, comme dans *Renart le Bestourné* ou le *Couronnement de Renart*; il est devenu dans *Renart le Nouvel* un symbole vivant du Mal, la personnification des vices qui remplissent, selon le poète, les coeurs des hommes et qui règnent sur le monde après avoir vaincu les vertus chrétiennes. La plénitude de la victoire de Renart est illustrée par une autre image hautement allégorique. Pendant que Noble chante sa joie d'être avec Renart, Blancart l'ours, qui gardait le bateau royal, la nef des Vertus, apporte une funeste nouvelle : une nue a emporté le bateau au ciel, et l'ours a dû se jeter à la mer pour s'en échapper. Ainsi disparaît le navire des Vertus quand la foi est partie :

Bonne gent, no nave perdons
Quant as visses nous acordons
Et adossons le douc aignel [1]
v. 6648 Qu'en crois fist de se car maizel [2].

En s'alliant à Renart, Noble s'est définitivement séparé de Dieu. Prenons donc garde de ne pas suivre son exemple, nous exhorte le poète, car seule la bonté divine peut nous sauver si nous nous associons au Mal.

Nous sommes arrivés à la conclusion de *Renart le Nouvel,*

[1] « adosser » — « tourner le dos à, renier ».
[2] « Maizel » — « Carnage, tourment ».

mais c'est une conclusion qui s'étend sur plus de mille vers. Noble pleure la disparition de son navire, mais Renart le lui fait vite oublier en lui présentant son petit-fils Orgueilleux, qui est accompagné de dame Guile. Tout le monde entre dans Passe-Orgueil. A leur arrivée, les nobles dames chantent chacune une chanson d'amour, à laquelle leurs chevaliers répondent en chantant une autre. On a de la sorte les premiers vers d'une quarantaine de chansons de l'époque, avec les airs. Celle de dame Guile est d'un ton assez surprenant:

v. 6702 « Amours ne se donne, mais elle se vent,
Il n'est nus qui soit amés s'il n'a argent ».

Celle que Harouge chante à l'adresse de Renart est toute une promesse :

« Vous arés le singnourie, amis, de moi,
Che que mes maris n'a mie ».

D'autres, comme celle d'Outrecuidie l'Once, semblent être assez légères :

« Fi, mari, de vostre amour,
Car j'ai ami ».

Les petites scènes d'amour ou de jalousie et les sous-entendus qui accompagnent ces chansons, font un joli tableau d'intrigues amoureuses, avec leur complément de maris dépités, qui est bien dans le ton de l'histoire de la liaison de Noble et Harouge du début du second livre. Mais la discrétion de notre poète dans l'emploi des thèmes à succès ne se fait pas sentir dans cette énumération des chansons, démesurément longue et à la fin bien lassante.

Dans la grande salle de Passe-Orgueil, Timer relève Renart et les siens du ban de l'Eglise. On se met à table, et encore une fois Jacquemart Gielée fait allusion à la coutume de faire accompagner les différents plats de chansons :

A chascuns més et entre més
Fu dite canchons u rondés,

indication intéressante pour l'histoire du mot « entremets ». Le lendemain tout le monde s'embarque dans le navire de Renart, mais même s'ils avaient été dix fois plus nombreux, remarque le poète, ils seraient entrés sans difficulté dans le navire des Vices. Noble s'y plaît mieux que dans le sien, la nef des Vertus, ce qui amène Jacquemart Gielée à nous faire un nouveau sermon sur la mort au cours duquel il expose l'idée qu'à la mort nos biens sont divisés en trois parties égales : le corps est destiné à la pourriture, les biens terrestres vont aux héritiers, et l'âme va où Dieu en décide. H. Roussel a observé que ce thème, qui se retrouve chez Baudouin de Condé et ailleurs, sans être devenu un lieu commun cependant, semble avoir été localisé plus spécialement dans les provinces du Nord de la France.

Le navire arrive rapidement à Maupertuis, où Noble reste un mois. A son départ, Renart lui fait des présents somptueux, ainsi qu'à tous les seigneurs et aux soldats selon leur rang. Noble nomme Renart maître de son conseil, avec autorité sur tout son royaume, et il emmène dans son service Percehaie, qui devient sénéchal et gonfalonier de l'armée royale. A propos de ces nominations, Jacquemart Gielée émet une plainte qui pourrait être inspirée du *Couronnement de Renart :*

> v. 7060 Elas ! ensi est au jour d'ui :
> Li grant font mais Renart segneur
> De leur osteus et gouvreneur.

C'est la même idée qui a inspiré un peu plus tard le poème de Jean de Condé, ou plutôt la partie de son *Dit d'Entendement* intitulée *Renars Mestre de l'Ostel le Roy.* Noble rentre à Orguilleus Castel, pour ne plus apparaître dans *Renart le Nouvel.*

La partie narrative est pour ainsi dire terminée. Tout le reste du poème sert surtout à expliquer la pensée de Jacquemart Gielée et à éclaircir certaines de ses attitudes. On y rencontre d'abord une violente attaque contre le clergé. Aux membres de son équipage qui viennent demander leurs gages, Renart promet tout ce qu'ils veulent, en récompense de leurs bons services qui ont permis son triomphe. Pour la deuxième fois Jacquemart Gielée accuse tout le clergé, depuis le pape jusqu'aux clercs, moines et prêtres de paroisse, de servir Renart et de mener le monde à sa perte :

Li amiraus de cele nef,
v. 7108 C'est li papes qui a le clef,
Ce set chascuns de tout le mont.
Li autre maronnier, ce sont
Cardonnal, prelat et evesque,
7112 Clerc, prestre, abé et archevesque,
Cordelois, jacobin et moine,
Prestre parochial, canoine.
Cist mainent le nef de Renart,
7116 C'est cis mons qui va male part.
Renars si est li anemis
Ki tous les a a ses las pris.

Les idées maîtresses de *Renart le Nouvel* sont résumées dans ces quelques lignes : Renart, c'est l'Ennemi, c'est-à-dire le diable, Satan ; sa nef, qui est celle des Vices, devient enfin le symbole du monde corrompu par Renart et dirigé par un clergé tout à sa dévotion. Les critiques du clergé sont ensuite développées et accentuées. Pour la troisième fois dans son poème, Jacquemart Gielée met le pape très nettement en cause :

Dont dist Renars a l'amiral,
7120 C'est au pape et en general
A tout le clergié c'ai nonmé,
Que il soient tout avisé
Pour demander souffissaument,
7124 Et il lor donra plainement
Plus qu'il n'oseront demander.

Le clergé tient un conseil, à la suite duquel le pape présente une requête à Renart :

« . . . . . . .vous demandonmes,
S'il vous plaist, en fief Couvoitise
7140 Et a yretage Avarisse
Et a no vie Escarceté,
Ce volons, s'il vous vient en gre ».

Renart les leur accorde volontiers, et leur donne de son propre gré deux aides de choix : dame Guile « Ki a esté a maint concille / Par desus se mule Fauvain », et qu'il appelle sa soeur germaine, et Orgueilleux, fils de Proserpine. Voilà l'apanage du clergé – convoitise, cupidité, avarice, tromperie et orgueil, ce dernier étant lié directement aux puissances de l'enfer. L'allusion satirique au rôle de la ruse et de la tromperie dans les conciles de l'Eglise sera d'ailleurs reprise plus tard.

Peut-on vraiment croire, ainsi que le fait H. Roussel, que ces attaques contre le clergé dans *Renart le Nouvel* font partie tout simplement de thèmes littéraires courants à l'époque et ne reflètent pas la véritable pensée de Jacquemart Gielée ? Je ne le crois pas. Ces préoccupations, ces critiques, ne sont jamais loin de la pensée du poète et reviennent constamment dans son œuvre; on peut même dire que depuis le vers 7096 jusqu'à la fin du poème, soit pendant plus de huit cents vers, on ne trouve, en dehors de quelques passages moralisateurs, que des attaques satiriques, directes et virulentes, contre le clergé. Jacquemart Gielée fait preuve d'un lyrisme plutôt rare quand il rappelle leur lourde responsabilité à ceux qui mènent le monde à la perdition :

Elas ! clergiés, que respondrés
v. 7156 Au grant jour, quant vous i venrés,
Devant la face Jhesu Crist
Qui en son lieu ca jus vous mist
Pour bien dire et pour miex ouvrer,
7160 Et pour nous avœc lui mener ?

Les brebis égarées pourront demander merci à Dieu en rejetant la responsabilité de leurs péchés sur leurs prêtres, qui n'accordent point leurs actes à leurs paroles et qui recevront au jour du Jugement dernier un double châtiment. Ils avaient en effet demandé une dernière faveur à Renart, celle d'être admis à sa confrérie, et Renart la leur avait accordée, en ajoutant un cadeau d'une grande utilité : son « gris drap fait d'ypocrisie », pour cacher leurs tromperies. Ainsi équipé, le clergé avait pris congé de Renart et est allé s'installer, prétend le poète, « en Haut Orguel », qui avait appartenu autrefois à Lucifer.

Après sa condamnation générale du clergé, Jacquemart Gielée s'en prend plus particulièrement, tout comme Rutebeuf et l'auteur du *Couronnement de Renart,* aux Ordres Mendiants. Les Jacobins étaient empêchés par leur pauvreté d'aller à Haut-Orgueil. Ils ont par conséquent tenu un conseil où ils ont parlé de leur règle de pauvreté. Si leur ordre était riche, décident-ils, il grandirait en nombre, en prestige et en influence. On sent très nettement ici l'influence du *Couronnement de Renart,* et le discours d'un des Jacobins nous rappelle tout à fait celui du prieur de Saint-Ferry :

« C'alés vous toute jour parlant ?
Vous n'arés ja un pain vaillant,
En ce siecle, sans renardie,
Car les gens sont plain de boisidie,
De mal art et de traïson ».

Il leur recommande à la fin de recevoir Renart dans l'ordre comme maître. Ainsi ils auront un bon directeur pour ramasser de l'or et de l'argent, qui permettront à l'ordre de s'agrandir. Renart refuse leur invitation, alléguant qu'il a trop à faire ailleurs ; mais il leur recommande son fils Renardel, qui leur révélera tout son art. Les Jacobins acceptent cette proposition avec joie. Renardel devient grand maître de l'ordre des Jacobins, et tous leurs désirs sont réalisés :

Il lor livra, dont le vestirent
De leur ordre et segneur en firent
Et grant maistre et provincial,
Par coi il ont laissié le val
De povreté par tel escuel
Et sont monté par grant orguel
O les autres, dont Diex nous gart
D'avoir Orguel n'estre o Renart.

Les Franciscains suivent le même raisonnement que les Jacobins et reçoivent dans l'ordre de saint François un autre fils de Renart, Roussel. Mais la règle de saint François est tellement rigide, les exigences de pauvreté et d'humilité si entières, que le nouveau Custode a beau exercer son art, il ne peut pas mener les Franciscains jusqu'à Haut-Orgueil. Mais il constate, dit Jacquemart Gielée, qu'ils s'enrichissent et que peu à peu ils adoucissent leur régime en améliorant leur nourriture et leur habillement. En même temps leur conscience devient plus souple, tandis que leur patience se rétrécit, ce qui est juste le contraire de ce qu'ils devraient faire. Ils se laissent tenter si souvent par les plaisirs du monde, qu'inconsciemment ils montent pas à pas vers Haut-Orgueil. Mais leur Custode les met sur le mauvais chemin ; ils deviennent trop fiers, car ils sont arrivés en haut du mont d'Outrecuidance, qui est à dix lieues de Haut-Orgueil.

Renart décide de suivre l'exemple de ses deux fils et d'entrer en religion. Il se confesse à un hermite, admettant que toute sa vie a été consacrée à faire du mal. Mais quand le reclus lui raconte sa vie austère, Renart renonce à ses bonnes intentions et rentre à Maupertuis. La nouvelle de sa victoire sur Noble, ainsi que la réussite des Ordres Mendiants sous la conduite de ses fils, ont cependant répandu la renommée de Renart partout dans le monde. Comme dans le *Couronnement de Renart,* il fait des disciples partout, et la renardie devient la clef de la réussite dans le monde. Par contre, ceux qui ne pratiquent pas la renardie, les sages, ceux qui honorent Dieu, sont traités de fous, d'hypocrites et papelards, tandis que ceux qui chérissent Renart sont considérés être les vrais prud'hommes :

U monde ont tout malvais usage
Et clerc et lai et conte et roy,
v. 7468 U monde a peu u nient de foi.

La renommée de Renart était parvenue jusqu'à Acre, de sorte que les Hospitaliers et les Templiers désiraient le recevoir parmi eux. Ils s'étaient mis d'accord pour discuter la question ensemble, mais chaque ordre voulait garder Renart, et une âpre discussion s'était engagée. Il y eût même eu une bataille, prétend Jacquemart Gielée, s'ils n'avaient pas convenu de soumettre leur différend à l'arbitrage du pape. Renart assiste lui-même au concile, qui réunit à Rome « moine et abbé, roy et conte, duc et evesque, chevalier, prelat, archevesque, li cardonnal » et même le patriarche de Jérusalem, qui à son tour réclame Renart. Renart lui offre pourtant un fils nommé Soudoyant, qu'il avait eu dans sa jeunesse de dame Hersent et qui est bien versé dans son art. Le patriarche accepte cette offre avec empressement, et retourne dans son pays avec Soudoyant. Le lendemain les deux ordres plaident leur cause. Un des Templiers fait valoir leur rôle de défenseurs de l'Eglise et de la chrétienté. S'ils ne reçoivent pas beaucoup d'argent, ils ne peuvent plus remplir leur mission militaire et ils seront obligés d'abandonner la Syrie. Les Hospitaliers plaident leur ancienneté et essayent de prouver que leur action est plus efficace que celle des Templiers dans la lutte contre les Sarrasins. Si les Templiers les aidaient loyalement, disent-ils, les chrétiens tiendraient toute la Syrie, l'Egypte et Jérusalem. Mais sans l'aide que les Hospitaliers apportent aux soldats et aux voyageurs, la chrétienté disparaîtrait en Orient. Le pape est embarrassé pour choisir entre les deux partis. Renart apporte cependant une solution qui est reçue avec un grand rire, mais qui plaît à tous : il appartiendra aux deux ordres; à droite il portera le costume des Hospitaliers et se rasera, à gauche il mettra le costume des Templiers et laissera pousser sa barbe. Il pourra ainsi diriger les deux ordres en même temps. Séance tenante, on habille Renart, moitié en Templier, moitié en Hospitalier, et le pape l'investit dans sa double dignité.

L'idée du costume mi-parti provient vraisemblablement du *Couronnement de Renart,* où Renart avait endossé le costume mi-franciscain mi-dominicain pendant son séjour à Saint-Ferry – c'est d'ailleurs cet épisode qui a dû inspirer toute cette partie de *Renart le Nouvel* qui montre Renart gouvernant les Mendiants et les deux Ordres Militaires. Mais l'épisode des Templiers et des Hospitaliers a certainement des bases historiques. En effet, bien avant l'effondrement des établissements francs en Orient, les dissensions entre les Templiers et les Hospitaliers occupaient bien des esprits parmi les chefs de la chrétienté, et en 1274 l'idée d'une fusion des deux ordres fut débattue au concile de Lyon, mais sans résultat. H. Roussel a consacré plusieurs pages à l'étude des projets de fusion des deux ordres [1], car la question fut de nouveau examinée au concile de Compiègne en 1292. Jacquemart Gielée fait comprendre nettement qu'au moment que cette fusion avait été discutée en concile, les chrétiens tenaient encore une partie de la Syrie. Or, en 1292 la chrétienté ne possédait plus rien sur la terre d'Asie. Il faut donc croire que Jacquemart Gielée faisait allusion au concile de Lyon, à des faits qui remontaient à quinze ans, plutôt qu'au concile de Compiègne. Roussel a été troublé par cette question, et il a émis des conjectures sur la manière donc Jacquemart Gielée aurait eu connaissance des délibérations de ce concile de Lyon si loin de lui dans le temps et dans l'espace. Mais nous savons déjà que Jacquemart Gielée était bien au courant de la littérature de l'époque, que son érudition était très large, et nous n'avons pas de difficulté à penser qu'il a pu être bien renseigné sur ce concile. En outre, les querelles et les rivalités des Templiers et des Hospitaliers n'étaient un secret pour personne – Roussel l'écrit lui-même. Finalement, le ton de l'épisode n'a pas d'actualité, le poète raconte un événement du passé qui explique la situation qu'il décrit et qui seule l'intéresse. L'histoire du concile n'est que la mise en scène d'un épisode allégorique encore, et c'est la valeur symbolique de l'épisode qui nous importe. Roussel a écrit : « Une chose reste certaine : l'auteur de *Renart le Nouvel* était parfaitement au courant des arguments utilisés par chacun des deux partis en présence pour justifier ses prétentions. Et s'il n'est pas resté fidèle à la réalité en imaginant que le projet de fusion des deux ordres fut couronné de succès, il n'est pas très difficile d'en indiquer les raisons » [2]. Mais en fin de compte, peut-on dire que Jacquemart Gielée ait vraiment imaginé que les deux ordres se sont vraiment fusionnés ? Leur réunion est purement symbolique : la réputation de Renart avait voyagé loin, jusqu'en Terre Sainte – exactement comme dans le *Couronnement de Renart* – et les Ordres Militaires, les défenseurs de la chrétienté en Terre Sainte, avaient choisi à leur tour la règle de Renart, tout comme l'avaient fait

[1] *Étude littéraire*, p. 602-11.
[2] *ibid.*, p. 608.

le clergé, la vieille noblesse chevaleresque, les Ordres Mendiants.

Le triomphe de Renart est complet, et pour le marquer Jacquemart Gielée a inventé une scène d'apothéose. Au moment que Renart prend son costume mi-parti, dame Fortune arrive sur un palefroi et s'adresse à notre héros. Elle propose de le couronner et de l'élever en haut de sa célèbre roue. C'est un honneur qu'il mérite bien, car personne ne peut rien contre lui, ni sans lui :

> « Tout sont mais renart et renardes,
> Clerc et lai, witart et witardes[1],
> Viel et joune, grant et petit ».

Renart refuse cette offre d'abord, car il a peur que la roue ne tourne et ne le précipite en bas. Mais Fortune lui promet que la roue ne tournera plus et qu'il restera pour toujours à son sommet. La pensée du poète n'est pas facile à suivre parfois, mais c'est en somme Renart qui a arrêté la roue; il a faussé le jeu pour ainsi dire, en tuant ou bannissant Foi, Loyauté, Droiture et Humilité qui, dans la lutte avec Fausseté et Orgueil, faisaient tourner la roue. Ainsi rassuré, Renart monte sur la roue, portant une couronne de roi et vêtu de son costume mi-parti. A sa droite est Orgueil, à sa gauche dame Guile avec Fauvain. Fausseté monte aussi sur la roue, tenant une faucille pour signaler qu'il a tué Loyauté et Droiture. Aux pieds de Renart sont assis ses fils, qui prendront sa succession s'il meurt :

> Montés est, Dix penst del abatre,
> Sen monter ne veut nus debatre,
> Ains est courounés conme uns roys.
> Fausser fait jugemens et lois.
> Fortune a se rœ escotee[2],
> Si que mais n'ert par li tournee.
> Jamais n'en ert Renars mis jus,
> Se Dix nel fait par ses vertus.
> Ce nous dist Jaquemars Gelee,
> Que vraie Fois est adossee[3]
> Et au jour d'ui Humilités

[1] « Witard et witardes » — « vieux garçons et vieilles filles » ?
[2] « Escotee » — « fixée (calée avec un morceau de bois) ».
[3] « Adossee » — du verbe « adosser » — « tourner le dos à, renier ».

Est entre piés, et Loiautés,
Et Carités est refroidie,
Et larguece est defors banie,
Et li visse sont de grant fuer,
Car il sont mais en chascun cuer,
S'en ont encacié les vertus.

Voilà donc la signification de cette longue allégorie dont Renart est le personnage principal. Jacquemart Gielée nous dit ensuite qu'on peut voir à la fin de son œuvre un tableau, qui représente Renart sur la roue. Il propose de ne plus parler de Renart, mais dit que sa « branche » de Renart fut terminée en 1289 à Lille. Le poème se termine par une prière à la Vierge de nous délivrer de Renart et de tous les vices, suivie d'un long sermon sur la roue de Fortune et le rôle des vices et des vertus. Que Jésus-Christ nous détourne du chemin par où Renart veut nous emmener en enfer ! Faisons donc notre devoir à Dieu, et nous aurons la gloire éternelle !

Dans les quatre manuscrits de *Renart le Nouvel* figurent en effet des miniatures qui représentent l'apothéose de Renart et la Roue de Fortune exactement comme Jacquemart Gielée nous l'a décrite [1]. La tradition de Fortune et de sa roue dans la littérature du Moyen Age a été abondamment traitée, et l'utilisation que Jacquemart Gielée en a faite a été le sujet d'une étude intéressante par H. Roussel [2]. Mais le rôle de Fortune dans *Renart le Nouvel* a peut-être encore plus d'originalité que Roussel ne lui a attribué et mérite qu'on le regarde de nouveau.

Roussel a écrit que, contrairement à ce qu'ont fait beaucoup d'écrivains de son temps, Jacquemart Gielée n'a pas confondu Fortune et Aventure : « Aventure apparaît, au sens le plus fort du terme, comme le « vêtement » de Fortune ainsi décrite :

7672 Mil mars valent si vestement,
Fait et fouré sont d'aventure.

[1] Cf. Bédier et Hazard, *Littérature française*, t. I, p. 55.
[2] *Etude littéraire*, p. 528-37.

Les deux puissances ne se confondent donc pas ; elles sont extérieures l'une à l'autre »[1]. Cette conclusion me semble quelque peu exagérée. Je dirais plutôt qu'Aventure apparaît donc comme un signe extérieur de Fortune, mais qu'elle n'en est nullement séparée. Je croirais même que Jacquemart Gielée tenait à les associer étroitement, pour donner plus de relief à son idée d'arrêter la roue de Fortune, mettant ainsi fin à l'instabilité, à l'inconstance notoire qu'on attribuait normalement à Fortune-Aventure. Il ne fait d'ailleurs aucune autre allusion à Aventure qui permettrait de la distinguer de Fortune. Mais Fortune a des attributs autrement importants que son inconstance dans *Renart le Nouvel*. D'abord, Renart est intimement associé à Fortune, et Fortune arrête en sa faveur sa roue, au lieu de le précipiter un jour en bas. Personne n'essaie d'empêcher Renart de monter au faîte de la roue, et Dieu seul pourra l'abattre (v. 7727-8). Mais Renart, c'est le chef des Vices, c'est le symbole du Mal, et il a fait monter avec lui ceux qui lui sont dévoués, ceux qui

par lor trecerie
v. *7772* Font tant en ceste mortel vie,
K'il ont tout le monde en lor main.

Grâce au privilège accordé à Renart, ces gens, arrivés au faîte des grandeurs et des richesses, ne risquent plus d'être jetés dans la détresse. Du moins la détresse matérielle, la misère. Car Fortune, déesse inconstante, devient en quelque sorte l'alliée de Renart en lui accordant un privilège tout à fait exceptionnel. Elle devient la protectrice des vices, et sa roue prend une signification toute nouvelle :

7780 C'est roe de Dampnation.

La conception que faisait Jacquemart Gielée de Fortune était au fond celle d'une déesse païenne qui abaissait injustement les bons et élevait les méchants. Quoiqu'elle soit bien éloignée de l'atti-

[1] *Étude littéraire*, p. 530.

tude la plus répandue au Moyen Age, l'attitude orthodoxe qui faisait de Fortune la servante de Dieu [1], cette conception est parfaitement logique selon la pensée de Jacquemart Gielée, et l'allégorie de la Fortune vient compléter toute la thèse de *Renart le Nouvel.* Tout le poème a été consacré à montrer comment Renart réussit par ses ruses à dominer le monde. C'est le règne du Mal, de Satan. Le seul recours pour le chrétien, c'est l'espérance en Dieu. Seul Dieu pourra abattre Renart. Mais Dieu, qui est Charité et Amour, comme Jacquemart Gielée l'a rappelé plus d'une fois dans son poème, ne peut pas être rendu responsable du triomphe du Mal. Jacquemart Gielée a donc été amené à examiner tout le problème du Mal, et logiquement il est arrivé à admettre l'existence d'une puissance du Mal, du Diable. Renart, c'est Satan, qui lutte contre Dieu. Roussel cite R. van Marle à propos de l'antithèse entre « la vertu comme principe chrétien et la Fortune comme doctrine d'un fatalisme contre lequel toute opposition est vaine » [2]. Cette antithèse a conduit Jacquemart Gielée à faire de Fortune l'agent de Satan, conception qui a eu, précise Roussel, un certain développement au Moyen Age : « A propos de certaines des représentations de la Déesse fameuse, d'Ancona a fait remarquer que dans ces images Fortune comporte une idée de vice ou de péché : « C'est le hasard instable, auquel l'homme se livre sans résistance au lieu de chercher sa voie dans la vertu » [3].

L'attitude de Jacquemart Gielée envers Fortune indique qu'il avait réfléchi lui-même sur l'aspect métaphysique et moral du problème. Roussel a suggéré que : « Tout bien considéré, cette attitude devant le pouvoir et la nature de Fortune n'est d'ailleurs pas tellement éloignée de la conception qui, selon J. Frappier, est celle de l'auteur de la *Mort le Roi Artu.* On se trouve là devant « une sorte de compromis entre la conception païenne qui fait de la Fortune une puissance indépendante et la conception

[1] Cf. J. Frappier, *Étude sur la Mort le Roi Artu, Roman du XIIIème sècle,* Paris, 1938 . ch. IV, « La Roue de Fortune », p. 258-88.

[2] Raimond van Marle, *Iconographie de l'art profane au Moyen Age et à la Renaissance, II, Allégories et symboles,* La Haye, 1932, p. 186.

[3] *Étude littéraire,* p. 535.

chrétienne qui la soumet entière à Dieu »[1]. Il est vrai qu'on retrouve dans *Renart le Nouvel* une conception de la Roue de Fortune à peu près semblable à celle de l'auteur de la *Mort Artu :* « La Roue de Fortune est le symbole de la fatalité qui détruit les puissances de chair sans qu'intervienne la notion de mérite ou de démérite. Mais les âmes n'appartiennent qu'à Dieu : avec l'aide de la grâce elles peuvent travailler à leur propre salut. Seul le « siècle » est pris dans l'étau de la fatalité »[2]. Jacquemart Gielée dit expressément que la Roue de Fortune, la Roue de Damnation, c'est « cis morteus mondes » (v. 7795), mais tout son enseignement nous pousse à chercher le salut de notre âme par la grâce divine. Mais on ne peut pas prétendre que Fortune dans *Renart le Nouvel* soit « une puissance indépendante », entièrement soumise à Dieu. Fortune, comme Renart, est l'agent de Satan, « une émanation de Lucifer », comme le dit H. Roussel, la créature du Diable, qui s'oppose à Dieu.

Cette conception toute raisonnée du chrétien sincère qu'était manifestement Jacquemart Gielée, ne correspond toutefois pas à l'attitude de l'Eglise, qui, comme je l'ai déjà fait remarquer, faisait de Fortune la servante de Dieu : « Cette conception purement chrétienne, qui remonte à Saint Augustin, à travers Saint Thomas et Boèce, a été illustrée poétiquement par Dante au chant VII de *l'Inferno* : la Fortune, promue au rang des créatures angéliques, est devenue une allègre collaboratrice de la Providence »[3]. Ces lignes permettent même de mesurer l'importance de l'écart entre la pensée de Jacquemart Gielée et l'enseignement officiel de l'Eglise sur cette question. L'allégorie de Fortune est en effet « le couronnement logique » de *Renart le Nouvel,* pour emprunter encore une expression à l'ouvrage de H. Roussel, et l'on peut dire que Jacquemart Gielée l'a traitée, non simplement avec « une certaine originalité », mais avec une originalité certaine. Retenons-en surtout l'indépendance d'esprit et de pensée dont notre poète a fait preuve à l'égard d'un problème moral

[1] *Ibid.*, p. 536.
[2] J. Frappier, *Étude sur la Mort le Roi Artu*, p. 256.
[3] *Ibid.*, p. 261.

et métaphysique ; elle nous aidera peut-être à estimer les idées et les véritables intentions de l'auteur de *Renart le Nouvel.*

Il reste encore un aspect du texte de *Renart le Nouvel,* ou du moins des manuscrits, qui exige une certaine étude. Le texte, tel que Roussel nous le présente, a été débarrassé de beaucoup de développements de caractère satirique ou moralisateur que Roussel considérait comme des interpolations dues aux copistes. La plus importante de ces interpolations est celle qui figurait après le vers 7330 dans les manuscrits C et L [1]. C'est un long développement qui continue les critiques à l'adresse des Ordres Mendiants, en rappelant que les fils de Renart dirigent maintenant les Jacobins et les Franciscains. Renardel et Roussel mettent fin au désaccord qui avait si longtemps régné entre les deux ordres, désaccord provoqué par l'envie, en leur démontrant que de l'union ils sortiront tous plus forts. A ce point nous entrons en plein dans les luttes et les disputes qui opposaient au XIIIème siècle le clergé séculier et les ordres traditionnels aux nouveaux ordres de saint François et de saint Dominique. Dans une harangue aux membres des deux ordres réunis, Renardel s'élève contre les prétentions des évêques d'exercer leur autorité sur les Mendiants. Il rappelle les privilèges que le pape Innocent III et ses successeurs avaient accordés aux deux Ordres Mendiants : entendre les confessions, donner l'absolution, imposer des pénitences, être couchés sur les testaments. Sur ses conseils, les Mendiants intentent un grand procès – « ains si grans ne fu mais / Par devant l'apostole a Roume ».

Ces privilèges furent en effet âprement contestés aux Mendiants par le clergé séculier et suscitèrent au XIIIème siècle des luttes déchirantes dont la Querelle de l'Université de Paris ne fut qu'un des épisodes les plus retentissants et dont nous avons déjà constaté quelques répercussions dans le *Couronnement de Renart.* L'auteur du développement fait des allusions très précises aux événements de l'époque. Il rappelle les faveurs que saint Louis et son fils Philippe III avaient faites aux Mendiants. C'était, selon lui, Renardel qui avait décidé Philippe III à faire mettre

[1] Appendice II dans l'édition de Roussel.

son cœur après sa mort au couvent des Jacobins à Paris. Il rappelle surtout les querelles qui mirent aux prises Mendiants et Séculiers sous le règne de Philippe le Bel et qui aboutirent au Concile de Paris de 1290 et à celui de Reims en 1291. Il cite les noms de ceux qui s'élevèrent au Concile de Reims contre les privilèges et les prétentions des Mendiants : Michel de Warenghien, évêque de Tournai, Guillaume de Mâcon, évêque d'Amiens, Guillaume de Sisi, évêque d'Arras, et l'archevêque de Reims. Il prétend même que les Mendiants portaient la responsabilité de la perte d'Acre en 1291, puisque les soucis causés par leur plaid avaient empêché le pape d'organiser des secours pour venir en aide aux défenseurs de la dernière ville franque de la Terre Sainte – accusation qui rappelle celle que Rutebeuf avait lancée dans *Renart le Bestourné* contre les Mendiants à propos de la perte de Constantinople [1].

Ce plaid avait eu d'autres résultats néfastes, surtout sur le plan moral et religieux, nous apprend le développement :

v. 64 Li plais greva puis a maint home,
Et le conscience eslargi,
Et le foi en iaus afoibli.
Il mist en esrour mainte gent,
68 Beghines especiaument
En furent plainement decutes.

Si Renardel avait cherché auprès de Philippe III une faveur spéciale, c'était pour obtenir de son successeur un appui dans le plaid que les Mendiants avaient suscité, prétend l'auteur. Il est à observer que, contrairement à ce que la plupart des personnes qui ont étudié ce développement semblent penser, y compris H. Roussel, le ton n'est pas absolument hostile aux Mendiants. En parlant du don que fit Philippe III de son cœur, l'auteur écrit :

Et c'est drois, mout sunt sainte gent
92 Et ne sunt mie negligent
De pour lor bienfaiteurs priier.

[1] Pour une étude sur cette querelle des Mendiants et du clergé séculier, cf. A.G. Little, *Measures Taken by the Prelates of France against the Friars (c. A.D. 1289-90)*, dans *Miscellanea Francesco Ehrle*, III, Rome, 1924, p. 49-66.

Rien ne permet au fond de croire que cette observation soit ironique. Certainement, le plaid est représenté comme ayant eu des conséquences néfastes, les Mendiants sont évidemment l'objet d'une réprimande, mais la responsabilité de toute la querelle est imputée très spécialement aux fils de Renart, presque comme si les Mendiants avaient été les victimes d'une puissance extérieure, d'un agent du Diable. Tout ce développement avait amené J. G. Roberts [1] à croire que Jacquemart Gielée avait écrit deux versions de *Renart le Nouvel,* la première qui porte la date de 1288, l'autre après la prise d'Acre en 1291. H. Roussel considère cependant, avec beaucoup plus de vraisemblance, que le développement est en réalité une interpolation introduite après 1291 par un autre écrivain de Lille, « ennemi des moines mendiants ». Les différentes raisons que Roussel avance pour soutenir cette opinion sont en effet assez probantes [2]. Je souscris cependant à son opinion pour une tout autre raison, qui est d'ailleurs directement en contradiction avec son interprétation du passage. Roussel soutient en effet que c'est surtout ce passage qui donne un caractère satirique et anticlérical à *Renart le Nouvel :* « La présence de cette interpolation dans l'édition Méon a fait souvent supposer que les attaques contre les Mendiants constituaient le fond même de l'œuvre, ou du moins que notre poète avait repris son travail pour y ajouter ces développements pour lui donner une sorte de couronnement » [3]. La suppression de l'interpolation devait donc rendre au poème un autre aspect, notamment un aspect moins anticlérical. Il me semble pourtant que le simple fait d'ajouter un passage purement anticlérical indiquerait que l'interpolateur avait senti le caractère anticlérical de *Renart le Nouvel,* et en tout cas le passage prouve que le courant hostile aux Mendiants était certainement fort à Lille. Mais je dirai que j'accepte l'idée de l'interpolation parce que les critiques des Mendiants dans le reste du poème sont nettement plus vigoureuses et plus véhémentes que dans ce pas-

[1] *Renart le Nouvel : Date and Successive Editions,* dans *Speculum,* XI, 1936, p. 472-7.

[2] *Etude philologique,* p. 47-53.

[3] *Etude littéraire,* p. 551.

sage. Loin d'enlever les bases de l'interprétation « anticléricale », la suppression de ce passage rehausse la vigueur des attaques contre le clergé, et plus spécialement les Ordres Mendiants, dans le poème même.

Il est temps de tirer des conclusions, de déterminer le sens véritable de *Renart le Nouvel,* les idées et les intentions de Jacquemart Gielée. L'absence de tout renseignement sur notre poète nous oblige de chercher ses idées et ses intentions dans l'étude du poème même. Encore une fois, comme pour *Renart le Bestourné* et le *Couronnement de Renart,* on se demande si *Renart le Nouvel* est un roman à clef. J. Houdoy considérait autrefois que Jacquemart Gielée avait voulu peindre la lutte du bien et du mal dans le monde, en prenant un épisode, la lutte de la féodalité contre la royauté. Cette lutte représentait, selon lui, les aspirations et les griefs du peuple – y compris la bourgeoisie – dont la royauté était la protectrice, contre la noblesse féodale. Tout en admettant l'impossibilité de rapprocher les fictions du poème des événements historiques, Houdoy avait cherché dans les personnages de *Renart le Nouvel* des allusions à des personnages de l'époque. C'est ainsi qu'il était arrivé à la conclusion que le roi Noble de *Renart le Nouvel* était en effet le roi de France, Philippe le Bel, tandis que Renart représentait l'ennemi invétéré de Philippe, Gui de Dampierre, comte de Flandre. D'après Houdoy, Jacquemart Gielée avait repris le thème du *Couronnement de Renart,* c'est-à-dire la lutte entre le comte de Flandre et sa noblesse d'une part et les communes flamandes de l'autre, mais en renversant les rôles. Renart, le méchant, c'était Gui, défenseur des privilèges d'une noblesse rapace et indigne, tandis que Philippe le Bel était posé en défenseur des communes flamandes, des libertés municipales. Les preuves que présentait Houdoy à l'appui de ses assertions ne résistent point à l'examen, et la thèse de Houdoy est complètement abandonnée aujourd'hui.

Beaucoup plus important que les quelques allusions géographiques, d'ailleurs très générales ou très vagues, ou que les quelques mots de flamand et les allusions à des saints particulièrement révérés en Flandre, sur lesquels Houdoy avait surtout basé ses arguments, c'est le ton général de *Renart le Nouvel* qui aide à en apprécier la signification. Rien dans le caractère du roi Noble ne nous fait penser sérieusement à Philippe le Bel, et la lutte où triomphe Renart ne correspond en rien aux guerres interminables entre le roi de France et Gui de Dampierre et qui se terminaient d'ailleurs presque toujours au désavantage du dernier. Il y a pourtant des allusions à des faits de l'époque qui sont parfaitement contrôlables et qui viennent confirmer les impressions qui se dégagent très nettement de *Renart le Nouvel.* Pour comprendre la pensée de Jacquemart Gielée, pour saisir le sens de son poème, il faut, tout comme pour *Renart le Bestourné* et le *Couronnement de Renart,* déterminer le vrai thème de l'oeuvre. Sur quoi le poète met-il l'accent ? Certainement pas sur les luttes féodales entre Philippe le Bel et Gui de Dampierre. *Renart le Nouvel* est avant tout une allégorie, et la préoccupation du poète est toujours et essentiellement allégorique et morale. J'ai signalé plus d'une fois des liens entre *Renart le Nouvel* et le *Couronnement de Renart,* voire même des emprunts, et l'on trouve dans les deux œuvres le même esprit critique, les mêmes complaintes, la même révolte et finalement le même désespoir devant les tendances et les mœurs de l'époque. Dès les premiers vers de *Renart le Nouvel,* Jacquemart Gielée dénonce la cupidité, la convoitise, l'envie qui règnent dans le monde et qui avaient corrompu même la noblesse et la monarchie. Les vices dont souffre le monde sont tout de suite au début groupés dans un seul mot, une seule image : Renart (v. 36). Renart cesse d'être le goupil des vieilles branches pour incarner l'esprit du Mal. Il est associé à Lucifer, au Démon, à l'Antéchrist qui mène tout le siècle en perdition. Comme l'auteur du *Couronnement de Renart,* Jacquemart Gielée déplore la décadence de la société féodale et chrétienne, la disparition des vertus chevaleresques. Il décrit la lente déchéance de la monarchie, suivie par la noblesse tout entière. Il satirise dans la personne de Noble les monarques chrétiens du XIIIème siècle, qui se compromettent dans des aventures amoureuses et irréfléchies, écoutent de mauvais conseillers, agissent sous l'impulsion de leurs désirs et de leurs caprices, oublient leurs devoirs, et succombent finalement à l'Ennemi, au Mal, à l'orgueil et à la cupidité. *Renart le Nouvel* est le récit de la lutte entre le Bien et le Mal, entre l'idéal chrétien et le Diable. Il est ridicule de confondre Renart avec un personnage historique. *Renart le Nouvel* n'est pas un roman à clef. La critique de Jacquemart Gielée est entièrement d'ordre moral et ne s'arrête pas aux frontières nationales. La lutte entre Noble et Renart figure sous une forme allégorique la lutte entre les forces du Bien, autrefois représentées par les vertus chevaleresques, et les forces du Mal, incarnées dans la personne de Renart. *Renart le Nouvel* entre dans la ligne du *Roman de la Rose,* du *Tournoiement de l'Antéchrist* et des autres allégories du XIIIème siècle. Les remarques sur la royauté, ses origines et son rôle – remarques conçues selon l'aspect moral plutôt que politique; la condamnation de l'orgueil, des ambitions démesurées, de l'esprit du gain, du pouvoir de l'argent qui asservit et corrompt ; la satire des femmes, de leurs ruses et de leur fausseté; ce sont là, avec d'autres encore, des thèmes traditionnels et même des lieux communs de la littérature de l'époque, en latin ou en langue vulgaire. Il n'est point nécessaire de rappeler l'emploi que Jacquemart Gielée a fait des thèmes connus de la littérature allégorique, morale et didactique. Emploi le plus souvent sans originalité, moralisations tout à fait conventionnelles et banales, sermons trop fréquents et trop longs, essentiellement ennuyeux et lassants, d'une orthodoxie parfaite mais sans nouveauté aucune, ni dans la pensée ni dans l'expression. Il est vrai que l'imitation, ou du moins l'utilisation de thèmes traditionnels, était un procédé très répandu dans la littérature médiévale, et on doit souvent louer la modération et le goût avec lesquels Jacquemart Gielée traitait des thèmes empruntés un peu partout dans la littérature contemporaine ou antique. Modération d'autant plus remarquable qu'elle se manifeste parfois beaucoup moins dans des développements peut-être plus originaux, comme par exemple celui des Nefs, où la description du navire allégorique est reprise dans toute sa longueur et tout son ennui. A côté de cet aspect imitateur, il faut signaler l'originalité et la logique de la pensée de Jacquemart Gielée sur le problème du Bien, du Mal, de la Fortune, et qui aboutissent à une conception morale et métaphysique de la Fortune assez différente de celles généralement répandues à l'époque.

Oeuvre allégorique et moralisatrice, certes ; mais *Renart le Nouvel* laisse une autre impression encore, celle de la satire anticléricale. En effet, malgré le travail de Roussel qui a débarrassé le poème de Jacquemart Gielée de nombreuses additions ou interpolations, l'impression d'ensemble que nous laisse cette nouvelle édition de *Renart le Nouvel* ne diffère pas tellement de celle donnée par l'édition de Méon. Et cette impression d'ensemble, soyons parfaitement francs, est celle d'un ouvrage anticlérical. On retient de la lecture de notre poème, en dehors de l'aspect moralisateur foncièrement ennuyeux, les attaques de Jacquemart Gielée contre le clergé. Même la partie la plus originale et la plus amusante, les vraies histoires de Renart le goupil, est vite perdue de vue sous les critiques incessantes à l'égard du clergé. H. Roussel a voulu prouver dans un très long chapitre, avec des arguments très variés, qu'il ne faut pas appliquer à *Renart le Nouvel* le terme « satire anticléricale », que Jacquemart Gielée n'était pas en vérité un « anticlérical ». Il démontre, à grand renfort de citations, que la plupart des critiques que formule Jacquemart Gielée à l'adresse du clergé ne sont nullement originales mais appartiennent, elles aussi, à des thèmes traditionnels : « Le jour où Jacquemart Gielée entreprendra son *Renart le Nouvel,* il se référera, quand il voudra stigmatiser les défauts du clergé, à une tradition plusieurs fois séculaire... » [1]. Il veut mettre en relief la relative modération ou la complète conformité à des thèmes connus des critiques de Jacquemart Gielée : « Les accusations ne sont guère plus précises, quand il s'agit de ceux qu'un simple fidèle pouvait observer de plus près, les prélats et les

[1] *Étude littéraire,* p. 580.

membres inférieurs de la hiérarchie. Notre poète suit une tradition littéraire ; aucune formule plus originale, ou plus violente, ne vient révéler de sa part quelque indignation plus spontanée. Procédant par allusions assez rapides, il allège manifestement certains développements trop connus, mais sans modifier le thème ; les membres du clergé sont ambitieux et cupides »[1]. Mais nous savons bien que Jacquemart Gielée manque – hélas ! trop souvent – d'originalité. Le fait de reprendre des critiques très connues, même séculaires, ne prouve pas que Jacquemart Gielée ne les approuve pas. Mais si cela était vrai, il faudrait ranger notre poème parmi les hypocrites qu'il condamne si explicitement ! Mais est-ce vrai que les critiques de Jacquemart Gielée soient si anodines, si dépourvues de violence et de spontanéité ? Je ne le crois pas. En même temps qu'il déplore la victoire de Renart sur le monde, c'est-à-dire le triomphe de l'orgueil et de l'envie, de la cupidité, de la fausseté et de l'hypocrisie dans les cœurs des hommes, Jacquemart Gielée attaque directement et même sauvagement ceux qu'il rend responsables de cette dégénérescence morale : le clergé, mais le clergé tout entier. Personne dans la hiérarchie de l'Eglise n'est épargné, même pas le pape – et précisément le pape, selon Roussel, est normalement laissé hors de cause dans la littérature anticléricale du Moyen Age ! Pape et cardinaux, évêques et abbés mitrés, prêtres et moines sont tous accusés d'avoir oublié les préceptes du Christ, ou, pire encore, de cacher sous le manteau de la religion des sentiments et des ambitions antichrétiens. L'allégorie qui fait du pape le commandant du navire des Vices dépasse en hardiesse et en violence la satire du *Couronnement de Renart* par exemple. Roussel demande si on doit qualifier *Renart le Nouvel* de satire : comment qualifier autrement des scènes qui montrent le pape en train d'autoriser, avec un grand rire, Renart, bien qu'il soit marié, à entrer dans les ordres, ou encore, en train de demander au même Renart des droits héréditaires à Convoitise, Cupidité et Avarice ?

[1] *Ibid.*, p. 586.

En exprimant ainsi ses doutes sur le caractère « anticlérical » de *Renart le Nouvel,* Roussel a souligné la « parfaite orthodoxie » de son auteur, la « pureté d'intention » de Jacquemart Gielée. Mais les deux choses, anticléricalisme et pureté d'intention, ne sont nullement incompatibles. On pourrait même avancer que c'est la parfaite orthodoxie de Jacquemart Gielée qui a inspiré sa satire. Il est vrai que son anticléricalisme est sorti de sa piété même, d'une ferveur chrétienne profonde dont nous avons des preuves abondantes tout le long du poème. Indigné par la richesse de l'Eglise, par ses ambitions de puissance temporelle et de biens terrestres, par l'apparent oubli de ses devoirs spirituels et des préceptes de la religion, Jacquemart Gielée élève sa voix en protestation comme tant d'autres, longtemps avant les polémiques qui ont précédé la Réforme. Ses critiques semblent être le résultat d'une indignation et d'une amertume accumulées vraisemblablement au cours d'une longue période. Mais on connaît bien les conditions qui avaient suscité tant d'accusations contre le clergé au XIIIème siècle. Jacquemart Gielée s'en prend assez particulièrement contre les cardinaux, leur faisant même le reproche de ne pas mériter leurs chapeaux rouges. Or, c'était au milieu du XIIIème siècle que les cardinaux reçurent leur insigne, le chapeau rouge, et c'est à la même époque que l'importance du collège des cardinaux croissait sans cesse : « Dans le cours du XIIIème siècle, se développèrent les organes financiers de ce pouvoir envahissant : tandis que l'exemption des clercs à l'égard des fiscalités temporelles était revendiquée avec vigueur, des taxes levées sur les églises et sur les titulaires des bénéfices fournissaient à la curie romaine des ressources en numéraire dont, comme les puissances laïques, elle ressentait maintenant le besoin » [1]. Et justement cette centralisation du pouvoir, coïncidant avec le développement de forts courants spirituels qui favorisaient une communion mystique, sans détours intellectuels, avec Dieu, ainsi qu'un retour vers la pauvreté angélique, créait des remous sérieux.

[1] *Histoire générale des civilisations,* III, *Le Moyen Age,* Paris, 1955, p. 379.

> Dans le dernier tiers du XIIIème siècle, la distance s'accrut encore entre les besoins spirituels des fidèles et l'armature ecclésiastique de plus en plus rigide et pesante. D'abord, en effet, l'opposition s'affirma entre les laïcs et les clercs. Chez ces chrétiens, dont la sensibilité s'était affinée et qui recherchaient maintenant la nourriture de leur âme dans la lecture du Nouveau Testament — pour répondre à ce désir s'élabora vers 1250 à l'Université de Paris une traduction complète en prose du texte révisé de la *Vulgate* — se développa un sentiment profond d'ironie, de méfiance, voire d'hostilité déclarée à l'égard des gens d'église... Quoi qu'il en soit, cet anticléricalisme, avivé peut-être par la prédication même des frères mendiants, amenés dans leurs sermons à dénoncer les privilèges des séculiers dont ils étaient souvent les concurrents les plus âpres, fut essentiellement dirigé contre la position temporelle des ecclésiastiques [1].

Nous trouvons dans *Renart le Nouvel* l'expression directe de cet anticléricalisme : dénonciation de la richesse croissante de l'Eglise, plaintes contre l'oubli des préceptes de pauvreté et de simplicité, satire féroce des Ordres Mendiants qui, voués à la pauvreté, cherchent visiblement l'accroissement de leur fortune et de leur prestige. Roussel a émis l'hypothèse intéressante que Jacquemart Gielée était peut-être membre de la milice franciscaine, des Spirituels, qui s'indignaient devant les adoucissements à la vie de pauvreté et de pénitence. C'est possible, mais l'intention satirique de notre poète s'expliquerait peut-être encore plus facilement dans ce cas, l'accusation d'hypocrisie s'ajoutant tout naturellement aux autres critiques. Le Moyen Age était une époque extrêmement satirique. Dans le *Couronnement de Renart,* la contradiction entre les paroles des Mendiants et leurs richesses leur avait déjà attiré l'accusation d'hypocrisie, et la littérature médiévale atteste abondamment la violence du courant hostile aux deux ordres. Dans *Renart le Bestourné,* Rutebeuf avait attaqué les Mendiants pour des raisons plutôt personnelles, mais dans plusieurs autres poèmes c'est au nom de leurs principes qu'il les critique. C'est au nom de leur idéal encore que Jacquemart Gielée condamne les

[1] *Ibid.*, p. 386.

Mendiants, et il le fait avec modération et avec une ferveur toute chrétienne qui donnent justement plus de poids à ses critiques. On ne trouve dans *Renart le Nouvel* aucun écho du lyrisme qui caractérise *Renart le Bestourné* et parfois le *Couronnement de Renart*. Au contraire, on distingue une attitude morale et religieuse très profonde et bien pesée, qui amène le poète à des concepts moraux et métaphysiques que les autres poèmes de Renart sont loin de présenter. Mais c'est l'esprit d'opposition, de révolte, qui a poussé Jacquemart Gielée à composer son *Renart le Nouvel*, et il faut bien ranger son œuvre dans la littérature satirique et anticléricale du XIIIème siècle. On reconnaît facilement les emprunts que Jacquemart Gielée avait faits au *Couronnement de Renart*, et on peut penser qu'il avait connu *Renart le Bestourné*. Mais la signification de *Renart le Nouvel* dépasse le cadre de querelles et de luttes personnelles ou même nationales. Les préoccupations morales, et surtout métaphysiques, de Jacquemart Gielée, sa dénonciation de l'hypocrisie très spécialement, font penser à Jean de Meun. Jean de Meun dénonce la société de son époque parce qu'elle ne vit plus selon « Nature » ; Jacquemart Gielée la condamne parce qu'elle a oublié les préceptes du Christ. Mais Renart ressemble fortement à Faux-Semblant, qui avait déjà démontré que la ruse réussit mieux que la loyauté. Avec le triomphe de Renart ce sont toute la société, toutes les institutions du monde chrétien qui s'écroulent. *Renart le Nouvel* est un cri d'alarme, une mise en garde contre Renart, c'est-à-dire le Mal, qui a corrompu le siècle. Si Jacquemart Gielée veut rappeler les principes de la morale chrétienne, c'est parce que ces principes ont été oubliés par ceux, ecclésiastiques autant que laïques, qui devraient défendre cette morale, et en prêchant le besoin de réformes dans l'Eglise et la société il fait le procès de son siècle.

*

* *

Le succès de *Renart le Nouvel* semble avoir été bien plus considérable que celui qu'avait connu le *Couronnement de Renart,* à en juger par les oeuvres qui y ont puisé leur inspiration. Sa popularité a été de longue durée et paraît même avoir rejeté un peu dans l'ombre les branches primitives du *Roman de Renart,* du moins à une certaine époque, car dans ses *Fables et contes* de 1815 François de Neufchâteau parle de « Jaqueman-Giélée », qui habitait Lille vers 1290, comme l'inventeur de Renart, et lui fait une allusion fort flatteuse dans son poème *La Vulpéide* [1] :

> Tu sais que, dans le moyen âge,
> Du Renard on forgea le célèbre roman.
> Son premier inventeur, ingénieux Flamand,
> Fut hardi dans son badinage.
> A tout le genre humain il faisait le procès.

Au début du poème, de Neufchâteau semble nous promettre une nouvelle branche de Renart :

> O Muse d'Esope ! O ma muse !
> Aide-moi, je te prie, à chanter le Renard.

Cette *Vulpéide* n'a cependant rien en commun avec le *Roman de Renart,* ni avec ses continuations, à l'exception du héros. De Neufchâteau fait allusion pourtant à un autre ouvrage qui a un grand intérêt pour nous dans l'étude de l'influence de *Renart le Nouvel* : il parle de « Tenessay », qui publia, selon lui, en 1487 à Paris « le livre de maître Regnard ». Il nous reste en effet encore des exemplaires de ce *Livre de Maistre Regnard et de Dame Hersant sa femme,* « livre plaisant et facetieux contenant maintz propos et subtilz passages couvers et cellez pour monstrer les conditions et meurs de plusieurs estatz et offices : comme sera déclaré cy apres ». La page de titre annonce que « On les vend en la grant rue Sainct Jacques a l'en-

[1] *Fables et contes en vers, suivis des poèmes de la Lupiade et de la Vulpéide,* Paris, 1815.

seigne de la Rose Blanche couronnée », et au verso du dernier feuillet on lit : « Imprimé nouvellement à Paris par Philippe le noir... ». Ainsi que de Neufchâteau, Paquot et le *Dictionnaire des anonymes* parlent de la date de 1487, mais Brunet observe dans le *Manuel du libraire* que l'on sait que Philippe le Noir n'avait rien publié avant 1521. Il existe cependant un exemplaire de ce livre publié en 1516 par Michel le Noir à Paris, et Anne E. Lincoln, qui a consacré une étude intéressante à cette œuvre [1], annonce que cet exemplaire est le plus ancien qu'elle en ait trouvé. Brunet signale d'autres éditions de l'œuvre : celle d'Olivier Arnoullet à Lyon en 1528, et celle qui parut à Rouen en 1550 sous l'indication : « Le docteur en malice, maistre Regnard demonstrant les ruses et cautelles qu'il use envers les personnes. Histoire plaisante et recreative et non moins fructueuse ». Brunet explique que c'est le même ouvrage que le *Livre de Maistre Regnard,* mais que le nom de l'auteur, qui se trouvait dans le prologue, a été supprimé. Cet ouvrage fut ré-édité à Paris en 1551. Roussel, qui a ajouté quelques corrections et précisions à l'article d'Anne Lincoln, signale l'existence d'une autre édition au British Museum et qui, dans le catalogue, porte la date de 1530.

Toutes ces éditions semblent indiquer que l'oeuvre a connu un succès considérable à son époque. Roussel a signalé pourtant qu'il existe un manuscrit de l'œuvre – le manuscrit 473 de la Bibliothèque de Chantilly – et qui paraît bien être du XVème siècle. Or, dans cette mise en prose la date des lettres échangées par Noble et Renart a été fixée à 1466 en conformité avec la modernisation qu'avait subi le poème du XIIème siècle. Roussel propose donc que cette date de 1466 correspond vraisemblablement à l'année de la mise en prose, qui n'a pourtant été imprimée qu'en 1516.

Quel est donc ce *Livre de maistre Regnard et de dame Hersant* ? Le prologue semble promettre une œuvre originale :

[1] *Le Livre de Mestre Regnard et de Dame Hersant sa femme,* dans *Romanic Review,* XXIV, 1933, p. 223-33.

> Au temps que toutes choses tendent leurs honneurs comme arbres et herbes lesquelles les reverdissent et donnent fleurs odeurs assouvables aux créatures humaines et plaisantes a veoir. Je Jehan Tenessax comme pensif et melencolieux me transportay en ung lieu nommé Champ divers lequel est situé au bas d'une vallée et clos de gros et fors buyssons tout a lentour auquel bien souvent je m'alloye esbatant pour la grant beausté et plaisance qui estoit souvent pour eviter et oster toutes les pensées et curiositéz mondaines qui peuvent survenir aux créatures...

Au cours de cette promenade Tenessax s'endort sous un petit buisson. Dans son sommeil il fait un songe, qu'il nous raconte :

> Et en moy dormant je veis venir ung esperit de toutes les bestes du monde en grant quantité tant volatilles que autres et par especial le Lyon y estoit auquel toutes les autres bestes portoient hommage et foy. Eulx estans la firent grant vaillantices et prouesses : comme de iouster, dancer, chanter, faisant honneur l'ung à l'autre...

L'auteur prétend être resté deux ans dans ce pays, où il a vu des choses merveilleuses qu'il propose de nous décrire dans l'espoir de nous en apporter profit.

Le nom de Jean Tenessax manque dans le manuscrit, et nous ne savons rien du personnage. Le songe cependant n'est que la mise en prose de *Renart le Nouvel*. L'on serait peut-être pardonnable de ne pas reconnaître le poème du XIIIème siècle sous la prose du XVIème, car Tenessax a singulièrement changé les choses en les adaptant au goût de son époque. D'abord, tout en conservant les différents incidents de la narration, il les réduit fortement, n'en laissant que l'essentiel. Quelques chapitres qui occupent dans le poème des centaines de vers sont ramenés à quelques lignes. Toutes les chansons et la notation musicale manquent, une partie seulement des bêtes apparaissent, les longues descriptions et énumérations disparaissent, et quelques développements allégoriques seulement, tels que celui des navires des Vertus et des Vices, ont été conservés. A leur place l'adaptateur a mis des maximes et des enseignements moraux. L'impression que laisse le *Livre de Maistre Regnard* est bien différente de celle qui se dégage de *Renart le Nouvel.* Les aventures de Renart sont devenues une sorte de catéchisme à l'usage des princes et des puissants de l'époque. Chaque chapitre porte son sujet, son Exemple, en titre : « Contre vaine gloire », « Orgueil » par exemple, illustré souvent d'histoires édifiantes tirées de l'Ancien Testament. Il y a plusieurs sortes de Renart dans le livre, représentant tous les vices. Ainsi le chapitre V, qui raconte « Comme maistre Regnard conseille Orgueilleux de soy venger », se termine avec un long Exemple qui est typique et qui illustre bien le caractère didactique de l'œuvre :

> Voyons la trahyson de ce faulx Regnard, et considérons sa grant mauvaistie et se il en est nulz en court de roys de ducz, contes princes ou autres, je croy que ouy. Quant ung officier ou en grâce du seigneur comme estoit le loup, car il estoit du grant conseil du Roy dont il estoit envié des plus grans, et par especial du Regnard. La coustume d'aujourd'hui est telle qu'on a envie sur telz gens ayans offices ou benefices gouvernement de seigneuries ou princes incontinent on aura envie sur eulx. Car on fera tant envers leur seigneur qu'il perdra son office et sera demis de la grâce du seigneur et mis en bas de la roue de fortune. Les autres osteront la bonne renommée d'ung homme ou d'une femme ou par adventure le feront mourir pour venir aux offices ou grans dignitez.

L'épisode du tournoi pendant la fête du roi Noble au début de *Renart le Nouvel* a subi une singulière transformation et nous fait penser plutôt au *Prince* de Machiavel [1]. La plupart des vingt-trois premiers chapitres s'adressent aux princes, leur enseignant l'humilité et la douceur comme vertus princières ou les mettant en garde contre les flatteurs et les mauvais conseillers, les étrangers ainsi que les intimes. La deuxième partie, composée de cinquante chapitres, contient de sages conseils aux femmes, que l'auteur n'épargne pas, ou pour le clergé, dont les mœurs sont

[1] Cf. la recommandation dans le *Prince :* « Le prince doit savoir bien user de la bête, il en doit choisir le renard et le lion. »

vivement attaquées. Bien que l'accent soit mis entièrement sur les enseignements moraux, il faut observer que l'auteur ne change rien aux histoires qu'il emprunte au poème de Jacquemart Gielée, tout en les réduisant à leur essentiel, et quoiqu'il leur donne parfois une tournure nouvelle et même inattendue par les conclusions qu'il en tire, ses contes descendent en ligne droite de *Renart le Nouvel*.

Roussel a fait remarquer que c'est par la version en prose que *Renart le Nouvel* a été connu par bon nombre de ceux qui en ont parlé aux XVIIIème et XIXème siècles. Mais l'influence du poème de Jacquemart Gielée n'a certainement pas été négligeable à son époque et aux siècles suivants. Roussel a proposé justement qu'il faut peut-être attribuer à *Renart le Nouvel* et à son développement sur les nefs des Vices et des Vertus la floraison de l'allégorie de la nef des Fous, qui devait aboutir deux siècles plus tard au célèbre *Narrenschiff* de Sébastien Brandt. En parlant du rôle de dame Guile et de son ânesse Fauve, j'ai été amené à parler du *Roman de Fauvel,* dont les deux parties datent de 1310 et de 1314. Selon Arthur Langfors [1], *Renart le Nouvel* a été la principale source du *Roman de Fauvel,* et toute l'allégorie du premier livre de *Fauvel* est contenue en germe dans le poème de Jacquemart Gielée. Il base ce jugement en partie sur des concordances, souvent frappantes, de certaines descriptions et de certains détails dans les deux ouvrages. Mais c'est surtout le thème central et le plan général du second livre de *Fauvel* qui semblent trahir l'inspiration et l'influence de *Renart le Nouvel.* Fauvel, personnification de l'hypocrisie, est « torché » par tous les puissants de la terre, ecclésiastiques aussi bien que laïques, et à la fin il monte en haut de la roue de Fortune, tout comme Renart dans *Renart le Nouvel.* H. Roussel a soulevé des objections aux arguments de Langfors et n'admet pas que *Renart le Nouvel* soit la source de *Fauvel.* Mais à son tour, ses arguments ne sont pas entièrement convaincants. Certes, l'auteur de *Fauvel* a utilisé, lui aussi, des thèmes traditionnels,

[1] *Le Roman de Fauvel, par Gervais du Bus*, Paris, 1914-19.

mais rien n'empêche de penser qu'il a trouvé dans *Renart le Nouvel* l'idée de faire de « la fauve ânesse » le héros de son œuvre et l'inspiration de sa satire sociale et anticléricale. Il a, selon A. Foulet, emprunté deux rimes au *Couronnement de Renart*; l'esprit de son oeuvre permet de penser qu'il a subi aussi l'influence de *Renart le Nouvel.*

En recherchant l'influence du poème de Jacquemart Gielée, nous sommes amenés du même coup à étudier quelques récits de Renart peu connus. La seule œuvre dans laquelle H. Roussel reconnaisse une influence incontestable de *Renart le Nouvel* est le poème qui a été publié par Chabaille sous le titre *Renart Mestres de l'ostel le Roy* [1], et qui fait partie du *Dit d'entendement* du poète hainuyer Jean de Condé, fils de Baudouin de Condé. Selon Auguste Scheler [2], Jean de Condé a dû « trover » dans les 40-45 premières années du XIVème siècle. Son *Dit d'entendement* appartient, tout comme *Renart le Nouvel,* à la littérature morale et didactique : « *Li Dis d'Entendement* est un assemblage de 14 paraboles ou apologues, formant autant d'épisodes d'une pérégrination que le poète dit avoir faite en songe, en compagnie d'Entendement. Celui-ci se charge de révéler à son compagnon l'enseignement à tirer des scènes diverses qui se présentent successivement, tant pour ce monde-ci que pour le salut éternel » [3].

C'est un de ces épisodes, commençant au vers 767 et continuant jusqu'au vers 1080, qui nous intéresse. Dans leurs voyages le poète et Entendement arrivent dans le royaume du roi Noble :

> Lors venîmes en une lande,
> N'ot plus bele jusqu'en Yrlande ;
> Là trouvasmes grant assemblée
> Qui n'estoit pas faite à emblée ;
> Car Nobles li Lyons li Rois
> Iert venus à grans conrois ;

[1] Polycarpe Chabaille, *Le Roman du Renard : Supplément,. variantes et corrections,* Paris, 1835, p. 19-30.

[2] *Dits et contes de Baudouin de Condé et de son fils Jean de Condé,* Bruxelles, 1866-7, III, p. XXI.

[3] *Ibid.,* p. 349.

Si ot fet ses barons mander
Par son royaume et commander
Sur les fiés que de lui tenoient ;
Pour ce de toutes pars venoient :
S'estoient jà les tables mises
Et les mesnies entremises
D'appareillier tout leur service,
Chascuns selonc le sien office.

L'on reconnaît tout de suite que Jean de Condé a voulu reproduire une de ces grandes fêtes à la cour de Noble que l'on a trouvées dans plusieurs des anciennes branches et, plus tard, dans *Renart le Nouvel.* Il insiste sur le caractère fastueux de cette réunion; tous les grands officiers de la cour remplissent leur fonction, à commencer par Renart :

Là fu Renars tout premerains
Qui de l'ostel ert souverains
Et mestres de l'ostel le Roy ;
Establi ot tout le conroy
Et les offices devisés,
Car Renars est bien avisés
D'amis par engien recouvrer.

C'est dans *Renart le Bestourné* que Renart prend contrôle la première fois de l'Hôtel du roi, mais l'allusion à son art de retenir les gens dans son service indiquerait peut-être que le poète pensait plutôt à *Renart le Nouvel,* où il est nommé à deux reprises maître de l'Hôtel de Noble. L'influence de Renart sur le roi est absolue :

Bien sot de son mestier ouvrer,
Car tout belement et à trait
Ot si le roy à lui atrait,
Que il ne féist riens sans lui :
Il n'avoit en la Court nului
Se Renars contre cuer l'eüst,
Si tost que li roys le seüst,
De sa court ne feïst widier ;
Et cui Renars volsist aidier,

Tantost ot faite sa besoigne ;
Ne l'en convenoit avoir soigne.

Dans *Renart le Nouvel* Renart exerce la même puissance, arrangeant tout à son gré, et plus d'une fois Jacquemart Gielée se plaint qu'on ne puisse plus rien faire « sans renardie ». Mais il y a une preuve formelle de l'influence de l'œuvre de Jacquemart Gielée sur Jean de Condé. A. Foulet avait avancé l'idée que le thème de l'Hôtel du roi dans le *Couronnement de Renart* avait été emprunté à l'*Ecbasis captivi,* et Jean de Condé aurait pu également chercher son inspiration à la même source. Dans le *Dit d'entendement* cependant il fait allusion à la présence des fils de Renart à la cour de Noble :

Ses deux fils ot bien assenés
Renars, qui les ot ordenés :
Renardius jacobins estoit
Li aisnés, et noirs dras vestoit,
Si estoit grans mestres de lois ;
Et Roussiaus estoit cordelois ;
Devant le Roi chantoit la messe,
Et s'aloit à lui à confesse.

Or, c'est dans *Renart le Nouvel* que Renardel et Roussel deviennent, l'un chef des Jacobins, l'autre des Franciscains. Dans le poème de Jean de Condé ils réalisent d'ailleurs les espoirs qu'on avait mis en eux dans *Renart le Nouvel,* puisqu'ils sont parvenus à occuper de très hautes fonctions auprès du roi.

Martin le singe – il portait le même nom dans *Renart le Nouvel* – est chambellan, et se tient toujours près de Noble pour le surveiller à chaque instant. Renart a fait sa paix avec Isengrin et l'a fait nommer bailli et sénéchal. L'entente est parfaite entre eux et ne sera jamais rompue car, dit le poète un peu plus tard en retournant au *Roman de Renart* des origines, ils sont liés par la foi jurée du compérage. Grimbert est maréchal et s'occupe des écuries royales. Tibert le chat a la charge de la cuisine et en profite bien. Tiécelin le corbeau est panetier, grâce à l'estime que Renart lui porte :

Et si l'amoit de cuer entier ;
De ce qu'il ert malicieus,
S'en ert à Court plus gracieus,
Car bien aprise ot sa lechon.

Tardif le limaçon, traditionnellement gonfanon, est devenu bouteiller et suit fidèlement les conseils de Renart. Comme dans *Renart le Bestourné,* Roenel est huissier, office auquel il est particulièrement bien adapté :

Huissiers estoit dans Roeniaus
S'en ert à Court plus gracieus,
A faire outrage et vilonnie,
Car plains ert de grant félonnie.

Il est curieux de voir comment Jean de Condé a repris les mêmes formules, les mêmes épithètes ou attributs, qui avaient si souvent distingué les personnages des branches primitives. H. Roussel nous rappelle que dans *Renart le Nouvel* Roenel est gardien des prisonniers du roi ; mais sa fonction officielle, ainsi que la description que Jean de Condé fait de lui, nous font penser encore plus à *Renart le Bestourné,* où il garde l'entrée de l'Hôtel du roi en faisant à tous « laide chiere ».

Les deux fils d'Isengrin, appelés Malegrin et Despiers, servent le roi et la reine à table [1]. Monnequin, fils du singe, qui sait bien le latin et qui est « clers courounés », est secrétaire et comptable. Renart n'a oublié aucune des bêtes, toutes ont reçu un emploi, même ses anciens ennemis :

Renars avoit mis un gris monne
A court pour rechevoir l'aumonne,
C'est dant Espinart l'Yreçon ;
Pellet le Rat ot à garçon ;
Entre eus deux l'aumône departent,
Bien puet estre que il y partent.

[1] H. Roussel a remarqué que « sans doute est-ce pour sacrifier à la rime que Jean de Condé a transformé Malegrape, fils d'Ysengrin, en Malegrin » (p. 657). Malegrape est pourtant le nom du griffon, et non du loup, dans *Renart le Nouvel.* Je suis tenté de voir dans le nom une transformation plutôt du nom « Isengrin ».

Martinet, second fils de Martin le singe, et les fils de Tibert et de Roenel, sont ménestrels. La martre sert de messager royal. Un seul des personnages de rang de l'ancien *Roman de Renart* est exclu de la cour: Chantecler reste l'ennemi mortel de Renart :

A court n'ot point de Chantecler ;
Pour Renart n'i ozoit aler,
Cui li Rois ot donné un don,
Que son linage en abandon
Li ot mis, qu'il en pooit prendre
A sa volenté sans mesprendre.

Cette inimitié traditionnelle sert de prétexte au poète d'émettre une première critique à l'égard de la toute-puissance que Renart exerce sur Noble et le royaume :

Encore ot Renars pourchacié
Que tuit erent de court chacié
Cil qui devant estre y soloient ;
De la cour point ne se melloient
S'il ne lor estoit commandé,
Pour plais où il fussent mandé,
Que li Rois tenist court plenière.
Si avoit changié de manière
Renars par malice le Roi,
Qu'il dist c'onques plus n'ot arroy
A son ostel c'ore y avoit.

C'est la même complainte que celle que poussait Jacquemart Gielée tout le long de *Renart le Nouvel* sur la perte des anciennes vertus et la corruption des grands de la terre. Les bons, les sages, ne sont plus écoutés et sont écartés des conseils des princes, tandis que Renart est adulé par tous depuis qu'il a l'oreille du roi.

En tant que maître de l'Hôtel du roi, Renart fait servir le dîner, et Noble et la reine se mettent à table avec leurs invités de marque, parmi lesquels se trouvent de vieux amis : Brun, Brichemer le cerf, Baucent le sanglier, toujours aussi prêt à s'enflammer pour une cause que dans le poème de Pierre de Saint-Cloud :

v. 946 Le Sengler vit-on escumer
D'ardeur de ce que il veoit
Tel chose qu'il li desséoit;

Bruyant le taureau, Belin, l'âne, et finalement un baron dont nous n'entendions plus parler depuis longtemps, Couart le lièvre. Ce rappel est accompagné d'une observation qui prouve encore une fois que Jean de Condé avait des connaissances très précises des vieilles branches :

953 Après séoit Coars li Lièvres,
Cui d'irour sont prises les fièvres.

C'est dans la Branche I, le *Jugement,* que Couart est pris de fièvres par suite de la forte émotion que lui provoque la rage de Noble. Jean de Condé renoue en outre avec la manière des premiers trouvères de Renart en faisant de petits portraits pénétrants et souvent peu flatteurs de certains personnages. La reine est « yreuse et felonnesse », mais Renart sait la cajoler et lui fait chanter une chanson – souvenir de *Renart le Nouvel,* où les chansons sont si nombreuses ? La lionne s'appelle d'ailleurs Fière, comme dans plusieurs des branches anciennes. La femme de Renart porte le nom d'Emmeline, qui se trouve à deux reprises dans *Renart le Nouvel.* Son portrait est fort amusant, quoique bien convenant :

Onques ne vi beghine
Plus simplement se contenist,
930 Et nepourquant s'elle tenist
Grasse oie ou geline en anglée,
Elle l'eüst tost estranglée.

A son tour la femme de Renart est donc devenue symbole de l'hypocrisie religieuse. Toutes ces nobles personnes sont devenues bien méchantes au cours des siècles et ne ressemblent guère aux nobles et courtois féodaux de Pierre de Saint-Cloud et de ses successeurs immédiats. Martin le singe en fait douloureusement la preuve, car en cherchant à amuser le roi par des tours et des danses, il heurte la reine et n'échappe à une sévère correction que grâce à l'intervention du roi. Mais il ne cesse pas pour autant de faire la moue au roi et de divertir l'assemblée par ses chansons. Les ménestrels s'efforcent à leur tour d'égayer le repas, mais c'est Martinet, fils de Martin, qui a le plus grand succès avec ses niaiseries, bien que tout son art, observe le poète, consiste à se moquer adroitement des gens. Un dernier détail jette une autre note assez significative sur ce dîner: quelques-uns des invités sont bien et largement servis, tandis que les autres ne reçoivent que des portions bien parcimonieuses.

Telle est la description de l'assemblée et des personnages. Ensuite c'est Entendement qui explique en détail la signification de la scène. Tout d'abord il nous met en garde contre de telles fréquentations :

Dist Entendemens : Biaus compains,
Moult est chier achatés li pains
C'on vient en ceste court mengier,
Car pluseur l'ont à grant dangier.
N'avons que faire d'arrester ;
Ci ne poons riens conquester.

Dans cette cour c'est la fausseté qui règne, et l'on y fait « du tort le droit ». La cour et le conseil du roi sont sous le contrôle absolu de Renart, d'Isengrin et de Martin, et nulle décision, nul jugement ne peuvent être faits sans leur assentiment. Renart était autrefois haï de tous, car il trahissait tout le monde, sans distinction ; mais maintenant il est craint par les grands et les petits et tenu en grand honneur. C'est ainsi qu'il règne souvent dans les cours des grands qui commettent l'erreur de trop se fier à autrui. Que l'on apprenne donc ce que signifient ces trois personnages :

Malisce, barat, tricherie,
Sont en Renart ; et lecherie
A connoistre donne Ysengrins :
Ceus qui font ouvrir les escrins
Et raportent à Court l'argent

Qu'il prennent sus la povre gent,
Leu sont, car le pays desrobent.
Par le Singe, entent ceus qui lobent,
Qui font grant mœs et grans chieres :
Teles gens a-on à Court chières
Qui losengent et ostent busches.

L'on n'a qu'à étudier ces personnages, ajoute Entendement, pour comprendre ce qu'ils représentent. Nul besoin d'expliquer le rôle de Tardif, « qui sert à Court lent », ni de Roussel et de Renardel, qui nous sont un lourd fardeau, ni de Roenel, qui garde la porte jalousement. Quant à Renart, il répand partout sa renardie :

Renars va à chière hardie
Partout, il ne doute mès homme.

Pour Jean de Condé comme pour Jacquemart Gielée, Renart est le symbole du Mal qui a envahi le monde, qui a chassé les vertus et qui corrompt de plus en plus les hommes. Mais Jean de Condé ne peint pas un tableau aussi noir que son prédécesseur: si le mal existe, le poète espère toutefois l'enrayer en le démasquant, et tel est tout le but de son *Dit.* Poème allégorique encore, mais comme Jacquemart Gielée, Jean de Condé ne laisse subsister aucune obscurité sur sa pensée. Poème satirique aussi : si la renardie existe un peu partout, il y a un endroit où Renart exerce son influence avec le plus d'effet :

Il puet bien en la court de Rome
Assés plus qu'il ne fache aillours :
Là est Renars o les meillours ;
Bien le set qui séjourne là.
De son conseil retenu l'a
Li Papes ; oy dire l'ai
Au tans qui or ceurt, clerc et lai
Honneurent Renart et le crœnt ;
Je voi que petit s'en recroient.

Comme la Nef des Vices était en même temps la Nef de l'Eglise dans *Renart le Nouvel,* la cour de Renart est ici la cour papale.

Comme dans le poème de Jacquemart Gielée et aussi dans le *Couronnement de Renart,* Renart est le conseiller intime du suprême pontife, et grâce au népotisme et au favoritisme, lui et ses camarades Isengrin et Martin, avec leurs enfants, gouvernent toute la cour. Fausseté, perfidie et ruse, convoitise et avarice, mensonge et flagornerie, voilà ce que représentent les trois hauts fonctionnaires, et ce sont eux qui gouvernent les cœurs et la conduite de tous, à la cour de Rome comme aux cours princières. Telle est la leçon qu'Entendement tire de cette petite branche de Renart.

Le *Couronnement de Renart* était le premier des poèmes de Renart à s'en prendre directement à Rome et au suprême pontife. Jusqu'alors la satire des choses religieuses, dans *Renart le Bestourné* comme dans les vieilles branches, avait été dirigée plutôt contre certains ecclésiastiques, que ce soit le cardinal Pierre de Pavie ou le prêtre de village, ou tout au plus contre certains ordres, surtout les Mendiants. On constate donc qu'à partir du *Couronnement,* et encore plus de *Renart le Nouvel,* les histoires de Renart deviennent assez régulièrement l'occasion d'attaques, de plus en plus violentes et ouvertes, contre l'Eglise. Les premiers trouvères de Renart avaient exercé leur esprit, où perçaient fréquemment des rancunes ou de véritables haines, contre des gens d'Eglise, et par moments contre certaines pratiques ou institutions de l'Eglise, mais le *Roman de Renart* n'était point une collection de poèmes anticléricaux. Rutebeuf s'inspira de l'épopée animale pour composer une diatribe très personnelle contre les Ordres Mendiants, tandis que l'auteur du *Couronnement de Renart* associait une Eglise ambitieuse et avide de pouvoir temporel au triomphe d'une classe sociale égoïste et arrogante. A son tour Jacquemart Gielée avait englobé dans une condamnation générale l'Eglise tout entière, qu'il rendait responsable de la dégénérescence de la moralité féodale et chrétienne. L'influence de *Renart le Nouvel* se fait sentir très nettement dans *Renars mestres de l'ostel le Roy.* Mais s'il n'est pas possible d'établir toujours des liens entre les multiples histoires de Renart, on peut toutefois dire qu'après le *Couronnement de Renart,* et encore plus après *Renart le Nouvel,* la satire anticléricale caractérise presque toute la littérature française consacrée à Renart ou inspirée par lui.

Le thème de la corruption et de la dégénérescence du siècle, ainsi que la satire anticléricale réapparaissent dans l'anonyme *Dit de la queue de Renart,* qui semble s'inspirer lui aussi de *Renart le Nouvel.* Le *Dit de la queue de Renart,* qui nous a été conservé dans un seul manuscrit de la première moitié du XIVème siècle, a été reproduit par Achille Jubinal dans le second tome de son *Nouveau Recueil de fabliaux* [1]. C'est un poème satirique de 192 vers, arrangé par strophes de huit vers. De nouveau le poète révèle une intention morale dès le début :

v. 1 Pour ce que j'ai fet mencion
De renardie et fiction
A ce que chascun droit regart
Aist, et miex de péchié se gart,
Quar fiction ne renardie
A Dieu ne plaisent n'à Marie,
Un dité diray de Renart :
8 Chascun de vous en a sa part.

A tous ceux qui lui demandent dans les rues de Paris s'il ne sait pas parler « de la queue de Renart », il promet « des paroles gracieuses où il a mis sa mélancolie ». Le sens du titre devient rapidement clair : le plus bel ornement que possède Renart devient le symbole de sa présence, c'est le panache de la renardie. La queue de Renart est la décoration que l'on porte avec le plus de fierté, et Renart peut bien s'estimer aujourd'hui au-dessus de toutes les autres bêtes. Dans les différentes strophes, le poète énumère, à la manière de Jacquemart Gielée mais bien plus longuement, les classes, les groupements professionnels ou sociaux, qui portent la queue de Renart, en tout premier lieu « duc et haut princier ». Un chapeau sans queue de Renart ne vaut rien,

[1] Paris, 1839-1842, II, p. 88 ; H. Roussel a noté que « ce poème n'a été gardé que dans le ms. B.N. fr. 12483, compilation en l'honneur de la Vierge composée vers 1330 par un frère prêcheur originaire du Soissonnais (cf. *Roman de Fauvel,* Intro. CVI.) », *Étude littéraire,* p. 658, Note.

mais les jeunes chevaliers prisent la queue de Renart bien au-dessus de tous les vêtements les plus précieux. Après la noblesse, le clergé partage cet engouement pour Renart :

> v. 49 Renart est en haut montez :
> Chascun au jour d'uy l'onneure ;
> Prélas, évesques, abbez,
> Chascun au jour d'ui labeure ;
> Prestres, moingnes, jacobins,
> Cordeliers et li beguins
> Qui font bien le papelart,
> 56 Sous leur chapes ont Regnart.

On croit presque entendre Jacquemart Gielée dans ces vers. Et comme l'auteur de *Renart le Nouvel*, le poète de *La Queue de Renart* s'attarde complaisamment sur la complicité entre Renart et les ecclésiastiques :

> 57 Regnart est quant vueut abbé
> Et quant il veut il est moingne,
> Doien, prestre coronné,
> Et quant vueut il est chainoingne ;
> Quant il veut l'aumuce prent :
> Tout à son commandement
> Fait par tretout par son art :
> 64 Nul n'a povoir à Regnart.

Mais le règne de Renart s'est étendu bien au-delà des cours et des milieux ecclésiastiques. Quand il le veut, il se met « housse à fourrure » et devient médecin ou logicien. Il est à ses moments avocat et « sire de lois », car « Regnart a toutes ses lois ». Il plaide devant les tribunaux, il prêche dans les églises; il est tenu dans la plus haute estime partout où il va et gagne toujours de nouveaux disciples. Vraiment, se lamente le poète, « trop grant queue a le Regnart ».

Par moments le *Dit de la queue de Renart* rappelle beaucoup la manière de Rutebeuf. L'appellation de « papelard » que le poète donne sans distinction à tous les membres du clergé, et surtout l'association de l'idée d'hypocrisie avec le nom de Renart sont déjà contenues dans la poésie satirique de Rutebeuf. L'allusion à l'emprise de Renart sur les lois du pays semble répéter la plainte de Rutebeuf dans *Renart le Bestourné.* D'autres vers rappellent la *Chanson des ordres de Paris* et d'autres satires de Rutebeuf où les religieuses sont rudement fustigées :

v. 81 Béguines et ces nonnains
Et Files-Dieu, nul n'en doute,
De Regnart sont souverains :
Chascune vers soy le boute.

Par la forme poétique et par sa verve joyeuse, le *Dit de la queue de Renart* se rapproche plus de la poésie satirique de Rutebeuf que de *Renart le Nouvel.* Pas de moralisation en somme. Par le rappel de la nature néfaste de Renart à la fin de chaque strophe, le poète semble vouloir imiter les refrains si caractéristiques de la poésie lyrique et satirique de Rutebeuf. Il a aussi le même goût pour l'énumération détaillée, pour l'accumulation des noms et des traits satiriques : pendant sept strophes entières, les gens de tous les métiers de la ville sont inscrits à tour de rôle parmi les disciples de Renart :

105 Mareschaus et cherpentiers,
Sauniers, gens de tannerie,
Et marchéans et bouchiers,
Derreniers ne soiez mie ;
Et tailleurs de robes aussi,
Peletiers sans nul détri,
Gardez ne soiez couart
112 De traire vers vous Regnart.

La « gent de clergie » se trouve de nouveau nommée, avec les procureurs, les avocats et les écrivains. Marchands, artisans, domestiques, tous reçoivent le conseil ironique de quérir leur part de la queue de Renart, sous peine d'être pris pour des musards. Seuls les marchands de volaille sont les ennemis de Renart, ils ont juré d'avoir sa queue s'il ose venir chez eux !

Renardie est donc, ainsi que le disait Jacquemart Gielée, la clef à la réussite en tout :

v. 163 Quar on dit, bien le savez,
Que Regnart ce qu'il vueut faire
Fait en tous lieus vraiement.

On peut reconnaître l'influence du *Roman de Fauvel* aussi dans le poème. Comme Fauvel, Renart devient souverain, et toutes les bêtes lui obéissent :

85 Regnart par son grant derroy
Se fait sur tous prince et roy ;
Fauvel atrait à sa part
88 Par son engin le Regnart.

89 A sa court le vont servir
Roy et prince, duc et conte :
Tout fait vers lui obéir :
A li n'en est pas la honte.
Fauvel le sert au mengier,
Au lever et au couchier :
Bestes de diverses part
96 Obéissent à Regnart.

C'est en quelque sorte la consécration suprême de Renart, maître de l'hypocrisie, de la fausseté, de la ruse, de l'envie, de la convoitise et de la cupidité, que cet hommage que lui rend même Fauvel. Mais le poète n'est pas un moraliste pessimiste, convaincu comme l'était Jacquemart Gielée que le monde va à sa perte. Il conserve sa foi en la puissance et la perspicacité de l'autorité suprême :

169 Regnart si fait guerroier
Quant il vueut, ce oï dire ;
Quant il veut fait apaisier ;
Mès le Lion, qui est sire
Des bestes, l'en paiera,
Le Regnart trébuchera :
Trop haut monte com quoquart,
176 Chéoir faudra jus Regnart.

Ces guerres dont le poète a entendu parler, ne sont-elles pas celles que Renart faisait à la société chrétienne dans *Renart le Nouvel* ? On peut croire que le poète s'est inspiré dans ces vers de la fin du poème de Jacquemart Gielée, où l'on voyait Renart assis en haut de la roue de la Fortune. A son tour il fait de Renart un suppôt de Satan :

v. 177 Et pour ce vous lo et pri
Que vous le traiez arrière
De vous, quar li anemi
Par sa très-fausse manière
Fait Regnart ainsi régner
Pour ceus en enfer mener
Qui se traient à sa part :
184 Il est trop mal le Regnart.

Le Lion qui terrassera Renart, agent du Mal, c'est donc Dieu. Et le poème se termine par une prière au Seigneur dans laquelle l'aide du Roi Suprême est sollicité en faveur du roi du poète :

185 De Regnart vous veuil laissier,
Mès prion d'une acordance
Dieu qui est roy droiturier
Qu'il tigne en ferme puissance
Nostre roy et ses amis.
Le dous père Jhésu-Cris
D'annui et de mal nous gart !
192 Ci fineray de Regnart.

Le *Dit de la queue de Renart* ressemble encore à *Renart le Nouvel* – et à d'autres ouvrages de l'époque – par ce mélange de ferveur religieuse et de satire anticléricale qui paraissaient si incompatibles à H. Roussel. Avec ce poème et *Renars Mestres de l'Ostel le Roy,* on peut parler presque d'une transformation du *Roman de Renart,* transformation qui avait commencé à se dessiner avec *Renart le Bestourné.* Par leur gaîté malicieuse, par leur verve, par leur franche satire joyeuse et impartiale dans ses attaques, les deux petits poèmes du début ou plutôt de la première partie du XIVème siècle nous ramènent bien en arrière, nous rappelant l'imagination et la bonne humeur moqueuse des premières branches de Renart. La satire anticléricale joue un rôle important déjà dans certaines branches anciennes, devient très prononcée dans *Renart le Bestourné* et le *Couronnement de Renart,* pour constituer, avec la moralisation, l'élément principal de *Renart le Nouvel.* En même temps que l'aspect satirique devenait de plus en plus caractéristique, l'élément narratif tendait à diminuer – il n'existe même plus dans la *Queue de Renart,* tandis qu'on ne peut le discerner qu'à peine dans le poème de Jean de Condé. C'est donc le caractère moralisateur et nettement anticlérical de *Renart le Nouvel* qui distinguera les derniers ouvrages importants consacrés en France à Renart. L'auteur de *Renart le Contrefait,* que nous étudierons au chapitre suivant, se vante même d'être un prêtre défroqué. L'anticléricalisme qui s'exprime dans les histoires de Renart est pourtant le fait de croyants sincères qui, même s'ils écrivent sous l'influence du dépit, de griefs personnels, déplorent de très réels abus dans les pratiques de l'Eglise et dans les moeurs du clergé. (Il est superflu et même ridicule de parler de « l'esprit laïque » de *Renart le Nouvel* et de comparer Jacquemart Gielée aux philosophes du XVIIIème siècle comme l'ont fait Saint-Marc-Girardin et d'autres critiques que cite H. Roussel). Mais c'est Jacquemart Gielée qui, s'élevant au-dessus des rancunes ou des ambitions personnelles, a entrepris d'écrire une branche de Renart consacrée surtout à l'examen du problème moral et métaphysique du Mal. Continuant dans le domaine symbolique, l'auteur du *Dit de la queue de Renart* élève le lion en symbole de Dieu, ennemi de Renart-Satan. Au moment de la Réforme, les polémistes des deux camps représenteront leurs adversaires sous les traits de Renart, suppôt de l'Ennemi ou emblème de Satan lui-même, sans qu'ils s'intéressent autrement aux aventures légendaires du goupil.

H. Roussel avait conclu que *Remars Mestres de l'Ostel le Roy* est la seule oeuvre qui doive « certainement » quelque chose à *Renart le Nouvel.* Selon lui, le poème de Jacquemart Gielée n'a vraisemblablement pas eu une très grande diffusion et sa popularité a été limitée au Nord de la France. Sans y voir toujours des « sources » directes, je suis pourtant porté à voir un peu plus son influence dans la littérature, d'autant plus que l'on peut la discerner dans un autre domaine. En effet, l'iconographie nous fournit quelques motifs de décoration qui ont manifestement été inspirés de *Renart le Nouvel.* Le très beau *Missale ambianensis,* dit *Missel de Pierre de Raimbaucourt,* de la Bibliothèque Royale de La Haye (ms. 78 D 40), et qui porte la date de 1323, nous montre Renart déguisé en moine à plusieurs reprises. On le voit en Dominicain, devisant avec une autre bête, loup plutôt que renard, qui porte la robe et la corde des Franciscains. Plus loin on voit les deux moines-bêtes agenouillés devant un lion couronné, assis sur une sorte de trépied et tenant une banderole où l'on peut distinguer les mots : Palardie (papelardie), Orgueil, Envie. Une autre scène cependant est encore plus convaincante. La moitié gauche représente la Roue de Fortune, que sa propriétaire fait tourner ; en haut est assis un personnage portant couronne et sceptre, à gauche monte un autre personnage qui tient une faucille à la main, à droite un troisième est précipité en bas, un quatrième est sous la roue – représentation conventionnelle de la Roue de Fortune. Mais dans la moitié droite de la scène, Fortune empêche visiblement sa roue de tourner; Renart, assis en haut et portant également couronne et sceptre, regarde avec satisfaction son fils le Cordelier qui se tient à sa droite, tandis qu'un autre fils se cramponne à la roue, tête en bas. Sous la roue, qu'il a coincée, est une autre bête, Belin le bélier, qu'on voit ailleurs dans le manuscrit, portant lui aussi un costume ecclésiastique et face à Renart-Dominicain qui lit ou chante joyeusement devant un lutrin. On reconnaît dans le tableau l'essentiel de la scène d'apothéose de la fin de *Renart le Nouvel,* comme on reconnaît dans les autres la satire des Ordres Mendiants.

Qu'un enlumineur du Nord de la France se soit inspiré de *Renart le Nouvel* pour orner les marges d'un manuscrit, et même d'un missel, n'a rien d'étonnant. Ce sont d'ailleurs des branches anciennes de Renart qui ont fourni le motif d'autres scènes du même manuscrit. Il est pourtant beaucoup plus difficile d'expliquer par quels cheminements l'œuvre de Jacquemart Gielée a pu influencer un peintre espagnol. Parmi les peintures murales du château d'Alcañiz en Aragon se trouve en effet une

Roue de Fortune qui trahit peut-être l'influence de *Renart le Nouvel* [1]. La représentation de la roue est tout à fait conventionnelle : au centre de la roue se tient Fortune ; en haut est assis un personnage couronné, à gauche un autre tombe en bas, à droite un troisième monte. Les trois personnages sont accompagnés respectivement des inscriptions : Regno, Regnavit, Regnabo. Mais ce qui retient l'attention, c'est la présence dans le coin gauche de la peinture d'un magnifique coq qui fait front à une bête assise, à moitié effacée mais qui semble avoir une tête de renard. Selon le marquis de Lozoya [2], la peinture date vraisemblablement du XIVème siècle, quoique d'autres critiques la fassent remonter à la fin du XIIIème. Jaime Caruana [3] essaie de donner au coq une signification tout indépendante de *Renart le Nouvel,* mais son explication est muette sur la question de la bête à la tête de renard. Le marquis de Lozoya est pourtant de l'avis que c'est le poème de Jacquemart Gielée qui, à travers le provençal, a inspiré le peintre espagnol. Le *Roman de Renart* semble avoir été virtuellement inconnu en Espagne. Il se peut que *Renart le Nouvel,* œuvre moralisatrice, y ait eu quelque retentissement pourtant, ou qu'elle ait du moins contribué à la diffusion du thème de la Roue de Fortune. La moralisation et la satire anticléricale répondaient certainement au goût de son siècle, et il ne faut pas oublier que c'est une version de *Renart le Nouvel* qui a été la première de toutes les histoires de Renart à être imprimée en France.

[1] Cf. l'article de Jaime Caruana Gomez de Barreda, *El Castillo de Alcañiz,* dans *Teruel* (Instituto de Estudios Turolenses), n° 13, 1955.

[2] *Historia del arte hispanico,* II, Barcelone, 1934, p. 276.

[3] *El Castillo de Alcañiz,* p. 82-6.

Chapitre VIII

RENART LE CONTREFAIT

Le Roman de Renart le Contrefait, par le Clerc de Troyes.

Le *Roman de Renart* a connu au XIIIème siècle, avec les nombreux ouvrages que nous venons d'étudier, très différents les uns des autres, l'époque de son plus grand épanouissement. A partir du XIVème siècle le vieux fonds des histoires de Renart est exploité de moins en moins par les poètes français. Et pourtant c'est dans la première moitié du XIVème siècle qu'apparaît l'oeuvre de loin la plus volumineuse, la plus riche et la plus curieuse de toutes celles qui ont été créées au Moyen Age autour du personnage de Renart. C'est avec un certain sentiment de désarroi que l'on confronte cet amas de plus de 40.000 vers, fait de contes de Renart, de faits-divers, de réflexions morales et satiriques, allégoriques et religieuses, de dissertations et de développements de toutes sortes – « théologiques, hagiographiques, historiques, scientifiques même » [1] – et qu'Edmond Faral a qualifié de « somme encyclopédique » en même temps que de « monstre » [2]. Si les contes d'animaux ne servent que de cadre commode et familier dans lequel l'auteur entasse toutes ses connaissances, toutes ses observations et ses réflexions sur la vie et sur les hommes, tout en faisant profiter son oeuvre de la popularité et de l'intérêt que l'on portait aux activités de Renart, c'est

[1] Gaston Raynaud, *Renart le Contrefait et ses deux réductions*, dans *Romania*, XXXVII, 1908, p. 246.

[2] Dans *Histoire de la littérature française*, de Bédier et Hazard, I, p. 74.

la seule présence, plus encore que la personnalité, de Renart qui constitue à vrai dire la seule unité de *Renart le Contrefait.* L'unité d'intention existe, mais même le dessein constant de l'auteur se perd de vue souvent dans les digressions et la prolixité débordante de son oeuvre. Le caractère même de Renart ne constitue plus un élément d'unité : à notre Renart facétieux des branches primitives et à celui de *Renart le Bestourné,* du *Couronnement* et de *Renart le Nouvel,* symbole du Mal, l'auteur de *Renart le Contrefait* en associe un autre, inattendu, un Renart repenti et philosophe, qui commente et juge les fautes et les vices des autres. L'unité que confère la présence de Renart comme acteur principal ou comme narrateur est d'ailleurs précaire, puisqu'il disparaît à son tour de la dernière partie. *Renart le Contrefait* est comme son principal personnage, confus, complexe, difficile à suivre dans ses changements constants et imprévisibles. Complication supplémentaire dans l'étude de cette œuvre monstrueuse, il en existe deux versions, qui présentent des divergences très considérables et qui démontrent une évolution bien prononcée dans la pensée et le style du poète.

Il n'existe que trois manuscrits de *Renart le Contrefait* [1]. C'est le plus ancien, le manuscrit A datant probablement du premier tiers du XIVème siècle, qui présente la version primitive de l'oeuvre. Pendant longtemps on ignorait l'existence d'une autre version, et c'était la version A qui fournissait la base des premières études de *Renart le Contrefait.* La version A avait pourtant été reprise, remaniée et considérablement agrandie par son auteur, et c'est cette version B qui doit être considérée comme la version définitive. C'est cette version remaniée qui nous est présentée dans l'édition de Gaston Raynaud et Henri Lemaître [2], mais les éditeurs ont pris soin de reproduire dans les Notes et Variantes, les variantes notables et les passages particulièrement intéressants de la version primitive. Il est impossible dans les limites de ce chapitre de traiter comme il faudrait

[1] Une description détaillée des manuscrits est donnée dans l'Introduction de l'édition de Raynaud et Lemaître.

[2] *Le Roman de Renart le Contrefait,* Paris, 1914.

Renart le Contrefait. Je ne propose donc pas d'en faire une étude complète. Je me contenterai d'indiquer les grandes lignes de l'oeuvre, et surtout de la situer par rapport au vieux *Roman de Renart* et à toute la littérature inspirée de la célèbre épopée animale. Sans l'examiner en détail, nous pourrons regarder avec profit la version A aussi bien que B, car A reste bien plus près des anciens récits de Renart et illustre dans un certain degré, par les différences qu'elle présente avec la version postérieure, toute l'évolution du *Roman de Renart* en France depuis ses origines à la fin du XIIème siècle jusqu'à la période allant de 1319 à 1342, celle de la composition de *Renart le Contrefait,* dernier ouvrage important consacré à Renart en France.

La première rédaction de *Renart le Contrefait,* telle que le manuscrit A nous la présente, comprend environ 32.000 vers, tandis que la version B en compte 41.150, sans parler d'une longue partie en prose incorporée dans la deuxième branche. Dans une introduction de 414 vers de la version B, mais qui avait été encore plus longue dans A, le poète explique ses intentions et raconte dans quelles circonstances il avait commencé son ouvrage. Longtemps il avait médité son récit, dont la matière devait être fournie par les expériences de sa vie et non par l'enseignement ou l'exemple d'autrui :

Pour ce, nouvel livre en vœul faire
Sans exemple, sans enseignier,
Sans a moy riens d'aultrui baillier,
Sans nul conseil, sans nulle ayeue,
Fors que par generale veue.
J'appelle veir generalment
Et concepvoir soubtillement,
Aller, vëoir, vivre et sentir,
Goust acquerre, jurer, mentir,
Semblant, promesse et abstinence,
Conffession et penitance ;
Qui cecy scet bien concepvoir
N'a pas perdu tout son sçavoir.

Il nous annonce qu'il est né à Troyes, qu'il a été « clerc », mais qu'il est maintenant laïc. Il était âgé d'environ quarante ans quand il a eu l'idée d'écrire afin d'échapper à l'oisiveté, dont il décrit les dangers pendant soixante vers. Il avait commencé son livre en 1319 – la version A dit 1320 – et il nous donne l'explication du titre, le « Contrefait de Renart ». De Renart on peut apprendre beaucoup de choses utiles dans la vie :

> Car sur Regnart pœult on gloser,
> Penser, estudïer, muser
> Plus que sur toute rien qui soit.

Si l'on veut comprendre vraiment Renart, continue le poète, il ne faut pas se fier au texte, qui cache souvent la vraie pensée de l'écrivain. Si nous nous connaissons vraiment, si nous voulons reconnaître la vérité, nous devons reconnaître que personne n'est parfait. La vie de Renart peut donc nous apprendre une vérité profonde :

> ... bon est que homme se tiengne
> De dire mensongne ne voir,
> S'amour de pluseurs vœult avoir.

Notre poète a dû souvent voiler sa pensée, et il entreprend son récit finalement pour dire « par escript couvert » ce qu'il n'ose pas exprimer ouvertement, car il est de notre devoir de communiquer aux autres le savoir que Dieu nous a confié.

Nous voyons donc d'emblée que *Renart le Contrefait* n'est pas simplement une nouvelle histoire de Renart, une imitation du vieux *Roman de Renart* comme l'avait prétendu Méon. L'auteur va se cacher derrière le personnage de Renart pour dire au monde ce qu'il a appris dans la vie. *Renart le Contrefait* semble donc devoir être une sorte de vaste allégorie. Mais le poète annonce qu'il veut surtout enseigner un art qui peut être d'une grande utilité : c'est l'art de maître Renart, qui est tout-puissant, l'art qui est décrit presque dans les mêmes termes dans le *Couronnement de Renart* et dans *Renart le Nouvel* ; c'est l'art qui gouverne tout :

C'est l'art qui fait les bons muchier[1]
Et les maulvais en hault drechier ;
Il fait de montaignes vallées
Et es grans vaulx fait les montées ;
C'est l'art qui fait du blanc le noir,
De la mensonge fait le voir ;
C'est l'art qui fait torchier Fauvel ;
Du vieil fait neuf et de neuf vieil,
L'art qui fait rire le dolent
Et faire feste sans talent ;
C'est l'art qui fait seigneurs garsons
Et garchons monter es archons ;
C'est l'art qui fait les belles dames
Souvente foiz lever les games ;
Aux mauvais fait porter honneur
Et les bons met a deshonneur
C'est l'ard dont le ciecles est plains,
Et religïeux et mondains ;
Tout le monde cel art aprent
Dont en la fin pour fol se prent.

Notre poète a emprunté au *Roman de Fauvel* l'expression « torchier Fauvel », devenu synonyme de « flatter », mais on reconnaît bien les différents attributs que Renart avait acquis au cours de sa vie mouvementée. C'est l'art de Renart qui confère la fortune et la réussite dans le monde ; sans lui, tout savoir, toute connaissance des autres arts ne servent à rien :

Se tout aprent et tout detient,
Se de cellui art ne retient, —
Si me gard Dieu d'avoir la fievre ! —
Adont sera tenu pour chievre :
On dira a jung qu'il est yvres[2],
Ou que c'est un sacq plain de livres ;
Sache loix ou dialecticque,
Riens ne scet, s'il ne scet praticque.

C'est l'art que doivent apprendre rois et comtes, empereurs et papes. Jacobins et Cordeliers s'en servent, qui prétendent être

[1] « Muchier » — « cacher ».

[2] « A jung » — à jeun.

pauvres mais qui sont en réalité très riches. D'autres, tels que les Templiers ou des particuliers comme Enguerrand de Marigny, croient avoir maîtrisé cet art, mais ils se trompent, car ils n'ont pas appris la leçon essentielle de l'humilité, qui les aurait sauvés d'une fin malheureuse. Mais puisque le poète connaît à fond l'art de Renart, il est de son devoir de l'enseigner aux autres, assorti de plusieurs « secrets » et histoires anciennes qu'il a appris pendant une longue période d'oisiveté.

L'on pourrait conclure de cette introduction que notre poète va simplement écrire une autre allégorie satirique sur le règne de la fausseté, de la ruse et de l'hypocrisie dans le monde. Mais si on lit un peu plus loin, on comprend que son but est plus complexe. Aux vers 263-6 il nous dit que la description de l'art de Renart n'occupera qu'une partie de son récit; c'est une vieille histoire qu'il nous promet, une histoire qui date d'une époque où l'on mettait son savoir au service de Dieu et de la sainte Eglise. Maintenant, se lamente le poète, la vraie dévotion est perdue, et les gens cherchent des choses folles et vaines :

Chascun si estudie et quiert
Ce que Nature lui requiert,
Non point Nature raisonable,
Mais de follie appetissable [1],
Appetissable en variance
Et en toute folle ordonnance,
Comme luxure et gloutonnie
Et autres dont je ne diz mie ;
Et les biens que ilz en rechoipvent,
Qui des mors sont et tourner doivent
Ou douaire du crucefix,
Si comme de ce suis tout fis,
Ilz le mectent en aultre affaire,
Et dient qu'ilz le peuent faire,
Car quant on leur baille, il est leur.

Les derniers vers font-ils allusion aux accusations portées si souvent contre les Ordres Mendiants de s'approprier les biens

[1] « Appetissable » — affamé.

de ceux qu'ils confessaient à leur mort ? Le passage est cependant une nouvelle complainte contre la corruption du siècle dans la ligne de toutes celles que nous avons déjà rencontrées dans *Renart le Nouvel* et dans le *Couronnement,* ainsi que dans *Fauvel,* le *Dit de la queue de Renart et Renars Mestre de l'Ostel le Roy.* La moralisation a sa place dans *Renart le Contrefait* aussi : qu'on se méfie de cette vie déréglée ; ceux qui s'y livrent, se nourrissent du pain de la douleur, et mettent leur âme en damnation. La pratique de la renardie est tout aussi explicitement dénoncée :

v. 301 Mais sache bien cil qui l'emprent,
Car fol est cil qui l'art aprent,
Quant viendra au fin de sa vie
Il tiendra cel art a folie.

Les intentions de l'auteur deviennent donc plus claires. Sous le masque de Renart, il dira des vérités qu'il n'oserait pas prononcer ouvertement. En même temps il espère réformer la société de l'époque, tout entière pervertie et convertie au culte de Renart. Il se présente en moralisateur et critique; pour lui, comme pour Jacquemart Gielée et tant d'autres au Moyen Age, le nom de Renart signifie fausseté, corruption, péché, hypocrisie. Encore une fois il faut constater la transformation qu'a subie le *Roman de Renart* au cours d'un siècle et demi, ainsi que la nature même de notre vieux héros. D'un personnage réel, Renart est devenu d'abord un symbole, et finalement il n'est qu'un personnage légendaire qui sert de masque derrière lequel l'on se cache pour dire des vérités dangereuses à raconter trop haut. Le *Roman de Renart* lui-même, au début recueil de contes comiques et satiriques, caricaturant la société féodale, avait été transformé peu à peu en allégorie, en poème à clef aussi, où les digressions sont de plus en plus nombreuses. Et finalement il devient un pot-pourri au cadre familier et commode, dans lequel un désoeuvré propose de raconter pour l'édification de la société des histoires anciennes « plaines de tresbonnes memoires ».

A différents endroits de *Renart le Contrefait* le poète a donné des indications sur lui-même et sur sa vie. Nous savons déjà, d'après l'introduction, qu'il avait une quarantaine d'années quand il avait entrepris son travail en 1319, date qui est répétée au vers 379; qu'il avait été clerc; et aux vers 407-8 il nous dit qu'il était resté longtemps oisif avant de commencer son œuvre. A la fin de la branche I il révèle la raison pour laquelle il avait dû quitter l'état de clerc :

Clerc, non, car couronne n'ot point ;
Par femme perdy il ce point.
Le grant deable ayt de celuy l'ame
Qui premier estably bigame !

La « bigame », c'est-à-dire le concubinage, avait donc été la cause de sa déchéance. A plusieurs reprises il dénonce l'amour charnel, et il se montre sans pitié pour lui-même et pour tous ceux qui « en fole amour sont encharné » (v. 25297). Par la bouche d'un de ses personnages, dame Nature, il condamne les liaisons déshonnêtes :

Ne metz en femme habandonnée
Ton coeur, t'amour ne ta pensée,
Car c'est toute corrupcion
Et toute abhominacion
De vielle putain herbregier.

Plus tard, Renart met ses fils formellement en garde contre toute forme d'amour :

. . . . je vous deffens
De vous mettre en amour de femme
Pour eschever toute diffame,
Especialment en putage.
Ceste chose vault pis que rage,
Car c'est de tous maulx la rachine.

C'est avec beaucoup de regrets que le poète semble avoir quitté la vie cléricale pour suivre le métier de son père, celui de « merechans et espiciers », c'est-à-dire d'apothicaire (v. 36113-6). En faisant l'éloge de « l'espicerie » il avait déjà dit qu'il avait appris tout jeune les secrets de la pharmacie (v. 26535-850). Mais il n'avait tenu ce métier que dix ans avant de l'abandonner parce qu'il n'en avait pas besoin. Il faut donc croire que notre poète était un homme d'une condition aisée, puisqu'il explique en outre qu'il avait commencé à écrire *Renart le Contrefait* pour s'occuper après une longue période d'inactivité, et il devait y consacrer plusieurs années. Il nous dit en effet que la dernière branche de la version A avait été créée en l'année du couronnement de Charles le Bel, donc en 1322. La version B fut commencée en 1328, et sa rédaction continua pendant plus de treize ans. Il est certain pourtant que *Renart le Contrefait* n'était pas terminé avant 1342, puisque le septième et avant-dernière branche contient une allusion aux monnaies ayant cours en cette année. La composition de l'œuvre s'est donc étendue sur plus de vingt années, et à son achèvement le poète était âgé d'une soixantaine d'années. Ce vieillissement est d'ailleurs sensible dans l'oeuvre et doit sans doute expliquer en grande partie les différences très importantes entre les deux versions, le côté édifiant et moralisateur étant bien plus développé dans B. Nous savons en somme bien plus sur l'auteur de *Renart le Contrefait* que sur la plupart de ceux qui avaient jusque là conté de Renart. Nous allons donc lire en quelque sorte les mémoires d'un bourgeois aisé, dont les moyens et la formation, culturelle et intellectuelle, ont dû lui permettre de regarder avec un certain détachement les événements et les idées de son époque.

Il est temps d'examiner le texte de *Renart le Contrefait,* sinon pour le résumer, au moins pour en dégager les grandes lignes, les éléments essentiels, les fils conducteurs qui ont guidé la pensée de l'auteur. S'il nous promet dans son introduction de dire des vérités sur ses contemporains, nous sommes rapidement éclairés sur la nature de ces vérités. La première branche, relativement courte puisque dans la version B elle ne compte que 3198 vers, débute comme une des branches primitives :

Se dist l'istoire es premiers vers
Que ja estoit passé yvers ;
Et estoit une Pentecouste,
Une feste en l'an qui monlt couste,
Que le roi Lyon fist venir
Sa gent pour sa feste tenir,
Ses loyaux barons asambler
Comme roy, et roy veult sambler.

De nouveau le cadre tellement familier du *Plaid,* ou plus généralement de la cour plénière du roi. Mais Noble n'est plus le roi féodal, hautain et autoritaire que nous présentaient les vieux contes. C'est plutôt un monarque avisé, politique, qui cherche à se conserver l'attachement et les sympathies de ses vassaux. C'est un réaliste qui veut établir son autorité dans la légitimité :

« Je vaulsisse, ains c'om se partist
Ne que le conseil departist,
Que le conseil tout assamblast,
Que l'en feïst et ordonnast
Constitucion et bon fait
Qui jamais jour ne fust deffait
Et qui tousjours mais se tenist
Ne ja nulz contre ne venist ».

C'est un roi qui raisonne en légiste, tout comme ce roi du début du XIVème siècle, Philippe le Bel. Les grands du royaume tiennent conseil, c'est bien entendu l'avis du malin Renart qui l'emporte, et les quelques objecteurs réussissent simplement à se faire expulser. Le roi accepte le projet de Renart, et c'est ainsi que l'autorité du souverain et de la noblesse est établie sur les souffrances, l'humiliation et l'impuissance des pauvres :

Que les povres foulés seront,
Bon tamps bien ne honneur n'avront,
Fain et froit tousjours sera leur
Et renommée de malheur.
Et encoir le conseil est telz
Que on leur toille leur chatelz,
Ja ne croie ce qu'il tesmoignent,

Ne la besoigne que il moignent
Ja ne sera bonne tenue,
Mais pour mauvèse et simple et nue.

Les pauvres seront moqués, bafoués, méprisés, volés et malmenés. « Chier temps, neisge, froit et gellée » seront leur lot.

En ost, en guerre mis devant,
En festez boutez laidement ;
Mal vendront, mal employeront,
Toutes gens les vituperront
Quant en la terrïenne vie.

Les riches au contraire recevront tous les honneurs et tous les privilèges; leurs richesses leur feront tout pardonner, et tous les biens du monde leur appartiendront de droit. Le roi donne son assentiment à ces propositions monstrueuses, et c'est ainsi, prétend le poète, que les pauvres furent dépossédés de toute joie terrestre.

Tout ce passage mérite l'attention par la violence de la satire et par le point de vue nouveau qu'il nous présente. Le poète se révèle adversaire farouche de la société aristocratique et privilégiée, et défenseur ardent des pauvres, ce pauvre peuple qui avait été si souvent moqué et ridiculisé dans les premiers contes du *Roman de Renart* comme dans la plupart des œuvres littéraires de l'époque. La satire de la société féodale avait constitué le fond de notre épopée de Renart, mais ce sentiment de pitié et de compréhension pour les pauvres ne s'était jamais manifesté jusqu'ici avec tant de chaleur et de sincérité. Il est vrai que l'auteur du *Couronnement de Renart* a donné dans la Complainte de l'Argent l'impression d'épouser la cause des pauvres ; mais en réalité ce n'est là qu'un moyen détourné d'attaquer la classe des nouveaux-riches et de défendre les privilèges de la vieille noblesse. En effet nos deux poètes sont diamétralement opposés : le clerc flamand est partisan du prince héréditaire et de la noblesse, menacés par une bourgeoisie entreprenante et avide, tandis que l'ancien clerc de Troyes, bourgeois aisé, manifestera tout le long de *Renart le Contrefait* une opposition farouche à la noblesse et même au principe monarchique. Sa protestation est dirigée, non pas contre l'immoralité de la cour comme dans *Renart le Nouvel,* mais contre la politique sociale : le pacte entre la monarchie et Renart établit la fortune, la puissance et les privilèges du roi et de la noblesse sur la misère et l'abaissement du peuple. Le poète termine sa diatribe d'ailleurs par un avertissement solennel : que les riches et les privilégiés se méfient, car la fortune est changeante et dame Raison triomphe toujours en fin de compte sur Renart. La fin malheureuse des Templiers, d'Enguerrand de Marigny ou de Jourdain de l'Isle en fournit la preuve. Les critiques et les historiens de la littérature placent le *Roman de Renart* souvent dans la « littérature bourgeoise » en raison de ses critiques de la société féodale et aristocratique. Mais ni les premiers conteurs de Renart, ni Philippe de Novare, ni Rutebeuf, ni les auteurs du *Couronnement* ou de *Renart le Nouvel,* ne montrent une véritable sympathie pour le peuple et pour la bourgeoisie de leur époque, bien au contraire. Ce n'est qu'avec l'auteur de *Renart le Contrefait* donc qu'on peut raisonnablement parler de « l'esprit bourgeois » à propos d'une branche de Renart.

La seconde partie de la première branche est ensuite consacrée à une histoire que nous avons déjà rencontrée : le récit de la rencontre entre Isengrin et dame Barbue la chèvre, qui avait été fait à l'origine par le Ménestrel de Reims. Le clerc de Troyes apporte quelques changements sans grande importance aux détails du récit. C'est ainsi qu'au lieu de travailler un champ de blé avec la chèvre, Isengrin propose tout simplement de la manger incontinent, alléguant qu'elle a pénétré dans sa prairie sans autorisation. Barbue se défend en prétendant posséder une charte qui lui confère le droit, avec toute sa lignée, de paître dans la prairie, et elle propose de l'apporter à un rendez-vous pour trancher la question. Encore un signe de l'évolution de la société féodale : autrefois si cruel et rapace, insensible à toute considération de justice ou de pitié, Isengrin est impressionné par cet argument. Après tout, pense-t-il, cette faible bête doit avoir des defenseurs puissants pour oser parler avec tant d'assurance, et il finit par accorder le répit demandé.

Jusqu'à cet endroit du récit notre poète était resté assez fidèle à l'esprit et à la manière des vieux contes de Renart, mais à partir de là jusqu'à la fin de la branche il dévoile tous les traits qui caractérisent son ouvrage et qui le distinguent complètement des branches anciennes. Le récit du Ménestrel de Reims avait compté moins de trois cents lignes de prose ; sous la plume du clerc de Troyes il s'éternise sur plus de deux mille vers, farci de longues sentences morales et philosophiques ou d'illustrations empruntées à de nombreux ouvrages littéraires ou historiques. Barbue, qui malgré son humble état ne perd pas son sang-froid devant cet ennemi aristocratique et puissant, nous est présentée comme le symbole des gens humbles, mais prévoyants et courageux. Elle trouve dans Caton des encouragements pour sa lutte. Aux deux chiens qu'elle avait nourris, elle fait un véritable sermon sur l'amitié et la reconnaissance (v. 1360-1484), dans lequel elle cite Salomon, Cicéron, Aristote et Sénèque, et pour illustrer sa pensée elle résume la première partie du roman d'*Athis et Porphirias* (v. 1485-2052). Elle apporte au rendez-vous un parchemin vierge perché entre ses cornes en guise de charte, tandis que les deux chiens se cachent dans un buisson. Isengrin est accompagné de Renart, qui se méfie de l'affaire mais espère voir arriver un malheur au loup. Isengrin ne peut rien lire sur le parchemin. Renart, qui a vu les chiens, lui conseille de laisser Barbue en paix. Aux objections d'Isengrin il répond en le renvoyant au Livre des Psaumes, mais ses indications du Psaume sont loin d'être claires :

Or, lis en exitu,
Droit ou trezime vers verras
Que parler ne sez, et bouche as.
Aprez tu trouveras sans doubte :
Oreilles as, et si n'os goutte.
Aprez ung aultre trouverez
Qui dit que piez et mains avez,
Sy ne sçavez aller ne tendre.

C'est en effet une paraphrase du Psaume 115, mais Isengrin se méprend totalement sur son sens. Renart essaie encore de le dissuader en lui citant maints exemples célèbres de personnes qui ont encouru leur malheur par leur refus d'écouter les bons conseils : Roboan, fils de Salomon, Crésus, roi des Lydiens, Priam, Nabuchodonosor, le comte Ferrand de Flandre, Manfred et Conradin, Néron, Enguerrand de Marigny et Pierre Rémi, et finalement les Templiers. Tous ces noms célèbres fournissent une matière ample à des observations sur l'inconstance de la fortune, sur l'orgueil et l'ambition, sur l'aveuglement de la puissance et la suprématie de Raison. Des textes de Salluste, de saint Ambroise et de saint Bernard s'ajoutent à l'argument que Renart déroule en plus de six cents vers, mais en vain. Isengrin persiste dans son intention de manger Barbue, il est assailli par les chiens et laissé pour mort, à la grande joie de Renart, et la branche se termine abruptement avec le retour du blessé chez lui, où sa femme a mené joyeuse vie pendant son absence.

Dans cette première branche, comme d'ailleurs, nous le verrons, dans toutes les autres, la partie narrative est minime et n'est que prétexte à des digressions et des observations personnelles du poète. Sa haine des riches et des nobles se manifeste à plusieurs reprises. Le tableau satirique qu'il fait de la noble dame Hersent rappelle d'autres que le vieux *Roman de Renart* nous avait laissés :

> Au printamps, la doulce saison,
> Ysengrin fust en sa maison
> Avec dame Hersent, sa femme,
> Qui monlt le villone et diffame,
> Comme celle qui monlt noble yere,
> Sote de corps et de maniere.

C'est là comme un écho de certains vers de la branche VI, où une Hersent lubrique est appelée « franche bourgeoise », et certainement le poète se souvient de l'histoire de l'adultère. Des louanges du célibat s'associent à une hostilité envers les femmes qui ne fera que s'intensifier dans les branches suivantes. Il faut signaler aussi l'apparition d'un autre trait qui marquera de son empreinte tout *Renart le Contrefait* : un anticléricalisme féroce. Bien que l'ancien clerc dirige sa satire contre tout le clergé, il réserve ses foudres les plus retentissantes pour les Ordres Mendiants et Militaires. Ainsi, dans la première branche, Hersent fait allusion à la lubricité des Jacobins et des Cordeliers (v. 855-858), et à trois reprises le poète accuse les Templiers d'orgueil, de luxure, d'ambition et d'envie, et de toutes les pratiques abominables qui leur avaient été reprochées lors de leur procès. A cet égard la version A est très intéressante. C'est dans la rédaction primitive – « œuvre d'un débutant littéraire, très faible versificateur, ignorant l'art de manier la langue » [1] – que le poète a exprimé plus ouvertement sa pensée, sans artifice et sans autre souci que de parler franchement. Encore dans la première partie de la branche I, l'énumération des barons qui viennent à la cour de Noble est suivie d'une satire des « courtiers ». Le poète fait volontairement une confusion entre « courtier » et « courtisan », et baron Porchat le furet devient le type de ceux qui, guettant les gens de bien, essayent de leur soutirer leur argent par des spéculations douteuses :

Cilz vint a court pour anquerrir
Et pour cerchier et pour querir
S'il trouveroit aucunes gent
Qui veillent anprunter argent,
Ou tel qui argent prester veuille,
Ou aucun qui a lui se deuille
Pour coi dou sien vandre couvient ;
C'est la causse por coi il vient (*A. 5 a.*)

Le rôle de Renart dans l'oppression des pauvres est longuement développé dans A, et l'identité de Renart avec les riches et les puissants est encore accentuée, à tel point que le poète oublie un instant la vraie personnalité de son héros et le confond avec le symbole biblique de la rapacité :

[1] Raynaud, *Renart le Contrefait et ses deux rédactions*, p. 246.

Ansinc sont par Renart le leu
Povre chacié hors de bon leu.

Une telle bévue trahit bien l'intention satirique et allégorique du poète débutant, qui oublie la nature essentielle de Renart. Il est évident que sa haine des riches l'a puissamment inspiré à ses débuts poétiques, et il s'exprime parfois dans A avec une franchise étonnante et une brutalité même qui pourraient vraisemblablement lui attirer des ennuis. Il met dans la bouche d'Isengrin, fâché par la résistance inattendue de Barbue, des réflexions qui sont censées représenter le point de vue de toute la classe possédante :

Ge suis uns riches hon puissanz,
Plains de grant avoir et de sanz ;
J'ai terres, rantes et moissons
Et grans revenues par saissons ;
J'ai des parans, j'ai des aquis
Par le grant avoir qu'ai aquis ;
Se j'avoie li et ses amis
Touz tuez et a la mort mis,
A Paris, voiant toute gent,
S'an passeroi ge par l'argent,
Par mes amis, par mun avoir. *(A. 10 d.)*

Une telle dénonciation des abus de la puissance et de la fortune est chose plutôt nouvelle dans la littérature médiévale, et l'on ne s'étonne pas qu'avec l'âge notre poète ait atténué la violence de ses paroles ou qu'il les ait supprimées.

L'examen de la version A sert surtout à confirmer l'impression que donne B. L'intérêt de la première branche n'est évidemment pas dans les deux aventures de Renart, où l'action est à peu près nulle, mais dans les réflexions de toutes sortes du poète, ainsi que dans ses remarques mordantes sur la société de son époque. Il a certainement connu les branches anciennes, on en trouve des souvenirs, mais le poète s'est inspiré bien plus d'autres oeuvres littéraires : du roman d'*Athis et Porphirias,* de la Bible, de la version de la guerre de Troie par Dictys de Crète et de différents auteurs latins, et surtout du *Roman de la*

Rose. La pensée de Jean de Meun a eu beaucoup d'influence sur l'auteur de *Renart le Contrefait* et j'en parlerai plus longuement. Pour le moment il suffit de faire remarquer que les Notes de l'édition de *Renart le Contrefait* par Raynaud et Lemaître indiquent pour cette première branche les emprunts, pour la plupart purement littéraires, faits au *Roman de la Rose* comme à d'autres ouvrages.

Le prologue de la branche II nous prouve que le clerc de Troyes connaissait bien la branche de Renart de Pierre de Saint-Cloud :

v. 3229 Maintz en ont pluiseurs rimes dites,
Les ungz grans, les aultres petites,
Comment Regnard tout coiement
Ala gesir avec Hersent,
Comment ses louviaulx compissa,
Comment le Leu s'en couroucha.
Ceste matiere est trop sceüe ;
Vous l'avez trop souvent veüe,
N'y a ne garche ne garchon
Qui n'en sache une grant leçon.

Témoignage intéressant et peu fréquent sur la popularité du *Roman de Renart.* Mais notre poète ne veut pas reprendre ces histoires connues de tous; s'il va parler de la « science Regnard », c'est pour nous inciter à faire juste le contraire :

Sachiez le mal, non pour mal faire,
Mais pour congnoistre le contraire ;
Le contraire si est le bien.

Il nous promet donc un roman de Renart « tout neuf », qui l'aidera d'ailleurs à oublier « doeul et tritresse » qui l'assaillent souvent.

Encore une fois nous nous retrouvons à la cour de Noble pour la fête de la Pentecôte. Et de nouveau c'est le viol de dame Hersent qui fournit le prétexte d'un nouveau Plaid. Isengrin se rend à la cour pour se plaindre de Renart et demander sa mort. En route il rencontre Tibert, qui lui donne des conseils d'un cynisme qui est bien dans le ton des remarques sur la justice de la première branche :

Y avez vous riens a plaidier ?
Se vous avez assez monnoye,
Ne redoubtez mye la voye ;
Puis que deniers assez arez,
Si grant mesproison fait n'arez,
Mais que puissiez assez donner,
Que ne vous face pardonner ;
Ja vo contraire si fort n'yere
Que vous n'emportez la banyere.
Et se vous n'avez point d'argent,
Ne vous plaigniez de nule gent,
Car se vous sousteniez l'Espitle
Ou de l'Euvangille le title
Contre aucun qui donner peüst
Ou qui bien faire le sceüst,
Puis que rien a donner n'ariez,
Droit au pilory mis seriez
Comme mescreant sodomites.

Pour dissuader Isengrin, Tibert raconte le fabliau du *Laid Chevalier,* qui a déjà été édité dans *Menagiana* et dans les *Fabliaux ou contes du XIIème et du XIIIème siècle* de Legrand d'Aussy. Malgré quelques digressions, le poète suit assez fidèlement la branche du *Plaid.* A son tour Noble conseille à Isengrin de retirer sa plainte, puisqu'il n'a pas souffert « doumage ne coustz », et après une longue tirade sur les maris complaisants, il jette tout le blâme sur Hersent. L'envoi de Tibert avec la mission d'amener Renart à la cour marque la fin de l'introduction de la branche, et jusqu'à cet endroit le poète a préservé en général le ton du *Roman de Renart.* Il faut cependant signaler un passage de l'appel qu'Isengrin fait au roi, où le poète sort nettement du cadre du *Plaid* pour étaler ses idées sur l'institution de la monarchie :

« Roy », dist Ysengrin, « a toy vieng,
Com cil qui a seigneur te tieng.

Pour ce furent estably roy
Qu'acord meïssent et arroy,
Orgueilleux feïssent plaissier [1],
Malvais feïssent abaissier,
Pour bons et pour bien soustenir ».

D'après notre poète ce fut Saül qui le premier porta le titre de roi :

Le pœuple requist roy avoir,
Combien qu'il ne fist pas sçavoir :
Ung grant vilain entre eulx eslirent,
Et tous emsenble en accord dirent
Qui fu roy, et ot nom Saü.

Par cette élection le peuple se créa son éternel malheur, car il s'était ainsi privé de la liberté :

De pute heure en ce siecle vit
Qui est franc, et il s'asservist !
En paix vivoient communement,
Et s'entr'amoyent loyalment,
Et s'aidoient quant estoit mestier ;
Trestous estoient d'un mestier,
Vivoient du fruit de la terre,
Ne leur challoit de riens acquerre.

Il faut rapprocher cette description d'un âge d'or avec celle des temps premiers que fait Jean de Meun dans le *Roman de la Rose* :

Trestout trouvaient en leur terre
Quanque leur semblait bon a querre.
Riche estaient tuit egaument,
Et s'entramaient leiaument.
Ainsinc paisiblement vivaient,
Car naturelment s'entramaient,
Les simples genz de bone vie.

[1] « Plaissier » — « faire courber, ployer ».

Lors iert amour senz symonie,
L'uns ne demandait riens a l'autre [1].

Mais advint Orgueil, qui amena dans son train Convoitise, Avarice, Jalousie et tous les vices. L'âge d'or, dit Jean de Meun, disparut pour toujours, les gens devinrent avides, faux, méchants. La propriété privée fut inventée, même la terre fut répartie, et chacun s'empressa de s'en emparer. Ceux qui n'avaient rien, commençaient à voler les autres, d'où naquit l'idée de choisir quelqu'un pour maintenir l'ordre. « Un grant vilain entr'aus eslurent » (v. 9609), écrit Jean de Meun, phrase que le clerc de Troyes a copiée textuellement. Les théories sur les origines de la société féodale du *Roman de la Rose* (v. 9517-9678) sont fidèlement reproduites dans *Renart le Contrefait,* quoique sous une forme très abrégée, comme le prouve le passage qui fait suite à la description de l'âge d'or :

Mais des lors en dangier se mirent,
Avoirs mucherent, chasteaulx firent ;
Orgueil vint qui pareil gaba
Et lors l'un l'autre desroba.
Lors furent les tresors muchiez,
Et lors furent congneus pechiez.
Pechié lors ne fu point muchiés,
Ains estoit en enfer boutés.

C'est à ce moment, dit le clerc de Troyes, que la noblesse a fait son apparition, avec des résultats néfastes, puisqu'elle agissait contre la volonté de Dieu :

Lors fu gentillesse trouvée,
Qui contre Dieu s'est bien prouvée,
Et dirent que neant n'estoient
A ceulx qui loialment vivoient.
L'un se fist gentilz, l'autre non ;
L'un sur l'autre vault avoir non,
Le plus fort au fesble tolly.

Richesse et pouvoir se confondent, incitant aux abus :

[1] *Le Roman de la Rose,* éd. Ernest Langlois, Paris, 1914-24.

v. 3433 Qui plus tolly, plus fu greigneur,
Qui plus ot, plus fist du seigneur.

Le développement est terminé par un avertissement aux rois : leur tâche est de garder leurs peuples, de soutenir le bien et de supprimer le mal. Ils sont « pasteurs du grand Roi », à qui ils devront un jour répondre de leurs actes. Qu'ils fassent donc bien leur devoir, sous peine d'être sévèrement punis plus tard.

Si les emprunts au *Roman de la Rose* sont nombreux dans *Renart le Contrefait,* il faut ajouter que le poète n'hésitait point à s'approprier tout ce qui l'intéressait dans la littérature de son époque. Après le développement sur l'organisation de la société, le poète reprend le récit du *Plaid,* et on y trouve des emprunts textuels à la branche I du *Roman de Renart.* En se défendant contre les reproches du roi, Hersent affirme que jamais elle n'a fait plus de folie « que une nonnain ne peust faire », vers déjà employé par le poète du *Plaid.* Dans la version A l'imitation est encore plus prononcée, car là sont reproduits les quatre premiers vers de la réponse célèbre de l'âne à la protestation de la louve :

« Haï », dist il, « gentis barnesse,
Car fust or si loial m'anesse,
Et chien et lou et autres bestes,
Et toutes fames, con vous estes ! »

La seule différence, ou peu s'en faut, entre les deux versions est que l'âne, appelé Bernart dans le *Roman de Renart,* devient Fromont dans *Renart le Contrefait.* La version A reproduit assez fidèlement quelques incidents et même des branches entières du *Roman de Renart* : l'histoire de Renart et de Drouin le moineau de la branche XI, les amours de Renart et Hersent, considérablement allongés par d'autres récits greffés sur les contes originaux pour en illustrer certains aspects d'ordre moral.

Si dans la version remaniée le poète a supprimé, comme trop connus, les épisodes empruntés à l'épopée animale, il a par contre ajouté de nombreux passages qui donnent peut-être des aperçus intéressants sur les goûts littéraires de l'époque. Quand Tibert s'en va porter à Renart la sommation du roi, il le trouve dans sa tente, dont le merveilleux décor avait été conçu par Renart lui-même. Il n'y avait pas d'œuvre reconnue qui n'eût pas sa place sur les murs. L'on y voyait les fleuves du Paradis, le Jugement de Pâris, la Prise de Troie, la mort d'Hector et de Pâris, les aventures d'Enée et la destruction de Thèbes – le tout correspondant exactement à la description de la tente du roi Bilas dans la seconde partie du roman d'*Athis et Porphirias.* Le *Roman de Troie* avait suggéré la scène du combat d'Hector et d'Achille. Toute l'histoire biblique de Joseph était là, une version de l'histoire de Jason et Médée, semblable à celle dans le *Roman de la Rose,* les aventures de Karadoc avec la corne et le serpent de la première continuation de *Perceval,* le combat de Lancelot avec Méléagant devant Guenièvre, du *Chevalier de la charrette,* et finalement le récit, d'après la Bible, des plaies d'Egypte et de la fuite du peuple juif à travers la Mer Rouge, le séjour dans le désert et le don des Tables de la loi. Il paraît évident, d'après la fidélité avec laquelle notre poète a reproduit ces différentes scènes, qu'il connaissait bien tous ces ouvrages et qu'il en avait même des exemplaires sous la main. Témoignage intéressant sur les activités littéraires d'un bourgeois du XIVème siècle. Le véritable intérêt de toute la branche II est en effet dans les tableaux et les longs discours qui donnent tant d'indications sur les goûts littéraires, les notions et l'érudition de l'époque. L'élément narratif occupe un peu plus de mille vers seulement, après la mission de Tibert, et se résume en une imitation plus ou moins fidèle de la fin du *Plaid,* entrecoupée de plusieurs plaidoiries remplies d'exemples tirés encore de la Bible, d'*Athis et Porphirias,* du *Livre du trésor* de Brunet Latin et des *Moralités des philosophes* d'Alart de Cambrai. Dans un long sermon Grimbert s'appuie sur l'autorité de Diogène, Lucain, Caton le Censeur, Boèce, Virgile, pour montrer à Renart la folie de sa résistance au roi. Et c'est par un discours très érudit mais très confus, où il mélange Sénèque,

Isidore de Séville, Horace, Perse, Cicéron, Macrobe et Platon, que Renart apaise Noble et obtient sa grâce.

Toute cette version nouvelle du *Plaid,* longue de presque 3000 vers, n'est pourtant qu'une introduction au vrai thème de la branche II. Séduit par l'éloquence et l'érudition de Renart, Noble lui demande d'où il a appris son savoir :

« Renard, tu as assez veü,
Et pour ce as tu tant sceü.
Combien a y que tu nasquis
Qui tant as or de mal acquis ?
Combien a que tu as aprins
Le malice dont tu es prins ? »

La réponse de Renart nous permet de mesurer la distance qui nous sépare maintenant des vieux contes amusants de Renart :

« Sire, mon corps fut nez n'a guerres,
Et assez prez est mes repaires.
Mais mon sens et mes ars est fais
Long tamps avant qu'Adam fut fais
Et avant que le monde fust,
Ne que cha aval riens eüst ».

Il est vrai que la branche XXIV du *Roman de Renart* avait prétendu raconter la création de Renart et qu'elle avait attribué à Eve la naissance de *Renart.* L'auteur de *Renart le Contrefait* garde la fiction du royaume des bêtes, mais lui aussi, après Jacquemart Gielée, aborde à propos de Renart le problème métaphysique et moral du mal. Renart et son art, dit-il, ne sont pas des produits de la Nature, ils existaient déjà avant la Nature. C'est l'art de Renart qui a semé l'orgueil et la discorde au ciel et qui a causé la chute des anges, d'où datent « maulx et renardie ». Renart se vante même à Noble d'être à l'origine de la décision du Seigneur de créer le monde, afin de pouvoir remplir par les hommes les places au paradis laissées vides par les Anges déchus ! S'il doit sa forme corporelle à Nature, son principe remonte bien au-delà de ce monde. Dans une longue exposition sur Nature et Raison Renart reprend les idées de Jean de Meun. Dans le *Roman de la Rose,* Nature a la tâche d'entretenir le monde que Dieu a créé, de le conserver, et de contrôler et diriger les hommes à la place de Dieu, qui n'intervient pas directement dans la vie de ses créatures :

v. 19506 « Qui (Nature) de tout le monde a la cure,
Come vicaire e conestable
A l'empereeur pardurable
Qui siet en la tour souveraine
De la noble cité mondaine,
Don il fist Nature menistre ».

Cette idée est reprise très exactement dans *Renart le Contrefait* :

Quant homme et monde ot acomply,
Lors Nature il y estably
Qui tout le monde gouvernast,
Et après Dieu tout ordonnast
Mais aprèz monde fait un tamps
Fu de Dieu fait no pere Adams
Qui a Nature fu bailliez,
Commandés a vivre tailliez ;
Nature a vivre l'ordonna,
De lui faire ne se merla.

Pour les deux poètes, Raison est le complément de Nature, chargée de l'aider dans sa tâche :

Firmament, femme, beste et homme,
Tout est a Nature baillié
Et par Nature est tout taillié
Par tamps, par poins et par saison ;
Elle doit regner par Raison,
Par Raison lui fut baillié voye ;
Or si se gard qui la fourvoye !

Raison est même le maître, et le seul maître, de Nature. Le Mal est contre Nature, car il est le produit d'une révolte contre

Nature et Raison. Comme Jean de Meun, le clerc de Troyes maintient que le Mal n'a pas été créé par Dieu, qu'il est contre Nature, donc contre Dieu. C'est Lucifer qui a créé le Mal, et c'est l'habitude, « l'Acoustumance », du Mal qui corrompt Nature, si Raison ne peut pas faire prévaloir sa voix. Nous aurons l'occasion de revenir à la question de Nature et Raison et de leur rôle dans la création, et à ce moment-là les idées de l'auteur de *Renart le Contrefait* paraîtront encore plus nettement inspirées de la philosophie de Jean de Meun. Il faut remarquer cependant que sur la question du Mal dans le monde, le clerc de Troyes semble émettre l'idée de l'existence d'un Esprit du Mal, sans pourtant faire du Diable une création logique comme l'avait fait Jacquemart Gielée. Sur cette question, *Renart le Nouvel* n'a pas eu de suite.

Après d'autres considérations sur la Création, sur l'âme et le corps, sur les anges et l'enfer, le poète fait un cours d'histoire sainte, depuis la création d'Adam jusqu'aux grands prêtres Simon Macchabée et Jean Hyrcan. Il arrange souvent l'histoire pour l'adapter à ses buts et à ses opinions. C'est ainsi qu'il attribue à Ninus, roi des Assyriens, la création de la chevalerie lors du siège de Babylone :

Ninus premier fist a cheval
Monter, pour faire plus de mal.
Et les bons plains de charité
Furent tous arriere bouté.

Cette troupe d'élite, la première cavalerie, remplit bien la tâche que son chef lui avait confiée :

La gent destruirent et ochirent,
Hommes et femmes a mort mirent.
Quant plus de gens ilz ochioient,
Plus grant joye a leur cœur avoient.

Dès leurs débuts ces privilégiés reçurent du roi un titre et des faveurs exceptionnels :

Cilz enprez lui les herbrega :
Et les preudhommes estranga,
Lors toilli, et a cheulx donna,
Et ainsi de lui ordonna :
« Different des aultres seras ;
Chevalier es, quant cheval as ».
Dès adonc aulx armes se mirent
Et dès la chevaliers se dirent.

Par la suite le poète attribue à Trohus, « fondateur de Troie », l'institution de l'adoubement et de la « colée » qui consacraient la dignité et les privilèges de la chevalerie. Il faut remarquer qu'ailleurs il parle avec respect des vertus chevaleresques, mais dans cette explication fantaisiste des origines de la chevalerie il montre son antipathie envers la noblesse féodale, se rapprochant de nouveau de Jean de Meun, qui n'admettait pas la supériorité naturelle et héréditaire de la noblesse ou de la royauté.

Sur l'insistance de Noble, Renart entreprend de raconter l'histoire d'Alexandre, qui s'étend sur presque dix mille vers. Il prétend que son récit est tiré d'une histoire « ancïenne et noble », faite à Constantinople et qu'il a traduite du latin et rimée. La vérité est que l'auteur de *Renart le Contrefait* a rédigé son histoire d'Alexandre d'après l'*Historia de proeliis* du XIème siècle. Paul Meyer [1] a démontré que le poète s'est servi du texte latin pourtant, et non de la traduction en prose française du XIIIème siècle. Mais s'il a suivi de près l'*Historia de proeliis,* ajoute Meyer, il n'en a pas donné une traduction exacte : «Il développe, dans une mesure inégale, cela va sans dire, les divers épisodes de la vie d'Alexandre; il ajoute de temps en temps des circonstances nouvelles, qui n'ont pas d'autre source que son imagination et pas d'autre but que de montrer sa science, sa « clergie », comme on disait alors ». Par moments il a suivi le *Roman d'Alexandre,* et il a utilisé plus ou moins directement d'autres sources, qui avaient d'ailleurs parfois servi à la composition du *Roman d'Alexandre,* telles que les histoires de la vie d'Alexandre

[1] *Alexandre le Grand dans la littérature française du Moyen Age,* Paris, 1886, II, p. 334-41.

de Justin et de Quinte-Curce. La fin du récit, consacrée à la vengeance de la mort d'Alexandre, est une version abrégée de la *Vengeance d'Alexandre* de Jean de Nevelon [1]. On est obligé de conclure après un examen de tout ce long récit, que l'apport personnel de l'auteur de *Renart le Contrefait* est tout à fait insignifiant.

L'histoire d'Alexandre ne suffit cependant pas au roi Noble, et il ordonne à Renart de lui raconter ensuite l'histoire des grands empires du passé. Renart commence donc le récit de ce qu'il appelle « les quatre royaumes antiques », et qu'il prétend baser sur les écrits d'Orose. La remarque prêtée à Renart doit s'appliquer certainement à l'auteur même :

v. 19235 « Car monlt fait mon cœur esjoÿr
Anchïennes histoires oÿr,
Et y prens recreacion
A acomplir m'entencion. »

Son intention est en effet de donner une histoire universelle, car après avoir traité des empires de Babylone, de Grèce, de Carthage et de Rome, il entreprend en prose de ramener son exposé jusqu'en 1328, date que l'on peut déterminer par une allusion au supplice de Pierre Rémy. L'histoire des quatre empires antiques est un résumé incohérent et fort embrouillé de faits plus ou moins exacts et de récits mythologiques. Quant à la partie en prose, comprenant 70 pages dans l'édition Raynaud-Lemaître et commençant au règne d'Auguste, les sources sont nombreuses et variées – elles sont d'ailleurs bien indiquées dans les Notes de l'édition – et les renseignements qui nous sont prodigués sont de toutes sortes, historique, scientifique, hagiographique, mythologique. Ces chapitres, dont la lecture n'est nullement fastidieuse, constituent surtout un témoignage, non seulement de l'érudition très vaste de notre poète, mais aussi des connaissances, des idées et des opinions de l'époque. Dans les derniers chapitres d'ailleurs, le poète s'inspire beaucoup moins de l'histoire

[1] Cf. *Note sur le thème de la vengeance*, par E. B. Ham, *Five Versions of the Venjance Alixandre*, Princeton et Paris, 1931, p. 76-8.

écrite et raconte en grande partie ce qu'il avait vu lui-même ou qui appartenait vraisemblablement à la chronique locale. Il révèle en outre une indépendance de pensée, un esprit critique et un jugement solide. Dans ses observations sur le procès et la condamnation des Templiers il exprime clairement ses doutes sur la validité des confessions, mettant en avant les tortures et les pressions auxquelles les victimes avaient été soumises. A. Langfors a affirmé [1] que ce passage (Tome I, p. 292, Section 152) n'est qu'une paraphrase des vers 960-1016 du *Roman de Fauvel*; il me semble pourtant qu'il s'est mépris complètement, car l'auteur du *Contrefait* ne prétend nullement répéter les accusations monstrueuses portées contre les Templiers que l'auteur de *Fauvel* présente avec une complaisance bien évidente. A plusieurs reprises dans *Renart le Contrefait* le poète cite les Templiers comme exemple de ceux qui, oubliant les conseils de dame Raison, s'adonnent à la richesse, au luxe et à l'orgueil ; mais il me semble clair que sur l'affaire des Templiers, dont il avait été témoin, il s'était formé une opinion toute personnelle. Cette indépendance d'esprit, surtout en matière de religion, s'était déjà manifestée, comme par exemple en racontant la vie du Christ il fait des réserves : « de l'enffance Jhesu-crist je m'en passe, pour ce qu'il y a monlt de chosez qui n'ont pas coulleur de verité ». Ce même passage, avec d'autres, permet de compléter certains jugements sur le poète. Malgré l'âpreté de ses nombreuses attaques contre le clergé, l'auteur de *Renart le Contrefait* n'est pas systématiquement anticlérical. Le jugement de Ch.-V. Langlois n'est peut-être pas tout à fait exact non plus : « Il était pacifique et religieux, quoique point du tout clérical... » [2], car à plusieurs reprises il exprime des regrets d'avoir dû quitter son état de clerc. Dans la Section 15 de la partie en prose, il accepte même le principe que les enfants qui désobéissent à leurs parents pour entrer en religion ne commettent pas

[1] *Notes et corrections au Roman de Renart le Contrefait*, dans *Romania*, XLIV, 1915-17, p. 91-7.

[2] *La Vie en France au Moyen Age d'après les moralistes du temps*, Paris, 1925, p. 294.

un péché. En racontant la création des Ordres Mendiants, il donne une appréciation juste et mesurée du rôle que devaient jouer les ordres religieux (Section 138) : « Sanble que Dieu a la fin du monde ait esleü ces deux lumieres pour enluminer le monde par parolles et par exemples, car les aultres par-devant entendoient a oroison, a devocion et a contemplacion ansi comme Marie Madaleine de lequelle dit Nostre Seigneur expressement que Marie a esleü la milleur partie ». Ses critiques ne sont pas dirigées contre les institutions de l'Eglise, mais contre les abus et les fautes des gens d'Eglise, et principalement contre les prélats, qu'il rend responsables des abus qu'il dénonce. Ses attaques sont précises et portent l'empreinte d'une foi sincère et offensée. Considérez son commentaire sur la croisade prêchée par Clément V mais qui n'aboutit jamais :

> Establi le dit pappe des gens ou il se fioit pour recevoir les offrandes, mais nul ne pourroit estimer les deniers qui furent offers pour le pardon acquerir par toute crestïenté par l'espace de cincq ans. Et quant les cincq ans furent passés et les bonnes gens furent prests pour aller oultremer et pour acomplir ce qu'ilz avoient promis et voué, la chose fut delaissiée. Mais le pappe retint l'argent, et le marcquis, son nepneu, en ot partie. Et le roy et les aultres qui avoient la croix prinse demourerent par deça, et les Sarrasins sont encorez a leur bonne paix ; et croy que encores pœuent ilz bien dormir asseür. (Section 153).

Le ton est surtout ironique et désabusé. Il est à remarquer que la version A présente à cet égard une différence considérable avec B. Dans A toute la partie qui est en prose en B est représentée par des vers, où paraît une satire cinglante des prélats. C'est Renart, leur maître, qui dépeint avec un plaisir malicieux les prouesses de ses élèves :

> Il ne font nulle rien sanz moi,
> Ne de cuer ne leur peut rien plere,
> Seul que se que ge lor fais fere,
> Ge leurs fais mener les deduiz,
> Boire et jouer aus dez de nuiz,

Batre et vilener la gent
Et vestir abit bel et gent,
Chaucier lor fais solers a laz,
Heusses a ploi a grant solaz ;
Ges fais chevauchier a culiere [1],
Courre aus lievres par la bruiere,
Ge lor fais les levriers norrir,
Leurs Eures, lor sautiers pourrir ;
Orgues, sarterions y a,
Ni va mès point d'aleluia ;
Ge leur fais les motez chanter
Et les bons conpaignons hanter,
Contrefere les damoisiaux,
Aler au gibier(s), aus oisiaux.

(Section 149 a.)

Les chapitres ne se réunissent plus pour maintenir la discipline, car qui punirait-on ? Autrefois dame Raison, « cette vielle nonnain », les faisait jeuner et se mortifier; mais Renart a aboli tout cela. Le clerc de Troyes a une vue plus charitable de la situation de l'Eglise que n'avait Jacquemart Gielée. Il reproche aux prélats leur amour du luxe, leur mondanité, leurs plaisirs de la chasse, du jeu, de la bonne chère; il les accuse de négliger leurs devoirs. Mais il n'y a pas de ces grandes dénonciations si fréquentes dans *Renart le Nouvel,* où le clergé tout entier est accusé de tous les péchés et rendu responsable de tous les maux du siècle. L'auteur du *Contrefait* laisse sentir la sincérité de sa foi et son intérêt pour les affaires de l'Eglise, mais il n'est pas moralisateur comme Jacquemart Gielée. Mais de nouveau on peut constater que la piété et l'anticléricalisme violent vont souvent ensemble dans la littérature du Moyen Age.

Dans la branche II il a été peu question de Renart, sauf au début, et elle se termine brusquement à la mort de Pierre Rémy, sans autre conclusion que quelques vers moraux inspirés par le sort de l'orgueilleux ministre de Charles IV. L'on arrive donc sans transition à la branche III, qui débute par des considérations générales sur la fausseté des gens. Le poète nous conseille

[1] « Culiere » — « selle ».

de cacher nos sentiments, et il se plaint d'avoir été mis « en bas degré » parce qu'il avait trop fait confiance à ses prétendus amis. Mais la sagesse lui dicte de se taire, de réprimer sa colère et d'être patient. La patience est contre sa nature et sa coutume, mais il se modèlera sur Renart, qui est souverain de toutes les sciences. Encore une fois on nous détaille l'art de Renart, mais il y a pour la première fois quelque chose de changé. L'art de Renart n'est pas complètement néfaste, nous fait comprendre l'auteur de *Renart le Contrefait.* Renart sait tout juger, il sait choisir le moment propice pour tout, il sait quand il faut parler et quand il faut se taire, et il sait tout tourner à son profit. Il veut être ami de tous, et il essaie de se réconcilier avec tous ses ennemis. Le poète propose donc de raconter un nouveau récit de Renart, son « tresbon amy », car il y a du bien à retirer de l'enseignement de Renart :

> Cil qui par Regnard vœut ouvrer
> Et en lui Raison recouvrer,
> Se Regnart Raison voeut bien sivre,
> Il poeult tresbien sceurement vivre.

Quelle transformation dans le rôle et la personnalité de notre vieux héros, dont l'art était régulièrement condamné comme étant absolument contraire au bon sens et à la moralité chrétienne, devant fatalement mener à la perdition de l'âme ! Voilà maintenant Renart métamorphosé en compagnon idéal de Raison pour nous guider dans le monde. Plus encore, il est un guide plus sûr même que Raison :

> Mais s'il est qui Raison suivra
> Et de Regnard noyent n'ara,
> N'en nulle rien ne le vœut suivre,
> Il porra bien faillir a vivre
> Et porra estre decheüs.

C'est donc sous ce nouvel aspect que le poète va nous présenter Renart qui, grâce à son art tant décrié, a traversé plusieurs mauvais passages et a évité beaucoup de disputes dans la vie. Renart est un maître précieux, car jamais il ne perd un procès, quoiqu'il en ait beaucoup.

La branche III est la plus courte de *Renart le Contrefait,* comptant moins de mille vers. Après cette introduction qui nous a tant surpris, le poète semble vouloir recommencer la branche VIII du *Roman de Renart,* le *Pèlerinage.* Nous trouvons Renart dans sa demeure, vieux, malade, fatigué. La vie ne lui offre plus de plaisir, il pense à la mort. Sortant de son hôtel, il rencontre un vilain, et c'est là que commence le récit du clerc de Troyes. Dans la branche VIII c'est Renart qui se lamente et demande secours au vilain, tandis que dans *Renart le Contrefait* c'est le vilain qui se plaint amèrement de son sort. Le reste de la branche n'est qu'une série de considérations morales et philosophiques. Renart remonte d'abord à l'origine latine du mot « vilain » pour démontrer son sens originel, ce qui lui fournit le prétexte d'attaquer la notion de « gentillesse ». Les beaux vêtements, les riches parements, les belles manières ne font pas le « gentilz homz », pas plus que l'habit ne fait le clerc.

v. 22711 Qui le cœur a loial et fin,
Il est gentil, ce est la fin.

Telle est la définition que donne le poète du gentilhomme véritable. La classe qui s'était arrogé le titre de « gentillesse » est rendue responsable d'une bonne partie des malheurs du monde. Que les nobles et les orgueilleux se méfient, car au jugement dernier ils seront confondus ! Le vilain révèle qu'il a perdu tout son bien pour avoir refusé d'obéir à son seigneur. Renart le sermonne donc sur le péché d'orgueil et sur les vertus de l'humilité, lui citant en exemple la chute des anges, le Péché Originel, la fable du Chêne et du Jonc. C'est l'orgueil qui avait causé la défaite des Flamands à Cassel et à Mons-en-Pevèle. Enguerrand de Marigny, Pierre Rémy, Jourdain de l'Isle, Manfred et Conradin furent tous perdus par leur orgueil. Hécube et Hélène, Darius et Sysicambis sa mère périrent misérablement après avoir connu toutes les faveurs de la fortune. Et Renart termine la branche en exhortant le vilain à l'humilité et à la patience.

La branche IV semble être la continuation directe de la précédente. Après sa rencontre avec le vilain, Renart rentre chez lui, « matz et confus, pensifz et mourne ». Il passe toute sa vie en revue et se plaint amèrement, car dans sa vieillesse il se trouve pauvre et malheureux, incapable même de nourrir sa famille. Sa femme l'accable de reproches et ironise sur ce qu'il sait si bien donner des conseils aux autres, sans pouvoir s'enrichir lui-même. Véritablement, il ne mérite pas son nom, puisqu'il n'a pas su amasser une fortune ! Renart reconnaît la folie de sa vie : il a vécu de malhonnêteté, de fausseté et de vol, et maintenant il craint le châtiment de ses péchés. Le pire des crimes, assurent les philosophes, est de voler les pauvres, et voilà que Renart est réduit lui-même à la pauvreté en punition de ses mauvaises oeuvres. Tout contrit et pensif, il monte en haut de son hôtel et regarde les prairies, les bois, les jardins, la rivière, les bêtes et les oiseaux, les arbres, les champs et les vignobles et les vergers, la mer, le ciel avec ses astres. Emu par sa contemplation, il devient philosophe lui-même :

« Bon ouvrier fu cil qui ce fist.
Tout est pour homme devisé ;
Bien doit estre donc avisé,
Quant si beaulx joiaulx sont pour lui,
Et bien doit on amer cellui,
Quant pour lui telz biens ordonna.
Encores meilleurs dons donna
A homme, s'il n'est faulx estranges,
Car sire est par dessus les angles.
Doit on bien faire son voloir
Sans lui plaindre, sans lui doloir.
Encor doura myeulx et meilleur
Qui trestout surmonte en valleur ;
C'est la grant joye ou il ira
Qui ja nul tempz ne finera.
Doit il bien cellui chier avoir
Qui lui garde si riche avoir ».

En vérité Renart ne parle plus comme son irrévérencieux ancêtre du *Roman de Renart,* ni comme l'archiprêtre du Démon. Toute cette partie de *Renart le Contrefait* est fortement inspirée de la pensée de Jean de Meun. Dans les observations qui amènent cette conclusion sur la toute-puissance et la bonté de Dieu, l'on peut trouver les mêmes idées que dans le *Roman de la Rose* sur le monde physique, œuvre de Dieu selon un plan bien conçu, avec des lois éternelles, et sur le déterminisme, l'influence des planètes sur les êtres humains. Nous sommes pendant plus de mille vers en pleine allégorie, où apparaissent à tour de rôle Raison, Peur, Confort et Nature. Comme dans la branche II le rôle de Raison dans la conduite humaine est de première importance : pour avoir agi dans la vie sans écouter Raison, Renart se sait menacé de la damnation éternelle. A défaut de Raison c'est l'Ennemi qui témoignera contre lui, prêt à l'emporter en enfer. Peur – « une vieille monlt treshideuse / Et mourne, tristre et anuieuse » – lui montre les gages de sa folle conduite : vieillesse, décrépitude, douleur, solitude, tristesse, peur de l'enfer. C'est Peur encore qui lui fait voir la vision épouvantable du Jugement Dernier et qui le pousse au bord du suicide. Renart veut appeler à son secours Confort. Mais c'est Nature qui répond, Nature qui n'a jamais cure de Peur, qui est juste son contraire, qui est belle et noble, plaisante et gracieuse, délectable et pleine de pitié :

Sa beaulté ne contreferoit
Homs qui le pooir Dieu n'aroit ;
v. 23985 De trestout Confort estoit plaine
Tant qu'a corporel char humaine,
Car envoiseüre et noblesse,
Et humilité et simplesse,
Toute beaulté et toute grace
Fut en son corpz et en sa face.

Nul fors Dieu ne pourrait reproduire la beauté de Nature, avait dit Jean de Meun aussi [1]. Il l'avait dépeinte dans son atelier, en

[1] *Roman de la Rose,* v. 16209-10.

train de forger les « pièces » qui sont les êtres humains, en lutte perpétuelle avec la Mort. Nature, dit le clerc de Troyes, hait excès, rébellion, outrecuidance et impatience, « Car excez et choses soudaines / Sont a Nature monlt grevaines »[1]. Si Dieu écoutait Nature, il n'y aurait pas de morts, les gens vivraient et se reproduiraient toujours. Nature aime la génération, la vie, les êtres vivants. Cette belle dame souriante exhorte Renart à ne pas se laisser abattre par Peur, mais à mettre sa foi en Dieu et à écouter Espérance et Confort, frère et sœur de Nature. Nature prêche une doctrine de joie et d'espérance :

Mais se tu vœulx durer adès,
Ayme lyësse, et ayme paix,
Ayme soulas, esbatemens,
v. 24145 Festes, karoles, instrumens.
Les belles dames solacier
Et toute lyësse trachier.

Si l'on vit ainsi, en évitant les coléreux et les querelleurs, les avares et les orgueilleux, tout finira par s'arranger toujours pour le mieux. Sûreté, Force et Espérance nous aideront à bannir Peur et à suivre la ligne de conduite que nous indique Nature. La règle essentielle : éviter l'excès – « Garde toy de trop et de po. » La Natura enseigne l'amour, mais condamne les liaisons malhonnêtes :

Fol est qui vaillant homme clame
24270 Cellui qui vielle putain ame,
Parente, femme ne aultrement.

De telles amours sont contre Nature et entraînent la perte du corps et de l'âme, de la fortune et du renom,

24281 Car grant folie est de semer
Sa bonne semence en la mer.
Qui semme sur la vielle glace
Son temps pert, sa semence efface.

[1] *Renart le Contrefait*, v. 24025-6.

C'est là le prince des vices, car le péché suprême est de ne pas se reproduire. Suivez la loi naturelle, s'écrie Nature :

Fuiez toudis, viel et moyen,
De vielle putain le lyën.
Ne vous acostés a sa couche,
Car trestout infer a lui touche.
Se quoys ne vous volez tenir,
Vous devez aulx jennes venir.

L'amour naturel est au contraire hautement louable, car la génération plaît à Dieu et aux hommes.

A première vue cette philosophie de l'amour semble en contradiction absolue avec les condamnations de l'amour rencontrées plus tôt. Mais si l'on suit jusqu'au bout la doctrine que Nature expose à Renart, il n'y a pas de contradiction. Nature reconnaît que normalement elle doit se laisser guider – et parfois retenir – par Raison, selon l'ordonnance de Dieu. Sans la retenue que lui imposent Raison et sa fille Honte, Nature tomberait souvent en excès, en déshonneur et insécurité. En une seule chose cependant elle refuse de se soumettre :

Maint homme peu s'en loëroient,
Et les dames m'en blasmeroient,
Ces beaulx varlès et ces pucelles
Et ces dames cointes et belles
Qui s'entr'ayment et par moy oeuvrent,
Quant ilz en privé s'entretroeuvent,
Ne loëroient pas ma joye,
Se par Raison ouvrer volloye.

Nature défend vigoureusement l'acte de la chair, qui assure la continuation de l'espèce. Mais si l'on écoutait Raison, la limitation des naissances aboutirait à l'extinction de la race humaine. Ainsi donc Nature fait la sourde oreille à Raison et pousse les gens à suivre l'exemple de tous les êtres créés en s'abandonnant à l'amour

En chambres, soliers et praiaulx,
En bois, en eaues et en pre
Et en appert et en secrez.

Elle exalte les plaisirs de l'amour physique :

v. 24397 Ou pœut on trouver meilleur vie
Que de gesir es bras s'amie ?

Les chansons et les danses, les belles robes et les vêtements en beaux tissus, les fourrures et les broderies d'or, les chevaux et les palefrois sont faits pour l'honneur et le plaisir des dames et des jeunes hommes qui s'aiment : que l'on aime donc en joie, sans penser à la mort !

Il ressort clairement des exhortations de Nature que l'amour prêché par l'auteur de *Renart le Contrefait* est entièrement l'amour naturel, l'amour physique, ayant comme but la reproduction. L'on est même justifié de dire que c'est un amour libre – il n'est jamais question de mariage, ni même de fidélité ou de constance. Les plaisirs de l'amour charnel sont loués comme une chose naturelle et essentielle. En même temps tout commerce d'amour, les liaisons malhonnêtes qui déforment l'acte de la chair, sont rigoureusement condamnés. Mais il n'y a aucune idée d'amour spirituel, et l'on peut dire que l'auteur le condamne même – considérez les vers 29118-20 :

Je vous deffens
De vous mettre en amour de femme
Pour eschever toute diffame.

La vérité est que l'auteur se montre tout le long de *Renart le Contrefait* résolument anti-féministe et misogyne. Mais il est bien difficile de déterminer si cette attitude lui est propre, car il n'a rien inventé de sa philosophie de l'amour. Il l'a empruntée tout simplement à Jean de Meun, comme il lui a emprunté tant d'autres idées. Jean de Meun avait glorifié Nature et son œuvre dans le *Roman de la Rose* :

v. 20637 Pensez de Nature enourer,
Servez la par bien labourer.

« Labourez, Seigneurs, et perpétuez votre race, pour l'amour de Dieu ! » exhorte-t-il. En amour il n'y a qu'une seule loi à observer, la loi de la fécondité. Tout le discours que prononce Genius à la fin du *Roman de la Rose* exalte l'acte sexuel selon Nature, qui vise à la propagation de l'espèce. Les déloyaux, les renégats au commandement de Nature sont excommuniés et condamnés sans répit, tandis que les amants loyaux, comme celui « qui de bien amer se peine, / Senz nule pensee vilaine » – auront joie et plaisir dans les bras de leurs amies et ont l'assurance d'aller au paradis. Quant à la fidélité en amour, Jean de Meun la ridiculise tout en acceptant le mariage comme une institution nécessaire à l'ordre social. Les exhortations à l'amour et le tableau que fait le clerc de Troyes d'un monde où tous les êtres vivants se recherchent et s'unissent naturellement et instinctivement, correspondent aux idées de Jean de Meun, qui regrettait la disparition devant l'institution du mariage d'un état idyllique où était pratiquée une sorte de liberté ou plutôt de communisme sexuel. *Renart le Contrefait* reproduit très exactement le passage du *Roman de la Rose* où Jean de Meun invoque le *Livre de vieillesse* de Cicéron comme autorité et dénonce comme le pire des péchés, « la racine de tous les maux », la pratique de l'acte sexuel pour le seul plaisir, en évitant sciemment la génération. Mais en dehors de sa haine pour la prostitution, qui est un principe essentiel de la philosophie du *Roman de la Rose*, l'auteur de *Renart le Contrefait* n'a-t-il pas calqué son attitude envers les femmes en général sur le mépris et l'hostilité que Jean de Meun leur manifeste systématiquement ? Sa propre expérience devait lui confirmer la justesse de l'avertissement que Raison avait donné à l'Amant dans le *Roman de la Rose* :

> v. 4625 « Car, en l'amour ou tu t'entrapes,
> Maint i perdent, bien dire l'os,
> Sen, tens, chatel, cors, ame, los ».

Il reprend souvent dans *Renart le Contrefait* les paroles de Genius, « trop a de barat en fame », ou encore « a faire granz deablies / Sont toutes fames trop hardies. » Il est vrai pourtant que la mauvaise foi et l'hypocrisie féminines étaient un thème traditionnel de la littérature du Moyen Age. L'on a cependant des preuves de l'influence du *Roman de la Rose* à ce sujet sur l'auteur du *Contrefait*. A part des emprunts presque textuels à l'œuvre de Jean de Meun, le clerc de Troyes a gardé non seulement les mêmes personnages, mais aussi les mêmes rapports entre eux, les mêmes liens de parenté qui forment tout un système. C'est ainsi que Honte est la fille de Raison et Peur sa cousine, et si Jean de Meun a négligé d'apparenter Espérance et Confort à d'autres personnages, notre auteur n'a fait que continuer sa méthode en les faisant frère et soeur de Nature.

En conclusion de cette allégorie qui avait commencé avec la repentance de Renart, apparaît dame Raison. Elle somme les pécheurs de l'écouter et de suivre ses conseils, car elle leur montrera la voie du paradis. Il faut agir selon le principe que Dieu a créé les hommes pour qu'ils meurent, pour ressusciter ensuite au paradis. Dans cette vie il faut donc tenir « le chemin moyen », avec Nature et Peur, mais en obéissant toujours en fin de compte à Raison. Peur inspire Repentance, mais ces deux doivent toujours être accompagnées d'Espérance, qui fait aspirer à la miséricorde de Dieu et à la rédemption. Le poète est donc revenu aux deux principes directeurs de la philosophie de Jean de Meun, Raison et Nature. Naturaliste convaincu, il donne à Nature un rôle dominant dans cette vie : elle conserve et perpétue l'œuvre divine, et par son travail incessant elle est la souveraine du monde. Mais étant croyant, il assigne à Raison la tâche de nous rappeler notre raison d'être dans ce monde et de nous ramener par la voie de la foi à Dieu. L'auteur de *Renart le Contrefait* avait déjà esquissé ces idées dans la branche II, mais elles sont développées bien plus longuement dans la branche IV, et l'élément de prédication morale est renforcé par des arguments de la plus pure orthodoxie, tirés des Ecritures Saintes et surtout des Psaumes.

Ce sont les paroles de Raison qui prévalent sur les doutes et les hésitations de Renart, et de l'allégorie nous revenons subitement au conte d'animaux. Renart se rend chez un ermite, résolu à se confesser. Sa longue confession, souvent d'un cynisme extrême, n'a rien à faire avec le *Roman de Renart*. Elle est faite d'une série de tableaux satiriques de toutes les professions que Renart prétend avoir exercées. Il est possible que le poète y ait inséré certaines scènes de sa propre vie, mais il me semble plus logique de considérer cette énumération de vices comme une autre attaque contre les mœurs de l'époque, dans le goût du *Dit de la queue de Renart.* Renart s'accuse d'avoir servi, à partir de l'âge de douze ans, d'entremetteur à une clientèle choisie :

> Adoncquez curatier devins
> A clercz, laiz, seculiers et moisnes,
> A chevaliers, bourgois, chanoines,
> D'abbesses et religïeuses,
> Dames, pucelles et prïeuzes ;
> L'un vers l'autre les fis trotter.

Tout en se faisant payer des deux côtés, le rusé garçon n'avait généralement pas de difficulté à faire un prélèvement sur les faveurs des dames. Ensuite il devint avocat et courtier. Il était toujours prêt à fournir des témoins, pourvu que l'on lui graissât la patte. Dans ses plaidoiries le respect de la vérité ne le gênait jamais. Il s'entendait avec les autres avocats pour arriver souvent à un arbitrage, et il perdait les causes de ceux qui ne le payaient pas assez. S'étant transformé en médecin, il citait longuement les noms et les œuvres de médecins illustres de l'antiquité pour faire croire à sa science. Avec la médecine il associait l'astronomie, mais pour un qu'il sauvait, quatorze mouraient. Pour être médecin, explique-t-il, il suffit de savoir parler doctement et éloquemment des étoiles et de leur influence sur les êtres humains, en y intercalant quelques mots de latin. Il faisait mourir beaucoup de personnes, mais le prêtre et l'apothicaire, le faiseur de mariages et le mercier lui en savaient gré et témoignaient de sa science au besoin devant les tribunaux. L'hypocrisie et la fausseté, le vol et l'escroquerie étaient ses guides dans tout ce qu'il faisait. Mais le plus grave de ses péchés, avoue Renart, est d'être lié d'amour à une femme, et sa faute est aggravée du fait que la femme est vieille.

L'ermite demande des explications sur ses vols, car il est moins grave de voler les uns que les autres. Renart est sans remords ni repentir pour les vols qu'il a commis contre tous ceux qui se vantent d'être d'origine noble. Au contraire, voler ces gens-là, prétend-il, n'est qu'un acte de charité, car les nobles ne font que voler aux honnêtes gens tout ce qu'ils ont sous forme de tailles, corvées, droits de formariage et de mainmorte, dîme et usages. Il vole les gens d'Eglise aussi sans scrupule, prêtres, Mendiants et moines, car « ils gagnent leurs biens en chantant ». Les gens d'Eglise et les nobles sont ses seules victimes; il les étranglerait même volontiers, car ils haïssent tous les gens honnêtes et travailleurs et les exploitent.

La confession de Renart, qui est en somme un prétexte à renouveler les attaques contre les nobles et le clerge, devient plus confuse et incohérente en continuant. Nous retrouvons, dans la bouche de Renart même, les éternelles complaintes contre son pouvoir universel :

« Chascun me sieut et tost et tart ;
Chascun vœult jouer de mon art ;
Chascun en œuvre a son pooir,
Et le moisne gris et le noir,
Le curé et le chapelain
Sont tous confitz en mon pelain,
Et tout prelat et tout sieuant ;
Je n'en voy nesun deffuiant.
Tous Jacopin, tout Cordelier
Trayent trestous a mon colier,
Et tous vilains, et tous gentilz
Sont tous a mon art ententifs ;
Meismes les enfans de sept ans
N'y cuident ja venir a temps. »

Son lignage s'accroît chaque jour, jamais il ne s'éteindra : « Regnart suis, et toudis seray ». Mais la renardie s'apprend quand on est jeune, et il n'aime point ceux qui s'adressent à lui seulement quand ils ont épuisé leurs propres ressources. Il condamne la luxure, la gloutonnerie, et le jeu de dés qui ont causé la perte de tant de personnes. Ensuite viennent des considérations fort embrouillées sur le degré de culpabilité des petits larrons qui sont pendus pour un rien, et des riches qui volent avec impunité. Ce sont pourtant les usuriers qui suscitent surtout l'indignation de Renart. Leur métier dérive vraiment du démon et va contre l'art de Renart !

C'est avec un véritable soulagement que l'on arrive au bout de cette confession, où l'on risquait de se perdre complètement. Ou n'arrive pas, à vrai dire, à saisir le sens de la confession et du rôle que joue Renart. Le poète semble vouloir nous faire un nouveau Renart, celui dont nous avons eu un aperçu dans la branche III et qui devrait utiliser son art tant renommé pour démasquer les vrais pécheurs. Mais le poète ne peut pas se défaire des anciennes conceptions d'un Renart maître du monde et prince de tous les vices. A son tour il se plaint de l'emprise de Renart sur le monde, il dénonce la renardie, mais il est en même temps tenté de l'approuver quand elle est dirigée contre la noblesse et le clergé. Mais nous sommes malgré tout complètement déconcertés d'entendre notre vieux Renart proclamer que ses disciples finissent toujours « chaitifz et povres ».

La suite de cette curieuse confession est manifestement inspirée par la branche du *Pèlerinage de Renart*. L'ermite renonce à absoudre Renart et l'envoie à Rome. Chemin faisant, Renart rencontre Bernart l'archiprêtre, qui est en train de brouter des chardons avec ses fils Timer et Fromont. Ils expriment des doutes sur la sincérité de sa repentance, mais Renart raconte la légende de saint Marcel et l'histoire des deux frères, dont le vrai dévot cachait une haire sous des vêtements élégants, pour leur apprendre de ne pas juger les gens d'après leurs dehors. Bernart refuse l'invitation de Renart, car il a peur d'être mangé par Isengrin, mais Fromont accepte, car il sait que son maître a l'intention de le tuer, puisqu'il devient trop vieux pour travailler – ce qui provoque de nouvelles remarques sur les mauvais maîtres qui, dit Renart, sont nombreux dans le pays. Les deux bêtes s'en vont et rencontrent Belin qui, exactement comme dans le *Roman de Renart,* se décide à les accompagner pour éviter qu'on le tue pour faire des housses de sa peau. Mais au premier hurlement du loup dans la forêt, les deux convers oublient leurs résolutions et rentrent promptement chez eux. Ainsi abandonné, Renart renonce également à son projet en se consolant avec des observations sur les pèlerinages qui sont empruntées directement au récit du *Roman de Renart* :

« Mains homs si s'est acheminé
Qui a Romme n'a point esté,
Et tel y a esté trois fois
Qu'oncquez n'y amenda sa foys.
v. 26345 A mon hostel retourneray.
Illec de mon labeur vivray ».

Rentré chez lui, Renart se demande de quel travail il vivra, puisqu'il a renoncé à son ancienne vie de vol et de rapine. Il passe différents métiers en revue, ce qui est l'occasion de nouvelles attaques satiriques contre les contemporains du poète. Les changeurs sont trop usuriers ; les drapiers volent les clients en leur cachant les défauts de leurs tissus; les orfèvres trichent dans la fabrication des objets précieux. La mention de la pharmacie incite le poète, ancien apothicaire, à donner toute une page de recettes médicales. Mais, dit Renart, « trop croire phisique est folie », et les apothicaires, outre qu'ils tuent souvent les gens, sont malhonnêtes et voleurs dans la préparation de leurs remèdes. Le métier de pelletier est celui où l'on se parjure le plus souvent et où le client est le plus facilement trompé. Quant au métier de tavernier, c'est le pire de tous, car la taverne est le lieu de rendez-vous de tous les malfaiteurs :

26941 « Car c'est hostel de gloutonnie,
Plain de trestoute ribaudie,
Recept de larrons et houlliers,
De bougres, de faulx monnoiers. »

Renart choisit finalement de cultiver la terre, le métier le plus honorable qui existe. Mais après un an de travail épuisant, sa récolte et ses peines lui rapportent moins qu'il n'a dépensé. Par conséquent il abandonne ce métier ingrat et retourne à ses anciennes habitudes, ainsi que Nature le veut.

L'occasion semble favorable pour mettre fin à cette branche interminable et lassante. Mais il n'en est rien; pendant encore près de 3000 vers il faut suivre Renart, livré à la vie qu'il aime, dans une série d'aventures inspirées plus ou moins directement du *Roman de Renart*. Le premier épisode, qui raconte comment Renart mange les petits de Tiécelin, combine des éléments des vieux récits où Renart essaie de tromper Tiécelin et Drouin le moineau, avec une fable ancienne. L'histoire du *Marchand de cendres,* dont le valet brûle le cheval par méprise, vient illustrer la morale que renferme l'épisode et qui concerne toujours la lutte entre Nature et Raison.

Un deuxième épisode beaucoup plus compliqué reprend le récit de Renart et de Frobert le grillon, que Pierre de Saint-Cloud avait raconté autrefois. Renart prétend qu'il veut se confesser à Frobert, mais le grillon reste méfiant et le sermonne de sa cachette sur la nécessité de suivre Raison. Mais Renard s'y refuse énergiquement, car Raison lui a toujours été contraire, et c'est elle qui l'empêche de devenir maître absolu du monde. C'est Raison qui a abattu les orgueilleux Templiers, qui étaient si dévoués à Renart. Il est vrai, dit Renart, qu'il avait réussi à faire échouer les projets de croisade en 1310 et qu'il avait été responsable de la perte d'Acre en 1291 – thème favori en somme de plusieurs de nos auteurs de Renart. En revanche Raison a gagné une victoire en persécutant les Juifs en 1306 et encore en 1320 quand ils avaient été bannis du pays, car les Juifs offraient aide et refuge aux voleurs, amis de Renart. Elle lui avait fait beaucoup de mal quand elle avait fait établir les ordres des Dominicains et des Franciscains, qui prêchent contre lui et lui mènent une lutte dure – rien n'illustre mieux d'ailleurs l'inconsistance et l'incohérence de *Renart le Contrefait* que cet éloge des Mendiants qui est absolument contraire à ce que le poète dit normalement. La victoire des Flamands sur les « gentils » en 1338 était une autre défaite sérieuse pour Renart, car les « gentils », qui s'approprient les biens des autres, sont ses amis (sans doute une allusion à la révolte des communes flamandes, sous la conduite d'Artevelde, contre l'autorité du comte de Flandre, vassal du roi de France, ces vers 27707-34 ont été mal interprétés dans le résumé de l'édition de *Renart le Contrefait*). Après d'autres plaintes du même genre, Renart s'en va. A la tombée de la nuit il arrive près d'une abbaye de « moines noirs », où il cherche de quoi manger. Mais les moines sont pauvres et l'abbaye est dépourvue de tout, et tout ce que Renart trouve est un puits. Nous avons donc une autre version de *Renart et Isengrin dans le puits*, mais qui représenterait, selon les auteurs de notre édition, un état plus ancien de l'épisode. Cette assertion me paraît être sans justification, car les données des deux versions sont essentiellement les mêmes. Renart saute dans le puits pour étancher sa soif, Isengrin prend son ombre pour sa femme Hersent, qu'il croit avoir trouvée en compagnie de Renart. Tout cela se trouve dans la branche IV, à laquelle l'auteur du *Contrefait* semble avoir emprunté des vers qu'il emploie presque sans changement dans sa version. Bien entendu, le récit dans le *Contrefait* est copieusement rempli de réflexions et citations morales et philosophiques, mais l'épisode est certainement inspiré de la branche IV. Les malheurs d'Isengrin suscitent une longue tirade contre la gloutonnerie, et à la fin de l'histoire le poète déplore la corruption qui gagne le monde depuis quarante ans. Les manipulations des monnaies, qui ont porté du tort à beaucoup de personnes, en sont un signe ; elles ont détruit toute confiance, toute loyauté, et Renart a fait école partout : son art est maître du monde. Et puisque tous, riches et pauvres, veulent suivre Renart, le poète nous propose une autre histoire, qui sera « sans modèle » et qui retracera « sa vie et son être ».

La fin de la branche IV ne sert qu'à augmenter le sentiment de confusion que l'on ressent devant cet assemblage incohérent d'éléments disparates et souvent contradictoires. Nous retrouvons Renart dans son hôtel, tenant sur les genoux un de ses fils qui pleure de faim. Renart maudit sa renardie, qui l'a amené à la pauvreté, et dame Emmeline l'accable de reproches. « Mauvais mestier est de Regnart », car malgré tout ce qu'il a volé pendant sa vie, Renart n'a rien. Il est haï de tous, et ses enfants seraient dépourvus de tout et malmenés s'il devait mourir subitement. Malgré leur origine et leur nature, ils pourraient être mis sur la bonne voie pour réussir dans la vie si on leur apprenait la raison et le bien. Renart appelle ses quatre fils autour de lui, Percehaie, Barat, Tout-Acroit et Pute-Paye, et leur donne des conseils. Eviter l'orgueil et la colère, la moquerie et l'envie; être joyeux avec humilité, reconnaissant des bienfaits et scrupuleux pour les rendre, attentif aux besoins des amis, généreux selon vos moyens; faire preuve de patience et de tolérance. Et ainsi de suite pendant plus de mille vers, avec l'inévitable accompagnement de citations et d'illustrations de toutes sortes – le fabliau de la *Nonnette,* une anecdote sur Diogène, l'histoire de *Virgile dans la corbeille* et l'énumération de ses *Merveilles,* les sages paroles des maîtres de l'antiquité – Cicéron, Aristote, saint Augustin, Salomon, Juvénal, Isidore de Séville, Sénèque, Caton, Pierre Alphonse, et d'autres encore. On retrouve le thème: Nature passe Nourriture, dans un exemple qui explique l'esprit médisant du sénéchal Keu par le fait qu'il avait été nourri par une femme médisante et « de mal renom » :

Preudhomme et preudefemme furent
Cil qui pere et mere a lui furent,
Sans mesdire et sans vilenie,
Et extrais de bonne lignie.
Mais roy Artus, si comme semble,
Et Queux furent noris ensemble,
Si comme l'escript m'a monstré,
La mere Queux par sa bonté,
Pour bon renom a lui covrir,
Fut commise a Artus nourrir,
Et fut a Queux l'enfant donnée
Nourrice monlt desordonnée,
Mesdisant et de mal renom ;
Nomméement avoit tel nom.
En males nouvelles porter
Toudis se volloit deporter.
Elle l'alaita et nourry
De lui et de son lait pourry.

De lui print il sa nourreture
Et sa tresmalvaise nature,
Dont il perdi toutes bontés,
Et de pluseurs fu deboutés.
La mere qui Artuz nourry,
Ce ne fu pas de lait pourry,
Car tous biens a lui assambla,
Et Artus bien le resambla.
De tresbonnes meurs et leaulx
Fu nourry, s'en fu moult feaulx ;
Dont fait bon pour eschever vice
Enffans baillier bonne nourrice,
Car maint traient naturelment
A nourreture proppement ;
De la nature se trairont
Du lait dont alaitié seront.

Tel était l'enseignement de l'exemple de l'enfant nourri par une truie que Jacquemart Gielée avait raconté dans *Renart le Nouvel.* On se rappelle que selon la tradition Arthur et Keu avaient été frères de lait. Mais ces deux exempla font croire que le thème sur les mauvaises nourrices existait au Moyen Age, et il se peut que le clerc de Troyes ait eu lui-même l'idée d'adapter « l'escript » à la vie de Keu. Par moments les bons conseils prennent un ton plus personnel, et les poncifs et citations sont remplacés par les opinions du poète. De nouveau il met en garde contre « amour de femme » et surtout contre « putage », dont il décrit les effets néfastes :

Qui que soit qui s'i enrachine,
Primes se fait glout devenir,
Lui orguilleusement tenir,
Sainte Eglise fait despisier
Et maise nature atisier[1].

C'est le péché qui mène en enfer, et c'est le péché qui avait longtemps tenu l'auteur :

[1] « Maise » — mauvaise.

Le clerc qui fist cestui rommant
En sceut bien lire proprement,
Car tant y fust longue saison
Sans prendre conseil a Raison.
De Raison point ne lui souvint
Tant comme en cel estat se tint
Et tant com il y sommeilla.

C'était avec un grand soulagement, malgré un sentiment de honte, qu'il s'était réveillé à la conscience de son péché et de sa folie. L'histoire de *Virgile dans la corbeille* sert d'exemple de ce thème, démontrant comment l'homme le plus intelligent de son siècle a pu être amené par l'amour à faire les plus grandes folies. La suite, qui raconte sa vengeance sur la dame, est un fabliau grossier.

C'est avec un vrai soulagement que le lecteur arrive à la fin de cette branche IV, longue, sentencieuse, décousue, composée de fragments disparates et sans liaison, pleine de répétitions et souvent même de contradictions, dans l'ensemble sans originalité. Et pourtant on n'en a pas fini avec elle, car la branche V n'est que sa continuation immédiate. Avant de laisser la branche IV il est intéressant cependant de considérer encore une fois la version A. Dans l'énumération des torts que Raison lui a causés, à lui et à ses amis, Renart mentionne dans A, immédiatement après les Templiers, les Hospitaliers, qui seront peut-être, dit-il, victimes à leur tour de dame Raison. Mais la défaite des Hospitaliers serait un véritable désastre pour Renart –

Car un de mes manbres perdroie
Des plus grans apres les gentis,
La suis ge le plus antantis ;
Icil sont mi plus mestre chief.

Les Hospitaliers sont souvent attaqués dans A, mais à part quelques allusions à peu près inoffensives ils ne figurent pas dans B. Est-ce donc la peur, ou simplement un plus grand respect, venu avec l'âge, qui avait amené l'auteur à modifier ainsi son œuvre ? Il est toutefois possible que ces remaniements soient le résultat d'un revirement d'opinion dû aux réformes qui, grâce aux interventions du pape Jean XXII, avaient sauvé l'ordre des Hospitaliers, en proie à une crise redoutable juste au moment où le clerc de Troyes avait commencé son ouvrage.

La branche V se présente comme la continuation directe de la branche IV. Ayant épuisé son fonds de bons conseils, Renart amène son fils aîné, Percehaie, dans une ferme pour voler des poules. On fête la Saint-Pamphile à la ferme, et le poète fait en passant un tableau satirique des vilains : assis sous un arbre, ils exposent les différents moyens de tromper leur maître et de travailler le moins possible. Quand ils travaillent pour eux-mêmes, rien ne les interrompt; mais quand ils travaillent pour le maître, tout est occasion pour s'arrêter. Il est assez caractéristique de l'auteur que, ayant épousé la cause des vilains plusieurs fois quand il s'agissait d'attaquer la noblesse, il leur trouve à leur tour toutes sortes de défauts et les critique sans pitié. A la vérité, notre poète-apothécaire partage bien les idées, les concepts de sa classe, des bourgeois dont la prospérité ne cessait de s'accroître à l'époque et qui, ayant investi leurs capitaux dans des propriétés foncières achetées à la noblesse, entendaient les faire fructifier en les dirigeant aussi rigoureusement que leurs affaires commerciales. D'où l'indignation du poète, qu'elle soit personnelle, ou simplement l'expression de la solidarité de classe :

De faire faintises journées
Et de desirer les vesprées,
De sëoir longues au disner,
Et puis prendre le ressiner [1],
Et puis faire lache journée,
Tant qu'elle soit toute en allée.

Et quand les vilains, avertis par le cri d'une poule, se ruent à la poursuite de Renart, nous avons une scène comique et satirique à la fois, qui rappelle celles des branches les plus anciennes :

[1] « Ressiner » — « collation de l'après-midi ».

Qui vëyst vilains fremïer,
Et leurs saullers bien relïer,
Et leurs estiviaulx ravoler,
Et peux esrachier et doler,
Et leurs serpes mettre a leurz culz,
Selon leurs coustumes et uz,
Et jurer les entraillez Dé,
Telz gens doivent estre douté.

Notre poète n'a pas, en somme, moins de mépris pour le vilain que pour les autres classes de la société. Dans toute cette meute de vilains qui vont « criant comme dragon », il n'y a, remarque-t-il avec dédain, point de sens, de mesure ni d'ordre. Après tout, que peut-on espérer de vilains ? « Ne scevent sens, raison ne foy ; / C'est quanqu'ilz scevent : « Paiez moy ! ». Sottise et mauvaise foi, voilà ce qui caractérise le vilain dans *Renart le Contrefait* comme dans le vieux *Roman de Renart* et, en vérité, dans toute la littérature médiévale.

L'expédition de Renart finit mal. Bloqué dans la grange avec Percehaie, Renart se décide à sacrifier son fils pour sauver sa propre vie. Percehaie a mal suivi ses commandements, par conséquent il mérite la mort, raisonne Renart. Mieux vaut perdre tous ses fils que de périr lui-même, surtout qu'il peut encore en engendrer d'autres s'il le faut. Percehaie est donc envoyé à la mort, Renart en profite pour s'échapper, et rentre tranquillement chez lui. En fin de compte, le Renart des vieux contes était moins cynique que son successeur du XIVème siècle.

L'auteur promet ensuite un conte original de Renart, mais il se lance sans avertissement ni transition dans une dissertation, assez ennuyeuse, sur la grâce, ses origines et sa nature. L'argument quelque peu incohérent de cette dissertation démontre qu'une histoire amusante, bien que fausse, a sa valeur : « Bourde gracieuse vaut mieux que vérité ennuyeuse », par conséquent notre clerc propose « une parole et ung ditié » qui apportera profit en même temps que plaisir, en racontant comment Renart, qui a trompé tant de personnes, fut à son tour trompé.

Après la mort de Percehaie, Renart s'était tenu longtemps tranquille dans son hôtel. Mais sachant que la douleur est contre

Raison, puisqu'elle affaiblit les sens et fait vieillir, il avait vite fait de surmonter son chagrin et sa colère. Sortant tout joyeux un jour, il entre dans la forêt où Brichemer, fou de désir, s'ébat amoureusement avec les biches. Grimbert, toujours sage et réfléchi, a beau le sermonner en lui rappelant que « par liesse vient plus de mal que par tristesse », la joie de Brichemer est irrépressible. Rencontrant Renart, il l'emporte sur ses cornes à toute allure, malgré ses protestations effrayées. Quand il en a assez de ce jeu, il le jette en l'air et le laisse retomber tout meurtri. Renart promet de se venger. Tiécelin, qui a assisté à la scène, reproche à Brichemer d'avoir joué ainsi avec Renart. L'excès de liesse est folie et entraîne souvent les plus grands malheurs. Que Brichemer se méfie de la vengeance que Renart lui préparera, même s'il fait semblant d'avoir tout oublié. Mais Brichemer ne se soucie point de la vengeance de Renart et s'en va tout joyeux.

Une autre histoire de l'invention du clerc de Troyes, fort semblable d'ailleurs à la première, complète la branche V. Encore tout meurtri et courroucé de son aventure avec Brichemer, Renart rencontre Brun l'ours. Brun est jeune, fort et joyeux. Il donne une tape amicale sur la tête de Renart, l'étendant inanimé par terre. Pour le ranimer, il le secoue, puis il le jette en l'air et le malmène grièvement. Croyant enfin qu'il dort, il le laisse à moitié mort et continue son chemin.

Cette fois-ci c'est Drouin le moineau qui a assisté au spectacle et qui en tire la leçon. Son intervention permet cependant de constater combien la seconde version de *Renart le Contrefait* est parfois incohérente et inachevée. On se rappelle que la branche IV avait raconté comment Renart avait mangé les petits de Tiécelin. Dans la version A, cette histoire suivait très fidèlement la branche XI du *Roman de Renart,* mettant en face de Renart Drouin le moineau. Dans la version B, l'épisode est considérablement remanié, et surtout, Drouin est remplacé par Tiécelin. Mais le poète, oublieux des changements qu'il avait effectués entre les deux versions, ou peut-être faisant tout simplement une belle confusion des deux, croit dans la branche V que le lecteur est au courant du pénible incident entre Renart et Drouin – « Si com avez devant oy » – qu'il ne pourrait connaître qu'en lisant la version A. Tant d'oublis, tant de manques de raccord semblent indiquer que *Renart le Contrefait* était resté inachevé et même presque à l'état de brouillon, car dans la branche V le poète fait encore allusion à l'épisode opposant Renart à Tiécelin, et cela à quelques centaines de vers seulement avant la mention de Drouin.

C'est donc au tour de Drouin de sermonner. Il met Brun en garde contre les conséquences de son jeu avec Renart. Chacun doit jouer avec son semblable : noble, clerc et vilain ne peuvent jamais être compagnons. Et Drouin raconte une nouvelle histoire du pèlerinage. Renart s'en va à Rome, accompagné par Bernart l'âne, appelé toujours archiprêtre. La nuit venue, ils descendent à une auberge, et pendant que Bernart s'introduit dans le pré de l'hôte pour brouter l'herbe, Renart visite le poulailler. Surpris par l'hôte, ils sont tous les deux amenés devant le juge, qui acquitte Renart sur le prétexte qu'il ne faisait que suivre sa nature en mangeant des poules, tandis que Bernart est envoyé « en male prison », car il n'a droit qu'aux chardons ou aux orties, et non pas à l'herbe des prés :

Moult lui fist on bon jugement,
Car forfait avoit malement.
Pour ce lo que chascun demaine
Tel vye qu'a lui appartiengne,
Sans prendre estrange compagnie
Dont on ne congnoist pas sa vie.

Telle est la morale de l'épisode, que les éditeurs du texte considéraient comme « une allusion à un épisode aujourd'hui perdu du *Roman de Renart* ». Nous n'avons aucune trace d'un tel récit dans le *Roman de Renart,* ni au fond aucune raison de croire qu'il en ait jamais fait partie. L'on connaît pourtant deux autres versions de ce récit, qui sont vraisemblablement plus anciennes que celle que nous offre *Renart le Contrefait.* Le quatrième des *Contes moralisés* de Nicole Bozon, que nous aurons l'occasion d'examiner plus tard, raconte comment le loup, l'âne et le goupil furent jugés par le lion. Le monarque pardonne au loup d'avoir pris une brebis, car tout le monde sait que c'est sa nature de « beiser le moton ». Renaud le goupil, accusé d'avoir imposé une pénitence à un homme qu'il avait confessé, est également relâché. Mais sire Baudewyn, dont le seul crime est d'avoir mangé une bouchée de sauge appartenant à un autre, est condamné à être battu et ensuite écorché. Dans un recueil de fables latines publié par Léopold Hervieux [1], se trouve un récit assez proche de celui de Nicole Bozon. Le renard et l'âne se confessent au loup : le renard s'accuse d'avoir mangé plusieurs poules, mais le loup l'absout avec les paroles : « tu non peccasti, quia est tibi innatum et naturale, ut rapias gallinas. » Le malheureux âne par contre, qui avoue avoir mangé un peu de foin tombé d'une charrette parce qu'il souffrait de la faim, est condamné à être battu et pendu. Les éditeurs des Contes de Bozon [2] ont exprimé l'opinion que le récit latin diffère trop du conte anglais pour en avoir été la source, mais qu'il est plutôt un abrégé d'un autre texte qui aurait inspiré Bozon. Quoi qu'il en soit, il me semble plus vraisemblable de chercher dans ces deux récits la source de l'histoire que nous raconte l'auteur de *Renart le Contrefait,* plutôt que dans une branche disparue et très problématique du *Roman de Renart.*

Drouin donne encore à Brun l'exemple du vilain qui, dépourvu d'intelligence, s'était néanmoins enrichi, et dont un chevalier de haut lignage demande la fille en mariage. Quoique le poète prétende que l'histoire se passe au temps du roi David, elle a une allure toute féodale. Le chevalier s'était ruiné en fréquentant les tournois, et il vise surtout la fortune du vilain. Le vilain demande conseil à son seigneur, le roi David, qui l'envoie présenter son problème à l'enfant Salomon. N'ayant pas compris la réponse de l'enfant, le malheureux marie sa fille au che-

[1] Léopold Hervieux, *Les Fabulistes latins depuis le siècle d'Auguste jusqu'à la fin du moyen âge,* 2ème éd., Paris, 1893-99, IV, *Eudes de Cheriton et ses dérivés.* Voir aussi *Notice sur Eudes de Cheriton et sur son oeuvre,* Paris, 1895.

[2] Lucy Toulmin Smith et Paul Meyer, *Les Contes moralisés de Nicole Bozon, frère mineur,* Paris, 1889.

valier, auquel il donne toute sa fortune. Mais en moins d'un an le chevalier lui fait trancher la tête et jette sa femme en prison, où elle meurt peu après. Que Brun choisisse donc pour ses jeux un compagnon plus semblable à lui-même, dit Drouin. De son côté, Renart se plaint de son sort et décide de rentrer chez lui. En effet, reconnaît-il, il n'aurait jamais dû sortir, car il avait rencontré le matin une boiteuse, qui lui avait certainement porté malheur. Mais tous ses malheurs sont, au fond, la conséquence de sa pauvreté, car celui qui perd ses biens perd en même temps ses esprits et ne rencontre que des échecs en tout ce qu'il entreprend. C'est donc avec raison que l'on se méfie des avis des pauvres, qui sont trop facilement égarés et corrompus. Et la branche V se termine assez abruptement sur cette note philosophique, quelque peu inattendue dans la bouche de Renart.

Il est toutefois vrai que la figure de ce nouveau Renart, assagi, repentant, philosophe, avait émergé à plusieurs reprises dans les branches précédentes de *Renart le Contrefait,* mais jamais de façon définitive. Il faut admettre cependant que le Renart vieilli, fatigué, appauvri et malheureux, à bout de ressources, qui ne sait pas défendre son fils contre les hommes, qui est berné et malmené par d'anciens ennemis auxquels il avait joué autrefois des tours pendables, ce Renart sur qui le mauvais sort semble s'acharner ne ressemble point au malin héros, gai et alerte, des vieux contes, ni au personnage arrogant, triomphant, sûr de lui-même, qui avait étalé orgueilleusement sa gloire et sa toute-puissance dans tant d'ouvrages du XIIIème siècle. Dans la branche VI de *Renart le Contrefait* la série de malheurs et d'échecs s'allonge. Il n'y a en effet aucune division entre cette branche et la branche V. Nous retrouvons Renart qui rentre à son hôtel pour fuir le malheur. Mais voilà que surgissent des chasseurs avec leurs chiens, et Renart apprend la vérité du dicton : « Bezoing fait vielle trotter. » Dans son affolement il ne voit pas deux garçons qui lui barrent la voie. Ils l'assomment, et l'un des deux l'emporte sur le dos. Mais – sans doute le poète se souvenait-il de la branche XI du *Roman de Renart* – Renart mord le garçon cruellement à la fesse et s'échappe.

Ce nouvel incident inspire à Renart des réflexions amères. Il reconnaît que tout ce qui lui arrive n'est que la juste rétribution de sa mauvaise vie: « De tel marchié, tel vente. » Il compare son malheur à celui des lépreux et des juifs, qui furent persécutés en 1320 sous prétexte qu'ils avaient voulu empoisonner les chrétiens. Il ne doit cependant pas s'étonner des coups de la fortune, car sa situation était déjà très modeste. Combien plus redoutables sont les malheurs qui abattent les grands de ce monde tels que ceux qui frappèrent Hécube et Sysicambis, mère de Darius ; Roxane la femme d'Alexandre et son fils Hercule ; Olympias la mère d'Alexandre, dont le corps fut coupé en morceaux et distribué aux chiens et aux oiseaux ; Jourdain de l'Isle, Enguerrand de Marigny, Pierre Rémi, Gérard de la Guette, surintendant des finances sous Philippe V, mis à la torture en 1322. Notre poète, originaire de Troyes, prend plaisir surtout à raconter les malheurs de l'évêque de Troyes – encore une fois il se confond avec son personnage et mélange sans distinction ses souvenirs personnels avec les réflexions qu'il met dans la bouche de Renart. La vie de l'évêque Guichard – il est nommé dans A – d'abord pauvre moine, puis successivement prieur de Saint-Ayoul de Provins, abbé de l'abbaye de Montier-la-Celle à Troyes, et finalement évêque de Troyes avant de tomber en disgrâce à la mort de sa protectrice Jeanne de Champagne, femme de Philippe le Bel, donne un petit tableau complet et curieux d'un fait divers de l'époque. En même temps elle fournit l'occasion d'une nouvelle attaque contre le clergé monastique et le relâchement de ses mœurs, contre lequel Guichart avait réagi avec vigueur. Malheureusement, se lamente le poète, son exemple n'est plus suivi :

Chascun pœult sçavoir comme ilz font,
Qui tiennent les grans priorés,
Terres, rentes et richetés ;
Leur monstier chiet, leurz cloches vendent,
En gloutonnie tout despendent ;
Leurs maisons toutes se descœuvrent,

De nulle chose ne recœuvrent
Fors de garces et de voisins
Et de ceulx qui ayment lopins.

Ces critiques des ordres qui faisaient bonne chère tandis que leurs bâtiments, chargés d'hypothèques, tombaient en ruine, concernèrent en fait une situation qui devait se généraliser à partir du XIV ème siècle pour aboutir à la décadence qui précéda la Réforme [1]. Les témoignages que *Renart le Contrefait* fournit sur son époque ne sont pas inspirés uniquement par le dépit ou la rancune mais ont au contraire une vraie valeur documentaire.

Avec ce manque complet d'ordre et de cohérence auquel nous sommes désormais habitués, le clerc de Troyes laisse l'histoire contemporaine de sa ville pour raconter un récit tiré directement du plus vieux fonds du *Roman de Renart.* C'est en effet l'histoire de Renart et de Chantecler qu'il nous offre, mais s'il suit assez fidèlement le récit de Pierre de Saint-Cloud, il est pourtant évident qu'il a utilisé en partie la version offerte par la branche XVI. C'est ainsi que le vilain – « entules et dures » – nous rappelle beaucoup plus Bertaud, « uns vilein entulles et riches », de la branche XVI, que messire Constant des Noes du premier poème de Renart. Les détails du récit, ainsi que leur ordonnance, se conforment pourtant dans l'ensemble très exactement au plus ancien modèle. Bannissant les craintes que lui inspire sa suite de malheurs, Renart pénètre dans une cour de ferme. Les poules fuient à sa vue, mais Chantecler les rassure : qui oserait s'attaquer à lui et à ses poules, dont le maître est si riche ? Et il s'endort tranquillement. Le clerc de Troyes a parfois copié presque mot à mot le texte ancien, comme dans sa description du coq au moment de s'endormir :

Lors, ung piet cranpy, l'autre droit,
S'est acroupy dessoubx ung toit.

[1] « La fin de la guerre de Cent ans marque d'ailleurs le déclin de l'influence des Mendiants en même temps que la décadence générale de tous les ordres religieux à commencer par ceux du groupe bénédictin » — G. Ambroise, *Les Moines du Moyen Age*, Paris, A. Picard, 1946, p. 209. Cf. aussi VI, « Déclin de l'influence des religieux ».

Une comparaison avec les vers 123-4 de la branche II confirme l'emprunt.

Dans son sommeil Chantecler rêve qu'il est dévoré par une bête. Se réveillant tout effrayé, il en demande l'explication à dame Pinte. Elle le sermonne d'abord, maintenant que les hommes ont tort de dédaigner les conseils des femmes, et citant l'exemple d'Hector ou du comte de Bar, mort à Athènes en 1336. En guise d'interprétation du songe, elle lui reproche longuement sa peur irraisonnée. Réconforté, Chantecler se promène fièrement et, apercevant Renart, le menace et lui enjoint de s'en aller. Renart se présente cependant comme frère-prêcheur de l'ordre des Repentis, prétendant qu'il a eu, comme saint Paul, la révélation de Dieu. Il supplie Chantecler d'écouter son message de paix, d'amour et de charité, et s'agenouillant, il se met à prier tout en pleurant. Il est intéressant de noter que dans *Reinaert de Vos*, le poème flamand composé dans la première moitié du XIIIème siècle et sur lequel nous reviendrons, Renart se présente de la même façon devant Chantecler et lui tient les mêmes paroles. Il est cependant probablement vain de chercher à établir des liens entre *Reinaert de Vos* et *Renart le Contrefait*. Il vaut mieux voir dans cette coïncidence une preuve de la popularité au Moyen Age de l'image de Renart déguisé en moine, symbole de l'hypocrisie religieuse et sujet fréquent de l'iconographie.

Ce tableau du faux religieux précède un autre, extrêmement satirique, qui nous dépeint les faux dévots, béguines, vieilles femmes et prud'hommes, tous attentifs aux bonnes paroles de Renart :

« Dieu ! tant y ot larmes plourées
Et grandes orisons orées !
Beguines a grans chapperons,
De vielles a bouteculons [1],
Ferans sus leurs secques fourcelles [2],
Tout ainsi secques comme selles,
Et ainsi creuses que bouteilles,

[1] « Boteculer » — « forme primitive de Bousculer ». Nos éditeurs lui donnent le sens de ' à reculons '.

[2] « Fourcelle » — « poitrine, gorge ».

Monlt y ot dist de grans merveilles ;
Monlt y ot dormy et roufflé
Et assés racquié et mouchié [1] ;
Pour le bon sermon qu'ilz oÿrent,
Les bons preudhommes s'endormirent,
Car qui scet sermon maintenir
Il fait les preudhommes dormir,
Car cil qui mieulx y dormira,
C'est cil qui prez de Dieu sera ».

Celui qui veut travailler en Dieu, continue le faux prêcheur qui veut tromper le coq, doit dormir sans s'éveiller. Mais toutes les paroles pieuses de Renart et ses protestations d'amitié ne leurrent pas Chantecler. Le fabliau du *Vilain et l'ane aux deux paniers* ne le convainc pas plus. Et à son tour Chantecler raconte deux histoires : *Les Deux Aveugles de Rome* et *Les Deux Clercs et leur Seigneur.* Renart supplie Chantecler, avec une foule de citations, de croire à son amitié, mais le coq connaît ses textes aussi et rejette avec indignation toutes les invitations de son vieil ennemi, qu'il accuse de « faire mine de papelardie, toute pleine de renardie ». Renart ne se soucie pourtant pas des injures de Chantecler. Après tout, les noms n'ont plus de signification; on appelle souvent prud'homme celui qui ne le mérite guère, et celui qui est « fol et luxurieux » est souvent qualifié de « religieux ». Evidemment, ajoute Renart, cette remarque ne s'adresse pas aux Moines Noirs ni aux Moines gris, ni aux chanoines réguliers, car on ne pourrait jamais leur faire un tel reproche :

Aussi grande honte ont de l'estre
Comme brebis ont d'herbe paistre.

Et Renart entreprend une longue satire des moines de tous les ordres. Il ne les hait pas, ni ne les aime, mais à vrai dire il ne les comprend pas ; ils se nomment toujours « frère », mais celui qui aurait le malheur de les appeler ainsi serait bien mal vu! Mais chacun sait combien le terme « religieux », qu'il préfèrent, peut être trompeur !

[1] « Rachier, racquer » — «cracher »

Continuant encore ses efforts pour convaincre Chantecler de la sincérité de sa conversion, Renart raconte la vie de saint Paul, ensuite celle de sainte Marie l'Egyptienne. Joseph Morawski a fait remarquer que cette vie de sainte Marie n'est en somme qu'un remaniement abrégé du poème de Rutebeuf sur le même sujet [1]. Il a signalé le fait que plus de cent vers sont empruntés presque textuellement au poème de Rutebeuf, et que les derniers vers ne sont plus qu'un résumé de la dernière partie du même poème. Finalement Renart exhorte Chantecler à faire la paix avec lui, car Dieu lui accordera certainement son pardon. Mais il est pressé, prétend-il, car il doit aller ailleurs faire la paix. On lui a dit que les Hospitaliers veulent devenir Cordeliers et que les Cisterciens veulent adopter la règle réformée des Célestins : ils ne boiront plus de vin, ils porteront la haire, et surtout ils renonceront à l'acte de chair. Mais la satire est dirigée surtout contre les Franciscains et les Dominicains, qui renient les fondateurs de leurs ordres :

> Saint François sera d'eulx amé
> Qui par tout est si diffamé,
> Et chascun dit que il fut lerres
> Et Dominicque fu bourderres ;
> Ces deux sont forment despisiés ;
> Mais desormais seront prisiés,
> Seront canonisiés à Romme.

La principale accusation que le poète porte contre les Dominicains est celle de manquer au vœu de chasteté, mais on retrouve ici les reproches que Jacquemart Gielée avait faits aux Mendiants presque un demi-siècle plus tôt.

Touché enfin par les larmes et les prières de Renart, Chantecler lui demande des détails sur sa conversion. Renart prétend qu'il s'était converti après avoir entendu les harmonies célestes, grâce à saint Urbain. Chantecler veut jouir de la même faveur et promet à Renart – combien on est éloigné de nos vieux contes

[1] *Quelques Sources méconnues du Roman de Renart le Contrefait*, dans *Zeitschrift für romanische Philologie*, XLIX, 1929, p. 536-44.

de Renart ! – une poule en retour de son aide. Renart accepte finalement de lui montrer d'abord l'enfer s'il se confesse. Variante curieuse de la branche II de Pierre de Saint-Cloud ; Chantecler récite ses oraisons, puis colle un œil contre le sol suivant les instructions de Renart. Renart lui raconte l'histoire de Loth pour lui expliquer que l'on ne peut pas voir l'enfer et le ciel à la fois. Chantecler ferme l'autre œil, et Renart le happe. Ce qui est juste, dit l'auteur, car celui qui cherche l'enfer mérite de l'avoir ! La fin de l'histoire suit fidèlement la version de Pierre de Saint-Cloud. Piqué par les moqueries de sa victime, Renart veut narguer les vilains, mais dès qu'il desserre les dents, Chantecler s'échappe et Renart a beaucoup de mal à distancer les chiens. En conclusion le poète tire la leçon que devait illustrer toute la branche V: l'excès de joie est nuisible, puisqu'il mène à faire des folies.

Désespéré par ce dernier échec, Renart s'abandonne à une longue complainte contre Pauvreté, la source de tous les maux. Pauvreté est pire que la morsure d'un scorpion, qui tue immédiatement :

« Mais en tout temps et en toute heure
Cil mœurt qui en tes las demeure,
Car plain est de temptacion,
De toute dissolucion ;
Faulx Semblant est avecques toy ;
En toy n'a loyauté ne foy ;
Tu es plaine de traÿson,
De laideur et de marrison,
Plaine de toutes obscurtés ».

Pauvreté apparaît à Renart sous les traits d'une vieille femme misérable et peureuse, laide et presque nue. Elle reproche à Renart d'avoir dit tant de mal d'elle, car lui-même a mené beaucoup de personnes par son art à la pauvreté. Ce sont ceux qui n'ont pas de respect pour la vérité qui médisent de la pauvreté. Mais Raison enseigne que les gens qui tombent en pauvreté le méritent par leur folie; s'il considéraient un peu dame Pauvreté, ils se tiendraient à l'écart des mauvaises affaires. Mais celui qui ne veut pas craindre dame Pauvreté, aura vite de ses nouvelles, tandis que celui qui écoute Raison et craint Pauvreté ne connaîtra jamais la gêne. C'est en effet la leçon que fait Jean de Meun dans certains passages du *Roman de la Rose,* et l'on croit reconnaître de nouveau son influence sur le clerc de Troyes, surtout dans la description de dame Pauvreté et des bienfaits qu'elle apporte en éloignant les faux amis. Pour illustrer son argument dame Pauvreté raconte à Renart l'histoire du curé d'Epinal qui abandonna sa cure plutôt que de renvoyer sa concubine. Mais quand elle sut qu'il n'avait plus de cure, elle le quitta pour un autre, et le curé resta seul dans sa misère. Il faut suivre les conseils de Patience et de Raison, et ceux qui oublient ce précepte méritent les malheurs qui leur arrivent, ainsi qu'en témoignent les histoires de Catalina, qui avait comploté contre Rome, de Tarquin le Superbe, chassé de son trône pour avoir violé Lucrèce, de Jean de la Coste, bourgeois de Troyes, qui menait un train de vie fastueux mais qui fut ruiné et emprisonné en 1310. Et la branche VI se termine sur un dernier conseil de dame Pauvreté :

« Or y entens de point en point :
Sieu Raison, aies pascïence
Et en tout temps en Dieu fiance,
Conffesse toy par repentir ;
Adonc ne te porray tenir ».

Pierre de Saint-Cloud avait raconté l'histoire de Renart et Chantecler en 400 vers. Dans *Renart le Contrefait* elle s'étend sur plus de 2700 vers, grâce aux digressions moralisatrices et satiriques, et surtout aux récits qui viennent l'illustrer. Le thème de l'histoire est d'ailleurs abondamment développé dans d'autres branches, étant en somme une extension de l'idée de la primauté de la raison, si longuement traitée dans la branche IV. Ce qui nous intéresse plus particulièrement dans la branche VI, ce sont les attaques contre les ordres religieux, plus spécialement contre les Mendiants, et contre l'hypocrisie religieuse en général. Notre attention est retenue surtout par Renart, qui joue à la perfection le rôle du papelard, appuyé par un étalage de connaissances philosophiques et littéraires qui convaincrait les plus méfiants. Il faut admettre que cette version apporte des éléments nouveaux et amusants au vieux récit de Renart et Chantecler et qu'elle se lit avec agrément, malgré la longueur de certaines digressions. La branche VI apporte aussi un nouveau témoignage sur la façon dont le clerc de Troyes avait parfois remanié sa première version. A la place des vers 32412-84, où la satire des Mendiants et des chanoines réguliers est atténuée par l'ambiguité et la verbosité du passage, on lit dans A :

> « G'irai preschier aus moines noirs,
> Qui plus dient bourdes que voirs ;
> Le monde vont trop decevant,
> Moi meimes grievent il souvant ».

Cette accusation, où Renart reconnaît qu'il est souvent victime lui-même de la malice des Dominicains, est remplacée dans B par des traits d'une satire certainement bien édulcorée. Reste à déterminer si ce changement a été motivé par une piété accrue avec l'âge, comme le suppose Gaston Raynaud, ou pour une autre raison.

Passons à l'étude de la branche VII, qui montre l'autre façon dont le clerc de Troyes modifia son texte primitif: la version A, a signalé Raynaud, ne comptait que 728 vers, tandis que B en contient 5156 ! La nouvelle branche, qui continue sans interruption la précédente, a pris pour modèle l'histoire de Renart et Hubert l'Escoufle, racontée dans la branche VII du *Roman de Renart,* la *Confession de Renart.* Fuyant dame Pauvreté, Renart se couche dans une meule, exactement comme dans l'ancien récit. Là il rencontre le milan, prêtre Hubert, à qui il veut se confesser. Heureux de pouvoir le convertir, Hubert lui fait un long sermon sur les attributs de Dieu, sur le bien et le mal, et sur les sept arts libéraux, cette dernière partie empruntée à *l'Image du monde.* L'astronomie est présentée comme le principal des sept arts, celui qui gouverne le monde, le ciel et les planètes. Virgile est représenté, toujours d'après *l'Image du monde,* comme un grand astronome, et les miracles qui nous avaient été racontés dans la branche IV sont attribués à sa connaissance de cette science.

Après une digression qui donne quelques précisions sur les dates de composition du poème et dans laquelle l'auteur répète qu'il avait rédigé son œuvre « pour se déduire et pour oublier sa mélancolie », nous arrivons à la confession de Renart. Il s'accuse d'abord d'Orgueil, qui est, dit Hubert, « le fils aîné du diable » ; il engendre une foule de vices, y compris la Renoirie, qui est étroitement associée à la Forsennerie ou la Folie. Hubert dépeint à Renart dans un long développement les beautés de l'éther, l'air du paradis, et les horreurs de l'enfer. Renart avoue ensuite qu'il s'est adonné à l'Envie, et le milan a de nouveau recours à l'astronomie pour discourir pendant presque 400 vers sur les sept planètes et leur ordonnance, le calendrier et l'influence des astres, instruments de la volonté de Dieu. Et ainsi se poursuit l'énumération des sept péchés capitaux, chacun suivi d'un commentaire sentencieux, monotone, ennuyeux, et sans originalité. La Colère suscite presque 600 vers où sont mêlées des remarques sur l'espérance et la repentance comme moyens de salut, avec une leçon tirée de la mort de Judas, des observations sur les dimensions de la terre et des planètes, des notes encore sur l'auteur et la composition de son œuvre...

Les résultats de l'Avarice sont illustrés par le fabliau du *Bailli et des deux plaideurs*. Les ménestrels, les jongleurs et les joueurs sont accusés de mener les gens en enfer – la danse est spécifiquement dénoncée comme instrument du diable. Un seul ménestrel, dit le poète, mène plus d'âmes en enfer que 90 Cordeliers n'en font monter au Paradis ! Alléguant tirer sa matière de *l'Almageste,* il nous entretient du nombre des étoiles et de l'immensité du Paradis, qu'il nous décrit. Le poète fait preuve d'une véritable ferveur religieuse quand il parle de Dieu et du Paradis, mais on est vite lassé de ses remarques, vagues et peu scientifiques, et dépourvues de toute originalité, que lui avaient inspirées ses lectures sur l'astronomie. Le caractère superficiel de ses observations scientifiques est attesté par le fait qu'il ne fait aucune mention, en parlant du calendrier, des projets de réforme du calendrier julien qui étaient proposés déjà dans la première moitié du XIVème siècle par les astronomes véritables.

Poursuivant sa confession, Renart se déclare coupable surtout du péché de luxure. Toute sa vie il s'y était adonné, et s'il l'a finalement abandonnée, ce n'est pas parce que la volonté lui en manque, mais simplement parce qu'il est devenu trop vieux. Luxure et Avarice ! s'écrie le milan, voilà les deux plus grands maux du siècle. Mais le pire, celui qui détourne l'homme du droit et du devoir plus que tout autre, c'est la luxure, qui était responsable du péché d'Adam, de la guerre de Troie, de la mort de saint Jean-Baptiste. Et pour finir son récit, Renart s'accuse de la gourmandise, ce qui inspire un tableau amusant du gourmand du XIVème siècle, qui réclame des vins de Vienne ou du Soissonnais en protestant que les vins français sont trop faibles, et qui se régale de harengs frais ou de morue, d'un saumon ou d'un bon brochet, d'un morceau de venaison ou d'une perdrix en saison, suivis de poires et de pommes choisies, avec à la fin un bon lit !

Après cette longue confession prêtre Hubert demande à Renart s'il n'a pas fait de bonnes œuvres qui lui feraient pardonner ses péchés. Renart récite promptement toute une série de « biens » qu'il pretend avoir introduits dans le monde. Mais cette énumération n'est en fait qu'une satire mordante et méthodique de l'ètat social du XIVème siècle, que Renart présente comme son oeuvre : « J'ay constitucions données / Par moy faites et ordonnées ». La première « constitucion », c'est la monarchie, dont le poète avait déjà raconté les origines dans la première branche. Il reprend ici son thème, pour le développer plus longuement. Dans une description de l'Age d'Or il fait un tableau enchanteur d'une façon de vie selon la Nature et d'un amour naturel et libre, tableau qui réunit des idées dispersées dans différentes branches de *Renart le Contrefait* :

Trestout a l'encommencement
Pœuple vivoit devotement
Des biens que la terre portoit ;
L'un a l'autre les departoit
Begninement selon leur vye.
Ly ung n'avoit sur l'autre envye ;
Puis avoient en eulx verté
Et l'ung vers l'autre charité ;

Ne faisoient greniers ne tresor,
Ne sçavoient qu'est argent ny or,
Nulz edifices ne faisoient ;
Par nature tous s'entr'amoient ;
Les fruitz des arbres de la terre
Ilz alloient tous les jours querre ;
Es fleuves prenoient les poissons,
De ravisseaulx faisoient maisons ;
D'herbe vert, de bois, de gaudines
Faisoient loges et courtines ;
La acolloient leurs amies
Et menoient jolies vies.

L'on reconnaît dans ce passage l'influence de Jean de Meun, ainsi que dans la suite. Dans ce monde idéal, où n'existait aucun vice, aucun péché, il n'y avait nul besoin de baillis ou de prévôts. Tout le monde était libre, personne n'était maître. Encore une fois le clerc de Troyes associe ce peuple heureux aux Juifs, et encore une fois il emploie les paroles de Jean de Meun pour raconter l'institution de la monarchie : « Entre eulx ung grant vilain eslurent ».

Renart se vante d'avoir détruit ce premier état d'innocence et de paix en inspirant la création de la monarchie et de la « gentillesse ». Ce qui en résulte constitue une charge serrée de la société féodale. Charité et humilité, dit le poète, furent chassées des coeurs des hommes. Tout devient propriété privée, et le plus fort en emporta le plus. Les forts opprimèrent les faibles et ramassèrent des fortunes dans les châteaux qu'ils firent bâtir. C'est une noblesse rapace, dont la seule pensée est de voler, que Renart présente avec fierté :

Ceulx qui tollirent et happerent,
Iceulx les chateaulx commencerent,
Et nulle autre oeuvre ne faisoient
Fors que tollir la ou pooient.
Ne firent nulle oeuvre de main
Fors que tollir et soir et main.

L'avidité, la rapine, l'orgueil et le mépris des pauvres remplacèrent les anciennes vertus. Pour assurer la domination des riches sur les pauvres Renart créa ensuite la chevalerie, cette cavalerie de Ninus dont il nous avait entretenus dans la branche II et dont la règle fut fondée sur l'orgueil et l'oppression. Deux autres institutions, la prêtrise et le mariage, vinrent appuyer tout cet édifice néfaste. Renart s'enorgueillit aussi de l'invention de l'usure, qui est attribuée aux Juifs dans l'exemple des *Deux Enfants juifs* qu'il raconte. Il célèbre comme autant de victoires sur Raison la création des institutions qui consolidaient le pouvoir des seigneurs féodaux : la taille et la dîme – le poète accorde à l'Eglise le droit de prélever cette dernière mais le refuse aux seigneurs – le formariage et la mainmorte qui permettent à la noblesse de vivre en dépouillant les pauvres. La création du servage est attribuée à Charlemagne, et un récit curieux rattache la fondation de Provins et l'origine du nom à la légende de la chevauchée de Charlemagne en Espagne. L'exercice du droit de justice par l'Eglise est directement critiqué, comme le sont tour à tour les avocats, les procureurs et les sorciers, tous créatures de Renart. Le prêt sur gage, les droits sur les produits vendus aux foires et sur les héritages, les corvées et les mainmortes, tout est l'œuvre de Renart. Le poète cite l'exemple du roi Louis – « qu'on dit saint » – qui refusa de revendre au comte de Champagne les comtés de Blois, Chartres et Sancerre et le vicomté de Châteaudun. Des allusions au système d'affermage des prévôtés et des bailliages ne sont pas très claires, mais sont certainement des critiques à l'adresse d'un roi de France, et peut-être de saint Louis encore. D'autres allusions critiquent le droit de régale et les autres contributions que les rois imposaient à l'Eglise, tandis que la mention des agissements de Nicolas Cholet, grand procureur du roi en Champagne, suggère une critique peu voilée de Philippe VI, son protecteur. Renart prétend qu'il avait aspiré à devenir lui-même procureur, mais qu'il avait été évincé par l'ambitieux Cholet, qui a juré de ne jamais faire de bien mais de ramasser une grosse fortune. Mais Renart attendra son tour patiemment, car Raison aura un jour la victoire sur Cholet.

Renart cite d'autres droits seigneuriaux, tels que le terrage et les droits de saisine, par lesquels il a réussi à écraser les vilains. Et pourtant il doit s'étonner de constater que les vilains supportent leur fardeau sans plainte et même aiment et respectent les seigneurs qui les oppriment. Malgré toutes sortes de vexations et d'abus, ils ne se révoltent pas, comme le témoigne l'histoire de la dame de Doches, qui fit déterrer le corps d'un vilain en l'an 1300 pour lui enlever le linceul, dont elle fit faire des couvertures pour ses chevaux. Mais, dit Renart, ces seigneurs auxquels il a donné richesses, noblesse et pouvoir, sont au fond « plus serfs que toute gent », et sont poursuivis de toutes sortes de malheurs du simple fait d'être nobles. Celui qui tient un fief se rend sujet d'un autre seigneur, de sorte qu'il n'est pas plus libre qu'un vilain. Ils se sont créé un grand malheur en obtenant de Louis le Hutin le droit de faire des guerres privées, dans lesquelles seigneurs et vassaux se ruinent, tandis que les bourgeois et les marchands s'enrichissent. Ils se ruinent à payer les droits de leurs fiefs, sans toutefois avoir la possibilité de gagner de l'argent comme font les bourgeois et les marchands. Leurs enfants mineurs sont souvent dépouillés de leurs biens par le suzerain, tandis que les bourgeois font protéger les intérêts de leurs héritiers par des tuteurs régulièrement nommés. Les nobles paient des amendes bien plus fortes que les bourgeois. Ils s'entretuent pour de petits différends, tandis que les bourgeois règlent leurs querelles pacifiquement. En somme les bourgeois sont les plus favorisés :

Mais les francs bourgois seulement
Ilz se vivent tres noblement.
De tous estatz c'est le greigneur,
Qui vivent a plus grant honneur.

Ils peuvent s'habiller aussi richement que le roi, ils peuvent choisir l'occupation qui leur plaît sans craindre de reproches. Quand les nobles s'en vont à la guerre, les bourgeois se reposent et se distraient. Ils sont respectés et bien reçus partout, ils mènent la bonne vie moyenne qui est enviée de tous. En Champagne seulement, ils paient trop d'impôts, car là il y a une noblesse trop nombreuse, « qui peu ayde et assez blesse ». Ce n'est pas comme dans les Flandres, à Gand ou Bruges, Saint-Omer, Douai ou Damme, où les marchands sont libres et heureux, sauf ceux qui, trop séduits par l'art de Renart, préfèrent les discordes. S'ils voulaient simplement la paix, ils seraient riches à souhait; mais Renart leur a travaillé l'esprit, de sorte qu'ils ne veulent accepter aucun maître. Observation qui rappelle le thème du *Couronnement de Renart*, mais qui reflète un point de vue bien différent de celui du clerc de Flandre, partisan de Gui de Dampierre.

En conclusion de cette interminable confession, Renart prétend qu'il a bien employé son temps, et demande l'absolution. Le milan lui explique qu'il a été responsable de beaucoup d'injustices, dont les effets iront en se répandant. Une allusion aux mauvaises monnaies qui circulaient en l'an 1342 introduit des remarques sur la méchanceté et le mauvais vouloir des gens, que viennent illustrer encore trois histoires tirées de la chronique de Provins et de Troyes. Après tant de péripéties, tant de digressions, la branche VII se termine très abruptement. Touché par le désespoir de Renart, Hubert s'approche pour lui donner l'absolution. Le faux pénitent le saisit et l'emporte à son hôtel, décidé à n'en plus sortir tant que la malchance le poursuit.

A vrai dire, on avait à peu près oublié le thème de la confession, ou du moins l'élément qui dérive du conte d'animaux, et ce qui reste d'intérêt et de valeur dans la branche VII est certainement la satire de la société de l'époque, avec ses critiques souvent bien acerbes contre la monarchie et la noblesse féodale. Les idées et les sentiments du clerc de Troyes sont directement à l'opposé de ceux qui avaient inspiré le *Couronnement de Renart,* mais le poète champenois est visiblement content de son état et ne manifeste en somme aucune conviction véritablement politique.

Avec la branche VIII, la dernière, le manque d'unité et de cohérence atteint son point culminant dans *Renart le Contrefait.* Renart n'y paraît même pas, et Tibert, la seule connaissance qui reste du *Roman de Renart,* n'y joue qu'un rôle secondaire. Les récits tirés du *Roman de Renart* et de la littérature en général ont disparu, et le poète les remplace par ses propres observations satiriques et morales. C'est en effet la première rédaction, la branche VI de la version A, qui présente les plus grandes affinités avec le reste de *Renart le Contrefait,* et il est intéressant de la regarder d'abord, avant la version finale.

L'on trouve dans les deux rédactions une introduction qui est pareille pendant une centaine de vers, dans lesquels l'homme est appelé à reconnaître lœuvre de Dieu dans la nature et à lui rendre grâce par une vie vertueuse. La version A continue avec quelques remarques sur le mal et l'oisiveté, puis le poète annonce qu'il écrit en l'an du couronnement de Charles le Bel, c'est-à-dire en 1322. Il nous promet une suite à l'histoire de Renart et d'Hubert, mais c'est une version très abrégée et édulcorée de l'histoire de Tibert chez le prêtre qu'il nous donne, racontée par Tibert lui-même. Tibert conclut son récit par la remarque que ses malheurs étaient sans doute prédestinés. Renart reprend là-dessus le thème préféré de notre poète moraliste et démontre à Tibert qu'il est l'auteur de ses propres maux. Mais cette démonstration ne sert qu'à introduire une histoire des rois francs jusqu'à Charlemagne. Nous pouvons lire aussi les lais de *Laustic* et de *Bisclavret,* dans des versions quelque peu différentes de celles de Marie de France. A la fin de *Laustic* l'amant fait la guerre au mari jaloux, qui est devenu roi et vassal d'Arthur, et le tue. Dans *Bisclavret* le malheureux héros, appelé Béclarel, est lui aussi vassal du roi Arthur, et à la fin l'épouse infidèle est emmurée par ordre du roi. Le conseil que Renart tire de ces deux contes : chercher dans la vie repos, sécurité et aise, qui valent mieux que toute richesse, est confirmé par la fable du *Rat de ville et du rat des champs.* Seulement, il s'agit ici de deux souris, comme dans les versions de la fable que présentent le *Romulus* de Walter l'Anglais et l'*Isopet I de Paris.* Il y a une version amusante de la branche XIX, *Isengrin et la Jument,* où la jument est nommée Fauvel. Ici l'inscription qui se trouverait sur le sabot de la jument serait les noms du poulain qu'Isengrin accepte de baptiser avant de le manger. La rédaction A offre encore une variante du thème de Renart le faux religieux, déjà traité dans la branche VI. Cette fois c'est une foule de petits oiseaux qui, trompés par ses prières et ses lamentations, s'assoient autour du maître fourbe pour écouter un interminable sermon. Mais la brusque arrivée d'Isengrin oblige le prêcheur à laisser inachevé son sermon et à chercher salut dans la fuite. Le dernier épisode est visiblement inspiré du début de la branche XII du *Roman de Renart,* qui raconte les aventures de Renart et de Tibert. A deux gentilshommes qui l'ont cerné dans un arbre Tibert fait la morale en les comparant à l'épervier qui est tenu en haut respect pendant sa vie, mais qui est jeté avec dégoût sur le fumier à sa mort. Ainsi les nobles, après une vie remplie d'honneurs, seront jetés finalement « au fumier de l'enfer », tandis que le vilain sera porté par des anges devant Dieu, tout comme l'humble chapon est tué pour être porté sur un plateau d'argent devant le roi. Et c'est ainsi que se termine la rédaction A, sans conclusion et inachevée. Mais elle a du moins le mérite de faire suite à ce qui précède et de ne pas s'écarter totalement du reste de l'oeuvre, ce que l'on ne peut pas dire de la dernière branche dans la version remaniée, qu'il faut maintenant examiner.

Le poète révèle que la branche VIII fut composée après 1342, tout comme la branche VII, avec laquelle il n'y a d'ailleurs pas de séparation dans le manuscrit. Après l'introduction commune aux deux rédactions, la branche VIII continue par un long discours moral et philosophique. Ceux qui s'abandonnent aux plaisirs de ce monde sans penser à l'autre sont accusés de suivre, contre Raison, « le fait et la ligne Regnart ». La censure de la vie mondaine et matérielle nous vaut une jolie moquerie de la danse :

Car maint si suient les escolles
De mener danses et karolles,
D'eulx bien sçavoir humilïer
Et bien le brach sçavoir ployer,
Sur la pointe du piet aller,
Les dois remeuvoir et baller,

Faire le tour et le touret,
Et mettre la main au huvet,
Et puis prendre par les aissielles
Ces dames et ces damoiselles,
Mettre la main a la chainture ;
En telle œuvre mettent leur cure.

Rares sont ceux qui pensent au salut de leur âme, et c'est la noblesse qui en porte la lourde responsabilité, car par leurs exactions et leurs exigences – impôts, tailles, service militaire, droits seigneuriaux – ils empêchent les pauvres gens de penser à la vie spirituelle :

Ainsi est le monde troublés
Par gentillesse qui l'argue [1],
Qui les corps et les ames tue.
Nul n'a loisir de Dieu amer
Ne de son coeur en Dieu semer.

Un autre péché est très répandu, l'amour des femmes, qui est « grant punaisie et orreur » et que tout le monde doit craindre. Mais tous, même les clercs et les gens d'Eglise, s'y adonnent. Et pourtant l'on a des exemples qui prouvent qu'il ne faut pas croire la femme qui se dit amoureuse. L'histoire de Samson et Dalila, racontée en plus de 400 vers, illustre cette vérité. Ainsi, conclut le poète, par la perfidie des femmes les hommes souffrent souvent « honte, meschief et diffame ». L'amour est chose très dangereuse, et le poète déclare qu'il en a éprouvé lui-même les inconvénients. L'amour peut coûter à un homme honneur, santé, fortune, paix, vie et âme ! Les femmes n'aiment les hommes que s'ils sont riches ; quand ils ont perdu leur fortune, elles les quittent – le poète en a fait l'expérience. Et cette longue attaque sans merci de la femme se termine par une prière à Dieu :

39981 Qu'il nous acroye cest honneur,
Que de nos corpz soions seigneur
Et qu'en fole amour ne soions,
Raison tousjours au coeur aions.

[1] « Arguer » — « tourmenter, presser. »

C'est seulement à cet endroit que nous apprenons que c'est Tibert qui est responsable de tout ce sermon, aucune mention de lui n'ayant été faite jusque là. Tibert apparaît en fait dès le début de la branche dans la version A, que l'auteur a dû oublier dans l'intervalle de 20 ans entre la composition des deux versions, et il n'a pas tenu compte du profond remaniement qu'il a fait de toute la première partie de la branche. Dans toute la branche VIII Renart n'apparaît jamais, et c'est Tibert qui le remplace dans le premier rôle. Premier rôle très modeste d'ailleurs, car le poète semble s'être désintéressé des contes d'animaux. Plus de la moitié de cette dernière branche est consacrée à une satire mordante de la société de l'époque. Ayant terminé son sermon, Tibert s'en va à la chasse. Il rencontre sur son chemin une tigresse affamée et découragée. Elle lui révèle que depuis sept ans elle parcourt le pays, cherchant en vain la nourriture qui lui convient : une femme fidèle, sincère et obéissante. Tibert l'amène au marché où, l'assure-t-il, elle trouvera sa proie en abondance. Mais malgré les avertissements de Tibert, pas une des ménagères au marché ne craint la tigresse. Elles se plaignent toutes de leurs maris, dont elles voudraient être débarrassées, et décrivent avec plaisir leurs liaisons adultères.

La tigresse est prête à se laisser mourir de faim, mais elle se décide à substituer à une femme fidèle un ouvrier consciencieux, honnête et travailleur. Elle se rend donc à la place de Grève, où elle trouve des ouvriers de toute sorte qui offrent leurs services. Mais un couvreur, porte-parole de ses camarades, assure l'affamée qu'elle ne trouvera pas sa proie ici non plus. Il fait un cours complet sur la façon dont les ouvriers volent le temps et l'argent de leurs patrons, mettant cinq jours pour faire le travail d'un seul [1]. Les ouvriers de tous métiers, charpentiers, vignerons, moissonneurs, ne sont pas plus consciencieux, mais les plus voleurs de tous sont les charretiers et les bergers. La satire s'étend par la suite à presque tous les métiers et toutes les professions. Tour à tour la tigresse réclame, mais en vain,

[1] Cf. E. Faral, *La Vie quotidienne au temps de saint Louis*, Paris, 1942, p. 82-6, pour un commentaire sur ce passage.

des marchands qui ne soient pas malhonnêtes et hâbleurs, des taverniers hospitaliers, des avocats qui disent la vérité, des procureurs patients, des banquiers et prêteurs raisonnables et non dépourvus de pitié, des moines qui ne soient ni avares ni luxurieux, des prélats satisfaits de leur état, des juges loyaux et incorruptibles, des nobles sans orgueil et des seigneurs sans rapacité, des prostituées ou des prêtres qui ne demandent pas toujours de l'argent, et finalement des Frères Prêcheurs ou des sermonnaires qui pratiquent ce qu'ils prêchent : « abstinence, sobriété et patience, jeûnes, veilles et prières, pénitence et travail. »

Gaston Raynaud avait remarqué que la tigresse ne joue nullement le rôle qui lui est habituel dans la littérature médiévale, comme par exemple dans le *Trésor* de Brunet Latin ou le *Bestiaire d'amour* de Richard de Fournival. Il avait rapproché en même temps les plaintes des femmes contre leurs maris de certains passages des *Lamentations de Matheolus,* mais A. Langfors a noté [1] que le seul élément commun aux deux ouvrages est la tendance misogyne. Il a fait un rapprochement plutôt avec le *Dit de Bigorne et Chicheface,* où l'on trouve en effet un monstre fabuleux, d'une maigreur effroyable, qui ne se nourrit que des femmes qui obéissent à leurs maris.

Après cette longue tirade, l'auteur change subitement de thème une fois de plus, et la rédaction B de *Renart le Contrefait* se termine par un éloge de la patience. Il fait allusion spécialement aux années de 1337 à 1339, quand tout le monde dut contribuer à la préparation de la guerre par sa personne ou par sa fortune. La guerre n'eut pas lieu, mais beaucoup de fortunes furent ruinées, la monnaie fut dévaluée et les champs furent laissés incultes. C'est la patience qui a permis de supporter ces malheurs. C'est la patience qui nous fait supporter notre sort dans la vie, sans chercher à nous couvrir d'une fausse gloire comme Tiécelin le corbeau, qui voulait s'embellir des plumes des autres oiseaux. Mais la fable n'est pas terminée, et la version remaniée de

[1] *Notes et corrections au Roman de Renart le Contrefait,* dans *Romania,* XLIV, 1915-17, p. 91-7.

Renart le Contrefait reste, comme la rédaction A, inachevée et sans conclusion.

Renart le Contrefait laisse incontestablement une impression de confusion, surtout à la première lecture, une confusion qui provient de la longueur démesurée de l'œuvre, du manque de cohérence, des répétitions et des divagations, de l'absence d'un plan défini. Certes, le clerc de Troyes a créé quelques contes de Renart inspirés en bonne partie par les branches anciennes, qu'il a certainement bien connues. Mais il faut un certain recul pour former des idées assez claires sur l'intérêt et la signification de *Renart le Contrefait*. Et il faut reconnaître tout d'abord que l'apport personnel du poète est très restreint. Par contre, nous sommes reconnaissants au clerc de Troyes pour le tableau très vivant qu'il nous donne de son temps, un tableau illustré par la chronique locale et par des faits-divers dont il fut souvent le témoin. Il nous apporte des renseignements précieux sur les lectures et les connaissances historiques, scientifiques et littéraires des bourgeois cultivés de la première partie du XIVème siècle. S'il n'invente pas beaucoup, il a du moins le mérite d'indiquer ses sources. En dehors des auteurs classiques, nous reconnaissons l'influence de nombreux auteurs du Moyen Age, et surtout de Jean de Meun, dont les idées sont pour la plupart reproduites fidèlement dans *Renart le Contrefait.* Il faut reconnaître l'importance aussi des thèmes traditionnels, des lieux communs, bref, de l'imitation, procédé courant de la littérature médiévale.

Le plus grand intérêt de *Renart le Contrefait* est pourtant dans le tableau satirique du siècle, dans la critique acerbe que le poète fait de toutes les couches de la société féodale. Si l'allégorie est souvent employée, elle est loin d'être aussi soutenue que dans *Renart le Nouvel,* et les opinions du clerc de Troyes s'expriment plutôt par la parodie et surtout par une satire directe, amère, hargneuse. *Renart le Contrefait* entre dans la longue lignée d'oeuvres littéraires qui élevaient en France au Moyen Age la voix de la protestation et de la révolte contre le pouvoir absolu et arbitraire de la monarchie et de la noblesse, et contre les abus et la coruption de l'Eglise. Dans une société qu'il considère comme entièrement pervertie, ce sont la noblesse et le clergé que le poète bourgeois attaque le plus fréquemment et avec le plus de violence. S'il emprunte au *Roman de la Rose* une bonne partie de ses arguments contre le principe monarchique, son indignation et sa véhémence sont pourtant spontanées, inspirées par une expérience toute personnelle. Rarement, ou même jamais, écrit Mary Wood [1], a-t-on entendu des protestations aussi violentes et révolutionnaires contre la noblesse dans la litttérature de l'époque. Il ne faut pas se méprendre cependant sur les véritables sentiments du poète envers les vilains et le tiers état en général. Son attitude compatissante à l'égard des victimes de la tyrannie féodale n'existe peut-être qu'en fonction de son opposition et de son animosité envers la noblesse. Notre poète, solide et riche bourgeois, a de la sympathie pour les victimes de l'ennemi commun, mais ailleurs il répète facilement les lieux communs de l'époque, peu flatteurs, sur les vilains. Dans un endroit au moins, il critique durement les vilains qui ne livrent pas le travail dû à leur seigneur, et ailleurs il proteste plus d'une fois contre les mœurs et les mauvaises façons de travailler des ouvriers, qui selon lui sont également entachés des vices du siècle. Bourgeois, il s'emploie essentiellement à protéger ses propres intérêts contre les exactions et les impôts de la royauté d'un côté, contre la malhonnêteté et le manque de conscience des marchands et des artisans ou des ouvriers de l'autre.

Quant à la satire du clergé, il est à remarquer qu'elle est bien moins systématique et moins sévère dans *Renart le Contrefait* que dans *Renart le Nouvel* ou le *Couronnement de Renart.* Ses principales victimes sont les Mendiants, les Hospitaliers, et d'une façon générale les ordres réguliers. Par contre le clergé séculier est moins malmené – quelques traits dispersés contre l'ambition des prélats et les demandes d'argent des prêtres ordinaires – et les accusations de « renardie », de dissolution et de corruption lancées contre l'Eglise qui constituent le thème essentiel d'autres poèmes de Renart, notamment de *Renart le Nouvel,*

[1] *The Spirit of Protest in Old French Literature,* New York, 1917.

sont absentes de *Renart le Contrefait.* Si les abbayes sont accusées de négliger leurs affaires et de dissiper leur fortune, le poète reconnaît toutefois à l'Eglise le droit de lever la dîme, et il critique les empiétements de l'autorité royale sur les prérogatives des ecclésiastiques. Il fait d'ailleurs preuve d'une foi sincère, même fervente. Dans un passage qui condamne le luxe des prélats dans la rédaction A (cf. supra p. 393), il parle surtout en bourgeois conservateur et frugal, mais aussi en partisan de la simplicité chrétienne primitive à la manière de Jacquemart Gielée. Arthur Langfors a relevé quelques réminiscences de *Fauvel* dans *Renart le Contrefait* [1], et sa définition de l'auteur de *Fauvel* pourrait convenir également au clerc de Troyes : « un clerc très clérical, qui détestait les moines et les mendiants en particulier » [2]. *Renart le Contrefait* apporte une autre preuve du fait qu'au Moyen Age l'anticléricalisme n'était nullement incompatible avec la foi la plus sincère.

Il est intéressant de suivre dans *Renart le Contrefait,* la dernière branche importante de Renart écrite en français, l'évolution du caractère et du rôle de Renart même. Le vieux héros des branches primitives était devenu avec Rutebeuf le symbole des Ordres Mendiants ; dans le *Couronnement de Renart* il représentait avec son élection au trône la victoire du patriciat flamand, et dans *Renart le Nouvel* il incarnait l'esprit du Mal lui-même. G. W. Fenley a voulu rapprocher le héros de *Renart le Contrefait* de Fauvel et de Faux-Semblant du *Roman de la Rose* [3]. Il est vrai que Jean de Meun a exercé une forte influence sur l'auteur de *Renart le Contrefait,* et il est certain que ce dernier a connu et même utilisé le *Roman de Fauvel.* Mais dans un ouvrage aussi long, aussi incohérent et confus que *Renart le Contrefait,* il n'est pas surprenant que le personnage de Renart soit tout aussi divers et confus. Par moments il n'est que le goupil rusé des vieux contes. Ailleurs il joue un rôle tout allé-

[1] Dans *Notes et corrections,* p. 91-2.

[2] *Le Roman de Fauvel,* éd. Arthur Langfors, p. LXXIV-LXXV.

[3] G. Ward Fenley, *Faus-Semblant, Fauvel and Renart le Contrefait : A Study in Kinship,* dans *Romanic Review,* XXIII, 1932, p. 323-31.

gorique, allant jusqu'à représenter l'esprit du Mal, l'ennemi de Dieu et de la Raison, l'héritier direct de Faux-Semblant et de Fauvel. Mais ce n'est pas ce dernier rôle, me semble-t-il, que le poète eût désigné à la vérité à Renart, car le clerc de Troyes n'est pas un moraliste, comme Jacquemart Gielée par exemple. Jamais on ne sent le pessimisme profond qui imprègne *Renart le Nouvel* ou encore le *Couronnement de Renart.* Malgré ses critiques mordantes de la société, *Renart le Contrefait* ne présente pas le spectacle d'un monde perdu dans l'immoralité et le péché. L'on n'assiste pas au conflit du Bien et du Mal. Le clerc de Troyes veut au plus être philosophe, avec une philosophie empruntée surtout à Jean de Meun. Renart est en lutte, non pas avec la moralité chrétienne, mais avec Raison et Nature. Il faut ajouter cependant que l'auteur de *Renart le Contrefait* est bien moins osé que Jean de Meun et que sa pensée relie toujours Nature et Raison à l'idée chrétienne de Dieu. Et même Renart, après sa révolte contre Raison, devient philosophe et dispense des préceptes et des conseils d'une haute sagesse ! Cette transformation n'est pourtant pas tellement extraordinaire. On pourrait même parler plutôt d'évolution. Car dans *Renart le Contrefait* Renart reste étonnamment – Renart. Il y a peu d'anthropomorphisme dans tout le poème, il n'y a guère même la parodie des romans chevaleresques, de la société féodale. Renart reste surtout le rusé goupil, et les branches anciennes que le poète reprend sont notamment celles où l'anthropomorphisme est le moins marqué. Renart n'est plus en effet le héros véritable. Il ne joue que le rôle que le poète lui avait assigné au début du poème : un masque à travers lequel le clerc de Troyes exprime sa pensée. Ses aventures, ses échecs, ses luttes contre Nature et Raison, ne sont qu'un reflet de ceux qu'avait connus le clerc de Troyes avant de s'assagir et de devenir philosophe.

Dans la première rédaction, le personnage de Renart était mieux défini, puisque le poète en était encore à ses débuts. Il était encore sous l'influence du vieux *Roman de Renart* et se contentait largement de faire la satire de son époque dans les aventures de Renart. Dans la rédaction B le poète, certainement plus âgé, est inspiré du désir de faire une œuvre édifiante, morale, philosophique surtout, et ce sont Jean de Meun et les auteurs classiques qu'il imite. C'est peut-être aussi cette attitude philosophique qui explique l'adoucissement des violences de la première rédaction qu'on constate dans la deuxième version – les deux versions sont en effet si mal raccordées, qu'il faut croire à un changement complet dans l'attitude et l'intention du poète. Le résultat, a constaté Gaston Raynaud, est que « l'esprit alerte et savoureux du vieux roman est noyé au milieu de lieux communs et de notions encyclopédiques »[1]. C'est d'ailleurs cet aspect encyclopédique qui offre encore un champ de recherches très important mais qui dépasse les limites et les possibilités de cet ouvrage. Tous ces récits, tous ces développements de toutes sortes n'ajoutent en somme rien à la personnalité ou à notre concept de Renart, ils tendent même au contraire à le faire disparaître de vue. L'on peut se demander en effet si *Renart le Contrefait* fut beaucoup lu au Moyen Age; la rareté des manuscrits et des allusions dans la littérature de son siècle ne l'indiquerait pas. Ch.-V. Langlois a maintenu que *Renart le Contrefait* est aussi vivant qu'aucun conte de Renart du Moyen Age, et qu'il est, du moins de façon générale, « un rejeton légitime de cette excellente lignée »[2]. Aujourd'hui nous pouvons savoir gré au clerc de Troyes de nous avoir laissé une oeuvre qui permet de mieux connaître son époque, les idées, les lectures, les connaissances de ses contemporains. Des détails personnels, d'une extrême franchise, on peut se faire une image de la vie d'un bourgeois de condition aisée au XIVème siècle, tandis que ses remarques, et surtout ses critiques, donnent une quantité de renseignements de toutes sortes sur toutes les classes de la société. Seulement, il faut reconnaître que *Renart le Contrefait* est le dernier rejeton d'importance que la lignée ait laissé en France, et l'on peut se demander si ce « monstre » n'a pas étouffé Renart par sa longueur et sa science.

[1] *Renart le Contrefait et ses deux rédactions*, dans *Romania*, XXXVII, 1908, p. 246.

[2] *La Vie en France au Moyen Age*, Paris, 1924-5, II, p. 294.

Chapitre IX

LES DERNIÈRES BRANCHES FRANÇAISES DU ROMAN DE RENART

La *Doutrine Renart* et le *Dialogue de Renart et de la Loutre*, dans *Le Livre du Roy Modus et de la Royne Ratio*. L'influence du *Roman de Renart* dans l'œuvre d'Eustache Deschamps et dans les *Fables* de Guillaume Tardif. Quelques notes sur le *Supplément au Roman de Renart* de P. Chabaille. Qu'est-ce que le *Roman de Renart* est devenu en France après le XVème siècle ? La Fontaine ; l'influence au XVIIIème et au XIXème siècle.

Renart le Contrefait fut la dernière des grandes œuvres inspirées par le *Roman de Renart* dans la littérature française du Moyen Age. Au XIIIème siècle toute une série de poèmes, depuis ceux de Philippe de Novare jusqu'au *Renart le Nouvel* de Jacquemart Gielée, et de nombreuses allusions de toutes sortes dans la littérature en général avaient apporté la preuve de la popularité et du succès des vieux contes satiriques et comiques. Le XIVème et le XVème siècle au contraire n'ont laissé, en dehors de *Renart le Contrefait*, que quelques courts récits dont Renart est encore le héros mais qui sont, pour la plupart, incorporés dans des ouvrages tout à fait étrangers à la véritable histoire de Renart. C'est ainsi que *Renart le Nouvel* avait inspiré d'un côté l'amusant *Dit de la queue de Renart*, et d'un autre un chapitre du *Dit d'entendement* de Jean de Condé. *Renart le Contrefait* cependant semble être resté sans retentissement. Et pourtant l'ouvrage du clerc de Troyes consacre la valeur à la fois allégorique et symbolique de Renart. Dans la vie et le personnage de Renart dans le *Contrefait,* on reconnaît le bourgeois-auteur et la vie de son époque, tandis que la science de Renart et ses aventures sont associées aux forces qui s'opposent à Dieu et à son univers que gouvernent Nature et Raison. Il existe en même temps dans *Renart le Contrefait* de véritables contes d'animaux comparables aux branches primitives, mais ils sont normalement assortis de récits ou de considérations qui leur confèrent une tout autre portée. Désormais dans la littérature française les histoires de Renart auront surtout un caractère symbolique.

Le *Dit de la queue de Renart* et le *Dit d'entendement* appartiennent à la première moitié du XIVème siècle, tandis que l'ouvrage que nous allons considérer maintenant a paru au même siècle, mais plus tard, après *Renart le Contrefait.* C'est dans la première partie des *Livres du Roi Modus et de la Royne Ratio,* curieux traité de chasse moralisé attribué à Henri de Ferrières [1], que l'on trouve de nouveau mention de Renart. Dans cette première partie, le *Livre des deduis,* dont la date de composition est située par Tilander entre 1354 et 1377, l'auteur explique la nature et les propriétés des différentes bêtes. Mais il tire de chaque chapitre un exemple qui illustre différents aspects du caractère humain. Ainsi, au chapitre 79 intitulé « Ci devise les proprietés de renart pour essample », il nous décrit Renart et sa ruse. Il est à remarquer d'abord qu'il ne fait pas de distinction nette dans son emploi du nom de Renart, de sorte qu'il est évident qu'il pense à la fois à la bête sauvage et au héros populaire, preuve que sous l'influence du *Roman de Renart* le nom propre a presque évincé le vieux mot « goupil » : « Nous vous avons parlé du leu et de ses proprietés, si vous diron les condicions et proprietés du renart. Renart est une beste de petite estature et a le poil rous et a la queue longue et moussue et a mauvese fisonomie, quer il a le visage gresle et agu et les ieux enfossés et perchans et les orailles petites, droites et agues, et

[1] *Les Livres du Roy Modus et de la Royne Ratio,* publiés, avec introduction, notes et glossaire, par Gunnar Tilander, Paris, 1932.

est dechevant et plain de malice sus toutes les bestes du monde. » Pour illustrer la ruse de Renart, l'auteur reprend aux fables antiques et aux *Bestiaires* l'histoire de Renart qui fait le mort pour attraper les oiseaux. Mais la description physique des bêtes n'est que prétexte à des préceptes moraux. La ruse que Renart emploie avec les oiseaux amène donc une observation sur une certaine catégorie de personnes : « Ainsi font moult de gens en cest monde qui quierent leur vies par telles dechetes et vont es eglises, ou il s'asamble plus de gens, et en la greigneur presse il se laisent cheer comme se il fussent mors et traient la langue, et leur saut l'escume de la geule, et font acroire que il sont malades de mal de saint pour avoir et sourtraire l'argent des gens. Telles gens sont larrons Dieu, qui quierent leur vies par telles malises et decheites. » Si c'est le vieux goupil de légende qui a inspiré jusqu'ici les observations de l'auteur, par la suite il est évident que c'est Renart, personnage célèbre de la littérature, qui sert de modèle :

> Renart de sa nature et condicion est dechevant, plain de malice, engeneus, conveteus, rapineus, parfait en toute mauvestie. Renart a par tout le monde trainee sa queue. Ses condicions ont esté et sont si plesans au monde que les plus des gens usent de sa doctrine ; je ne di pas tous, mes le plus. Advocas de court d'iglise et de court laie sont parfais en la sianche Renart et en lisent tous les jours en ordinaire. Et combien que offises reaulz et cathedraus aient esté gouvernees par la doutrine Renart, ne vout il onques assieuter nulle office que une si comme il vous sera dist es condicions et proprietés du loutre.

Depuis longtemps nous sommes habitués à lire de ces accusations de renardie adressées aux avocats et aux dirigeants de l'état et de l'Eglise. La description pittoresque de l'universalité de Renart suggère l'influence du *Dit de la queue de Renart,* tandis que dans la branche VIII de *Renart le Contrefait* les cours ecclésiastiques sont notamment condamnées, et le clerc de Troyes manifestait une rancune profonde et systématique contre les avocats.

La « doutrine Renart » fait le sujet d'une véritable branche, le chapitre 80 intitulé « Ci devise la condicion et nature de loutre, de quoi il fait exsample », dont les acteurs sont Renart et la loutre. Dans la description préliminaire de la loutre l'insistance est sur son habitude de nager « entre deux eaux » pour pêcher des poissons, ce qui provoque la comparaison avec beaucoup de gens en ce monde :

> ... ce sont flateurs et flateresses qui dient mal d'aucun a leur seigneur quant il sevent que le seigneur le het, et a celui blasment leur seigneur quant il sont a privé. Et tieux gens peschent sous les rives et pranent le poisson, c'est que il sourtiennent les biens de leurs seigneurs par flater et lober. Encore sont autre maniere de gens qui noent entre deux yaues, ce sont cheus qui ne veulent aider ne conforter cheus a qui il sont tenus, pour doute de ceulz qui ont a faire a eulz, ains regardent le demené. Ce sont gens de mauvaise condicion.

L'auteur propose ensuite de raconter « comment le loutre et regnart voudrent avoir office real ». Il est significatif qu'au début, en comparant les caractéristiques physiques de la loutre, il emploie le terme « goupil », mais le personnage de son conte est toujours Renart. Un nouveau personnage fait d'ailleurs son apparition dans cette nouvelle branche de Renart :

> ... Si avint un jour que Renart aloit l'ouree d'une riviere querre Richart le mulot, a qui il avoit a besongnier, si trouva un tesrier et cuida que che fust la maison a un de ses parens, si se boute dedens et treuve le Loutre, qui tenoit un grant poisson.
>
> « Ha », fet le Loutre, « Renart, bien vegniez ! Vechi bien a mengier pour vous et pour moi ! »

On pense au poème de Pierre de Saint-Cloud, où la curiosité de Renart le pousse à entrer dans la tanière d'Isengrin. L'auteur observe les traditions du *Roman de Renart* aussi en donnant un nom au nouveau personnage, le mulot. Le reste du récit est composé d'un long dialogue entre les deux personnages. Renart refuse l'invitation de la loutre et explique qu'il se nourrit « de gelines et de poussins, de lapereaux, de lapins, de faons, de biches, de chevrotins et de toutes manières de bêtes et d'oiseaux qu'il peut prendre ou happer ». Il décrit comment, « par soutilles voies », il prend sa proie, mais avoue que d'autres bêtes, le loup, le taisson, le chat, la martre et le putois, lui nuisent. A son tour la loutre décrit comment elle chasse les poissons pour les prendre à son aise sous la rive, mais elle se plaint aussi de ses concurrents. Renart ne laisse pas échapper une si belle occasion et propose und accord : « Loutre », fait Renart, « tu sez bien que j'ai le renon sus tous autres de prendre et engingnier toutes bestes et tous oisiaux, et tu as le renon de prendre et engingnier tous poissons par devant tous autres. Se tu veulz estre mon alié, nous serons riches et aeseś par dessus tous autres et aron office, laquelle nous appartient, sus laquelle office nul ne reverra ne ne nous reprendra quelque chose que nous fachon. » Le projet que Renart explique à la loutre vise en effet à les rendre maîtres des eaux et forêts, aidés par leurs rivaux dans la chasse, qu'ils nommeraient leur « sergants ». Les serviteurs de la loutre auraient le rôle d'enlever les poissons dans les filets des pêcheurs, tandis que le loup surveillerait les bois : « Se il treuve veel, ne brebis, ne pourchel pres du bois, il les cachera dedens, puis les prendra comme forfaiz ». Un tel système donnerait d'excellents résultats, assure Renart, car il permettrait les pires exactions : « Et ainssi nous aron des amendes et des presens et aron char et poisson a plenté, et vaudron a cheulz qui feront presenz et nuiron aus autres. Tu as oï dire un proverbe qui est bon : Se aucun ne donne, l'en li tout; se nous n'avions que tors fais et les presenz perduz, si serion nous riches. » En réponse à la question de la loutre, qui veut savoir comment il compte obtenir son office, Renart donne la clef de cette allégorie assez bien déguisée : « Ha », dist Renart, « il nest rien que l'en ne fache par comperes et par commeres. Nous sommes tant de la frarie Saint Fausset que il ne peut que vostre besoigne ne soit faite, et si n'a seigneur u monde qui n'ait entour li de mes amis et qui usent de ma douctrine. » C'est ainsi que Renart et la loutre sont devenus maîtres des eaux et forêts, et l'ont été de temps immémorial. « Cil peut bien devenir Renart / Quant nul sus son fait n'a regart », est la morale par laquelle l'auteur termine ce conte allégorique de Renart. La petite histoire combine de façon amusante la moralisation qui caractérise les dernières grandes branches de Renart avec la fantaisie et la satire subtile des meilleures branches du *Roman de Renart* original. Il est curieux de constater que de plus en plus la satire contenue dans la présentation de Renart et l'idée de la renardie est dirigée contre les grands seigneurs : la science de Renart est devenue finalement la doctrine de tous ceux qui veulent gouverner.

Avant de quitter les *Livres du Roi Modus et de la Royne Ratio* je veux regarder un autre passage qui confirme peut-être mon hypothèse sur les origines ou l'inspiration de certaines branches anciennes de Renart. Au chapitre 78, sur les propriétés du loup, on lit notamment :

> ... Encore ont les leus une autre proprieté, quer, quant il ont toute jour erré et tourné pour mal faire et il vient au vespre, il ullent et s'asemblent, et est grant orreur et chose laide et effree que de les oïr uller. Et puis se despartent et vont les uns d'une part et les austres d'austre. Ainssi font les mauvés pastours prestres, qui errent toute jour es lieux dissolus et lessent leur brebis et vont en la taverne, et quant il est vespre, il vont en sainte eglise saous et yvres et s'asemblent et font une grant ulerie en disant vespres tellement que chascun se moque d'eulz, et est orrible chose a escouter.

Cette description de prêtres ivres qui célèbrent tumultueusement les vêpres fait penser tout de suite aux aventures de Primaut et de Renart dans l'église, dans la branche XIV, et encore plus à la branche XII de Richard de Lison, *Les Vêpres de Tibert.* On peut croire que l'auteur du *Roi Modus* écrivait d'après ses observations personnelles. Voilà donc un témoignage de plus qui confirme le caractère satirique des branches XII et XIV. Les hurlements de Primaut, lec cris et les chants dissonants de Tibert et de Renart devant l'autel, ne sont que l'imitation satirique des offices bruyants et irrespectueux dont se moque l'auteur du *Roi Modus* et qui avaient lieu au Moyen Age, peut-on conclure, même en dehors des turbulents Fêtes des Fous.

L'on pourrait s'étonner que l'auteur de la *Doutrine Renart* n'ait pas tiré davantage profit du *Roman de Renart,* dont les personnages si connus et si fortement caractérisés s'accordaient bien à ses intentions satiriques et allégoriques. Un autre poète du XIVème siècle, Eustache Deschamps, semble avoir été hanté, comme Rutebeuf, par le *Roman de Renart,* tant sont nombreux dans son oeuvre les souvenirs et les allusions à Renart et à ses compagnons. C'est Renart qui apparaît le plus fréquemment, représentant parfois la ruse et la tromperie en général, assimilé parfois à des personnages célèbres dans des poèmes allégoriques. Il est évident que Deschamps connaissait le *Roman de Renart* de façon intime, car quelques-unes de ses allusions se rapportent à des détails très précis des branches anciennes, et il remet en scène plusieurs personnages que l'on avait perdus de vue depuis un bon moment.

Dans la Ballade 1066 [1], dans laquelle Deschamps se plaint que le monde ne se corrige pas, il fait à Renart une allusion très générale dont le sens symbolique est cependant très clair : au refrain « Le temps toudis m'est tel comme il soulait » fait suite l'observation « Je ne le voy onques jour admender / Mais voy Regnart toudis dedenz sa pel ». Dans la Ballade VI, dirigée contre le pape Benoît XIII, Renart reste toujour le symbole de la ruse et de la fausseté, bien qu'il ait changé d'apparence :

> Princes, Renart a sa male avanture
> De peaulx d'aignel a fait une vesture,
> S'a deceu par barat vo conseil.

Ce n'est pas la première fois que le pape est dépeint sous les traits de Renart l'archi-fourbe.

Renart apparaît ailleurs comme personnification de la ruse dans des fables de Deschamps. La Ballade 232, où il se trouve en compagnie de Tiécelin, raconte le vol du fromage avec les flatteries habituelles au sujet du chant du corbeau qui distinguent la version du *Roman de Renart* et ses imitations de la fable antique.

[1] *Eustache Deschamps, Oeuvres complètes,* éd. Marquis de Queux de Saint-Hilaire et Gaston Raynaud, Paris, 1878-1904.

Une autre fable, racontée sous la forme d'une chanson royale – Chanson royale 364 – raconte l'histoire de Renart et d'Isengrin avec la singesse :

> Regnart qui scet du bas voler
> En yver trop grant fain avoit ;
> Mais vïande ne pot trouver,
> Dont a bien pou qu'il ne mourait :
> Sur la singesse qui gisoit,
> Va Regnars li malicïeux
> Et dit que moult sont gracïeux
> Ses enfants : lors prist elle a rire,
> Et ot mangier delicïeux :
> Tuit voir ne sont pas bel a dire.

Sa faim apaisée, Renart s'en va et rencontre Isengrin, à qui il raconte son aventure. A son tour Isengrin se rend auprès de la singesse, mais il a le malheur de dire que les petits singes sont fort laids et échappe avec peine des griffes de la mère outragée. Cette fable existait déjà dans le *Romulus*, les *Fabulae antiquae* et le *Novus Aesopus* d'Alexandre Neckam. Elle constitue aussi un épisode de *Reinaerts Historie*, la continuation du poème flamand *Reinaert de Vos* composée vers 1380. Une autre ballade de Deschamps (1062) reprend cependant le thème de l'utilité de mentir parfois et semble dans l'envoi faire allusion à cette fable :

> Prince, Ysangrin voult de Renart aprandre,
> En Ysopet, ce qu'ay voulu retraire ;
> Renart lui dist : « Se riches te veuls rendre,
> Ment donc toudis et le voir vueilles taire ».

Il semble que Deschamps ait trouvé son inspiration dans les collections de fables, antiques ou médiévales, mais son historiette amusante est bien plus proche des contes de Renart que de la fable.

Les allusions au *Roman de Renart* dans l'œuvre de Deschamps sont assez nombreuses et fort ingénieuses. La Ballade 858, « Les bêtes valent mieux que les gens », révèle que Deschamps a dû bien connaître les branches anciennes. L'allusion qui revient deux fois dans le refrain n'est peut-être pas claire immédiatement :

Je me complaing de toute creature,
Mais des bestes me puis assez louer,
Qui ensuivent et aiment leur nature
Et vont entr'eulx pour leur forme garder,
Et tous oiseaulx vont leur femelle amer ;
Mais seulx homs, dont je me dueil,
Ne veult amer dame, par son orgueil,
Ains la defuit et son per aime a part,
Tant que je voy par tout tristece et dueil :
Amour n'y voy fors l'amour de Renart.

En effet, il faut se rappeler la branche VII, *La Confession de Renart,* pour saisir le sens de l'allusion, car c'est là, au vers 349, que Renart proclame à son confesseur : « Sire, g'ai esté sodomites ».

Dans la Ballade 70, adaptation de la fable antique du chien devenu vieux, le mâtin s'appelle Roenel. Le chapitre XII du *Miroir de mariage,* intitulé « Exemple de la dure servitude de mariage par cellui qui juga le loup pris a estre marié pour le plus grant langour qu'il peust penser », raconte l'histoire d'un vieux loup, « grans et chenus », pris par des villageois qui veulent lui infliger un châtiment terrible. L'un propose que le pire tourment serait de lui donner une femme : « S'il a femme, doulx et piteux, / Et le verrez encore hermite ». Raynaud croit qu'il faut voir ici « le souvenir du travestissement religieux attribué au loup dans l'épopée animale du moyen âge », et l'on peut citer l'exemple de la branche III, qui raconte le *Moniage d'Isengrin,* ou encore le sacerdoce de Primaut dans la branche XIV. Mais à la fin, raconte Deschamps, « escorchierent il Ysangrin. » Un autre poème, qu'il appelle lui-même une « fumée », « C'est la commission des loups d'Espargnay sur la rivière de Marne », décrit une invasion de loups dans la région d'Epernay en novembre 1370 (R. pl. 1402). La nuit la ville était assiégée par les loups hurlants :

A nous griefment se sont dolut
Par nuit, de viez et de nouvel,
La lignie frere Louvel,
Autrement nommez Ysangrin,

Dame Hersant et leur affin,
Entour nostre maison des Champs
A cris et a horribles chans
Hurlans comme tuit forsené
D'un brait laidement ordené
A .III. ou V^c voix ensemble,
Dont de paour li cuers nous tramble,
Disant entour nostre maison
Que ilz sont en possession,
Par eulx et leurs predecesseurs,
Comme bons et vraiz possesseurs,
D'avoir entrée et d'avoir prinse
Dedenz l'enclos et la pourprinse
D'Espargnay, la viez fermeté.

Pendant des années, continue le poète plaisamment, Isengrin et Hersent avaient eu l'habitude, avec leurs confrères, d'envahir la vieille ville fortifiée et de prendre tout ce qu'ils désiraient, même la viande chez les bouchers. Mais voilà que des citadins avaient remis en état les défenses de la ville, d'où la rage et le dépit des loups :

Et encor y vont breteschant
En troublant et en empeschant
Ysangrin et sa nacion
En leur dicte possession,
Et dame Hersant la deschausse
A tort, sanz raison et sanz cause,
Indeuement et de nouvel.

L'allusion à « Hersant la deschausse » suscite de nouveau une question intéressante. Les éditeurs du texte ont proposé, avec quelque hésitation, la traduction « écorchée » pour « deschausse » ; mais en vérité il existe une histoire de Renart où Hersent est véritablement «déchaussée ». Elle doit en effet perdre la peau des pieds pour fournir des chaussures à Renart qui va partir en pèlerinage dans le *Reinaert de Vos* flamand, composé environ un siècle peut-être avant le poème de Deschamps. Déjà dans la Chanson royale 364, l'histoire de Renart et d'Isengrin avec la singesse, nous avons trouvé un sujet traité par Deschamps qui apparaît dans la continuation tardive du poème flamand. Il attribuait l'inspiration de la fable à un « Ysopet » quelconque. Mais l'épisode d'Hersent dépouillée de la peau des pattes appartient entièrement au *Reinaert* flamand. L'on est par conséquent tenté de se demander si Eustache Deschamps n'a pas eu connaissance de *Reinaert de Vos,* et aussi de la continuation *Reinaerts Historie,* lors des visites diplomatiques ou des campagnes militaires qui l'avaient amené maintes fois en Belgique et dont il nous a laissé des souvenirs dans d'autres poèmes.

La *Commission des loups* précise qu'à la suite de la trahison de la part des citadins, les mâtins de la ville ont de nouveau osé se montrer et volent les restes chez les bouchers dont se nourrissaient autrefois les jeunes loups. Isengrin et sa gent ont par conséquent juré de se venger sur les bêtes dans les champs s'ils ne sont pas réintégrés dans leurs anciens droits. Deschamps fait donc une proclamation solennelle et bouffonne :

Tenez, gardez et maintenez
Ysangrin et sa nascion
En saisine et possession
De la franchise dessur dicte
D'entrer et rissir franc et quicte
De ceste ville avec leur proye,
En faisant demolir la voye
De par nous, se il est mestiers
Ainsi comme elle estoit premiers.

Les mâtins sont tenus d'abandonner aux jeunes loups ce qu'ils leur avaient ravi. Si les deux partis n'acceptent pas ses conditions, Deschamps jure « par-devant Baucent le sanglier » de les faire détruire ou étrangler tous. « Fumée » amusante en effet, mais où l'on retrouve en partie l'atmosphère des tout premiers contes de Renart, le ton plaisant, la douce moquerie, et surtout les rapports entre les bêtes et les hommes qui caractérisent le genre.

En dehors de ces allusions et de l'emploi des noms des animaux, Eustache Deschamps a trouvé dans le *Roman de Renart* des personnages, des caractères, qu'il a employés très efficacement, à la manière de Philippe de Novare, dans des allégories satiriques et politiques. Déjà dans la Ballade 318, allégorie sur les impôts excessifs, il avait écrit, pour protester contre la corruption des officiers royaux,

> Singes et loups ont ceste loy trouvée,
> Et ces gros ours du lion curial
> Qui de no poil ont la gueule estoupée,

terminant par un appel au roi, « noble lion », de supprimer les exactions dont souffrent ses sujets. C'est ainsi que dans le Dit 1189, « Cy parle d'une fiction d'oyseaulx gentils, et par especial, de l'aigle, roy des oiseaulx, ramenée à moralité au gouvernement des princes », les renards représentent les financiers avides et les fonctionnaires cumulards, tandis que l'aigle qui les fait trembler est le roi Charles V. Cette espèce d'allégorie politique est représentée encore par un nombre de pièces de circonstance, dont les allusions sont généralement assez transparentes et dont l'on peut déterminer assez facilement les événements précis qui les avaient inspirées, comme dans la Ballade de Moralitez 192, *Sur une prophecie de Sebile* :

> Apres le temps qu'en la haie foraine
> Yert du sanglier le lyon desconfit,
> Prins et mené devers la Grant Bretaigne
> Et que chascuns ara Gaule en despit,
> Yert l'asne blanc saiges par son édit
> Ses pastures recouvrera arriere
> Sur le sanglier, lors venra le proufit
> Du cerf volant a la teste legiere.
> Sur les froumis aura victoire plaine
> Ains .XIIII. ans ou lac plain de delit,
> Lors destruira mainte beste villaine
> Et regnera mieulx qu'onques cerf ne fist,
> Et conquerra pluseurs bestes, s'il vit ;
> L'asne pesant querra en sa bruiere
> Que se rendra pour la paour fuitif
> Du cerf volant a la teste legiere.

Le lion est manifestement Jean le Bon, vaincu en 1356 à Poitiers par Edouard le Prince Noir – le sanglier – et emmené prisonnier en Angleterre. Le sage âne blanc, qui reprend ses terres au sanglier, est Charles V le Sage, qui passa effectivement son règne, comme sa régence pendant la captivité de son père, à relever la France. Le « cerf volant à la tête légère » qui doit recueillir l'héritage de son père est Charles VI. En désignant ainsi le jeune roi, Deschamps pensait-il à la mesure inspirée par le conseiller du roi Jean le Mercier ? « Une stabilisation (monétaire) s'impose. Jean le Mercier fit décider qu'on garderait de l'or en lingots, comme le faisait Charles V. Cet or, sauvegarde de la monnaie royale, serait mis sous la forme d'un cerf en or, « de la corpulence » de celui qui était sculpté au Palais de Justice. Mais on ne put faire que la tête et le cou de l'animal « et non plus » [1]. Certainement « tête légère » convenait bien aux folies et aux extravagances du jeune Charles VI, et Deschamps le désigne d'ailleurs par ce titre dans un autre poème. Les fourmis semblent désigner les Flamands, surtout les Gantois, perpétuellement en révolte contre leur comte, Louis de Male, qui fut soutenu par son suzerain le roi de France. L'âne pesant est le jeune roi d'Angleterre, Richard II.

Ces mêmes personnages réapparaissent dans la Ballade 229, une nouvelle prophétie politique sur le règne de Charles VI. Il y a cependant trois autres allégories de Deschamps dans lesquelles les personnages sont représentés, non pas simplement par des animaux, mais par des acteurs du *Roman de Renart*, et qui constituent de véritables branches de Renart. Ces trois allégories avaient leur origine dans les événements de la lutte qui opposait le jeune Charles VI à l'Angleterre et ses alliés. La Chanson royale 405 qui, tout en racontant une histoire de Brichemer et de Bernart l'archiprêtre, démontre le danger des trêves entre ennemis, condamne notamment les conférences de paix et la série de trêves qui n'aboutissaient jamais à une vraie paix :

[1] Joseph Calmette, *Le Moyen Age*, Paris, 1948, p. 362.

Il ot jadis, selon la fiction,
Guerre mortel, perilleuse et doubtable,
Qui trop dura et fist d'afliction,
Entre Bernart, l'arceprestre invocable,
Et Briquemer, le cerf non deffensable,
Qui gasterent l'un de l'autre pais.
Pastures, bois, faons sont envahis ;
Les feux boutez ; pluseurs mors en bataille ;
Tant que chascun d'eulx en fut esbahis ;
Treves ont prins entr'eulx, vaille que vaille.

Brichemer, le cerf qui ne se défend pas, est bien entendu Charles VI, et Bernart Richard II. La vie de plaisir et de gaîté effrénée que mène le jeune Charles VI, gaspillant les ressources du pays en frivolités, est mise en opposition avec les préparatifs méthodiques des Anglais :

Lors Briquemer, josnes d'entencion,
Non regardans la fortune versable,
Puissans de corps, court par sa region
Et en maint parc fait chose decourable,
Bestes saillir, hurter, courre, et muable
Le cours du temps ; par jour sont endormis,
Et par nuit sont aux gieux et dances mis.

L'allégorie animale représente très exactement la situation durant les années de trêves: l'inertie et l'insouciance du roi de France, et la carence du gouvernement encouragent les défections et augmentent les forces de Richard, qui ménage ses sujets et cultive ses alliés. Même au moment de la discussion de paix les hommes de Charles sont incapables de s'entendre entre eux, tandis que leurs ennemis, menés par Tibert le chat, c'est-à-dire Jean de Gand, duc de Lancastre, cherchent à tirer parti de leurs dissensions :

Or s'assemblent pour la conclusion
De celle paix loups, renars entendable :
Tybers li chas, pour la possession
De damp Bernart ; pour Briquemer parlable
Sont les chevriaulx, ours et levriers courable,

Mais en traictant ne puelent estre amis ;
Tybers li chas, qui aguette toudis,
Sent que le cerf n'a c'un po grain et paille,
Les treves ront et prant une souris :
Treves ont prins entr'eulx, vaille que vaille.

Sous la couverture de chercher une trêve, les Anglais laissent leurs adversaires s'affaiblir, pour leur enlever ensuite un autre morceau de la France – une souris pour Tibert. Que le roi Charles se rende donc compte qu'à la fin ses pertes seront irréparables, et qu'il profite des trêves pour préparer le combat à venir :

Mais as treves sont en decepcion
Pour Briquemer : ains le terme finable
Loups et sangliers et l'asne en union
En ses forests font dam inreparable,
Car despourve l'on sousprins à sa table
Et ont gasté pastures et herbis.
Qui treves a soit toujours ententis
De soy garnir et pour faire bataille,
Car de ces deux estoit li communs dis :
Treves ont prins entr'eulx, vaille que vaille.

Par les loups et les renards il est permis de penser que Deschamps veut désigner les alliés de l'Angleterre contre la France, et en premier chef les Flamands. Dans la Ballade 229 Renart est présumé représenter François Ackerman, un des chefs gantois et diplomate habile. Les loups représenteraient plutôt les grands seigneurs français qui visaient leur agrandissement personnel en aidant le roi d'Angleterre.

Dans l'absence d'indications précises, telles que celles que donnait Philippe de Novare pour accompagner ses poèmes satiriques de Renart, il n'est pas possible de reconnaître avec certitude tous les personnages des allégories de Deschamps, d'autant plus que les personnages empruntés au *Roman de Renart* changent parfois de personnalité et de camp. Tel est bien le cas dans la Ballade 331, qui veut enseigner que « le mérite n'est pas dans le nombre », bien que l'on reconnaisse sans difficulté les circonstances auxquelles elle se rapporte :

Renars estoit jadis en sa tesniere ;
Assiegiez fut du noble lion
D'un seul costé, mais Renars, par derrière,
Fist a son oste mainte derrision ;
Mainte pierre lui lança de canon
Et maint carrel lui lança d'arbalestre.
L'ost fist petit qui estoit grant foison :
L'exploit n'est pas a grant quantité estre.

Dans ces allégories de Deschamps le lion représente régulièrement le roi de France, cette fois-ci encore Charles VI, et Renart le chef des Gantois, François Ackerman, qui fut assiégé avec 1500 hommes dans la ville de Damme par une énorme armée française sous les ordres de Philippe le Hardi, duc de Bourgogne, en 1385. Malgré la disparité des forces en présence, Ackerman se défendit vaillamment et réussit dans une retraite hardie à s'échapper avec tous ses hommes, exploit qui provoqua manifestement l'irritation de Deschamps :

Car Bruns li ours a tout sa grant banniere,
Tybert le chat et Grimbert le tesson,
Et Ysangrin qui sist sur la bruiere,
Ne firent rien fors veoir le dongon ;
Trait n'orent il ne engin qui fust bon
N'abillement pour assaillir cel estre,
Et Renars fist toudis sa garnison :
L'exploit n'est pas a grant quantité estre.

Grant temps sont la veans a la barriere,
Cuidans veoir des fossez la façon :
Mais en veant leur vint de la carriere
De Maupertuis maint trait dur et felon.
La fut navre Briquemer et Moron,
Et maint bestail qui depuis ne pot pestre
Mort et occis ; et en conclusion,
L'exploit n'est pas a grant quantité estre.

Il est logique de penser que Brun, le chef des assaillants, désigne le duc de Bourgogne, mais il est certain que Tibert n'est plus le duc de Lancastre, allié d'Ackerman. Il doit désigner un grand seigneur français, ainsi que le font Grimbert et Isengrin. Brun,

Tibert et Isengrin figurent sans doute parmi les partisans de Charles VI en raison de leur opposition implacable à Renart, et non pas parce qu'ils ont une affinité quelconque avec les personnages qu'ils représentent – nous avons vu le même procédé dans les satires de Philippe de Novare. Raynaud a avancé la suggestion que Moron, nom de la marmotte, désigne peut-être le sire de Clari, qui fut tué au siège de Damme et dont parle Froissart. Il est évident aussi que Brichemer représente un autre seigneur, et non Charles VI comme dans d'autres de ces poèmes allégoriques. Mais ce qui est surtout inattendu dans ces vers, et qui témoigne de la vivacité, après plus de deux siècles, de Renart et de sa légende, c'est la désignation de la petite ville flamande, où se tient vaillamment un nouveau Renart maître de la ruse, par le nom de Maupertuis, si suggestif et si riche en souvenirs. Comme d'habitude, c'est encore une fois Renart qui triomphe de ses ennemis et met les forces du lion en déconfiture :

Le siege estant, vint une pluie fiere,
Que l'ost moilla entour et environ ;
Si firent lors les aucuns mate chiere.
L'un a l'autre disoient : Que fait on ?
— Je ne le sçay, dit le sanglier Jefon,
Ne je ne sçay dont tel conseil puet nestre,
De venir ci tant bestail de renon :
L'exploit n'est pas a grant quantité estre.

A la fin c'est le singe, dont la ruse n'est guère inférieure à celle de Renart lui-même, qui donne le mot de la fin : jamais l'imprévoyance et l'indécision ne prévaudront contre Renart :

Le singe dist : Nul n'enquiert la maniere
De faire assault a loup n'a heriçon ;
Ceuls qui scevent se traient pour ce arriere,
Je ne croy bien que pour ce traction ;
Mais je lo bien que nous nous pourveons
Pour assaillir : car Renars est le mestre
A decepvoir. Pour Dieu, or y penson :
L'exploit n'est pas a grant quantité estre.

Dans l'envoi le poète s'adresse directement à Charles VI, lui rappelant que la préparation et la résolution sont indispensables dans la conduite des sièges. La comparaison est piquante entre cette campagne infructueuse des Français et les différents sièges de Maupertuis par Noble, tout aussi mal préparés et inutiles.

Ces ballades allégoriques, composées autour d'un seul épisode, ont gardé la verve satirique des vieilles branches de Renart, et l'aspect allégorique n'en ressort vraiment qu'à la fin, dans l'envoi. La plus importante des allégories politiques où Deschamps emploie volontiers les noms de Renart et de ses compagnons, la *Fiction du lion,* est empreinte d'un caractère nettement plus moralisateur, ainsi qu'il ressort de l'indication donnée dès le début : « Du mauvais gouvernement de ce royaume, selon ceste fiction que l'auteur adresse au lyon en condescendant aux autres bestes, par manière morale ». En effet, la *Fiction du lion,* composée vraisemblablement après 1382 et restée inachevée, n'est qu'une critique âpre et satirique du gouvernement de Charles VI, qui est comparé à celui de son père. Au début Deschamps invoque une prétendue autorité, à la manière de plus d'un conteur ancien de Renart, et réussit à recréer l'atmosphère des branches primitives en mettant en scène toute la cour du royaume animal :

> Je treuve en une fiction
> Que sire Noble le lion
> Fut jadis si sires des bestes,
> Que en tous cas les trouvoit prestes
> De faire son commandement,
> Et vivoit on si largement
> A sa court de son vray demaine,
> Que tousjours la trouvissiez plaine
> D'alans, de cerfs et de levriers,
> De chevaulx et de bons coursiers,
> De panthères et d'unicornes
> Et de sangliers, si que leurs cornes
> N'osassent lever a ce temps
> Ne faire noise ne contens.

Ce sire Noble, qui comme son prédécesseur savait si bien imposer son autorité, n'est autre que Charles V, et toute la première partie du poème, jusqu'au vers 528, est un long éloge de son oeuvre. A travers l'allégorie transparaissent facilement les ordonnances, les mesures et les institutions dont le Roi Sage dotait le pays, faisant de son règne, aux yeux de son serviteur et admirateur, un véritable âge d'or. Le poète a l'air même de reprendre, pour la réfuter, la plainte poussée par Renart deux siècles plus tôt dans la branche du *Jugement* pour protester contre la mauvaise réception réservée aux seigneurs pauvres :

Tuit estoient illec delivre
Et assis sanz faire dangier,
Sanz eulx demander au mangier :
« Dont estes vous ? Qui vous a sis ? »

Une allusion au Parlement des bêtes, « Ou il ot .LX. et .X. testes / Qui droiz sçavoient et usaiges », loue les réformes du Parlement et du système judiciaire accomplies sous l'égide de Charles V. Le rétablissement monétaire, la limitation des pouvoirs temporels des ecclésiastiques, la création de la Cour des Comptes, autant de mesures dont le roi améliora le sort de son peuple, sont introduits dans le récit sous forme allégorique :

Et encore recite la fable,
Qui puet estre au voir acordable,
Que cilz lions que je remembre
Fist pour ses comptes une chambre,
Ou il ot .IIII. chas soubtils
Et .II. renardiaulx ententis,
Qui avoient du droit demaine
Du lyon la charge et la paine.

Les résultats de ce sage gouvernement étaient très heureux :

Et ainsi longuement vesquirent
Les bestes, leur roy obeirent
Et amerent parfaictement,
Et leurs seigneurs semblablement.

Mais à la longue la facilité de la vie, l'abondance de l'argent et des loisirs, suscitaient des envies de changement :

La truie vouloit estre chievre,
Le tesson vouloit estre lievre,
Le beuf vouloit estre sangler,
La brebis vouloit ressembler
A la couleur de la panthère.

Les gens, surtout les nobles, se jalousaient, semant discorde et conflits ; les tribunaux étaient assiégés de plaintes, dans lesquelles la race de Renart s'enrichissait en ruinant les plaignants :

Les renars, des causes patrons,
En firent mains povres et rons,
Et par leur grant subtilité
Firent droit de l'iniquité
A cellui qui plus leur donna.

Le clerc de Troyes avait attaqué les avocats dans presque les mêmes termes. A son tour Deschamps se plaint des empiétements de l'Eglise sur les droits de la justice temporelle, des factions qui, conduites par des princes ambitieux et cupides, déchirent le pays. L'amertume du poète s'exprime douloureusement dans des vers qui ressemblent étrangement à des passages de *Renart le Nouvel,* du *Couronnement de Renart* ou du *Contrefait :*

Toute beste au jour d'ui desvoye,
Sanz craindre les dieux ne doubter,
Ne sanz les vices rebouter.

La corruption générale finit par exaspérer les dieux, qui tiennent conseil pour discuter de la situation. Jupiter, Mars, Cérès, Saturne, décident la destruction du pays dissolu et désordonné. Avec l'introduction de la mythologie antique dans ce qui était jusque là un conte d'animaux, l'allégorie devient plus complexe, mais son sens n'en est pas moins évident. Quand Mars menace le pays du lion d'une invasion –

« Je les pugniray bien par guerre,
Et s'a bien ne sont convertis,
Par moy seront mors et occis,

> Car loups, lyons, sangliers, lieppars
> Feray venir de toutes pars »,

l'on n'a pas de mal à reconnaître les ennemis de la France, en premier lieu l'Angleterre, sur les armoiries de laquelle les léopards n'avaient pas encore été métamorphosés en lions. La mort prématurée de Charles V et la venue sur le trône du très jeune Charles VI font partie du complot des dieux :

> « Et si leur donrrons enfant roy,
> Juesne lyon, pour leur desroy
> Soubzmettre et vengier leur orgueil ».

Une seule voix s'élève contre tant de dureté, celle de dame Nature. Pendant plus de 1400 vers elle discourt sur son rôle dans le monde, rôle inspiré directement du *Roman de la Rose.* Elle finit par implorer les dieux d'épargner les moins corrompues des bêtes. Les dieux rejettent sa demande et décident que la destruction des gens sera longue et pénible, en châtiment de leurs péchés. C'est Mars qui reçoit la commission de commencer l'œuvre de destruction. Il convoque la corneille, le chat-huant, le corbeau, pour s'assurer de leur aide. Mais le concours d'un autre personnage lui est surtout précieux :

> Mais premiers parla a Renart,
> Qui venoit des marches d'Espagne.
> Nez ne fut pas en Allemaigne,
> Mais vers Pampelune en ces vaulx
> Et es marches de Roncevaulx.

Parmi les ennemis les plus acharnés de Charles V et de la France, l'on reconnaît immédiatement dans ce Renart Charles le Mauvais, sacré roi de Navarre à Pampelune en 1350. La personnalité traditionnelle de Renart correspond bien au portrait de Charles le Mauvais :

> Moult estoit beaux et acointables,
> Saiges, parliers et decevables,
> Subtils a bestes decepvoir

Et grans malices concevoir,
Faintis en faiz qu'il avoit chier
Pour les autres bestes trichier,
Alans et retournans maint pas,
Et traîtres en pluseurs cas
Estoit souvent, qu'il estrangloit
Lyevres et connins engouloit
En cheminant o eulx en paix,
Et ne s'en gardassent jamais
Pour la douceur de son visaige,
Tant enqueroit en tapinaige
Et sçavoit les estas des cours,
Et souvent faisoit a rebours
De ceuls qu'il faingnoit estre amis
De ce qu'il leur avoit promis ;
Et n'y avoit loup ne lieppart
Qui souvent ne fust de Renart
Pincez par nuit en traison,
Ou de plain jour en sa maison,
Ou deceuz par quelque voie.

Renart accepte avec empressement la tâche que Mars lui confie : « confondre les royaumes, faire périr et fondre pays, bêtes et forêts », car il trouve toujours son profit en exerçant sa malice et sa malhonnêteté :

Et que pour ce fut Renart prests,
Que la subtilité moustrast
Entre les plus grans, et semast
Guerres, dissencions, haines
Traisons, contens, ataines,
Murmures et commocions,
Forjurées rebellions
Du plus petit jusqu'au plus grant.

L'action de Renart figure bien la longue suite de conspirations, de trahisons et d'alliances avec les ennemis de Jean II et de Charles V, depuis le roi d'Angleterre jusqu'aux meneurs de la Jacquerie, cette révolte des « plus petits », dont Charles le Mauvais fût l'instigateur. Renart prend congé de Mars et se met à sa besogne. Les allusions sont ici très claires :

Pour guerre faire et esmouvoir
Se partit pour trouver un hoir
Et mettre grant dissencion
Entre damp Noble le lyon
Roy des bestes de Gaule nées
Et de pluseurs autres contrées,
Et le lieppart, qui estoit grans
Sire de l'Isle des Geans
Ou il failloit passer la mer.
Ly renars qui faingnoit l'amer
Et n'ouvroit fors que par boidie,
S'en ala faingnans qu'il mendie,
Et fist tant que la mer passa ;
Et puis au lieppart s'adressa
En le saluant humblement.

Le léopard est Richard II, qui accorda une sauvegarde à Charles le Mauvais en 1383, sans qu'il soit pourtant certain que Charles soit allé en Angleterre. Quoi qu'il en soit, le poème nous montre Renart reçu avec joie à la cour du léopard, à qui il révèle le but de sa visite. Il exhorte le léopard à faire valoir ses droits à la couronne de France et à faire la guerre au lion, mais l'engage au secret pour assurer ses propres enfants contre la vengeance de Noble. Le poème s'arrête ici brusquement avec la notice : « Cy mourut l'acteur, et pour ce demoura la fiction cy dessus imparfaicte ».

La *Fiction du lion* fut certainement composée au début du règne de Charles VI, mais après le voyage présumé de Charles le Mauvais en Angleterre en 1383. Il est intéressant de constater qu'à la fin du XIVème siècle le *Roman de Renart* a pu inspirer encore une allégorie historique et satirique qui rappelle la « branche » de Renart de Philippe de Novare écrite plus de 150 ans plus tôt. Mais plus intéressant encore est le large emploi que Deschamps a fait des vieux contes de Renart dans son œuvre en général ; non seulement des noms, mais aussi des épisodes sont empruntés aux branches les plus anciennes, et la valeur symbolique des personnages célèbres du monde des bêtes est exploitée avec humour et adresse. Ce qui frappe tout spécialement dans ces poèmes de Deschamps, c'est que, en dépit de leur intention allégorique ou symbolique, ils ne ressemblent guère à tant d'autres continuations du *Roman de Renart* où le ton est acrimonieux, moralisateur, sombre. Deschamps est retourné chercher son inspiration directement aux sources primitives, et en même temps il a renoué avec la tradition primitive en donnant à ses poèmes de Renart un caractère surtout comique et satirique. Il met ses lecteurs en garde contre les machinations de Renart, symbole des ambitieux et des conspirateurs déloyaux, sans pourtant oublier de les faire rire. Après plus de deux siècles d'existence, et malgré la création d'un Renart sinistre, symbole du Mal dans des œuvres morales, sentencieuses et souvent ennuyeuses, les vieilles branches comiques n'avaient pas perdu leurs droits et leur attrait.

L'examen de l'œuvre d'Eustache Deschamps nous amène à la fin du XIVème siècle, et en même temps presque au terme de l'histoire du *Roman de Renart* dans la littérature française. En effet, le *Roman de Renart* ne semble pas avoir eu beaucoup de résonance dans la littérature française après le XVème siècle. Il est vrai que le XVIème siècle nous offre le *Livre de Maistre Regnart,* mais nous avons déjà vu qu'il ne s'agit là que d'une version en prose de *Renart le Nouvel.* Au XVème siècle les allusions à Renart ont presque disparu de la poésie française, et quoique les copistes aient continué à reproduire les anciennes branches, Renart n'inspirait guère plus les poètes français. Il nous reste cependant deux petits récits de la fin du siècle qui mettent Renart de nouveau en scène, et d'une façon délicieuse.

C'est à Guillaume Tardif, professeur au Collège de Navarre et lecteur de Charles VIII, que nous devons les derniers contes de Renart. Dans les dernières années du siècle, entre 1491, année du mariage du roi, et 1498, année de sa mort, Tardif avait traduit à l'intention de son maître des fables latines de Laurent Valla. Mais il ne se bornait pas à les traduire; à l'aide d'une imagination vive et enjouée il les remaniait complètement, les développant beaucoup, créant de véritables personnages à la place des simples figurants de fable, ajoutant une foule de détails pittoresques et amusants, mettant l'accent bien plus sur le récit que sur la moralité. De ces fables deux constituent de véritables petites branches de Renart en prose où Renart est représenté sous des traits qui on été empruntés au *Roman de Renart* primitif. Puisque ces deux fables, qui ne sont pas très longues, ne sont pas très connues ni très faciles à trouver, il me semble désirable de les reproduire, du moins en grande partie, d'après la seule édition que j'aie pu trouver [1].

La première, n° XIV de la collection, est intitulée « Fable d'ung Regnard et d'ung Lyon » :

> Certain Regnard estoit en ce temps qui jamès n'avoit veu ne regardé Lyon en barbe ne rencontré. Advint ung bon jour que Dam Regnart comme dévot hermite alloit cherchant son advanture par les villages et vouloit exécuter certaine Commission qu'il avoit de prendre au corps coqz, gélines et ouayes, ou à tout le moins les adjourner à comparoistre en personne. Ainsi qu'il s'en alloit dévotement pensant la manière d'exécuter sadicte Commission, il leva la teste pour regarder devant lui et incontinent il advise ung Lyon grant et horrible lequel venoit devers luy. Maistre Regnart, qui jamès n'avoit acoustumé veoir tel Religieux parmi les Frères de son Ordres, fust tellement estonné et espouvanté et entra en une passion de crainte si grande que la fièvre le print et a peu qu'il ne mourut. Et subtillement fist tant qu'il évada pour le jour le péril dudict Lyon et retourna en son hermitage sans exécuter sa Commission. Lendemain que ses espris furent rassis, se advisa qu'il retourneroit faire sadicte exécution, et rencontra en chemin le Lyon dessusdict, lequel luy fist grant paour, mais non pas si grant qu'il avoit fait ou par avant, touteffois s'en retourna il à son logis tout camus. Et, quant vint le lendemain, proposa en luy mesmes, qu'il retourneroit encores à son entreprinse et que, s'il rencontroit ledict Lyon, quoy qu'il en deust advenir qu'il parleroit à luy, ce qu'il fist et, par la subtilité et la cautelle de Maistre Regnart, il fist tant envers ledict Lyon qu'ilz furent amis, car ilz parlèrent de plusieurs choses touchant leur estat, et furent aussi comme compaignons, toute crainte et diffidence hors mise de la partie dudict Regnart.
>
> Ce Apologue et fable dessusdict veult innuer et donner a en-

[1] Guillaume Tardif, *Les Apologues de Laurent Valla, suivis des ditz moraulx*, réimpression d'après l'exemplaire sur vélin de la Bibliothèque Nationale, Le Puy, 1877.

> tendre que longue acoustumance, conversation et fréquentation de choses terribles et horribles à veoir et endurer faict et donne occasion que lesdictes choses ne semblent point terribles ne merveilleuses, ains semblent faciles et aysées à faire, comme seroit endurer les périlz de mer et bataille.

La différence entre ce récit, tout simple qu'il soit, et une fable d'Esope, est telle qu'il faut parler de transformation plutôt que de traduction. L'idée de Renart déguisé en hermite est bien du *Roman de Renart.* Mais ce qui distingue le récit de la fable, c'est surtout la conception des personnages, l'anthropomorphisme qui caractérise le *Roman de Renart,* qui en est un élément essentiel. On n'a pas affaire au goupil, mais à une vieille connaissance, Maître Renart, et le dénoûment du récit résulte non pas de « longue acoustumance, conversation et fréquentation », comme la moralité le ferait croire, mais de « la subtilité et la cautelle » qui sont les caractéristiques reconnues depuis longtemps de Renart. Pour mieux comprendre ce qu'a fait Tardif, il faut comparer son oeuvre avec l'original. La Fable XVI de Laurent Valla, « De vulpe et capite quodam », n'occupe que quelques lignes : « Vulpes aliquando in domum citharoedi ingressa, dum omnia instrumenta musica, omnem supellectilem scrutaretur, reperit e marmore caput lupinum scienter fabreque factum : quod cum in manuo suscepisset, inquit : O caput cum magno sensu factum, nullum sensum obtinens. » Sur ce simple exposé, tout juste suffisant pour présenter et justifier la moralité, Guillaume Tardif a élaboré tout un récit imaginé, vivant, pittoresque :

> Maistre Regnart ung jour, pour mieux entretenir et décorer l'estat de la chapelle de son nouveau hermitage, voulut devenir Musicien et Chantre ; car, ainsi qu'il passoit par devant l'ostel d'ung Ménestrier, qui jouoit de la harpe aussi doulcement ou près que Orphéus, se arresta pour escouter l'armonie de la harpe, ainsi qu'il a l'esperit subtil, et aussi les proportions et accordz de ladicte harpe. Et en effect fust tant ce Maistre Regnart ravy du son et mélodie d'icelle harpe qu'il entreprint entrer dedans la maison dudict Ménestrier pour aprendre quelque chose de l'art. Quant il fust entré dedans et faict son Inclinabo, ainsi que bien le sçavoit faire, il se assist dans une chaire pour escouter mieulx

> à son ayse le son de l'instrument, et bien eust voulu qu'il y eust cousté deux ou trois gélines de Jacques Bons-homs, sans rien y employer du sien, et il eust autant sçeu de l'art de musique et de instrument comme faisoit celuy qui dudict instrument jouoit. Après ce que ce bon Religieux et vaillant Hermite Dam Regnart eust longuement recréé et refocillé ses esperits, il regarda et advisa plusieurs manières de instruments musicaulx qui la estoient, et se print à les manier l'ung après l'autre. Puis demanda au Maistre Ménestrier, se pour estre expert du mestier convenoit jouer de tous lesdis instrumens qui là estoient, et le Maistre luy respondit que ouy. Maistre Regnart, considérant que trop luy porteroit de domage estre si longuement escolier, pour aprendre musique, se advisa qu'il luy suffiroit bien, pour l'estat de sondict hermitage, avoir une Chapelle de Coqs et de Gélines qui chanteroient les Responds et des Poucins pour dire les Versès, et que bien et honnestement s'en estoit aydé le temps passé et que encores ainsi se feroit. Et ainsi qu'il eust pris congié du Maistre et qu'il fust hors de la maison, advisa l'hostel d'ung Paintre, ouquel avoit plusieurs fortez et différentes manières de ymages, et là entra pour regarder quelle image luy seroit propice en sa Chapelle. Si tost qu'il fust entré, trouva une teste de Loup, laquelle estoit de marbre, faicte et taillée par curieulx et industrieux artifice, car elle estoit tirée sur le vif si proprement que on eust peu dire au premier sault que ladicte teste estoit toute vive. Maistre Regnart, qui la teste spéculoit et regardoit très diligemment, après ce qu'il eust ainsi tout bien regardé et spéculé, commença à dire en la présence de ceulx qui là estoient : « O teste, tant tu as esté faicte par grant sens et exquise subtilité de engin humain, tant tu es décorée et embelie par subtil artifice, et touttefois il n'y a point de sens en toy, de utilité ne de prouffit ».

Rien dans cette histoire ne rappelle la manière de la fable, et la moralité n'en donne pas plus le ton : « . . . . . peu vault vacquer à choses qui n'aportent point de profit, mesmement que beauté extériore, artificille ou naturelle, ne vault se on n'a quelque science ou vertu en sa pensée intérieure. » A la vérité, tout est motivé, tout s'explique naturellement dans le récit, et aucune explication supplémentaire n'est nécessaire. Nous sommes déjà habitués à voir Renart dans le rôle de frère, et son désir d'orner la chapelle de son ordre explique sa présence chez le ménétrier, et ensuite chez le peintre. Tout l'intérêt est dans la narration, dans la personnalité de maître Renart qui, avec ses belles manières, sa curiosité, son faible pour « coqs et gélines », son intérêt pour la musique, nous rappelle tant de vieilles branches du *Roman de Renart.* Le mérite de Tardif est d'avoir retrouvé les rapports entre les bêtes et les hommes qui, tout en évitant un anthropomorphisme trop poussé, font le charme des histoires de Renart. On pense immédiatement à l'histoire de Renart jongleur, dans laquelle il s'entretient familièrement avec le teinturier et joue tout naturellement de la vielle. Après tant d'ouvrages satiriques et allégoriques, dans lesquels Renart n'est qu'un symbole, un personnage allégorique, ou même parfois une caricature dépouillée de sa personnalité vivante, nous retrouvons avec plaisir notre vieux Renart, maître débonnaire de la ruse et de l'intelligence. Mais c'est surtout le héros populaire, celui qui a exprimé si souvent et si bien les joies, les rancunes, les critiques et les moqueries de tout un peuple « gouailleur et frondeur », que nous reconnaissons dans le Renart qu'a dessiné Guillaume Tardif.

*

* *

C'est avec les récits de Guillaume Tardif que se terminent les recherches sur l'influence du *Roman de Renart* dans la littérature française et sur ses prolongements au Moyen Age. Il faut cependant apporter ici quelques corrections aux assertions de Jubinal et de Chabaille, qui avaient publié, le premier dans son *Nouveau Recueil de fabliaux* [1], le second dans son *Supplément* au *Roman de Renart* [2], quelques poèmes dont les titres les avaient amenés à les insérer dans la série de poèmes sortis de l'oeuvre de Pierre de Saint-Cloud. Deux de ces poèmes, *De Renart et de Piaudoué* et *Du Plait Renart de Dammartin contre Vairon son roncin,* n'ont aucun rapport avec le *Roman de Renart,* mais doivent leurs titres au nom de leur auteur, Jean Re-

[1] *Nouveau Recueil de fabliaux,* Paris, 1839-42.

[2] *Le Roman de Renart, Supplément, variantes et corrections,* Paris, 1835.

nart [1]. Chabaille avait reproduit également un poème intitulé *La Compaignie Renart,* qui est parfois mentionné comme un fabliau, mais qui n'est qu'une variante de la branche XVI, *Le Partage du lion.* Chabaille a publié aussi un poème du XIV ème siècle dont le titre, *La Vie du saint hermite Regnart,* semble promettre une nouvelle branche satirique de Renart. A la vérité *La Vie du saint hermite Regnart* sert plutôt à démontrer comment on se servait à l'époque de la réputation de notre vieux héros pour présenter au public une œuvre qui est tout à fait indépendante du *Roman de Renart.* Chabaille avait édité le poème d'après l'unique manuscrit, qui est du XVème siècle, et plus tard Ernest Martin avait proposé de nombreuses corrections [2], et avait ajouté quelques remarques qui permettaient de dater le poème d'après 1380. Martin a surtout fait ressortir la vraie nature de l'œuvre, dont le titre est extrêmement trompeur. En effet, ce poème n'est pas du tout une nouvelle branche de Renart, mais simplement une adaptation, très étendue, de la fable du *Romulus* du renard et du singe, qui paraît d'ailleurs, sous une forme plus réduite, dans l'*Isopet de Lyon* et l'*Isopet I de Paris.* Tout en donnant un développement très poussé au récit, le poète du XIVème siècle reste toujours dans les limites de la fable et ne nous transporte pas au royaume des bêtes. Au début du poème il se sert de l'ancien terme « goupil », et manifestement il ne songe à évoquer le personnage célèbre du *Roman de Renart,* bien que par la suite il emploie « Regnart » à la place de « goupil » et comme nom propre. Le singe par contre ne reçoit pas d'appellation personnelle. C'est le ton de l'apologue qui règne dans tout le poème, à nul endroit ne percent la parodie, la satire, la personnification de Renart qui caractérisent les vraies branches de Renart.

A partir de la fin du XVème siècle donc, la matière de Renart ne semble plus avoir inspiré les écrivains français. Bien plus, l'absence presque totale d'allusions dans la littérature fran-

[1] Cf. Rita Lejeune-Dehousse, *L'Oeuvre de Jean Renart,* Paris-Liège, 1935.

[2] Dans *Zeitschrift für romanische Philologie,* VI, 1882, p. 347-51.

çaise aux siècles suivants semble indiquer que le *Roman de Renart* était tombé dans l'oubli. Dans le mystère de Saint-Christophe d'Antoine Chevalet, composé en 1527, le clerc du grand prêtre Antropatos est appelé Ysengrin, et on peut croire que ce nom, qui répond tout à fait au caractère du personnage, vient du *Roman de Renart*. Dans la pièce de Pierre de Larivey, *Les Escoliers,* écrite en 1579, Lucain, serviteur d'Hypolite, dit (Acte I, Sc. III) : « Je dy que resemblerez au regnard qui contrefait le mort, afin d'estre jetté sur la voiture des pescheurs, puis s'estant bien empli le ventre, se mocque d'eux. » [1]. Souvenir très précis de la branche III, mais on remarque que « regnard » n'est pas employé comme nom propre [2]. De telles allusions aux aventures de Renart sont pourtant extrêmement rares, et, chose bien plus significative, la fin du Moyen Age et la Renaissance en France n'ont pas connu d'édition du *Roman de Renart* original. Il est vrai que la version en prose de *Renart le Nouvel* avait été réimprimée plusieurs fois au XVIème siècle, mais c'est la seule branche de Renart à connaître cet honneur à cette époque. En 1566 Plantin avait sorti sur ses presses à Anvers un ouvrage en prose intitulé *Reynier le Renard* ; mais il convient d'expliquer tout de suite qu'il s'agit d'une traduction française d'une version en prose du poème flamand *Reynaert de Vos.* J'aurai l'occasion plus loin de parler de l'histoire de Renart aux Pays-Bas, où il a eu en effet une popularité énorme, mais il suffit ici de remarquer que ce *Reynier le Renard* semble avoir passé presque inaperçu en France – on n'a d'ailleurs presque pas de précisions sur cette édition, dont il n'existe aujourd'hui qu'un seul exemplaire [3]. En tout cas, *Reynier le Renard* n'aurait donné qu'une idée incomplète et sérieusement altérée du vieux *Roman* français, dont il fut pourtant le descendant assez direct.

[1] *Les Comédies facétieuses* . . ., Rouen, 2ème éd., 1601.

[2] Le nom propre du bélier dans le *Roman de Renart* avait lui aussi été employé comme nom commun : cf. Villon, *Testament,* CXXVII — « testes de belins » ; au XVIème siècle du Fail, *Treize Propos rustiques* — « chefs de belin dorés, » et Amyot, traduction de *Daphnis et Chloé,* Livre III — « (Daphnis) se mit à pleurer de ce qu'il savoit moins que les belins accomplir les œuvres d'amour. »

[3] Cf. l'Introduction de la réimpression de l'édition plantinienne de 1566, Édition du Musée Plantin-Moretus, Anvers, 1924.

A vrai dire, il règne sur le *Roman de Renart* dans les lettres françaises au XVIème siècle un silence presque complet. Claude Fauchet n'en fait aucune mention dans son *Recueil de l'origine de la langue et poésie françoise, ryme et romans,* de 1581, mais il consacre une page à Jacquemart Gielée et donne deux citations de *Renart le Nouvel,* indiquant le nom de l'auteur et la date de composition, avec un bref exposé du sujet : « Une satire contre toutes sortes de gens, Rois, Princes et d'autres vocations, principalement ecclésiastiques » [1]. Dans un de ses traités historiques où il parle des cérémonies qui accompagnaient au Moyen Age la création d'un chevalier, Fauchet utilise *Renart le Nouvel* et cite un long passage où toutes les armes du chevalier sont nommées. C'est peut-être dans l'œuvre de Fauchet que Marc Vulson, sieur de la Colombière, avait trouvé la description de l'adoubement de Noblon qu'il a reproduite dans son *Vray Théâtre d'honneur* de 1648. Dans le chapitre intitulé « Des Chevaliers de l'acolée ou de grâce », il cite *Renart le Nouvel* comme une très ancienne autorité :

> A ces Chevaliers nouveaux, les plus anciens Chevaliers donnoient leurs armes et leurs esperons, et les en revestissoient pièce à pièce, comme nous avons fait voir cy-dessus... et mesmes les Dames s'y employoient pour les honorer davantage. La pratique de ces choses a esté remarquée il y a prés de 400 ans par le *Roman du vieux Renard,* composé du temps de Philippes le Bel, quatriesme du nom Roy de France et de Navarre ; l'Autheur de ce Roman, feint que le Lyon Roy des animaux à quatre pieds, auquel il donne le nom de Noble, delibera de faire Chevalier son fils, lequel il appelle Noblon [2].

Et c'est toute la cérémonie de l'adoubement d'Orgueil telle qu'elle est donnée dans le chapitre II de *Renart le Nouvel* qui termine le chapitre. Mais l'erreur dans le titre, ainsi que l'allusion au roman comme une « allégorie sous l'idée d'un songe »,

[1] Claude Fauchet, *Recueil de l'origine de la langue et poésie françoise, ryme et romans,* éd. du Livre I par J. G. Espiner-Scott, Paris, 1938, p. 192-3.

[2] *Le Vray Théâtre d'honneur, ou le miroir historique de là noblesse,* Paris, 1648, p. 570-1.

indiquent bien que Vulson de la Colombière n'avait pas lu le texte de Jacquemart Gielée, mais seulement la version en prose attribuée à Jean Tenessax. L'abbé Massieu, dans son *Histoire de la poésie françoise* de 1739, prétend remonter aux débuts de la littérature ou surtout de la poésie française, mais quoiqu'il parle de beaucoup d'œuvres du Moyen Age, il passe le *Roman de Renart* lui-même sous silence, et de toute la littérature inspirée de Renart il ne signale que *Renart le Nouvel,* dont il relève le caractère satirique, surtout la satire anticléricale [1]. C'est encore *Renart le Nouvel* qui est mentionné dans les *Mémoires pour servir à l'histoire des Pays-Bas* de l'abbé Paquot [2], ainsi que dans le *Dictionnaire historique* de Prosper Marchand [3], mais des autres branches de Renart on ne dit rien.

Il faut conclure en somme que le *Roman de Renart,* conservé uniquement dans des manuscrits, a été complètement perdu de vue aux XVIème et XVIIème siècles. Il n'est même pas possible d'établir des liens certains entre le *Roman de Renart* et les *Fables* de La Fontaine. On trouve dans les *Fables* des motifs ou des particularités qui font penser immédiatement au *Roman de Renart* : l'emploi du terme de « compère », le baiser qui doit sceller la paix générale, la version de l'histoire de Renart et du loup dans le puits ou celle de Renart et du corbeau par exemple. On est frappé par des ressemblances entre la fable *Les Animaux malades de la peste* et l'aventure de Renart et de Bernart dans la branche V de *Renart le Contrefait* (v. supra p. 416). La Fontaine a-t-il donc connu cet épisode de *Renart le Contrefait* ? En a-t-il connu la source vraisemblablement plus éloignée encore dans la littérature médiévale ? Une telle hypothèse est difficilement acceptable quand on se rappelle la profonde ignorance où était son temps de la littérature du Moyen Age. Il est possible, ainsi que propose L. Clément, que La Fontaine ait reçu quelques-unes des histoires de Renart par la voie de la tradition

[1] L'abbé Guillaume Massieu, *Histoire de la poésie française, avec une défense de la poësie,* Paris, 1739.

[2] *Mémoires pour servir à l'histoire des Pays-Bas, de la Principauté de Liège et de quelques contrées voisines,* Louvain, 1763-70.

[3] *Dictionnaire historique,* La Haye, 1758-9.

orale [1]. Il est cependant bien plus probable que ses sources ont été les recueils de fables du XVIème siècle, qui constituent certainement un lien avec la littérature médiévale. On trouve par exemple le motif des *Animaux malades de la peste* dans une des *Trois Centz Soixante et Six Apologues d'Esope* publiées par Guillaume Haudent en 1547, et encore dans une fable insérée par Guillaume Guéroult dans son *Premier Livre des emblèmes* de 1550. C'est de cette dernière fable que La Fontaine a dû profiter pour les *Animaux malades de la peste,* ainsi que pour *Le Coq et le Renard,* où l'on retrouve le thème de la paix universelle, si bien exploité à l'origine par Pierre de Saint-Cloud. Dans le poème de Guéroult, c'est un pèlerinage qui sert de prétexte à la réunion des animaux, exactement comme dans le récit de *Renart le Contrefait.* Mais quoiqu'il ait changé ce motif, La Fontaine a laissé une version qui, malgré sa grande originalité, rappelle parfois le récit du XIVème siècle plus que la fable du XVIème.

Henri Chamard a écrit que « (le XVIème siècle) n'a pas dû prendre connaissance des *Isopets* du Moyen Age, perdus au milieu d'obscurs manuscrits, et qui n'ont été livrés que bien plus tard à l'impression » [2]. Toutefois on est presque obligé de penser que les fabulistes français du XVIème siècle ont connu, directement ou indirectement, certains des recueils de fables du Moyen Age. Saint-Marc-Girardin a reproduit une fable qu'il attribue à un des prédécesseurs de La Fontaine et qui commence ainsi :

> Le mauvais glouton Ysengrin
> Ayant pris le mal du farcin... [3]

Dans la fable Isengrin apostrophe le mouton du nom de saumon, pour justifier son intention de le manger. Or, nous avons ici une version rimée de la Fable 41 de l'*Isopet III,* fable qui

[1] Éd. *La Fontaine, Fables, avec Notice,* Paris, 1894.

[2] Dans l'article sur la fable dans *Dictionnaire des lettres françaises, XVIème siècle,* publié sous la direction de Monseigneur Grente, Paris, 1951.

[3] Saint-Marc-Girardin, *La Fontaine et les fabulistes,* Paris, 1867, I, p. 208.

n'existait ni dans Esope, ni dans le *Romulus.* Si cette fable semble indiquer donc que le XVIème siècle a connu l'*Isopet III,* cette expression « le mauvais glouton Ysengrin » pourrait bien provenir du *Roman de Renart,* puisque le fabuliste a dû connaître des manuscrits du Moyen Age. Malheureusement, comme Henri Chamard l'a déjà observé, il nous manque un travail d'ensemble sur la fable au XVIème siècle, qui nous permettrait peut-être d'établir des liens directs entre la littérature du Moyen Age et les fabulistes de la Renaissance qui ont certainement beaucoup fourni à La Fontaine. En attendant un tel ouvrage, il faut nous contenter de constater des ressemblances, des analogies parfois frappantes, entre certaines fables de La Fontaine et ses successeurs, d'une part, et certaines branches du *Roman de Renart* ou de ses nombreuses continuations de l'autre, sans pouvoir toutefois établir des rapports directs. C'est un sujet sur lequel je reviendrai d'ailleurs dans un autre chapitre [1].

Quant au XVIIIème siècle français, il semble qu'il a connu les aventures de Renart surtout d'après les versions flamande et allemande. Le *Reinaert de Vos* flamand, nous le verrons plus tard, doit beaucoup au *Roman de Renart.* Sa continuation du XIVème siècle, *Reynaerts Historie,* fut imprimée de bonne heure, puis, traduite en hollandais et en allemand, réimprimée plusieurs fois aux siècles suivants. Une des traductions allemandes fut retraduite en français et publiée à Amsterdam en 1739, avec une réimpression en 1743, sous le titre : *Le Renard, ou le procès des bêtes, avec des réflexions morales, tres-utiles à unchacun.* Selon Brunet, c'est le même ouvrage qui fut réimprimé à Paris en 1788 sous le titre *Les Intrigues du cabinet des rats,* « apologue national destiné à l'instruction de la jeunesse et à l'amusement des vieillards, traduit de l'allemand en françois. »

[1] Cf. Nathan Edelman, *Attitudes of 17th. Century France toward the Middle Ages,* New York, 1946, p. 291, sur La Fontaine et le Moyen Age : « As for his fables which are usually traced back to ancient, oriental or sixteenth century sources, many have also been compared with works of the 12th., 13th., and 14th. centuries, among which the *Isopets,* Marie de France's fables, and the *Roman de Renart* ; but again, there is no way of establishing a direct link. However, it is possible to show that La Fontaine's knowledge of medieval literature extended at least to the 15th. century ».

En 1803 apparut *Le Renard, ou le Procès de animaux,* « nouvelle édition remise en meilleur ordre et considérablement augmentée. » Il est vrai qu'on retrouve dans le *Procès des bêtes* certaines des aventures les plus anciennes du *Roman de Renart,* qui étaient passées cinq siècles plus tôt dans *Reinaert de Vos.* Mais la plupart des noms des bêtes sont changés, Renart en Trigaudin, Isengrin en Glouton, par exemple, et l'on peut penser que peu de lecteurs du XVIIIème siècle connaissaient les origines françaises de l'œuvre, qui est d'ailleurs en prose. Un des protagonistes d'une des fables de Houdart de La Motte, *Le Renard et le Chat* [1], est « le vieux docteur Renard », et La Motte ressuscite la vieille fiction du compérage des deux bêtes. Il reprend un autre thème très populaire au Moyen Age dans *Le Renard Prédicateur* :

> Un Renard, grand Docteur mais déjà chargé d'âge,
> Ne pouvant plus. comme autrefois
> Assiéger les oiseaux, ni chercher loin ses droits,
> De la ruse essaya l'usage.
> Il se mit à prêcher, dit-on,
> Contre la guerre injuste et l'appétit glouton.
> Outre une morale si belle,
> Il avoit forte voix, geste libre et bon ton,
> L'air humble et grand dehors de zèle :
> Père Renard se fit bien-tôt un nom.

Renart déguisé en hermite et prêchant les oiseaux pour mieux les prendre paraît d'abord dans le *Reinaert de Vos* flamand et ensuite dans *Renart le Contrefait.* Mais le thème remonte sans doute à des branches anciennes, telle que *Renart et Tibert au moutier* ou *Renart au couvent.* L'abbé de La Porte, dans l'*Observateur Littéraire* de 1759, parle du *Roman de Renart* d'une manière qui fait croire qu'il l'avait examiné et même lu, du moins en partie, dans des manuscrits, et à la fin du siècle Legrand d'Aussy en avait édité quelques extraits. Mais nous avons déjà vu par contre que François de Neufchâteau avait salué

[1] *Fables nouvelles,* Paris, 1719.

Jacquemart Gielée en 1815 comme « l'inventeur » du *Roman de Renart* ! Son poème *La Vulpéide* n'a d'ailleurs rien en commun avec les histoires de Renart. Il a fallu attendre jusqu'en 1826 la première édition complète du *Roman de Renart,* celle de Méon.

Tout porte à croire en fin de compte que le *Roman de Renart* était presque inconnu au XVIIIème siècle, sauf aux quelques privilégiés qui avaient accès aux manuscrits du Moyen Age. Et pourtant, certains critiques ont tout remis en question, en signalant l'étroite ressemblance entre les récits des nègres américains rassemblés par Joel Chandler Harris dans son *Uncle Remus,* et le *Roman de Renart.* Lucien Foulet a exprimé l'opinion que la plupart des récits de ce qu'il a appelé « l'épopée nègre de Monsieur Renard et de Frère Lapin » viennent du *Roman de Renart,* d'Esope, ou de quelque autre source européenne écrite [1]. Plus récemment une opinion analogue a été exprimée par Urban T. Holmes. Selon lui, plusieurs des histoires de l'*Uncle Remus* ressemblent tellement à des épisodes du *Roman de Renart* qu'il est presque impossible de ne pas croire que les histoires américaines descendent des vieux récits français. Il émet donc l'hypothèse que des histoires de Renart circulaient encore au XVIIIème siècle et que des colons français les avaient transmises aux esclaves noirs sur les bords du Mississippi [2]. Si vraiment le *Roman de Renart* est la source de certains de ces récits de l'*Uncle Remus,* il semble difficile de ne pas croire à une transmission orale. Ce serait la preuve que les vieilles histoires de Renart n'étaient pas tombées aussi complètement dans l'oubli

[1] *Le Roman de Renard,* p. 558, note 2.

[2] *A History of Old French Literature,* New York, 1948, p. 212 : « The relations of this collection to the Uncle Remus stories of Joel Chandler Harris have always bothered me. There has been little study of African folktales. Did Harris know the *Roman de Renart ?* Had the Negroes of Louisiana and Georgia heard some of these branches, in rejuvenated form, from their former French masters, or are the Uncle Remus stories African folklore, pure and simple ? . . . Many of the Uncle Remus stories are so very close to episodes in the *Roman de Renart* that it seems almost impossible to imagine anything but collusion. The publication by Méon . . . came too late to have much influence among French settlers along the Mississippi, but just as La Fontaine knew some of the medieval Isopet material it could have been possible for some of the Renart branches to circulate in the eighteenth century. Unfortunately, we cannot name the vehicle with any precision. »

que ne le ferait croire la littérature française du XVIIIème siècle. Il y a donc encore des recherches à faire sur la postérité du *Roman de Renart*, qui pendant plus de trois siècles avait été la source où puisaient tant de poètes français et dont le héros était incontestablement un des personnages les plus célèbres de la littérature française du Moyen Age.

CHAPITRE X

PREMIÈRE CONCLUSION

Le *Roman de Renart, Fauvel,* le *Roman de la Rose* et l'œuvre de Jean Bouchet — le grand esprit satirique du Moyen Age.

La longue épopée de Renart à travers la littérature française du Moyen Age avait duré plus de trois siècles, durant lesquels de nouveaux ouvrages venaient sans cesse renouveler les exploits de Renart et ajouter à sa légende. Car c'est la personnalité de Renart qui inspire les écrivains et confère une certaine unité à cette œuvre énorme et disparate. Sorties d'une satire féroce, l'*Ysengrimus,* les premières branches du *Roman de Renart* parodiaient la société féodale, et tout en gardant un aspect rieur, elles se moquaient, assez doucement dans l'ensemble, de toutes les classes de cette société, princes et nobles, ecclésiastiques, bourgeois et vilains. Mais les conteurs de la fin du XIIème siècle et du début du XIIIème se sont engagés rapidement dans cette voie et ont développé nettement le caractère satirique du premier *Roman de Renart* aux dépens du comique.

C'est ce caractère satirique qui se reflète surtout dans presque toutes les allusions au *Roman de Renart* dans la littérature française du Moyen Age, et encore dans la littérature provençale qui pourtant n'a pas fait autrement d'écho aux récits de Renart. C'est encore – et presque exclusivement – ce caractère satirique qui a motivé de nouvelles branches au XIIIème siècle. Dans une branche violente Philippe de Novare défend la cause de son maître et dénonce ses ennemis. Rutebeuf concentre dans

Renart le Bestourné toute sa rage, toute sa rancœur contre les Ordres Mendiants. Dans le *Couronnement de Renart* un obscur clerc de chancellerie dénonce le régime de l'argent, la tyrannie de la classe patricienne qui, soutenue par les Ordres Mendiants, avait évincé du pouvoir le comte de Flandre et l'ancienne noblesse flamande. *Renart le Nouvel* est une longue allégorie satirique contre l'Eglise et la société féodale de la fin du XIIIème siècle, accusées de ne plus adorer que la richesse et le pouvoir. Au XIVème siècle l'auteur de *Renart le Contrefait* prétend nous enseigner le seul moyen de réussir, l'art de Renart, fait de ruse et de flatterie, qui gouverne le monde entier. La queue de Renart devient l'emblème de la fausseté et de l'hypocrisie, du mensonge et de la tromperie; la doctrine de Renart est suivie par tous ceux qui veulent gouverner.

Toute l'épopée de Renart est donc marquée par la satire, et c'est certainement en très grande partie son caractère satirique qui a assuré le succès du *Roman de Renart,* par lequel il s'insère, avec ses nombreuses continuations, dans un des grands courants de la littérature française du Moyen Age. « Il faut avouer qu'on avait la haine vigoureuse au moyen âge » a dit L. Foulet en commentant la satire cinglante de Philippe de Novare contre les cinq « baus ». On peut dire aussi que malgré la profondeur et la sincérité de sa foi, le Moyen Age n'était pas confit en dévotion, et l'on n'hésitait pas à critiquer l'Eglise et ses serviteurs, d'autant plus qu'il existait une liberté de parole bien plus grande que l'on ne le croit souvent. Les luttes politiques et sociales, les disputes religieuses ont donc fait du Moyen Age une grande époque satirique, et Renart le maître trompeur, le mauvais rusé, l'intrigant ambitieux et sans scrupule, l'hypocrite fini, est un des grands personnages satiriques de la littérature médiévale. Dans les branches primitives du *Roman de Renart* presque toutes les bêtes jouaient un rôle satirique : satire du monarque en la personne de Noble, de la femme en la personne d'Hersent ou encore d'Hermeline, tandis que Renart, Isengrin, Brun et Couart, Cointreau et les autres barons de la cour de Noble figuraient toute la noblesse féodale, tour à tour cruelle, arrogante, turbulente, ou encore rusée, lâche, ambitieuse et intrigante. Le récit satirique des guerres de Chypre par Philippe de Novare montre d'ailleurs à quel point le monde animal du *Roman de Renart* reflétait la société féodale.

C'est toutefois Renart qui est le grand personnage satirique du *Roman de Renart,* et qui le restera pendant tout le Moyen Age. Il inspirera même d'autres personnages célèbres de la littérature allégorique et satirique. Il est proche parent de Faux-Semblant, du *Roman de la Rose,* qui s'inspire de lui et de ses méthodes, qui se vante de sa « renardie », qu'il cache sous la robe de la papelardie. On retrouve dans le *Roman de la Rose* les mêmes plaintes, les mêmes critiques que dans le *Roman de Renart* : critiques des princes et de la noblesse, accusations de corruption et de fausse dévotion, de vénalité et d'avarice contre l'Eglise et le clergé, dénonciation d'une société corrompue et immorale, hostilité prononcée envers les ordres religieux et en particulier contre les Mendiants. Les quelques souvenirs du *Roman de Renart* qu'on peut relever dans le *Roman de la Rose* (cf. supra p. 121-2), montrent bien que Jean de Meun avait apprécié le caractère satirique de l'épopée animale. En retour le *Roman de la Rose* a exercé une forte influence sur les continuations de Renart, surtout sur *Renart le Nouvel* et, plus tard, sur *Renart le Contrefait,* dont certains passages semblent tout simplement transposés ou copiés de l'œuvre de Jean de Meun.

Au XIV ème siècle l'esprit critique de Gervais du Bus a créé un des ouvrages satiriques les plus osés du Moyen Age. Le *Roman de Fauvel* combine le conte d'animaux, parodique et satirique, avec l'allégorie du *Roman de la Rose.* Fauvel, le cheval fauve, couleur de la vanité, signifie, d'après les lettres de son nom : Flatterie, Avarice, Vilenie, Variété, Envie et Lâcheté. « Fauvel est un émule et confrère de Renart, non pas du Renart des branches les plus anciennes, qui n'est qu'un joyeux coquin, mais du Renart des branches tardives, qui personnifie la ruse perverse »[1]. L'auteur de la branche VI de Renart avait

[1] *Gervais du Bus, Le Roman de Fauvel,* éd. Arthur Langfors, Paris, 1914-19, p. LXXXVI.

déjà employé l'expression « la fauve ânesse » comme symbole de l'hypocrisie et de la fausseté. Ce serait pourtant dans *Renart le Nouvel* que Gervais du Bus a trouvé le modèle de son personnage allégorique, selon Langfors. Quoique H. Roussel ait nié cette parenté dans sa thèse sur *Renart le Nouvel* (v. supra p. 347-8), il y a une forte ressemblance entre Fauvel et la mule Fauve qui accompagne dame Ghile dans le poème de Jacquemart Gielée. Le premier livre de *Fauvel* est tout imprégné des idées hostiles aux Ordres Mendiants qu'on trouve dans *Renart le Bestourné,* comme dans le *Couronnement de Renart* et encore dans *Renart le Nouvel,* mais la satire de Gervais du Bus est dirigée en même temps contre toutes les classes de la société ; ainsi que dans *Renart le Nouvel,* rois et princes, nobles, bourgeois, cardinaux, prélats, religieux et religieuses de tous les ordres, simples clercs et même le pape, sont accusés de flatter Fauvel. Avec une singulière audace le poète lance son accusation même contre « le plus grand des rois », son maître Philippe le Bel. Tout va mal, dit-il, personne ne fait son devoir, le monde est rempli de fausseté et de haine, d'avarice et de méchanceté. Dans le second livre il y a une description du palais allégorique de Fauvel. Des peintures murales représentent des singes et des renards déguisés en trompeurs et menteurs de toutes les sortes – avocats et plaignants ensemble, juges et conseillers, témoins, hôteliers, grands seigneurs, – et à côté des chroniques de la Fausseté est racontée toute l'histoire de Renart. La cour de Fauvel est composée d'une foule de personnages allégoriques qui proviennent du *Roman de la Rose.* Ces tristes courtisans représentent tous les vices, et pour avoir plus de détails sur deux d'entre aux, Ypocrisie et Faus-Semblant, Gervais du Bus conseille le lecteur de lire le *Roman de la Rose* lui-même. Langfors a indiqué dans son édition de *Fauvel* des emprunts à l'œuvre de Jean de Meun, des imitations dans les idées et les expressions. Mais par son dessin général et par les idées *Fauvel* rappelle *Renart le Nouvel,* et à la fin du second livre la ressemblance devient frappante. Les deux poèmes se terminent par une sorte d'apothéose où figure Fortune avec sa roue. Comme Renart avant lui, Fauvel est maître du monde, ayant vaincu toutes les vertus. Et comme Jacquemart Gielée, Gervais du Bus termine sur une note d'espoir et de confiance en Dieu, qui abattra un jour tous les Renart, tous les Fauvel.

Emprunts, imitations, ou encore thèmes traditionnels, lieux communs de la littérature médiévale, le fait est que les poètes français ne se faisaient pas faute de critiquer, de stigmatiser l'injustice sociale, l'immoralité, les erreurs et les fautes de conduite de tous, clercs ou laïcs. « Pour beaucoup de Français de l'ancienne France, une chanson était une vengeance suffisante, ou du moins servait de vengeance provisoire. On y trouvait un tel plaisir que la tyrannie du maître en était oubliée; en plus d'une occasion où dans un autre pays une émeute eût été certaine, en France une chanson a suffi; le mécontentement ainsi atténué ne montait plus jusqu'à la fureur »[1]. Cet esprit satirique ne s'est exprimé nulle part mieux que dans l'épopée de Renart : « Plus d'une jacquerie a été retardée sinon épargnée par le *Roman de Renart* ». Renart fut sans doute la plus grande création de l'esprit satirique en France au Moyen Age. Ancêtre d'une très longue lignée littéraire, c'était certainement lui qui représentait dans l'imagination populaire l'esprit du mal, de la ruse, de la fausseté, de l'hypocrisie sous toutes ses formes. Quand Jean Bouchet veut peindre un vaste tableau satirique de la société au seuil du XVIème siècle, il choisit comme figurants Renart et toute une multitude des siens. Ce fut peut-être l'allégorie de la Nef de Renart, la Nef des Vices, dans *Renart le Nouvel* qui avait inspiré au XVème siècle la floraison de nefs allégoriques dont la manifestation la plus illustre est le *Narrenschiff* de Sébastien Brandt, a proposé H. Roussel dans sa thèse sur le poème de Jacquemart Gielée. Jean Bouchet s'est inspiré à son tour du *Narrenschiff*, mais encore plus de la *Bataille des Renards* de Brandt (*Alopekiomachia, seu de spectaculo conflictuque vulpium)*, parue en 1498, c'est-à-dire environ deux ans avant

[1] J. J. Jusserand, *Histoire littéraire du peuple anglais*, p. 153.

Les Regnars traversans les périlleuses voyes des folles fiances du monde. Il passe en revue les trois ordres de la société, les castes, les métiers, le commerce et les fonctions publiques, dans une allégorie où tous les personnages sont des renards. Pourquoi ? «Les renards mieux que tout autre animal symbolisent les défauts et les vices des hommes. Leur ventre et leur estomac sont blancs, leur dos rouge, ils sont donc l'image des hypocrites, des gens qui « portent deux pelages » ; ils changent souvent de poil, mais gardent leur malice; ainsi les méchants ont beau aller de pays en pays, ils portent toujours avec eux leur méchanceté »[1]. Quelle meilleure description peut-on donner de Renart, celui des branches les plus anciennes comme des dernières ? Pendant plus de trois siècles Renart avait connu un succès sans pareil dans la littérature satirique et moralisatrice, et c'est son rôle dans cette littérature qui donne tout son sens à la conclusion par laquelle Jean Bouchet termine son œuvre : « Tout vit à la mode vulpine ».

[1] Auguste Hamon, *Un Grand Rhétoriqueur poitevin, Jean Bouchet*, Paris, 1901, p. 24.

Chapitre XI

LE ROMAN DE RENART DANS LA LITTÉRATURE MORALE ET DIDACTIQUE

Le *Roman de Renart* a souvent inspiré les prédicateurs et les sermonnaires du Moyen Age : *Le Chastoiement d'un père à son fils ;* les *Fables* et *Paraboles* d'Eudes de Cheriton, ses compilateurs et imitateurs Jean de Sheppey et Nicole Bozon. Juan Ruiz et le *Libro de buen amor.* Jacques de Vitry et Etienne de Bourbon. Le *Romulus de Munich* et le *Romulus mixte de Berne,* les *Fabulae extravagantes.*

Nous avons retracé jusqu'ici l'influence du *Roman de Renart* dans la littérature française au Moyen Age, influence qui s'est révélée pendant plus de trois siècles dans des œuvres de toutes sortes, mais surtout allégoriques et satiriques. Le succès du *Roman de Renart* n'était cependant pas limité à la France, et dans les chapitres à venir je propose d'étudier l'histoire de notre héros dans la littérature de l'Europe médiévale. Renart a paru au Moyen Age dans les littératures des Pays-Bas et de l'Allemagne, de l'Angleterre et de l'Italie, dans toute une série d'oeuvres comiques et satiriques qui suivent assez fidèlement les branches françaises dans l'ensemble. Mais à côté de cette littérature satirique et comique, le *Roman de Renart* a inspiré, et de bonne heure, un tout autre genre, la littérature des moralistes, des prédicateurs et des sermonnaires de l'Eglise, des fabulistes aussi. Nous savons déjà que Gautier de Coincy s'était élevé dans ses *Miracles de Notre Dame* contre l'engouement du public, et même des membres du clergé, pour les histoires de Renart, et nous avons vu comment il a fini par tirer parti de cet engouement pour illustrer et égayer ses propres récits. D'autres ecclésiastiques ont vu tout l'intérêt à tirer de la popularité du *Roman de Renart,* qui leur a fourni un grand nombre de thèmes de paraboles et d'« exempla » qu'ils ont incorporés dans leurs recueils de sermons et de fables, rédigés parfois en latin, parfois en langue vulgaire, et destinés tantôt à l'édification du clergé et des fidèles, tantôt à l'usage des prédicateurs et des sermonnaires.

C'était un livre d'enseignement moral, la *Disciplina clericalis* de Pierre Alphonse, qui avait inspiré les auteurs de la branche IV du *Roman de Renart, Renart et Isengrin dans le puits,* et de la branche IX, *Renart et Liétart.* Pierre Alphonse avait, de son côté, trouvé l'histoire des deux bêtes dans le puits dans un commentaire du Talmud du célèbre rabbin Raschi [1], et chacun des deux avait tiré du récit une morale édifiante. Les auteurs des branches IV et IX ont utilisé la *Disciplina clericalis* sans toutefois se soucier nullement de faire de l'enseignement moral. Une adaptation française de la *Disciplina clericalis,* le *Chastoiement d'un père à son fils,* dont le titre indique une intention morale, a été faite au début du XIIIème siècle. Il existe deux versions du *Chastoiement.* La version B [2] n'est qu'une traduction quelque peu réduite du récit de Pierre Alphonse. L'exemplum XXIII de la *Disciplina clericalis, De bobus lupo promissis a rustico vulpisque iudicio* raconte en effet qu'un vilain, occupé à labourer un champ, souhaite à haute voix que les loups viennent manger ses boeufs qui ne suivent pas le sillon. Mais un loup l'a entendu et vient réclamer les boeufs. Le vilain maintient qu'il n'a pas fait de promesse, et ils décident d'aller soumettre leur différend à un juge. Ils rencontrent le goupil, qui offre ses services. En échange de quelques poules le goupil promet son aide au vilain. Il emmène le loup dans

[1] Cf. L. Foulet, *Le Roman de Renard,* ch. XIV, « Isengrin dans le puits ».

[2] Cf. A. Hilka et J. W. Söderhjelm, *Petri Alphonsi disciplina clericalis,* édition critique du texte latin et de ses dérivés français, dans *Annales Soc. Scient. Fennicae,* XLIX, 4. Helsingfors, 1922.

la forêt en lui promettant un bon repas. La nuit venue, il lui montre l'image de la lune dans un puits, et lui fait croire que c'est un gros fromage. A la demande du loup il descend dans un seau chercher le fromage, mais prétend que le fromage est trop lourd. A son tour le loup saute dans l'autre seau et descend au fond du puits, tandis que le goupil monte et se sauve.

On reconnaît bien dans ce récit la source des deux branches françaises, malgré les changements que nos trouvères ont apportés. Dans la branche IX le loup est remplacé par l'ours, et l'histoire du puits, déjà racontée dans la branche IV, est remplacée par un développement tout autre. Le thème de l'image de la lune prise pour un fromage ne paraît pas dans la branche IV, où les deux bêtes sont trompées par leur propre reflet. La version A du *Chastoiement d'un père à son fils* reproduit fidèlement la version latine, mais avec une richesse d'additions qui la transforme en une véritable branche de Renart. Ce sont de nouveau Isengrin et son compère Renart qui entrent en scène. De nombreux dialogues font de l'ancien exemple un conte enjouté et amusant, tout à fait dans le style des contes d'animaux, et le poète a certainement copié les deux branches du *Roman de Renart* qui racontent l'épisode. Comme dans la Branche IX le malheureux vilain apostrophe ses bœufs :

« Samin », dist il, « et vos, Marcuel,
Fait m'avez icest jor grant duel,
Et je vos ai a Ysengris,
Le compere Renart, pramis »

De petits détails, comme celui qui montre Isengrin à l'écoute dans un buisson près du champ, ont vraisemblablement été empruntés aux branches de Renart. Nous pensons tout de suite aux différentes branches où Renart prétend avoir suivi des cours de médecine à Salerne, à Montpellier ou à Rome, quand nous entendons ses prétentions de légiste :

« Et je ai esté a escole
Et a Bologne et a Paris
Ou je ai tant des leis apris ».

Sur ce point comme sur beaucoup d'autres le récit original est beaucoup plus sec : « Pro nichilo alium iudicem queritis, quoniam rectum vobis inde faciam iudicem ». Le poète français rappelle la vieille animosité entre les deux bêtes : « Renart qui gote ne l'amout » (v. 3726), qui date du poème de Pierre de Saint-Cloud seulement. Dans la branche IV on peut lire :

Or a Renart le puis trouve :
v. 150 Moult par le vit parfont et le.

La *Disciplina clericalis* ne parle nullement des dimensions du puits. Comparons toutefois la version A :

3731 A un puiz l'a tot dreit mené
Qui mout esteit parfont e lé.

Finalement, on trouve dans la version du *Chastoiement* : « El mileu del puiz s'encontrerent » (v. 3785), dernier petit détail qui n'existe pas dans l'exemple latin mais qui se trouve et dans la branche IV et dans le court résumé de l'épisode qui figure dans la branche VI. Détails parfois sans importance, dira-t-on, mais qui trahissent clairement des emprunts en même temps qu'ils transforment complètement la simple fable de Pierre Alphonse.

Nous retrouvons plus d'une fois dans la littérature didactique et parénétique du Moyen Age cette histoire de Renart et d'Isengrin dans le puits. Le thème de l'image de la lune prise pour un fromage réapparaîtra dans une version [1], mais dans les autres, celles d'Eudes de Cheriton et de son imitateur Jean de Sheppey, on reconnaît plutôt l'influence de la branche IV. Tout comme l'auteur de la version A du *Chastoiement*, Eudes de Cheriton a beaucoup emprunté au *Roman de Renart* dans ses écrits. Contemporain de Gautier de Coincy – et vraisemblablement de l'adaptateur de la *Disciplina clericalis* – Eudes était

[1] L'histoire des deux bêtes dans le puits, accompagnée du thème de l'image de la lune prise pour un fromage, est racontée par La Fontaine dans la Fable VI, Livre IX, *Le Loup et le Renart*, posant de nouveau la question épineuse des rapports entre les *Fables* et la littérature médiévale.

originaire de la localité de Cheriton située dans le voisinage de Folkestone, dans le comté de Kent. Il reçut la charge de l'église de Cheriton en 1211, mais il passa les années de 1214 à 1221 à Paris, où il termina ses études. Malgré une estime toute particulière qu'il manifeste pour les Cisterciens dans certains de ses écrits, on est porté à croire qu'il appartenait au clergé séculier.

Eudes est l'auteur d'une œuvre littéraire considérable, composée principalement de recueils de sermons et de traités proprement théologiques. Ce qui nous intéresse surtout est cependant sa très importante collection de fables et, dans une moindre mesure, un recueil de sermons sur les évangiles des dimanches, contenant un nombre de paraboles qui sont en réalité de véritables fables. Il est évident à première vue que les fables n'avaient jamais été conçues par Eudes comme une oeuvre purement littéraire. Elles présentent certaines particularités, et elles sont souvent précédées de certaines indications, qui ne laissent aucun doute sur les intentions du poète, que Léopold Hervieux a bien exposées[1] : « Lorsqu'on lit ses affabulations, on ne peut éprouver d'incertitude à cet égard; on s'aperçoit tout de suite que ses fables avaient été composées pour combattre la démoralisation des clergés réguliers et séculiers de son temps. Voilà pourquoi ses déductions morales sont d'une longueur démesurée ; elles sont pour lui la chose principale, dont le récit ésopique n'est en quelque sorte que l'ornement accessoire. » Mais ce qui nous intéresse tout particulièrement dans le *Liber parabolarum* d'Eudes, c'est que sur les 116 fables qui le composent, quinze seulement remontent à l'ancien *Romulus,* donc indirectement à la collection de Phèdre, plusieurs autres ont été tirées des *Bestiaires,* tandis que celles qui restent ont pour nous une origine et une signification toutes spéciales : « L'intérêt des fables du Cistercien anglais est d'abord dans le rapport où plusieurs d'entre elles sont avec le cycle de Renart, et ensuite dans leur propre caractère »[2].

[1] Dans *Notice sur Eudes de Cheriton et sur son œuvre, lue à l'Académie des Inscriptions et Belles Lettres,* 19 avril 1895 ; Paris, 1895.

[2] Gaston Paris, *L. Hervieux et Eudes de Cheriton,* dans *Journal des Savants,* janvier, 1885.

Quelquefois ce rapport est limité à l'emploi des noms propres de l'épopée animale – le loup est appelé Ysemgrinus dans les Fables XXII, XXIIIa et XXXa [1]. Léopold Sudre, qui situait Eudes de Cheriton au XII ème siècle et voulait prouver que ses fables présentaient des versions antérieures à celles des branches correspondantes du *Roman de Renart,* maintenait que l'emploi des noms était simplement le fait d'un copiste travaillant plus tard. Lucien Foulet croit par contre qu'Eudes connaissait bien les noms des personnages des contes de Renart et qu'il prenait plaisir à les introduire dans ses fables. Dans la Fable XXXIX, *De fraudibus vulpis et catti,* les noms propres sont accompagnés d'une explication : « Vulpes, sive Reinardus, obviavit Tebergo (ou Teberto), i.e. Cato », ce qui semble être le fait de l'auteur et non d'un copiste. Si le sujet de cette fable où Reinardus se vante de posséder tout un sac de ruses pour échapper à ses ennemis, n'appartient pas au *Roman de Renart,* Eudes a néanmoins réussi parfaitement à recréer l'atmosphère, le mouvement, l'esprit des branches anciennes. « Reinarde, Reinarde ! aperte sacculum tuum ; certe omnes fraudes tuae non valent tibi ovum » s'écrie le chat, perché en sûreté dans un arbre, tandis que son camarade s'enfuit, poursuivi des chiens. Cette exhortation moqueuse, ainsi que la situation des deux bêtes, rappellent tout de suite les branches II et XII. La morale de cette fable, adressée « contra advocatos », dérive d'ailleurs directement de ces rapports très spéciaux qui existent dans le *Roman de Renart* entre Renart et Tibert :

> Per Catum intelligimus simplices qui nesciunt nisi unicum artificium : scilicet salire in celum. Per Reinardum intelligimus advocatos, causidicos, fraudulentos, qui habent xvii fraudes, insuper sacculum plenum. Veniunt venatores et canes infernales et venantur homines ; sed justi in celum saliunt ; impii, fraudulenti a demonibus capiuntur, et tunc potest justus dicere : Reinarde, Reinarde, aperi sacculum tuum ; omnes fraudes tue non poterunt te liberare a dentibus et manibus demoniorum.

[1] D'après l'édition de Léopold Hervieux, *Les Fabulistes latins depuis le siècle d'Auguste jusqu'à la fin du Moyen Age,* 2ème éd., Paris, 1893-9, IV, *Eudes de Cheriton et ses dérivés.*

Eudes avait saisi le véritable caractère de Renart, et son emploi de ce personnage célèbre au lieu de l'anonyme « vulpes » donnait certainement bien plus de signification au récit.

Les rapports entre le *Roman de Renart* et les fables d'Eudes sont pourtant encore plus visibles dans la fable XIX, *De vulpe et lupo et situla putei,* dans laquelle Eudes reprend l'histoire de la branche IV, celle qui avait été traitée dans le *Chastoiement d'un père à son fils.* Point n'est besoin de chercher à expliquer les différences qu'offre cette version en alléguant qu'Eudes a dû connaître l'épisode sous une forme plus ancienne et maintenant perdue. Il suffit de se rappeler que le récit n'était qu'un ornement dans l'œuvre d'Eudes, destiné à introduire la leçon morale, et les différences avec la version de la branche IV ne sont plus difficiles à expliquer. En effet, cette fable est un bon exemple de la façon dont Eudes traitait la matière que lui offrait les contes de Renart pour en tirer un récit court, dépouillé de tout détail accessoire, mais illustrant bien la leçon qu'il voulait enseigner.

> Vulpes casu cecedit per unam situlam in puteum. Venit Lupus et querebat quid faceret ibi. Que ait, « Bone compater, hic habeo multos pisces et magnos ; utinam mecum partem haberes ! » Et ait Ysemgrimus, « Quomodo possem illuc descendere ? » Ait Vulpecula, « Supra est una situla ; pone te intus, et venies deorsum ». Et erant ibi due situle ; quando una ascendit, alia descendit. Lupus posuit se in situlam que erat supra, et descendit insum; Vulpecula in alia situla ascendit sursum. Et quando obviaverunt sibi, ait Lupus, « Bone compater, quo vadis ? » Et ait Vulpes, « Satis comedi, et ascendo. Tu, descende(ns) invenies mirabilia ». Descendit miser Lupus, nec invenit aliquid nisi aquam. Venerunt mane rustici, et extraxerunt Lupum, et usque ad mortem verberaverunt.

Sudre a prétendu que « ce dernier trait (la mort du loup) suffit à lui seul pour faire exclure toute supposition d'emprunt à des sources littéraires analogues au *Roman de Renart* ». Mais la mort du loup était indispensable à la morale de la fable. « Vulpecula significat Diabolum qui dicit homini : Descende ad me in puteum peccati et invenie(ns) delicias et multa bona. Stultus adquiescit et descendit in puteum culpe, et ibi multam invenit refectionem. Tandem veniunt inimici et extrahunt impium, percuciunt et perimunt. Diabolus multa bona Ade promisit; sed multa mala persoluit ». Le diable, représenté comme si souvent au Moyen Age par Renart, entraîne toujours les sots à la mort éternelle. Par contre, on doit reconnaître que la fable d'Eudes ressemble par certains détails bien plus à la branche IV qu'au récit de la *Disciplina clericalis,* qui doit être considéré comme l'ancêtre de tous les récits montrant les deux bêtes dans le puits. Le terme « compater », « compère », est un trait particulier au *Roman de Renart.* Comme dans la branche IV, Renart tombe par accident – « casu » – dans le puits. La conversation au milieu du puits est une invention du trouvère français, ainsi que la conclusion, qui fait remonter Isengrin au lieu de le laisser dans le puits. Quant au motif des poissons par lesquels Renart leurre son compère, il est évident qu'Eudes n'a fait que simplifier la version de la branche IV, beaucoup trop longue et trop compliquée pour un apologue, comme l'aurait été aussi le thème de la lune prise pour un fromage. Aucun besoin donc de chercher, comme le faisait Sudre assidûment, « une des formes primitives qu'a dû revêtir l'épisode dans l'ancienne tradition des trouvères ».

La Fable XX, *De leone, et lupo, et vulpe et venatoribus,* révèle encore l'emprunt d'un détail typique d'une branche de Renart. S'il n'a pas respecté dans tous ses détails la version du *Partage du lion* qu'offre la branche XVI, Eudes a néanmoins gardé un trait essentiel, celui qui distingue le poème français des autres versions de la vieille fable ésopique. Quand le lion veut savoir qui lui avait appris à faire si bien le partage, le goupil indique la tête ensanglantée du loup et répond : « Domine, ille rubens capell(an)us socii mei ». Malgré le mauvais latin on reconnaît la plaisanterie de la branche XVI :

v. 1297 « Sire, fet-il, par Sainte Luce,
Cel vilain a la rouge aumuce.
Je n'en oi onques autre mestre ».

Quelquefois cependant les fables d'Eudes suivent très fidèlement leurs modèles du *Roman de Renart*. La fable XXV, *De vulpe qui confitebatur peccata sua gallo,* s'inspire directement de la branche VII, *La Confession de Renart :*

> Vulpes semel fuit in gallinario. Supervenerunt homines cum baculis et mi(se)rabiliter fustigaverunt Vulpem, quod vix per foramen evasit. Recessit ut potuit, et super cumulum feni se proiecit te gemere incepit. Petiit Capellanum quod ad eum veniret et peccata sua audiret. Venit igitur Chantecler, scilicet Gallus, qui est capellanus bestiarum. Aliquantulum timens mores Reinardi, a longe sedit. Reinardus peccata sua confitebatur, et inter cetera rostrum suum apposuit versus capellanum. Et ait capellanus : Quare appropinquas mihi ? Et ait Reinardus : Infirmitas magna me compellit hoc facere ; parcatis mihi. Iterum dixit alia peccata, et, ore aperto, posuit caput versum Gallum et cepit eum et devoravit.

Eudes a de nouveau simplifié le récit français en faisant passer toute l'histoire près du poulailler et en substituant Chantecler à maître Hubert le milan. Autrement nous retrouvons les détails de la branche VII : la découverte de Renart dans le poulailler, d'où il s'échappe avec beaucoup de difficulté après avoir été rondement battu, la meule de foin, les hésitations du confesseur et l'instance avec laquelle Renart s'approche de lui. Il faut se rappeler qu'Eudes n'était pas tenu par les exigences de l'épopée animale à ne pas laisser mourir ses personnages principaux, et la mort de Chantecler était essentielle à la morale de la fable : « Tales sunt plerique monachi subditi, layci, qui fingunt se infirmos et debilos ; semper tamen habent mentem ut capellanos et majores suos devorent ».

L'histoire de la branche III, *La Pêche à la queue,* a été reprise dans la fable LXXIV avec peu de changements notables. Le titre de la fable XLII, *De lupo sepulto,* indique tout de suite son origine, la branche XVII, *La Mort et la procession Renart,* malgré la substitution du loup à Renart. Sous une forme très raccourcie nous avons une répétition des obsèques et de la fête turbulente qui suivirent la mort de Renart :

> Contigit quod Lupus defunctus est ; Leo bestias congregavit, et exequias fecit celebrari. Lepus aquam benedictam portavit, Hericii cereos portaverunt, Hyrci campanas pulsaverunt, Melotes foveam fecerunt, Vulpes mortuum in pheretro portaverunt, Berengarius scilicet Ursus missam celebravit, Bos evangelium, Asinus epistolam legit. Missa celebrata, et Ysemgrino sepulto, de bonis ipsius animalia splendide comederunt, et consimile funus desideraverunt.

« Quel commentaire inattendu de la joyeuse mascarade où s'était jouée la verve d'un des derniers poètes de Renard ! Ou faut-il croire que déjà le trouvère annonçait le clerc et dissimulait sous sa gaîté une pointe de satire ? Il y aurait là comme une collaboration imprévue mais efficace de l'Eglise et du siècle ». Cette fable, continue Lucien Foulet [1], soulève une question intéressante : est-il sûr qu'Eudes de Cheriton ait lu la branche XVII, ou a-t-il vu seulement une des peintures murales dont il parle lui-même ailleurs, dont s'était indigné tant Gautier de Coincy, et dont nous avons trouvé la mention dans certaines branches de Renart, ainsi que dans *Fauvel ?* A-t-il connu une fresque telle que celle qui a été sculptée au XIIIème siècle dans la cathédrale de Strasbourg et qui représentait justement la procession et l'enterrement de Renart ? Il est vrai qu'Eudes n'a pas respecté rigoureusement l'attribution des rôles des bêtes dans la cérémonie, mais on peut supposer qu'il écrivait de mémoire. Mais il a retenu un élément important de la branche XVII : la fête qui suivait les Vigiles. C'est essentiellement cette fête qui fournit à Eudes le prétexte de sermonner vigoureusement les religieux conventuels : « Certe sic contingit frequenter quod, aliquo divite raptore vel usurario mortuo, abbas vel prior conventum bestiarum, i.e. bestialiter viventium, facit congregari. Plerumque enim contingit quod in magno conventu nigrorum vel alborum monachorum non sunt nisi bestie .... ». Ces moines qui vivent comme des bêtes, ce sont des lions pour l'orgueil, des goupils pour la fraude, des ours pour la gloutonnerie, et ainsi de suite.

[1] *Le Roman de Renard,* p. 504-5.

Le symbolique du *Roman de Renart* se prêtait évidemment merveilleusement bien à l'œuvre d'édification qu'Eudes de Cheriton voulait faire dans ses fables. L'anthropomorphisme des branches de Renart était même un avantage pour Eudes, facilitant le rapprochement entre bêtes et êtres humains. Il est hors de doute qu'il a puisé au *Roman de Renart* l'inspiration d'une bonne partie de son oeuvre. Les ressemblances entre les fables que nous avons examinées et les branches de Renart correspondantes sont beaucoup plus importantes que les différences, qui ont d'ailleurs été facilement expliquées :

> Il est vrai que dans tous ces cas Eudes en a agi fort librement avec son modèle. Très préoccupé de la leçon morale qu'il veut proposer, il se soucie peu de conserver la couleur épique du récit : il supprime les raccords avec le reste de la branche ou du *Roman*, il tue sans pitié à la conclusion Isengrin ou Renard, suivant les besoins de la moralité. Il est clair du reste qu'il n'a pas un manuscrit du *Roman* sous les yeux, et qu'il travaille de mémoire : bien des détails nouveaux proviennent simplement de ce qu'il a oublié l'enchaînement original. Parfois au contraire il reproduit une particularité de la version française qui n'a plus guère raison d'être dans son texte : l'emprunt devient alors évident [1].

On sait qu'Eudes de Cheriton avait passé les années de 1214 à 1221 en France. Il est permis de croire que c'est à cette époque qu'il a connu le *Roman de Renart*, et c'est probablement entre 1219 et 1221 qu'il a écrit ses fables. Son intérêt pour le *Roman de Renart* s'était pourtant révélé déjà. Suivant l'usage de son temps, il incorporait dans ses sermons des anecdotes, ou paraboles, qui étaient souvent de véritables petites fables. La définition qu'il a donnée lui-même de la parabole : « parabola est similitudo quae positur ad sententiam rei comprobandam », indique qu'il lui assignait le même rôle qu'à la fable, et dans les manuscrits de ses oeuvres les copistes et les compilateurs du Moyen Age ont mélangé tout ensemble fables,

[1] *Ibid.*, p. 506.

exemples, paraboles. On n'est donc pas étonné de trouver de nouveau des histoires tirées du *Roman de Renart* dans les homélies d'Eudes. Il avait terminé ses *Sermones* avant de commencer les *Fables,* et il lui arrivait parfois de dégager la parabole d'un sermon pour en faire une fable. C'est ainsi que nous trouvons une autre version de la *Mort et procession Renart* dans la parabole CXXXIX, *De divitis mortui funere :*

> Cum dives moritur tunc processio bestiarum, que in parietibus depingitur figuraliter, adimpletur : porcus et lupus et cetera animalia crucem et cereos portabunt ; dominus Berengarius, id est ursus, missam celebrabit ; leo cum ceteris optime reficietur. Numquid pro clamore talium anima usurarii vel militis rapacis defertur in celum ? Ymo quanto magis celebrabunt, tant magis demones animam torquebunt.

Cette parabole donne l'essentiel du conte de Renart, complètement dépouillé de tout détail. On remarque cependant que dans la parabole Eudes semble penser bien à la mort de Renart ; plus tard, quand il écrivait ses fables, le souvenir de ces peintures murales s'était estompé et il a mis Isengrin à la place de Renart. Mais il a dû connaître le poème aussi bien que la peinture, car une connaissance de l'original de la peinture, la branche XVII, était nécessaire pour saisir l'image de la célébration bruyante qui suivait la messe et qui est à peine évoquée dans la morale du récit.

La parabole XIII raconte que le loup, pour pouvoir manger des agneaux à sa faim, devient moine et se fait tondre ; mais dès que les agneaux viennent à manquer il abandonne son capuchon et retourne au bois. C'est la même histoire qu'on trouve dans la Fable XXII, où le loup est appelé Ysemgrinus, et dont quelques lignes : « Magnis precibus optinuit quod Capitulum consensit ; coronam, cucullam, et cetera monachalia suscepit », font supposer qu'Eudes pensait à la branche III, où Renart se fait bien prier par Isengrin avant de lui donner la tonsure et de l'admettre dans l'Ordre de Tiron. Au contraire, on reconnaît toute entière une autre branche de Renart dans la parabole CL, *De Renaldo et Isingrime inflato* : « Diabolus quasi Renaldus duxit feneratorem Ysingrinum (cujus tale) proprium nomen est, ad locum multarum carnium. Qui cum tenuis per foramen artum intraverat, inflatus exire non potuit. Vigiles vero excitati per clamorem Renaldi, Ysingrinum usque ad evacuationem fustigaverunt et pellem retinuerunt ». A part la substitution d'Isengrin à la place de Primaut, Eudes n'a rien changé de l'essentiel de l'épisode de Renart et Primaut chez le fermier que raconte la branche XIV [1].

Il ressort du nombre et de la variété des histoires de Renart qu'Eudes utilise dans ses fables et ses paraboles, ainsi que du respect qu'il témoigne d'habitude pour les détails, qu'il a dû connaître le *Roman de Renart* assez intimement, et non pas simplement d'après des représentations murales. Il est intéressant de voir comment cet ecclésiastique d'une piété indiscutable a su trouver dans cette matière de Renart, qui avait indigné Gautier de Coincy, des motifs d'où il a tiré des leçons édifiantes, en reconnaissant aux personnages des contes d'animaux une valeur allégorique ou symbolique qui devait être exploitée après lui dans tant d'œuvres littéraires. Ses fables et paraboles ont dû connaître un réel succès, car elles furent reproduites par bon nombre de copistes, et inspirèrent une foule d'imitateurs et de compilateurs. Ces compilateurs ont même ajouté à l'oeuvre ésopique d'Eudes en imitant sa manière et ses méthodes, jusqu'au point de chercher eux-mêmes des motifs dans le *Roman de Renart*. C'est ainsi qu'un manuscrit, dû à un copiste anglais, nous présente deux autres paraboles qui semblent descendre au moins en partie de l'épopée animale. La première, numéro XXXV dans le manuscrit Harley 219 et présentée par Hervieux sous le titre *Le Loup et la Brebis*, laisse deviner ses sources depuis l'indication en tête du récit : « Qualiter rex animalium congregavit omnia animalia coram eo, et precepit eis ut omnia oscularentur adinvicem » :

[1] La forme « Renaldus » pour « Renardus », qui sera commentée plus loin, était courante en Angleterre à l'époque.

> Rex animalium convocavit omnia animalia bruta, et constituit ut oscularentur adinvicem, ubicunque obviarent, in signum federis, pacis et amoris. Postea quidam Lupus obviavit cuidam Ovi, que se longe retraxit ab illo, maliciam suam perhorrescens. Cui lupus : Accede, carissima, ut edicto regis nuper edito pareamus, multis affatibus blandis interpositis. Respondens Ovis, in promissis suis non confidens, eo quod tot mala in animalia sui generis sepius molestus est. Unde Lupus convenit cum ea, quod resupinus clausis oculis iaceret et sic oscularetur eam, ne incideret in edictum. Cui Ovis inprovida adquievit, et subito accessit ad eum, et osculans vix evasit a faucibus eius iniquis, dicens : Quamvis dulciter loquaris coloratum amorem pretendendo, maliciam tamen consuetam in opere non poteris simulare.

C'est bien évidemment l'histoire du baiser de la paix, racontée dans l'épisode de Renart et de la mésange du poème de Pierre de Saint-Cloud, qui est à l'origine de cette parabole. L'auteur a voulu évoquer en même temps, bien que de façon passagère, le thème de la cour plénière du lion qui est si important dans le *Roman de Renart* et qui est d'ailleurs implicite dans les paroles par lesquelles Renart essaie de tromper la mésange dans la branche II. La ressemblance entre les deux récits est tellement frappante qu'on est étonné du refus de Sudre d'admettre que c'est le poème de Renart qui a servi de source pour la parabole latine.

La parabole XLI du manuscrit Harley 219 porte le titre : « De asino nolente venire ad parliamentum leonis », qui rappelle encore une fois le thème de la cour plénière. Par son développement, par un déroulement plus soigneusement motivé que celui qu'on trouve d'habitude dans des fables, cette parabole suggère de première vue plutôt un conte de Renart : « Leo edixit ut omnia animalia coram eo comparerent, et, illis congregatis, peciit si quod animal abesset. Cui responsum erat quod quidam Asinus aberat, in quodam prato viridi et delectabili nimis se depascens delicate. Pro quo producendo Lupum tanquam fortem et Vulpem tamquam prudentem, suorum poscente consilio, transmittebat ». Jusqu'ici le récit semble suivre la branche I, avec la convocation des bêtes, l'absence remarquée d'une d'elles, et l'envoi de messagers avec la mission de faire venir l'absente. A l'instar de son ancêtre Bernart, l'âne néglige tout pour brouter quelques brins d'herbe délectables, tandis que les qualités qui caractérisent le loup et le goupil dans tout le *Roman de Renart* sont spécifiquement mises en évidence. L'ambassade des deux bêtes rappelle d'ailleurs celle de Tibert et de Brun dans le *Jugement :*

> Qui accedentes ad Asinum memoratum, sibi nunciarunt ut more aliorum coram domino suo compareret, illius edictum humiliter auditurus. Qui respondens dixit se tali previligio tutum, quod ab omnibus bannis et edictis qualitercumque emergentibus fuerat exemptus. Nuncii iam dicti, ut eius privilegium legerent, pecierunt ; quod Asinus concecebat. Altercacione quidem exorta inter Lupum et Vulpem quis eorum legeret, sors cecidit super Vulpem, que peciit privilegium sibi demonstrari. Cui Asinis dixit : Sub pede dextro levato lege confidenter. Et Vulpis accedentis oculos percutiendo avulsit. Unde Lupus precavens dixit : Qui clerici probantur periciores, non sunt in opere cauciores.

Une fable d'Esope, ainsi qu'une du *Romulus,* racontent une histoire très semblable, et selon L. Foulet c'est dans le *Romulus* que l'auteur français de la branche XIX, *Isengrin et la Jument,* a dû puiser. Mais l'imitateur d'Eudes a traité la matière avec beaucoup de liberté, et il semble qu'il s'est inspiré surtout du *Roman de Renart,* puisqu'il greffe cette histoire sur le thème de la cour plénière. En outre, il substitue le goupil au loup, puisque le changement favorise son intention moralisatrice, mais le goupil n'existe dans aucune des trois versions précédentes. On se trouve de nouveau dans le royaume des animaux, et on peut croire que ce continuateur, vraisemblablement un Anglais, de l'œuvre d'Eudes, s'est surtout inspiré du *Roman de Renart.*

Dans le manuscrit Gude 200 de Wolfenbüttel, Hervieux avait trouvé, joint à des fables d'Eudes de Cheriton, un nombre de fables anonymes, écrites certainement avant 1326, date que porte le manuscrit. Quelques-unes de ces fables sont la copie presque littérale de certains des exemples d'Eudes. Les fables et paraboles d'Eudes ont été en effet conservées dans de nombreux manuscrits, avec des variantes et parfois des additions intéressantes. Elles furent en outre reprises par des remanieurs et des traducteurs dans les siècles qui suivirent leur composition. Un compatriote d'Eudes, Jean de Sheppey, docteur de l'Université d'Oxford, prédicateur renommé et évêque d'Oxford de 1352 jusqu'à sa mort en 1360, a laissé son nom à un abrégé des *Fables* d'Eudes, dans lequel se retrouvent la plupart des apologues que le *Roman de Renart* avait inspirés à Eudes. Jean de Sheppey a abrégé surtout les morales des fables, démesurément longues, mais, contrairement à ce qu'a dit Hervieux, il n'a pas diminué notablement la longueur des apologues eux-mêmes. Dans plusieurs cas il les a même considérablement développés, au moins en ce qui concerne les histoires de Renart. C'est ainsi que l'histoire de Renart et d'Isengrin dans le puits devient, racontée par Jean de Sheppey, deux fois plus longue que la fable d'Eudes, grâce à l'addition de nombreux détails. Jean de Sheppey suit de très près la version d'Eudes dans l'ensemble, mais il est significatif que plusieurs des traits dont il augmente son récit sont exactement conformes à la branche IV du *Roman de Renart.* Dans la fable de la confession de Renart Jean de Sheppey dit que le coq est chapelain de Renart et non des bêtes, comme l'avait fait Eudes en flagrante contradiction avec le *Roman de Renart.* Cette fable a pris elle aussi une extension considérable et ressemble par certains aspects à l'histoire de Renart et de Chantecler racontée par Pierre de Saint-Cloud. Le goupil doit recourir à force arguments pour vaincre les craintes du coq, et la poule, tout comme dame Pinte, essaie en vain de dissuader son mari d'écouter son ennemi. A la fin le coq la traite de sotte : « Tanquam una de stultis mulieribus locata es ? », ce qui résonne étrangement comme le reproche de Chantecler à sa femme dans la branche II : « Pinte, fait-il, moult par es fole, / Moult as dite fole parole ».

Jean de Sheppey ne se contentait pourtant pas de remanier les fables d'Eudes de Cheriton. A l'occasion il en faisait lui-même, et c'est dans celles-là qu'on reconnaît distinctement des emprunts au *Roman de Renart.* Son histoire du goupil et du loup chez le fermier, esquissée très sommairement par Eudes dans sa parabole *De Renaldo et Isingrime inflato,* est une reconstitution de l'histoire de Renart et de Primaut de la branche XIV. Le titre même, *Lupus et vulpes in lardario,* fait penser tout de suite aux quatre « bacons salés » que Renart avait promis à son compagnon dans le conte français. Les paroles que les deux bêtes échangent au début de la fable sont sûrement traduites du poème français, où Primaut se plaint amèrement de la faim qui le tenaille et où Renart lui promet une nourriture abondante : « Lupus obviavit Vulpi, dicens ei : Magnam famem habeo, nec scio ubi quiquam predari potero. Cui Vulpes : Si vis me sequi, satis habunde reficiemur. Respondit Lupus : Libenter sequar. Eamus cicius, quia fames me cruciat ». Le fabuliste est très conscient de son modèle quand il prend soin de mettre en relief la ruse et la préméditation du goupil qui, «memor strict foraminis », mange avec modération, tandis que le loup se gorge avidement.

C'est donc très consciemment que Jean de Sheppey imitait les contes de Renart, avec leur parodie de la société médiévale. Sa Fable LXXI, *Ursus et lupus,* est l'abrégé d'une fable d'Eudes qui raconte comment le propriétaire de douze brebis, voulant partir en voyage, les confia à Isengrin. Dans l'abrégé cependant le motif du voyage devient un pèlerinage en Terre Sainte. S'il existait des doutes encore sur les rapports des fables de Jean de Sheppey avec le *Roman de Renart,* ils ne résisteraient pas à la lecture d'une fable propre à l'évêque anglais, fable qui traite du lion malade, du loup écorché et du goupil :

> Leo quodam die, graviter infirmatus, mandavit pro Vulpe, ut consilium sibi daret sanitatis. Vulpes venit, urinam inspicit, pulsum et tempora tangit, et dixit : Domine, graviter infirmatus es et causa tue infirmitatis est summe frigida, et ideo oportet quod utaris calidis. Et dixit Leo : Magister, dic mihi quibus. Et Vulpes, vindicari volens de Lupo quem odit naturaliter, dixit Leoni : Domine, consulo quod provideas tibi de pellicio de pelle Lupi, quia

optimum erit tibi et servabit te ab omni frigore. Leo credi(d)it consilio medici, et, mandans pro Lupo, fecit eum vivum excoriari et tunc dimitti.

Cette version du thème ancien du lion malade, raconté d'abord par Esope, puis au Moyen Age par Paul Diacre et ensuite par Nivard, se distingue pourtant des autres récits par un détail : l'examen des urines, du pouls et du cœur du lion, détail qui semble avoir été emprunté tout entier à la branche X du *Roman de Renart.*

On sait que Jean de Sheppey avait passé quelques années en France, où il a sans doute connu le *Roman de Renart* dans sa forme originale. Nous savons aussi que l'œuvre ésopique d'Eudes de Cheriton a connu une grande popularité en Angleterre, si on en juge d'après le nombre important de manuscrits qui l'ont conservée en Angleterre. Mais cette popularité ne fut nullement limitée à l'Angleterre, et les fables d'Eudes furent diffusées par des traductions. Le manuscrit 16230 de la Bibliothèque Phillipps de Cheltenham contient une traduction française, dans la langue de l'Eure de la seconde moitié du XIIIème siècle, qui sous le titre : « Les Parables maystre Oe de Cyrantine », reproduit encore une fois les histoires de Renart et du loup dans le puits, du Partage, de Renart au poulailler, de la confession de Renart, de Renart et Tibert, et de l'enterrement du loup [1]. Vers 1320 Nicole Bozon, frère mineur anglais, a écrit en anglo-normand un recueil de contes de toutes sortes, y compris de nombreuses fables, destinés à la prédication populaire. Hervieux avait cru que plusieurs de ces fables étaient des traductions de certaines de celles d'Eudes, mais Paul Meyer [2] a conclu que sur trente-sept fables il n'y en a que quatre qui sont tirées directement du recueil d'Eudes. Ces quatre fables n'ont justement aucun rapport avec le *Roman de Renart.* Certaines autres des fables de Nicole Bozon

[1] Cf. Paul Meyer, *Une Ancienne Version française des fables d'Eudes de Cheriton, Romania,* XIV, 1885, p. 381-97.

[2] V. Lucy Toulmin-Smith et Paul Meyer, *Les Contes moralisés de Nicole Bozon, frère mineur,* Paris, 1889.

méritent toutefois un examen attentif, car elles révèlent bien l'influence des contes de Renart qui, nous le verrons dans un autre chapitre, ont laissé d'autres traces encore dans la littérature anglaise du Moyen Age.

J'ai déjà eu l'occasion de parler du quatrième conte de Bozon (v. supra p. 416-7) à propos d'un récit dans *Renart le Contrefait.* Ce conte mérite pourtant notre attention pour la manière dont Bozon a créé d'un sujet étranger au *Roman de Renart* une nouvelle histoire digne d'y figurer. Je le reproduis dans le texte établi par Meyer et L. Toulmin-Smith d'après les deux manuscrits qui existent de l'œuvre de Bozon :

> Le lou et le asne e le gopil furoñt semoñs al court de leoñ. Lors dit le leoñ al lou : « Que face tu ci ? — Sire, fet il, pour ceo ke jeo pris un berbis, ils moy ont somoñs a vostre court. — Veire, fet il, va t'en a mesoñ ; bien scet l'em qe ceo est ta nature de beiser le motoñ ». Pus dit il al gopil : « Et tu, Renaud, tañt sagez et vaillañt, pour quoy es tu si travailee ? — Sire, dist il, un homme se pleynt de moy pour ceo qe jeo, après sa confessioñ, penaunce lui donay ; pour ceo mei feseynt si venir a respondre de ceo trespaz. — Veir, fet il, poy out a faire. Retornez en mesoñ. Ceo est vostre office penaunce doner après confessioñ ». Pus se torne le leoñ al asne, si luis aresona : « Dy moy, sire Baudewyn, qe as tu fet ? Pour quoy tu es venu ci ? — Sire, dist il, pour Deux merci, un bouchee de sauge pris de un sauger, et par tant sui destreynt de venir ci. — Or a mal houre ! dist le leoñ, deis tu manger le sauge al prodhome ? Ore tost ! dit il as sergeañtz, primez soyt bien batue pus eschorchee ».

On reconnaît ici le thème qui a abouti finalement à la fable des *Animaux malades de la peste* de La Fontaine, et dont la forme la plus ancienne se trouve dans le *Pantchatantra.* Bozon en a donné cependant une version bien différente qu'il a dû puiser à une source que nous ignorons. On peut penser pourtant que son modèle a été parfois le *Roman de Renart,* et l'emploi des noms propres, si particulier aux branches de Renart, vient appuyer cette présomption. Le nom « Renaud » ne doit pas étonner, car cette forme, dérivée d'une autre racine et à proprement parler un autre nom, est appliqué au goupil, par confusion avec « Renart », en Angleterre depuis le Moyen Age. Le nom « Baudoin » ou « Baudwyn » a de son côté servi dans plusieurs branches du *Roman de Renart* à désigner l'âne ou un membre de sa famille, à la place de « Bernart ».

Dans son huitième récit Bozon a illustré un sermon contre la flatterie par l'histoire du goupil qui vole le fromage au corbeau. Quoique très court, ce récit révèle clairement son origine, qui est la branche II de Pierre de Saint-Cloud, car à l'instar de Renart le goupil de Bozon loue la belle voix du père du corbeau : « Dieux ! com vous estez beal oysel, e ben seriez a preiser, si vous chauntassez auxi cler cum fist jadys vostre piere ! » Le conte 30, malgré une grande originalité, a de très fortes ressemblances avec la branche IX, *Renart et Liétart*. Un goupil prie un laboureur de le sauver du chasseur. Le laboureur lui dit de se coucher dans un sillon, et il le cache de son manteau. Quand le chasseur arrive, le paysan dit que le goupil a disparu dans la forêt, mais du doigt il indique l'endroit où se tapit la bête. Le chasseur ôte le manteau et salue le goupil : « Tu seies bien trovee, Reneward ». Paul Meyer a comparé ce récit curieux avec une fable de Phèdre, souvent imitée au Moyen Age, mais les deux versions semblent difficilement conciliables. Malgré la substitution du goupil à l'ours, le conte de Bozon peut dériver de celui du prêtre de la Croix-en-Brie, et le nom Reneward n'est qu'une autre variante anglaise, avec Renaud, du français Renart.

Le conte 46 raconte une nouvelle version du reflet de la lune. Le loup prend le reflet de la lune dans l'eau pour un fromage. Le goupil promet de le lui procurer, et prétend l'attacher à la queue du loup. Mais l'eau gèle, et quand le loup veut retirer son fromage il laisse sa queue dans la glace. Curieuse combinaison de la *Pêche à la queue* de la branche III et du thème de la *Disciplina clericalis* qui avait inspiré autrefois la branche IV. C'est l'histoire de Renart et la Mésange de la branche II qui a de nouveau laissé des échos dans la fable qui accompagne le conte 61. Le goupil voit une colombe assise sur un rocher et veut la persuader de descendre jouer avec les bêtes par terre :

> « Veire », fet l'autre, « vous ne estez pas touz mes freres ne jeo ne m'affye pas en vous. — Si pœz », dit le gopil « tut surement : les lettres sont venuz de la court le roy qe touz serroms de un accord, e nul ne fra grevañce a autre desornemès ». A ceo vynt un chivaler od quatre levererz suañs, « Dieu ! » fit le gopil al columbe, « jeo prent mon congé de vous, beal cosyn, jeo ne ose plus demorir. — Si frez » dit il, « ils sont nos freres : pensez de ce final acord fet entre nos bestez. — Nanil », dit le gopil, « jeo ne sui pas certeyn qe les chienz ont veü les lettres, quar ils sont envious ».

Paul Meyer a prétendu que ce conte se rapproche plus de celui de Marie de France que de la branche II. Pierre de Saint-Cloud avait fondu en un seul récit deux motifs distincts, la paix générale et le baiser. Il est vrai que Marie de France met le goupil en scène avec une colombe et qu'elle n'emploie que le motif de la paix générale, tout comme Bozon. En même temps on note que Bozon a utilisé un trait particulier au *Roman de Renart* : le goupil appelle la colombe « cousin ». Dans le poème de Pierre de Saint-Cloud Renart appelle la mésange « commère », mais il y a là peut-être une confusion avec une partie précédente de la branche II, où Renart traite Chantecler de cousin germain. Le conte 61 montre en somme la façon dont Bozon a dû rédiger au moins une partie de son recueil : il faut croire qu'il connaissait la fable de Marie de France, « Dou coulon et dou gourpil », et peut-être aussi la fable latine « De vulpe et columba » ; mais il avait lu aussi le *Roman de Renart.* Il a fini par faire des emprunts à toutes les versions, tout en employant la forme du conte d'animaux, plus vivant et plus circonstancié que la fable.

Ce mélange de plusieurs sources semble se manifester encore dans la fable qui accompagne le conte 142, où est racontée l'histoire de l'âne qui n'avait pas de coeur. Cette fable d'origine indienne se trouve dans la *Chronique de Frédégaire,* et elle constitue aussi une des fables de Marie de France, mais elle n'entre pas dans le *Roman de Renart.* On peut cependant penser que Bozon y a inséré un souvenir d'un conte de Renart : le lion de la fable étant malade, le goupil vient le soigner et fait l'examen. des urines. En parlant de l'œuvre de Jean de Sheppey j'ai déjà signalé ce détail, qui provient de la branche X, *Renart Médecin.* Si on veut pourtant des preuves plus convaincantes encore que Nicole Bozon avait puisé dans le *Roman de Renart* l'inspiration d'une bonne partie de son œuvre, on n'a qu'à lire la fable du conte 145, où se trouvent réunis plusieurs éléments pris dans deux branches. Le goupil rencontre un chat gros et gras et lui demande où il avait trouvé à manger. Le chat propose de lui procurer une nourriture abondante. Il l'amène la nuit à la cour d'un grand seigneur et lui propose des fromages et de la viande salée :

> « Ne savez poynt manger de furmage e de chars saleez ? — Mout bien », fet l'autre, « e de bon volonté ». Le chat lui mena par mye un fenestre estreit en la larder, et lui fist manger de chars salez bon saülée ; puis le mena en le deyerye (i. e. la laiterie) ; si lui fist flater de let tant com il pœit. Puis lui fist manger furmage autre saülée e puis flater du let. « Ore », fet le gopil, « nous sumes bien ; bon est qe nous en aloms. — Non pas uncore », fist le chat : « nous mangeroms de deyntez (i. e. gourmandises) par enchesoñ de vous ». Lors lui mena en la sceler ou ils troverent chars fresses e peissoñ, et le afforcea de mout manger. Et quant il ne poeit plus, uncore le chat lui fist retorner pour flater du let, pur congé prendre, taunt que fust si gros que a peyne poeit aler. « Ore », fet le chat, « nous sumes bien a eise, ore voloms chaunter. — Ne voille Dieux ! » dit le gopil, « nous seroms honnys. — Ne eyez cure », fit le chat, « mès siwez moy ». Et il comencea de crier tant haut com il poeit. Le despenser et le deye (i. e. servante), qe oierent la noyse, alumerent pur vere quei ceo poiet esthe, et a lur venue le chat saut hors al fenestre la ou il entra, si s'en va. Le gopil voleit aler après, mès pur nient. Il fust si gros de trop manger e flater qe il ne poeit avant, mès fust pris e tant batuz qe il fust pur mort tenuz.

Notre Franciscain anglais a pour une raison quelconque interverti les rôles des protagonistes, mais les sources du conte n'en sont pas moins apparentes. L'auteur a remanié toute la branche XIV, rattachant adroitement en un seul récit les multiples épisodes de Renart et Tibert et de Renart et Primaut. La mention du lait a trait à la première partie de la branche XIV, *Renart et Tibert dans le cellier,* tandis que les salaisons et les poissons proviennent de la deuxième partie, qui raconte les malheurs de Primaut. L'interpénétration des différents éléments est surtout visible dans la conclusion : l'idée de faire de Renart la victime se trouvait déjà dans la première partie de la branche XIV, où Renart échappe de justesse aux chiens, qu'une ruse de Tibert avait mis en alerte; mais le fond du récit est contenu dans l'épisode de Primaut et les jambons. Là-dessus Bozon a greffé l'histoire de Primaut au moutier, chantant les vêpres et se sauvant des villageois en sautant par une fenêtre. Il est à remarquer que Bozon a respecté la convention, en dépit de son but moralisateur, selon laquelle les héros du *Roman de Renart* ne meurent pas : Renart est laissé pour mort, mais le texte laisse entendre qu'il ne l'est pas et qu'il ressuscitera.

On pourrait croire que Nicole Bozon avait connu la parabole d'Eudes de Cheriton, *De Renaldo et Isingrime inflato,* ou une variante telle que celle du manuscrit Gude 200, si les multiples détails de son conte ne trahissaient pas l'influence plus directe de la branche XIV. Si Bozon a suivi la voie tracée par Eudes, il a toutefois agi avec une originalité totale, allant chercher lui-même son inspiration directement dans le *Roman de Renart.* La destination de ces contes, adressés non aux clercs mais au peuple, et l'absence de remarques explicatives sur les personnages telles que celles qu'Eudes avait jugées parfois nécessaires, obligent à croire en outre que les histoires de Renart jouissaient à l'époque d'une certaine popularité en Angleterre.

Après l'Angleterre, les fables d'Eudes ont fait connaître quelques-uns des exploits du goupil dans un pays où l'on en trouve autrement peu de traces : l'Espagne. En effet, le recueil de fables d'Eudes a été traduit en espagnol à la fin du XIVème ou au début du XVème siècle [1] et intitulé *Le libro de los gatos,* ou *Le Livre des chats.* Ce *Libro de los gatos* est composé de 64 fables, traduites très littéralement des fables d'Eudes, et contient les récits qui semblent avoir été inspirés par le *Roman de Renart,* tels que l'enterrement du loup, le partage, et le goupil et le loup dans le puits. Dans la version espagnole de ce dernier, par

[1] Cf. Félix Lecoy, *Recherches sur le Libro de buen amor de Juan Ruiz,* Paris, 1937, p. 117.

exemple, le terme « compère » est respecté. L'existence d'une traduction portugaise de ces fables a été signalée dans un *Fabulario português* que contient un manuscrit du XVème siècle [1].

Les traductions à part, nous trouvons deux contes d'animaux dans un autre ouvrage espagnol du Moyen Age, le *Libro de buen amor* de Juan Ruiz. Le premier de ces contes présente une autre version du thème de la branche XVI, le *Partage,* version dont on n'a jamais, semble-t-il, tenu compte, comme le remarque Félix Lecoy [2]. Toujours selon Félix Lecoy, seul le début est particulier à Juan Ruiz, qui y a utilisé le thème du lion malade. Lecoy a démontré en outre les points de ressemblance ainsi que les différences avec les autres versions médiévales de ce récit : l'*Ysengrimus,* la branche XVI, les fables d'Eudes et de Jean de Sheppey, pour conclure que : « Il semble certain que Juan Ruiz n'a pas connu le *Roman de Renart,* ni l'*Ysengrimus,* et qu'il a pris sa narration dans quelque recueil à l'usage des prédicateurs en circulation parmi les clercs. Toute autre supposition serait hasardeuse » [3]. De l'autre conte d'animaux dans le *Libro de buen amor* je parlerai plus tard; cette remarque de Lecoy suscite d'abord quelques observations. Elle corrobore ce que j'ai dit au Chapitre III à propos du *Roman de Renart* et la littérature espagnole. Mais si Juan Ruiz, comme les autres écrivains espagnols du Moyen Age, n'a pas connu le *Roman de Renart,* il a par contre connu les apologues d'Eudes de Cheriton, dont il a surtout apprécié un aspect : « Juan Ruiz a été davantage séduit par les possibilités de pittoresque de ses apologues ou leur intérêt d'action que par leur valeur démonstrative ou morale » [4]. A. M. Espinosa a également reconnu que certaines fables d'animaux sont arrivées en Espagne au Moyen Age par l'intermédiaire de rédactions françaises – il nomme le *Libro de los gatos* mais non Eudes de Cheriton [5]. Ne peut-on pas penser par conséquent

[1] Dans un article de Leite de Vasconcellos, dans *Revista Lusitana,* VIII et IX, Lisboa, 1906.

[2] *Libro de buen amor de Juan Ruiz,* p. 146.

[3] *Ibid.,* p. 148.

[4] *Ibid.,* p. 118.

[5] *Cuentos populares españoles,* III, p. 243.

que les contes populaires espagnols recueillis par Espinosa et dont Juan Nogués reconnaît les rapports avec des branches de Renart, peuvent en effet remonter au *Roman de Renart,* par l'intermédiaire des traductions ou imitations espagnoles des apologues d'Eudes de Cheriton ou d'autres prédicateurs français, plutôt qu'à des « archétypes disparus » du folklore qu'évoque Nogués à l'instar de Léopold Sudre ?

Si Eudes de Cheriton a eu des imitateurs et remanieurs en Angleterre, son exemple a en effet été suivi en France également, et même par quelques-uns des prédicateurs les plus célèbres de leur temps, parmi lesquels il convient de citer en premier lieu Jacques de Vitry :

> ... Messire Jacques de Vitry, évêque d'Acre, prédicateur de la croisade contre les Albigeois, puis évêque de Tusculum et cardinal, avait lu, tout comme un autre, son *Roman de Renard,* et il savait à l'occasion en tirer une piquante anecdote. Il ne croyait pas compromettre la dignité de la chaire chrétienne en faisant appel aux ressources de la sagesse laïque, même quand elle se présentait sous des dehors aussi folâtres. Ici Jacques de Vitry se rencontre avec Eudes de Cheriton. Parmi les « exemples » dont il émaille ses sermons, il en est plusieurs qui sont empruntés très directement à notre *Roman* [1].

Parmi les fables qui servent d'exemples aux sermons de Jacques de Vitry, à peu près cinquante en tout, la plupart proviennent du *Romulus* ordinaire, mais quelques-unes doivent être attribuées sans hésitation au *Roman de Renart.* L'histoire de Renart et de la mésange devrait nous en convaincre :

> Audivi de vulpe, quam vulgariter renardum appellant, quod pacifice salutavit volucrem que gallice « masange » nominatur cui illa dixit : « Unde venis ? » At ille : « De colloquio regis in quo jurata est pax cum cunctis bestiis et volucribus observanda. Unde rogo te ut pacis osculum mihi tribuas ». Cui illa : « Timeo ne me capias ». Cui renardus : « Accede secure, ecce oculos claudam ut te

[1] Lucien Foulet, *Le Roman de Renard,* p. 507. Pour le texte des fables, ainsi que pour une étude sur Jacques de Vitry, v. Goswin Frenken, *Die Exempla des Jacob von Vitry,* Heidelberg, 1914.

> capere non valeam ». Volucre autem accedente et ante vulpem volitante, cum ore aperto vellet eam capere, velociter evolavit irridens vulpem que, contra pacis juramentum, ipsam ledere voluisset.

On reconnaît sans erreur le récit de Pierre de Saint-Cloud. Il est vrai que l'emploi de « renardus » en conjonction avec le « vulpes », emploi qui se retrouve dans d'autres exemples de la collection, n'est pas décisif, étant peut-être simplement le « sobriquet connu du goupil », comme Lucien Foulet le hasarde. Mais le mot « masange » dans le texte latin indique d'une façon irréfutable l'emprunt au *Roman de Renart.* Il est évident que Jacques de Vitry ne connaissait pas de mot latin pour l'oiseau, donc il n'avait pas sous les yeux un modèle latin, mais a dû employer le mot français qu'il trouvait dans la branche II. A cette démonstration il faut ajouter la présence du double motif, la paix universelle et le baiser de paix, qui provient du poème de Pierre de Saint-Cloud. Il est intéressant de remarquer en outre que pour Jacques de Vitry c'est le récit qui compte, et la conclusion qu'il ajoute a surtout le mérite d'être brève et parfaitement accordée à ce genre pas trop sérieux : « Huic similes sunt quidam fraudulenti clerici et sacerdotes pessimi qui, pacem et religionem simulantes, mulierculas seducunt ». Une concordance pareille dans les détails indique la parenté étroite qui existe entre la version que donne Jacques de Vitry du *Partage du lion* et l'original français. Comme dans la branche XVI, le butin se compose de trois pièces : un taureau, une vache et une brebis, cette dernière remplaçant le veau du conte français, et le partage qu'en fait le goupil correspond à celui de Renart : « Domine, justum est ut vos, qui rex noster estis, taurum habeatis, domina autem nostra uxor vestra regina vaccam habeat, filii vero vestri leonculi habeant ovem. » Il est à noter que Jacques de Vitry insiste sur la qualité de reine qui appartient à la lionne, en conformité avec l'épopée animale. Et finalement, en réponse à la question du lion : « Optime divisisti. Quis docuit te ita bene partiri ? », le goupil dit : « Domine, iste cui rubeum pilleum fecistis docuit me ita partiri », ce qui traduit bien la boutade célèbre de la branche XVI.

La rédaction que donne Jacques de Vitry de l'histoire de Primaut chez le fermier, si particulière au *Roman de Renart,* ressemble beaucoup à la parabole d'Eudes de Cheriton sur le même thème. Par contre il ne fait pas de doute que c'est le célèbre épisode de la branche I, le *Jugement,* qui a inspiré la *Confessio Renardi :*

> Hec est confessio vulpis, que solet in Francia appellari confessio renardi. Cum enim debuisset suspendi et taxus eum duceret ad curiam leonis, facta confessione de omnibus peccatis, eodem die vidit gallinas juxta domum cujusdam hominis, et taxo ait : « Illa est via qua incedere debemus, scilicet juxta domum illam quam videmus ». Cui taxus respondit : « Miser, hodie confessionem mihi fecisti de cunctis peccatis tuis, et confessus eo quod multas gallinas devorasti, et promisisti Deo in manu mea quod de cetera, abstineres ». Cui renardus ait : « Verum dicis, sed ego tradideram oblivioni ».

Point n'est besoin d'insister sur la fidélité de ce récit à son modèle, la scène si amusante entre Renart et Grimbert. Si Jacques de Vitry a voulu supprimer un léger trait ironique à l'égard de l'Eglise en remplaçant la « grange a noneins » de la branche I par une simple maison, les derniers mots de son récit traduisent pourtant littéralement la réponse de Renart à Grimbert : « Ge l'avoie oblié ».

C'est la version de *Renart et le Corbeau* qui, de tous les exemples de Jacques de Vitry, a pour nous le plus grand intérêt. Tout comme l'œuvre des autres prédicateurs et moralistes que nous avons étudiée dans ce chapitre, les histoires de Jacques de Vitry mélangent parfois des données provenant de plusieurs sources. L'histoire du goupil et du corbeau en fournit l'illustration. Après une exhortation à la méfiance à l'égard de la flatterie, Jacques de Vitry raconte le vol du fromage bien à sa façon :

> De primo exemplificat corvus, qui cum in ore caseum teneret, vulpecula, quam renardum appellant, cepit eum laudare quod bene sciret cantare et quod pater ejus Roardus, dum viveret, de cantus amenitate ab omnibus avibus laudaretur, et cepit rogare corvum ut cantaret quia valde delectabatur in cantu ejus. Tunc

> corvus, laudibus suis inaniter glorians, cepit conari os aperire et alta voce cantare, ita quod caseus ab ejus ore decidit, quem renardus, voti compos offectus, rapuit et recessit.

L. Foulet a fait remarquer que certains détails de ce récit nous renvoient à la version phédrienne de la fable. Dans la branche II Tiécelin tenait le fromage sous sa patte, et non au bec. La fin pourrait également provenir du *Romulus.* Mais d'autres détails indiquent une autre origine. Nous avons déjà eu l'occasion de remarquer que les louanges de la voix du corbeau avaient été une invention de Pierre de Saint-Cloud, comme l'avait été aussi l'allusion du goupil au père du corbeau. L'introduction du nom du père, Roardus, confirme l'emprunt au poème de Pierre de Saint-Cloud, dont le souvenir est très clairement évoqué par Jacques de Vitry :

> v. 920 « Bien ait hui l'ame vostre pere
> Dant Rohart qui si sot chanter !
> Meinte fois l'en oï vanter
> Qu'il en avoit le pris en France ».

La mention de Roardus [1] permet même de penser que Jacques de Vitry avait effectivement lu et retenu le poème de Pierre de Saint-Cloud. En lisant la *Confessio Renardi,* l'aventure de Renart et de la mésange, l'histoire du *Partage* et enfin ce dernier récit de Renart et du corbeau, on emporte la conviction que Jacques de Vitry avait connu en détail le *Roman de Renart.* On se demande même s'il n'en avait pas eu un exemplaire sous la main quand il rédigeait ses sermons. Il a rédigé ses sermons et ses exemples entre 1228, quand il fut promu cardinal, et 1240, année de sa mort. L. Foulet a émis l'hypothèse qu'il avait fait connaissance avec le *Roman de Renart* quand il avait été étudiant, aux environs de 1200-1210. Or le *Partage* fut composé vraisemblablement vers 1202. Nous avons donc une autre indi-

[1] Frederick Crane avait donné la forme « coardus » à ce nom dans son édition *The Exempla or Illustrative Stories from the Sermones vulgares of Jacques de Vitry,* London, 1890. L. Foulet avait mis en doute cette forme, et sa conjecture a été confirmée par la leçon du Manuscrit Harley 463, qui donne bien la forme « Roardus ».

cation de la popularité dont jouissaient les histoires de Renart presque depuis leur apparition, et le fait que Jacques de Vitry a choisi d'émailler ses sermons de ces histoires vingt ans plus tard, indique qu'elles n'avaient entretemps rien perdu le leur attrait.

A la liste de prédicateurs illustres qui n'ont pas dédaigné de puiser la matière de leurs écrits dans le *Roman de Renart* il faut ajouter le nom d'Etienne de Bourbon, ou de Belleville. Né à Belleville-sur-Saône vers la fin du XIIème siècle et mort avant 1261, ce Dominicain était un prédicateur renommé. Il a laissé un recueil d'exemples à l'usage des prédicateurs, dans lesquels il s'est grandement inspiré des méthodes de Jacques de Vitry [1]. On lui doit encore une version du *Partage,* dans laquelle se retrouve la plaisanterie cruelle sur le capuchon rouge du loup : « Domine, ille dominus cui dedistis capucium rubeum ». Etienne de Bourbon a indiqué au début de son sermon, intitulé « De Adulacione », que l'histoire lui avait été racontée par Maître Guiard, chancelier de Paris, plus tard évêque de Cambrai – le prédicateur l'a appelé, à tort, évêque de Tournai. L'allusion indique clairement que Guiard avait communiqué l'histoire à Etienne avant son élévation à la dignité épiscopale, donc avant 1238, autre témoignage donc de l'intérêt que portaient même de hauts dignitaires de l'Eglise au *Roman de Renart.*

L'influence de ces sermonnaires et prédicateurs, Eudes, Jacques de Vitry, Etienne de Bourbon, a été grande, et leurs sermons et exemples furent maintes fois repris, recopiés ou remaniés dans la littérature religieuse et didactique de leur siècle [2]. C'est ainsi que l'on trouve dans les *Sermones ad status* de Guibert de Tournai, Frère Mineur mort en 1270, une version de la *Confessio Renardi* qui reproduit fidèlement celle de Jacques de Vitry [3]. Il est intéressant de noter que le terme « vulpis » n'a pas été employé dans cette nouvelle version – les

[1] Cf. A. Lecoy de la Marche, *Anecdotes historiques, légendes et apologues tirés du recueil inédit d'Etienne de Bourbon,* Paris, 1877.

[2] Cf. l'abbé J. Th. Welter, *L'exemplum dans la littérature religieuse et didactique du Moyen Age,* Paris, 1927.

[3] L'abbé Welter a reproduit cet exemple en note à la page 137.

sermons de Guibert furent rédigés entre 1261 et 1270 – étant remplacé par « renardus ». En outre, le confesseur reçoit son nom propre : « Grimbert taxus ». De ces deux faits on peut conclure non seulement que Guibert connaissait lui-même la branche I, mais aussi que dans l'espace d'une trentaine d'années le succès de notre *Roman* avait été tel que le mot « renardus » avait déjà presque évincé l'ancien « vulpis ». Dans son *Liber de dono timoris,* qui est inspiré en majeure partie des exemples d'Etienne de Bourbon, Humbert de Romans, cinquième maître-général des Frères Prêcheurs, mort en 1277, a pris soin de mentionner les sources qu'avait utilisées Etienne de Bourbon dans les exemples qu'il lui a empruntés, et parmi ces sources se trouve en effet le *Roman de Renart.* L'abbé Welter a fait état d'un recueil d'exemples dans le manuscrit 1019 de la Bibliothèque Municipale d'Arras, composé par un membre de l'Ordre des Sachets vers la fin du XIIème siècle. Parmi ces exemples est un récit intitulé *De vulpe et lupo in promptuario* qu'il faut rapprocher de la parabole *De Renaldo et Isingrimo inflato* d'Eudes de Cheriton. Finalement, l'abbé Welter cite le recueil du manuscrit 35 de la Bibliothèque Municipale d'Auxerre, dont le compilateur, vraisemblablement un Franciscain d'origine anglaise, s'était inspiré du *Roman de Renart* ainsi que de l'œuvre de Jacques de Vitry et d'Etienne de Bourbon.

En dehors de ces recueils assez célèbres, il existe une compilation de fables du Moyen Age qui est mal connue mais qui a pour nous un intérêt. Il s'agit du recueil d'apologues qui porte le titre de *Fabulae extravagantes.* A.-C.-M. Robert, qui les avait analysés dans ses *Fables inédites* [1], déclarait les avoir trouvés dans des éditions de fables du XVème siècle. En effet ces *Fabulae extravagantes* avaient été traduites en allemand par Heinrich Steinhöwel et figuraient dans son célèbre *Esope,* dont la première édition avait paru entre 1476 et 1480 [2]. Selon un éditeur allemand de la *Disciplina clericalis,* les fables latines se

[1] *Fables inédites des XIIème, XIIIème et XIVème siècles,* Paris, 1825, p. XCIV et seq.

[2] Cf. Hermann Oesterley, *Steinhöwels Äsop,* Tubingue, 1873.

trouvaient dans un manuscrit de 1376, le *Codex de Breslau*, où elles suivaient immédiatement la *Disciplina Clericalis*[1]. C'est peut-être dans ce manuscrit que Steinhöwel les avait trouvées, car il a incorporé dans son *Esope* en même temps que les *Fabulae extravagantes*, des morceaux choisis de la *Disciplina clericalis*.

Des dix-sept *Fabulae extravagantes* qui figurent dans l'*Esope* allemand, quinze se trouvent aussi dans le *Romulus de Munich*, compilation du XVème siècle. Un autre recueil de fables, le *Romulus mixte de Berne* qui remonte au XIIIème siècle, présente une version abrégée de plusieurs des *Extravagantes*[2]. Léopold Hervieux soutenait que les fables abrégées de la collection de Berne dérivent de celles du *Romulus de Munich*. Il me semble cependant que le *Romulus mixte de Berne* présente, sous une forme quelquefois très simple, des histoires qui ont été reprises et développées dans les *Fabulae extravagantes* et dans le *Romulus de Munich*. Je reviendrai sur cette question de priorité, mais il importe de remarquer que le *Romulus de Berne* est postérieur au *Roman de Renart*, puisqu'il reproduit des fables d'Eudes de Cheriton.

Quant aux *Fabulae extravagantes*, ou *Fables éparses* comme Robert les avait appelées, diverses conjectures ont été lancées sur leur origine. Dans leur texte original elles sont suivies de la phrase : « Finite sunt extravagantes antique, ascripte Esope, nescio si vere vel ficte ». Un examen rapide révèle que cette observation est complètement, et selon toute vraisemblance délibérément fantaisiste. Le terme « extravagantes » semble signifier que ces fables n'appartiennent pas aux recueils de fables antérieurs. Hervieux avait observé en effet que deux des *Fabulae extravagantes* se rattachent indirectement par leur sujet au *Romulus* et au dérivé latin du *Romulus* de Marie de France, mais qu'elles s'en écartent complètement par l'arrangement des récits. Il ajoutait que deux autres auraient pu être inspirées de l'œuvre d'Eudes de Cheriton, mais que par leurs développements le fond

[1] Fr. Wihl. Val. Schmidt, *Petri Alfonsi disciplina clericalis*, Berlin, 1827.

[2] Cf. L. Hervieux, *Les Fabulistes latins*, I et II.

lui-même en est dénaturé. Quant aux autres, elles présentaient un caractère d'originalité qui le laissait parfaitement perplexe. Mais avant Hervieux, Österley avait constaté que la grande majorité des *Fabulae extravagantes* proviennent « des divers groupes de l'épopée animale » [1], et même Sudre avait admis que certaines des *Extravagantes* fournissent « des variantes pleines d'intérêt de nos meilleurs épisodes français » [2]. Mais bien avant eux Robert avait discerné cet aspect des *Extravagantes* et n'avait pas hésité à proposer des rapprochements ou des analogies avec le *Roman de Renart.*

On constate d'emblée que les *Fabulae extravagantes* ressemblent bien peu à la fable ordinaire, tant par leur longueur que par leur forme et leurs développements inattendus. Régulièrement, la moralité est énoncée en quelques lignes au début, tandis que le récit prend souvent des proportions qui dépassent de beaucoup celles de la fable. Souvent même, la moralité ne semble être qu'un prétexte au récit. Dans les fables qui vont nous intéresser tout spécialement, nous trouverons certes des traits originaux, mais aussi des ressemblances, voire des rapports, avec plusieurs branches de Renart.

Dans la troisième de *Extravagantes* on reconnaît tout de suite un des récits les plus célèbres du *Roman de Renart.* Je la reproduis d'après la version de Steinhöwel :

> Sunt homines multi, qui non previdentes sua dicta frequenter talia dicunt, unde postea ducuntur in penitentiam et damna accipiunt. Unde audi Fabulam.
>
> Vulpis aliquando, sustinens famem, ivit ad villam quandam, et veniens ante gallum dicebat ei : « O domine meus galle, quam pulcram vocem habebat dominus meus, pater tuus. Nam ego, cupiens audire vocem tuam veni huc, unde rogo te, ut canas alta voce, ut audiam, utrum tu an pater tuus pulchriorem habeat vocem ». Tunc gallus cum clamore, clausis oculis, cepit canere. At vulpis, insiliens in eum, cepit eum et portavit in silvam. Tunc homines ville illius, insequentes eum dicebant : « Quia vulpis portat gallum nostrum ». Audiens autem gallus dixit vulpi : « Audis

[1] *Steinhöwels Äsop,* Introduction p. 2.

[2] *Les Sources du Roman de Renart,* p. 61.

domina, quid dicunt villani turpes ? dic ergo illis, quia meum gallum, non vestrum, porto ». Tunc vulpis, dimittens gallum ex ore, dicebat : « Quia meum, non vestrum, porto », gallus autem, evolans in arborem, dicebat : « Mentiris, domina mea, mentiris. Ipsis sum, non tuus ». Vulpis autem, percutiens buccam suam cum palma sua, dicebat : « O bucca, quanta dicis, quanta loqueris ! Certe, si modo locuta non fuisses, praedam tuam non amisisses ». Sic et multi homines cum multa loquunter damnum non effugiunt.

Nous avons ici une version de l'histoire de Renart et de Chantecler de la branche II. Mais il ne s'agit pas d'une reprise des faits saillants pour illustrer une moralité. L'auteur des *Extravagantes* a imité très étroitement son prédécesseur, et le deux versions coïncident à peu près complètement dans les détails : l'arrivée du goupil à la ferme en quête d'une proie, les allusions flatteuses au père du coq, le coq qui ferme les yeux pour mieux chanter, la fuite du goupil. Tout cela se trouve dans le poème de Pierre de Saint-Cloud, ainsi que la ruse par laquelle le coq échappe à la mort. Même les reproches que le goupil se fait à la fin sont calqués sur le modèle français. C'est véritablement toute l'histoire de Renart et de Chantecler, ramenée aux dimensions d'une fable mais gardant tous les éléments essentiels de l'original.

La première fable de la collection, *De mulo, vulpe et lupo,* offre une nouvelle variante de la fable ésopique que nous avons rencontrée plus d'une fois, dans la branche XIX, *Isengrin et la Jument,* dans *Renart le Contrefait* et dans un conte d'Eudes de Cheriton. Cette fois cependant la tradition est respectée, et la ruse du goupil joue un nouveau tour au loup. Le goupil rencontre un mulet, bête extraordinaire qui excite à la fois sa cupidité et sa curiosité. Il invite le loup à partager avec lui cette proie dont l'étrangeté suscite sa méfiance. En réponse à leurs questions le mulet prétend que sa généalogie est inscrite sur son sabot, et c'est le loup qui reçoit le coup en voulant la lire.

Si l'on ne peut parler que d'une affinité entre ce récit et la branche XIX, tel n'est guère le cas de la fable intitulée *De lupo et asino.* Le loup rencontre un âne et lui déclare sans ambages son intention de le manger. L'âne prétend que ce sort le délivrera d'une longue liste de corvées pénibles, mais il tient à son honneur. Il ne veut pas que son maître et les voisins puissent dire qu'il s'était laissé manger comme un poltron. Il demande donc qu'on fasse des cordes avec de jeunes rameaux pour les lier ensemble, et ainsi le loup l'amènera au fond de la forêt pour le manger en cachette. Le loup acquiesce volontiers, se lie à l'âne, et est promptement entraîné au village. Il est rondement rossé par les villageois, et seul un coup de hache mal dirigé lui permet de s'enfuir en coupant les liens. On ne peut manquer d'être frappé par la similarité entre ce récit et la partie de la branche IX, *Renart et Liétard,* qui traite de la ruse employée par l'âne Timer contre Renart et dame Hermeline. Ernest Martin les avait rapprochés dans ses *Observations sur le Roman de Renart,* et même Sudre avait reconnu que les deux récits sont certainement apparentés. Il va jusqu'à proposer qu'à l'origine le prêtre de la Croix-en-Brie avait connu l'histoire sous la forme qu'elle revêt dans la fable latine. Robert avait au contraire pensé que la fable latine a tout simplement été prise dans le *Roman de Renart,* et c'est cette explication qui me paraît la plus vraisemblable. Ce récit existe en effet dans le *Romulus mixte de Berne* également, mais l'antériorité du *Roman de Renart* sur le recueil de fables a été démontrée. Il faut admettre que le thème de l'âne qui se lie à un autre animal est peu ordinaire. La solution par le coup de hache existe également dans la branche IX, qui doit donc être considérée comme l'original de la fable.

Avec la fable 9 des *Extravagantes* nous sommes complètement dans le conte d'animaux, sinon précisément dans le *Roman de Renart.* Cette fable intitulée *De vulpe et lupo piscatore et leone* combine en effet des récits qui existent dans deux branches de Renart, auxquels s'ajoutent quelques éléments nouveaux ou pris dans la littérature latine du Moyen Age, qui avait déjà inspiré nos trouvères français. Le titre laisse deviner qu'on a affaire de nouveau à l'histoire de la *Pêche à la queue,* qui ne constitue toutefois que la première partie du récit. Cette fable est en réalité un véritable conte d'animaux, dont la forme et la construction sont typiques des *Fabulae extravagantes.* Si elle présente quelques divergences avec la branche III, elle semble s'y rattacher par plusieurs côtés. Le loup rencontre un jour le goupil, qui mange un poisson au bord de la rivière. Le loup demande une part du poisson, mais le goupil propose de lui enseigner l'art de pêcher. Il l'envoie au village chercher un panier, qu'il attache ensuite à la queue du loup. Il lui dit de traîner le panier dans l'eau, et sous prétexte de chasser les poissons vers le panier, il le remplit de pierres. Quand le loup ne peut plus bouger à cause du poids du panier, le goupil va avertir les villageois que leur ennemi est pris dans l'eau. Les villageois viennent avec leurs chiens attaquer le loup : « Tunc omnes cum gladiis, fustibus et canibus exierunt ad lupum et usque quasi ad mortem percesserunt ac vulneraverunt. Lupus autem tirando fortiter cauda rupta evasit curtus ».

L'épisode de la pêche à la queue constitue un des thèmes capitaux de l'épopée animale et se trouve dans plusieurs versions antérieures aux *Fabulae extravagantes*. Cette dernière version ne correspond tout à fait d'ailleurs à aucune autre. C'est la première version dans laquelle il n'est pas question de l'hiver, donc de la queue prise dans la glace. Dans la branche III c'est un seau qui est attaché à la queue d'Isengrin, mais il est à remarquer que l'idée d'attacher un engin quelconque à la queue du loup fut une invention de l'auteur de la branche française et n'existe ni dan l'*Ysengrimus* ni dans la parabole correspondante d'Eudes de Cheriton. Dans la version que nous examinons, le goupil ameute les villageois contre le loup. Or il est vrai que dans l'*Ysengrimus* Reinardus attire les gens vers son malheureux compère en volant une poule au curé et en s'enfuyant du côté de l'étang. D'un autre côté c'est dans le *Roman de Renart* que s'était développé l'anthropomorphisme qui permet au goupil de s'adresser aux hommes. Un dernier trait exceptionnel, celui du goupil qui chasse les poissons vers le panier, se trouve également dans le poème alsacien *Reinhart Fuchs,* qui était de la fin du XIIème siècle, donc vraisemblablement antérieur aux *Fabulae extravagantes.* Dans tout ceci il n'y a peut-être rien de très extraordinaire. La branche III remonte à l'*Ysengrimus,* et à son tour elle a inspiré le *Reinhart Fuchs.* Dans l'absence de toute précision sur les origines et la composition des *Fabulae extravagantes,* on ne peut faire que des conjectures. Il n'est pas impossible que le fabuliste ait connu et imité les trois versions que j'ai citées de cet épisode. Ce qu'on peut dire, c'est qu'il a su combiner des éléments épars avec beaucoup d'adresse, et qu'il a créé un petit conte d'animaux plutôt qu'une simple fable.

L'épisode de la pêche à la queue ne constitue pourtant qu'une partie de cette fable. Il sert en effet à introduire une nouvelle version de *Renart Médecin.* Le lion, roi des animaux, souffre d'atroces coliques. Toutes les bêtes de sa cour essayent de le guérir. Le loup en particulier prétend avoir parcouru tout le royaume à la recherche d'un remède infaillible, qui consiste à mettre sur le ventre la peau du goupil. C'est pourtant le loup qui est finalement obligé de donner sa peau, gardant seulement celle des pattes et de la tête. Ce dernier trait indique que ce n'est pas le poème français qui a servi de modèle pour le récit, car dans la branche X Isengrin perd complètement sa peau. On reconnaît surtout l'influence du *Poenitentiarius* de Paul Diacre, notamment dans la cruelle plaisanterie que le goupil lance au loup à la fin : « Quis es tu », inquit, « qui pergis deorsum per praetum cum gwantis in manibus et pilleum gestans in capite ? » On reconnaît la célèbre boutade de Paul Diacre : « Quis dedit, urse pater, capite hanc gestare tyaram Et manicas vestris quis dedit has manibas ? » Mais il faut croire que l'auteur a suivi en partie l'*Ysengrimus,* car magister Nivardus avait déjà relié cet épisode à celui de la pêche à la queue. Toutefois, nous l'avons déjà remarqué, l'histoire de la pêche à la queue semble dériver plutôt de la branche III que de l'*Ysengrimus.*

Avec la dixième des *Fabulae extravagantes,* de loin la plus longue et la plus compliquée, nous restons encore dans le domaine du conte d'animaux. Intitulée *De lupo pedente,* elle déborde très largement le cadre de la fable, car elle est constituée, en dehors d'une introduction et d'une conclusion très originales, de quatre récits distincts, qui ont tous le loup comme héros. Ces récits présentent des ressemblances et des analogies avec différentes branches du *Roman de Renart* ou avec l'*Ysengrimus* qui ne sont certainement pas des coïncidences.

Au début de cette fable un présage, dont la nature, indiquée dans le titre, fait penser aux gauloiseries de tant de branches de Renart, fait croire au loup qu'il sera rassasié d'honneurs et de bonne chère toute la journée. Il s'en va tout joyeux, et refuse les plats peu raffinés – du lard et des jambons – qui lui sont offerts. Il rencontre une jument avec son poulain et lui dit qu'il va dévorer le petit. La jument ne soulève pas d'objections, mais prie le loup, « quia famaris medicus », de lui retirer d'abord une épine d'un de ses pieds. Le loup, trop crédule, se penche pour l'arracher et reçoit un terrible coup de sabot, tandis que la jument s'enfuit avec son petit.

On est frappé d'abord par la remarque de la jument sur la réputation de médecin dont jouit le loup. Il y a là évidemment une allusion à la fable précédente, et on comprend que le fabuliste avait composé toute une série de récits qui constituent pour ainsi dire une nouvelle épopée animale, basée sur les aventures du loup, un pendant à l'épopée de Renart. Mais la nature de cette épopée du loup ne nous est point nouvelle. L'épisode du loup avec la jument nous est connu déjà par la branche XIX du *Roman de Renart,* ainsi que par la première des *Extravagantes.* Malgré l'introduction d'un nouveau personnage, le poulain, ce récit s'approche par le motif de l'épine du poème français. Par contre, il est tentant de penser que l'auteur de *Renart le Contrefait* avait connu cette fable, car dans sa version de l'aventure il a incorporé le thème du poulain qui doit faire le repas du loup avec le thème de l'inscription sur le sabot, qui apparaît dans la première fable des *Extravagantes.*

N'ayant rien appris de cette mésaventure, le loup continue son chemin. Il trouve deux béliers qui se battent dans un pré. Avec beaucoup de politesse le loup leur dit qu'il va manger l'un d'eux. Les béliers y consentent, mais lui demandent de leur rendre un service. Ils se disputent l'héritage du pré qui avait appartenu à leurs pères. Le loup sera juge ; ils se mettront aux deux extrémités du pré, tandis que le loup prendra place au milieu.

Quand il donnera le signal, ils courront vers lui, et le premier qui arrivera aura possession du pré, tandis que l'autre sera mangé par le loup. Tout se passe ainsi, mais les béliers arrivant à toute vitesse heurtent le loup de leurs cornes, lui cassent des côtes et le laissent assommé sur le champ. De nouveau on pense irrésistiblement au *Roman de Renart,* à la branche XX, *Isengrin et les béliers.* En effet les deux récits sont presque identiques. Dans le poème français le loup propose de manger les deux béliers, mais accepte le rôle d'arbitre, avec le même résultat que dans la fable latine. Nul doute ne peut donc exister sur l'origine de cette fable, qui suit si fidèlement son modèle. Il convient d'observer que cette fois le fabuliste n'a eu aucun recours à l'épisode correspondant de l'*Ysengrimus,* qui avait inspiré la branche XX mais qui présente des différences notables.

Croyant toujours à son présage du matin, le loup rencontre une truie avec ses porcelets. Il veut manger les petits, mais à la demande de la mère consent à les baptiser d'abord. La truie l'amène à un moulin, où il doit trouver de l'eau pour le baptême, mais elle précipite l'imprudent sous la roue, d'où il n'échappe qu'à grande peine. Mais auparavant on a un tableau fort amusant du loup qui assume son rôle de prêtre avec beaucoup de sérieux – « et stans in summitate canalis fingensque se prespiterum (*sic*) voluit arripere porcellum et intingere in aquam ». Notre loup se conduit en effet comme Primaut dans la branche XIV, qui, habillé des vêtements sacerdotaux, chante la messe avec une gravité ridicule. Sudre voulait que ce récit fût le prototype de l'épisode final de l'*Ysengrimus,* celui dans lequel la truie Salaura prétend chanter la messe et attire toute sa famille, qui détruit le loup. La ressemblance est extrêmement discutable, et l'on n'a pas de raison de supposer que les *Fabulae Extravagantes* sont antérieures à l'*Ysengrimus.* Au contraire, je m'imagine que c'est le poème de Nivard qui a pu donner au fabuliste l'idée d'un épisode entre le loup et la truie qu'il a traité entièrement à sa façon. Quant au loup qui se croit prêtre, c'est un thème que le *Roman de Renart* avait popularisé au Moyen Age.

C'est le même thème qui réapparaît dans le dernier épisode

de notre fable. Le loup rencontre des chèvres qui se réfugient dans un four. Malgré les cajoleries du loup, elles ne veulent pas en sortir. Elles prétendent être venues là pour chanter la messe, et elles prient le loup de chanter avec elles. Comme d'habitude le loup accepte volontiers ce rôle : « At ille fingens se pontificem cepit ante clibanum ullulare magnis vocibus ». Alertés par ses hurlements, les bergers arrivent avec leurs chiens et malmènent encore une fois le loup trop crédule. A bout de patience, il s'assied sous un chêne et se lamente : « O Deus, quanta mala die hodierna super me iniecta sunt ! » Il reconnaît ses propres erreurs : il avait voulu guérir la jument sans être médecin ; il voulait arbitrer un procès sans être avocat ; il avait voulu baptiser les porcelets et chanter la messe sans être dans les ordres. Que Jupiter le punisse de sa présomption ! Un bûcheron qui était dans le chêne l'avait écouté, et à sa dernière exclamation il lui lance sa cognée, l'atteignant à la cuisse. S'éloignant en boitant, le loup s'écrie : « Que les dieux sont prompts à exaucer mes vœux ! »

Le spectacle du loup qui chante la messe rappelle la branche XIV avec encore plus de force que l'épisode précédent, et l'expression « ullulare magnis vocibus » fait penser à celle qui décrit Primaut devant l'autel – « Durement brait et ulle et crie ». Autrement cet épisode semble avoir été inventé par l'auteur des *Fabulae extravagantes*. Mais deux des épisodes, ceux qui mettent en scène la jument et les béliers, semblent en effet s'inspirer du *Roman de Renart*, et Sudre a démontré que la dernière lamentation du loup se retrouve identique dans la branche XX, tout en maintenant que c'était la fable latine qui a précédé le conte français. Le fabuliste a gardé en outre un des éléments qui distinguent les branches de Renart, à savoir les prétendus liens de parenté entre les bêtes. Mais ce qui frappe surtout dans *De lupo pedente*, c'est sa longueur extraordinaire et sa construction à plusieurs épisodes. On peut admettre que la moralisation n'a qu'une importance minime dans l'histoire, et que c'est le récit satirique des malheurs du loup, digne frère d'Isengrin sot et rapace, qui nous amuse.

C'est cette fable qui semble avoir servi de modèle à Juan Ruiz dans un épisode du *Libro de buen amor,* qui présente une version quelque peu raccourcie des malheurs du loup. Dans le récit espagnol c'est un éternuement qui sert de présage au loup ; tout comme dans la version des *Extravagantes* le loup commence sa journée en dédaignant un plat de lard ; ensuite il rencontre successivement des moutons, un troupeau de chèvres et de chevreaux, une truie et ses petits. La fable se termine par les regrets du loup d'avoir été trop avide et trop confiant dans son présage. Il manque l'épisode avec la jument et son poulain, qui est toutefois raconté ailleurs dans le *Libro de buen amor.* Quant aux autres épisodes, si l'ordre des rencontres est légèrement différent, ils correspondent dans le détail très exactement aux versions des *Fabulae extravagantes* et du *Romulus de Munich.* Or, le *Libro de buen amor* fut terminé en 1330, et les deux versions latines ne nous sont parvenues que dans des recueils du XVème siècle. Mais, citant encore Félix Lecoy, il semble certain que Juan Ruiz n'a pas connu le *Roman de Renart,* tandis que les principaux éléments de *De lupo pedente* se retrouvent dans le *Roman de Renart* [1]. On est donc amené à accepter la conclusion à laquelle était arrivé O. Tacke [2], qui prétendait qu'au moment où Juan Ruiz composa le *Libro de buen amor,* vers 1330, un conte absolument semblable dans tous les détails au *Lupo pedente* existait en écrit, mais dans un autre recueil, doit-on ajouter, que le *Romulus mixte de Berne,* auquel manque justement cette histoire [3].

Le thème du loup qui chante semble avoir séduit l'auteur des *Extravagantes.* Dans la fable 12, *De lupo et cane famelico,* le loup fait un pacte avec le chien des bergers. Après une lutte

[1] *Recherches sur le Libro de buen amor,* p. 148-9.

[2] O. Tacke, *Die Fabeln des Erzpriesters von Hita im Rahmen der mitteralterlichen Fabelliteratur,* dans *Romanische Forschungen,* XXXI, 1912, p. 625 et seq.

[3] Les malheurs du loup sont racontés dans des contes populaires espagnols (cf. Espinosa, *Cuentos populares* . . . n° 199), dans une version qui est, à un détail près — le coup de hache de la fin tue le loup au lieu de le mutiler seulement — identique à celle du *Lupo pedente.* Ils paraissent aussi dans le premier recueil de fables en espagnol publié à Saragosse en 1489. L'identité des différentes versions font croire que les contes populaires descendent tout simplement des *Isopos* espagnols et du récit supposé par Tacke, plutôt que d'un « archétype » folklorique encore plus encien, comme le proposent les tenants de la théorie de Sudre.

simulée contre le loup, le chien reçoit une nourriture plus abondante. En échange, il permet au loup de pénétrer la nuit dans le cellier de la ferme sans donner l'alerte. Le loup se gorge de pain et de chair et s'enivre de vin. Voulant imiter les vilains quand ils ont bien mangé et bien bu, il se met à chanter. Il réveille les vilains, qui courent au cellier et le tuent. On pense encore à l'histoire de Primaut qui chante dans l'église – dans les versions du *Romulus de Munich* et du *Romulus mixte de Berne* la ressemblance est encore plus marquée, puisque le loup échappe à la mort mais est bien rossé. On retrouve d'ailleurs dans ce conte l'élément satirique et comique qui caractérise plutôt les contes d'animaux que la fable. Mais une branche de Renart fait état d'un incident tout à fait pareil à celui qu'on vient de considérer. Dans la branche VI c'est Renart qui introduit Isengrin dans le cellier où il y avait beaucoup de vin. Le loup en boit tellement, qu'il s'enivre et se vante de savoir bien chanter sans livre. Il fait tant de bruit, que toute la ville accourt et on le bat rondement. Ce récit est reproduit presque sans changement dans *Reinhart Fuchs,* et il me semble qu'il ne doit pas être sans rapport avec la fable 12 des *Extravagantes.*

En conclusion on peut dire que les *Fabulae extravagantes* semblent offrir des variantes, parfois des développements curieux, de différents épisodes du *Roman de Renart.* Dans les fables où le goupil apparaît, la ressemblance à des branches de Renart est souvent prononcée, tandis que l'originalité de l'auteur se remarque surtout dans la série de récits qu'il a créés autour des malheurs du loup, une sorte de nouvel *Ysengrimus,* une épopée du loup qui fait pendant à l'épopée de Renart. Il a visiblement tenu à relier plusieurs de ces récits, dont les allusions et les motifs ne sont parfois pas compréhensibles si on n'en a pas lu le précédent. Encore, à la base de plusieurs de ces contes du loup se retrouvent des thèmes, voire des épisodes de l'épopée du goupil, que le fabuliste a remaniés avec une grande adresse. De ces fables se dégage donc le même effet comique qui avait fait le charme du *Roman de Renart,* effet auquel n'est pas étrangère la satire. Car malgré leur nom, les *Fabulae extravagantes* ne sont pas de vraies fables. Elles appartiennent plutôt à ce genre que le *Roman de Renart* avait rendu si populaire et qui ne saurait se concevoir sans une certaine parodie, sans une bonne mesure de satire, de la société humaine. Le loup anonyme des *Extravagantes,* compère du goupil comme dans le *Roman de Renart,* appartient bien à la lignée de sire Isengrin, symbole ridicule de la rapacité et de la bêtise.

S'il me semble indiscutable que le *Roman de Renart* a eu une influence sur les *Fabulae extravagantes,* la nature des liens entre les deux œuvres reste par contre entourée de mystère. Dans l'article sur les origines du *Libro de buen amor* auquel j'ai déjà fait allusion, O. Tacke a voulu démontrer que la version des *Extravagantes* reproduite par Steinhöwel était antérieure à celle représentée par le *Romulus de Munich.* L'*Äsop* de Steinhöwel et le *Romulus de Munich* ne datent que du XVème siècle. Mais l'emploi par Juan Ruiz, sous une forme presque identique, du thème des malheurs du loup a amené Tacke à la conclusion que le récit du *Lupo pedente* était bien antérieur à 1330, date de la composition du *Libro de buen amor.* Cette ancienneté semble être attestée ailleurs, pour plusieurs des *Fabulae extravagantes,* par le *Romulus mixte de Berne,* qui nous est connu par un manuscrit du XIIIème siècle. Or, si le *Romulus mixte de Berne* présente une version singulièrement abrégée de ces fables, il fournit néanmoins quelques indications fort intéressantes sur ses sources, comme dans l'histoire du goupil et du corbeau par exemple : « Corvus, tenens caseum in rostro, rogatus est a Vulpe cantare, cum vocem melodiosam haberet, ut dixit. Qui parum cantavit. Tunc ait : Alcius pro Domine cantetis. Quo canente altius, caseus cecidit et Vulpes comedit. » Il y a ici un mélange de sources : le corbeau tenait le fromage dans son bec dans la fable de Phèdre déjà, mais l'exhortation du goupil et la répétition du chant, ainsi que les louanges de la voix du corbeau, proviennent du poème de Pierre de Saint-Cloud. Il semble certain donc que cette fable a été en partie inspirée de la branche II de Renart. Une autre fable permet de déterminer le pays d'origine de celui qui a compilé le *Romulus mixte de Berne* : dans la fable du

Lupus et vulpes famelica le goupil répond au loup dans un mélange : « Sic, sed certe il ni a que plumes et paroles ». Le recueil est rédigé dans un latin défectueux, mais cette interpolation en français permet de supposer que le compilateur était français, donc qu'il connaissait le *Roman de Renart.* Mais rien ne permet de penser que le *Romulus mixte de Berne* a servi de modèle aux *Fabulae extravagantes*; bien au contraire, les différences entre les deux recueils font écarter une telle hypothèse. Tout ce que l'on peut dire avec quelque certitude, c'est que les récits qui figurent dans les *Fabulae extravagantes* doivent remonter à l'époque où *le Roman de Renart* connaissait son plein succès. Certainement leur auteur a dû connaître et utiliser plus d'une branche de l'épopée animale.

*

* *

Le Roman de Renart avait suscité à ses débuts des colères et des critiques, mais même le rigoureux prieur qu'était Gautier de Coincy avait fini par céder à l'enthousiasme populaire et s'était servi de plus d'un épisode des aventures de Renart pour illustrer ses *Miracles* de la Vierge. C'est une allusion de Gautier qui a fourni d'ailleurs une des premières indications de la popularité des contes de Renart même auprès du clergé régulier. Le caractère parodique et satirique du *Roman de Renart* avait fait sa popularité ; en même temps il se prêtait tout naturellement à des démonstrations des vices, des erreurs, des péchés humains. Il est très possible que Jacquemart Gielée, moraliste d'une parfaite orthodoxie, ait appartenu au clergé, mais son oeuvre est essentiellement satirique et anticléricale. Avec Eudes de Cheriton et Nicole Bozon, Jean de Sheppey, Jacques de Vitry et Etienne de Bourbon, le moine et le prêtre de paroisse, l'évêque et le cardinal, les histoires de Renart rentrent dans le domaine de la prédication. Parfois elles sont adressées aux fidèles en général, souvent très particulièrement au clergé, et si elles ont d'habitude perdu leur aspect satirique et anticlérical, elles critiquent toujours aussi sévèrement les mœurs dissolues du clergé.

On trouve les mêmes accusations, les mêmes critiques de la ruse, de l'avarice et de l'envie, de la fausseté et de l'hypocrisie, que dans toutes les branches françaises de Renart. Aucun témoignage n'est plus probant de l'importance du *Roman de Renart* dans la littérature médiévale, de la force avec laquelle il avait frappé l'imagination de l'époque, que cette masse de littérature morale et didactique. Au lieu de s'élever inutilement contre une œuvre légère, parfois peu décente, qui ridiculisait souvent même l'Eglise et ses gens, les prédicateurs et les moralistes ont tourné à leur profit des histoires bien connues et des personnages dont le symbolique était généralement accepté. En retour, tous ces récits, ces fables, ces paraboles, repris et répétés combien de fois dans des sermons et des exemples, oralement et par écrit, ont dû diffuser les exploits de Renart et de ses compagnons même dans des régions où le *Roman de Renart* n'avait pas encore pénétré. En Angleterre l'oeuvre d'Eudes de Cheriton, de Jean de Sheppey et de Nicole Bozon constitue une grande partie de la littérature médiévale consacrée à Renart. Les seuls échos, assez faibles d'ailleurs, des exploits du goupil dans la littérature espagnole et portugaise du Moyen Age semblent se trouver dans quelques œuvres morales. Par l'intermédiaire de la prédication et de cette littérature morale et didactique, le plus souvent en latin, Renart a pu devenir de bonne heure un personnage familier dans l'Europe occidentale en même temps qu'il est devenu un personnage littéraire.

Chapitre XII

LE ROMAN DE RENART EN ITALIE

La branche franco-italienne, *Rainardo e Lesengrino*. Renart dans la chancellerie : *Epistola leonis ad asinum et leporem* et le *Rescriptum leporis ad leonem.*

Dans le chapitre précédent nous avons vu quelle a été l'influence du *Roman de Renart* sur la littérature morale et didactique au Moyen Age. Il semble même que ce soit uniquement par cette voie que quelques échos des aventures de Renart aient réussi à pénétrer dans la péninsule ibérique. Dans plusieurs autres pays pourtant le succès du *Roman de Renart* fut bien plus grand, et son influence sur la littérature profane de l'Europe médiévale devait s'exercer pendant des siècles. C'est même à travers des traductions et des branches étrangères que les histoires de Renart devaient survivre dans la littérature jusqu'à nos jours. Issu de la Flandre et du Nord de la France, notre *Roman* a connu son plus gros succès dans les pays du Nord. Il n'avait inspiré que des allusions, des métaphores, dans la littérature du Midi. Il avait cependant franchi les Alpes, et il a inspiré en Italie deux de ses branches les plus amusantes. L'une, peu connue, est écrite en latin et semble être sortie des bureaux de la chancellerie. L'autre est la célèbre branche XXVII de l'édition Martin, le *Rainardo e Lesengrino*, écrit en franco-italien.

Rainardo e Lesengrino [1] nous a été transmis par deux manuscrits, l'un du XIVème siècle, l'autre peut-être du XVème,

[1] C'est le titre donné par M. Teza à son édition de la version g, Pise, 1869.

et qui présentent deux versions de l'histoire. Malgré des divergences ces deux versions, indépendantes l'une de l'autre, nous renvoient à un original commun qui a dû être, nous le verrons, en franco-italien mais dont nous n'avons aujourd'hui aucune trace. Les différences entre les deux versions, nommées g et i, sont essentiellement des différences de détail, qui ne modifient pas le thème principal. Ainsi par exemple i débute par un prologue moralisateur de quarante vers qui est bien dans le style de plusieurs branches françaises, tandis que g nous lance dans l'histoire dès le premier vers. Dans g le loup s'appelle Lesengrin ou Lesengrino, sa femme Lesengra, par assimilation d'un article défini; dans i ils s'appellent Isigrin et Isigrina. Mais sur un total de 814 et de 703 vers respectivement, August Todt [1] a constaté que g possède à peine 180 vers qui lui sont originaux, et i guère plus. Deux aventures de Renart nous sont racontées dans les deux versions, et chaque version se divise par conséquent en deux parties. La première partie reprend le thème du *Jugement,* et présente donc un intérêt plus grand pour nous à cause de ses rapports avec les branches françaises qui traitent le même sujet. Examinons donc d'abord le récit suivant le texte de g, avec recours par moments à celui de la version i.

Au moment de la fête de l'Ascension Monseigneur le lion a convoqué à sa cour tous ses barons – « de bestie demestage e salvaze » – pour tenir ses plaids et rendre justice. De toutes parts s'élèvent des plaintes contre Renart. Lesengrin l'accuse d'être larron et traître en tout et demande au roi de lui faire raison de la honte que Renart avait faite à sa femme Lesengra, quand il l'avait violée à Malpertuso. Grave offense, reconnaît Noble, qui l'oblige à faire justice. Ensuite un chantecler s'approche et réclame justice contre Renart qui a saisi un des siens pendant la nuit et lui a arraché une aile. Le blessé s'avance à son tour et accuse Renart d'avoir attaqué l'ordre sacré, puisque lui et toute la race des chanteclercs ont la tâche de chanter les offices de Dieu. Une telle attaque est en effet une grave offense, dit le lion, et il ordonne à Busnard le crieur de proclamer que Renart

[1] *Die franco-italienischen Renardbranchen,* Darmstadt, 1903.

est mis au ban de mort, tandis que Bocha (remplacé par « simia » dans i) inscrit son nom dans le livre. Mais Gilbert le taisson, compagnon de Renart, proteste. Beaucoup de fausses plaintes sont portées devant le roi, et tel se plaint de Renart qui se tairait si Renart était présent. « Ne mettez pas Renart au ban », demande Gilbert, « et je vous l'amènerai d'ici trois jours répondre aux plaintes portées contre lui ». Le roi accepte, et Gilbert s'en va au château de Renart, château perché en haut d'une montagne avec quinze portes pour entrer et autant pour échapper. Renart vient de passer une bonne nuit à manger sept gelines, un chapon et un chantecler « bel et bon ». Gilbert s'arrête à la porte et appelle son compère Renart à haute voix : « Je suis Gilbert le taisson. Venez à la cour du lion, où tout le monde se plaint de vous, un chantecler et Lesengrin. On vous avait mis au ban, mais je m'y suis porté caution. Ne me laissez pas en déshonneur. » Renart refuse : il a tant fait de mal que le lion devrait le pendre sans écouter sa défense. Le taisson le rassure sur le sens de la justice du lion, et Renart accepte finalement de l'accompagner à la cour, sans toutefois avoir beaucoup d'espoir d'en revenir. Et il enjoint au taisson de ne plus jamais se porter garant pour lui sans y être invité. Ils se mettent en route, Renart avec beaucoup moins d'enthousiasme que son compagnon :

La mula de Zilberto ben trota,
Quela de Raynaldo va zopa.
La mula de Zilberto ben anbla,
E quela de Raynaldo si e stancha.

A leur arrivée à la cour, toutes les bêtes réclament à haute voix la mort de Renart. Renart craint le pire, mais Gilbert l'amène hardiment devant le lion et commence sa défense. Nul vassal, dit-il, n'est plus vaillant ni plus fidèle que Renart ; il l'avait rencontré à mi-chemin, qui venait de lui-même à la cour, sans avoir été convoqué. Le roi lui fait mauvais accueil : « Bête mauvaise, comment, avec une si petite taille, peux-tu venir à bout de tant de guerres et te garder contre tant d'ennemis ? » – Parce que le Seigneur lui a accordé d'avoir toujours raison, répond Renart. Lesengrin s'avance et répète sa plainte. Gilbert entreprend la défense de Renart : on devrait pendre Lesengrin et brûler sa putain de femme pour oser raconter une telle histoire au roi. Comment Renart aurait-il pu violer Lesengra, qui est assez forte pour tuer quatorze comme lui ? « Bête mauvaise », dit Noble à la louve, « comment t'es-tu laissée violer par Renart ? » Lesengra raconte donc très exactement l'histoire si connue du viol : en poursuivant Renart pour le livrer au roi, elle s'était engagée dans une étroite ouverture, d'où elle ne pouvait sortir, et Renart avait profité de la situation pour la violer. Renart réfute l'accusation avec énergie : il y avait peut-être là une autre bête méchante qui a commis cet acte déplorable. Le lion donne raison à Renart et l'absout de cette accusation. Les deux chanteclercs renouvellent ensuite leur plainte. Attaquer l'ordre sacré est une très grave offense, dit le roi : Renart n'aura pas envie de rire quand il partira de là ! Renart proteste : il s'était rendu à la cour du roi parce qu'il le croyait bon et juste seigneur. Le roi ne devrait pas prendre parti, mais entendre les deux partis avant de rendre son jugement. S'il ne l'écoute pas, Renart le tiendra en peu d'estime. Quant à l'accusation du chantecler, il reconnaît en avoir mangé bien sept cents en moins de trois mois. Mais maintenant il est vieux, il ne peut plus marcher, il a plus de deux cents ans et n'aurait pas dû se présenter à la cour; mais puisque le roi l'avait convoqué, il était bien qu'il lui obéît. Jamais il n'était entré dans une église pour entendre messe ou matines, mais pour y prendre gelines grasses ou chapons. Que le roi ne se récrie pas ! Les chanteclercs ne sont pas de leur religion : lui et le roi sont bêtes, et eux sont oiseaux. Il ne se rappelle pas que le lion lui ait jamais commandé, si Dieu lui envoyait rien qu'il pût prendre, de le refuser. « Renart a raison », dit le lion, « j'ai tort de vouloir le condamner, car en effet je ne lui ai jamais rien commandé de semblable. » Mais Renart doit jurer d'observer trêve et paix. Le roi lui enjoint de renoncer à sa vie de rapine et de gagner sa vie par le travail, autrement il le fera pendre. Renart accepte toutes les conditions et quitte la cour.

Telle est la nouvelle version du *Jugement*. A première vue on pense avoir affaire à un remaniement très postérieur, vu les dates assez tardives des manuscrits, du vieux thème de la branche I. Sudre avait au contraire maintenu que ces deux rédactions sont « les précieux restes de l'art des premiers chanteurs de l'épopée du goupil ». Il voulait prouver que l'histoire de *Rainardo e Lesengrino* n'était pas simplement un remaniement postérieur, mais bien une imitation formelle, une transcription d'une ancienne branche française, maintenant disparue mais certainement antérieure à la branche I. Il avait fondé son principal argument sur l'assertion que la langue du poème n'est pas de l'italien, mais du français italianisé. Auguste Todt a démoli cette théorie et lui a substitué une démonstration autrement convaincante, qui a été reprise et développée par Lucien Foulet. La langue de *Rainardo e Lesengrino* est du franco-italien. Selon Todt, le scribe qui a écrit la version g semble avoir été de Milan, tandis que celui de i était vraisemblablement de Frioul. Les deux versions sont écrites en dialecte vénitien, qui montre parfois des influences du dialecte de Vérone. Mais ce qui nous intéresse surtout dans la démonstration de Todt, c'est l'origine des deux versions. Elles contiennent toutes les deux plusieurs mots, plusieurs expressions, plusieurs formes qui sont visiblement français, et en plus certains vers ne riment que si l'on donne aux mots rimants des formes ou du moins des terminaisons françaises. Quelquefois c'est effectivement la forme française qui existe dans le texte, mais d'autres fois c'est la forme italienne, ce qui déforme la rime. De là à conclure que l'original des deux versions avait été un texte français serait pourtant faux, car un grand nombre de vers qui doivent provenir de cet original ne donnent ni rimes ni assonances en français. D'autres détails encore écartent une telle supposition, notamment l'emploi comme nom de la louve d'une forme dérivée du nom du loup à la place du nom « Hersent », et surtout l'emploi de « chantecler » comme nom commun, erreur qu'un Français aurait difficilement commise. Finalement, il est raisonnable de croire que le modèle français se serait introduit dans le Nord de l'Italie à l'époque à laquelle les épopées françaises s'y sont fait connaître, vers le début du XIIIème siècle. Or nous n'avons aucune trace d'une telle branche française de cette époque. En effet, demande Todt, un poème qui racontait d'une façon si originale une aventure de Renart, aurait-il pu disparaître en France, où l'on recueillait avec tant de zèle tous les épisodes de Renart ?

La conclusion à laquelle on aboutit est donc que l'auteur de l'original de *Rainardo e Lesengrino* était un Italien qui, connaissant les branches françaises, avait composé son propre récit de Renart. Au poème français il emprunta plusieurs tournures, ainsi que plusieurs rimes, de sorte que cet original appartenait à la poésie franco-italienne, tout comme *Entrée de Spagne,* la *Prise de Pampelune* ou *Huon d'Auvergne,* ainsi que bien d'autres œuvres. Lucien Foulet a remarqué que cette langue n'a été employée qu'en Italie, et que par conséquent l'auteur du *Rainardo* original était un Italien, presque certainement du XIIIème siècle. Quant à ses sources, il les a trouvées dans les branches françaises de Renart, si populaires à l'époque. Sudre avait essayé de démontrer que le *Rainardo* ne pouvait pas descendre de la branche I, mais de nouveau ses arguments ne convainquent point. Il est au contraire aisé de faire des rapprochements entre le poème franco-italien et des branches françaises, notamment I et Va.

> L'auteur de *Rainardo* s'est donc adressé aux deux branches de *Renard* qui non seulement sont les meilleures du roman, mais ont été au XIIème et au XIIIème siècle les plus populaires de toute la collection : et qu'y a-t-il d'étonnant à cela ? Qu'en général il ait suivi de près la branche I, c'est ce qui deviendra évident à qui se donnera la peine de comparer vers par vers les deux poèmes : M. Todt, après M. Teza, donne une longue liste de rapprochements, et il serait facile de l'allonger encore [1].

Le poète italien a certainement condensé et élagué, mais l'action du *Rainardo* se déroule d'une façon analogue de celle de la branche I. Dès le début on se retrouve sur un terrain connu :

> D'une festa de l Asansion
> Che monsignor sire lion
> Vol gran cort tenir de so bernazo
> De bestie demestege e salvaze.
> Non e grande ne menor
> Che tote ne vegna a lo segnor.

[1] Lucien Foulet, *Le Roman de Renard*, p. 387.

Comparons le début de la branche I :

> ...pres estoit l'asencions,
> Que sire Noble li lions
> Totes les bestes fist venir
> En son palès por cort tenir.
> Onques n'i ot beste tant ose
> Qui remansist per nule chose
> Qui ne venist hastivement.

C'est la même mise en scène, la cour de Noble, la même saison, l'Ascension. Et bien entendu, il n'y a que Renart qui n'obéit pas à la convocation de Noble, tandis que tout le monde se plaint de lui. Plus loin, comment ne pas reconnaître dans Malpertuso avec ses multiples entrées et sorties le Maupertuis des branches françaises ? Regardons encore les vers sur le chantecler malmené qui se présente devant Noble :

> Ma un ge n era sanguenente
> Che Raynald trovo la noite col dente :
> Si ge trase l ala dentro el ventre.

Le martyr de dame Coppée est décrit dans presque les mêmes termes dans la branche I :

> 291 Renart l'avoit si maumenee
> E as denz si desordenee
> Que la cuisse li avoit frete
> Et une ele hors del cors trete.

Le premier chantecler qui se plaint auprès du roi, c'est naturellement notre Chantecler ; mais dans le second, celui qui traîne son corps meurtri devant Noble et réclame justice, ne faut-il pas voir, ainsi que dit Lucien Foulet, « un curieux mélange de Pinte et de Coupée ? » C'est encore L. Foulet qui a vu que Bocha, le nom du clerc du roi, est très probablement une déformation du nom de Baucent, car effectivement le sanglier joue le même rôle dans le *Jugement.* Le départ, déjà cité, de Renart et de Gilbert, semble presque une traduction des vers correspondants de la branche I :

v. 1190 Dex, con la mule Grinbert anble !
Mes li chevax Renart acope.

Les louanges que Gilbert fait des vertus guerrières de son compère existent également dans le poème français :

1403 « Encore aura mester molt grant,
Qar n'aves plus hardi serjant ».

On pourrait multiplier les rapprochements entre cette première partie du *Rainardo* et la branche I. Par contre c'est dans la branche Va que se trouve le modèle du récit que fait Lesengra du viol. Si elle donne une autre raison de la poursuite, cela n'a rien de surprenant, car une allusion aux événements de la branche II n'aurait pas été comprise par les lecteurs italiens sans une longue explication. Comme toujours en comparant les différents récits des aventures de Renart, il faut tenir compte de l'originalité du conteur et de la nécessité où il se trouvait souvent de remanier son modèle. Le poète italien avait emprunté à la branche du *Jugement* non seulement le thème, mais même des vers, et en quantité : son mérite est d'en avoir fait un conte alerte et cohérent, en lui donnant une conclusion amusante et originale.

L'intérêt de *Rainardo e Lesengrino* ne dérive pas pourtant uniquement de sa parenté avec le *Roman de Renart.* En effet, la seconde partie, nullement inférieure à la première, raconte une aventure de Renart qui ne se trouve dans aucune des branches françaises, ni dans les branches dans d'autres langues. Il est vrai que les *Récits d'un ménestrel de Reims* et *Renart le Contrefait* nous ont déjà offert deux versions de ce récit, mais elles diffèrent considérablement du poème italien, et les rapports entre les trois récits posent un véritable problème.

La seconde partie forme la suite immédiate de la première, qu'elle égale à peu près en longueur, mais il est clair qu'elles ne sont pas du même jet. Les différences entre les deux versions, g et i, sont relativement plus grandes dans la seconde partie que dans la première – g montre surtout beaucoup d'individualité par moments. De plus, sans que je puisse exercer un jugement compétent dans la matière, la seconde partie me semble être dans une langue beaucoup plus proche de l'italien que la première – l'étude linguistique de Todt est basée surtout sur la première partie. Mais une étude du récit permettra de juger encore mieux de son originalité.

Condamné à renoncer à sa vie de rapine, Renart se trouve fort perplexe. Jamais il n'a appris à travailler : il ne sait ni travailler la terre ou la vigne, ni être commerçant, ni exercer le métier de changeur. Par conséquent il songe déjà à rompre sa promesse, ce qui ne serait pas un péché, raisonne-t-il, puisqu'elle lui avait été arrachée contre son gré. Il rencontre dans un champ une chèvre qu'il salue cordialement : « Comadre, che fa tu en questa part ? » Elle lui demande à quel titre il serait son compère, pour se permettre de l'appeler commère. A-t-elle donc oublié que c'est lui, Renart, qui avait tenu son petit sur les fonds baptismaux ? Il lui demande donc de le conseiller. La chèvre lui propose de travailler en association avec elle le champ où ils se trouvent et de le semer de blé. Ils volent la semence chez un vilain et se mettent au travail. La chèvre sert de bœuf et Renart de herse, de sorte qu'il perd tous les poils du dos. Il s'en lamente amèrement. Son irritation est augmentée du fait que le chèvre peut paître l'herbe en attendant que le blé pousse, tandis que lui n'a rien à manger. Quand le blé a été coupé et battu, Renart propose de garder le grain et de laisser la paille à la chèvre. Elle réclame non seulement sa part, mais aussi le grain qu'ils avaient volé au vilain. Ils remettent leur discussion au lendemain et se séparent, chacun bien décidé à avoir gain de cause, en jurant que l'autre y laissera sa peau. Renart rencontre Lesengrin qui a l'air triste de quelqu'un qui n'a pas mangé depuis trois jours. Le loup promet son aide au goupil en échange de la chèvre que Renart lui propose comme repas. La chêvre enrôle de son côté deux gros chiens qu'elle avait autrefois nourris de son lait. Le lendemain matin elle les cache sous la paille. Renart remarque de loin que la paille a été dérangée et flaire tout de suite un piège. Il fait semblant d'être malade, incapable de continuer son chemin, et propose de revenir le lendemain faire le partage. Lesengrin pourtant exige le respect de leur pacte; il avance sur la chèvre, et est promptement mis en lambeaux par les deux chiens. Renart regarde la mort de son compagnon de son lieu de sûreté, mais deux paysans qui passent à ce moment dirigent les chiens sur lui, et il ne réussit à leur échapper qu'en grimpant dans un arbre. La chèvre reste en possession et du grain et de la paille, et Renart jure de reprendre sa vie de rapine, renonçant pour jamais à travailler.

A première vue on est frappé par la resssemblance de ce récit avec ceux que nous avons déjà lus dans le *Récit* du Ménestrel de Reims et dans *Renart le Contrefait*. Les trois récits ont certainement beaucoup de traits communs, mais il ne paraît pas facile d'établir entre eux des liens de parenté. Le récit italien n'est d'ailleurs pas identique aux autres. D'abord c'est Isengrin qui est l'associé de la chèvre dans le récit du Ménestrel. Dans *Renart le Contrefait* l'histoire se passe encore entre le loup et la chèvre, mais il n'y est pas question de travailler un champ. Et pourtant le thème est essentiellement le même dans les trois récits : la victoire de la bête faible, de la chèvre aidée des chiens, ses filleuls, sur le loup et le goupil. Faut-il donc croire que les trois récits remontent à une source commune, tout en étant indépendants les uns des autres ? Peut-on trouver des liens entre eux ?

Pour essayer de résoudre ce problème il importe d'établir tout d'abord l'ordre chronologique des trois récits. Natalis de Wailly a donné comme date approximative de la composition du récit du Ménestrel de Reims l'année 1260. *Renart le Contrefait* ne fut commencé qu'en 1320. Or la seconde partie de *Rainardo e Lesengrino* fait suite immédiatement à l'histoire du *Plaid,* donc on peut conclure qu'elle existait avec la première partie dans le prototype dans les premières années du XIIIème siècle. La version italienne est donc la plus ancienne des trois. La seconde partie de *Rainardo e Lesengrino* est étroitement liée à l'histoire du *Plaid,* de laquelle elle découle logiquement. Or il est à remarquer que dans le récit du Ménestrel Isengrin prétend qu'un plaid entre lui et le mouton le retient à la cour du lion.

L'arrière-plan des deux récits est donc le même. Quant aux éléments particuliers au récit du ménestrel rémois, il faut se rappeler que son but n'était pas de raconter une histoire amusante mais de faire une satire politique. S'il a connu le poème franco-italien, il a pu l'adapter aux circonstances historiques qui l'intéressaient. C'est ainsi que les rôles de Renart et d'Isengrin ont peut-être été intervertis, le caractère d'Isengrin convenant mieux au personnage de Jean d'Avesnes, du moins aux yeux de l'auteur, tandis que le rusé Renart figurait mieux le prudent Guillaume de Hollande. J'ai déjà signalé les soins avec lesquels le Ménestrel de Reims avait donné à sa petite satire les allures d'une véritable branche de Renart. *Rainardo e Lesengrino* se trouvait-il donc parmi les branches que connaissait le Ménestrel ? Quant au clerc de Troyes, auteur de *Renart le Contrefait,* la même question se pose, mais sa version de l'histoire est plus près de celle du Ménestrel de Reims.

Nous sommes ici cependant dans le domaine des hypothèses. Et si, par hasard, la seconde partie de *Rainardo e Lesengrino* a inspiré les deux autres récits, où a-t-elle pris son origine elle-même ? Dans « la tradition soit écrite soit orale du cycle de Renart, » répondait Sudre inlassablement. Malheureusement nous n'avons pas plus de traces d'une telle tradition que nous n'en avions pour la première partie du poème. La vérité me semble plus simple. L'histoire de Renart et de la chèvre constitue la suite directe de la première partie, la version franco-italienne du *Plaid.* Nous avons vu qu'à maintes reprises des conteurs français avaient voulu donner également une telle suite. Les deux versions, g et i, nous renvoient encore à un prototype commun. Or, pourquoi ne pas attribuer à l'auteur de ce prototype disparu l'invention de cette charmante histoire ? Sa version du *Plaid* a déjà indiqué qu'il ne manquait ni de talent ni d'originalité. Nous avons d'ailleurs dans l'histoire de la chèvre des allusions à plusieurs branches françaises de Renart. L'auteur
des allusions à plusieurs branches françaises de Renart. L'auteur
Roman de Renart : l'attribution aux bêtes de liens d'alliance. Renart appelle la chèvre « commère », mais tout comme il avait

déjà fait dans la première partie à propos du viol de Lesengra, le conteur italien a senti la nécessité d'expliquer cet usage à ses auditeurs, peu au courant des poèmes français. C'est pour cette raison donc que Renart rappelle à la chèvre qu'il avait tenu son petit sur les font baptismaux – l'exemple existait déjà dans le *Roman de Renart.* Plus loin Renart traite Lesengrin de compère, et dans la version g il l'appelle « baron » (v. 554), terme qui appartient également à la vieille épopée française. Le tableau du loup triste et affamé se trouve dans plus d'une branche française et présage régulièrement de nouvelles mésaventures. Un passage de la version i nous ramène directement à une branche bien connue : Lesengrin répond à la salutation amicale de Renart en lui souhaitant malheur, car, dit-il, il n'y a pas d'amour entre eux. Autrefois Renart l'avait amené manger de la chair salée chez un vilain, puis l'avait fait bien battre. Renart proteste :

« Se deo m ai » dis Rainald,
« Eo ve menei in bona part.
E l era asai carne salea,
Vui ne mancasse oltra mesura.
Si ve fo streto lo capel,
- - - - - - - - - - - - - - - -
Che l ve trova lo vilan
Ch aveva lo baston in man ».

C'est en effet toute l'histoire de Renart et Primaut chez le vilain qui est résumée en moins de vingt vers par le poète italien. Il est donc certain qu'il avait connu, outre les branches I et II-Va, la branche XIV.

Plus loin encore on trouve une autre allusion qui n'est compréhensible que si l'on est bien au courant de l'épopée animale. Renart assiste de son lieu sûr à la fin malheureuse de Lesengrin. Deux paysans arrivent et sont témoins de toute la scène, qui inspire à l'un une remarque perspicace :

« A quele costa sta Raynaldo :
Como l e alegro de Lesengrino,
Ch el no l tente per bon vixino ! »

(dans i se trouve : « Comme il est vengé d'Isengrin... »). Cette allégresse évidente du goupil pourrait avoir trait à la première partie de *Rainardo e Lesengrino,* qui offrait déjà à Renart un sujet de grief important contre le loup. Mais quoique la seconde partie fasse suite immédiate à l'histoire du *Plaid,* il est à remarquer qu'on n'y trouve aucune allusion à cet incident du passé tout récent. Au contraire, l'action de la seconde partie se déroule à peu près indépendamment de la première, et les rapports entre Renart et Lesengrin ne sont nullement conditionnés par l'histoire du *Plaid.* Tout porte donc à croire que le paysan fait allusion à la vieille hostilité traditionnelle entre le goupil et le loup qui est à l'origine du *Roman de Renart* comme de *Rainardo e Lesengrino,* une hostilité connue de tous et qui n'avait pas besoin d'un point de référence explicite pour qu'une allusion de cette sorte soit immédiatement saisie.

En conclusion, il est évident que *Rainardo e Lesengrino,* ou son prototype, n'est nullement une imitation d'une branche française disparue, mais bien une œuvre originale d'un poète du Nord de l'Italie. Par contre son modèle a été la vieille épopée française de Renart, et si le poète italien s'est inspiré surtout des branches II-Va et I, on ne peut guère douter qu'il n'en ait connu beaucoup d'autres, telle le récit de Renart et Primaut. On est tenté, comme Sudre, de chercher à faire des rapprochements entre *Rainardo e Lesengrino* et la branche XXII, *Les Semailles* ou *Le Labourage en commun.* En dehors du thème des bêtes qui se mettent à faire de la culture, il n'y a pas cependant de ressemblances entre les deux récits. La question de la chronologie poserait en outre une difficulté, puisque la branche XXII appartient à la production de la dernière heure et doit être ou contemporaine du poème franco-italien ou peut-être même postérieure. *Rainardo e Lesengrino* se classe comme une branche indépendante et originale du *Roman de Renart,* et, faut-il ajouter, comme une des meilleures, des plus amusantes et des mieux construites. Tout est bien motivé, l'action se poursuit logiquement et sans heurt tout le long des deux parties, et à la fin l'auteur donne une conclusion qui ne laisse rien en suspens. On doit souscrire finalement à l'opinion de Lucien Foulet sur *Rainardo e Lesengrino* : « L'histoire est bien contée, et il est certain que de toute cette branche XXVII se dégage un charme particulier. Certains détails sont très heureux : ainsi le trait de la distinction des religions et tout ce que l'auteur en tire. Il y a dans cette forme de comique plus de fantaisie qu'on n'en trouve d'ordinaire dans nos branches et il faut avouer qu'autour de ces contes du goupil le poète italien s'est joué avec une grâce plus légère que pas un de nos trouvères » [1].

Rainardo e Lesengrino est le seul récit en langue vulgaire que le *Roman de Renart* nous ait laissé de son passage en Italie. Il n'est pourtant pas la seule preuve de ce passage. Grâce aux recherches de J. W. Muller, l'éminent spécialiste du *Roman de Renart* aux Pays-Bas, nous connaissons une œuvre très curieuse, très amusante, écrite en latin du Moyen Age et provenant vraisemblablement de l'Italie du Nord, tout comme *Rainardo e Lesengrino.* Cette histoire, que Muller a intitulée *Renart dans la chancellerie,* a été conservée dans six manuscrits, et semble remonter à la fin du XIIIème ou au début du XIVème siècle [2]. Elle est composée de deux lettres, l'une adressée par le lion, roi des bêtes, à ses fidèles serviteurs l'âne et le lièvre, l'autre la réponse du lièvre, qui constituent une nouvelle et véritable branche de Renart. Muller avait tiré des six manuscrits une édition de cette histoire [3] très peu connue et que je reproduis en appendice [4], avec quelques notes traduites du néerlandais, dans l'espoir de la présenter et de la rendre plus accessible à un plus grand public.

Qu'est-ce que nous raconte cette nouvelle branche de Renart ? Le thème ne nous est nullement inconnu, le titre de la

[1] *Le Roman de Renard,* p. 390-1.

[2] Ch. Potvin, dans *Le Roman du Renard,* Paris, Bruxelles, 1861, p. 19, avait attribué, sans autre explication, cette œuvre à Pierre des Vignes, chancelier de l'empereur Frédéric II.

[3] J. W. Muller, *Reinaert in de Kanselarij,* dans *Tidschrift voor nederlandsche Taal-en Letterkunde,* XXIV, Leyde, 1910, p. 207-28.

[4] V. Appendice I.

première lettre nous le laisse deviner : « Epistola leonis ad asinum et leporem ut citent vulpem ad presenciam suam. » Un des manuscrits va plus loin encore et explique le but de cette convocation : « quod pro sibi obiectis septimo Kal. Aprilis coram ipso se debeat presentare gallis et gallinis legitime responsura. » Renart est encore une fois cité devant la cour du lion pour répondre aux plaintes de la race de Chantecler. Décidément le *Plaid* a connu du succès en Italie ! Dans un style solennel le lion, roi des bêtes, écrit au lièvre et à l'âne. Obéissant à la convocation de leur roi, toutes les bêtes de la terre, tant domestiques que sauvages, s'étaient présentées à la cour – toutes, à l'exception, bien entendu, du goupil, « deceptionis fabricatrix ». Bien que cité à plusieurs reprises, le goupil, dont les méfaits remplissaient la cour de plaintes, refusait de se présenter devant le roi et de donner satisfaction aux plaignants. Le roi charge donc le lièvre et l'âne, dont la fidélité est prouvée, de convoquer le goupil à répondre devant lui aux accusations portées contre lui par les coqs et les poules. A la fin de la lettre il leur ordonne de lui signaler par écrit comment ils ont exécuté ses ordres, en précisant la forme de la citation, le jour, les noms des témoins, et tout ce qu'ils ont fait.

La deuxième lettre, « Rescriptum leporis ad leonem, » débute par la salutation très protocolaire du lièvre à son maître : « fortissimo regi regum, dominatori omnium generum ferarum et bestiarum que sub celo sunt, magnifico et excellentissimo domino leoni ». Ensuite le lièvre raconte comment, avec l'âne, il a exécuté la mission du roi, qu'ils avaient d'ailleurs reçue « pronis vultibus et osculis ». Ils s'étaient rendus immédiatement chez le goupil, qui habitait une caverne dans un rocher tellement haut et escarpé que ni homme ni bête ne pouvaient facilement y accéder. Empêchés d'y monter, l'âne par son poids, le lièvre par sa peur, ils ont chargé leur fidèle ami et allié le bouc, « dominum caprum barbatum », d'apporter au goupil la nouvelle de leur venue et de leur mission. Le goupil refusait cependant de descendre, et consentait seulement à leur parler de sa retraite inaccessible. Passant sa tête, qui portait un capuchon, par une fente dans le rocher, le goupil perfide s'adressait aux émissaires royaux pour leur déclarer qu'il n'aurait pas dû être cité devant le roi, alléguant d'abord qu'il était gravement malade ; ensuite que, s'étant rendu compte des nombreux méfaits dont il était coupable, il était entré en religion et devait désormais en répondre non au roi des bêtes, mais au roi du ciel. S'étant consacré à la vie solitaire et contemplative, il n'avait nulle intention de retourner à la vie active. Pour prouver la sincérité de sa conversion, il offrait au lièvre ses excuses pour les nombreux maux qu'il lui avait causés, et proposait une réconciliation que le lièvre rejettait. Voulant de plus amples renseignements sur la nature de sa maladie, Frère Ane, « cuius sensus in omni parte medicine theoricus noscitur, » procédait à un examen des urines du goupil, mais arrivait seulement à y trouver les indications d'une excellente santé. Puis, voyant bien qu'ils n'avaient aucun intérêt à prolonger l'entretien, les deux émissaires s'étaient retirés, avec l'idée de passer la nuit dans la propriété du bouc. Mais là ils avaient trouvé tant de cris, de lamentations et de hurlements, poussés par les coqs et les poules qui pleuraient la mort de leurs enfants, mangés par le goupil, qu'ils en étaient partis. Comme ils traversaient un lieu isolé et sauvage, ils avaient rencontré le loup qui les invitait à passer la nuit chez lui. L'âne avait rejeté l'invitation sans hésitation, car il avait remarqué qu'on voyait des empreintes de pas allant vers la demeure du loup, mais aucune qui en revînt.

Il importait cependant de trouver rapidement un gîte, car la nuit descendait. Sur ces entrefaites ils avaient vu arriver le camérier du goupil (un manuscrit indique que c'est le singe qui jouait ce rôle), qui les avait amenés chez son maître et les avait régalés de poulets, de coqs, de colombes et d'oies. Mais au premier chant du coq, le matin, quelle clameur ! Le loup, venu avec ses complices, enfonçait la porte ! Le lièvre s'était enfui prestement par la porte de derrière, mais l'âne, plus lourd et plus lent, fut pris et mangé.

Le lièvre termine sa lettre en expliquant que les blessures subies dans sa fuite précipitée l'avaient empêché de se présenter en personne devant son maître. Que le roi, s'écrie-t-il, prenne le glaive de la vengeance pour supprimer de tels faits avant qu'ils ne menacent son royaume. De telles iniquités doivent être arrêtées promptement, car si elles s'étendent, aucun remède n'y suffira. « Principiis obsta ; sero medicina paratur, cum mala per longas invaluere moras, » avait écrit Ovide. Si les émissaires du roi ont été traités de cette façon, d'autres subiront pis encore, et la majesté royale ne sera plus à respecter.

L'humour de cette brève et amusante histoire est rehaussé par le contraste très comique entre le langage solennel et ampoulé de la cour, le latin des chancelleries, et ce monde des bêtes. Il est vrai que c'est ce contraste des deux mondes, la parodie des êtres humains par les bêtes, qui avait toujours fait le comique de l'épopée animale. Nous ne sommes pas habitués pourtant à entendre dans la bouche des bêtes ces formules de respect et d'hommage, ces termes et ces tournures qui appartiennent si spécifiquement au monde des cours et de leurs administrations. C'est ce style qui a amené le professeur Muller à conjecturer que l'auteur de ces deux lettres était un clerc ou un notaire de chancellerie qui avait appris auparavant, d'un passage dans le cloître, des contes d'animaux et des histoires latines telles que l'*Ysengrimus* ou l'*Ecbasis captivi.* Nous avons déjà rencontré un cas pareil, celui de l'auteur du *Couronnement de Renart.*

Notre clerc de chancellerie était certainement un homme instruit, car les allusions classiques abondent dans son œuvre, à côté d'autres souvenirs littéraires de toutes sortes. On peut en effet reconnaître l'origine de la plupart des éléments de cette histoire, mais il faut ajouter en même temps qu'il ne s'agit nullement d'une traduction d'un conte d'animaux quelconque. Il faut aussi reconnaître l'art avec lequel l'auteur a su réunir tant de traits différents et son originalité, grâce à laquelle nous possédons une petite branche toute nouvelle qui mérite sa place dans le *Roman de Renart*. Car cette « epistola » et son « rescriptum » constituent une véritable branche de Renart, et c'est dans le *Renart* français que se trouve son inspiration principale, qui est, à n'en pas douter, l'histoire tant reprise du *Plaid*. Dans la branche I également le lion envoie au goupil rebelle une lettre officielle dont les premières paroles semblent se retrouver dans l'épistola latine :

« Mesire Nobles li lions,
Qui de totes les regions
Est des bestes et rois et sire,
Mande Renart honte et martire
Et grant ennui et grant contrere,
Se demein ne li vient droit fere
Enz en sa cort devant sa gent ».

Il est à remarquer que la convocation par lettre est particulière à la branche I, et n'avait été reprise dans aucune des nombreuses variantes en plusieurs langues du *Plaid*. On pourrait mettre également les vers du début du récit français à côté du latin :

Onques n'i ot beste tant ose
Qui remansist por nule chose
Qui ne venist hastivement :
Fors dan Renart tant solement,
Le mal lere, le soulduiant,
Que li autre vont encusant
Et enpirant devant le roi
Et son orgueil et son desroi.

De nouveau le goupil seul n'obéit pas à l'ordre du roi, malgré plusieurs sommations. De nouveau la cour est remplie des plaintes des coqs et des poules – lisons Chantecler et dame Pinte. Jusque dans la désignation du jour de l'audience, ce « VII. Kal. Aprilis, » on peut soupçonner l'influence de la branche I. De l'avis de Muller, ce 25 mars a pu être la date de Pâques. Il faut cependant remarquer que la date de la réunion à la cour de Noble n'a rien de fixe : dans la branche I elle n'est que « près de l'Ascension, » tandis que dans le *Reinaert* flamand c'est vers la Pentecôte que tout se passe. Faut-il voir là-dedans l'influence des saisons et des climats ? Dans le poème français c'est essentiellement la saison nouvelle, le printemps, qui est indiqué ; or le printemps arrive plus tôt en Italie qu'en France, plus tard aux Pays-Bas. Il me semble en tout cas bien évident que c'est encore une fois la branche I, le *Plaid,* qui a servi de point de départ pour un nouveau récit de Renart, exactement comme cela s'était produit pour *Rainardo e Lesengrino.*

Le thème du *Plaid* représentait manifestement une mise en scène toute prête pour les conteurs du Moyen Age. A partir de là ils exerçaient leur imagination et leur fantaisie, plus ou moins heureusement d'ailleurs. C'est dans la réponse du lièvre au lion, racontant sa mission auprès du goupil, que le clerc de chancellerie a apporté sa contribution originale à l'épopée de Renart. Mais l'apport nouveau, personnel, de l'auteur du « rescriptum leporis » est assez limité. Le repaire du goupil nous fait penser à Malpertuso, situé sur sa hauteur dans le *Rainardo,* ou encore au Maupertuis des branches françaises, avec ses murs abruptes et ses fortes défenses – « li chastax sist sor une roche », lit-on dans la branche Ia. Le goupil prétend que la maladie l'empêche de se rendre à la cour; dans le *Renart,* comme dans le *Rainardo,* il prétexte les infirmités de la vieillesse. Il dit qu'il est devenu ermite ; la branche III, parmi d'autres, nous avait présenté le moniage de Renart. Il offre ses excuses au lièvre; or c'est surtout dans la branche I que Couart apparaît et qu'il souffre de la méchanceté de Renart. Le trait de l'examen des urines se trouvait déjà dans la branche X. Le festin chez le goupil, terminé abruptement par l'assaut des loups, fait penser peut-être à l'*Ysengrimus,* mais aussi, et plus directement, à la branche VIII, le *Pèlerinage.* Ajouter à tout cela quelques citations d'Ovide et une allusion à la fable du *Lion malade* d'Ésope, qu'Horace avait reprise, et l'on a tous les éléments du récit. Muller a rapproché beaucoup de ces éléments du *Reinaert* flamand, sans toutefois prétendre établir des liens entre les deux récits.

Mais ces éléments se trouvent presque tous dans le *Roman de Renart* français, et de telles analogies n'ont rien de surprenant puisque le *Reinaert* dérive, comme nous le verrons, du poème français, tout comme le *Rainardo* et les lettres latines. Enfin il ne faut pas nier à l'auteur tout talent, toute originalité. Si l'âne joue un rôle important dans ce récit, et un rôle nouveau, celui de médecin et d'émissaire du roi, il ne faut pas oublier qu'il avait dans le *Roman de Renart* des fonctions tout aussi importantes. Muller pensait que toute la conclusion de la seconde lettre avait été puisée à d'autres sources que le poème français. Mais faut-il chercher des sources ? Après tout, il est évident que l'auteur s'était donné comme tâche de rédiger une nouvelle conclusion à l'histoire du *Plaid,* ainsi qu'avait fait l'auteur du *Rainardo,* donc laissons-lui le mérite d'avoir créé cette fantaisie charmante et très amusante.

Il est assez significatif que dans nos deux branches italiennes de Renart certains des acteurs principaux – Isengrin et l'âne – sont tués. Il semble donc que les deux auteurs italiens n'aient pas eu le point de vue épique du *Roman de Renart.* Leur but se limitait plutôt à donner une suite à l'histoire traditionnelle du *Plaid,* et il ressort de leurs oeuvres que ce sont les branches I et II-Va, d'ailleurs les plus célèbres en France, qui ont été surtout connues au-delà des Alpes. En même temps on a les preuves que plusieurs autres branches étaient connues de nos auteurs italiens et avaient laissé leur empreinte sur les deux oeuvres. Et de nouveau l'élément comique est accompagné de la parodie et de la satire : parodie de la société féodale et du style de chancellerie, satire de la justice royale et de la rapacité de la noblesse féodale. *Rainardo e Lesengrino* semble remonter directement au poème de Pierre de Saint-Cloud, et plus spécialement dans la seconde partie à la branche II, avec le thème du trompeur trompé par une bête plus faible. Il faut cependant rendre hommage aux auteurs du *Rainardo* et de *Renart dans la chancellerie* d'avoir su créer deux récits qui valent par leur originalité, leur construction soignée mais alerte, et leur comique, les meilleures branches françaises de Renart.

Chapitre XIII

LE ROMAN DE RENART EN ALSACE

Reinhart Fuchs, poème en moyen haut allemand par l'Alsacien Heinrich der Glîchezaere. Pour la première fois les aventures de Renart sont réunies dans un seul poème.

Oeuvre d'une vingtaine de trouvères, le *Roman de Renart* s'était développé sans système et sans unité. De bonne heure des copistes avaient rassemblé plusieurs branches dans des recueils avec l'évident souci d'en tirer un récit plus homogène ou du moins plus suivi et plus cohérent, mais, il faut l'admettre, sans grand succès. Tôt ou tard pourtant l'idée devait venir de refaire toutes ces histoires, indépendantes les unes des autres malgré leurs sources et leur fond communs, d'en composer un seul poème uni qui embrasserait toutes les multiples aventures de Renart. Dans la branche franco-italienne se trouvent des traits, des allusions tirés de différentes branches françaises, mais le poète s'était contenté en fin de compte d'ajouter à l'ensemble hétéroclite des histoires de Renart une autre version du *Plaid.* C'est à un Alsacien, Heinrich der Glîchezaere, que nous devons la première vraie tentative de réunir toutes les aventures de Renart dans un seul poème complet et compréhensible – « une histoire complète de Renart et d'Isengrin, qui embrassât les principaux événements de leur vie et qui eût un commencement, un milieu et une fin » [1]. Heinrich der Glîchezaere a condensé dans les 2266 vers que nous possédons de son *Reinhart Fuchs*

[1] L. Foulet, *Le Roman de Renard,* p. 427.

une demi-douzaine des branches françaises, qu'il a remaniées, ordonnées et reliées avec ingéniosité et originalité.

On avait reconnu de bonne heure une parenté étroite entre le *Roman de Renart* et *Reinhart Fuchs,* mais la vraie nature de cette parenté a suscité une longue polémique. Les premiers éditeurs et critiques de *Reinhart Fuchs,* Jacob Grimm [1], Jonckbloet [2], Reissenberger [3] et Voretzsch [4], ont tous, à tour de rôle, soutenu la thèse selon laquelle *Reinhart Fuchs* n'est pas descendu du *Roman de Renart* tel que nous le connaissons aujourd'hui, mais de prototypes français disparus depuis longtemps. Ils se sont même appuyés sur le poème allemand pour défendre la théorie que j'ai résumée dans le chapitre II et qui affirmait que les branches de Renart qui nous sont parvenues ne sont que des remaniements tardifs. Ils ont maintenu que tous les éléments nouveaux de *Reinhart Fuchs,* tout ce qui ne trouve pas son équivalent dans les branches françaises que nous connaissons, devaient exister dans des prototypes français disparus.

La thèse contraire a été fort bien soutenue par Hermann Büttner [5], qui a démontré que le Glîchezaere a tiré son inspiration et son modèle directement des branches du *Roman de Renart* que nous connaissons. Les lacunes ou les erreurs qu'on prétend relever dans *Reinhart Fuchs* proviennent, selon lui, d'un remaniement, d'un raccourcissement surtout, des branches françaises. Ce sont précisément ces différences qui laissent reconnaître la technique de Heinrich der Glîchezaere. Il a délibérément laissé de côté tout ce qui individualisait les branches françaises, tout

[1] Jacob Grimm, *Reinhart Fuchs,* Berlin, 1834, et aussi *Sendschreiben an Karl Lachmann, über Reinhart Fuchs,* Leipzig, 1840.

[2] W. J. A. Jonckbloet, *Étude sur le Roman de Renart,* Groningue, 1863 ; contient une traduction de *Reinhart Fuchs,* qui est très utile mais pas toujours complètement fidèle.

[3] Karl Reissenberger, éd., *Reinhart Fuchs,* avec notes sur l'origine, Halle, 1886 : 2 ème éd. Halle, 1908.

[4] Karl Voretzsch, *Der Reinhart Fuchs Heinrichs des Glîchezaere und der Roman de Renart,* Halle, 1890. Cf. aussi *Zeitschrift für romanische Philologie,* XV, 1891, p. 124-82, 344-74; XVI, 1892, p. 1-39. Cf. aussi Introduction de l'édition de Georg Baesecke, *Heinrich der Glîchesaere : Reinhart Fuchs,* Halle, 1925, et *Zum mittelhochdeutschen Reinhart Fuchs* dans *Festschrift Georg Baesecke,* Halle, 1941.

[5] *Studien zu dem Roman de Renart und dem Reinhart Fuchs,* II, *Der Reinhart Fuchs und seine französische Quelle,* Strasbourg, 1891.

ce qui les séparait les unes des autres. Il a écarté toute allusion qui nécessitait une connaissance préalable de l'épopée animale, ou il a inséré dans son poème tous les détails, toutes les explications nécessaires. Il a bâti chaque épisode sur le précédent, évitant soigneusement les répétitions si fréquentes dans les branches françaises, ou leur donnant des tournures nouvelles.

Lucien Foulet a complété cette démonstration en faisant valoir l'art très personnel du Glîchezaere dans l'arrangement et l'ordonnance des épisodes et dans sa façon de les relier [1]. Comme il l'avait déjà fait pour les trouvères qui avaient chanté Renart, il souligne l'importance de l'originalité du poète dans *Reinhart Fuchs.* En effet l'apport original du Glîchezaere, ignoré ou contesté par Grimm, Reissenberger et Voretzsch, était très important : sur les 2266 vers de *Reinhart Fuchs,* calcule Foulet, 342 sont entièrement dus au poète alsacien. Enfin il fait ressortir le naturel et l'aisance de la version allemande par rapport aux branches françaises, dont le Glîchezaere a écarté la plupart des trop nombreuses contradictions et invraisemblances.

Le texte de *Reinhart Fuchs* nous est parvenu dans trois manuscrits. Le premier, S, ne contient que des fragments et compte en tout 688 vers. Il est du XIIème siècle ou du début du XIIIème, mais le texte n'est pas l'original. En effet la langue est alsacienne, mais par endroits on reconnaît du bavarois, qui était peut-être la langue du copiste. Les deux autres manuscrits, P et K, contenant le texte complet, sont plus récents. P appartient vraisemblablement au premier tiers du XIVème siècle. K est également du XIVème siècle. Reissenberger a utilisé ces deux manuscrits pour établir son texte, dont je tirerai mes citations, tandis que la deuxième édition du texte de Baesecke, récemment établie [2],

[1] *Le Roman de Renard,* ch. XVII. L'article de Voretzsch dans *Festschrift . . .* est une réponse aux vues de Foulet.

[2] *Das mittelhochdeutsche Gedicht vom Fuchs Reinhart, nach den Casseler Bruchstücken und der Heidelberger Handschrift,* herausgegeben von Georg Baesecke ; zweite Auflage besorgt von Ingeborg Schröbler ; Halle, 1952. L'introduction donne des précisions nouvelles très intéressantes. Il existe aussi une traduction en allemand moderne par Baesecke, *Reinhart Fuchs : Das älteste deutsche Tierepos aus der Sprache des 12. Jahrhunderts in unsere übertragen,* Haile, 1926.

reproduit intégralement les textes de S et de P, avec les variantes de K en note.

Nous ne savons à peu près rien sur Heinrich der Glîchezaere. Il se nomme à un endroit de son poème :

nu vernemet seltsaeniu dinc
und vremdiu maere,
der der Glîchesaere
iu künde gît, si sint gewaerlich.
er ist geheizen Heinrich,
der hât diu buoch zesamene geleit
von Îsengrines arbeit.
swer wil, daz ez gelogen sî,
den laet er sîner gâbe vrî.

(Or écoutez des choses curieuses et une histoire étrange que vous raconte le Glîchezaere, elles sont vraies. Il est appelé Heinrich, celui qui a composé ce livre des malheurs d'Isengrin. Celui qui croit que ce n'est pas vrai, n'est pas tenu à le récompenser.)

Il est évident que le sens de ce passage n'est pas parfaitement clair, surtout en ce qui concerne l'attribution du nom « Glîchezaere », en allemand moderne « Gleissner », hypocrite, dissimulateur. On a essayé de prouver que ce nom s'appliquait au héros du poème, Reinhart, et non au poète Heinrich [1]. Le remanieur du poème a pourtant attribué ce nom au poète :

Hie endet ditze mære.
daz hât der Glîchesaere
her Heinrich getihtet
und lie die rîme ungerihtet.

(Ici prend fin cette histoire. C'est le Glîchezaere, appelé sire Heinrich, qui l'a composée, et qui n'a pas ordonné les vers comme il fallait.)

Par conséquent on peut continuer à appeler le poète Heinrich der Glîchezaere, car d'après le texte il y a certainement autant

[1] Cf. Anton Wallner, *Reinhart Fuchs*, dans *Zeitschrift für deutsches Alterum*, LXIII, p. 214 et seq.

droit que son héros Reinhart. Il est au contraire certain, d'après ces derniers vers, que nous ne possédons pas le texte original du Glîchezaere. Le rôle du remanieur est bien défini dans les derniers vers de l'épilogue :

die rihte sît ein ander man,
der ouch ein teil getihtes kan.
und hât daz alsô getân,
daz er daz mære hât verlân
ganz rehte, als es ouch was ê.
an sümelich rîme sprach er mê,
dan ê dran waere gesprochen.
ouch hât er abe gebrochen
ein teil, dâ der worte was ze vil.
swer im nû des lônen wil,
der bite im got geben,
die wîle er lebe, ein vroelich leben
und daz er im die sêle sende
dâ si vröude habe ân ende.

(Un autre, qui peut aussi versifier un peu, les a arrangés [les vers]. Et il l'a fait de sorte qu'il a laissé le récit exactement comme il était auparavant. Il a complété certains vers, il a raccourci d'autres quand il y avait des mots de trop. Que celui donc qui veut l'en récompenser prie Dieu de lui accorder une heureuse vie dans ce monde, et d'envoyer son âme là où elle aura la joie sans fin.)

Nous semblons donc avoir l'assurance de posséder au moins le récit tel que le Glîchezaere l'avait conçu, même si nous n'avons pas le texte original.

La langue de *Reinhart Fuchs* est clairement alsacienne. On peut en outre affirmer que Heinrich le Glîchezaere était lui-même Alsacien. Certaines allusions ne permettent pas le doute. La première concerne un Walther von Horburg, un Alsacien partisan de l'empereur Frédéric Ier dont le nom paraît dans des proclamations faites en 1153 et 1156 et qui fut à Strasbourg lors du passage de l'empereur en cette dernière année. L'allusion semble indiquer que le Glîchezaere avait eu avec lui des rapports assez étroits. A un autre endroit le Glîchezaere mentionne l'abbaye célèbre d'Erstein, qui se trouvait en Alsace. Je reviendrai sur cette allusion, dont nous ne pouvons pas déterminer le sens exact mais qui avait sûrement été inspirée par un incident de la chronique locale.

Quant à la date de composition de *Reinhart Fuchs,* Reissenberger l'a placée aux environs de 1180. Mais cette date est purement approximative, et nous trouverons des raisons solides pour la ramener plus près de la fin du XIIème siècle. Mais même cette date assez haute de 1180 nous permet de faire des hypothèses sur les sources du poème allemand, car déjà à ce moment plusieurs des branches françaises connaissaient le succès. Comme nous allons le voir tout de suite, ce sont d'ailleurs les mêmes aventures qui se retrouvent dans *Reinhart Fuchs.*

Comme tant de branches de Renart, le poème du Glîchezaere débute par un prologue dans lequel le poète annonce brièvement son sujet et ses intentions. Le ton du prologue de *Reinhart Fuchs* a pourtant quelque chose de frappant, d'insolite, si on le compare avec les branches françaises de la première époque :

Vernemet vremdiu maere,
diu sint vil gewaere,
von einem tiere wilde,
dâ man bî mac bilde
nemen umbe manegiu dinc.
ez kêret allen sînen gerinc
an triegen und an kündecheit,
des quam ez dicke in arbeit.
ez hâte vil unküste erkant
und ist Reinhart fuhs genant.

(Ecoutez des histoires étranges qui sont très vraies, d'une bête sauvage, dont on peut prendre exemple à propos de mainte chose. Cette bête dépense tous ses efforts en ruses et déceptions, dont elle a souvent eu des malheurs. Elle a su faire beaucoup de méchancetés, et elle est appelée Reinhart Fuchs.)

Les premiers trouvères français avaient promis des récits divertissants, des « risées et gabets ». Le Glîchezaere ne propose nullement de nous amuser, mais de nous instruire par l'exemple du maître en fausseté et en perfidie, tout comme devaient faire plus tard les auteurs de *Renart le Nouvel* ou du *Couronnement de Renart.* D'avance on sent que *Reinhart Fuchs* n'est pas simplement une joyeuse parodie de son époque, et au fur et à mesure qu'on avance dans la lecture, l'intention morale et le pessimisme de l'auteur deviendront plus évidents.

En commençant l'étude de *Reinhart Fuchs* il faut signaler l'ordonnance très spéciale des différents épisodes et le plan bien déterminé de l'auteur, tous les deux inspirés d'abord par le souci d'unité et de cohérence, puis par les intentions moralisatrices si clairement énoncées dans le prologue. Le poème se scinde naturellement en trois divisions, chacune contenant plusieurs épisodes. La première division oppose le héros à des bêtes plus petites que lui-même qui réussissent néanmoins à déjouer ses ruses, illustrant ainsi une partie de ce que le poète avait énoncé dans son prologue. La deuxième division est consacrée entièrement à l'histoire de Reinhart et d'Isengrin, et conduit très naturellement et logiquement à la troisième partie, qui reprend l'histoire du *Plaid* et qui complète la démonstration de la perversité de Reinhart.

La première division va jusqu'au vers 384 et raconte successivement les aventures de Reinhart avec le coq, appelé Schanteclêr, la mésange, le corbeau Diezelîn, et le chat Dieprecht. Ce sont en somme les mêmes aventures que Pierre de Saint-Cloud avait racontées dans la branche II. Si on tient compte des raccourcissements et des simplifications que le Glîchezaere a opérés sur son modèle – dans la branche II ces histoires occupent plus de mille vers – on doit convenir qu'il n'y a pas apporté de vrais changements. Regardons rapidement la première et la plus longue de ces aventures, celle de Reinhart et de Schanteclêr. Un très riche vilain, Lanzelîn de nom, vit avec sa femme Ruotzela dans leur ferme qui ne manque de rien. Ils ont à se plaindre beaucoup de Reinhart qui leur vole régulièrement des gélines; Lanzelîn a par conséquent fait une forte clôture pour mettre Schanteclêr et sa femme à l'abri. Un jour Reinhart réussit malgré la clôture à pénétrer dans le jardin. Il se tapit près de Schanteclêr, qui dort assez près de la clôture. Mais dame Pinte a vu le goupil et appelle son mari avant de s'envoler avec ses compagnes sur une poutre. Schanteclêr accourt et leur ordonne rageusement de retourner à la clôture : aucune bête, dit-il, ne saurait pénétrer dans un jardin si bien clos. Mais il a fait un rêve qui l'a beaucoup effrayé : il rêvait qu'il avait dû revêtir une pelisse rousse, dont l'ouverture était d'os. Et il prie son ange gardien de le protéger du danger qu'il appréhende. Pinte exprime ses vives inquiétudes et supplie son maître de se méfier de la bête qu'elle avait aperçue. Schanteclêr lui reproche sa peur et va se percher sur un buisson d'épines. Reinhart se glisse sous le buisson, mais il ne peut pas atteindre le coq. Qui est là-haut ? demande-t-il. Est-ce toi, Sengelîn ? Schanteclêr lui répond que c'était son père qui s'appelait ainsi. Reinhart se met à rassurer le coq. Il fait état des liens de parenté entre eux, il rappelle comment Sengelîn avait eu l'habitude de chanter joyeusement, les yeux fermés. Schanteclêr ne veut pas paraître moins bon chanteur que son père : il saute en bas du buisson et commence à chanter en clignant des yeux. Reinhart le saisit et l'emporte. Pinte mène grand bruit et alerte Lanzelîn. Schanteclêr provoque Reinhart à répondre aux injures qu'on lui lance, et profite de l'occasion pour s'échapper. Il se met hors de danger dans un arbre, d'où il apostrophe le goupil. Reinhart se traite de fou, d'avoir ouvert la bouche quand il aurait dû se taire.

Il est évident que le récit allemand a été tiré de celui de Pierre de Saint-Cloud. On peut même reconnaître les mêmes expressions dans les deux versions. Les rares changements que le Glîchezaere a apportés à son modèle vont tous dans le sens de la simplification et la cohérence. Mais on reconnaît l'influence du modèle même dans les absences, les lacunes de la version allemande : le Glîchezaere ne parle pas d'une poursuite, mais les paroles de Reinhart et du coq qu'il emporte n'ont de sens que si l'on s'imagine Lanzelîn et ses valets de ferme courant après le goupil et proférant des menaces et des injures tout comme dans la branche II. Que le Glîchezaere ait changé le nom du fermier n'a rien de surprenant – les conteurs français donnaient facilement des noms différents au maître de Chantecler. Par contre Sengelîn, le nom donné au père du coq, est tout simplement l'équivalent allemand de Chanteclin, le nom qu'il portait dans la branche II.

Il n'est guère utile de résumer d'une façon aussi détaillée les trois autres histoires qui composent la première division de *Reinhart Fuchs*. Quelques traits, quelques détails suffisent pour nous convaincre que c'est encore la première partie de la branche II qui a servi de modèle au Glîchezaere. Dans l'aventure avec la mésange, Reinhart l'appelle commère et prétend qu'il est parrain de son fils, exactement comme dans la branche II. Quant au motif de la paix générale qu'évoquait Pierre de Saint-Cloud, le Glîchezaere le garde pour plus tard, quand il aura une vraie utilité. L'épisode avec Diezelîn – nom très proche du français Tiécelin d'ailleurs – ne comporte qu'une différence avec le modèle français : Reinhart s'empare du fromage, mais ne peut pas en profiter, car à ce moment surgit une meute de chiens qui le mettent en fuite. Pourquoi ce changement, assez minime en outre ? Büttner l'attribue, sans doute avec raison, au désir du Glîchezaere de faire cadrer cet épisode avec le thème général de cette première partie du poème : le trompeur trompé, thème qui illustre les paroles du prologue. Il est d'ailleurs probable que le Glîchezaere a simplement transposé cette intervention des chiens de l'histoire avec Tibert, où elle se trouvait dans la branche II, ou même de celle de la mésange.

Les innovations ne sont pas plus troublantes dans l'épisode de Reinhart et de Dieprecht. Dans le français Renart prétend prendre Tibert à son service dans la guerre qu'il vient d'engager contre Isengrin et que Pierre de Saint-Cloud avait annoncée dans son prologue. Mais jusqu'ici le Glîchezaere n'a fait aucune allusion à Isengrin ni à une guerre entre lui et Reinhart. Il ne peut donc se servir de ce motif qui avait inspiré la course entre les deux chevaliers dans le poème français, course qui aboutit à la prise de Renart dans le piège qu'il destinait à Tibert. Le Glîchezaere contourne la difficulté très simplement en inventant un autre prétexte tout naturel : Reinhart prie le chat de lui montrer son agilité, dont il a entendu beaucoup d'éloges.

Une dernière différence entre les deux poèmes concerne l'ordre des épisodes. Dans la branche II l'épisode avec Tibert précède celui de Renart et du corbeau ; le Glîchezaere les a intervertis. Changement de peu d'importance et qui s'explique peut-être, selon Büttner, par le désir de grouper ensemble les trois épisodes mettant Reinhart en face des oiseaux, tandis que l'histoire avec Dieprecht est laissée pour la fin, où elle sert de transition avec la suite du poème, qui oppose le goupil à d'autres bêtes à quatre pattes. Toute cette démonstration semblerait superflue si certains critiques n'avaient pas attaché une très grande importance à des changements en somme très compréhensibles et relativement simples. Si l'on accorde au Glîchezaere un minimum d'indépendance et d'originalité au lieu de le considérer simplement comme un fidèle traducteur d'un original français, on ne peut guère refuser de croire que c'est bien la branche II du *Roman de Renart* qui a inspiré toute la première partie de *Reinhart Fuchs.*

La deuxième division de *Reinhart Fuchs* (v. 385–1238) raconte l'histoire de la grande guerre entre le loup et le goupil, la guerre que Pierre de Saint-Cloud raconte à la fin de la branche II et dans sa suite, la branche Va. Le Glîchezaere commence ce récit immédiatement après l'aventure de Reinhart avec Dieprecht. Il utilise toujours son modèle français, mais il fait de l'histoire de la guerre un récit bien plus complexe que son équivalent français. Dans le français la guerre est provoquée par l'adultère de Renart et de dame Hersent et par le viol de la louve. Le Glîchezaere lui donne une motivation bien plus profonde et plus subtile. L'histoire des amours du goupil et de la louve est développée et transformée en une histoire de séduction à plusieurs étapes. Mais ce n'est pas la révélation de ces relations coupables qui seule déclenche la guerre entre Reinhart et Isengrin. A côté du thème de la séduction et de l'adultère, le Glîchezaere a introduit plusieurs des aventures les plus célèbres de Renart et d'Isengrin, lesquelles finissent toujours à la confusion et à la déconfiture du loup et concourent avec le thème primitif à amener les hostilités.

Dans cette deuxième partie le Glîchezaere a suivi un plan bien conçu et une ordonnance très stricte des épisodes. Des amours de Reinhart et de la louve il a fait un drame en trois actes, entre lesquels il a intercalé deux groupes d'histoires de Reinhart et d'Isengrin, chaque groupe comprenant deux aventures. Si le drame d'amour est fondé sur la branche II-Va, les aventures secondaires correspondent chacune à une autre branche française, ou même à deux. La deuxième partie de *Reinhart Fuchs* se présente donc, très schématiquement, ainsi :

Premier acte : Reinhart déclare sa passion à Hersent,
qui refuse cet amour illicite avec indignation.
— Histoire du vol du jambon et d'Isengrin ivre.
— Histoire (incomplète) du pèlerinage.

Deuxième acte : le texte porte ici une lacune. Un témoin
de l'adultère le raconte à Isengrin.
— Histoire du « moniage » d'Isengrin et de la pêche
à la queue.
— Histoire de Reinhart et d'Isengrin dans le puits

Troisième acte : la guerre entre Reinhart et Isengrin.
Le serment de Reinhart et le viol de dame Hersent.

En regardant cette table, on se rend facilement compte du travail qu'a fait le Glîchezaere pour associer les différentes aventures de Renart dans un seul récit uni et cohérent. Reste à savoir comment il a relié toutes ces aventures, à l'origine indépendantes les unes des autres.

On se rappelle qu'à la fin de la première division on avait laissé Reinhart déconfit, fuyant les chiens. Ayant pu s'en défaire, il continue son chemin et rencontre Isengrin, qu'il salute fort poliment (il n'est guère nécessaire de faire remarquer que le poète alsacien a gardé les noms que le loup et sa femme portaient dans le *Roman de Renart.)* Il lui propose ses bons services, car, explique-t-il, le loup s'est acquis beaucoup d'ennemis. En alliant la force de l'un et la ruse de l'autre ils pourront bien réussir dans toutes leurs entreprises. Le loup consulte sa femme et deux de ses fils, et finit par prendre Renart comme compère. Funeste décision !

> v. 406 des wart er sît vil unvrô.
> Reinhart wante sîne sinne
> an Hersante minne
> vil gar und den dienest sîn.
> dô hât aber her Îsengrîn
> ein übel gesinde ze ime genomen,
> daz muoste im ze schaden komen.

(A cause de cela il devait être par la suite très malheureux. Reinhart employa tout son esprit et son travail à gagner l'amour de dame Hersent. Mais sire Isengrin a pris en lui un mauvais compagnon, et il devait lui en arriver du mal.)

Un jour Isengrin s'en va à la chasse avec ses fils. Pendant son absence il confie sa femme à la garde de son compère. Reinhart fait tout de suite une déclaration d'amour, mais la louve le repousse avec dédain. Son seigneur est si beau, lui répond-elle, qu'elle n'a nul besoin d'un amant. Et d'ailleurs, même si elle en voulait un, Reinhart lui paraîtrait trop faible.

Ici nous reconnaissons l'originalité du Glîchezaere. Rien de ce qu'il vient de nous raconter ne se trouve dans le *Roman de Renart*. Le compérage de Renart et d'Isengrin avait été présenté par Pierre de Saint-Cloud sans aucune explication, comme une chose universellement connue, puisqu'il existait dans l'*Ysengrimus*. Mais le Glîchezaere ne se fie point à la tradition, tout doit être logique et clair dans son poème. Par conséquent il raconte en quelques lignes les origines de ce compérage, assez insolite il faut l'admettre. Du même coup il peut développer d'une façon rationnelle l'histoire des amours du goupil et de la louve. A vrai dire l'histoire de l'adultère dans la branche II est trop précipitée, elle manque de vraisemblance et de réalisme, et on ne comprend ni la conduite de Renart à l'égard des louveteaux, ni l'empressement de la louve à se donner à Renart. Le Glîchezaere au contraire travaille sa matière bien plus profondément. Il faut reconnaître aussi qu'il a une autre conception du caractère de son héros que Pierre de Saint-Cloud. Le poète français visait surtout dame Hersent et à travers elle la société féminine de l'époque, et sa sympathie pour Renart est clairement affichée. De son côté le Glîchezaere a démontré dans son prologue où vont ses préférences : pour lui c'est Reinhart le coupable, le perfide, le tricheur, et tout son poème doit nous en convaincre. C'est une véritable histoire de séduction qu'il va dépeindre, dont la première étape se solde par un échec pour le séducteur, repoussé par l'épouse fidèle.

Dans la branche II l'adultère déclenche immédiatement la guerre entre Isengrin et Renart. Dans *Reinhart Fuchs* l'adultère ne sera qu'un des prétextes à la guerre, et ce ne sera en somme qu'après avoir subi de multiples tours pendables aux mains de son compère qu'Isengrin comprendra l'étendue de son malheur. Après le refus initial par Hersent, Reinhart va tromper son compère d'une autre façon. Revenu de la chasse les mains vides, Isengrin se plaint de la dureté de l'époque. Reinhart aperçoit un vilain qui porte un gros jambon et propose de l'obtenir pour son compère. C'est en effet la première partie de la branche V que le poète alsacien reproduit ici très fidèlement. Mais le fait qu'Isengrin et sa famille ne laissent rien du jambon à Reinhart exige une revanche, que le goupil prend dans la deuxième aventure. Le jambon avait donné grand'soif à Isengrin. Reinhart promet donc de lui procurer du vin en abondance. Il l'amène, avec Hersent et leurs fils, à une ferme dépendant d'une abbaye. Dans le cellier ils trouvent du vin, Isengrin s'enivre et se met à chanter. Les moines surviennent, Isengrin et les siens sont roués de coups et échappent avec difficulté en sautant le mur.

Cet épisode fait penser à première vue à l'histoire de Primaut au moûtier qui est racontée dans la branche XIV. Mais les deux récits ne se ressemblent pas suffisamment pour qu'on puisse les considérer comme apparentés. Büttner a indiqué par contre une autre branche française dans laquelle se trouve un récit qui correspond extraordinairement bien à celui du Glîchezaere. C'est dans la branche VI qu'Isengrin raconte au lion un mauvais tour que le goupil lui avait joué :

« Un jor que mangai d'un bacon
Grant talant avoie de boivre ;
La me soüs molt bien decoivre.
Tu me deïs que d'un celer
T'en avoit on fet celerer,
En ta garde estoient li vin
Toz tens au soir et au matin.
La me menas bien a envers.
Tu m'as chante de meint fax vers ».
    Ce dit Renars « or as tu tort.
De ce sui bien en mon recort
Que tant boüs que tos fus ivres.
Si te vantas que tot sans livres
Chanteroies bien un conduit.
Puis conmencas a si grant bruit
Que tuit cil de la vile vindrent,
Qui a grant merveille le tindrent.
Quant j'oï la noise venir,
Nus nel me doit a mal tenir,
Se me mis a l'eslideor :
Car de morir oi grant poor.
Retenuz i fui par un poi,
Mes je m'en vinc au melz que poi.
Avoir me durent entrepris,
Car molt nos avoient sospris.
Si fus batus, a moi qu'en tient ?
Qui mal chace, mal li avient ».

Un récit pareil figure dans une des *Fabulae extravagantes* (cf. supra p. 525), et on est obligé de croire que le Glîchezaere a imité la branche VI. A part quelques simplifications il n'a apporté aucun changement notable. Il a, il est vrai, ajouté en guise de conclusion une altercation entre Isengrin et ses fils qui n'apprécient point le chant ni les autres sottises de leur père. Si, comme il paraît vraisemblable, le Glîchezaere a pris pour modèle le récit de la branche VI, il faut certainement reculer la date de la composition de *Reinhart Fuchs,* car la branche VI a très probablement été composée seulement vers 1190.

Après ces deux aventures qui ne comptent que 108 vers en tout et qui devaient n'en faire qu'une seule dans l'esprit du poète, on passe directement à une autre qui semble nous promettre une nouvelle version du *Pèlerinage de Renart.* Après avoir essayé de calmer l'indignation d'Isengrin, Reinhart s'en va de son côté. Il recontre Baldewîn l'âne (notre Baudouin de certains passages du *Roman de Renart),* qui porte un lourd fardeau. Reinhart lui propose une association, usant des mêmes promesses que Renart dans la branche VIII – une vie plus agréable et une nourriture abondante. Mais après 12 vers ce récit s'arrête subitement. Il y a en effet à cet endroit du poème une lacune, dont nous ne connaissons pas la longueur. Le récit suivant cette lacune n'a manifestement aucun rapport avec le *Pèlerinage.* Nous retrouvons Reinhart et Isengrin ensemble. Le goupil s'en va, laissant le loup, grièvement blessé, sur le point de s'évanouir. Isengrin se croit blessé à mort et se lamente pour sa chère femme, si noble et si fidèle. Il pensé à ses fils, encore jeunes, mais se console avec la réflexion que leur mère les guidera bien dans la vie, car sûrement elle ne se remariera jamais. Ce n'est que par la suite que nous apprenons que c'est Reinhart qui a blessé son compère.

Grimm, et plus tard Ernest Martin, avaient présumé que les vers qui manquent à ce point dans *Reinhart Fuchs* avaient traité tout simplement de l'histoire du *Pèlerinage* d'après la branche VIII, dans laquelle Isengrin est assommé par Renart et ses compagnons. Büttner a cependant avancé plusieurs raisons qui font croire que le *Pèlerinage* n'a dû constituer qu'une partie, la première, de ce qui a disparu. La version française du *Pèlerinage* ne présente rien qui puisse se raccorder aux vers qui marquent la reprise de notre texte, où nous voyons Reinhart s'éloigner d'Isengrin qu'il a grièvement blessé. Dans la branche VIII le loup est écervelé par un coup de boutoir du bélier, en présence de dame Hersent. Or il ressort clairement du récit qu'Isengrin fait à sa femme et à ses fils de son accident dans *Reinhart Fuchs* que dame Hersent n'en avait pas été témoin :

v. 611 weinende er zuo in sprach
« alsus gerne ich iuch nie gesach,
lieben süne unde wîp,
ich hân verlorn mînen lîp.

daz hât mir Reinhart getân,
daz lât im an sîn leben gân ».

(Il leur dit en pleurant : « Jamais je n'ai été si content de vous voir, mes chers fils et ma chère femme. J'ai perdu la vie. C'est Reinhart qui m'a fait cela. Que cela lui coûte la vie ! »)

Il est évident que la famille du loup ignore tout de l'accident qui lui était arrivé, tandis que dans la branche VIII c'est Hersent qui amène toute une bande de loups pour venger la mort de son mari. Il est également clair que l'âne et le bélier sont complètement étrangers à l'accident ; ils ne paraissent même pas dans le reste de l'histoire, ce qui serait invraisemblable si les vers qui manquent avaient raconté une version quelconque du *Pèlerinage.*

Il faut donc conclure que le Glîchezaere a dû ajouter à sa version du *Pèlerinage* une autre histoire dans laquelle Isengrin est blessé dans une querelle avec Reinhart. C'est dans la suite que Büttner a cherché quelques éléments qui permettraient de reconstituer ce qui a disparu du poème. On avait laissé Isengrin presque mort, qui se console à la pensée de la fidélité de son épouse. Mais voilà un nouveau personnage, Künin, qui entre en scène. De ce Künin nous ne savons rien, pas même à quelle race de bêtes il appartient. Il faut donc croire qu'il avait déjà fait son apparition, bien entendu dans la partie qui manque, car le Glîchezaere prend soin d'identifier toujours ses personnages, du moins ceux qui ont une certaine importance dans son récit. Künin a entendu les lamentations d'Isengrin. Il entreprend de raconter certaines vérités au malheureux. Ce n'est pas dame Hersent, dit-il, qui regrettera la mort de son mari, car il vient de la voir se donner à Reinhart son amant, et cela plusieurs fois d'ailleurs. Isengrin s'évanouit de douleur, et en reprenant ses sens il accuse Künin d'avoir menti. S'il le tenait en bas, dit-il, il lui arracherait les yeux. Künin se moque de lui et lui répète qu'il est bel et bien cocu. Isengrin attire par ses hurlements sa femme et ses fils. C'est là qu'il leur raconte comment il a reçu ses blessures. Il répète ce que Künin lui a raconté, mais il ajoute qu'il n'y a prêté aucune foi. Hersent rejette l'accusation et jure par Dieu qu'il y a trois jours qu'elle n'a pas vu Reinhart. Isengrin se laisse convaincre et bientôt, soigné par toute sa famille, il est complètement rétabli de ses blessures.

Il est raisonnable de conclure que dans les vers qui ont disparu le Glîchezaere avait raconté le deuxième acte des amours de Reinhart et de dame Hersent, qui aboutit à l'adultère. Ce deuxième acte correspondrait à peu près, pense Büttner, aux v. 1098-1210 de la branche II, qui racontent la visite de Renart à la louve et leur adultère. Il n'y a pas de raison de penser que dans *Reinhart Fuchs* Künin mentait en accusant Hersent d'adultère. Il remplit tout simplement le rôle que jouent les louveteaux dans le poème français. A ce changement Büttner propose une explication tout à fait logique : Isengrin aurait été obligé de croire à la vérité d'une accusation venant de ses propres fils, tandis que les paroles d'un étranger peuvent être suspectes. Or il fallait laisser planer le doute dans l'esprit du loup, car le Glîchezaere a l'intention de renouer par la suite les relations d'amitié entre Isengrin et Reinhart pour pouvoir enchaîner d'autres aventures dans son récit. L'adultère a donc eu lieu. Büttner pense que la suite immédiate a dû mener jusqu'aux vers avec lesquels reprend le texte. En quittant Hersent Reinhart a dû rencontrer Isengrin qui rentrait chez lui. Une dispute se déclare entre les deux compères, et Reinhart blesse le loup. Il s'enfuit – « sînem gevateren er entweich » (« il s'éloigna de son compère »), dit le texte. L'hypothèse d'une querelle trouve une confirmation plus loin, quand Reinhart accuse Isengrin d'être revenu sur sa parole d'amitié sans raison et d'avoir voulu le tuer :

v. 667 « du woldest mir ân schulde
versagen dîne hulde
und woldest mir nemen daz leben ».

Que cette querelle a eu lieu immédiatement après l'adultère, ressort des divulgations de Künin, qui dit au loup qu'il a vu Hersent et Reinhart ensemble si récemment, qu'il n'a pas eu le temps de manger ni de boire.

Que cette reconstitution soit plus ou moins exacte, elle permet en tout cas de suivre le cours des événements dans la deuxième partie de *Reinhart Fuchs* et de compléter un peu le schéma que l'on en a fait. Le premier acte, commencé par la déclaration d'amour de Reinhart et le refus de la louve, s'était terminé par deux aventures de Reinhart et d'Isengrin, celle du vol du jambon avec la suite chez les moines, et la seconde, dont il nous reste seulement le début mais qui vraisemblablement racontait une version du *Pèlerinage*. A cause de la même lacune dans le texte, presque tout le début du deuxième acte manque, mais il est légitime de croire qu'il avait raconté l'adultère, suivi d'une querelle entre Reinhart et le loup dans laquelle celui-ci est gravement blessé. Et l'histoire de l'adultère est complétée par les révélations de Künin, qui restent pourtant pour le moment sans suite.

Avant de passer au troisième acte du drame d'amour, le Glîchezaere raconte encore deux aventures des deux compères, tirées toutes les deux du *Roman de Renart*. Encore une fois on remarquera la conception et la composition très serrée de *Reinhart Fuchs*. A côté d'un thème principal, qui révèle la pensée intime et les intentions du poète, il y a des histoires subsidiaires. Or le thème principal est traité avec beaucoup de liberté et d'originalité, tandis que les histoires subsidiaires suivent fidèlement des modèles français. C'est ainsi que nous avons d'abord une version sans aucun changement notable de la branche III, l'histoire du « moniage » d'Isengrin et de la pêche à la queue. Certes le Glîchezaere a, comme toujours, considérablement simplifié, mais les quelques modifications qu'il a apportées au récit français sont destinées à le faire mieux entrer dans l'ensemble du poème et ne comportent pas d'éléments nouveaux. Tout le début de la branche III, qui raconte comment Renart vole les anguilles aux charretiers, est laissé de côté. Après sa querelle avec Isengrin, Reinhart s'est retiré dans son manoir. Mais craignant des visites désagréables, il s'est fait une maison dans la forêt qu'il a bien garnie de provisions. Un jour Isengrin, torturé par la faim, passe près de cette demeure. Reinhart vient de faire rôtir des anguilles. Alléché par l'odeur, Isengrin vient frapper à la porte. Reinhart lui recommande de continuer son chemin, car personne, dit-il, n'entrera dans la maison ni n'en sortira de la journée ; none est passée depuis longtemps, et lui et les autres moines ne prononceraient pas une parole pour tout le trésor des Nibelungen. Le reste de l'histoire suit fidèlement le récit français. Son appétit stimulé par deux morceaux d'anguille que Reinhart lui lance, Isengrin exprime le désir de devenir cuisinier dans la congrégation qui, remarquons-le en passant, dépend de l'ordre de Cîteaux, exactement comme son prototype de la branche III. Reinhart lui fait une large tonsure avec de l'eau bouillante, puis il lui impose la tâche d'aller chercher des poissons dans le vivier des moines. Suit l'histoire de la pêche à la queue, qui présente très peu de différences avec la version française. Un trait est cependant à remarquer : Reinhart attache le seau à la queue de son compère, puis prétend qu'il va battre l'eau pour y faire entrer les poissons. Nous avons déjà trouvé ce trait dans l'histoire correspondante des *Fabulae extravagantes* (cf. supra p. 520). Les *Extravagantes* sont pourtant vraisemblablement postérieures à *Reinhart Fuchs*. Faut-il donc conclure que le poème du Glîchezaere a fourni ce trait au fabuliste ? Ce n'est pas impossible, quoique difficile à démontrer. Finalement, le chevalier qui tranche la queue à Isengrin s'appelle Birtîn, et non Constant. Mais ce n'est pas la première fois que le Glîchezaere a changé les noms des personnages, et d'ailleurs les trouvères français n'avaient pas été plus systématiques que lui à cet égard.

La deuxième aventure du deuxième acte est celle de Renart et d'Isengrin dans le puits. Comme d'habitude le Glîchezaere a considérablement simplifié le récit, tout en restant fidèle à la branche IV dans l'ensemble. Il n'y a pas de transition apparente entre cet épisode et le précédent, mais une allusion à Isengrin qui sort sans queue de la forêt permet de croire que la nouvelle aventure suit l'autre sans interruption. Reinhart arrive à une abbaye, où il pense trouver des poules en abondance. Mais il ne réussit pas à trouver une entrée dans les murs qui entourent toute l'abbaye. Devant la porte il découvre un puits, dans lequel il voit son image. Croyant voir sa femme, il brûle d'amour et saute dans le puits. Survient à son tour Isengrin, qui prend sa propre image pour dame Hersent. Se souvenant des accusations de Künin, il accuse sa femme, qu'il croit être avec Reinhart, d'être la cause de son déshonneur et de ses malheurs. Reinhart lui répond, prétendant être au paradis, où il instruit les enfants en jouissant d'un bonheur parfait au milieu de l'abondance. Jusqu'ici la concordance est à peu près parfaite avec la branche IV. Mais le poète alsacien aime bien l'ordre et la logique, il veut tout expliquer. Isengrin veut savoir comment dame Hersent est arrivée au paradis – petit détail que l'auteur de la branche IV n'avait point expliqué. Reinhart raconte donc qu'un hasard heureux a amené Hersent au ciel. Mais le lourd Isengrin, voyant dans l'eau le reflet de sa propre tonsure, demande pourquoi sa femme a la tête brûlée. Reinhart fournit une explication bien ingénieuse : Hersent, dit-il, s'était brûlé les poils de la tête en effleurant l'enfer, par où tous doivent passer pour entrer au paradis. Par contre, à côté de tels perfectionnements sur le modèle, on rencontre parfois des gaucheries qui semblent indiquer que le Glîchezaere n'a pas toujours saisi tout le sens du poème français. C'est ainsi qu'il a maladroitement tronqué la scène satirique d'Isengrin qui se confesse avant de se précipiter, comme il le croit, vers le paradis :

Ysengrins n'i volt plus ester :
v. 325 Son cul tourna vers orient
Et sa teste vers occident,
Et conmenca a orguener
E tres durement a usler.

De tout cela le Glîchezaere n'a retenu qu'un trait assez plat : « par sottise Isengrin se tourne vers l'Occident avant de se mettre dans le seau ». Si l'on ne connaissait pas le texte français, on se demanderait la signification de cette remarque. Et pourtant le Glîchezaere était capable lui aussi de se moquer à l'occasion des pratiques de l'Eglise. L'épisode se termine à peu près comme dans la branche IV. Le loup est hissé hors du puits et rondement battu par les moines. Il doit sa vie en fin de compte à une invention humoristique du Glîchezaere : remarquant la tonsure et la queue coupée du loup, le prieur arrête ses moines :

> « wir haben vil übel getân,
> eine blaten ich ersehen hân
> unde sag iu noch mê :
> jâ ist nâch der alten ê
> dirre wolf Îsengrîn besniten ».

(« Nous avons très mal fait. J'ai vu une tonsure, et je vous dis encore, ce loup Isengrin est circoncis d'après l'ancienne loi ».)

Le « noch mê » signifie clairement que le prieur a remarqué autre chose que la tonsure, et la phrase suivante indique ce qui avait attiré son attention : « Si le loup n'avait pas perdu sa queue, s'il n'avait pas été tonsuré, les moines l'auraient pendu ». Il me semble par conséquent qu'il faut donner au mot « besniten » le sens de « circoncis » plutôt que de « tonsuré », comme on l'a fait d'habitude jusqu'ici. Tel est d'ailleurs l'avis de Lucien Foulet, et ce sens rehausse le comique satirique de la remarque finale du prieur : « Il eût mieux valu lui épargner les coups, car vraiment c'était un saint homme ! »

Laissé pour mort, Isengrin se traîne dans le bois et attire Hersent et ses fils par ses hurlements. Il a compris enfin que c'est Reinhart qui a machiné savamment tous ses malheurs, et il dénonce leur association. Hersent pleure la perte de la queue de son mari, et les fils profèrent des menaces terribles contre Reinhart. Cette aventure marque un point tournant dans le poème. Ayant enfin reconnu la perfidie du goupil, Isengrin dénonce leur pacte de compérage. De plus, comme pour souligner que ce chapitre dans la vie de son héros est maintenant terminé, le Glîchezaete tire la leçon de tous les mauvais tours que Reinhart a joués à Isengrin. La fraude et la mauvaise foi, constate-t-il tristement, sont souvent couronnées de plus de succès que la fidélité et l'honnêteté :

Reinhart tet im manegen wanc,
daz ist wâr. wâ was sîn gedanc
daz er sich sô dicke triegen lie ?
Diu werlt stât noch alsus hie,
daz manec man mit valscheit
überwant sîn arbeit
baz dan einer, der der triuwen pflac.
alsô stât ez noch vil manegen tac.
gnuoge jehent, daz untriuwe
sî iezunt vil niuwe.
weiz got, er sî junc oder alt
maneges nôt ist so manecvelt,
daz er waenet, « diz geschach niemanne mê ».
unser keime ist sô wê
von untriuwen, ern habe vernomen
daz manegem ist hie vore komen.

(Reinhart lui fit maints coups, c'est vrai. A quoi pensait-il, de se laisser si souvent tromper ? C'est toujours ainsi dans le monde, que souvent celui qui agit faussement vainc ses difficultés mieux que celui qui agit loyalement. Il en sera de même pendant longtemps encore. Il y a beaucoup de gens qui prétendent que la mauvaise foi est chose toute nouvelle. Dieu sait, il y en a beaucoup, jeunes ou vieux, dont le malheur est si grand, qu'ils pensent : « cela n'arriva jamais à un autre ». Nul de nous n'a tellement souffert de la mauvaise foi, qu'il n'ait entendu dire que la même chose est déjà arrivée à beaucoup d'autres.)

On est frappé par la différence de ton entre *Reinhart Fuchs* et les branches françaises qui racontent les mêmes histoires presque dans les mêmes termes. Ce ne sont plus simplement des histoires à faire rire, ces aventures de Reinhart, avec parfois des traits de satire plus amusants que blessants. Heinrich der Glîchezaere se révèle plus nettement ici, c'est essentiellement un moraliste, et tout son poème n'est destiné qu'à développer les idées annoncées dans le prologue. Reinhart devient l'incarnation de la malhonnêteté et de la perfidie, qui répand autour de lui le malheur et la souffrance. Bientôt nous verrons ce qu'il peut accomplir de néfaste dans un domaine d'action bien plus grand.

La dénonciation du pacte de compérage entre Reinhart et Isengrin marque le début du troisième et dernier acte de leur histoire. Désormais c'est la guerre entre les deux – « daz urliuge was erhaben » (v. 1061) – la guerre que Pierre de Saint-Cloud avait annoncée dans le prologue du premier poème de Renart. Et c'est la fin de la branche II, avec la dernière partie de la branche Va, que le Glîchezaere va raconter.

Isengrin prépare des embûches à Reinhart, mais le goupil se défend par sa ruse. Un lynx, parent des deux ennemis, est fort affligé de cette guerre et veut rétablir la paix. Isengrin accepte sa médiation, quoique de mauvaise grâce, et exige des réparations de tous les maux que le goupil lui a infligés. Malgré la perte de sa queue, il en veut à Reinhart surtout pour avoir fait la cour à Hersent; si le goupil était innocent sur ce point, il lui pardonnerait tout le reste :

> v. 1092 « darzuo warp er umb mîn wîp :
> möhter des unschuldec wesen,
> ich liez in umb daz ander genesen ».

On fixe un jour pour régler la querelle. Isengrin arrive accompagné de tous les animaux de grande taille, l'éléphant et le bison, Brun l'ours et le sanglier, la biche et le cerf Randolt, ainsi que plusieurs autres. Reinhart amène Krimel le blaireau, son allié fidèle, avec le lièvre et le lapin et un grand nombre de petites bêtes. Cette division dans les deux camps correspond exactement à celle de la branche Va, peut-on constater. Sur une proposition de Brun, toujours hostile au goupil, Reinhart doit jurer sur les dents du mâtin Reitz qu'il est innocent des charges portées contre lui par Isengrin. Reitz contrefait le mort pour pouvoir happer le goupil au bon moment. Mais Krimel s'aperçoit du piège et en avertit Reinhart, qui renvoie en secret ses partisans, puis s'enfuit lui-même. Isengrin se lance à sa poursuite, mais il est devancé par sa femme qui veut faire croire à son innocence en tuant son ancien amant. Reinhart attire la louve dans une tanière où elle se coince. Alors Reinhart la viole, à la vue d'Isengrin et de ses fils, ainsi que de plusieurs autres bêtes. Isengrin hurle de rage impuissante et de douleur. Après sept ans de mariage lui et sa femme sont déshonorés, leur bonheur est détruit pour toujours. Hersent pleure, Isengrin et ses fils hurlent, mais ils doivent se retirer sous les sarcasmes de Reinhart, qui est bien en sûreté dans son château.

Le viol de dame Hersent marque la fin de la deuxième partie de *Reinhart Fuchs.* Au moment de la conclusion du pacte entre Reinhart et Isengrin, le poète avait prédit que cette association allait porter malheur au loup, et c'est plein de désespoir et d'amertume qu'Isengrin, accablé de honte et de douleur, voit se réaliser cette prophétie :

v. 1224 « owê, daz er ie unser gevater wart !
ichn mac es niemer werden vrô ».

(« Quel malheur, qu'il soit jamais devenu notre compère ! Jamais je ne pourrai plus être heureux. »)

Le Glîchezaere a donné un certain caractère dramatique aux malheurs du loup, comme il a donné un caractère plus sinistre, plus méchant, aux activités du goupil, tout en utilisant les branches françaises. La scène du viol est calquée sur la fin de la branche II, tandis que l'incident du serment est emprunté à la branche Va. Le Glîchezaere n'a apporté qu'un seul changement notable : dans le poème de Pierre de Saint-Cloud l'histoire du serment suit celle du viol. En faisant précéder le viol par le serment, le poète alsacien n'a pourtant fait que suivre un plan bien déterminé. Pour lui le viol devait être le point culminant de la deuxième partie de son poème, faisant partie d'une suite d'événements bien calculée : les premières avances de Reinhart, repoussées par Hersent, ensuite l'adultère, finalement le viol. Ce dernier incident va constituer de plus un élément de première importance dans le développement de la dernière partie du poème. A ces motifs s'ajoute la commodité avec laquelle l'histoire du serment manqué se combine avec celle du viol, pour expliquer ce changement dans l'ordre. Dans le *Roman de Renart* la cérémonie du serment se termine par une poursuite épique. Mais dans *Reinhart Fuchs* la parodie des épopées chevaleresques joue un rôle bien plus faible que dans le poème français. Le Glîchezaere a une tout autre conception de l'épopée de Renart. Ce sont donc les premiers intéressés, Isengrin et sa femme, qui se lancent devant tous les autres sur les traces de Reinhart, et c'est de cette chasse précipitée que découle l'acte culminant dans l'histoire de leurs malheurs.

On ne peut qu'admirer la perspicacité et l'art avec lesquels le Glîchezaere a organisé dans un ensemble uni tant d'histoires diverses. Büttner a pensé cependant qu'il n'a pas évité certaines contradictions dans la dernière partie, l'histoire du serment. Il est vrai qu'Isengrin se plaint au lynx des blessures physiques que Reinhart lui a infligées, et surtout de la perte de sa queue, tandis que le crime le plus grave est certainement la cour faite à Hersent. Or, Isengrin ne savait rien des avances que le goupil avait faites à sa femme au début de leur association. Quant à l'adultère, Isengrin n'avait voulu rien croire des assertions de Künin, et par la suite il avait accepté les assurances de sa femme, au point même de renouer avec Reinhart des rapports très cordiaux. La guerre aurait dû donc, raisonne Büttner, jaillir uniquement des mauvais tours joués par Reinhart à son compère, sans aucune allusion aux amours coupables du goupil avec la louve. Büttner est de l'avis que le Glîchezaere a commis cette erreur en suivant de trop près son modèle français, où Isengrin base sa plainte sur la question du viol. On peut cependant répondre que le procédé du Glîchezaere est tout à fait logique, et même basé sur des raisonnements psychologiques solides. Il est vrai qu'Isengrin avait accepté les protestations d'innocence de sa femme. Mais le soupçon s'est implanté dans son esprit, le doute et la jalousie le travaillent. Et quand toute la méchanceté de

Reinhart, toute sa perfidie, lui sont devenues apparentes, il n'est guère étonnant que le doute sur l'honnêteté de sa femme commence à tenailler Isengrin. C'est donc pour en avoir le coeur net qu'il exige que le goupil jure de son innocence. On doit même admettre que l'histoire du serment a plus de vraisemblance et de logique dans *Reinhart Fuchs* que dans le poème de Pierre de Saint-Cloud. Dans le poème français ce sont les louveteaux, témoins dignes de confiance, qui dénoncent l'adultère de leur mère, et Isengrin lui-même doit assister au viol de sa femme, tandis que dans le poème allemand les soupçons reposent entièrement sur les assertions d'autrui.

On pourrait s'étonner que le Glîchezaere ait laissé de côté dans le récit du serment toute la scène, si justement célèbre pour son pittoresque et son comique satirique, de la plainte d'Isengrin à la cour de Noble et des délibérations des nobles. Cette scène est reproduite dans plusieurs branches françaises, notamment dans le *Plaid*. Mais le Glîchezaere évite systématiquement les répétitions, et dans son plan nettement conçu l'histoire du *Plaid* va fournir le cadre et la base de toute la dernière division de son poème. Par conséquent, pour remplacer la première intervention du pouvoir royal dans la guerre de Reinhart et d'Isengrin, il a inventé la mission de conciliation du lynx, qui est tout qualifié pour arbitrer cette querelle de famille. Mais il y a peut-être une explication plus profonde de ce changement. En parlant de la branche II-Va j'ai cité l'ouvrage de Jean Graven, *Le Procès criminel du Roman de Renart*, qui nous démontre que Pierre de Saint-Cloud avait rigoureusement respecté les usages du droit criminel français du Moyen Age. Or il faut croire que notre poète alsacien a suivi un procédé similaire, en incorporant dans *Reinhart Fuchs* des éléments du droit allemand médiéval, du « Fehderecht ». D'après une étude d'Erich Klibansky [1], l'intervention du lynx, parent au même degré des deux parties, est tout à fait conforme aux termes du « Fehderecht », qui prévoyait une telle intervention dans des disputes de cette

[1] *Gerichtsszene und Prozessform in erzählenden deutschen Dichtungen des 12-14 Jahrhunderts*, Berlin, 1925.

nature. Le « Fehderecht » préconisait en outre le serment de réconciliation dans l'arbitrage de crimes de plusieurs sortes. Que l'idée du serment soit inspirée par le « Fehderecht » ou par la branche Va, n'a peut-être pas une grande importance, car une telle institution a bien pu exister à l'époque dans les deux systèmes de droit, français et allemand. Ce qui est plus significatif, c'est l'intervention du parent, ici le lynx.

L'influence du « Fehderecht » se fera sentir encore plus dans la dernière partie du *Reinhart Fuchs.* Elle suscite ici une autre observation. D'après Klibansky, le « Fehderecht » fut codifié en 1186, et il n'existe pas de témoignages avant cette date. Nous avons donc une autre raison de penser que la date de composition de *Reinhart Fuchs* est bien postérieure à celle de 1180 proposée par Reissenberger.

Suivant l'exemple de Pierre de Saint-Cloud, le Glîchezaere a raconté au début de *Reihart Fuchs* des contes d'animaux comiques, tandis que dans la deuxième partie la parodie de la société humaine devient de plus en plus apparente, comme dans le *Roman de Renart.* Et comme dans le poème français, la parodie va de pair avec la satire. Dans la deuxième partie de *Reinhart Fuchs* la satire, pour être discrète, n'en est pas moins évidente. Dans l'histoire de la pêche à la queue le poète alsacien se permet des plaisanteries aux dépens du prieur et de ses moines, mais d'y voir « une attaque violente contre le clergé », selon le jugement d'Ingeborg Schröbler [1], et de traiter de « blasphème » les remarques du prieur au sujet des mutilations subies par Isengrin, c'est vraiment attacher trop d'importance à une scène qui est surtout comique. De l'avis du même critique le Glîchezaere se serait moqué également de l'amour courtois avec sa double moralité, puisque Reinhart fait à un endroit une cour empressée à la louve, tandis que plus tard il se lance dans le puits pour rejoindre sa femme, « qu'il aimait comme son propre corps, car il ne voulait vivre sans amie. » Tout cela existait cependant dans le *Roman de Renart* ; l'histoire d'amour de Re-

[1] Cf. Georg Baesecke, *Das mittelhochdeutsche Gedicht vom Fuchs Reinhart,* p. XVIII.

nart avec Hersent en est même le point de départ, et dans la branche IV les sentiments de Renart à l'égard de sa femme se révèlent aussi nettement : « Cuida que ce fust Hermeline / Sa famme qu'aime d'amor fine » (v. 159-160).

Les malheurs d'Isengrin et de sa femme ont pourtant une signification spéciale dans la pensée du Glîchezaere. Il semble même qu'ils devaient servir de titre à l'œuvre, d'après les paroles du poète lui-même : « der hât diu buoch zesamene geleit / von Isengrines arbeit » (v. 1789–90) – « celui qui a composé ce livre des malheurs d'Isengrin. » Le plus ancien des manuscrits de *Reinhart Fuchs* donne une leçon légèrement différente et qui a peut-être une certaine signification : « er hat diu buoch gesamenot / umbe Isengrines not. » Le Glîchezaere mentionne le trésor des Nibelungen, et plus tard il se moquera de la poésie chevaleresque. Le titre « Isingrines Not » semble donc à Ingeborg Schröbler vouloir parodier l'ancienne *Nibelunge Not* allemande.

Quelle qu'ait été la portée satirique de ce titre, il ressort d'un examen attentif de la deuxième partie de *Reinhart Fuchs* que l'intention du poète n'était pas essentiellement satirique. En parlant du modèle de cette partie, la branche II-Va, j'avais insisté sur l'importance de la satire : satire de l'épopée médiévale, des institutions de l'époque et de ses personnages, y compris le roi, satire d'une noblesse rapace et immorale dans les personnages d'Isengrin et de sa femme lubrique. Dans la partie correspondante de *Reinhart Fuchs,* presque rien de tout cela. Dans le poème français les sympathies de l'auteur étaient visiblement du côté de Renart, le joyeux coquin. Dans le poème allemand c'est juste le contraire. Nos sympathies vont plutôt à Isengrin et Hersent, qui sont présentés en somme comme des gens honnêtes, victimes d'un Reinhart dénué d'honneur et de scrupules. Büttner a relevé le ton de sincérité qui imprègne la lamentation désespérée d'Isengrin devant le déshonneur que Reinhart a fait à lui et à sa femme :

Îsengrîn sprach, « deiswâr,
ver Hersant, nû sint ez siben jâr,
daz ich iuch ze mîner ê nam.

dô was manec tier lussam
unser beider künne,
sît hât wir ensamet wünne.
nû hât uns gehônet Reinhart,
owê, daz er ie unser gevater wart ! »

(Dit Isengrin : « Dame Hersent, il y a maintenant sept ans que je vous ai épousée. Plusieurs membres de nos deux familles ont mené joie ce jour-là, et depuis nous avions été heureux ensemble. Maintenant Reinhart nous a honnis. Malédiction, qu'il soit devenu un jour notre compère ! »)

Büttner a sans doute bien saisi la pensée intime du Glîchezaere dans son interprétation des paroles d'Isengrin : « Reinhart, que nous avons reçu en pleine confiance chez nous, est devenu le démolisseur de notre honneur et de notre bonheur conjugal » [1]. Remarquons qu'il n'y a nul accablement de la femme adultère. Hersent n'est pas la parodie d'Iseut, ni des nobles dames de l'époque, comme elle l'était dans le poème français. Le coupable dans tout ce scandale est Reinhart, le séducteur cynique de sa propre commère (il est malheureux que nous ne sachions pas tout sur cette histoire de séduction), et qui ne révèle pas en retour les qualités amusantes qui le rachètent dans le *Roman de Renart.* Reinhart est déjà l'incarnation du mal, de la malhonnêteté et de la perfidie, ainsi qu'il devait l'être plus tard, dans la littérature française. Le Glîchezaere est essentiellement un moraliste, et sa satire, bien plus prononcée dans la dernière partie de son poème, n'est nullement destinée à amuser, mais à enseigner une leçon morale.

La troisième et dernière partie de *Reinhart Fuchs* va apporter une conclusion retentissante à cette histoire de perfidie et de méchanceté. C'est l'histoire du *Plaid* qui servira de cadre, mais dans cette partie, qui comprend presque la moitié du poème, le Glîchezaere va agir avec beaucoup d'indépendance, combinant avec le *Plaid* l'essentiel de la branche X, *Renart Médecin,* mais ajoutant en même temps un apport personnel très important. Evitant beaucoup des inconséquences et des contradictions de

[1] *Der Reinhart Fuchs und seine französische Quelle,* p. 88.

ses modèles, il a su adapter avec un art parfait les meilleurs éléments, pour les diriger vers son but moral, et toujours il garde le soin de rendre tout logique, cohérent, motivé.

Pour constater cette technique, cette architecture savante, on n'a qu'à prendre l'introduction de la troisième partie. Dans la branche II Pierre de Saint-Cloud avait introduit le thème de la paix générale, mais elle n'y était qu'une ruse de Renart pour tromper la mésange. Dans *Reinhart Fuchs* la paix générale devient une réalité : à l'époque où Reinhart commettait ses crimes contre les autres bêtes, nous apprend le poète, la paix générale avait été proclamée par le lion Vrevel, roi des bêtes. On comprend donc tout de suite que le cas de Reinhart est d'autant plus grave : il a enfreint une ordonnance royale, qui prévoyait que celui qui rompait cette paix générale serait traduit en justice :

Diz geschach in eime lantvride,
den hât geboten bî der wide
ein lewe, der was Vrevel genant,
gewaltec über das lant,
keime tier enmoht sîn kraft gefromen
ezn müeste für in ze gerihte komen :
sie leisten elliu sîn gebôt,
er was ir hêrre, âne got.

(Cela se passa pendant une paix générale qui avait été proclamée par un lion nommé Vrevel, qui gouvernait le pays. Toutes les bêtes, quelque fortes qu'elles fussent, lui étaient justiciables. Elles obéissaient toutes à son commandement : il était leur seigneur, après Dieu.)

Mais la proclamation de la paix générale est accompagnée d'une convocation de toutes les bêtes à la cour pour entendre les plaids. Le Glîchezaere est le premier, même le seul, de tous ceux qui ont écrit une version du *Plaid*, à motiver cette décision du lion. Le fait est que le lion a été pris de remords : il est malade, il souffre terriblement, et il croit que c'est Dieu qui le punit parce qu'il a trop longtemps négligé de tenir ses plaids. Mais la source de sa maladie est en vérité tout autre. Un jour le lion avait détruit une fourmilière, parce que les fourmis avaient refusé de reconnaître sa souverainté. Le roi des fourmis avait juré de venger son peuple. Trouvant le lion endormi sous un tilleul, il avait pensé le tuer, mais y avait renoncé en songeant qu'il ne pourrait pas emporter le corps ! Finalement il a sauté dans l'oreille du lion, d'où il est monté directement s'installer dans le cerveau, causant ainsi les souffrances atroces de Vrevel. Mais – fait très important – Reinhart avait été témoin de toute la scène.

A cette conjoncture on peut vraiment parler de satire, satire de la poésie et des héros épiques, ridiculisés dans cette histoire du roi des fourmis qui venge son peuple sur le puissant lion. A vrai dire une satire assez lourde parfois, comme dans l'idée de la fourmi qui médite sérieusement de tuer Vrevel, mais qui en décide autrement parce qu'elle ne pourra pas l'emporter.

Presque tout dans le début de la troisième partie est nouveau. Certes la maladie du roi avait inspiré des trouvères français, mais l'invention de la vengeance des fourmis appartient entièrement au Glîchezaere. On pourrait prétendre qu'il n'a fait que suivre son modèle français en introduisant le thème de la paix générale. Il est cependant juste de remarquer que la paix générale passe presque inaperçue dans la branche I, dans le discours de Brun qui défend la cause d'Isengrin, pour être rappelée avec plus de force un peu plus tard par Noble :

« D'autre part est la pes juree
Dont la terre est aseüree :
v. 265 Qui l'enfrendra, s'il est tenuz,
Molt mal li sera avenuz ».

Mais l'origine de la paix générale ne se trouve pas expliquée dans la branche I ; pour la trouver il faut remonter à la première branche de Renart, au poème de Pierre de Saint-Cloud, où Renart dit à la mésange que Noble vient de proclamer la paix universelle. Dans la branche I la paix générale sert d'ailleurs simplement à interdire à Isengrin de régler lui-même ses comptes avec Renart. Dans *Reinhart Fuchs* par contre la paix générale, le « lantvride », est mise très en évidence, la raison de sa proclamation également. En outre, elle joue un rôle important : en jouant ses mauvais tours à Isengrin et à sa famille, Reinhart s'est rendu coupable d'un crime contre l'autorité royale et risque par conséquent de se faire pendre. On se rappelle qu'en étudiant la branche I on avait fait à Noble le reproche d'avoir condamné Renart trop hâtivement et sans respecter les formes de la justice. Le Glîchezaere ne tombe pas dans cette erreur : dans son poème les bases juridiques du plaid contre Reinhart sont clairement établies dès le début.

Erich Klibansky a attaché un intérêt tout spécial au thème du « landvride ». Selon lui, l'institution existait, d'après les sources latines, depuis le début du XIIème siècle, mais son introduction dans *Reinhart Fuchs* serait la première attestation que l'on en possède en allemand. Il a voulu en outre relier l'emploi du thème dans *Reinhart Fuchs* a la généralisation de l'usage en Allemagne à cette époque. On est obligé pourtant de croire plutôt que le Glîchezaere en a eu l'idée en lisant le *Renart* français, quoiqu'il l'ait peut-être interprété par la suite selon la pratique répandue dans les pays allemands, où le « Landfriede » a eu une existence très réelle et un sens très précis. Certainement nous aurons par la suite d'abondantes preuves de la familiarité du Glîchezaere avec les formes et les usages de la justice allemande à l'époque.

Nous avons vu dans quelles circonstances Vrevel avait ordonné la paix générale et convoqué tous ses sujets. Pour la première fois dans une version du *Plaid* la cour plénière n'a pas lieu au moment d'une des grandes fêtes traditionnelles, la Pentecôte ou l'Ascension. Elle est simplement fixée à six semaines après la convocation. Or, d'après Klibansky, le délai de six semaines pour la convocation d'une cour de justice était un élément essentiel du droit féodal allemand. Il faut dire que Klibansky a pris comme point de départ la thèse de Voretzsch, c'est-à-dire que *Reinart Fuchs* avait été inspiré d'un prototype français du *Roman de Renart* qui a disparu. Par conséquent il cherche parfois assez loin des sources qui sont indubitablement à côté, dans les branches françaises qui nous ont été conservées. Par exemple il trouve jusque dans la description du trône où s'assied Vrevel le jour des plaids une influence allemande : ce trône, « qui était grand et beau et avait coûté plus de mille marcs, » se conformerait à la règle que plus le juge était d'un grade élevé, et plus son siège était riche. Mais ne peut-on pas penser que le Glîchezaere a voulu tout simplement traduire l'idée contenue dans la branche Va : « Li rois sist sor un faudestuet / Si riche conme a roi estuet » ? On peut le croire d'autant plus aisément que l'image de la cour plénière semble avoir exercé une forte influence sur le poète alsacien. Il est vrai que les premiers conteurs français ne se sont pas beaucoup étendus sur la description de l'assemblée, qui a pourtant inspiré des passages considérables à l'auteur du *Couronnement de Renart* et à Jacquemart Gielée par exemple. L'auteur de la branche I n'en dit presque rien, et Pierre de Saint-Cloud ne parle de l'assemblée que d'une façon très générale :

v. 301 La cors estoit granz et plenere.
Bestes i ot de grant manere,
Feibles et fors, de totes guises,
Qui totes sont au roi susmises. (Br. Va)

Contrairement à son habitude, le Glîchezaere se laisse aller sur ce chapitre à une amplification très importante, entreprenant de nommer toutes les bêtes qui répondent à la convocation du roi, et si nous rencontrons beaucoup de vieilles connaissances, il se trouve dans la liste du Glîchezaere beaucoup de figures nouvelles.

Bien entendu, Reinhart ne paraît pas à la cour. Le lion ordonne que tout le monde se taise, et Isengrin lui demande et obtient de lui un avocat, Brun l'ours. Brun accepte, mais avec une réserve : Isengrin demande comme son droit et comme faveur du roi, que si l'ours ne défend pas bien sa cause, il puisse le répudier. Tout cela manque dans le *Roman de Renart,* et pour cause, puisque, démontre Klibansky, ce sont là des éléments du droit allemand. Etant choisi comme avocat dans la dispute, Brun était obligé d'accepter, mais, toujours en accord avec la justice de l'époque, Isengrin avait le droit du « Wandel, » de changer d'avocat [1].

C'est Brun qui expose donc la plainte d'Isengrin, ce qui ne nous étonne point, puisque dans les branches françaises l'ours est le partisan et l'avocat déclaré du loup dans sa dispute avec Renart. Il fait état d'abord du mal qu'a subi Isengrin avec la perte de sa queue, ensuite du déshonneur que Reinhart a infligé aux deux époux en violant dame Hersent. De plus, dit-il, tout cela s'est passé pendant la paix que le lion avait proclamée sous peine de la hart. Krimel entreprend la défense de son cousin. Comment Reinhart, demande-t-il, aurait-il pu violer la louve, qui est bien plus grande et plus forte que lui ? (C'est ce même argument qu'emploie l'auteur de la branche franco-italienne.) Puis, reprenant l'argument du roi Noble dans la branche I, Krimel soulève l'hypothèse d'une simple liaison d'amour :

v. 1390 « Wie mohte si mîn neve genôtzogen ?
ver Hersant, diu ist groezer dan er sî.
hât aber er ir gelegen bî
durch minne, daz ist wunders niht,
wan solher dinge vil geschiht ».

(« Comment mon cousin pourrait-il la violer ? Dame Hersent est plus grande que lui. Mais s'il a couché avec elle par amour, cela n'a rien d'étonnant, car ces choses-là arrivent souvent ».)

Isengrin a grand tort, dit Krimel, d'étaler sa honte de la sorte devant toute la cour, déshonorant ainsi sa femme et ses fils. Il propose enfin qu'on évalue le dommage qu'Isengrin a réellement reçu, et offre de payer lui-même pour Reinhart. Isengrin proteste contre cette proposition et insiste non pas sur les dommages, mais sur le déshonneur qu'il a subi. Le lion demande au cerf Randolt, sur son serment, de décider ce point de droit. Le

[1] Cf. Klibansky, *Gerichtsszene und Prozessform* ; « Wandel » im Gerichtsverfahren, die Möglichkeit der Wiedergutmachung eines Versehens von Seiten des Fürsprechen durch den Klienten selbst oder einen andern, ohne dass dem Klienten daraus ein Schaden ersteht. »

sens de la justice, la grande impartialité dont faisait preuve Brichemer dans la branche Va, ne sont plus de mise : Randolt soutient la cause d'Isengrin et recommande un châtiment exemplaire de Reinhart : que le lion l'assiège, et s'il le prend, qu'il le fasse pendre le plus vite possible. Le roi demande l'avis de toute la cour. Tous disent « oui », car ils veulent la perte de Reinhart.

Tous, sauf un personnage très en vue à la cour, le chameau de Toscane, qui était « vertueux et plein de sagesse, et blanchi par l'âge ». Pour éviter une confusion possible plus tard, il convient de signaler tout de suite que dans le texte allemand ce personnage, « ein olbente von Tuschalân », est féminin. Le chameau s'adresse au roi pour dénoncer le jugement inique qui vient d'être rendu. Sur son serment, il donne son avis : si quelqu'un est accusé pendant son absence, il faudrait l'en avertir et le citer jusqu'à trois fois. S'il n'obtempère pas à cette citation, son refus doit lui coûter la vie.

L'intervention du chameau provoque un renversement complet de la situation : du coup tous les animaux, grands et petits, sont de son avis. Il n'y a nul doute que l'original de ce personnage fut messire le chameau de Lombardie, dont le discours docte et peu intelligible avait provoqué l'hilarité des barons dans la branche Va. Mais le Glîchezaere a bien modifié son rôle. Au lieu d'être un objet de parodie et d'amusement, le chameau fait le procès psychologique de cette foule de courtisans prêts à suivre tous les avis et à faire des volte-face le plus allégrement du monde. La parodie de la société se révèle dans *Reinhart Fuchs* moins une caricature qu'un portrait fidèle et sévère. On est obligé finalement de croire que le Glîchezaere avait été juriste, car à chaque instant on retrouve des éléments du droit allemand, tels la triple citation d'un accusé, qui s'exposait à la peine de mort s'il n'y obtempérait pas. A deux reprises déjà une autre formule juridique a apparu : le cerf et le chameau expriment leur avis « sur le serment ». Cette particularité se renouvellera plusieurs fois, car, nous explique Klibansky encore, toute décision devait régulièrement être exprimée sur la foi du serment.

L'intervention du chameau nous ramène à la branche Va : immédiatement après nous retournons à la branche I, pour la suivre assez fidèlement pendant quelque temps. La cause de Reinhart semble donc en assez bonne voie, quand soudain surgit devant le lion Schanteclêr, accompagné de dame Pinte, et portant sur une civière le cadavre d'une de leurs filles, tuée le jour même par Reinhart – « die hâte an dem selben tage / erbizzen der rote Reinhart » (v. 1462-3). Cet incident illustre bien la façon dont le Glîchezaere a incorporé dans l'histoire française des éléments et des coutumes allemands qui lui étaient familiers. A première vue le fait que la fille de Schanteclêr avait été tuée le jour même paraît un détail sans signification. Il a au contraire une importance capitale dans le déroulement du plaid, car le droit allemand stipulait que dans un cas de meurtre, la présentation du corps de la victime le jour même dispensait de la nécessité de fournir d'autres témoignages ou des serments, mais l'enterrement ne pouvait avoir lieu avant le jugement. A côté de cette addition, très significative sans doute pour le lecteur allemand, le Glîchezaere a reproduit le spectacle de la colère du lion, inspirée par ce nouveau crime de Reinhart et qui impressionne fortement le lièvre :

> v. 1481 Der hase gesach des Küneges zorn.
> dô wând der zage sîn verlorn
> (daz ist noch der hasen site.)

> (Le lièvre vit la colère du roi. Alors le couard se croyait perdu — c'est encore la coutume des lièvres.)

La peur lui donne la fièvre, précisément comme dans le poème français. Dans sa colère le roi jure de mettre Reinhart à mort s'il ne quitte pas le pays. Il ordonne à Brun, son chapelain, de chanter l'office, et l'on enterre la malheureuse fille de Schanteclêr. Le lièvre s'endort sur la tombe et est guéri subitement de sa fièvre, ce qui fait crier au miracle et aggrave la cause du goupil qui avait tué une si sainte personne.

Dans toute la scène à la cour du roi, le Glîchezaere n'a fait en somme que suivre les deux branches Va et I. Suivent les ambassades de Brun et de Dieprecht, qui n'apportent rien d'original. Il est vrai que Brun préférerait refuser cette mission, tandis que dans la branche I il l'avait acceptée avec empressement. Mais il ne faut pas oublier que dans la branche Va Brun s'était plaint de Renart, qui avait failli le faire tuer. Par conséquent il était l'ennemi juré du goupil, et cette tradition commandait encore son attitude dans le *Plaid.* Le Glîchezaere cependant ne se fie point aux traditions ni aux thèmes traditionnels. Il explique tout lui-même – on peut en effet penser que ses lecteurs allemands ne connaissaient point les branches françaises – et puisqu'il n'a pas parlé jusqu'ici d'un incident entre Reinhart et l'ours, il motive la conduite de Brun, non pas d'après l'animosité, mais d'après la simple méfiance devant le rusé goupil.

Comme dans la branche I nous suivons Brun à travers la forêt, et nous trouvons Reinhart prenant ses aises devant un château :

vor sînem loche er in dô vant,
daz loch in einem steine was,
dâ er vor sînen vînden genas.
der burc sprichet man noch
sô man sie nennet, Übelloch.

(Il le trouva devant sa caverne, qui était dans un rocher, où il était à l'abri de ses ennemis. On appelle encore ce château Maupertuis.)

Non seulement le château de Reinhart correspond bien à l'idée qu'en donnent diverses branches françaises, son nom est la traduction littérale de « Maupertuis ». Le reste de l'épisode est bien familier maintenant : Brun accepte l'invitation à un repas de miel, il est pris dans la bûche, et s'en retire avec beaucoup de mal. Comme presque tous ceux qui ont raconté la même histoire, le Glîchezaere termine avec une plaisanterie de Reinhart à propos de la tête ensanglantée de Brun :

er sprach, « guot hêrre, her kapelân,
war habt ir iuwern huot getân ?
hât irn gesetzet umbe wîn ?

owê, daz laster waere mîn,
daz ir seitet ze hove maere,
daz ich boeser wirt waere ».

(Il dit : « Mon bon seigneur, sire chapelain, qu'avez-vous fait de votre chaperon ? L'avez-vous laissé pour payer l'écot ? Hélas, j'aurais toute la honte si vous disiez à la cour que j'ai été mauvais hôte ».)

Ce traitement infligé à son ambassadeur met le lion de nouveau en colère. Le castor est de l'avis qu'on devrait condamner Reinhart à perdre sa vie et ses biens. L'éléphant s'élève contre ce jugement ; puisqu'on était auparavant arrivé à un jugement, personne n'a le droit d'y rien changer. Il faut donc citer Reinhart trois fois, conclut-il. On observe avec quel soin le Glîchezaere maintient le conflit dans la voie de la légalité. Il met dans la bouche du castor la formule même du serment qu'on devait prononcer avant d'exprimer un avis ou donner un témoignage :

v. 1625 « so sprich ich bî dem eide,
nieman ze liebe noch ze leide,
und bî der triuwe mîn ».

(« Je parle donc sur le serment, sans être influencé par l'amour ou la haine de personne, et sur ma foi ».)

Dieprecht est désigné par le lion pour aller chercher Reinhart. Il fait appel au « Landrecht » pour se faire excuser de cette tâche, car, dit-il, Reinhart est son parent. Excuse valable en vérité, mais qui est rejetée par le cerf qui dit que personne n'a d'illusions sur leur amitié. Dieprecht apporte donc le message du roi à Reinhart, qui l'amène chez le prêtre sous prétexte de le régaler de souris. L'épisode se déroule plus simplement que dans la branche I, et plus sèchement. Dans l'obscurité le saint homme coupe le lacet en deux et Dieprecht se sauve sans infliger au prêtre la mutilation si douloureuse du poème français. Le Glîchezaere a pourtant ridiculisé à son tour ce prêtre qui vit avec sa concubine. Furieuse de voir échapper le chat, la femme saisit un bâton et commence à battre le pauvre prêtre, qui doit sa vie à l'intervention de la servante. Le Glîchezaere fait allusion à la barbe du prêtre – « geberte kapelân » – sans motif apparent. Faut-il croire que sa satire visait un certain prêtre connu, porteur de barbe ? On ne peut rien affirmer, puisque le récit est autrement une copie fidèle du français.

Quand Dieprecht revient à la cour, le lacet encore autour du cou, la rage du lion est à son comble. Il demande l'avis de tous ses nobles. Le sanglier propose que le goupil soit mis à mort et que ses biens soient saisis. Krimel insiste pour qu'on fasse mander Reinhart encore une fois, et il est délégué lui-même par le roi. Il est bien reçu par Reinhart, à qui il conseille de quitter le pays, car il sera condamné à l'unanimité s'il se présente devant le tribunal. Mais – innovation surprenante – Reinhart n'est pas du tout de cet avis. Après le dîner il prend son plus bel habit de cour, sur lequel il met un manteau de pèlerin. Dans un sac de médecin il met des clous de girofle et de la cannelle et plusieurs autres épices peu connues. Enfin il s'en va, bâton à la main, pour se rendre avec son cousin à la cour. Mais en partant il fait le signe de la croix et invoque la protection de Dieu, exactement comme dans la branche I.

L'arrivée inattendue de Reinhart à la cour soulève un grand bruit. Isengrin, Brun, Schanteclêr, Diezelîn crient tous à sa mort. Mais Reinhart ne perd pas son sang-froid et proteste auprès du roi contre ce tumulte et ce manque de tenue. Le calme rétabli sur l'ordre du roi, Reinhart commence immédiatement sa défense. Il revient, prétend-il, d'un long et pénible voyage jusqu'à Salerne, où il avait été chercher un remède pour la maladie du roi. Un médecin de là-bas, « meister Bendîn », lui a donné un électuaire, dont le roi doit prendre tous les jours. La colère du roi s'apaise subitement, et il promet de suivre cette ordonnance. Reinhart poursuit son avantage, et les événements vont se précipiter à une cadence très rapide. Reinhart réclame, toujours d'après les indications, dit-il, des médecins de Salerne, la peau d'un vieux loup et celle d'un ours. Il faut encore au roi un chaperon fait d'une peau de chat, sans lequel il sera en danger de mort. Bien entendu ce sont Brun et Isengrin qui sont appelés à offrir leur peau au roi, qui leur promet en retour sa reconnaissance éternelle. Brun demande grâce, et s'étonne que le roi s'engage dans une telle voie ; celui qu'il prend pour médecin en a tué bien plus qu'il n'en a guéri. De plus c'est un criminel qui vient d'être condamné par ses pairs. Isengrin se plaint amèrement de ce traitement et montre le tronçon de sa queue pour mettre le roi en garde contre son médecin. En vain. Le lion donne un ordre à ses serviteurs, qui écorchent prestement Brun, Isengrin et Dieprecht.

Mais Reinhart ne s'arrête pas là. Il réclame encore un poulet qui doit être cuit avec du lard de sanglier. Le lion désigne dame Pinte. Schanteclêr s'y oppose; sa femme lui est plus chère que sa propre vie, qu'on le prenne, lui, à sa place. Mais la vengeance de Reinhart est terrible. Il faut que chacun de ses ennemis soit touché là où il est le plus sensible. Il refuse la prière du coq, le roi fait arrêter Pinte, et Schanteclêr désespéré quitte la cour en toute hâte. Pour accompagner la poule dans la cuisson, on découpe un morceau dans la cuisse du sanglier. Malgré toutes ses protestations, le cerf Randolt doit prêter une courroie, découpée dans sa peau depuis le nez jusqu'à la queue. Reinhart encourage savamment le monarque à estropier tous ses fidèles : heureusement pour lui, dit-il, le roi possède tout ce qu'il lui faut pour sa guérison, autrement rien ne le sauverait. Le lion est maintenant complètement sous l'emprise de ce médecin diabolique, et lui consent tout. Reinhart demande enfin la peau du castor, pour récompenser maître Bendîn. Les autres bêtes s'en vont précipitamment, et la cour se vide à vue d'œil. Seuls restent Krimel, l'éléphant et le chameau, à qui Reinhart a dit de ne pas partir.

Il est raisonnable de penser que le Glîchezaere avait pris l'idée pour cette partie de son poème dans l'histoire de *Renart Médecin.* Dans la branche X la vengeance de Renart s'exerce de la même façon : Isengrin perd sa peau, Brichemer le cerf une bonne courroie, et Tibert sauve sa peau seulement en sautant par une fenêtre. Le Glîchezaere a singulièrement allongé la liste des victimes, qui sont pourtant toutes les ennemis avérés du goupil. La vengeance de Reinhart est complète. Il fait chauffer un bain, dans lequel il met forces épices. Ensuite il coiffe le roi de la peau du chat et le fait entrer dans le bain. Il lui tâte le pouls, le prononce guéri, et le fait sortir de l'eau. Le lion se couche sur la peau de l'ours, celui qui lui avait toujours été fidèle, et on le couvre chaudement de la peau d'Isengrin. C'est maintenant que nous pouvons nous rendre compte de la construction patiente et méthodique de *Reinhart Fuchs*. On se souvient que Reinhart avait vu le roi des fourmis qui entrait dans l'oreille du lion endormi et qui était la cause de ses maux de tête. La science médicale de Reinhart est très efficace : sous l'effet de la chaleur provoquée par le bain chaud et l'enveloppement dans les peaux, la fourmi est obligée de sortir de l'oreille du lion et se perd dans la peau du chat. Reinhart examine le chaperon au soleil et attrape la fourmi, qu'il menace de tuer. La fourmi promet de mettre à sa disposition mille châteaux dans la forêt, et Reinhart la relâche. C'est toujours ainsi, observe le Glîchezaere ; celui qui a des dons à distribuer arrive plus tôt à ses buts que celui qui s'évertue à bien servir son seigneur.

Reinhart a bien réussi. Le roi n'a plus mal à la tête et remercie le goupil de l'avoir si bien guéri. Reinhart promet de faire mieux encore. Il fait apporter la poule, qu'on avait cuite avec du persil, il donne le bouillon au roi et mange dame Pinte lui-même. Il donne le lard du sanglier à son cousin Krimel. Vraiment le Glîchezaere massacre son monde animal avec une sauvagerie qui fait sentir qu'une distance énorme le sépare des premiers joyeux conteurs français de Renart et qu'on ne trouve dans les branches françaises que vers la fin de l'épopée animale.

Il ne reste enfin qu'à récompenser ceux qui ont servi la cause de Reinhart. Il demande donc au lion d'accorder une terre à l'éléphant. Le roi lui accorde volontiers sa demande et fait investir l'éléphant de la Bohême. L'éléphant est tout joyeux ; venu pauvre à la cour, il vient de recevoir une couronne de prince. Il se rend immédiatement dans sa nouvelle possession et annonce qu'il en est le nouveau seigneur. Mais mal lui en vient : on ne l'accepte pas, on le rosse rondement, et le pauvre éléphant reçoit des blessures dont il ne guérit jamais. Quant au chameau, l'autre défenseur de Reinhart, il n'est pas mieux servi. Toujours à la demande de Reinhart, le roi le nomme abbesse du couvent d'Erstein (on se rappelle que dans le texte allemand le mot « olbente » est féminin). La nouvelle abbesse saute de joie et remercie Reinhart de ce beau cadeau. Mais quand elle arrive à son abbaye, les religieuses ne veulent rien entendre ; elles se ruent sur la malheureuse, la battant jusqu'au sang, et la chassent avec leurs aiguilles dans le Rhin. C'est ainsi que Reinhart récompense ceux qui l'ont aidé. Mais, ajoute le poète, il en est encore de même dans le monde : celui qui aide un homme déloyal, ne trouvera que la déloyauté comme récompense :

Ez ist ouch noch alsô getân :
swer hilfet einem ungetriuwen man,
daz er sîn nôt überwindet,
daz er doch an im vindet
valsch ; des hân wir gnuoc gesehen
und muoz ouch dicke alsam geschehen.

(Il en est ainsi encore aujourd'hui ; quiconque aide un homme déloyal à vaincre ses difficultés, reçoit en récompense la déloyauté ; cela a souvent été vu, et doit arriver encore souvent.)

Les histoires de l'éléphant et du chameau semblent avoir trait à des événements connus de l'époque, mais on n'a pas pu les déterminer avec certitude. Anton Wallner [1] en revanche ne les tient pas pour des inventions du poète, mais croit qu'elles ont une valeur symbolique et qu'elles ont été tirées de la tradition littéraire du conte d'animaux. Il fonde cette opinion sur des passages de l'*Ysengrimus* et sur une autre histoire latine du XIème siècle, mais ses explications manquent de simplicité et de vraisemblance. Dans son édition de *Reinhart Fuchs* Ingeborg Schröbler reproduit les démonstrations de J. Meier, qui essaie de rattacher les deux épisodes à la chronique locale de l'époque. Il fait remarquer d'abord que l'abbaye de Niedermünster, non

[1] *Reinhartfragen,* dans *Zeitschrift für deutsches Alterhum,* LXIII, 1926.

loin d'Erstein, portait un chameau dans ses armoiries, puis il avance l'idée que l'histoire du chameau dans notre poème reflète une tentative de l'abbaye de Niedermünster pour imposer son autorité à celle d'Erstein. Ernest Martin [1] avait cependant proposé déjà une explication qui semble correspondre assez exactement aux faits racontés par le Glîchezaere. Ce serait en effet un incident de la longue lutte entre Frédéric Barberousse et la papauté qui entre ainsi dans *Reinhart Fuchs*. La riche abbaye d'Erstein appartenait à des princesses du parti impérial. Après la réconciliation de 1177 cependant un partisan du pape Alexandre III fut nommée abbesse d'Erstein, mais elle ne fut pas reconnue par les religieuses. Certainement l'origine italienne de la nouvelle abbesse nommée par Vrevel est indiscutable, et il ne faut pas oublier que le chameau de Toscane dans le poème de Pierre de Saint-Cloud fut également l'envoyé du pape.

Quant à l'histoire de l'éléphant qui reçoit comme fief la Bohême, la question est plus épineuse. La Bohême fut un sujet de discorde permanente et changea souvent de mains entre 1173 et 1189, date du départ à la croisade de Frédéric Barberousse, qui en fut le suzerain. Ingeborg Schröbler conclut donc qu'il est impossible de rattacher la version poétique du Glîchezaere à un incident précis, qu'il faut la considérer comme une allusion à la situation générale dans cette région éloignée de l'Alsace, sans essayer d'identifier l'éléphant avec un personnage quelconque.

Que Reinhart prenne une vengeance sanglante sur ses ennemis, n'a rien de surprenant, mais qu'il fasse du mal même à ceux qui avaient défendu sa cause, peut paraître plus surprenant. Il ressort en effet du texte que Reinhart savait d'avance ce qui attendait l'éléphant et le chameau dans leurs nouvelles possessions et qu'il l'avait bien voulu : « C'est ainsi que Reinhart les récompensa d'avoir été ses avocats », lit-on aux vers 2155-6. Ernest Martin a proposé que le Glîchezaere reflète ici l'opinion générale sur la mauvaise récompense qu'avaient reçue les partisans de l'empereur après la réconciliation entre le pape et Fré-

[1] Dans *Observations sur le Roman de Renart* et dans *Prager Deutsche Studien*, VIII, 1908, p. 274-5.

déric Barberousse. Les plaintes qu'on trouve à différents endroits du poème sur l'ingratitude des cours princières trouvent ainsi une explication satisfaisante. En même temps cette exagération dans la perversité, cette « démesure » dans le mal, conviennent au rôle que le Glîchezaere a assigné à Reinhart. Reinhart n'est pas un simple courtisan qui s'acquiert les bonne grâces de son roi pour anéantir ses ennemis et récompenser ses amis. Mais toute la pensée du poète, l'ultime leçon de son oeuvre, ne nous sont révélées que dans le dénouement, qui donne une fin retentissante à *Reinhart Fuchs.* En fait Reinhart couronne la liste de ses crimes en trahissant même le roi qu'il vient de guérir. Il lui donne une potion qui doit, prétend-il, lui rendre toutes ses forces. Mais en réalité il lui donne du poison. Sous prétexte qu'il doit chercher d'autres herbes, il s'en va de la cour, emmenant Krimel avec lui. Le roi est pris d'un malaise et fait demander son médecin. Mais quand on lui dit que Reinhart a quitté la cour, le lion comprend qu'il a été empoisonné. Il comprend son erreur, car, dit-il, celui qui se fie à un traître en récolte malheur. Il tourne sa figure vers la muraille et meurt. Dramatiquement, son crâne éclate en trois morceaux et sa langue se tortille en neuf plis. Tout le monde pleure la mort du noble roi et menace Reinhart à grands cris.

Cette dernière trahison de Reinhart peut sembler étrange et même superflue. Mais, comme Büttner l'a souligné, le Glîchezaere avait déjà sacrifié la vraisemblance pour rehausser l'impression créée par la « démesure » criminelle dans la conduite de Reinhart, et cette « démesure » atteint son point culminant dans l'empoisonnement du roi. Mais le Glîchezaere présente cet empoisonnement en même temps comme le juste châtiment que méritait le roi par sa conduite irréfléchie :

daz sol nieman klagen harte,
waz wânt er hân an Reinharte ?
Ez ist noch schade, wizzekrist,
daz manec lôser werder ist
ze hove, danne sî ein man,
der nie valsches began.

(Personne ne doit s'indigner beaucoup de cela, car que pense-t-il recevoir de Reinhart ? Encore aujourd'hui c'est un malheur, Dieu le sait, que maint impudent soit plus estimé aux cours que celui qui n'a jamais commis un acte déloyal.)

Le roi Vrevel a été puni de ses propres fautes, car on ne devait rien attendre d'autre de Reinhart et son dernier crime n'était que la conséquence logique des autres. Le roi avait commis la faute capitale de se fier à Reinhart et de se mettre complètement sous son influence, et cette faute avait exigé une expiation.

Il a fallu aller jusqu'à la fin pour saisir toute la portée du poème du Glîchezaere. Malgré une reproduction parfois presque textuelle, *Reinhart Fuchs* n'est nullement une traduction du *Roman de Renart.* On n'y trouve pas la légèreté, la bonhomie, le comique enjoué, qui imprègnent les premières branches françaises, même dans leurs parties les plus franchement satiriques. Le tableau du goupil tourne au noir, il n'a en fin de compte aucun des traits gais et amusants qui le relèvent dans les branches françaises. Reinhart trompe et trahit systématiquement tout le monde, ceux qui sont plus faibles que lui, son compère et sa commère, finalement son suzerain et ceux qui l'avaient sauvé d'une mort certaine. Dans ce poème de la fin du XIIème siècle le goupil est déjà l'incarnation du mal. Mais la réprobation du Glîchezaere n'est pas réservée à Reinhart, le fourbe, le traître, le méchant; elle s'étend à ceux qui oublient leurs devoirs et leurs responsabilités, qui écoutent les menteurs et les traîtres plutôt que leurs serviteurs fidèles, et qui finissent par attirer le désastre sur eux-mêmes et sur ceux qui les servent loyalement. Le poète ne montre aucune sympathie dans son poème pour le roi Vrevel [1]. Bien au contraire, il exprime des sentiments proprement séditieux :

Swelch hêrre des volget âne nôt,
und taeten si deme den tôt,
daz waeren guotiu maere.

[1] Il faut croire que le poète voulait attacher au nom du roi une valeur symbolique. Le nom « Vrevel » avait en effet le sens de « hardiesse » et « intrépidité », mais aussi de « violence, présomption, outrecuidance, témérité, insolence ».

v. 2185 boese lügenaere
die dringent leider allez für,
die getriuwen blîbent vor der tür.

(Si un seigneur suivait ceux-là (i. e. les Reinhart) sans raison, et s'ils le tuaient, ce serait une bonne nouvelle. Les méchants menteurs arrivent à toutes leurs fins, malheureusement, et les gens honnêtes restent devant la porte.)

Ainsi s'expliquent en partie les libertés que le Glîchezaere avait prises avec la version française du *Plaid.* En même temps on comprend l'importance de l'aspect juridique dans *Reinhart Fuchs.* Il ne s'agit plus d'une parodie, foncièrement humoristique même si elle est parfois mordante. Le devoir du roi est de faire respecter la loi du royaume et les droits de tous ses sujets. Mais grâce à cette stricte observance du droit, la fausseté et la méchanceté de Reinhart apparaissent par contraste avec une netteté effrayante. En même temps la faiblesse du roi, sa crédulité, son injustice et son ingratitude envers ses loyaux serviteurs sont d'autant plus blâmables que la culpabilité et l'insolence de Reinhart sont mises en relief. Qu'un roi puissant se laisse duper par l'hypocrisie de Reinhart, qui s'est moqué de son autorité et qui a bafoué ses messagers, est tout à fait impardonnable et mérite un châtiment exemplaire.

C'est dans la même intention, pense Büttner, que le Glîchezaere augmente le nombre des victimes de Reinhart. La loyauté et le dévouement des serviteurs du roi sont opposés à la fausseté et la déloyauté du goupil. Tous ceux qui ont osé maintenir la cause de la justice contre Reinhart doivent expier leur erreur de jugement; plus les victimes de la fausseté sont nombreuses, et plus est grand le triomphe de Reinhart. Finalement, pour mettre le comble à cette série d'infidélités et de méchancetés, même ceux qui ont défendu les droits de Reinhart sont récompensés par l'ingratitude et la méchanceté.

Nous avons reconnu un peu partout dans *Reinhart Fuchs* l'influence du *Roman de Renart* : rien ne permet de douter que le Glîchezaere avait pris comme modèles les branches II-Va, I, III, IV, X, et d'autres encore. Or L. Foulet a placé la date de composition de la branche X entre 1180 et 1190, donc la composition de *Reinhart Fuchs* est certainement postérieure à 1180, et peut-être à 1190, mais le poème allemand est incontestablement un des plus anciens consacrés à Renart le traître roux, expression que le Glîchezaere a également empruntée aux plus anciennes branches françaises – « Reinhart was übel unde rôt » (v. 2172). Des branches françaises le Glîchezaere a tiré un récit savamment bâti, cohérent, logique, plein de clarté et de vigueur. A notre surprise cependant *Reinhart Fuchs* n'est nullement une nouvelle version des joyeuses aventures de Renart. Au contraire, il laisse une impression très différente; le ton n'est plus du tout le même. On se rend compte avec une certaine surprise que *Reinhart Fuchs* n'est pas un poème comique. Les mêmes histoires qui dans le français nous faisaient rire ne sont plus tellement amusantes. Malgré une certaine parodie, *Reinhart Fuchs* n'est guère une oeuvre satirique, témoin l'histoire de Dieprecht chez le prêtre : il est évident que le Glîchezaere condamne le prêtre qui vit en concubinage, il le punit de son péché, mais il ne l'écrase pas sous le ridicule comme le fait l'auteur de la branche I. Si le Glîchezaere emploie la satire et l'ironie parfois, il ne raille pas. *Reinhart Fuchs* est essentiellement un poème grave, réfléchi, même tragique. Heinrich der Glîchezaere se révèle un homme sérieux, pondéré, avant tout un moraliste. Des histoires françaises de Renart il a retenu l'aspect moral, qu'il envisage aussi du point de vue du juriste. Il fait ressortir la culpabilité du roi en même temps que celle du goupil. Mais dans son sens le plus large *Reinhart Fuchs* aborde surtout le problème du mal, de la ruse et de la fausseté dans le monde. Bien avant Jacquemart Gielée, bien avant les prédicateurs qui ont utilisé les histoires de Renart dans leurs sermons, le Glîchezaere a fait de Renart un personnage symbolique. Il avait d'ailleurs exposé ses intentions dans le prologue : fini de rire des aventures de Renart, il faut prendre ses ruses et ses méchancetés au sérieux et en tirer une leçon morale. *Reinhart Fuchs* est une oeuvre moralisatrice qui laisse, il faut le reconnaître, une impression de tristesse, de malaise, devant les crimes sans conscience de Reinhart, devant sa capacité illimitée pour le mal, qui ne sont malheureusement égalés que par l'injustice et la sottise du roi. Rarement on n'a senti aussi fortement la nature diabolique de Renart, qui disparaît silencieusement et mystérieusement à la fin du récit après avoir semé la mort et la désolation. Chaque épisode, chaque mauvais tour accentue l'impression de sa force, car malgré ses échecs de la première partie du poème, Reinhart ne subit nulle des humiliations ni des punitions physiques qui ne lui sont pas épargnées dans les branches françaises. Il ne ressent jamais les craintes ou les doutes qui l'assaillent plus d'une fois dans le *Roman de Renart.* Il est absolument sûr de lui-même et de sa puissance, il n'a rien à craindre de personne. Et tous ses exploits, que viennent confirmer quelques réminiscences historiques, illustrent la toute-puissance du mal, de la fausseté et de la ruse, dans le monde. Même si Schanteclêr et Dieprecht semblent triompher de Reinhart dans la première partie, il sont bien ses victimes à la fin du poème. Malgré l'absence d'une moralisation excessive, comme dans *Renart le Nouvel* ou le *Couronnement de Renart,* et malgré la sobriété du ton, *Reinhart Fuchs* laisse, comme peu d'autres histoires de Renart ne le font, l'impression de la force du mal dans le monde, de la puissance de la ruse et de la méchanceté face aux faiblesses et aux sottises humaines.

La lecture de *Reinhart Fuchs* est loin d'être sans attrait. Sous une forme très condensée, avec une économie de mots remarquable et des formules frappantes, le Glîchezaere a réuni des aventures du goupil, et des meilleures, dans un récit alerte, où l'allant va de pair avec la simplicité et la clarté. Et pourtant il ne semble pas qu'on ait apporté un intérêt très vif à *Reinhart Fuchs* à son époque. Il est vrai que les copistes le reprenaient encore au XIVème siècle, quand le goût pour des ouvrages moralisateurs, même pessimistes, commençait à devenir plus marqué – c'est l'époque de *Renart le Nouvel* et de *Renart le Contrefait,* de la *Queue de Renart* et de tant d'autres oeuvres morales, – tandis qu'à la fin du XIIème siècle on riait encore de bon coeur des malheurs d'Isengrin trompé par Renart. Mais

Reinhart Fuchs ne semble pas avoir laissé de traces dans la littérature après le XIVème siècle. A partir de la fin du XIVème siècle les aventures de Renart ont connu une popularité ininterrompue en Allemagne, aboutissant au *Reineke Fuchs* célèbre de Goethe à la fin du XVIIIème siècle. Mais quoique toutes les versions allemandes remontent en fin de compte au vieux *Renart* français, leur source immédiate a été, comme nous le verrons au chapitre suivant, non pas le *Reinhart Fuchs* du Glîchezaere, mais bien le *Reinaert de Vos* flamand du XIIIème siècle.

CHAPITRE XIV

LE ROMAN DE RENART AUX PAYS-BAS

Le poème flamand *Van den Vos Reinaerde* et sa suite *Reinaerts Historie* ; leur importance dans la littérature des Pays-Bas et de l'Allemagne au Moyen Age, leur influence littéraire jusqu'aujourd'hui.

Quelques années peut-être après la création de *Reinhart Fuchs,* apparut dans le Nord de l'Europe un nouveau poème de Renart, composé selon la méthode qu'avait suivie le Glîchezaere, mais qui était destiné à une fortune bien plus prestigieuse. Au XIIIème siècle, peut-être dans la première partie, un poète flamand entreprit d'écrire en flamand une version de la branche du *Plaid,* à laquelle il a ajouté une partie tout à fait originale mais où se mêlent de nombreux souvenirs d'autres branches françaises. Cette histoire, *Van den Vos Reinaerde,* plus couramment appelée *Reinaert de Vos,* devait non seulement devenir le chef-d'œuvre de la littérature flamande du Moyen Age, mais elle était appelée à connaître un essor remarquable dans la littérature européenne. Au cours des siècles depuis sa création, *Reinaert de Vos* a été en effet repris, remanié, traduit en plusieurs langues. C'est grâce à *Reinaert de Vos* que les plus belles aventures de Renart sont restées vivantes jusqu'à présent, et par un retour des plus extraordinaires c'est une version de *Reinaert de Vos* traduite en français qui est souvent présentée aujourd'hui comme le vieux roman français de Renart !

Une œuvre de cette importance dans la littérature nationale a forcément inspiré de très nombreuses études de la part des critiques flamands et néerlandais, et elle n'a pas manqué de susciter de nombreuses controverses, qui sont d'ailleurs loin d'être terminées. Ce n'est pas seulement l'importance de *Reinaert de Vos* dans la littérature flamande et néerlandaise qui doit nous intéresser ici ; c'est aussi, et dans une plus grande mesure, la place qu'il occupe dans la littérature consacrée à Renart, ses liens avec le *Roman de Renart* et les autres versions de Renart, et son rôle dans la propagation des histoires et des idées dont Renart était le centre et l'inspiration. Par conséquent je me limiterai à dégager des ouvrages des spécialistes flamands et néerlandais l'esssentiel des éléments qui nous intéressent, et je m'appliquerai surtout à l'analyse du poème lui-même, ensuite à l'étude des motifs et des idées par lesquels *Reinaert de Vos* s'insère dans le grand courant de la littérature inspirée par Renart.

En abordant l'étude du *Reinaert* flamand, il faut signaler tout d'abord qu'il en existe deux versions anciennes, pour faire ensuite la distinction entre les deux. La version la plus ancienne, et la plus intéressante, celle intitulée *Reinaert de Vos* ou *Van den Vos Reinaerde,* date du XIIIème siècle. L'autre version est composée d'abord de l'histoire de *Reinaert de Vos* légèrement remaniée, ensuite d'une partie entièrement nouvelle mais qui est en bonne mesure inspirée également des branches françaises. C'est cette version, appelée *Reinaerts Historie* et qui date du milieu du XIVème siècle, qui a été reproduite et traduite sans cesse aux siècles suivants. Il est devenu habituel d'appeler ces deux versions par simplification *Reinaert I* et *Reinaert II,* usage que je conserverai.

Reinaert I, ou *Reinaert de Vos,* la première transcription en flamand des aventures de Renart, a suscité et continue de susciter plusieurs discussions, souvent assez violentes, car si l'on a pu en reconstituer à peu près le texte, on n'a pas pu résoudre les questions de la date de composition et de l'auteur. Les difficultés proviennent largement du fait qu'il n'existe que deux manuscrits qui présentent une version à peu près complète du poème, et entre les deux manuscrits il y a plusieurs divergences.

Le premier, A, dit de Combourg, est écrit dans le dialecte de la Flandre Occidentale. Selon certains sa date de composition serait entre 1330 et 1340, selon d'autres vers 1400. L'autre manuscrit, F, dit de Dyck, appartient à la premiére moitié du XIVème siècle, probablement aux environs de 1340. Quelques fragments existent dans les manuscrits E et G, dits de Darmstadt et de Rotterdam. E et F sont écrits dans le dialecte flamand du Brabant Oriental, G dans celui du Bas-Rhin [1]. Le manuscrit A est manifestement plein d'erreurs : « Il est l'œuvre d'un copiste qui à tous moments ne comprend plus le flamand de la première moitié du XIIIème siècle, qui s'embrouille dans les signes abbréviatifs des mots vieillis de son temps » [2]. Si le manuscrit F par contre offre une meilleure version du texte, il ne suffit pas à résoudre toutes les difficultés.

Il existe en effet des différences assez importantes entre les deux versions que présentent les manuscrits A et F, et une de ces différences, contenue dans les 8 premiers vers du prologue, a occasionné, lors de la découverte du manuscrit F en 1908, une révision profonde des théories sur les origines de *Reinaert I*. Jusqu'à ce moment-là on avait cru que l'auteur de *Reinaert de Vos* était le Willem qui est nommé au premier vers du poème, où il se dit être l'auteur d'un autre poème *Madoc*, dont nous ne connaissons rien. Ce nom de Willem revient d'ailleurs dans les derniers vers sous forme d'acrostiche. Mais le début du prologue dans le manuscrit A est manifestement défectueux, et il avait déjà donné lieu à des interprétations et des conjectures des plus diverses, qu'une comparaison avec la version de *Reinaert II* n'avait pas conciliées. Certains critiques, et notamment Léonard Willems, avaient déjà soupçonné que *Reinaert I* est l'œuvre de deux poètes, et non seulement de

[1] L'état des manuscrits est décrit par J. W. Muller, éd., *Van den Vos Reinaerde*, Leyde, 1944, I, Introduction et Notes, p. 59-60, dont je reproduis les conclusions. W. Gs. Hellinga les a signalés dans son édition, *Van den Vos Reynaerde*, I, *Textes*, Zwolle, 1952, Introduction, mais ses conclusions et observations paraîtront ultérieurement dans les deux autres tomes prévus de son ouvrage.

[2] Léonard Willems, *La Découverte d'un nouveau manuscrit du Reinaert*, Gand, 1908, p. 5.

Willem. Or *Reinaert I* est composé en vérité de deux parties assez distinctes, la première se conformant dans ses grandes lignes totalement à la branche I, le *Plaid,* tandis que la seconde est une oeuvre originale, malgré de nombreux emprunts à d'autres branches françaises. Le prologue de F semblait appuyer la thèse selon laquelle il y aurait eu deux auteurs :

> Willem, die Madocke makede,
> Daer hi dicke omme wakede,
> Hem vernoide soo haerde
> Dat die avonture van Reinaerde
> In dietsche was onvulmaket bleven
> (Die Aernout niet en hadde vulscreven),
> Dat hi die vite dede souken
> Ende hise na den walschen bouken
> In dietsche dus hevet begonnen.
> God moete hem siere hulpen jonnen [1].

(Willem, l'auteur de *Madoc,* qui lui occasionna beaucoup de travail, regrettait tellement que l'aventure de Reinaert fût restée inachevée en thiois (Aernout ne l'avait pas terminée), qu'il fit chercher la *Vie* et l'a commencée ainsi en thiois, d'après les livres français. Que Dieu lui accorde son aide !)

Ce nom d'Aernout, rencontré pour la première fois, fut la grande surprise du manuscrit F, et il a suscité une longue controverse. J. W. Muller et Léonard Willems le considéraient comme la preuve que *Reinaert I* avait été commencé par Aernout et terminé par Willem. D'autres ont plaidé l'homogénéité du poème tout entier pour réfuter cette théorie. J. van Mierlo proposait que ce nom d'Aernout n'est qu'une déformation de copiste du nom « Perrot », et que Willem prétendait dans son prologue tout simplement terminer l'histoire de Renart que Pierre de Saint-Cloud, le Perrot du premier vers de la branche I, avait laissé inachevée. En d'autres termes Willem n'aurait repris que les premiers vers de la branche I, où l'auteur du *Plaid* dit que Pierre de Saint-Cloud « lessa le meus de sa matere ».

[1] Je tire mes citations de l'édition de J. W. Muller, Leyde, 1944.

Cette explication ne manque pas de vraisemblance, mais il n'existe pas de manuscrit qui donne le nom « Perrot » à la place d'Aernout : Muller avait étayé son hypothése par une étude approfondie du texte, dont il avait conclu que *Reinaert I* se divise en deux parties. La première, comprenant les vers 41-c. 1900, correspond à l'histoire du *Plaid* et a dû être à l'origine l'œuvre d'Aernout, tandis que l'autre partie, composée du prologue (v. 1-40), et les vers c. 1901–3500, est l'œuvre de Willem. Il croyait distinguer des différences de ton, de style et de langage entre les deux parties, tandis qu'il expliquait l'unité et l'homogénéité indiscutables de l'œuvre par le fait que Willem a dû non seulement achever l'œuvre d'Aernout, mais qu'il l'avait d'abord reprise et refaite à sa propre manière, l'intégrant ainsi dans un ensemble qui porte l'empreinte d'un seul poète [1].

Cette conclusion, à laquelle Muller n'avait abouti qu'à la suite de longues réflexions et hésitations, est loin de recevoir l'approbation générale. J. van Mierlo, après d'autres, a réfuté en détail les arguments de Muller et a déclaré catégoriquement qu'il n'y a eu qu'un seul auteur de *Reinaert I,* et que cet auteur était le Willem du prologue [2]. Hellinga [3] est également de cette opinion, mais la discussion continue à passionner les érudits belges et néerlandais, comme témoigne un article récent de W.A.F. Janssen [4]. La question n'a cependant de l'intérêt pour nous que dans la mesure que le personnage de l'auteur ou des auteurs a joué un rôle dans la création du poème. Tout le monde est à peu près d'accord pour reconnaître que *Reinaert I,*

[1] Cf. *Reinaert de Vos,* Introduction et Notes, p. 16-20.

[2] Dans *De Letterkunde van de Middeleeuwen,* 2ème éd., qui forme le tome I de *Geschiedenis van de Letterkunde der Nederlanden,* s'Hertogenbosch-Bruxelles. Cf. aussi : Maurice Delbouille, *La Composition du Reinaert I, Willem et le Roman de Renart français,* extrait de *La Revue Belge de Philologie et d'Histoire,* VIII, 1929 ; aussi de Van Mierlo, *De definitieve oplossing in zake den Reinaert-proloog,* dans *Verslagen en Mededeelingen der Vlaamsche Academie,* Gand, 1942, p. 563-95, et *De Proloog van de Reinaert,* Zwolle, 1953.

[3] Dans *Naamgevingsproblemen in de Reynaert,* Louvain-Bruxelles, 1952, Bijlage I, p. 17. Helling a l'intention de développer ses conclusions plus longuement dans les autres tomes de son édition de *Van den Vos Reynaerde.*

[4] *De Proloog van Vanden Vos Reinaerde,* dans *Leuvense Bijdragen* 1952, 1-2, p. 76-84 et 3-4, p. 93-112, et *De Reinaert-kwestie op de helling, ibid.,* 1954, 1-2, p 26-46.

dans la forme sous laquelle il nous est arrivé, a été rédigé en entier par Willem, mais le rôle et la contribution d'Aernout sont aussi discutés que son existence même. Il est malheureusement impossible de rattacher l'un ou l'autre des deux noms à des personnages connus. Nous ne savons rien d'Aernout, ni de Willem sauf ce qu'il dit de lui-même dans son poème. Celui-ci avait vraisemblablement été clerc, remarquait Muller, comme l'étaient la plupart des poètes médiévaux. Van Mierlo va plus loin. Il pense que Willem avait peut-être été moine chez les Bénédictins de Gand ou les Prémontrés de Drongen, au pays de Waas. Quelques épisodes peu flatteurs pour les Bénédictins dans le poème feraient croire pourtant qu'il avait été plutôt Prémontré. Hellinga pense qu'il était natif de Gand. Ernest Martin avait pensé plus tôt [1] à un certain « Willelmus Clericus » mentionné dans les archives de l'année 1269 comme le propriétaire d'une maison près de l'abbaye des Prémontrés à Hulsterloo. Or Hulsterloo est mentionné deux fois par Willem dans *Reinaert I*, et la région lui était manifestement très familière. De là à proposer Willem, moine prémontré, comme l'auteur de *Reinaert I* ne serait qu'un pas. Muller disait cependant, avec raison, que rien ne permet d'identifier le poète avec ce personnage, pas plus qu'avec les innombrables clercs du même nom que l'on trouve dans les documents flamands des XIIème et XIIIème siècles.

Comme la question de l'auteur, la date de composition de *Reinaert de Vos* est aussi entourée d'incertitude. D'un côté on peut indiquer des dates limites. Le *Reinardus Vulpes* de Baldwinus Juvenis, traduction latine de l'œuvre de Willem, fut terminé au plus tard en 1274. Mais déjà Jacob van Maerlant avait fait allusion au *Reinaert* dans son *Rijmbibel,* qui date de 1270 : « dit nes niet Madocs droom / no Reinaerts no Arturs boerden » – (« il ne s'agit pas ici du rêve de Madoc, ni des tours de Reinaert ni d'Artur »). De l'autre côté on peut dire que le poème flamand est postérieur à la branche française du

[1] *Reinaert, Willems Gedicht van den Vos Reinaerde und . . . Reinaerts Historie,* Paderborn, 1874, Introduction, p. XV.

Plaid (1179), qui lui a incontestablement servi de modèle. Ernest Martin avait avancé l'opinion que *Reinaert de Vos* avait vraisemblablement été composé peu avant 1250. L'*Esopet* flamand, qui date d'environ 1250, lie régulièrement le nom de Reinaert avec le goupil, ce qui semble apporter du poids à la supposition de Martin. Certains noms de personnages mentionnés dans *Reinaert I* semblent pourtant nous renvoyer à une époque bien antérieure à l'année 1250. Aux vers 3396–3406 le clerc du roi Noble est appelé Botsaert, nom qui a été généralement regardé comme faisant allusion à Bouchard d'Avesnes, qui avait été effectivement clerc (sous-diacre plus exactement) avant son mariage avec Marguerite de Flandre. Dans ce cas l'allusion daterait vraisemblablement, selon Muller, d'après 1223, date du mariage de Marguerite avec Guillaume de Dampierre à la suite de l'annulation du mariage avec Bouchard d'Avesnes. Cette annulation avait été accordée justement à cause de l'ancien état de clerc du mari de Marguerite, et elle avait été à l'époque le sujet de maintes allusions satiriques. Van Mierlo, qui met la date de composition de *Reinaert de Vos* avant 1200, croit reconnaître en « Deken Herman » (v. 2762) et en « Meester Jufroot » (v. 2981), des personnages du XIIème siècle [1]. Il fait prévaloir aussi le fait que Hulsterloo, qui est désigné successivement dans le poème comme un bois, un endroit désert, une lande et un marais, était déjà en 1139, d'après des documents, un endroit habité.

De ces mêmes allusions Muller avait tiré d'autres conclusions. D'abord la mention de Botsaert renforçait son opinion que la conclusion de *Reinaert de Vos,* à savoir les derniers 120 vers, avait été ajoutée à l'oeuvre de Willem (et d'Aernout) par un troisième poète. Ensuite il a avancé l'idée d'une version primitive de *Reinaert de Vos,* composée peut-être dès le dernier quart du XIIème siècle. Cette supposition aiderait en même temps à expliquer certaines ressemblances frappantes entre la

[1] Dans *De Letterkunde van de Middeleeuwen*, p. 223 ; « Jufroet. un célèbre canoniste, Joffredus Audegavensis, du XIIème siècle, qui ne fut plus connu au XIIIème siècle ».

première partie du *Reinaert* et le *Reinhart Fuchs* du Glîchezaere, puisque les deux poèmes seraient dans ce cas des remaniements d'une branche française disparue, mais antérieure à celles que nous connaissons. Combien de fois on a évoqué ces « branches anciennes disparues », sorte de deus ex machina en vérité, contre lequel Lucien Foulet s'était élevé maintes fois dans sa thèse sur les origines du *Roman de Renart* ! Je crois qu'on peut expliquer l'origine de *Reinaert de Vos* sans évoquer encore une fois un prototype français « disparu », et en même temps il sera sans doute possible de résoudre au moins quelques-uns des problèmes qui ont tant divisé la critique belge et néerlandaise. Il faut d'abord reconnaître la valeur très limitée des allusions dans le *Reinaert.* Ces allusions avaient été expliquées auparavant par Ernest Martin d'une tout autre façon, mais il avait surtout insisté sur l'impossibilité de rien en tirer de certain. En particulier elles ne permettent guère de déterminer la date de composition du poème.

Il faudra chercher dans le texte d'autres éléments que des allusions trop incertaines pour dater *Reinaert de Vos.* La question de l'auteur, ou des auteurs, n'a pas peu contribué à entretenir l'incertitude sur le problème, car si on pouvait affirmer que le texte que nous possédons appartient par sa langue et son style au XIIIème siècle, selon Muller, ou qu'il date, selon Van Mierlo, d'avant 1200, il était toujours possible de prétendre que Willem n'avait fait que remanier un texte peut-être bien plus ancien. Or nous pouvons, me semble-t-il, nous rallier aux thèses récentes de Van Mierlo et de Hellinga, qui affirment tous les deux que *Reinaert de Vos* fut l'oeuvre d'un seul poète, Willem. Tout le débat sur cette question dépend en effet du nom qui se trouve au vers 6 du prologue. Bien avant Van Mierlo, Maurice Delbouille avait donné de solides arguments pour croire qu'il fallait lire « Perrout » (pour « Perrot ») dans le vers en question, et de penser donc que Willem est le seul auteur du poème [1], vue qui avait d'ailleurs été acceptée par Léonard

[1] Cf. Delbouille, *Le Composition du « Reinaert I », Arnout, Willem et le Roman de Renart français.*

Willems qui le premier avait évoqué l'hypothèse d'un autre poète, Aernout. Cette thèse est renforcée par des recherches récentes de Hellinga sur l'autre manuscrit du *Reinaert,* le manuscrit A, dit de Combourg. On avait quelque peu négligé ce manuscrit dans la discussion sur la composition du poème, car il donnait au vers 6 une leçon qui était manifestement fautive et qui n'apportait aucune contribution utile à la controverse. On y lit en effet : « Die Willem niet hevet vulscreven » – (« Willem ne l'avait pas terminée »), ce qui ne voulait rien dire dans le contexte. Or Hellinga forme la conjecture que dans le texte original le copiste avait mal lu le mot « niu't », c'est-à-dire « niuart » ou Nivard, l'auteur de l'*Ysengrimus* ![1] Le vers 6 aurait donc donné : « Die Nivart niet hevet vulscreven » – « Nivard ne l'avait pas terminée ». Hellinga annonce son intention de développer son idée dans son édition du *Reinaert,* mais cette interprétation, paléographiquement possible, nous paraît tout à fait plausible. D'une part un clerc flamand, peut-être même Gantois d'origine, a certainement pu connaître l'œuvre de Magister Nivardus. D'autre part, il pouvait bien prétendre que l'*Ysengrimus,* par rapport au *Roman de Renart,* était resté incomplet. Il semble donc qu'on peut définitivement écarter le nom d'Aernout de toute discussion sur la composition du *Reinaert.* Enfin, malgré l'opinion de Muller, rien ne trahit un changement d'auteur aux environs du vers 1900 ; tout ce qu'on peut dire, c'est que la première partie du poème remonte directement au *Plaid,* tandis que la deuxième partie est une œuvre originale. Et comme toujours il convient de reconnaître l'apport personnel du poète, qui peut évidemment donner une tournure très différente même à des histoires aussi connues que les branches françaises du *Renart.*

Si nous ne savons pour ainsi dire rien de Willem, nous connaissons du moins son pays d'origine. Il a situé l'action de *Reinaert de Vos* avec maintes précisions, et nous pouvons penser que la région qu'il a indiquée ainsi a dû lui être tout à fait fami-

[1] Dans *Naamgevingsproblemen in de Reynaert,* Bijlage I, p. 17-19.

lière. Dans la première partie du poème, Reinaert raconte comment il avait instruit Isengrin dans la pêche à la queue à Bolois, dans « dat lant van Vermendois ». Or ce nom indiquait au Moyen Age, dans le langage populaire, le Métier d'Oostkerk, situé en Flandre Occidentale entre Bruges et Sluis. Ailleurs Reinaert dit qu'il avait ordonné Isengrin moine à Elmare : un prieuré bénédictin existait en effet au Moyen Age à Elmare, qui se trouvait entre Aardenburg et Biervliet, en Flandre Zélandaise. Les précisions géographiques sont encore plus nombreuses dans la seconde partie du poème. Elle concerne en revanche la Flandre Orientale, et plus spécialement le Pays de Waas, entre Gand et Anvers. On peut penser que ce fut même le pays d'origine de Willem, qui l'appelle avec affection « het sœte lant » (v. 2273), « le doux pays », et qui le connaissait visiblement de façon intime. C'est dans le Pays de Waas ou dans la région voisine des Quatre-Métiers que se trouvent Hulsterloo et Kriekepit, Belsele et Hijfte, ainsi qu'Absdale qui est mentionné dans la première partie du poème. Ernest Martin a observé, avec raison, que cette localisation précise et pour ainsi dire affectueuse, donne un charme tout spécial à ce genre de récit qui est volontairement si fantaisiste. Hellinga suggère que Willem venait de la région gantoise. On est tenté de préciser davantage devant la prédilection évidente du poète pour le Pays de Waas, et de penser malgré toutes les incertitudes à ce « Willelmus Clericus » qui avait habité Hulsterloo vers 1269, quand on fait des conjectures sur l'identité de l'auteur de *Reinaert de Vos* [1].

Acceptons donc Willem comme l'auteur de *Reinaert de Vos*. Mais on pourrait presque dire du poème flamand ce que Lucien Foulet avait remarqué à propos du *Roman de Renart* : on s'est trop occupé de poèmes que nous n'avons pas, et trop peu de celui que nous avons. Un examen sérieux – et objectif – de *Reinaert de Vos* doit convaincre même les plus hésitants que

[1] Le souvenir de *Reinaert de Vos* reste encore bien vivant au Pays de Waas et plus particulièrement à Hulst, dans la Zélande flamande, á peu près à mi-chemin entre Absdale et Hulsterloo. Le « Reinaertcomité » de Hulst organise en effert, depuis sa création à Hulst en 1955, des « Reinaertcongressen », avec des séances académiques et des manifestations diverses rappelant les aventures de Reinaert dans la région.

Willem a puisé son inspiration au *Roman de Renart,* tout comme le Glîchezaere avant lui. L'allusion dans le prologue à la « vie » de Reinaert est vraisemblablement une parodie humoristique des *Vitae* latines du Moyen Age, les *Vies des saints,* des Pères de l'Eglise ou des Martyrs. Mais on ne doit pas douter du sérieux de l'assertion de Willem, d'après laquelle la version flamande de la vie de Renart fut écrite d'après des livres français. C'est certainement la branche I, le *Plaid,* qui a servi en premier lieu à Willem, mais on trouvera des emprunts à plusieurs autres branches. Le reste du prologue, qui compte quarante vers en tout, est une justification du poème. Après une attaque contre les critiques éventuels, les incultes et les sots (« dorpren ende dooren »), Willem prétend qu'il a commencé son récit à la demande d'une dame très courtoise. Il s'adresse donc aux gens honorables et courtois, qu'ils soient riches ou pauvres, car ceux-là sont capables de le comprendre. Mais il semble bien que ce prologue n'est qu'une nouvelle parodie littéraire. Il est très peu probable que *Reinaert de Vos* fût composé à l'intention d'une noble dame. Tout comme son illustre prédécesseur Pierre de Saint-Cloud, Willem parodie l'amour et la littérature courtois, comme il parodie la littérature pieuse de l'époque en mettant Reinaert au même rang que les saints et les martyrs.

Dans son prologue Willem a donc reconnu sa dette aux trouvères français, et il est resté tout à fait dans la tradition de la parodie caractéristique des premières branches de Renart. Dès les premiers vers du texte l'importance de sa dette est évidente :

Het was an eenen tsinxendaghe
Dat beede bosch ende haghe
Met groenen looveren waren bevaen.
Noble die coninc hadde ghedaen
Sijn hof crayieren over al.

(C'était un jour de Pentecôte, et les buissons et les bois étaient recouverts de feuilles vertes. Le roi Noble avait fait proclamer sa cour plénière partout.)

C'est en somme une simple imitation du début de la branche I, imitation très près de l'original – dans une des variantes de la branche X, qui reprend le thème de la cour plénière, c'est également à la Pentecôte que Noble réunit sa cour. Traditionnellement, il est vrai, la Pentecôte était l'occasion pendant tout le Moyen Age, comme les autres grandes fêtes religieuses, de grandes réunions solennelles aux cours princières. Mais la parodie de l'épopée héroïque a certainement motivé la première scène de la branche I, et c'est dans la même intention que Willem a imité son modèle. Son roi Noble est sûrement la parodie, bien innocente en somme, de Charlemagne ou encore du roi Artur, qui rassemblait ses chevaliers dans sa belle ville de Camelot à l'occasion de la Pentecôte. La parodie de cette tradition a suffi à Willem, comme aux trouvères français, et il n'a pas essayé, contrairement à l'exemple de *Reinhart Fuchs,* de motiver la décision du roi de convoquer ses barons.

Le récit flamand se développe exactement comme dans le *Plaid.* Toutes les bêtes, grandes et petites, répondent à la convocation royale, à l'exception de Reinaert. Il avait fait tant de méchancetés aux autres, dit Willem, qu'il n'osait plus se montrer à la cour : celui qui fait du mal, fuit la lumière, nous dit la Bible. Quand tout le monde est réuni, il n'y a personne sauf le blaireau qui n'ait à se plaindre de Reinaert, le méchant à la barbe rousse « den fellen metten rooden baerde ». La cour résonne d'une grande plainte.

Rien de nouveau dans ce début. On peut faire des comparaisons même avec des branches non françaises qui ont reproduit la scène du *Plaid.* Les vers par exemple qui décrivent la réponse des bêtes à la convocation du roi : « Doe quamen tes coninx hove / Alle diere, groot ende cleene » (v. 48-9), correspondent très exactement aux vers de *Rainardo e Lesengrino* : « Non e grande ne menor / Che tote ne vegna a lo segnor », autre façon d'exprimer les vers français « Onques n'i ot beste tant ose / Qui remansist por nule chose / Qui ne venist hastivement ». Le poète flamand fait un emploi fréquent de l'épithète épique, renouant ainsi avec la manière parodique des plus anciennes branches françaises. Dès la première mention de Reinaert en effet, le poète lui attache l'épithète « den fellen metten rooden baerde » qui l'accompagnera dans tout le poème, et qui nous fait penser aux héros épiques, à Doon « à la barbe florie » ou encore à Charlemagne qui « blanche od la barbe ». Les cheveux roux étaient traditionnellement regardés comme le signe de la fausseté et de la déloyauté, mais « félon roux » était de bonne heure l'épithète toute particulière de Renart dans le *Roman de Renart*. Ernest Martin a fait remarquer cependant que le mot « fel » en néerlandais était certainement un emprunt au français. Et on peut penser que cette épithète « barbe rousse », apanage contrastant si fortement avec les barbes blanches, signes de l'âge et de la sagesse, était employée savamment pour renforcer par le contraste le sentiment de parodie des chansons épiques.

C'est, comme d'habitude, Isengrin – « Isingrijn » en flamand – qui porte la première plainte contre Reinaert. Accompagné de plusieurs parents, il se présente devant Noble (« Nobel »), et accuse le goupil de lui avoir souvent fait honte et grand dommage. Il lui reproche avant tout d'avoir déshonoré sa femme (« Hersint ») et d'avoir malmené ses enfants en les conpissant, de sorte que deux d'entre eux en sont devenus aveugles. Il raconte encore comment on avait fixé un jour, où Reinaert devait jurer de son innocence ; mais quand on avait apporté les saintes reliques, Reinaert avait changé d'avis et s'était enfui. Les plus éminents de tous ceux rassemblés à la cour, proclame Isengrin, peuvent attester que si tout le drap qu'on fabrique à Gand était converti en parchemin, il ne suffirait quand même pas pour dresser la liste des torts que Reinaert lui a faits.

Qu'on compare cette plainte, avec ses trois chefs d'accusation, avec le passage correspondant du *Plaid*, et on est frappé par la ressemblance :

« baux gentix sire,
Car me fai droit de l'avoutire
Que Renart fist a m'espossee
Dame Hersent, quant l'ot serree
A Malpertuis en son repere,

Quant il a force li volt faire,
Et conpissa toz mes lovaux :
C'est li dels qui plus m'est noveax.
Renart prist jor de l'escondire
Qu'il n'avoit fet tel avoultire.
Quant li seint furent aporte,
Ne sai qui li out enorte,
Si se retrest molt tost arere
Et se remist en sa tesnere.
De ce ai oü grant coroz ».

Le poète flamand n'y a rien changé, tout au plus il a ajouté quelques détails, quelques remarques pittoresques et plaisantes, quelques retouches purement flamandes. A côté de l'allusion à la production gantoise de drap, renommée à l'époque dans toute l'Europe, on trouve quelques souvenirs, comme dans *Reinhart Fuchs,* du vieux droit germanique : la présence de la famille (« maghe ») aux côtés du plaignant, leur position debout devant le juge qui seul reste assis. Willem reste si fidèle à la version de la branche I, qu'il n'essaie pas plus que le poète français d'expliquer l'histoire de l'adultère, comme le fait le Glîchezaere par exemple. On a pourtant de bonne raisons de croire que Willem a connu le poème de Pierre de Saint-Cloud. Peut-on penser qu'il s'est fié à la tradition, comme l'avait fait l'auteur du *Plaid,* ce qui signifierait que les histoires de Renart « na den walschen bouken » avaient une certaine célébrité au pays flamand ?

Après Isengrin un nouveau personnage, le petit chien Courtois, se lève et adresse au roi une plainte en français. Jadis, raconte-t-il, pendant un hiver très dur, il s'était trouvé dans un dénûment extrême, et sa seule possession, une saucisse, lui fut volée par Reinaert. Ce récit excite la colère de Tibert le chat (« Tibeert »), qui défend Reinaert avec énergie. Puisque le roi est mal disposé envers Reinaert, prétend-il, tout le monde ose l'accuser. L'histoire que Courtois a racontée est vieille de plusieurs années ; d'ailleurs la saucisse avait appartenu à lui, Tibert, qui l'avait volée à un meunier et qui en avait donné la moitié à Courtois. Puisque lui, Tibert, ne s'en est pas plaint, on devrait écarter la plainte de l'autre.

L'intervention de Tibert n'est pas sans précédent. On se rappelle en effet que dans le *Plaid* Tibert se joint à Grimbert pour soutenir la cause du goupil, et encore dans la branche X il défend Renart énergiquement contre les accusations d'Isengrin et de Roenel. Par contre l'accusation de Courtois est toute nouvelle. Mais ce n'est pas la plainte du chien qui a de l'intérêt, c'est plutôt le personnage de Courtois. Le diminutif « hondekijn » qui accompagne le nom de Courtois est employé, explique J. W. Muller, dans un sens péjoratif et dédaigneux. On peut dire la même chose du nom « Courtois », qui doit suggérer les manières délicates ou précieuses de ce petit chien qui parle français au milieu d'une cour essentiellement flamande. C'est la première fois dans une histoire de Renart qu'on présente un chien autre que les gros mâtins ou des chiens de chasse, et Courtois est un personnage dérisoire à côté du rude baron Roenel par exemple. Il faut voir en effet dans l'épisode une satire des « Fransquillons », de la noblesse flamande francisée et parlant français à l'imitation de la cour des comtes de Flandre. Dans la détresse extrême où se trouve Courtois il y a sans doute une allusion moqueuse à la pauvreté de cette même noblesse. Muller a remarqué que nous avons ici une des marques les plus anciennes de l'opposition des Flamands à l'influence française croissante. On peut d'ailleurs comparer cette attitude avec celle de l'auteur du *Couronnement de Renart,* qui soutenait – en français – la cause de cette même noblesse un peu plus tard. Mais on constate surtout que la satire a été à toutes les époques un des éléments déterminants de la littérature de Renart.

Les paroles de Tibert ne plaisent nullement à Pancer, le castor, qui dit que Reinaert est un vrai assassin, un tricheur, un voleur. Reinaert sacrifierait la vie et l'honneur de n'importe qui, même du roi, s'il pouvait en tirer profit. N'a-t-il pas essayé seulement hier de commettre le plus terrible des crimes contre Couart le lièvre (« Cuwaert »), qui n'a jamais fait de mal à personne ? Pendant la paix proclamée par le roi, Reinaert avait promis à Couart de lui enseigner le Credo et de le faire devenir chapelain. Il l'avait donc fait s'asseoir entre ses jambes, et ils commençaient à épeler et à lire le Credo ensemble, puis à le chanter à haute voix. Passant près de là, Pancer fut attiré par le chant et trouva maître Reinaert qui, sa leçon terminée, avait repris ses vieilles habitudes et essayait d'étrangler Couart. Seule l'arrivée de Pancer avait sauvé Couart da la mort – on peut encore voir sa blessure toute fraîche. Si le roi permet qu'on viole sa paix sans infliger la punition que son tribunal doit décider, lui et ses descendants seront méprisés pendant de longues années.

Isengrin appuie cette plaidoirie de toute sa force. Là-dessus se lève Grimbert (« Grimbeert ») – ici il est présenté comme vrai neveu de Reinaert, le fils de son frère – et entreprend avec colère la défense de son oncle. On sait ce qu'il faut penser des paroles d'Isengrin – « bouche ennemie loue rarement », dit un vieux proverbe. Reinaert n'est pas venu se plaindre, pourtant Isengrin lui a souvent fait du mal avec ses dents aiguës. Et Grimbert énumère les méfaits du loup. Quand Reinaert avait lancé des poissons d'une charrette, Isengrin les avait tous mangés, ne laissant qu'une arête à son associé. Une autre fois il avait refusé au goupil sa part d'un beau jambon, lui offrant, avec des paroles moqueuses, la ficelle avec laquelle le jambon avait été suspendu. C'est Reinaert qui avait pris le jambon, mais pour sa peine il fut pris et jeté dans un sac, d'où il ne sortit que grâce à sa ruse. Il a subi toutes sortes d'ennuis pour Isengrin, mais comme si cela ne suffisait pas, voilà qu'Isengrin l'accuse d'avoir déshonoré sa femme. Pourtant celle-ci a aimé Reinaert toute sa vie, et il a répondu à cet amour. Quoiqu'elle l'ait caché, il y a certainement plus de sept ans qu'Hersent s'est donnée à Reinaert. Si la belle dame a accordé par amour et par courtoisie ce que désirait Reinaert, quelle en est l'importance? Elle en a été vite guérie !

Nous reconnaissons dans tous ces arguments, malgré leur apparente nouveauté, des thèmes bien connus de l'épopée de Renart. D'abord le thème de la paix générale, sur lequel Willem n'insiste pas plus que l'auteur du *Plaid.* Il a tout simplement répété l'allusion qu'il avait trouvée dans son modèle. Les épisodes des poissons pris aux charretiers et du jambon volé ne doivent pas non plus nous surprendre. Il est vrai que Muller a classé les deux épisodes parmi les variantes du thème du partage du butin, et qu'il a suggéré qu'ils proviennent de la tradition orale. Qu'on pense plutôt à l'histoire avec laquelle s'ouvre la branche III du *Roman de Renart, Le Vol des poissons.* Il est vrai aussi que Willem a dû mélangé ce récit avec l'histoire du *Vol du Jambon* de la branche V, mais il faut remarquer qu'on trouve dans le *Plaid* une allusion à cet épisode : « Et si refu par moi traïz / Devant la charete as plaïz » (v. 1061-2). Willem spécifie d'ailleurs que les poissons volés étaient des plies – « pladise », – précisément comme dans la branche I. Le détail de la ficelle qu'Isengrin offre à Reinaert oblige à croire que Willem a imité également la branche V. C'est dans la branche V encore qu'Isengrin « aguise sa dent » et inflige une correction sévère à son indigne compère. On ne connaît pas d'épisode où Renart est pris et jeté dans un sac, sauf dans la branche VI, mais Willem a pu combiner cet incident avec d'autres où les ruses du goupil le mettent en fâcheuse posture. Willem a condensé à l'extrême ses allusions, mais ses modèles ont certainement dû être les branches françaises [1]. Quant au récit que fait Grimbert des amours de Reinaert avec dame Hersent, il se trouve tout entier déjà dans des branches françaises. Dans la branche Va Hersent prétend que Renart l'avait poursuivie de son amour depuis qu'elle avait été jeune fille, et dans le *Plaid* Grimbert maintient devant le roi que les deux s'aimaient depuis longtemps et que la louve avait accepté avec plaisir toutes les avances de Renart. Il ressort de cette comparaison donc que Willem a connu intimement le *Plaid.*

Grimbert tient ses réponses toutes prêtes aux autres chefs d'accusation. Après tout, dit-il, maître Reinaert avait bien le droit de punir Couart son élève, qui ne savait pas sa leçon.

[1] Tel est d'ailleurs l'avis de Paul de Keyser ; cf. son édition, *Van den Vos Reynaerde,* 3 ème éd., Anvers, 1955.

Pour sa part, Courtois ferait mieux de se taire au sujet d'un boudin qui avait été volé : « male quesite male perdite ». Enfin, conclut Grimbert, depuis que le roi a prononcé son ban et a fait proclamer la paix, Reinaert n'a fait aucun mal, mais se conduit comme s'il était ermite ou moine. Il porte un cilice sur la peau, et il a juré de ne pas manger de viande pendant toute une année. Il a abandonné son château de Malcrois et a fondé un ermitage. Il n'a d'autres ressources que la charité, il est devenu pâle et maigre, il subit la faim, la soif, il jeûne pour racheter ses péchés.

Tout ce passage est original, mais Renart déguisé en moine ne l'est point. On peut deviner cependant que dans la description de la conversion de Reinaert il y a un fort élément de satire à l'adresse des repentirs feints, de l'hypocrisie religieuse contre laquelle Willem adressera plus d'un trait acerbe. La mention du château de Malcrois a un certain intérêt. Plus tard nous apprendrons que Reinaert possède plusieurs châteaux, dont le meilleur est Maupertuis. Il semble donc que Willem ait choisi délibérément de mentionner ici Malcrois, qui n'apparaît que dans la branche tardive XXIII et dans quelques variantes, également tardives, de la branche Va. Mais il ne faut pas en conclure que Willem a connu cette branche ou les variantes tardives, car le nom de Malcrois n'est employé qu'une seule fois et dans le seul manuscrit A. On ne peut pas exclure la possibilité que ce soit le copiste du XIVème siècle qui l'a employé.

Il faut admettre que jusqu'ici Willem n'a guère fait que suivre le récit du *Plaid,* tout en traitant sa matière avec liberté et originalité. On observera la même fidélité au modèle dans toute la première partie de *Reinaert I.* Comme Grimbert vient de finir sa plaidoirie, on voit arriver Chantecler (« Cantecleer »), accompagnant la bière de dame Coppe que portent les soeurs de la défunte, Pinte et Sproete, tandis que deux frères, Cantaert et Craiant, portent des cierges. L'épisode illustre bien la manière du poète flamand. A côté de larges emprunts scrupuleusement fidèles aux sources françaises, il y a tout un développement original. Chantecler s'avance, « sine verderen seere slaende », exactement comme on le voit « paumes batant » dans le *Plaid.* Mais l'histoire qu'il raconte n'existe pas dans les branches françaises. Au début d'avril, quand les vertes campagnes étaient toutes fleuries, il se promenait avec ses quinze enfants dans un beau parc entouré d'un mur, à l'intérieur duquel était une grange défendue par plusieurs chiens, (on reconnaît malgré tout la ferme de Constant des Noes). Reinaert était très vexé de ne pas pouvoir atteindre Chantecler et ses enfants; il rôdait constamment autour du parc et leur tendait des pièges de toutes sortes. Malgré son adresse, il fut malmené un jour par les chiens et s'absenta pour un bon moment. Mais un jour il revint en habit d'ermite, apportant au coq une lettre, à laquelle était attaché le sceau royal. La lettre annonçait, du moins le semblait-il à Chantecler, baron peu instruit, que le roi avait proclamé une paix générale entre toutes les bêtes de son royaume. Reinaert annonça en outre qu'il était devenu ermite et qu'il s'était infligé de dures pénitences pour expier ses crimes. Comme preuve il montra son bourdon et son habit de pèlerin qu'il prétendait avoir apportés du prieuré d'Elmare. « Sire Chantecler, continua-t-il, vous pouvez désormais vivre sans crainte. J'ai renoncé solennellement à manger de la chair. Je suis vieux, je veux m'occuper de mon âme. Je vous recommanderai à Dieu. Maintenant je vais à mes devoirs, car j'ai encore sexte, none et prime à dire aujourd'hui ». Et le nouvel ermite s'en alla en récitant son Credo. Tout joyeux, Chantecler amena sa famille en dehors de l'enceinte. Il lui en arriva malheur, car Reinaert s'était glissé sous une haie et les guettait, pour emporter finalement un des enfants. Après cela il était devenu insatiable, et même les chiens et les gardiens ne pouvaient plus protéger Chantecler et sa famille. Des quinze enfants, il n'en restait plus que quatre. Et le pauvre père termine son récit en implorant la pitié du roi.

Derrière ces changements importants dans l'histoire de Chantecler on croit discerner un motif autre que le simple désir de faire œuvre originale. Continuant la veine commencée dans le discours de Grimbert, Willem semble développer volontiers l'élément satirique, et notamment la satire de l'hypocrisie religieuse. L'énumération dans un ordre fantaisiste des heures canoniales a toujours un aspect comique, mais ne doit-on pas penser qu'elle constitue plutôt une satire d'un clergé ignorant, telle qu'on en trouve à plusieurs reprises dans les branches françaises ? On se souvient en outre d'une scène à peu près semblable dans la branche V de *Renart le Contrefait,* où Renart essaie de prendre Chantecler en prétendant être Frère Prêcheur (cf. supra p. 421). Sans tenter d'établir des liens entre les deux ouvrages, on peut croire que l'image satirique de Renart en faux religieux prêchant les volailles trop crédules doit une grande partie de sa popularité à l'influence de *Reinaert de Vos* [1]. Mais on constatera par la suite que les parties purement originales de l'œuvre de Willem sont généralement fortement empreintes d'une intention satirique.

Le tragique récit de Chantecler amène le roi à promettre solennellement de punir Reinaert. Coppe est enterrée avec tous les honneurs sous un tilleul, dans un beau tombeau. Tout le monde chante les Vigiles, et de loin on entend entonner le Placebo Domino, puis on chante les Leçons et les Répons. Sur une pierre de marbre on écrit : « Ici gît Coppe, qui savait si bien gratter la terre. Reinaert de Vos, qui était trop cruel envers sa famille, la tua d'un coup de dent ». Il n'y a que l'épitaphe qui varie quelque peu de la version française de l'enterrement de Coppe. Par la suite c'est l'histoire des ambassades auprès de Reinaert. Sur la recommandation des barons le roi charge Brun de porter sa convocation au goupil. Brun accepte la mission promptement, puisqu'il se soucie peu des ruses de Reinaert. Il y a quelques modifications et quelques développements nouveaux dans la version flamande de la mission de l'ours, bien qu'elle soit dans l'ensemble fidèle au récit du *Plaid.* Assis devant la barbacane du château de Maupertuis, Brun avertit Reinaert qu'il sera rompu sur la roue s'il ne se présente pas à la cour. Reinaert prétend qu'il avait été empêché de s'y rendre par

[1] On trouve des exemples de cette image dans des miséricordes sculptées vraisemblablement par des huchiers flamands ou wallons en France, en Angleterre et même en Espagne ; cf. L. Maeterlinck ; *Le Genre satirique dans la sculpture . . .*

une maladie douloureuse provoquée par une nourriture à laquelle il n'était pas habitué, le miel. Suit l'histoire de Brun pris dans le chêne chez le charpentier Lanfroit. Dans son récit Willem emprunte même des mots à son modèle français, tel le « rampinieren » du vers 701, dérivé du « ranproner » qui est employé au vers 612 du *Plaid*. Mais s'il imite la version française de l'assaut des villageois contre l'ours, le poète flamand égale son prédécesseur par son tableau haut en verve comique et moqueuse :

Int dorp ne bleef man no wijf
Den bere te nemene sijn lijf.
Het liep al datter loopen mochte.
Sulc was die eenen bessem brochte,
Sulc eenen vleghel, sulc eenen rake,
Sulc quam gheloopen met eenen stake,
Also als si quamen van haren werke.
Selve die pape van der kerke
Brochte eenen cruusstaf,
Dien hem die coster noode gaf.
Selve die coster drouch eene vane
Mede te stekene ende te slane.
Des papen wijf, vrauwe Julocke,
Quam gheloopen met haren rocke,
Daer soe daghes omme hadde ghesponnen.
Voor hem allen quam gheronnen
Lamfreit met eere scerper aex.

(Il ne resta ni homme ni femme au village, tout ce qui avait des jambes courut pour tuer l'ours. L'un apportait un balai, l'autre un fléau ; celui-ci un râteau, celui-là un pieu, chacun avec ce qu'il avait en venant de son travail. Même le curé apportait de l'église la hampe de la croix que le sacristain ne lui avait donnée qu'à regret. Le sacristain lui-même portait une bannière, pour frapper et pour piquer. La femme du curé, dame Julocke, arriva en courant avec sa quenouille, car elle avait passé la journée à filer. Mais devant eux tous courait Lanfroit avec une hâche bien tranchante.)

Comme le poète français avant lui, Willem s'amuse à faire un tableau très vivant et même cruel des villageois qui attaquent leur victime avec acharnement :

Een, hiet Otram Lancvoet,
Hi drouch eenen verhoornden cloet
Ende stackene emmer na den ooghe.
Vrauwe Vuulmaerte scerpe looghe
Ghinkem roeren met eenen maelstave.
Abelquac ende mijn vrauwe Bave
Laghen beede onder die voete
Ende streden om eene langhe loete.
Ludolf metter langher nese
Drouch eenen lootwapper an eene pese
Ende ghinker mede al omme slingheren.
Heere Bertout metten langhen vingheren
Dede hem alles te voren.
Want hi was best gheboren,
Sonder Lamfreit alleene :
Hughelijn metten crommen beene
Was sijn vader, dat weet men wale,
Ende was gheboren van Absdale,
Ende was sone vrauwe Ogernen,
Eere outmakigghe van lanternen.

(Un certain Otram aux grands pieds portait un bâton armé d'un bout de corne, avec lequel il essayait toujours d'atteindre les yeux. Dame Vuulmaerte le rossait cruellement avec une trique. Abelquac et dame Bave étaient tous les deux par terre et luttaient pour la possession d'une louche. Ludolf au long nez portait un morceau de plomb au bout d'une corde et en donnait des coups de tous les côtés. Messire Bertout aux longs doigts se distinguait, car il était de plus haute extraction que tous les autres sauf Lanfroit. Hughelin le Bancal fut son père, on le sait bien, et il fut né à Absdale. Il était fils de dame Ogerne, qui réparait les lanternes.)

Entre toute cette scène et le passage correspondant du *Plaid* (v. 655-668) il y a une concordance étroite, et les emprunts nombreux sautent aux yeux : « Otrans li quens de l'Anglee » est devenu « Otram aux grands pieds », « Oger de la Place » est remplacé par dame Ogerne. La « corne de buef » qui avait fait plier l'échine de Brun a évidemment inspiré le « verhoornden cloet » que porte Otram Lancvoet. Le villageois français « qui fet pinnes et lanternes » est le prédécesseur de dame Ogerne « outmakigghe van lanternen ». La parodie des chansons de geste est très poussée dans ce combat épique de vilains aux épithètes savoureuses : Otram aux longs pieds fait penser à la célèbre Berthe au grand pied, et forcément Ludolf au long nez suggère un rapprochement risible avec le légendaire Guillaume au court nez. Quelle caricature dans la généalogie de Bertout, dont les longs doigts lui valent le titre de « messire » et qui descend de Hughelin aux jambes tordues et de dame Ogerne réparatrice de lanternes ![1] Willem a développé considérablement son modèle, et son tableau des villageois se compare par son réalisme et sa richesse de détails, comme dit Muller, avec les tableaux des maîtres flamands d'une époque postérieure – Brueghel le Vieux, Teniers, Adrien Brouwer. Sa satire est même féroce. En dehors d'attributs disgracieux et déplaisants, il emploie ou même crée des noms propres qui ont une signification plaisante et satirique : Abelquac, auguel Muller donne le sens étymologique : « hâbleur » ; sa digne compagne Bave « la bavarde », à laquelle il faut certainement associer l'idée du français « bave » ou « baveuse » ; Vuulmaerte, la « servante sale ». L'intention ironique est rehaussée par les titres de « dame » ou « messire » dont ces héros et héroïnes de la basse-cour sont gratifiés.

Dans le poème flamand le prêtre de la paroisse se distingue tout spécialement. Nous ne tardons pas à faire connaissance avec dame Julocke sa femme, qui avec sa quenouille n'est pas la moins acharnée contre Brun. Mais Willem insiste beaucoup sur l'ardeur guerrière du prêtre ; on le voit à la tête de ses ouailles, courant de toutes ses jambes, donnant de grands coups à Brun avec la hampe du crucifix tandis qu'à ses côtés le sacristain frappe avec la bannière processionnelle. La moquerie de ce prêtre, que rien ne distingue en somme des autres villageois grossiers, atteint toute sa force à la fin du combat. Dans sa fuite Brun saute sur une bande de vieilles femmes et projette

[1] Il est difficile de déterminer du texte si c'est Bertout ou Lanfroit qui descend de Hughelin et de dame Ogerne, ainsi que de savoir si Ogerne est la femme de Hughelin ou sa mère. Il me semble que mon interprétation est plus conforme à l'intention satirique du poète.

plusieurs d'entre elles dans la rivière. Parmi les malheureuses se trouve dame Julocke. Le prêtre est désespéré en voyant sa femme dans l'eau; il n'a plus aucune envie de tuer Brun, il ne pense qu'à sauver Julocke :

> Hi riep : « Siet, edele prochiane,
> Ghindre vloot vrauwe Julocke
> Beede met spille ende met rocke.
> Nu toe, die hare ghehelpen mach.
> Ic gheve hem jaer ende dach
> Vul pardoen ende vul aflaet
> Van alre sondeliker daet ».

> (Il s'écria : « Voyez, nobles paroissiens, là-bas flotte dame Julocke avec son fuseau et sa quenouille. Or sus ! A celui qui la sauvera je donnerai pendant un an et un jour plein pardon et pleine absolution de tous ses péchés ».)

Un peu plus tard, dans l'épisode de l'ambassade de Tibert, Willem accable le prêtre sous sa moquerie. Si dans cette première scène la hampe du crucifix remplace la fourche à fumier de la branche I comme arme du curé, l'effet total n'en est pas moindre: la satire du bas clergé, qui ne respecte pas les ornements de son église et qui promet si facilement des indulgences extraordinaires, est dépourvue de toute aménité. Encore une fois Willem a fait un développement original dont l'intention est essentiellement satirique.

Les promesses du prêtre ont leur effet, et les vilains laissent Brun, à moitié mort, pour tirer Julocke de la rivière. Profitant du répit, Brun se jette dans l'eau et se laisse entraîner par le courant hors de l'atteinte de ses ennemis avant de regagner péniblement la rive. C'est là que Reinaert le retrouve, à son grand déplaisir d'ailleurs, car il espérait bien que Lanfroit l'avait tué. Il maudit le vilain qui a si bêtement lâché sa proie. Cette animosité si prononcée, ce désir de la mort de Brun étonnent un peu. Il était en effet dans la tradition ancienne de *Renart* que les bêtes ne meurent pas, et cette rancune par trop humaine, cette prise du parti des êtres humains contre les autres bêtes, indiquent toute l'évolution qu'avait subie l'épopée animale dans un laps de temps assez court. Mais les paroles moqueuses dont Reinaert accable son ennemi épuisé et terriblement meurtri sont bien dans la tradition :

> « Sire priester, Dieu vos saut.
> Kendi Reinaert, den ribaut,
> Den rooden scale, dat felle dier ?
> Wildine scauwen, so sietene hier.
> Nu sughet, priester, soete vrient,
> Bi den heere dien ghi dient :
> In wat ordinen wildi u doen,
> Dat ghi draghet rooden capproen ?
> Weder sidi abt so priore ?
> Hi ghinc u harde na den oore,
> Die u dese crune hevet bescoren.
> Ghi hebt uwen top verloren
> Ende uwe ruwe hantscoen af ghedaen :
> Ic wane ghi wilt singhen gaen
> Van uwen completen dat ghetide. »

(« Sire prêtre, Dieu vous ait en sa sainte garde ! Connaissez-vous Reinaert, le ribaud, le coquin à la peau rousse, la méchante bête ? Si vous voulez le voir, le voici. Mais dites-moi, sire prêtre, cher ami, par le Seigneur que vous servez, dans quel ordre voulez-vous entrer, que vous portez un capuchon rouge ? Etes-vous abbé ou prieur ? Celui qui a fait cette tonsure a été trop près des oreilles. Vous avez perdu les poils du haut, vous avez ôté vos gants : je suppose que vous voulez aller chanter Complies. »)

Willem a reproduit, à côté de quelques inventions personnelles qui ajoutent à la moquerie, la plaisanterie cruelle de Renart dans le *Plaid* : « De quel ordre voles vos estre / Que roge caperon portes ? » On pourrait allonger la liste des concordances, mais la preuve est amplement faite que le poète flamand s'est bien inspiré des branches françaises de Renart.

Dans le récit de l'ambassade de Tibert, même fidélité au modèle français, jusque dans les détails. Il faut signaler cependant un trait nouveau, mais qui se trouve également dans *Reinhart Fuchs* : avant d'envoyer Tibert chez Reinaert, Noble consulte ses barons, et il est décidé qu'il faut convoquer Reinaert trois fois, en accord avec le droit germanique. L'épisode de Tibert chez le prêtre ne varie guère de la version du *Plaid.* Le fils du prêtre s'appelle encore Martinet, et de nouveau Willem prend l'occasion de se moquer du clergé à chaque instant. Tibert hésite à passer par le trou dans le mur, car « die papen connen soo menich baraet » (« les curés connaissent tant de mauvais tours »). Le curé accourt, tout nu, à l'appel de son fils, tenant la quenouille de dame Julocke qui allume en hâte un cierge d'offrande. Le récit de la mutilation du prêtre est plus développé que dans le *Plaid,* et accompagné de plusieurs réflexions moqueuses et même obscènes qui ne se trouvent pas dans le français. On reconnaît cependant la plaisanterie finale de Tibert sur le malheur du prêtre, bien que ce soit cette fois-ci Reinaert qui la lance en guise de consolation à dame Julocke : « Gheneset de pape, en es gheen lachtre / Dat hi ludet met eere clocken » (« Si le curé guérit, ce n'est pas une disgrâce qu'il ne sonne qu'avec une seule cloche »).

Au retour de Tibert, qui a perdu un oeil dans la lutte avec le prêtre, le roi convoque encore une fois le conseil des barons. Les opinions sont partagées, quand Grimbert prend la parole. Il insiste sur l'obligation de convoquer Reinaert une troisième et dernière fois avant de le déclarer coupable de tout ce qu'on lui reproche – Willem suit donc exactement la procédure juridique que nous avons déjà constatée dans *Reinhart Fuchs.* Mais contrairement à ce qui se passe dans le *Plaid,* où Noble envoie Grimbert péremptoirement chercher son cousin, c'est Grimbert qui offre de son propre chef de porter la troisième convocation à Reinaert – ainsi que dans la branche italienne d'ailleurs. Grimbert trouve son oncle couché avec dame Hermeline. Il lui explique la gravité de sa situation : si Reinaert ne répond pas à la dernière convocation du roi, son château sera pris d'assaut et lui-même mourra sur la potence ou sur la roue, tandis que sa femme et ses enfants finiront leurs jours dans la misère et la honte. Son seul espoir est de se présenter à la cour, où il peut encore trouver une issue heureuse à l'affaire.

Reinaert se rend à ce raisonnement, puisqu'il n'a pas le temps de fuir ni les moyens de résister au roi. Il recommande à dame Hermeline ses deux fils, Renardin son préféré, et Roussel qui est déjà bon voleur, et s'en va immédiatement avec Grimbert. (Il est vrai que Roussel est normalement le nom de l'écureuil dans le *Roman de Renart,* mais il convient tout aussi bien au fils de Renart le roux, qu'il désignera également plus tard dans *Renart le Nouvel.*) En route Reinaert se confesse à son neveu, commençant dans un latin bizarre : « Confiteor tibi, pater mater ». Les branches françaises nous ont pourtant habitués à la parodie des offices de l'Eglise en mauvais latin, et nous connaissons Willem suffisamment bien maintenant pour savoir qu'il ne laisse jamais passer une occasion de faire des plaisanteries sur les gens ou les choses de l'Eglise. Quant aux péchés dont Reinaert s'accuse, ils se rapportent presque tous à des incidents connus du *Roman de Renart,* sinon du *Plaid,* du moins d'autres branches. Après la liste habituelle de ses torts envers Brun, Tibert, Chantecler, le goupil admet qu'il avait fait une grave offense au roi et avait déshonoré la reine, allusion vraisemblablement au viol de la lionne dans la branche Ia. Ensuite il raconte ses nombreux méfaits contre Isengrin, qu'il admet avoir appelé « oncle » pour mieux le trahir – allusion curieuse qui semble en rapport avec l'histoire du compérage si soigneusement expliquée par Heinrich der Glîchezaere dans *Reinhart Fuchs.* Dans l'énumération des méfaits de Reinaert, Willem a englobé les principaux faits de plusieurs branches françaises. Quand il avait consacré Isengrin moine à Elmare, dit Reinaert, il l'avait attaché par les pattes aux cloches, de sorte que les gens du pays croyaient que c'était le diable qui sonnait et manquèrent de peu de le tuer : – on reconnaît facilement le mélange de souvenirs des branches XII et XIV, *Les Vêpres de Tibert* et *Les Aventures de Primaut.* Reinaert rappelle ensuite la tonsure qu'il avait faite au loup, ainsi que la pêche à la queue, dans un résumé très succinct de la branche III. En revanche, l'histoire du vol du jambon devient le début d'un récit original et beaucoup plus long que celui de la branche XIV. Un jour, dit

Reinaert, il avait amené son oncle Isengrin chez le curé de Bolois, qui avait un garde-manger bien rempli de jambons et d'autres morceaux de porc. S'y étant introduit par un trou, le loup avait tant mangé, qu'il ne pouvait plus en sortir. Là-dessus Reinaert était entré dans la maison, où le curé était à table, et avait enlevé un beau chapon que le curé avait dressé à se poser sur son poignet. Le curé l'avait bien entendu poursuivi en jurant, et Reinaert l'avait mené à l'endroit où le pauvre Isengrin était pris. Le curé avait crevé un oeil avec son couteau à Isengrin, et les voisins étaient tous venus voir cette curiosité, un loup pris dans le garde-manger. Isengrin fut rudement battu, puis les enfants du village lui bandèrent l'oeil blessé et on le retira du trou. On lui lia une grosse pierre au cou, puis on le laissa partir, lardé de coups et poursuivi des chiens. Quand il tomba comme mort, les enfants s'en réjouirent. Ils l'emportèrent sur un brancard et le jetèrent dans un fossé. Isengrin y resta toute la nuit, et comment il échappa de là Reinaert l'ignorait.

Une autre aventure du malheureux Isengrin est sans équivalent dans les branches françaises. Ayant amené son oncle dans le grenier d'une maison sous prétexte d'y chercher un coq et des poules, Reinaert le fait tomber par une trappe. Le bruit de sa chute alerte toute la maison, et encore une fois Isengrin est battu presque à mort. Reinaert réserve cependant son péché le plus grave pour la fin, et ne le raconte qu'en termes voilés. Son plus grand regret, dit-il, est d'avoir trahi dame Hersent, qu'Isengrin aimait tant. Grimbert feint de ne pas le comprendre et l'oblige à s'exprimer plus clairement, de sorte que Reinaert doit finalement avouer son adultère avec sa tante. Grimbert lui accorde l'absolution et lui donne en guise de pénitence quarante coups bien légers d'une baguette arrachée dans une haie.

Si cette confession ne coïncide pas en tous points à celle du *Plaid,* on peut néanmoins dire que presque tous les incidents qui y sont indiqués avaient été déjà racontés quelque part dans les vieilles branches françaises. Quant à ceux qui nous semblent nouveaux, il serait plus raisonnable de les attribuer à l'invention de Willem que d'évoquer l'influence de branches disparues et bien hypothétiques. Toute la confession dans la version flamande a en revanche une couleur plus sombre, une certaine férocité même qu'on ne trouve pas dans les branches françaises. La cruauté du traitement que les villageois font subir à Isengrin nous surprend. Que le loup soit roué de coups, c'est normal, mais nulle part dans les branches les plus anciennes du *Roman de Renart* on ne trouve cet acharnement contre les personnages de l'épopée animale – la vengeance de Renart dans la branche X est malgré tout moins terrible. Brun et Tibert doivent eux aussi laisser, l'un une oreille, l'autre un oeil dans leurs rencontres avec les villageois. Il est vrai que dans *Reinhart Fuchs* Reinhart sème la mort et la désolation avec une malice proprement diabolique. Mais dans *Reinaert de Vos* les êtres humains jouent parfois un rôle qu'ils n'ont pas dans les autres branches de Renart. On se demande même si cette scène du supplice d'Isengrin si réaliste dans sa brutalité, n'avait pas été inspirée d'un incident véritable, du genre de celui dont Eustache Deschamps avait tiré le sujet d'un poème (cf. p. 451). Mais dans le réalisme de Willem, comme dans les tableaux des maîtres flamands, il y a toujours de la satire, le plus souvent assez mordante. La satire du prêtre, bon vivant, riche, qui singe les grands seigneurs avec leurs faucons dressés, est bien moins frappante que le tableau de la brutalité et de la sauvagerie des paysans, pour qui le clerc flamand ne manifeste pas plus de sympathie que ne l'avaient fait les trouvères français de Renart.

Aussitôt après la confession, Reinaert et Grimbert passent près d'un prieuré de « nonnes noires », où il y a quantité de volailles. Reinaert essaie de prendre un jeune coq, et reçoit une sévère réprimande, à laquelle il donne la réponse même du *Plaid*. Mais quand ils s'approchent de la cour, Reinaert commence à trembler. La nouvelle de son arrivée suscite une clameur furieuse, mais il s'avance fièrement, salue le roi, et se présente en serviteur très dévoué qui doit se défendre contre des accusations méchantes et mensongères. Quand le roi lui reproche le traitement qu'il a infligé à ses messagers, Reinaert les rend responsables de leur propre malheur, puisqu'ils s'étaient fait prendre en train de voler. Au beau milieu de sa plaidoirie, dans laquelle il fait surtout appel à la clémence du roi, une foule de bêtes se dressent et poussent des cris hostiles. Or l'énumération de ces bêtes ressemble tellement à celle de la branche I, qu'il serait impossible de prétendre que Willem n'a pas suivi le poème français. On peut même dire qu'il l'a suivi avec trop de fidélité, car, oubliant qu'il avait donné le nom Roussel à un fils de Reinaert, il introduit parmi cette foule hurlante messire Roussel l'écureuil, tel qu'il apparaît dans le *Plaid.*

Quand tout le monde a présenté sa plainte, Noble demande à ses barons de juger l'affaire, et Reinaert est condamné à être pendu. C'est à ce point (v. 1900) que se termine la première partie de *Reinaert I.* Jusqu'à la fin on reconnaît l'influence indéniable du *Plaid,* et très souvent le poème flamand est presque une traduction du français. Même des noms qui semblent tout à fait flamands sont parfois une traduction littérale du français, comme Cleenebejach le furet n'est autre que le Petitpourchaz du *Roman de Renart.* En même temps Willem, qui n'hésite pas à employer parfois du français, crée des noms bien français, tel « Forcadent », le nom du sanglier. Cet emploi du français semble indiquer que Willem destinait son œuvre à des lecteurs ou des auditeurs bilingues, ce qui ne l'empêche pas cependant de se moquer des « Fransquillons ». J'ai signalé à différentes reprises des similarités entre *Reinaert de Vos* et *Reinhart Fuchs.* Il n'est nullement impossible que Willem ait connu l'oeuvre du Glîchezaere, qui a dû exister déjà quand le poète flamand a décidé de commencer son propre récit de Renart, et certainement il est inutile de reprendre l'hypothèse trop usée d'un prototype disparu. Mais il faut reconnaître à Willem, malgré sa dette aux trouvères français, une originalité et un esprit d'invention qui ont ajouté au récit du *Plaid* bon nombre de traits nouveaux et amusants.

Si on veut bien reconnaître le talent et l'originalité de Willem dans la première partie de *Reinaert I,* on ne sera pas étonné de la nouveauté de la deuxième partie, et on n'aura pas envie de la traiter comme l'oeuvre d'un autre poète. A la suite de la condamnation de Reinaert le poème flamand cesse en effet de suivre le *Plaid* et devient en vérité une branche nouvelle et originale de Renart. Mais si elle est moins forte, l'influence du *Roman de Renart* s'y fait pourtant sentir, et les emprunts aux vieilles branches françaises sont encore abondants. Seulement, Willem utilise ces emprunts comme il veut. En même temps sa manière, ses idées, ses propres sentiments s'affirment plus nettement. Dans la deuxième partie Reinaert est opposé surtout au roi Noble, qui joue un rôle bien plus caractérisé que dans la plupart des branches, françaises ou autres, où nous l'avons trouvé précédemment. La deuxième partie est en grande partie un tableau de mœurs, où la satire guide souvent la plume du poète.

Nous avions laissé Reinaert au moment qu'il venait d'être condamné à la potence. Grimbert et les proches parents du goupil quittent la cour, car ils ne peuvent pas supporter l'idée de voir Reinaert pendu comme un voleur. Le roi Noble, qui est un monarque avisé, est bien contrarié de voir partir tant de jeunes gens, car même si Reinaert est méchant, pense-t-il, il a de proches parents très estimables. Il conseille à Isengrin et à Brun de faire dresser vite la potence, car Reinaert connaît tant de tours, qu'il pourrait facilement s'évader. Isengrin fait remarquer qu'il y a une potence déjà dressée tout près, et il pousse un soupir. Mais ce n'est pas la mort imminente de Reinaert qui l'attriste. C'est Tibert qui rappelle à Isengrin pour l'inciter à se venger, que Reinaert avait fait pendre autrefois les propres frères d'Isengrin, Rume et Widelanke, et c'est la vue de la potence qui inspire à Isengrin des souvenirs mélancoliques. Cet incident n'a pas d'équivalent dans les branches françaises, mais les deux noms font penser, par leur signification très spéciale – « Gros-Ventre » et « Long-Flanc », – à l'*Ysengrimus,* où des parents d'Isengrin portent des noms aussi descriptifs. En revanche, la réponse qu'Isengrin fait à Tibert correspond curieusement à une plaisanterie française bien célèbre :

> v. 1945 « Ne ghebrake ons niet een strop,
> Langhe heden wiste sijn crop
> Wat sijn achterende mochte weghen ».
>
> (« Si nous avions une corde, il y a longtemps que son cou aurait su ce que pèse son cul. »)

C'est Reinaert qui propose la solution à leur difficulté : qu'on lui abrège sa peine, supplie-t-il ; Tibert a une corde, celle qu'il a emportée autour du cou quand il s'est échappé du piège du curé. Brun, Isengrin et Tibert s'en vont tout joyeux préparer la potence après un dernier échange avec leur victime dans lequel Willem déploie avec art un humour très noir.

Reinaert n'a cependant pas perdu l'espoir, et il compte sur sa ruse pour le sauver encore :

> v. 2050 « Deus, wat joncheeren.
> Nu laetse springhen ende loopen.
> Levic, si sullent noch becoopen,
> Hare overdaet ende hare scampije,
> Mi ne ghebreke reinaerdije ».
>
> (« Dieu, quelle jeunesse ! Qu'ils courent et sautent seulement! Si je vis, ils payeront encore leur excès et leur raillerie, si ma renardie ne me fait pas défaut ».)

Il a en effet découvert une ruse pour tromper le roi, tout fin et prudent qu'il soit. Quand Noble donne l'ordre d'emmener Reinaert, celui-ci prend la parole pour demander qu'on prépare la potence ; en attendant il propose de faire sa confession en public. De cette manière ses crimes ne pourront pas être imputés plus tard à un innocent. Le roi lui dit de parler, et Reinaert commence une confession qui est un résumé de sa vie. Il raconte notamment qu'un jour il avait rencontré Isengrin sous un arbre près de Belsele. Isengrin croyait être son oncle, et lui expliqua leurs liens de parenté, après quoi ils devinrent compagnons et commencèrent à marauder ensemble. Isengrin volait les grandes pièces, Reinaert les petites, et le butin devait être mis en commun. Mais Reinaert se comptait heureux s'il obtenait sa part, car Isengrin lui faisait si mauvaise mine, qu'il la lui abandonnait très souvent. Mais, ajoute Reinaert, il ne faisait que peu de cas de cette injustice, tellement il était dévoué à son oncle. Et cependant il avait l'habitude de bien manger, car il possède beaucoup d'or et d'argent, assez pour remplir sept charrettes.

Cette révélation intéresse vivement le roi, qui demande l'origine du trésor. Prétendant vouloir tout révéler, Reinaert répond que le trésor était volé, mais il ajoute que s'il ne l'avait pas volé, on aurait attenté à la vie du roi. Cette révélation émeut la reine, qui supplie Reinaert de raconter le complot contre son mari. Reinaert prend son temps, faisant accroître l'impatience de ses interlocuteurs en affirmant que seule la crainte de l'enfer le fait divulguer son secret, car il faudra qu'il incrimine de ses plus chers parents. Le roi ordonne que personne ne parle, et dans un silence complet le goupil raconte une histoire de trahison dans laquelle il implique son propre père et son neveu Grimbert qui l'avait si bien servi. Mais c'est là une ruse, pour mieux faire croire son histoire, qui va surtout compromettre ses ennemis. Jadis, dit-il, son père avait trouvé, dans un lieu bien caché, le trésor du roi Ermenrik. Rendu orgueilleux par sa richesse, il méprisait ses anciens compagnons. Il envoya Tibert porter un message à Brun, dans les Ardennes, le pays sauvage, l'invitant à venir en Flandre s'il voulait être roi. Tout réjoui de cette perspective, puisqu'il convoitait depuis longtemps le trône de Noble, Brun vint rencontrer le père de Reinaert dans le Pays de Waas – « le doux pays ». Grimbert le Sage et Isengrin le Gris répondirent également à la convocation, ainsi que Tibert. Ils se réunirent à Hijfte, et tinrent conseil par une nuit obscure dans un endroit désert entre ce hameau et Gand. Ils jurèrent – sur la tête tonsurée d'Isengrin – de tuer Noble et de mettre à sa place Brun, qui s'assiérait sur le trône à Aix-la-Chapelle. Le père de Reinaert promit d'utiliser sa fortune pour réduire à l'impuissance les parents de Noble qui s'opposeraient au projet. En conclusion, Reinaert explique comment il a eu connaissance de cette trahison. Grimbert s'était enivré un jour en buvant trop de vin et dévoila tout à dame Hermeline, qui le raconta immédiatement à son mari. Pour expliquer le rôle qu'il avait joué par la suite, Reinaert raconte à l'assistance la fable des grenouilles qui demandaient un roi. Sachant que Brun était faux, méchant, orgueilleux et arrogant, il avait estimé que son avénement au trône serait un désastre. Mettre l'ours à la place de Noble, si bon, si doux, si gracieux à toutes les bêtes, lui semblait faire un bien mauvais échange. Il avait donc mis tous ses efforts, tout son esprit, à trouver le moyen de contrecarrer le funeste projet de son père. Il comprenait que tant que son père était en possession de sa fortune, les conjurés avaient les moyens d'exécuter leur projet. Il se mit à épier son père, le vieux rusé, dans tous ses déplacements. Un jour qu'il s'était caché dans la fougère, il vit son père sortir d'un trou, qu'il boucha soigneusement de sable avant de s'en aller. Reinaert pénétra dans le trou, où il trouva le trésor. Travaillant de toutes ses forces, jour et nuit sans repos, aidé de dame Hermeline, il emporta tout le trésor dans une autre cachette.

Pendant ce temps les conjurés n'étaient pas restés inactifs. Brun avait envoyé en secret des messagers dans tout le pays, promettant de l'or et de l'argent en abondance à ceux qui voulaient lui prêter leurs services. Le père de Reinaert parcourut tout le pays entre l'Elbe et la Somme pour engager de valeureux mercenaires. Au début de l'été il revint retrouver Brun et les autres conspirateurs, à qui il raconta ses aventures dans le pays saxon, où les chasseurs lui avaient fait la vie dure. En même temps il présenta la liste de ses recrues : 1200 de la famille d'Isengrin, sans compter les chats et les ours, ainsi que les goupils et les blaireaux de la Thuringe et de la Saxe. Mais quand il découvrit qu'on lui avait volé son trésor, sa rage fut telle, qu'il se pendit. Ainsi, grâce à la ruse de Reinaert, le complot échoua. Mais quel est son malheur ! termine Reinaert. Brun et Isengrin sont aujourd'hui du conseil privé du roi, tandis que lui, Reinaert, est le bouc-émissaire.

Tout ce récit est nouveau à l'épopée de Renart. Il est vrai que dans la branche Ia Renart est sauvé in extremis par l'intervention de dame Hermeline, qui offre au roi Noble une fortune pour sauver la vie de son mari, et il est très possible que cet incident ait pu inspirer à Willem l'idée du trésor. Mais le poète flamand a utilisé cette simple idée avec bonheur, la combinant d'abord avec une légende fort répandue aux Pays-Bas, celle du trésor caché d'Ermenrik, ou Ermerik, roi des Ostrogoths. Làdessus il a forgé son histoire de la conspiration. Il serait vain de chercher comme modèle de ce récit une quelconque conspiration historique ; bien qu'elles ne manquent pas à l'époque de la composition de *Reinaert de Vos,* on ne peut pas les rattacher au récit de Willem. Tel est l'avis de Muller, qui a avancé plutôt l'hypothèse d'un conte d'animaux qui aurait circulé en Flandre et qui aurait été à l'origine de notre récit. A ce propos il a cité, de la *Chronique* de l'historien néerlandais Willelmus Procurator (né vers 1275), l'histoire d'une querelle entre le comte de Hollande Florent V et le seigneur d'Amstel, et qui est représentée comme une conspiration de l'ours, du loup et du renard contre le lion :

> Tempore Florentii comitis in finibus Hollandiae pax summa floruit. Nam ve nobili, si minimum contra justitiam provocavit. Cum itaque leone, animalium rege, in cubili suo cum pacis gaudio quiescitur, per ursum, lupum et vulpem insidiis provocatur, et, quia vires deficiunt, consilio nituntur polluere et illum multis detractionibus persversisque studiis inclinare [1].

Muller estimait que cette chronique constituait la preuve de l'existence aux Pays-Bas au XIVème siècle d'un conte d'animaux conçu de la sorte, et il en concluait que ce conte aurait pu exister un siècle plus tôt et qu'il aurait pu servir de source au récit de Willem. Argument assez spécieux pourtant. Nous n'avons aucune preuve de la véritable existence d'un tel conte. Par contre le récit de Willem, qui date au plus tard du milieu du XIIIème siècle, a très bien pu servir de modèle pour la chronique du XIVème siècle, qui racontait des événements de la dernière partie du XIIIème siècle. Ce n'est pas la première fois qu'on aurait adapté ou imité des branches de Renart pour raconter des événements véritables de l'histoire.

[1] Citation de Muller, *Van den Vos Reinaerde,* II, p. 129.

Mais Muller avait contredit lui-même l'hypothèse d'une véritable conspiration à laquelle Willem aurait fait allusion. Il a fait remarquer que les histoires du trésor et du complot sont en grande partie des imitations parodiques de chansons de geste néerlandaises, et notamment, en ce qui concerne le complot, de *Carel ende Elegast.* La parodie, et la satire encore plus, sont en effet nettement plus marquées dans cette deuxième partie de *Reinaert de Vos.* Mais en dehors de possibles allusions historiques ou d'intentions parodiques ou satiriques, il faut tenir compte du talent de conteur que montre Willem. Le récit de la révélation de la conspiration que Grimbert avait faite à Hermeline est, pour employer les termes de Muller, un petit bijou de l'art de la narration en même temps qu'une exquise satire des femmes, de leur incapacité de garder un secret et de leur incurable bavardage. Willem se connaît aussi dans l'art du portrait. Patiemment il construit l'image du roi Noble, personnage certainement plus complexe que son modèle l'impétueux féodal des branches françaises. Quant à Reinaert, il se révèle dans son récit improvisé sous la menace de la mort plus que jamais maître de la fausetté et de la ruse. Aucun conteur de Renart n'avait jusqu'ici fait un récit si savamment construit, si perfidement plausible, que cette histoire de la conspiration. Si Reinaert échappe cette fois-ci à la hart, ce sera grâce entièrement à ses propres efforts, à son intelligence et son astuce que ne gênent point les scrupules, sans aucune aide de l'extérieur. Le caractère mesuré et calculateur du roi Noble exclut en outre un revirement inattendu et intempestif de sa part, à la manière de celui qui avait sauvé Renart plus d'une fois dans des branches françaises.

Le récit de Reinaert a en effet le résultat escompté. Dans le *Plaid,* Renart doit sa vie à une certaine affection que le roi lui garde, malgré ses nombreux crimes. Dans le *Reinaert,* c'est la cupidité du roi qui le sauve, comme dans la branche Ia. En échange de l'assurance d'un pardon, Reinaert accepte de révéler au couple royal le lieu où se trouve son trésor. Noble répugne encore à faire confiance à Reinaert, en qui le vol, la rapine et le mensonge sont innés, mais la reine a été prise par la tactique du goupil. Le fait que Reinaert avait accusé son propre père et le fidèle Grimbert, quand il aurait pu mettre d'autres animaux en cause, convainc la reine de la sincérité de son récit. Poussé donc par la reine, et tout en exprimant les plus graves doutes, le roi accepte de faire confiance à Reinaert et d'arriver à l'accord voulu. Il ajoute pourtant un avertissement terrible : si Reinaert lui fait encore une méchanceté, tous les membres de sa famille, jusqu'au dixième degré, l'expieront !

Le roi donne un fétu de paille à Reinaert en signe de pardon pour ses crimes et pour ceux de son père. On se rappelle que dans la branche I Renart « ront le festu, si lor pardone » (v. 1433), avant de partir en pèlerinage, et on peut penser que Willem a suivi son modèle français, bien que cet usage fût observé parmi les Francs, remarquent Muller et Ernest Martin, pour sceller un accord ou confirmer un pardon. La joie de Reinaert est à son comble, et à son tour il donne au roi un brin de paille, lui donnant ainsi symboliquement le trésor d'Ermenrik. Il indique ensuite la cachette du trésor. Dans la partie orientale de la Flandre, dit-il, se trouve un bois qui s'appelle Hulsterloo. Non loin de là, au sud-ouest, il y a un ruisseau sinueux, le Kriekepit. C'est un des lieux les plus déserts du royaume, fréquenté seulement par la chouette et le butor qui viennent y faire leur nid. C'est là que se trouve le trésor, au pied d'un bouleau près de la source.

Le roi veut que Reinaert l'accompagne à l'endroit, car il le soupçonne de vouloir le tromper. Kriekepit lui semble un nom inventé. Mais Reinaert est plus rusé que le roi: il fait appeler Couart, qui, intimidé par tant d'honneurs, confirme en balbutiant les dires de Reinaert sur l'endroit où se trouve Kriekepit. Il est sur le point même de faire d'autres révélations qui ne sont pas au goût de Reinaert, mais le goupil le renvoie à temps. Noble est finalement convaincu, et demande de nouveau que Reinaert l'accompagne. Reinaert a bien préparé son affaire. Accompagner le roi, prétend-il, serait l'entacher de sa très grande faute. Autrefois, explique-t-il, Isengrin s'était fait tonsurer et était entré dans les ordres. Mais il s'y trouvait très mal, car même en recevant la part de six moines, il était toujours tenaillé par la faim. Il se plaignait tellement, que Reinaert eut pitié de lui et lui conseilla de s'enfuir. Pour ce péché Reinaert prétend avoir été excommunié. Il a par conséquent l'intention de partir le lendemain, à l'aube, chercher pardon à Rome, d'où il veut partir en pèlerinage en Terre Sainte. Ce serait donc déshonorant pour le roi d'être associé à un banni, un proscrit. Pour calmer les doutes de Noble, très sceptique, Reinaert ajoute qu'il avait été excommunié il y a trois ans par le doyen Herman en plein synode. Noble se laisse convaincre par tous ces détails ; il loue les pieuses intentions du pénitent et lui recommande d'aller chercher son pardon au plus vite. Que Dieu l'aide à accomplir son pieux dessein, pour le bien de tous !

Dans le thème du pèlerinage, qui est associé à l'histoire du moniage d'Isengrin, on reconnaît encore l'influence des branches françaises. Il faut en même temps rendre hommage à la manière dont Willem a utilisé ces deux thèmes si connus et si appréciés de l'épopée animale. Au lieu d'imiter tout bonnement les branches françaises, il a inventé une situation toute nouvelle : l'histoire du trésor a sauvé Reinaert d'une pendaison qui avait pourtant été imminente ; menacé d'être pris encore, il pare le nouveau danger avec un nouveau mensonge, le prétexte d'un pèlerinage. Tout est parfaitement motivé, et tout se déroule d'une façon logique. Dans le *Plaid* nous sommes quelque peu surpris de la rapidité avec laquelle Noble accorde son pardon à Renart sur sa simple promesse d'aller en Terre Sainte en pèlerinage. Dans le *Reinaert* il y a un développement psychologique qui n'existe pas dans la branche française. Le roi n'est nullement disposé au début à pardonner ses crimes à Reinaert, ni à croire à ses histoires, et c'est seulement après beaucoup d'hésitations que, à moitié convaincu par cet amas de mensonges si adroitement fabriqué, il cède à la fois aux persuasions de sa femme et à l'appât du gain. Willem pousse en effet la motivation et l'analyse psychologique bien plus loin que la plupart des conteurs de Renart.

Il est permis de penser que le doyen Herman qui aurait

excommunié Reinaert fut un personnage historique, dont le nom, bien connu en Flandre, devait donner une certaine vraisemblance aux assertions du goupil. Ernest Martin a fait état d'une communication de C. A. Serrure, d'après laquelle un certain Herman aurait été doyen d'une école à Gand en 1226, mais il a ajouté qu'il n'avait pas trouvé lui-même le passage indiqué. D. Stracke maintient en revanche que le doyen Herman ne devait certainement plus être en vie quand Willem parlait de lui, et il suggère un autre Herman bien connu à son époque, doyen à partir de 1141 sous Milo, évêque de Thérouanne [1]. Mais très probablement les doyens du nom de Herman ne manquaient guère plus que les clercs du nom de Willem, et dans l'état actuel de nos connaissances du *Reinaert* on ne peut pas accepter cette identification sans réserve.

Dorénavant les événements se précipitent, jusqu'à la fin du poème. Le roi pardonne publiquement tous ses méfaits à Reinaert et lui accorde solennellement sa paix. En conclusion il annonce la décision du goupil de partir en pèlerinage à Rome et ensuite en Terre Sainte pour demander absolution de ses péchés. Tiécelin s'envole immédiatement prévenir Brun, Isengrin et Tibert, qui sont occupés à préparer la potence. Reinaert, dit-il, est tout-puissant à la cour, et eux, ils sont trahis tous les trois. Isengrin l'accuse sèchement de mentir et s'en va en courant rejoindre le roi, suivi de Brun. Tibert, plus intelligent, demeure assis sur la croix, transi de terreur, ne sachant quel parti prendre et se lamentant d'avoir jamais rencontré Reinaert.

Arrivé à la cour, Isengrin se fraie un chemin à travers la foule et s'adresse rageusement à Reinaert. Le roi le fait saisir avec Brun, ils sont ligotés comme des chiens enragés et emmenés. La vengeance de Reinaert est terrible. D'abord il fait couper dans la peau du dos de Brun un morceau long et large d'un pied, pour s'en faire un sac de pèlerin. A la reine il demande qu'on lui donne quatre bonnes chaussures, et il promet en retour de cette faveur de se souvenir d'elle dans ses prières.

[1] Desiderius Stracke, *Deken Herman uit den Reynaert*, Tilburg, 1923. Cette hypothèse a été acceptée par J. W. Muller et J. van Mierlo.

La pieuse reine fait donc dépouiller Isengrin et Hersent de la peau de deux pattes. Aux souffrances de sa tante Reinaert ajoute de cruelles plaisanteries : elle a, dit-il, déjà eu beaucoup d'ennuis à cause de lui, mais ce dernier le réjouit, car elle participera à toutes les indulgences qu'il obtiendra, puisque c'est dans ses chaussures qu'il ira au delà des mers.

Le lendemain, à l'aube, Reinaert met ses chaussures et demande qu'on lui donne le bourdon et la besace avant son départ. Noble fait venir Belin, son chapelain, et lui dit de donner une bénédiction au pèlerin. Belin s'y refuse, car Reinaert est, de son propre aveu, excommunié. Noble cite un « maître Jufroot » qui déclarait que même le plus grand pécheur du monde peut se racheter par la confession et la pénitence. Belin refuse encore, à moins de recevoir du roi l'assurance qu'il le garantira des réprimandes du doyen ou de l'évêque. Le roi se fâche : depuis longtemps il n'a pas demandé autant à Belin, il aimerait mieux le voir pendre que le prier davantage. Effrayé, Belin prépare en tremblant son autel, et commence à chanter et à réciter tout ce qui lui passe par la tête. Ayant terminé l'office du jour, il suspend le sac fait de la peau de Brun au cou de Reinaert et lui donne son bourdon. Reinaert pleure, mais son seul chagrin est de ne pas avoir pu traiter tous ceux de la cour comme il avait traité Brun et Isengrin. Il demande à tous de prier pour lui. Mais ces adieux lui semblent bien longs, il voudrait être déjà loin de la cour. Le roi le recommande à la protection de Dieu et ordonne que toute la cour l'accompagne à son départ. Le plus malheureux aurait ri de voir Reinaert ; portant bourdon et besace allégrement, ses chaussures neuves aux pieds, il a presque l'air d'un vrai pèlerin.

Le moment de la séparation est venu, il ne faut pas l'accompagner plus loin, dit Reinaert. Si les deux assassins s'échappaient, le roi serait en plus grand danger que jamais. Se dressant de toute sa hauteur, il se recommande aux prières de tous ceux qui veulent participer aux bienfaits qui résulteront de son pèlerinage. Il prend un air si triste, que plusieurs ont pitié de lui. Il s'adresse en larmes à Couart : faut-il donc qu'ils se quittent ? Si Dieu le veut, Couart et Belin l'accompagneront, ce sont de bons compagnons, qui ne lui ont jamais été hostiles. Leur vie est sans reproche, ils vivent comme lui, Reinaert, vivait du temps qu'il était ermite, se contentant d'un peu d'herbe ou d'autre verdure, sans demander pain ni viande.

Dupes de toutes ces flatteries, les deux bêtes accompagnent Reinaert jusqu'à Maupertuis. Belin reste devant la porte, tandis que Couart entre avec Reinaert pour consoler dame Hermeline et ses enfants après le départ du goupil. Reinaert est reçu avec des transports de joie, car on le croyait mort. Il raconte brièvement ce qui s'était passé, ajoutant ironiquement que Brun et Isengrin sont restés comme otages pour lui, tandis que le roi lui a donné Couart en signe de réconciliation, pour faire de lui ce qu'il veut. Il est en effet bien fâché contre Couart, qui l'avait le premier accusé auprès du roi ; il mérite un bon châtiment. Couart comprend le danger, il veut fuir, mais Reinaert lui barre la porte et lui laisse à peine le temps de pousser un cri avant d'être égorgé. Reinaert convie toute sa famille au festin. Puis il raconte tout à sa femme et annonce son intention de fuir la vengeance du roi. Il connaît un endroit sauvage, où ils pourront vivre agréablement et en toute tranquillité, sans crainte d'être découverts. Hermeline lui rappelle son voeu de ne plus habiter le pays avant d'accomplir son pèlerinage. Mais Reinaert se moque de son vœu ; une promesse faite sous la contrainte est sans valeur. Faire le pèlerinage ne servirait à rien. Mais quand le roi saura qu'il n'y a pas de trésor, il sera plus furieux que jamais contre lui, et sa vie ne vaudra rien s'il tombe de nouveau dans son pouvoir.

Pendant ce temps Belin s'impatiente devant la porte et appelle Couart. Reinaert le renvoie avec l'explication que le lièvre va rester un peu pour réconforter Hermeline et ses petits. Sous prétexte de lui confier une lettre pour le roi, Reinaert donne à Belin sa besace, dans laquelle il a mis la tête de Couart. Pour comble de méchanceté il adjure Belin de livrer le sac au roi sans l'ouvrir et de réclamer comme son œuvre la lettre de Reinaert. Il en recevra une belle récompense ! Belin saute de joie et s'en va à la cour. Reinaert réunit sa famille et ils se mettent en route aussitôt, pour fuir la colère du roi.

En quittant Maupertuis, Reinaert disparaît du poème. A l'arrivée de Belin le roi est frappé de voir qu'il porte la besace du pèlerin, et il demande tout de suite une explication. Belin présente le sac, en se vantant d'être l'auteur de la lettre qui s'y trouve. C'est Botsaert, le clerc du roi, qui ouvre le sac et fait l'horrible découverte. Accablé de douleur, Noble laisse tomber sa tête sur sa poitrine ; puis, se redressant, il pousse un rugissement épouvantable qui fait trembler toute l'assistance. Le léopard Firapel, parent éloigné du roi, essaie de calmer sa douleur, mais Noble est inconsolable. Il se hait, de s'être laissé tromper par la méchante créature qu'est Reinaert. Il a perdu ses amis, Isengrin et le valeureux Brun, son honneur et sa vie sont atteints. Mais Firapel propose une manière de réparer l'injustice qu'ont subie l'ours et le loup : c'est Belin qui doit payer, car d'après son propre aveu c'est lui qui a trahi Couart. Qu'on le punisse donc, ensuite ils iront tous prendre Reinaert et le pendre sans autre jugement. Noble donne son assentiment prestement, et Firapel s'occupe d'effectuer la réconciliation. Il fait libérer Brun et Isengrin. Il leur exprime les regrets du roi, puis il explique les réparations qu'il leur propose : le roi leur donne le droit, qui sera valable jusqu'au jour du jugement dernier, de saisir et de dévorer Belin et tous ses parents, partout où ils les trouveront. Mais avant tout, le roi les autorise à faire impunément tout le mal possible à Reinaert et à toute sa race. Le roi est prêt à accorder ces privilèges pour toujours et sans réserve, à la seule condition que les autres lui jurent hommage et fidélité. Brun et Isengrin préfèrent la forêt à la prison, et ils s'en vont avec le léopard faire leur paix avec Noble.

Ainsi se termine l'histoire de *Reinaert de Vos*. Fidèle aux traditions du genre, Willem a fait échapper Reinaert à tous les dangers qui le menacent à différents moments du récit, et le rusé héros se venge à la fin de tous ses ennemis. La conclusion, avec son air presque de fable, semblait à Muller contraster assez fortement avec le ton satirique du reste du poème. Cette différence de ton, ajoutée à des considérations de style et de vocabulaire, avait amené Muller à la conclusion que c'est un autre poète, ou même un copiste, qui a composé la conclusion. Il est vrai que la conclusion n'est pas indispensable au poème, mais je ne suis pas sensible à la différence de ton qui avait frappé Muller. Au contraire, cette conclusion apporte, à mon avis, une dernière touche au tableau satirique du roi Noble, qui fait subir à un innocent les lourdes conséquences de ses propres erreurs et de sa propre convoitise.

On est particulièrement frappé d'abord par l'originalité de la deuxième partie de *Reinaert de Vos,* mais à la réflexion on reconnaît beaucoup d'éléments empruntés aux branches françaises ou ailleurs. Muller avait rapproché la revanche que Reinaert prend sur Brun et Isengrin du récit du loup écorché dans l'*Ysengrimus.* Il n'est pourtant pas nécessaire de remonter jusqu'à l'œuvre de Nivard, car on trouve le motif du loup écorché dans la branche X, *Renart Médecin.* En même temps la vengeance du goupil s'étend dans le poème français à ses autres ennemis, comme dans le *Reinaert,* tandis que le méfiant Tibert réussit à sauver sa peau dans les deux récits. L'image de Tibert, réfugié en haut de la potence, rappelle d'ailleurs celle de la branche XV, où il se perche sur la croix pour manger l'andouille en paix. Muller voit l'influence de la branche VIII, le *Pèlerinage,* dans le récit du départ de Reinaert, accompagné de Belin et de Couart. Dans la version française il est vrai que Renart persuade Belin et Bernart l'âne de l'accompagner à Rome, mais il n'y a aucune mention de Couart. Il me semble au contraire que Willem a plutôt été inspiré d'un détail amusant de la branche I. Dans le *Plaid,* au moment de partir, le faux pèlerin Renart s'aperçoit de Couart qui se tient, tout tremblant, sous la haie. Il l'assomme avec son bourdon et l'emporte dans l'intention non déguisée de le manger, mais Couart réussit à s'échapper. La mort de Couart est donc une invention de Willem, qui a sans doute voulu compléter par cet acte final son portrait d'un Reinaert cruel et perfide, dénué de tout scrupule. Mais c'est peut-être l'*Ysengrimus,* pensait Muller, qui a fourni l'idée du renvoi de la tête du lièvre, à l'instar de la scène où Reinardus présente la tête du loup à ses convives (Livre IV). Le sort de Couart fait penser d'un autre côté au récit, en latin, de l'ambassade du lièvre et de l'âne, dans lequel l'âne, retenu à dîner par le goupil, finit par être dévoré lui-même. En somme, c'est encore la branche I du *Renart* qui a inspiré une grande partie de la dernière moitié du poème flamand. C'est certainement au *Plaid* que Willem devait d'abord l'idée du pèlerinage comme moyen de sortir Reinaert d'une situation des plus critiques. On peut même dire que Willem a tout simplement suivi le *Plaid,* en y ajoutant l'histoire du trésor que lui proposait la branche Ia. La reine du poème flamand ressemble en tout point à dame Fière, dévote, niaise, trop sensible aux flatteries et mensonges du goupil. Enfin on peut faire des rapprochements de détail, tel que le rugissement du roi qui fait trembler toutes les bêtes et qui est comme l'écho de celui qu'avait poussé Noble en voyant le corps de dame Coppe dans la branche française du *Plaid.*

Il est certain que Willem a beaucoup emprunté au *Roman de Renart.* L'influence du *Plaid* se fait sentir dans tout le poème flamand, et des passages entiers ne semblent guère être que des traductions du français. On reconnaît sans difficulté de nombreux souvenirs des branches II-Va, III, V, VIII, X, et peut-être d'autres encore. Dans sa confession Reinaert avait en effet raconté un tour joué à Isengrin qui semble se rattacher à la branche XII, *Les Vêpres de Tibert.* Or cette branche date, selon Lucien Foulet, de 1190, l'année qui a dû voir paraître aussi la branche VI, dont nous avons peut-être un vague souvenir dans le récit de Grimbert, où il dit que Reinaert avait été pris et mis dans un sac, d'où il s'était échappé avec beaucoup de mal. Il me semble donc qu'on peut affirmer que *Reinaert de Vos* est du moins postérieur à 1190. Dans ce cas Willem aurait pu connaître le *Reinhart Fuchs* de Heinrich der Glîchezaere, ce qui expliquerait certaines ressemblances entre les deux oeuvres sans avoir recours à l'argument trop usé d'un prototype français commun aux deux, mais aujourd'hui inconnu. Nous avons remarqué à l'occasion que Willem, comme le Glîchezaere, est très attentif aux us et coutumes du droit criminel des pays germaniques. On peut remarquer toutefois que Willem était d'un pays d'origine germanique, même si le comté de Flandre était dans la mouvance française, et une partie de la Flandre était d'ailleurs terre impériale. Il est donc loisible de présumer que Willem, clerc flamand, connaissait le droit germanique et qu'il a pu, de son propre chef, insister par exemple sur l'obligation de convoquer un accusé trois fois. Mais on peut observer aussi que dans le *Reinaert* Grimbert doit s'élever contre la foule pour faire respecter cet usage, tout comme l'éléphant l'avait fait dans le *Reinhart.* Un autre détail est cependant spécial aux deux poèmes flamand et alsacien. Dans. le *Roman de Renart,* du moins dans les branches les plus anciennes, le castor ne paraît guère – il est simplement mentionné parmi une foule d'autres bêtes, d'ailleurs partisans de Renart, dans la branche Va. Dans *Reinhart Fuchs* pourtant il joue un certain rôle et exprime l'avis que le goupil devrait être mis à mort. Dans *Reinaert de Vos* il est enfin nommé, et, comme si Willem avait voulu confier à un personnage nouveau une intervention nouvelle, Pancer le castor porte une nouvelle accusation sérieuse contre Reinaert, qu'il appelle traître et assassin. La coïncidence des rôles ne paraît pas absolument fortuite.

A ces considérations on peut en ajouter quelques autres, qui ne sont cependant pas plus concluantes que les premières. Dans *Reinhart Fuchs* et dans le poème flamand, le goupil exerce sa vengeance contre Brun, qui doit, exactement comme Isengrin, perdre sa peau ou une partie du moins. On peut comparer les deux récits avec la branche X, *Renart Médecin,* qui a dû leur servir de modèle mais où l'ours n'est pas compris parmi les victimes de Renart. L'explication que Reinaert donne de son association avec le loup – « Ic hietene oom, dat was baraet, Isingrine » (« J'ai appelé Isengrin « oncle », mais c'était une ruse »), – aveu qui est suivi du récit de tous les tours qu'il lui avait joués par la suite, correspond assez curieusement par le sens et par l'ordonnance des idées à l'histoire du compérage des deux bêtes telle que le Glîchezaere l'a racontée. Finalement, on est quelque peu frappé par le ton un peu pessimiste, par la couleur sombre et un peu sinistre, qui caractérisent les poèmes alsacien et flamand par rapport aux branches françaises, auxquelles ils avaient pourtant beaucoup emprunté. Malgré la satire, malgré des observations désabusées et critiques des poètes français, les vieilles branches du *Roman de Renart* sont gaies, enjouées, et Renart reste toujours un joyeux coquin, rusé, faux, mais sympathique. Dans *Reinhart Fuchs* le goupil devient plutôt un personnage sinistre et vraiment diabolique, qui sème la mort et la douleur partout où il passe. Le pessimisme du poème alsacien est absent, certes, de *Reinaert de Vos,* mais la cruauté, que ce soit de la part de Reinaert ou des êtres humains, ne l'est pas – le poème se termine sur la mort de Couart et de Belin, deux des personnages originaux de l'épopée animale, et des plus inoffensifs – et il y a une similarité certaine entre les deux poèmes dans la disparition, mystérieuse et finale, du goupil, accompagné par ses parents, après avoir fait la désolation autour de lui. Il me semble en effet que Willem a dû connaître *Reinhart Fuchs* et qu'il a dû en être influencé dans une certaine mesure, dans la conception de la personnalité du héros comme dans les détails de certains épisodes. Il a remplacé le pessimisme du poème alsacien par une satire poussée – *Reinhart Fuchs* contraste avec la plupart des poèmes de Renart par l'absence de la satire – qui par sa malice même finit par nous faire rire.

A côté de l'imitation des branches françaises on trouve dans *Reinaert de Vos* un fort élément de parodie. Willem a parodié de son propre chef les chansons de geste et les romans bretons. Parfois il leur a emprunté des thèmes tout entiers, comme par exemple celui de la conspiration contre le roi Noble qui semble provenir de *Carel ende Elegast.* Muller a établi des concordances textuelles entre le *Reinaert* et *Carel ende Elegast,* mais il a surtout signalé l'importance de cette épopée néerlandaise dans la création de la deuxième partie de l'œuvre de Willem, dont elle semble en effet avoir été le modèle : « Reinaert est à plusieurs points de vue le pendant (parodique) d'Elegast, le « maître voleur », qui pourtant, toujours fidèle à son roi, dèjoue le complot contre sa vie. La conspiration est située également dans les Ardennes, « le pays sauvage » (l'expression revient dans le *Reinaert*), où des bannis tels que les fils d'Aymon et Elegast se tenaient depuis longtemps » [1]. A côté de ces rapports étroits avec *Carel ende Elegast* Muller a signalé des passages du *Reinaert* qui renvoient plus ou moins directement à *Walewein, Lorreinen, Ferguut, Floris ende Blancefloer.* Gerritz Kalff [2] a de sa part observé que si Willem a surtout suivi le *Plaid* dans son récit du combat de Brun avec les villageois, il a parodié en même temps le *Lancelot* et *Walewein.* Il a ajouté que le *Plaid* avait déjà peut-être parodié le *Lancelot* dans la description moqueuse des villageois, mais il considérait cette possibilité comme peu probable. C'est donc avec le *Lancelot* néerlandais, vaste compilation englobant les récits de Chrétien de Troyes, de la *Quête du Graal* et du *Lancelot* en prose, que Kalff, suivi plus tard par Muller, a comparé *Reinaert de Vos.* Il a fait ressortir aussi l'importance du « maagschap », des rapports de famille dans le *Reinaert,* dont on ne trouve pas l'équivalent dans le *Roman de Renart* ni dans la plupart des romans français de l'époque. Cette particularité, a-t-il conclu, indique, avec d'autres similarités, que Willem a dû parodier de son propre chef *De Roman der Lorreinen,* adaptation néerlandaise de la *Chanson des Lorrains* mais dans laquelle on trouve les rapports de famille mis en relief comme dans le *Reinaert.*

On reconnaît donc à peu près à l'unanimité que Willem a emprunté, généralement dans un but de parodie, des passages

[1] *Van den Vos Reinaerde,* I, p. 25.

[2] *Geschiedenis der Nederlandsche Letterkunde,* I, Groningue, 1906, p. 195-209.

aux chansons de geste et aux romans bretons que je viens de citer. Il n'a fait que suivre l'exemple des trouvères français, car la parodie de la chevalerie et des romans chevaleresques avait caractérisé l'épopée animale dès ses débuts, et je l'ai signalée à plusieurs reprises en parlant de *Reinaert de Vos*. Mais cette parodie pose de nouveau la question tant discutée de la date de composition du poème de Willem. En effet, toutes les traductions néerlandaises des romans bretons, a dit J. L. Walch, datent de la première moitié du XIIIème siècle [1], et on peut dire la même chose des traductions des autres romans chevaleresques. Il ne pourrait guère en être autrement, puisque, à l'exception des poèmes de Chrétien de Troyes, presque tous les ouvrages français qui sont à l'origine des chansons et romans néerlandais – *Florence et Blanchefior*, la *Chanson des Lorrains*, *Fergus*, le *Lancelot-Graal* – sont de la dernière partie du XIIème siècle ou encore de la première partie du XIIIème siècle. On ne connaît pas l'original français de *Carel ende Elegast*, bien que presque tous les éléments qui le composent se trouvent dans différents ouvrages français, tels que *Renaut de Montauban* ou *Le Restor du Paon*, mais le poème néerlandais n'est certainement pas antérieur au XIIIéme siècle. Or, si on accepte les vues de Kalff et de Muller, c'est-à-dire que Willem a connu les romans néerlandais, il est certainement nécessaire de reconnaître que la date de composition de *Reinaert de Vos* est bien postérieure à l'an 1200. On peut objecter tout de suite que Willem, qui a souvent traduit les branches françaises du *Renart* et qui était très certainement bilingue, a pu parodier, comme d'ailleurs ses prédécesseurs français l'avaient fait, les chansons de geste, les romans chevaleresques et les romans bretons de Chrétien de Troyes. Après tout, Chrétien n'avait-il pas composé son *Perceval* pour Philippe d'Alsace, comte de Flandre, et ne peut-on pas penser que Willem a connu lui aussi la cour flamande ? Il me semble d'ailleurs que les concordances entre le *Reinaert* et tous ces autres ouvrages, dont Muller a établi une liste im-

[1] *Nieuw Handboek der Nederlandsche Letterkundige Geschiedenis*, La Haye, 2 ème éd. revisée, 1947, p. 100.

pressionnante, ne sont pas absolument convaincantes. Par leur nombre même il est évident qu'elles se rapportent à des expressions ou des idées très courantes dans la littérature chevaleresque et épique, française aussi bien que flamande. Muller a même rapproché des passages du *Reinaert* de différents ouvrages de Jacob van Maerlant. Mais van Maerlant composait dans la deuxième moitié du XIIIème siècle, et en outre les vers que j'ai cités de son *Rijmbibel* (cf. p. 604) sont certainement la preuve que c'est lui qui a dû imiter l'œuvre de Willem. Quant à l'importance du « maagschap » dans le *Reinaert,* on peut faire prévaloir que les rapports de famille jouent un certain rôle déjà dans le *Roman de Renart,* mais qu'ils sont mis encore plus en relief dans *Reinhart Fuchs* – témoin le rôle du lynx, ou encore la scène du serment solennel, quand Isengrin arrive « unde brachte vil der mage sîn ».

De toutes ces considérations on peut tirer des conclusions tout à fait contradictoires. Il ne me semble pas impossible de croire que Willem a parodié surtout la littérature française, y compris le *Lancelot* et le *Perceval,* où il a fait la connaissance de Gauvain. Par la suite les poètes néerlandais ont certainement eu recours aux mêmes oeuvres françaises, et on peut donc attribuer à cette communauté de sources les concordances que Muller a signalées si consciencieusement. A moins que ce ne soit l'œuvre de Willem qui ait influencé en partie les chansons et les romans néerlandais, ce qui semble bien être vrai de l'œuvre de Jacob van Maerlant. Ou bien, si on doit accepter de croire que Willem a parodié les œuvres néerlandaises, ou même une œuvre française telle que le *Fergus,* qui date d'environ 1216, il faut admettre que *Reinaert de Vos* a dû être composé bien après 1200, et peut-être même aussi tard que le milieu du siècle, ce que d'ailleurs Ernest Martin avait essayé de démontrer. Je reviendrai encore sur cette question épineuse.

En dehors de la parodie de la littérature épique et chevaleresque, j'ai signalé certains emprunts par Willem à l'*Ysengrimus,* et peut-être l'influence de *Reinhart Fuchs.* Willem a emprunté finalement aux légendes populaires flamandes, qui lui ont fourni le thème du trésor du roi Ermenrik. Mais grâce au talent du poète, *Reinaert de Vos* est une œuvre unie, homogène, il est à la fois un chef d'œuvre de la vieille littérature flamande et la plus parfaite des versions dans toutes les langues des aventures de Renart. Conçu de la même façon que *Reinhart Fuchs, Reinaert de Vos* reste plus fidèle à l'épopée animale, à sa tradition comique et satirique. Tout en conservant le fond si souvent raconté de la cour plénière du roi Noble, Willem a incorporé de nombreux incidents des autres branches françaises dans un arrangement rigoureux dont résulte une unité et une simplicité débarrassées des inconséquences ou des invraisemblances qui caractérisent tant de branches de Renart. Par la simplicité de la construction Willem a pu éviter les explications et les mises au point qui alourdissent parfois le poème du Glîchezaere ; par le choix et l'arrangement des incidents tout s'explique, et on n'a plus besoin d'une connaissance des sources pour comprendre les allusions, ce qui n'est pas toujours vrai de *Reinhart Fuchs.* De cette unité et de la logique de la narration il résulte une vraisemblance, voire un réalisme, que nous ne sommes pas habitués à trouver, du moins développés à un tel point, dans l'épopée de Renart. Aux qualités de narrateur Willem ajoutait un talent de portraitiste et de psychologue. Le caractère des principaux personnages a été plus développé, la motivation psychologique de l'histoire plus étudiée que dans les branches primitives. Il faut reconnaître que la psychologie qui détermine les actes de notre monde animal est purement humaine, mais Willem ne donne pourtant pas dans l'anthropomorphisme complet de certaines branches françaises. S'il a parodié le monde féodal et chevaleresque, ses personnages restent néanmoins des bêtes. Si le père de Reinaert et les autres conspirateurs engagent tous leurs parents des régions de l'est sous leur bannière, à la manière des héros de la *Chanson des Lorrains,* nous n'assistons pourtant pas aux luttes de chevaliers médiévaux que nous offrent par exemple la branche XI.

Il est cependant vrai que Willem a fait, en partant de la simple parodie, une satire très poussée de la société autour de lui. Déjà dans son modèle, le *Plaid,* nous avions trouvé la satire du roi, du clergé, des croisades, des femmes, des grands féodaux rapaces, par conséquent nous ne sommes pas étonnés de retrouver la même satire dans la première partie de *Reinaert de Vos.* Comme dans l'original français, c'est le clergé qui est le plus malmené, peut-être davantage encore. Satire des saints offices, bien entendu, dans la confession de Reinaert, commencée par du mauvais latin et terminée par une pénitence bien dérisoire. Satire de l'hypocrisie religieuse, dont Reinaert donne l'exemple par sa confession et par son prétendu pèlerinage. Satire non seulement des mauvaises confessions, mais aussi des confesseurs qui comme Grimbert montrent une curiosité indue pour des détails scabreux. Satire très développée du clergé : d'abord du clergé des campagnes, représenté par ce curé de village qui attaque Brun avec le crucifix et qui non seulement vit en concubinage, mais promet des indulgences extraordinaires à celui qui sauvera sa femme. Nous avions trouvé dans les branches françaises, et notamment dans le *Plaid,* ce mépris des clercs, des lettrés, pour le bas clergé, peu instruit, pauvre et peu différent de ses paroissiens incultes, mais cette allusion moqueuse à l'abus des indulgences est une addition de Willem. Et quand le religieux est d'un échelon supérieur, tel que le curé de Bolois, le poète ne manque pas de faire une allusion discrète mais ironique à sa gloutonnerie et à son amour de la bonne chère. Il faut remarquer pourtant que Willem ne raille jamais, il ne met aucune note personnelle dans ses observations touchant le clergé. Il se contente de décrire, et bien qu'on sente l'ironie derrière ses observations, c'est justement l'absence de toute moralisation, du ton didactique ou sermonneur, a remarqué un autre critique néerlandais [1], qui rend plus aiguë cette satire. Le rôle de Belin illustre bien la manière du poète. Ignorant, sot, vaniteux mais lâche, cherchant toujours à éviter une réprimande de son évêque, le chapelain du roi Noble se soucie peu de sa responsabilité morale. C'est un rôle quelque peu ambigu. L'ardeur avec laquelle il

[1] P. H. van Moerkerken, Jr., *De Satire in de Nederlandsche Kunst der Middeleeuwen,* Amsterdam 1904 ; ch. III, « *Reinaert de Vos* », p. 38-53.

s'empresse de se vanter de connaissances littéraires peut être interprétée comme un trait peu flatteur à l'adresse des clercs. Willem se moque plus ouvertement de ce sot qui se réjouit d'avance des honneurs qu'il pense récolter des ses prétendus talents :

« Men saels mi spreken grooten lof
Bi u, alse men in dat hof
Sal segghen dat ic wel can dichten
Met scoonen woorden ende mit lichten,
Also als ics niet ne can.
Men seit dicke : « Hets menich man
Groot eere ghesciet, des hem God jonste
Van dinghen die hi lettel conste ».

(« On me fera de grands honneurs quand il sera dit à la cour que je sais écrire si bien et si facilement, quoique j'en sois tout à fait incapable. On dit souvent : « Mainte personne reçoit de grands honneurs par la grâce de Dieu pour des choses dont il n'était guère responsable ».)

Belin est presque sûrement l'interprète de la véritable pensée de Willem, qui pouvait vraisemblablement émettre une opinion autorisée sur les clercs, ses collègues, ou sur ceux qui voulaient l'être. C'est un jugement adressé spécifiquement aux clercs de chancellerie, dont les représentants dans *Reinaert de Vos,* Belin, Brunel l'âne, et Botsaert, vraisemblablement le singe, figuraient traditionnellement au Moyen Age, observait Muller, le sot, le paresseux et le bouffon !

En parlant du *Plaid* Lucien Foulet avait remarqué que la boutade au sujet des croisades « donne tout de même à réfléchir », même s'il ne faut pas y voir une condamnation en règle. Willem n'a pas reproduit la boutade, mais on peut croire qu'il n'avait guère plus de respect pour les pèlerinages que le poète français. C'est une leçon acerbe que porte en effet son récit : sous prétexte de partir en pèlerinage en Terre Sainte le plus grand pécheur échappe à un châtiment mérité. Mais en outre il est libre de reprendre ses mauvaises habitudes et de faire souffrir des innocents, tandis que les responsables font payer à d'autres innocents leur propre légèreté et leur crédulité.

Toujours d'une manière très impersonnelle et sans les observations – souvent traditionnelles – de mépris qui reviennent fréquemment dans les branches françaises, Willem peint un tableau très dur des mœurs et de la mentalité des vilains. Les villageois qui trouvent dans le nombre le courage suffisant pour attaquer Brun pris dans le chêne, sont affublés de noms et d'épithètes désobligeants et moqueurs. Leurs difformités physiques suscitent la dérision. Leur sensualité est satirisée vigoureusement. Leur cruauté, qui appartient pourtant à un âge peu tendre, est dépeinte sans ménagement dans la scène du traitement barbare que doit subir Isengrin. Dans son prologue Willem affiche son dédain pour les sots et les ignorants et prétend s'adresser à ceux qui vivent « honorablement et courtoisement », qu'ils soient riches ou pauvres, mais il faut reconnaître que dans cette déclaration il y a surtout la parodie de la littérature courtoise. Willem n'insiste pas sur la bassesse innée, la nature inférieure des vilains, toutefois ce sont bien ces impressions qui se dégagent de ses tableaux des paysans, d'un réalisme brutal.

Si, dans la première partie de *Reinaert de Vos,* partie imitée du *Plaid,* c'est toujours le clergé qui est le plus malmené, dans la deuxième partie la satire vise surtout deux très hauts personnages, le roi Noble et sa reine. Dans le *Plaid* le roi Noble est débonnaire, assez réaliste sinon cynique parfois, mais vacillant, pas trop intelligent, foncièrement faible. Il n'est pourtant pas sérieusement critiqué, l'autorité et l'intégrité royales ne sont guère atteintes. Dans le poème flamand le portrait de Noble est plus fortement dessiné, et de ce portrait se dégage un personnage plus vrai, plus vigoureux que son modèle français. Le Noble flamand est un prince intelligent, résolu, sceptique. Il connaît bien Reinaert et ne nourrit aucun sentiment de faiblesse ou de tendresse à son égard, en contraste frappant avec le roi Vrevel de *Reinhart Fuchs* et encore avec le souverain français, peu réfléchi et de courte mémoire. En expédiant Brun porter son message à Reinaert, il le met sur ses gardes contre les flatteries et les mensonges du goupil. Après l'échec douloureux qu'essuie même le rusé Tibert, il hésite même à exposer un autre baron aux malices de Reinaert. Sa force est pourtant tellement grande, son énergie tellement connue, que même Reinaert n'ose pas s'opposer à ses armées (Maupertuus n'est plus la forteresse inprenable des branches françaises, et Reinaert doit à la fin fuir le pays pour échapper à la vengeance du roi). C'est un monarque pleinement conscient de sa force, et malgré sa colère il accorde au goupil un procès équitable. Ce n'est pas dans un accès de colère subite, mais sur de bonnes preuves, qu'il condamne Reinaert à la pendaison. Il est prudent et prévoyant, il déplore le départ de Grimbert et des proches parents du goupil, dont les services lui sont précieux; il éprouve une certaine émotion devant le sort qui attend un haut baron, mais il refuse d'arrêter le cours de la justice.

Voilà le portrait de Noble qui ressort de la première partie du poème. Reinaert lui-même reconnaît la prudence et l'intelligence du roi, il sait qu'il ne le trompera pas facilement. Quel est donc le défaut dans ce caractère apparemment si noble ? C'est tout simplement la cupidité, la vénalité. Dès que Reinaert commence à parler de sa richesse, Noble prête attention à la confession, l'interroge. Par le biais de l'histoire du trésor, Reinaert introduit l'histoire du complot qui doit convaincre ses interlocuteurs et assurer en même temps la perte de ses ennemis. Mais c'est surtout le trésor qui intéresse Noble. Il y revient inlassablement. Au début il est méfiant, il connaît trop bien les ruses, la perfidie de Reinaert. Il est sceptique, il pose des questions sarcastiques sur le lieu du trésor : « Tu as parlé d'Aix et de Paris : est-ce donc près de l'un ou de l'autre ? J'ai l'impression que Kriekepit est un nom que tu as inventé ». Mais à la fin, poussé par l'avidité et encouragé par sa femme, il se laisse convaincre. Le rôle de la reine est en effet déterminant dans le dénouement de *Reinaert de Vos*. Dans les branches françaises la lionne joue un rôle très modeste, presque effacé. Dans le *Plaid* elle est la belle dame courtoise des romans de chevalerie, qui n'intervient dans le jugement de Renart que pour donner son anneau au prétendu pèlerin, en lui demandant de se souvenir d'elle dans ses prières ; rôle tout traditionnel en somme.

Plus tard, dans *Renart le Nouvel,* la reine personnifie, avec la louve et la léoparde, la frivolité et la luxure féminines. Willem a fait un portrait de reine plus complexe. La noble dame flamande est un peu sotte, très dévote, facilement influencée, et surtout cupide. C'est elle qui est prise la première par les mensonges du goupil, et c'est elle qui vainc les réticences, les méfiances, l'hostilité sourde, du roi. C'est contre son propre jugement, en fin de compte, que Noble cède aux arguments de sa femme. Et c'est encore la reine qui propose le marchandage par lequel Reinaert achète son pardon avec un trésor fictif. Il est vrai que la reine est sincèrement épouvantée par le danger qui avait menacé la vie de son mari, et c'est en partie son épouvante qui lui fait prêter une oreille trop attentive aux inventions du goupil. C'est en somme le portrait très complet d'un personnage très féminin. Mais la grande faute du couple royal est la cupidité qui les aveugle, leur fait commettre de graves injustices, les amenant à sacrifier de bons et loyaux serviteurs et à lâcher un criminel dangereux et d'une infidélité maintes fois prouvée. La satire de Willem, dépourvue de tout ton moralisateur, est néanmoins mordante, sa leçon est claire. La vénalité de la royauté est la grande coupable ; elle corrompt la justice, elle punit les innocents et récompense les scélérats.

Il est impossible de déterminer si cette satire est dirigée contre des personnages véritables, ou si elle n'a qu'une portée générale. On a essayé d'identifier Botsaert le clerc avec Bouchard d'Avesnes – celui que nous avons déjà rencontré, dans le *Couronnement de Renart* – mais ce n'est qu'une hypothèse, sans aucune preuve. On reconnaît pourtant un point commun au *Couronnement* et à *Reinaert de Vos* : dans les deux poèmes on s'élève contre la puissance corruptrice de l'argent, qui détruit les vertus chevaleresques. L'incident du chien Courtois fait certainement croire que Willem vise la cour des comtes de Flandre, ainsi que l'auteur du *Couronnement* devait faire un peu plus tard dans le siècle. Courtois, le petit courtisan appauvri, miséreux même, qui parle français dans une cour flamande, est sûrement à l'image des « Fransquillons », de la petite noblesse française ou francisée qui perdait au XIIIème siècle les restes de sa fortune et de son influence en Flandre. Faut-il assumer donc que Noble représente le comte de Flandre, comme dans le *Couronnement* ? Vraisemblablement non. Contrairement à ce que j'ai voulu démontrer dans le *Couronnement de Renart*, on ne trouve pas de situation politique et historique qui présente un parallèle avec le drame de *Reinaert de Vos*. Noble est surtout un personnage emprunté au *Plaid*, dont on a simplement accentué les traits.

Le rôle de Reinaert ne jette pas de lumière sur cette question. Van Moerkerken dit « qu'il ne semble exister aucun doute que Willem avait en vue, en créant son personnage Reinaert, consciemment ou inconsciemment, un membre de la petite noblesse, de la rapacité de laquelle parle Jan de Weert (dans *Spieghel der Sonden*) »[1], et à ce propos il cite Reinaert même : « Nous autres pauvres gens, il faut que nous mangions ». Mais cette profession de pauvreté avait déjà paru, dans des circonstances pareilles, dans le *Plaid*, et n'est qu'une autre ruse du goupil. Plus loin van Moerkerken exprime l'opinion que *Reinaert de Vos* est dans son ensemble une parodie mordante de la féodalité, dans laquelle Willem vise surtout le « faible » roi Noble et les courtisans qui l'entourent. Le poème serait « une glorification de l'intellect, qui peut appartenir à tout le monde », et qui est opposé à la force brutale, le privilège de la classe dirigeante à l'époque. Il est vrai que tel est le fond de la lutte entre Renart et Isengrin dans toute l'épopée animale, mais il faut admettre que dans le poème flamand Reinaert, malgré sa ruse, n'est guère moins brutal que les autres barons. Il est en outre difficile de qualifier Noble de « faible », ou de prétendre qu'il représente la force brutale. Dans tout le poème il agit avec sagesse et justice, jusqu'au moment où Reinaert éveille sa cupidité. C'est Noble qui définit les rapports entre la ruse et la force :

[1] *De Satire in de Nederlandsche Kunst*, p. 40.

« Heere Tibeert,
Ghi sijt wijs ende wel gheleert.
Al en sidi niet groot, wattan ?
Hets menich die met liste can
Dat werken ende met goeden rade,
Dat hi met crachte niet ne dade ».

(« Sire Tibert, vous êtes sage et bien instruit. Même si vous n'êtes pas grand, qu'est-ce que cela peut faire ? Souvent on parvient à faire par l'adresse et l'intelligence ce qu'on ne pourrait pas faire par la force ».)

Noble n'est pas un despote. La condamnation de Reinaert est prononcée par les pairs du royaume après un procès légal, au cours duquel l'accusé, appuyé par ses amis, avait eu toutes les possibilités de se défendre. Il n'y a pas de décision arbitraire, comme dans le *Plaid,* d'un roi tout-puissant qui perd patience. Au contraire, il y a même lieu d'insister sur la légalité du procès. Les grands cris, les menaces, les exhortations à la violence qui ponctuaient le procès dans le *Plaid,* ne trouvent pas d'écho dans le *Reinaert.* C'est presque un tableau idéal que le poète semble vouloir faire du monde féodal.

Mais combien la réalité est différente quand Reinaert a pu exploiter les faiblesses de ses adversaires. Le roi se révèle cupide, volontaire et autoritaire, se laissant par surcroît pousser par une consorte bigote et sotte. Les barons qui s'étaient conduits avec dignité et courage, perdent leur perspicacité et leur prudence au moment de triompher et finissent par tomber dans le piège que leur tendait le goupil. Mais le grand coupable est le roi, qui en fin de compte étouffe sa conscience et sacrifie ses principes à sa cupidité. C'est par ce portrait du roi et par la conclusion amère que *Reinaert de Vos* se distingue très nettement des branches françaises, ses modèles. L'élément de caricature du poème de Pierre de Saint-Cloud et du *Plaid* est remplacé dans le poème de Willem par un réalisme qui accentue le caractère satirique de l'œuvre. Le traitement infligé à Brun, à Isengrin et à Hersent, et la mort de Couart sont d'une brutalité qu'on ne trouve pas dans les branches anciennes – les meilleures – du

Roman de Renart. Ce poème, si amusant avec sa parodie moqueuse de la société de l'époque, devient à la fin subitement sombre, pessimiste même. Le joyeux coquin Renart, qui à la fin du *Plaid* se sauve au galop devant les chevaliers du roi, ne ressemble guère à ce sinistre personnage qui disparaît sans bruit, fuyant la société à laquelle il a fait tant de mal. Mais on sent que cette disparition n'est pas définitive. Le mal est éternel, et Reinaert est la source de tout le mal dans *Reinaert de Vos.* Le roi Noble, sa reine, les autres barons sont de simples créatures avec toutes les faiblesses humaines que Reinaert sait trop bien exploiter. Tout comme le Reinhart du Glîchezaere, le héros flamand crée la confusion, le désordre des esprits, et il s'en va laissant derrière lui la mort et le deuil. Sans abandonner complètement la veine comique, qui prédomine dans toute la première partie du poème, sans prendre non plus le ton moralisateur et profondément découragé de *Reinhart Fuchs,* Willem pose nettement le problème du Mal, qu'on ne sentait pas dans les joyeuses satires des branches originales de Renart. Nous n'en sommes pas encore à l'allégorie de *Renart le Nouvel,* où Renart devient l'incarnation du Mal, mais nous retirons de la lecture de *Reinaert de Vos,* comme de *Reinhart Fuchs,* le sentiment de la faiblesse humaine et de la force du mal. Reinaert le faux, le traître, le rusé, triomphe totalement. Il bafoue la justice et la religion, et ceux qui devraient les défendre essaient de cacher leurs fautes en se vengeant sur des innocents. Telle est la leçon de cette séquelle que Willem a donnée aux joyeux exploits du *Renart* français.

*
* *

Le petit nombre de manuscrits qui ont été conservés de *Reinaert de Vos* ne semble pas devoir correspondre à l'intérêt qu'on apportait aux XIIIème et XIVème siècles à l'œuvre de Willem. Nulle autre version des aventures de Renart n'a connu à la longue le succès du poème flamand. C'est grâce surtout aux différentes versions tirées de *Reinaert de Vos* que des huchiers flamands et wallons ont eu l'idée de satiriser l'hypocrisie religieuse sous les traits de Renart habillé en pèlerin ou en moine et prêchant des volailles, scène qui a été sculptée sur tant de stalles d'églises dans toute l'Europe Occidentale au Moyen Age [1]. Dans la littérature flamande les allusions et les souvenirs tirés de *Reinaert de Vos* ont commencé à paraître dans la seconde moitié du XIIIème siècle. Le nom « Reinaert » est donné assez régulièrement au goupil dans l'*Esopet* flamand, composé vers 1250. Isengrin y figure aussi fréquemment, tandis que Boudewijn, Canteclaer et Tybaert sont nommés parfois. P. de Keyser, dans une communication faite au Reinaertcongres de 1956 [2], a maintenu que les noms propres Reinardus et Isengrim n'étaient par rares dans la région de Gand aux XIème et XIIème siècles, avant d'être appliqués au goupil et au loup, et il ne pensait pas que les deux auteurs de l'*Esopet* flamand les aient empruntés à *Reinaert de Vos*. Mais il a précisé en même temps que les deux noms devenaient moins fréquents au XIIIème siècle, vraisemblablement à la suite de leur emploi comme noms d'animaux. Et il a ajouté que dans l'*Esopet* les deux noms prenaient une valeur symbolique, Isengrin représentant l'avidité, Reinaert la ruse et surtout l'hypocrisie, ce qui me semble être une raison de plus de croire que les fabulistes ont emprunté les noms à l'épopée animale. Jacob van Maerlant a mentionné les tours de Reinaert, avec les exploits d'Artus, dans son *Rijmbibel*, et dans son *Der Naturen Bloeme* il appelle le goupil « Reinaert ». Ces ouvrages sont de la même époque que l'*Esopet*. En outre, dans une des fables de l'*Esopet* Reinaert appelle le loup « soete here oem » (« mon cher oncle »), et nous avons déjà remarqué que ce lien de parenté est mis très nettement en relief dans *Reinaert de Vos*, encore plus que dans le Renart français. Reinaert est mentionné par Willem van Afflighem dans son *Leven van Sinte Lutgardis*, écrit avant 1280, et par plusieurs poètes par la suite [3].

[1] V. L. Maeterlinck, *Le Genre satirique, fantastique et licencieux dans la sculpture . . .* ch. XII et XIII.

[2] *Reinaert en Isegrim in de Middeleeuwsche Fabelliteratuur.*

[3] Cf. J. W. Muller, *Reinaerts Avonturen en Rollen in en na de Middeleeuwen*, dans *Verslagen en Mededeel der Vlaamsche Academie*, Gand, 1926, p. 306-52.

J'ai mentionné plus haut (cf. p. 243-4) l'emploi de « Isangrini » comme nom d'un parti dans une lutte que de Keyser [1] a d'ailleurs placée aux environs de 1204-1206. Quant à l'application du nom d'Isengrin aux personnes méchantes, dures et rapaces, elle semble être courante dans tout le pays flamand encore aujourd'hui [2].

Un témoignage plus important de l'intérêt qu'on portait à *Reinaert de Vos* au XIIIème siècle est pourtant la version latine faite par un certain Baudouin le Jeune entre 1267 et 1274. Le *Reinardus Vulpes* est une traduction littérale du poème de Willem, dont l'essentiel est conservé malgré quelques changements – le texte latin a d'ailleurs aidé au rétablissement du texte flamand original. Le traducteur, un moine cistercien, a développé la conclusion en ajoutant quelques réflexions morales. Le *Reinardus Vulpes* fut un des premiers livres imprimés à Utrecht, vers 1474.

L'événement le plus important dans l'histoire postérieure de *Reinaert de Vos* s'est produit pourtant dans le dernier quart du XIVème siècle. A ce moment un poète, vraisemblablement du Sud-Ouest de la Flandre, reprit le vieux récit, dont il rajeunit la langue d'abord, avant de lui ajouter une suite de sa propre composition. On a donné le titre de *Reinaerts Historie*, expression qui paraît dans l'avant-dernier vers, à cette œuvre composite de 7794 vers, mais elle est appelée aussi *Reinaert II*, pour la distinguer de *Reinaert de Vos* ou *Reinaert I* [3].

En rajeunissant la langue et la grammaire de *Reinaert I* le remanieur avait voulu le mettre mieux à la portée des lecteurs du XIVème siècle. Mais il lui a apporté en même temps des modifications assez importantes, et il en a surtout changé tout l'esprit, dans le souci certainement de raccorder l'œuvre de Willem à la suite qu'il projetait. S'il n'a pas changé le récit dans ses

[1] *Reinaert en Isegrim in de Middeleeuwsche Fabelliteratuur*. De Keyser est de l'avis qu'il s'agit d'un nom de famille.

[2] On m'a signalé l'emploi de ce sobriquet à Audenarde, en Flandre-Orientale, et à Hulst, en Flandre Zélandaise.

[3] *Reinaerts Historie* fait suite à *Reinaert de Vos* dans l'édition d'E. Martin. Hellinga la reproduit selon des différentes versions anciennes dans *Van den Vos Reynaerde*.

grandes lignes, il a apporté des modifications de détails, et il a ajouté des observations personnelles qui concordent avec le sens de son oeuvre originale. La conclusion cependant a été nécessairement transformée : au lieu de quitter le pays, Reinaert reste à Maupertuis, où il pourra bien résister aux attaques du roi. De son côté Noble commande une grande fête qui dure douze jours, pour fêter sa réconciliation avec Brun et Isengrin.

Reinaert II s'ouvre donc sur cette fête. Mais voilà qu'elle est troublée par l'arrivée de Lampreel le lapin, qui joue un rôle pour la première fois. Lampreel se plaint au roi Noble. En venant à la cour il avait rencontré Reinaert habillé en pèlerin et occupé à lire son bréviaire. Mais quand Lampreel le saluait en passant, Reinaert lui a assené un tel coup de ses griffes, que le lapin a dû laisser une oreille et n'a pu s'échapper que grâce à son agilité et sa rapidité. Alors Corbaut le corbeau vient accuser Reinaert d'avoir happé et dévoré sa femme Scerpenebbe (« Bec-Tranchant »). Noble veut aller assiéger Reinaert dans Maupertuus. De nouveau Grimbert va avertir son oncle, qui fait peu de cas du danger et décide d'aller lui-même à la cour. En route il fait une fois de plus sa confession; la seule nouveauté dans ce récit de péchés est un mauvais tour joué à Isengrin et qui n'est qu'une autre version de la fable du loup et de la jument que nous avons déjà rencontrée dans la branche XIX et encore dans les *Fabulae extravagantes*. Autrement il y a peu d'originalité dans toute cette introduction. Même le thème de la cour plénière devient à la longue un peu lassant si on ne lui apporte pas d'éléments nouveaux. L'attentat contre Lampreel n'est qu'une pâle imitation de celui dont Couart avait été l'objet dans le *Reinaert I*, et la ruse que Reinaert emploie pour attraper Scerpenebbe figure déjà dans la branche XVII et dans les *Bestiaires*, qui l'avaient empruntée au *Physiologus*.

A défaut d'originalité l'auteur de *Reinaerts Historie* fait preuve de prolixité et étale son érudition. Mais il est vite apparent que le trait prédominant de son style est le ton critique et sermonneur. Les observations nombreuses des différents personnages ont souvent un caractère nettement sentencieux, tandis que le poète, sortant du cadre de l'épopée animale, se livre fréquemment à des attaques ouvertes contre les moeurs et les coutumes de l'époque. C'est ainsi qu'il met dans la bouche de Reinaert (v. 4126-4263) [1] un long commentaire amer sur la façon de réussir dans la vie. Reinaert explique qu'il est impossible de fréquenter le monde sans être entaché de ses défauts. Souvent sa conscience l'a averti d'aimer Dieu par-dessus tout et son prochain comme lui-même. La raison doit livrer de durs combats contre les désirs des sens. Alors, livré à lui-même et à son libre choix, il est tellement ravi, qu'il ne sait plus ce qu'il fait. Abandonné de tous, il abandonne tout. Il prend la résolution de haïr et de repousser tout ce qui est au-dessous de Dieu ; il veut s'élever même plus haut que ses commandements et s'adonner à une contemplation émerveillée. Mais cette grâce particulière ne lui arrive que quand il est seul, détaché du monde et des hommes. A ce moment il voit clair dans son âme. Mais dès qu'il se mêle au monde, il trouve tant d'obstacles sur son chemin, il est tellement frappé par le chemin inique que suivent les prélats, qu'il est tout de suite pris de nouveau, le monde l'entraîne; les désirs de la chair l'emportent et lui offrent tant de tentations, qu'il perd sa liberté de choix et abandonne le droit chemin. Il entend des chants, de la musique, des rires, des jeux, de la gaîté. Il écoute les hypocrites, il apprend à mentir et à dissimuler, surtout dans les demeures des riches et des grands où tous – seigneurs, femmes, prêtres, clercs – cherchent à flatter. C'est là qu'on ment le plus ; on n'ose pas dire la vérité aux seigneurs. Et lui aussi doit flagorner, autrement il serait vite mis à la porte. On est obligé tantôt de mentir, tantôt de dire la vérité, de menacer, de flatter, de supplier ou de jurer. Celui qui veut fréquenter le monde et qui sait faire passer un mensonge pour une vérité, celui-là a bien appris sa leçon. Il peut débiter des mensonges sans hésiter, il peut faire des merveilles. Il peut porter l'écarlate et l'hermine des docteurs s'il se trouve parmi les ecclésiastiques ou les laïques. Il gagnera partout, sans tirer épée ni couteau. On trouve maint pauvre hère qui voudrait

[1] Éd. Martin.

manger du gâteau comme les autres et qui s'empare d'un mensonge pour embellir son discours et se faire remarquer, mais il n'est même pas écouté. Un autre est si maladroit, qu'il perd le fil de son histoire et se fait regarder comme un imbécile. Il faut savoir mener ses mensonges à leur conclusion, sans hésiter, pour étourdir tout le monde au point qu'on croit ses mensonges plutôt que la vérité. Quel art, quelle sagesse y a-t-il à dire la vérité ? Comme ils rient sous cape, les scélérats qui disent aux autres de dire la vérité, quand la fausseté triomphe et la vérité est bafouée ! Les baillis et les échevins font dire des mensonges, qu'ils font accepter par les juges ensuite, pour leur propre profit ou pour rendre service à leurs amis. Les orateurs qui vendent leurs paroles peuvent faire beaucoup de mal avec des mensonges, quand il s'agit de la vie et de l'honneur de quelqu'un. Se moquer, s'amuser, mentir ou ruser de temps à autre dans une affaire de peu d'importance n'est pas grave, car celui qui dirait toujours la vérité ne pourrait vivre avec les autres. Mais celui qui veut vivre tranquillement jure de n'importe quoi. On peut pourtant mentir en cas de besoin, quitte à s'amender ensuite, car tout pécheur trouve miséricorde.

Cette trop longue digression suffirait à montrer toute la différence entre les deux parties de *Reinaerts Historie.* Mais les longs développements moraux ou philosophiques se renouvellent dans le *Reinaert II.* Il n'y a aucune parenté entre le Reinaert sans scrupules de la première partie et celui qui, passant sans transition de son rôle traditionnel à celui de moraliste, nous fait des sermons, nous parle même de la Roue de Fortune. Moraliste peu original et fort ennuyeux. Dans le *Reinaert II* l'action s'arrête completement à un moment et nous devons suivre des arguments interminables, des plaidoiries, des réflexions morales et des citations de toutes sortes. Les plaintes des ennemis de Reinaert et ses réponses fournissent le prétexte d'introduire plusieurs récits empruntés un peu partout. D'abord aux branches françaises : *Renart Médecin, La Pêche à la queue, Renart et Isengrin dans le puits* et le *Partage.* Ensuite aux fables, quelques-unes tirées des collections classiques, tandis que d'autres ressemblent à certaines des *Fabulae extravagantes.* Les fables viennent appuyer les arguments des différents protagonistes et provoquent à leur tour de nouvelles observations didactiques et morales de la part du poète. Les citations et dictons latins ou bibliques abondent. Le folklore flamand, les traditions et les superstitions du pays, sont également mis à contribution. Et pour donner une conclusion à son récit après plusieurs milliers de vers, le poète retourne de nouveau au *Roman de Renart.* C'est la branche VI, *Le Combat judiciaire* entre Renart et Isengrin, qui a fourni le modèle au dénouement de *Reinaerts Historie.* Le poète a en effet ressuscité la vieille querelle des deux bêtes, et pour y mettre fin Isengrin lance un défi au goupil. Un nouveau personnage, la grosse guenon, est introduite, et conformément à une tradition bien observée dans les histoires de Renart, elle est présentée comme la tante du goupil. Elle donne de sages conseils à Reinaert et le munit d'une formule magique. Après un ultime essai de réconciliation, le combat a lieu selon les règles du combat judiciaire, mais contrairement à la plupart des combats que nous présente le *Roman de Renart,* notamment dans les branches VI et XI, nous n'assistons pas à une lutte entre chevaliers armés. Les deux adversaires se déchirent à coups de griffes et de dents. Grâce à des ruses bien déloyales, Reinaert vainc Isengrin, qui perd un oeil et ne doit sa vie qu'à l'intervention du roi. Reinaert rentre en faveur auprès de Noble, dont il devient le conseiller intime, et, comblé d'honneurs, il s'en va à la fin du poème retrouver sa femme et ses enfants à Maupertuis [1].

[1] Le combat entre Reinaert et Isengrin a inspiré à Jean Capart un article intéressant : *Un Mythe égyptien* dans *le Roman de Renart* (dans *La Revue Belge de Philologie et d'Histoire,* VIII, 1929, no. 1). Le chapitre XVII du *Livre des morts,* a signalé Capart, contient le récit du combat fameux que se livrent les deux dieux rivaux Horus et Seth, combat en champ clos et en plusieurs reprises réglées. Capart fait le rapprochement entre cette lutte et le combat du *Reinaert II,* en relevant la « frappante analogie dans les procédés » : « Renart se plaça contre le vent, agita le sable, chassa la poussière dans les yeux du loup, le blessa grièvement, lui arracha un œil, comprima les testicules ». Capart admet qu'une telle comparaison est audacieuse, mais il signale deux faits singuliers. D'abord, dans les légendes égyptiennes, les dieux combattaient sous la forme d'animaux. Ensuite, Seth est l'oncle d'Horus, tout comme Isengrin est l'oncle de Renart, et dans le combat Seth perd ses testicules. Ces analogies sont en effet fort curieuses. On peut toutefois faire remarquer à propos des procédés du

Le *Reinaert II* nous rappelle dans ses défauts *Renart le Nouvel,* mais son auteur n'a pas le même talent de conteur que manifeste Jacquemart Gielée. L'accumulation de fables, de récits indépendants de l'action principale, de digressions de toute sorte, détruit l'unité et la cohérence de l'œuvre. Les interminables discours et discussions interrompent sérieusement l'action et finissent par lui enlever parfois toute vraisemblance. A un moment critique du combat judiciaire par exemple, Reinaert cherche à amadouer Isengrin dans une plaidoirie de plus de 100 vers. Pourtant c'est son caractère critique et moralisateur qui a assuré le succès de *Reinaerts Historie.* Ce n'est pas une œuvre comique, bien moins encore que *Reinaert de Vos* qui l'est du moins dans toute sa première partie. Dans le *Reinaert II* la parodie n'est pas drôle, mais conduit plutôt à une satire âpre et véhémente. Parfois le poète aborde des questions politiques, tout comme l'auteur du *Couronnement de Renart* un siècle plus tôt. Mais les temps ont changé, les griefs ne sont plus les mêmes. L'auteur du *Reinaert II* se présente en défenseur des libertés flamandes, menacées par les mêmes puissances dont l'auteur du *Couronnement* déplorait la disparition :

v. 7542 « Wat waendi, hoe menighen scalken quaden
vint men noch aergher dan een hont,
die tsuucbeen draghen in haren mont,
in heren hoven ende in steden,
die mit onrecht die vriheden
ende tghemeen recht vercopen
ende over gheven, om dat si hopen
daer of te hebben baet ende ghenot ».

(« Combien de misérables on trouve dans les cours des seigneurs et dans les villes, qui, pires qu'un chien, portent l'os plein de moelle dans leur bouche et qui vendent illégalement les libertés et les droits du peuple et les transmettent à autrui, dans l'espoir d'y trouver avantage et profit ».)

combat que dans la branche VI Renart jette du sable dans les yeux d'Isengrin et tente de lui crever les yeux, tout comme dans le *Reinaert II.* Il serait téméraire de trop insister sur un tel rapprochement, mais il est vrai que les origines lointaines, peut-être parfois orientales, des contes d'animaux méritent encore d'être étudiées de près.

Allusion indignée à la perte de l'indépendance des villes flamandes vers la fin du XIVème siècle et la concentration du pouvoir dans les mains du comte de Flandre et de ses successeurs les ducs de Bourgogne.

Mais la satire dans *Reinaerts Historie,* comme dans tant de branches de Renart, est dirigée surtout contre l'Eglise et le clergé. C'est une satire sans ménagement, haineuse même, qui attaque les hauts prélats, la papauté et le pape lui-même. Ils sont accusés ouvertement d'immoralité et de cupidité. Le poète aime à attacher à ses personnages des noms pleins de signification qui suggèrent parfois tout un programme de vice. Le vicaire-général du chapelain Belin s'appelle Losevont – « Intrigant » – son évêque Prendeloor et le doyen Rapiamus. A un endroit Martin le singe, oncle de Reinaert, lui propose son aide pour lui faire enlever l'interdit ecclésiastique. Il avait été, dit-il, l'avocat de l'évêque de Cambrai pendant neuf ans, et il connaît des personnages puissants à Rome. Il connaît en outre les détours de la cour de Rome, et il sait bien ce qu'il faut y faire. Son oncle Simon, qui s'y trouve, est puissant et haut placé, et il aide volontiers ceux qui savent donner. D'autres de ses parents, et des plus proches, sont eux aussi bien en vue à Rome, et il nomme Prentout, Gheeftmi (« Donne-moi »), Greepsnel (« Prendvite »), et d'autres de la même famille.

Après ces accusations de simonie, vénalité et cupidité, le poète condamne les moeurs de la cour de Rome. Le pape, dit Martin, est vieux, et on ne lui prête que peu d'attention. Tout le pouvoir est entre les mains du cardinal de Valoot, qui est jeune et d'une famille illustre. Il a une concubine, qu'il aime par-dessus tout ; tout ce qu'elle désire, elle l'obtient de lui avec la plus grande facilité. Et puisque cette concubine est sa propre nièce, Martin ne doute point d'obtenir le pardon de Reinaert. Accusations de simonie, de favoritisme, de corruption, d'avarice et d'immoralité, on les a déjà entendues, mais nulle autre branche de Renart ne les avait formulées aussi directement. Jacquemart Gielée avait du moins employé le voile, tout transparent qu'il fût, de l'allégorie. Il est peut-être possible même de reconnaître au moins un des personnages que l'auteur du *Reinaert II* met très directement en cause. A propos du cardinal « van Valoot » Ernest Martin a cité Jonckbloet, qui pensait que le nom s'appliquait à Philippe d'Alençon, d'où le « Valois », corrompu en « Valoot » – qui fut nommé cardinal et légat en Flandre par Urbain VI en 1378. Cette date coïncide avec d'autres détails du poème. Il serait pourtant vain de vouloir reconnaître tous les personnages ainsi mis en scène, ou d'attacher un sens trop précis à toutes les inventions du poète. Ses remarques malveillantes font en somme partie de la critique calomnieuse qui depuis le début du XIVème siècle, et surtout depuis le procès de Boniface VIII, n'hésitait plus à attaquer ouvertement le suprême pontife et les cardinaux dont le pouvoir et la richesse croissante soulevaient de plus en plus l'opposition et l'indignation.

Dans la dernière partie de *Reinaerts Historie* Reinaert joue un rôle ambigu, qui nous rappelle avec force certains chapitres de *Renart le Contrefait.* C'est en effet Reinaert qui raconte inlassablement des fables au roi Noble, dont il tire des enseignements des plus moraux. En même temps le goupil prétend être la victime innocente des calomnies des puissants et des flatteurs. Parfois même l'auteur se prend à son propre jeu et présente Reinaert sous un jour tout à fait favorable. Mais à la fin Reinaert triomphe de nouveau, malgré et contre tout, grâce â ses ruses et ses mensonges. Encore une fois il devient le symbole de la ruse, et il proclame sa propre puissance :

> « In wat hove ooc dattet si
> daer coninghe ofte heren versamen,
> daer men subtijl raet sel ramen,
> daer moet Reinaert die vonde vinden ».

(« Dans n'importe quelle cour où se rassemblent rois ou grands seigneurs, quand il s'agit de donner des conseils, c'est Reinaert qui doit les trouver ».)

Vers la fin du poème l'auteur consacre plus de 150 vers à tirer les différentes leçons que renferme son œuvre. Toutes les aventures qu'il vient de raconter démontrent l'universalité de Reinaert et de son art :

> Die noch wel connen Reinaerts const,
> sijn wel ghelooft ende liefghetal
> bi den heren over al.
> ist gheestelic of weerlijc staet,
> aen Reinaert sluut nu al den raet.
> si crupen al in Reinaerts hol,
> in sijn baen is al die rol.
> die stem, die hem doe was ghegheven,
> die is hem ie sint ghebleven.

(Ceux qui savent bien l'art de Reinaert sont écoutés et estimés par les seigneurs partout. Que ce soit dans l'état ecclésiastique ou dans le monde laïque, c'est le conseil de Reinaert qui prévaut. Tous s'insinuent chez lui, tous suivent ses traces. La réputation qu'on lui avait faite à cette époque lui est restée depuis.)

Reinaert, continue le poète, a laissé une nombreuse postérité qui grandit et qui monte constamment en puissance. Celui qui ne pratique pas l'art de Reinaert ne vaut rien dans le monde actuel, et n'obtient jamais une place d'importance. Mais s'il prend Reinaert comme maître, il réussira. On trouve aujourd'hui plus de Reinaerts que jamais, bien qu'ils ne portent pas tous une barbe rousse.

Le thème de l'universalité et de la toute-puissance de l'art de Renart a apparu à plusieurs reprises dans les histoires du goupil. Dans la conclusion du *Reinaert II* on croit cependant discerner des analogies frappantes avec certaines branches, et notamment avec *Renart le Nouvel.* La déclaration que « tous s'insinuent dans la tanière de Reinaert » fait penser à la nef allégorique de Renart, sur laquelle s'embarquent tous les personnages de *Renart le Nouvel.* Le poète flamand déplore, dans des termes qui ressemblent curieusement à ceux employés par Jacquemart Gielée, la disparition des vertus et des bonnes mœurs, chassés par Reinaert. Justice, dit-il, est complètement oubliée, loyauté et vérité ont été bannies, et à leur place on trouve avarice, perfidie et envie, qui tiennent tout dans leur pouvoir. La comparaison avec *Renart le Nouvel* s'impose encore avec l'apparition de dame Orgueil, reine des vices :

> Si ende haer coninghinne hoveerde
> regneren nu seer opter eerden.
> ist ins paeus of ins keisers hof,
> elc pijnt den andren te steken of
> van sijnre eren ende stemmen,
> ende selve int voordel te clemmen
> mit simonien of mit ghewelt.

(Ils [les vices] et leur reine, Orgueil, règnent maintenant sur la terre. A la cour du pape comme à celle de l'empereur, chacun cherche à faire du mal à son voisin dans son honneur et sa bonne réputation, et à se procurer des avantages par l'argent ou par la force.)

Dans *Renart le Nouvel* Orgueil se tient, rappelons-le, à la main droite de Renart au moment de l'apothéose finale, et dans le premier Livre il avait été couronné roi de tous les vices par Renart lui-même.

Mais la comparaison entre l'œuvre de Jacquemart Gielée et le *Reinaert II* peut être poussée encore plus loin. Il y a une certaine concordance dans la suite des idées. Dans *Renart le Nouvel* Avarice est appelée la fille d'Orgueil. Dans le poème flamand les deux vices sont également étroitement liés. L'argent, dit le poète flamand, est tout-puissant, dans les grandes cours on l'estime plus que Dieu. Celui qui en apporte est bien reçu, ses désirs sont exaucés tout de suite. L'argent est la cause de beaucoup d'infidélités, tant de la part des hommes que des femmes. Il est souvent la source de beaucoup de honte aux femmes; il suscite maints faux témoignages. Et ses réflexions sur l'orgueil et l'avarice amènent le poète à formuler des critiques sévères d'un groupe spécial de la société, le clergé, exactement comme dans *Renart le Nouvel :*

> Oncuuscheit, loghen ende leckernie
> is nu al spel onder die clerghie.
> ist Parijs, Avioen of Romen,

tis al in Reinaerts orde ghecomen.
si treden al in Reinaerts pat.
ist clerc, ist leec, elc soect sijn gat :
elc meent hem selven in allen saken.

(L'impudicité, le mensonge et la gourmandise sont maintenant choses normales parmi le clergé. A Paris, à Avignon ou à Rome, le clergé tout entier appartient à l'ordre de Reinaert. Ils marchent tous sur ses traces. Clerc ou laïque, chacun cherche sa demeure, et chacun ne pense qu'à lui-même dans toutes les affaires.)

C'est la satire du clergé qui frappe surtout dans le *Reinaert II,* et comme dans *Renart le Nouvel,* c'est la corruption du clergé qui signifie le triomphe absolu de Reinaert. Encore une fois il faut reconnaître que l'anticléricalisme était devenu chose courante à l'époque, et malgré leur virulence, les attaques contre la papauté et toute la hiérarchie dans *Reinaerts Historie* ne font que reprendre des thèmes plutôt conventionnels. Mais il est évident que notre poète flamand possédait une assez solide érudition, et rien n'empêche de penser qu'il a pu connaître l'œuvre de Jacquemart Gielée, sortie elle aussi du pays flamand, comme il a connu les branches anciennes du *Roman de Renart.* Il termine son poème en outre sur une note qui rappelle la fin de *Renart le Nouvel.* Il fait confiance à Dieu de mettre fin au règne de Reinaert dans le monde. Pourquoi essaierait-il, lui le poète, de réformer le monde ? Il n'en recevrait aucun remerciement, il vaut mieux donc qu'il se taise. Que chacun fasse du bien dans sa vie, pour son propre bien. Et si on a bien saisi le sens de son récit, on y trouvera des exemples pour apprendre à faire le bien et à éviter le mal.

On peut même tirer une analogie bien plus large, d'une tout autre sorte. L'histoire de Renart en flamand s'est développée à peu près de la même manière que la longue épopée française. Au début une imitation, voire même parfois une traduction, des plus anciennes branches françaises, le *Reinaert de Vos* de Willem avait le double caractère, comique et satirique, qui avait assuré le succès du premier *Roman de Renart.* C'est encore la veine satirique qui a prédominé dans la deuxième partie de *Reinaert de Vos,* ainsi que dans l'original français, tandis que *Reinaerts Historie,* vaste œuvre moralisatrice et didactique, essentiellement anticléricale et souvent bien ennuyeuse, nous rappelle surtout *Renart le Nouvel* et *Renart le Contrefait,* auxquels elle est bien postérieure. Evolution tout à fait en conformité avec la chronologie des branches flamandes. Rien ne nous oblige à accepter les arguments de Van Mierlo tendant à démontrer que *Reinaert de Vos* fut composé avant 1200. On peut simplement penser que Willem a composé son poème après 1190, date proposée par L. Foulet pour la composition de la branche XII que Willem semble avoir connue. D'autre part, les allusions inspirées par le poème de Willem dans la littérature flamande sont toutes du XIIIème siècle, et même de la seconde moitié, ce qui pourrait faire penser que Willem a peut-être écrit son poème dans la première moitié du siècle, après 1200. Mais nous devons constater que Willem s'est inspiré de la manière et du ton des premiers conteurs français de Renart, bien qu'il fasse un tableau plus sombre et plus sinistre des agissements du goupil. *Reinaert de Vos* est une parodie satirique, dans laquelle il ne faut pas chercher une clef, comme dans le *Renart le Bestourné* de Rutebeuf ou le *Couronnement de Renart,* tous deux des environs de l'an 1260, ni des allusions telles que celles qui constituent le fond de la « branche » de Philippe de Novare de 1229. Quand un autre poète flamand reprend, bien plus tard vers la fin du XIVème siècle, le poème de Willem, Renart est devenu depuis longtemps une figure allégorique et symbolique, la personnification généralement reconnue de la ruse, de l'hypocrisie, du mal. En racontant donc les agissements de Reinaert dans *Reinaerts Historie,* le poète fait le procès des institutions politiques et religieuses envahies par les vices que le goupil avait si bien su utiliser pour avancer ses propres projets.

Malgré tous ses défauts, ses longueurs excessives, ses moralisations ennuyeuses, *Reinaerts Historie* a connu un succès sans pareil dans l'histoire de Renart. La version flamande des aventures du goupil est parvenue d'une façon ininterrompue jusqu'à des versions modernes. Partant de la Flandre, elle a apporté les aventures les plus savoureuses des vieilles branches françaises dans des pays bien éloignés, elle a introduit dans plusieurs langues les noms et les attributs des personnages de l'épopée animale.

Un seul manuscrit conserve le texte complet de *Reinaerts Historie,* un autre en offre un long fragment. De la Flandre le poème passa en Hollande, où on en fit une version en prose. Nous ne possédons pas de manuscrit de cette version hollandaise, mais elle fut imprimée en 1479 à Gouda par le célèbre imprimeur Gherart Leeu. En 1485 une autre édition parut à Delft sous le titre : *Die Hystorie van Reynaert de Vos.* Cette version en prose suit de près le poème, avec quelques légères modifications. Les aventures de Reinaert sont divisées en 45 morceaux, dont chacun porte une légende. Il y a en outre un Prologue dans la veine didactique. C'est d'une de ces éditions, ou plus vraisemblablement encore d'un texte manuscrit de cette version en prose, que Caxton tira sa traduction anglaise, qu'il imprima en 1481 et encore en 1489 et dont je reparlerai plus tard.

Vers 1487 le même Gherart Leeu, alors établi à Anvers, avait imprimé *Reinaerts Historie* dans sa forme poétique originale. De cette édition il ne reste que quelques fragments, qui permettent pourtant de voir que le texte avait été peu changé. Il était cependant divisé en chapitres numérotés, dont chacun était pourvu d'un court commentaire. L'auteur de cette version était vraisemblablement Henric van Alkmaer, précepteur des fils du duc de Lorraine. C'est cette version néerlandaise qui fut traduite en vers bas-saxons et qui devint le célèbre *Reinke de Vos,* imprimé en 1498 à Lübeck. *Reinke de Vos* est pourvu d'un prologue dans lequel paraît le nom de Henric van Alkmaer. Le texte est divisé en quatre Livres, les Livres étant à leur tour divisés en chapitres ; Livres et chapitres portent des titres, tandis que plusieurs chapitres sont suivis de gloses en prose. Une comparaison avec les fragments du poème néerlandais publié vers 1487 démontre que les en-têtes et les gloses ne sont pas l'œuvre du traducteur saxon, mais qu'ils avaient existé dans le poème néerlandais. Il est vraisemblable donc que le Prologue écrit par Henric van Alkmaer avait également été transposé du poème néerlandais à *Reinke de Vos*.

L'auteur de *Reinke de Vos* avait simplement traduit le poème néerlandais, tout en germanisant certains des noms propres ou en leur substituant d'autres noms purement allemands. Les explications en prose font croire que l'auteur faisait partie du clergé régulier, et elles ont valu à *Reinke de Vos* le sobriquet de « glose catholique ». Une deuxième édition parut en 1517 à Rostock. En 1539 parut une nouvelle édition pourvue de notes explicatives, la soi-disante « glose protestante », ou « jüngere Glose », qui tirait de chaque chapitre le motif d'une attaque contre l'Eglise catholique. Pendant quatre siècles les réimpressions de *Reinke de Vos* se sont suivies. Il en existe 14 versions différentes en haut-allemand, y compris celle de Gottsched de 1752, qui fut à son tour le modèle du *Reinecke Fuchs* que Goethe composa en 1794. En 1567 Hermann Schopper en fit une traduction latine. Il y a eu en outre trois versions en danois, deux en suédois, une en islandais, deux en anglais.

Parallèlement à cette suite de versions et de traductions du poème néerlandais, la version en prose avait fait son chemin avec à peine moins de succès. En 1564 Plantin publia à Anvers une nouvelle version en prose néerlandaise, *Reynaert de Vos*, et une autre impression suivit en 1566, accompagnée d'une traduction française, *Reynier le Renard*. Quoique les traits anticléricaux eussent été supprimés, *Reynaert de Vos* fut mis à l'Index en 1570. Il fut néanmoins reproduit fréquemment en Hollande jusqu'au XIXème siècle, tandis que dans la région des Pays-Bas et de Flandre soumise à la Contre-Réforme une version soigneusement expurgée de tout trait anticatholique parut en 1614 et connut plusieurs réimpressions au cours des siècles suivants [1].

S'il fallait encore une preuve de l'oubli dans lequel le *Roman de Renart* était tombé en France à la fin du XVème

[1] Parmi les passages expurgés il y en avait où l'adaptateur avait voulu rappeler le souvenir de Rabelais en lui empruntant certains noms propres, notamment celui de « maître Alcofribas » : cf. Marcel de Grève, *Rabelais au pays de Brueghel*, dans *Bibliothèque d'Humanisme et Renaissance*, XVIII, 1955, p. 154 et seq.

siècle, on la trouverait dans le fait que la version française du *Reynaert de Vos* néerlandais publiée par Plantin en 1566 put paraître sans qu'on fît aucune allusion, aucun rattachement aux vieilles branches françaises. La forme différente de certains des noms propres – Reynier pour Renart, Armelette pour Hermeline, Brunet pour Brun – semble indiquer une ignorance à peu près complète du *Roman de Renart.* C'est en outre *Reynaert de Vos* qui fut à l'origine des versions françaises du procès de Renart au XVIIIème siècle (cf. p. 476). De plus, aujourd'hui certaines éditions populaires en français, notamment celles pour les jeunes, ne remontent pas au *Roman de Renart* mais au *Reineke Fuchs* de Goethe et ainsi à *Reinaerts Historie !* Par contre, la tradition de Renart et le souvenir de ses aventures sont restés bien vivants en Belgique et aux Pays-Bas. En dehors d'une foule d'éditions, de versions populaires, de traductions dans différents dialectes, y compris le luxembourgeois au XIXème siècle, *Reinaert de Vos* ou *Reinaerts Historie* ont inspiré des journaux satiriques au XIXème siècle, des pièces lyriques et dramatiques au XXème siècle, en flamand et en néerlandais, dans lesquels notre vieux héros du Moyen Age est toujours la personnification de la ruse, de la fausseté, de la méchanceté humaine.

Chapitre XV

LE ROMAN DE RENART EN ANGLETERRE

Of the Vox and of the Wolf, poème du milieu du XIIIème siècle ; *The Nonne Preestes Tale*, de Chaucer, et *Reynard the Fox* de Caxton.

Bien avant la traduction de *Reynaert de Vos* par Caxton et sa publication en 1481, les fables et paraboles d'Eudes de Cheriton avaient dû faire connaître certaines des aventures de Renart en Angleterre. Le grand nombre de manuscrits qui nous ont transmis ces récits latins atteste leur popularité dans une grande partie de l'Europe au Moyen Age. En Angleterre cette popularité n'a pas dû être partagée uniquement par les ecclésiastiques et les clercs qui pouvaient lire le latin ; les fables nous en fournissent elles-mêmes la preuve : « Si elles sont rédigées en latin, comme il convient entre gens d'Eglise, il ne fait pas de doute qu'elles ont été contées en langue vulgaire. La preuve en est que, de temps à autre, quelques expressions ou quelques proverbes anglais émaillent encore le texte latin » [1]. Fernand Mossé a ajouté à cette observation des preuves en appliquant aux fables ce qu'il a appelé « le critère des noms propres ». « Dans ses autres fables, héritées de l'antiquité ou des recueils courants au Moyen Age, Eudes se contente de désigner les protagonistes par leur nom commun. Par contre, dès qu'il s'agit d'un conte pris au *Roman de Renart*, et dans ce cas seulement, le nom propre apparaît – concurremment, il est vrai, avec le

[1] Fernand Mossé, *Le Roman de Renart en Angleterre*, dans *Les Langues Modernes*, fasc. A, mars-avril 1951, p. 70-84.

nom commun : Reinardus ou Renaldus pour le goupil, Ysemgrimus ou Ysengrinus pour le loup, Chantecler pour le coq, Tebergus pour le chat, Berengarius pour l'ours. S'il le fait, c'est bien parce qu'il savait que la popularité de ces noms et de ces contes était grande parmi ceux qu'il voulait toucher »[1]. On peut ajouter en corrigeant cette assertion, que les noms propres apparaissent même dans des fables qui ne semblent pas avoir été prises au *Roman de Renart.* Nous avons déjà vu qu'au XIVème siècle Jean de Sheppey a utilisé plusieurs des fables d'Eudes dans ses sermons, et qu'il en a composé d'autres lui-même, inspirées directement du *Roman de Renart.* Mais, a remarqué encore Mossé, « Signe des temps sans doute, le *Renart* est moins connu que 125 ans plus tôt et Jean de Sheppey, en les recopiant ou en les accommodant, n'a pas cru nécessaire de conserver les noms propres qui accompagnent fidèlement le cycle de *Renart* dans ses migrations »[2]. A la fin du XIVème siècle cependant un Dominicain anglais, Jean de Bromyard, reproduit dans sa *Summa predicantium* plusieurs fables d'Eudes qui se rattachent à l'épopée animale, et dans une de ces fables il cite les noms des acteurs Reynard et Tebert.

Pendant tout le Moyen Age la littérature française a exercé une profonde influence sur la littérature anglaise. Il serait donc étonnant qu'un ouvrage aussi connu et aussi populaire que le *Roman de Renart* n'ait pas laissé des traces dans la littérature anglaise en dehors de la littérature didactique. Ecrivant en anglo-normand dans la première partie du XIVème siècle, Nicole Bozon avait trouvé dans le *Roman de Renart* la matière de plusieurs de ses contes, qui étaient cependant conçus, comme les fables d'Eudes, dans un but didactique. En anglais nous ne connaissons pourtant que deux ouvrages qui proviennent, plus ou moins directement, du *Roman de Renart.* Le premier, *Of the Vox and of the Wolf,* date du milieu du XIIIème siècle et raconte l'histoire de Renart et d'Isengrin dans le puits. L'autre, *The Nonne Preestes Tale,* peut-être le plus raffiné des *Contes*

[1] *Ibid.*, p. 80.
[2] *Ibid.*, p. 81.

de Canterbury de Chaucer, reprend l'histoire de Renart et de Chantecler.

Of the Vox and of the Wolf a été conservé dans un seul manuscrit. Selon Mossé ce conte est incontestablement du Sud-Ouest de l'Angleterre. Composé de 295 vers, il est écrit en couplets à rimes plates, souvent approximatives ou inexactes. En dehors de quelques nouveautés, le poème anglais s'écarte peu du récit de la branche IV, *Renart et Isengrin dans le puits.* Dès le début cependant on remarque le changement le plus frappant : les noms propres des bêtes ne paraissent qu'une seule fois dans le poème. De plus le héros n'est plus « le goupil » (c'est-à-dire Renart), mais « un goupil » – témoin le premier vers : « A vox gon out of the wode go ». Ce goupil qui sort du bois est toutefois tenaillé par la faim et la soif, tout comme Renart dans la branche IV. Evitant les chemins fréquentés, il arrive à une maison entourée d'un mur (ce n'est qu'à la fin du récit que nous apprenons que c'est une abbaye). Passant par un trou dans le mur, il trouve la porte du poulailler ouverte. Le coq, perché en haut avec deux des poules, le conjure de s'en aller. Le goupil l'appelle « Sire Chauntecler », et l'assure de ses bonnes intentions. S'il veut bien descendre, il lui fera un grand bien. Il rend un service aux poules, prétend-il, en les saignant, car elles sont malades. Malgré les malédictions du coq, il « saigne » les trois poules qu'il trouve en bas. Simple coïncidence peut-être, mais dans la branche française Renart mange également trois poules. Son repas a aggravé sa soif. Il vient au puits, et à son tour le poète explique le fonctionnement des deux seaux, tout comme dans le *Roman de Renart* et dans *Reinhart Fuchs.* Le poète anglais semble cependant avoir suivi son prédécesseur français en mettant cette explication tout au début de l'épisode, et non plus tard, ainsi qu'avait fait le Glîchezaere, juste au moment où Isengrin veut descendre dans le puits. Une différence importante entre le poème anglais et ses prédécesseurs français et allemand : il n'est plus question de l'ombre, que le goupil prend pour sa chère Hermeline. C'est tout simplement la soif qui le pousse à sauter dans le seau pour atteindre l'eau. Par contre, la version anglaise donne un développement plus important aux lamentations du goupil : est-ce donc, demande-t-il, un diable qui l'a amené dans une situation si dangereuse ? Lui, qui était estimé pour sa ruse, c'en est fait de lui !

Arrive le loup, qui entend les lamentations et les pleurs du goupil. Lui aussi espérait se désaltérer, s'il ne trouvait rien pour apaiser sa faim. Mais il reconnaît cette voix ; c'est celle de son voisin, son compère depuis leur naissance :

v. 113 He com to the putte, thene vox i-herde,
He him kneu wel bi his rerde,
For hit wes his neigebore,
And his gossip, of children bore [1].

Une comparaison des textes fait voir que l'anglais suit ici très exactement le français : « Ja sui je vostre bon voisin / Qui fui jadiz vostre compere », dit Renart dans la branche IV. C'est dans le dialogue qui s'en ensuit que les noms propres des deux bêtes sont employés, la seule fois dans le poème. Le goupil appelle son compère « Sigrim », tandis qu'il se nomme « Reneuard ». Mossé a observé que cette forme du nom du loup, Sigrim, est une forme populaire qui laisse supposer un acheminement assez long, ce qui indiquerait que le nom a eu une certaine popularité en Angleterre. Reneuard, ou Reneward, est par contre une des formes françaises du nom du goupil qui se retrouvent ailleurs.

Encore une fois le goupil prétend qu'il est au paradis, dont il décrit les délices au loup. Autrement cette partie du poème présente peu de points communs avec la branche IV ou avec *Reinhart Fuchs*. Certains éléments de la branche française ont disparu : le loup ne prend pas sa propre image pour dame Hersent, le goupil ne prétend plus être maître d'école. En revanche le poète anglais introduit des développements originaux. Le loup s'étonne de la mort subite de son compère, car, rappelle-t-il, ils avaient dîné ensemble trois jours auparavant. Dans la branche

[1] Ed. *Of the Vox and of the Wolf*, par F. Mossé pour son cours public fait au Collège de France en 1950. Cf. aussi Thomas Wright, *A Selection of Latin Stories*, London, 1842.

IV, Isengrin assure Renart qu'il s'est confessé à la chèvre avant d'arriver au puits ; dans la version anglaise il se confesse sur-le-champ au goupil. Au cours de sa confession il fait allusion à l'adultère de sa femme avec le goupil : il avait en effet vu le goupil coucher avec sa femme et pensait, comme tout le monde, qu'il fallait croire ses propres yeux. C'était, explique-t-il pour s'excuser, la source de l'hostilité qu'il lui avait montrée. Que le goupil ne lui en veuille pas, supplie donc le loup, impatient de goûter aux délices promises du paradis. Cette allusion à une longue hostilité entre les deux bêtes est en contradiction flagrante avec la remarque précédente sur le dîner chez le goupil ; mais, introduite presque de force dans le récit, elle semble indiquer que le poète anglais se sentait obligé de parler de l'adultère et de la guerre de Renart et d'Isengrin, comme d'un thème connu et indispensable à tout récit de Renart. Le poème de Pierre de Saint-Cloud a dû être bien connu en Angleterre, pour s'imposer ainsi dans notre récit.

La confession est suivie d'un pardon très cérémonieux qui semble avoir été emprunté directement à la liturgie de l'Eglise : « Tout ce que vous avez fait, en pensée, en parole et en fait, je te pardonne », prononce le goupil avec une solennité hypocrite très comique. Le reste du récit suit en général la version française, sous une forme plus ramassée. Le loup saute dans le seau, il descend dans le puits tandis que le goupil remonte. A mi-hauteur il y a le petit colloque qui se trouve sous une forme ou une autre dans toutes les versions de l'histoire : le goupil dit qu'il sonnera le glas pour son compère et chantera une messe à son intention. Le loup passe la nuit au fonds du puits. Le matin, le frère-jardinier Aylmer réveille les moines pour chanter matines. Mais il a tellement soif qu'il sort au beau milieu de l'office pour chercher de l'eau. Quand il voit le loup, sa surprise est bien comique : « The devil is in the putte ! » s'écrie-t-il (« Le diable est dans le puits »). Les autres moines arrivent, et tirent le loup du puits. Isengrin est rondement battu par les moines et mordu par les chiens. Le goupil l'avait trompé, dit l'auteur en conclusion, mais le coup ne lui fut pas pardonné.

Sauf pour le tout dernier vers, qui semble reprendre l'idée du français : « S'Ysengrins le truisse en sa marche / Sachiez, il li fera damage », cette conclusion abrupte, presque tronquée, ne ressemble guère à celle de la branche IV, bien plus longue et d'une ironie savoureuse. Encore une fois le problème se pose des rapports entre le *Roman de Renart* et les versions dans d'autres langues. Mossé a maintenu [1] que les trois récits, la branche IV, *Reinhart Fuchs*, et *Of the Vox and of the Wolf*, présentent de telles différences, qu'ils ne peuvent pas remonter à une seule forme originale. Il a conclu que la tradition orale a joué un rôle important dans la composition du poème anglais. Certainement la transition d'une version française de l'épisode au poème anglais suffit pour expliquer du moins en partie des différences. Mais Mossé a ajouté que des erreurs de rime, des formes différentes, indiquent que le poème anglais avait été écrit d'abord dans un dialecte et transcrit ensuite dans un autre, ce qui pourrait bien permettre l'introduction d'autres changements. De l'autre côté, des concordances presque textuelles démontrent que le poème anglais doit remonter à une version française du moins très proche de la branche IV. On revient toujours au même argument : si, au lieu de mettre tout l'accent sur les divergences, on tient compte des ressemblances, des traits communs entre les versions anglaise et française, on n'est pas obligé de conclure que le poète anglais a suivi une version française qui différait de celle que nous avons dans la branche IV et qui a disparu. Le poète anglais a certainement connu l'histoire de l'adultère et de la guerre entre Renart et Isengrin, et l'idée d'y faire allusion dans une confession n'est pas sans précédent dans le *Roman de Renart*. Comme toujours, il faut faire la part de l'originalité et du talent du poète anglais. Certaines concordances étroites feraient croire qu'il avait travaillé avec un manuscrit français sous les yeux. Mais rien ne l'obligeait à faire une simple traduction de la branche française. Bien au contraire. On peut penser que le poème anglais, composé à une époque où le français était indiscutablement la langue de la cour

[1] Dans son cours public au Collège de France.

et de la haute société, était destiné à un auditoire plus simple, moins instruit et moins exigeant. *Of the Vox and of the Wolf* est en vérité d'une facture bien plus simple que la branche française. La satire des moines et de la vie monacale qui faisait le charme de *Renart et Isengrin dans le Puits* est à peu près absente du poème anglais, qui est surtout un conte d'animaux amusant. Si les cheminements du récit depuis la version française jusqu'au poème anglais ne nous sont pas tous connus, on peut néanmoins concevoir que la branche IV du *Roman de Renart* a bien servi de modèle à *Of the Vox and of the Wolf*.

Si cette branche anglaise atteste que le *Roman de Renart* fut connu et imité en Angleterre au XIIIème siècle, elle apparaît pourtant comme un exemple isolé dans la littérature anglaise. Il faut sauter un bon siècle pour trouver un autre récit de Renart en anglais. Les allusions à Renart sont très rares, sinon inexistantes, et même les noms propres des personnages célèbres de l'épopée animale figurent à peine dans la littérature anglaise du Moyen Age. Mossé ne connaissait qu'un exemple du nom du loup, employé par Lydgate vers 1430 avec la graphie « Sigrun ». Il est intéressant de spéculer sur l'influence du nom et du rôle du lièvre Couart sur l'acceptation définitive du mot « coward » dans le vocabulaire anglais. Le nom de Renart n'a laissé guère plus de traces dans la littérature. Il se trouve à deux reprises dans l'épisode de la chasse au renard dans *Sir Gawain and the Green Knight* (c. 1360-70), d'ailleurs sous deux formes : « Reniarde » et « Renaut ». Mossé a signalé que le nom de Renart, avec les graphies « Reinaud », « Raynold » et « Reynold », est courant en Angleterre depuis le Moyen Age comme nom de famille et comme prénom, ainsi que comme surnom du goupil. De plus, « Ranald » est resté le nom commun du renard, même à l'époque moderne, dans le dialecte du Worcestershire, tandis que les paysans du Sussex l'appellent « Mister Reynolds » ou « Mus Reynolds ». Ces survivances sont malgré tout significatives, et les nombreuses miséricordes et autres sculptures de la fin du XIVème ou du début du XVème siècle dans toutes les régions de l'Angleterre semblent confirmer que les exploits de

Renart avaient été connus et avaient eu une certaine faveur populaire, sinon littéraire, au point que, selon Mossé, « il s'en est fallu de peu, somme toute, que, tout comme « renard » en français, « ranald » ne devienne en anglais le nom commun du goupil » [1].

Il faut pourtant attendre jusqu'aux dernières années du XIVème siècle pour trouver dans la littérature anglaise un autre récit inspiré du *Roman de Renart,* le *Nonne Preestes Tale* de Chaucer [2]. Ce charmant récit du prêtre des nonnains est en effet un remaniement bien libre de la branche II, de l'épisode de Renart et de Chantecler. Chaucer a pris de grandes libertés avec son modèle, mais on retrouve le vieux conte français jusque dans les petits détails, tandis que les changements principaux proviennent surtout de l'imagination pleine de verve du poète. Il a agrémenté le conte d'une foule de réflexions tirées pour la plupart de sa vaste érudition et qui viennent rehausser l'effet comique d'un poème qui continue, avec son style épique, la tradition des meilleures branches du *Roman de Renart.*

Les différences entre la branche II et le poème de Chaucer soulèvent de nouveau la question des rapports entre les deux œuvres. Il reste très probable, à mon avis, que Chaucer a fait lui-même, et à bon escient, bon nombre de changements sur son modèle, sans qu'on puisse prétendre qu'il a dû suivre une version autre que celle que nous connaissons. C'est ainsi sans doute qu'il faut expliquer les changements, les renversements même que Chaucer a faits dans l'introduction du récit. L'histoire ne se passe plus à la ferme de l'opulent Constant des Noes, mais à la chaumière d'une pauvre veuve qui a comme toute fortune trois truies, trois vaches, une brebis et des volailles. C'est peut-être pour mieux exalter la splendeur du maître de la basse-cour que Chaucer décrit avec minutie la simplicité de la vie que mènent la veuve et ses deux filles. Chauntecleer le coq n'a pas son pareil dans tout le pays pour son chant et pour sa

[1] *Le Roman de Renart en Angleterre*, p. 75.

[2] Le poème a été composé entre 1381, date du massacre des Flamands mentionné au vers 4584 et seq., et 1400, date de la mort de Chaucer. L'édition employée est celle de F. N. Robinson, *The Complete Works of Geoffrey Chaucer*, Boston, 1933.

beauté. Sa voix est plus belle que celle de l'orgue de l'église, et son chant est mieux réglé que l'horloge d'une abbaye. Sa crête est plus rouge que le plus fin corail, et crénelée comme le mur d'un château-fort; son bec est noir comme le jais, ses pattes bleues comme le ciel, ses griffes plus blanches que le lys, ses plumes sont d'un or éclatant !

Dans la basse-cour, qui est bien entourée d'une palissade, tout comme dans la branche II, Chauntecleer règne sur sept poules, dont la plus belle est damoiselle Pertelote, sa préférée – le nom de « Pinte » est abandonné par Chaucer en faveur de cet autre, tiré également du français mais inconnu du *Roman de Renart.* Mais le goupil n'apparaît que vers la fin du poème, qui devient en somme un dialogue fort amusant entre le coq et son épouse. Dialogue entre gens bien cultivés et qui permet au poète d'étaler tout son savoir. Un mauvais rêve tire Chauntecleer de son sommeil : il avait vu dans la cour une bête d'une couleur entre jaune et rouge, qui avait voulu le tuer. Il en est tout effrayé. Pertelote lui reproche sa couardise. Elle ne peut plus aimer un mari qui se montre poltron : « N'avez-vous pas un cœur d'homme, et vous avez une barbe ? » A-t-il donc peur d'un songe ? Mais on sait bien que les songes ne sont que l'effet de vapeurs, qui à leur tour viennent de réplétion. Les explications que fournit Pertelote sont tirées du *Speculum majus* de Vincent de Beauvais, et en conclusion elle cite Dionysius Caton pour prouver la vanité des songes. Il suffit que Chauntecleer prenne un laxatif pour se purger de la colère et de la mélancolie – la science médicale de Pertelote remonte aussi à Vincent de Beauvais.

Chauntecleer n'est pas convaincu. Des auteurs bien plus grands que Dionysius Caton interprètent les songes tout autrement. Les rêves sont annonciateurs d'événements certains. Et il raconte à l'appui de ses assertions deux récits qui sont vraisemblablement tirés du *De divinatione* de Cicéron, « un des plus grands auteurs qu'on lit ». Il cite la vie de saint Kenelm, et Macrobe qui commenta le *Somnium Scipionis,* et le livre de Daniel dans l'Ancien Testament, et l'histoire de Joseph, et la vie de Crésus, roi de Lydie, et le rêve d'Andromaque, qui annonçait la mort d'Hector. Il ne veut plus en parler, dit Chauntecleer, mais il est certain que son rêve lui présage malheur. Quant aux laxatifs, il n'en veut point, car ils sont plutôt dangereux. Mais, ajoute-t-il galamment, la beauté de dame Pertelote lui fait oublier toute peur. « Mulier est hominis confusio », dit-il en sa louange, et profitant de l'ignorance du latin par les femmes, il traduit : « La femme est la joie de l'homme et toute sa consolation ». Et le noble seigneur de la basse-cour la caresse et fait son plaisir d'elle vingt fois avant qu'il ne soit seulement prime !

Cette introduction délicieuse constitue plus de la moitié du récit, sans que le troisième personnage, le goupil, ne soit même entré en scène. Chauntecleer se promène par la suite dans la cour avec ses sept femmes, son cœur rempli de joie et d'amour. Mais la joie terrestre ne dure pas longtemps et finit toujours par le malheur, dit le poète. Qu'on l'écoute donc bien, car son histoire est aussi vraie que le livre de Lancelot du Lac, que les dames tiennent en si grande estime.

C'est à ce moment que le goupil – « A col-fox, ful of sly iniquitee » – entre en scène. Notre vieux Renart est relégué au second plan dans le poème, et Chaucer ne lui donne même pas son nom traditionnel. A son apparition il l'appelle simplement « a col-fox », c'est-à-dire un goupil au pelage rayé de noir. Ce goupil habitait un bois voisin depuis trois ans, mais il était prédestiné à pénétrer ce jour-là dans la cour. Il se cache dans un carré de choux, où Chaucer l'apostrophe, cet assassin, selon les règles de la rhétorique :

v. 4416 « O false mordrour, lurkynge in thy den !
O newe Scariot, newe Genylon,
False dissymulour, o Greek Synon,
That broghtes Troye al outrely to sorwe ! »

(« O perfide assassin, qui te caches dans ton repaire ! O nouvel Iscariot, nouveau Ganelon, faux dissimulateur, O Sinon le Grec, qui conduisis Troie au malheur le plus complet ! »)

Chauntecleer avait été prévenu par son rêve que ce jour lui serait néfaste, dit le poète. Mais ce que Dieu a prévu doit arriver, disent certains érudits. C'est cependant le sujet d'un grand débat parmi les Docteurs, que cette question de la nécessité simple et la nécessité conditionnelle; mieux vaut ne pas s'y engager ! « My tale is of a cok », nous rappelle Chaucer, d'un coq à qui arriva malheur parce qu'il avait écouté sa femme. « Conseils de femme sont souvent funestes », disent certains, et c'est le conseil d'une femme qui a créé tout le malheur de l'homme. Mais loin de lui, proteste le poète, une pensée hostile aux femmes !

Après ces plaisanteries Chaucer reprend son récit. Pendant que Pertelote et ses soeurs se baignent dans le sable, Chauntecleer chante gaiement – «murier than the mermayde in the see ». Quand il s'aperçoit du goupil qui est tapi dans les choux, il est pourtant fort effrayé et voudrait s'enfuir. Mais le goupil lui adresse des paroles doucereuses : il est son ami, il est venu là, non pour lui faire du mal, mais pour écouter son chant, car Chauntecleer a en vérité une voix aussi belle que celle des anges. Lui, le goupil, avait fort bien reçu le père et la mère du coq, et il ne désire que lui faire plaisir. Certes, personne ne sait chanter comme le père de Chauntecleer, qui avait l'habitude, pour fortifier sa voix, de fermer les deux yeux en se dressant sur la pointe des pieds et en tendant le cou. Ravi de toute cette flatterie, Chauntecleer se conforme à ces indications et commence à chanter. Sire Roussel – « Russell » en anglais, le nom que Chaucer donne enfin au goupil – le saisit par la gorge et l'emporte sur son dos. O Destinée, qui ne peux pas être évitée ! s'écrie le poète. Ce terrible malheur advint un vendredi, et Vénus, déesse de la volupté, ne protégea point son fidèle serviteur Chauntecleer ? Les Troyennes ne firent pas tant de bruit quand Ilion fut prise que font les dames de la basse-cour. Pertelote crie plus fort que ne fit la femme d'Hasdrubal quand son mari fut occis et Carthage brûlée. Tout ainsi crièrent les femmes des sénateurs que Néron fit mettre à mort lors de l'incendie de Rome !

Ces lamentations héroï-comiques sont coupées assez brusquement par la conclusion du récit. La poursuite du goupil ressemble aux chasses épiques avec lesquelles le *Roman de Renart* nous a familiarisés. « Haro », crie la veuve en voyant le voleur emporter son coq, tout comme la femme de Constant des Noes l'avait fait dans le poème de Pierre de Saint-Cloud. La veuve, ses filles, les voisins armés de bâtons, les chiens, Marie avec sa quenouille, tous poussent des cris et courent après le goupil. Les vaches et leurs veaux, même les porcs courent à toutes jambes. Les canards crient comme si on voulait les tuer, les oies s'envolent de peur au-dessus des arbres, les abeilles sortent de leur ruche. On crie comme des démons d'enfer, on sonne de la trompe, on hurle, de sorte qu'on eût cru que le ciel allait tomber ! Un passage en somme qui par sa vigueur, sa verve, sa force descriptive et son comique moqueur, fait penser aux meilleures scènes des premières branches françaises.

Le dénoument est modelé sur celui imaginé par Pierre de Saint-Cloud deux siècles plus tôt, et les paroles moqueuses que Chauntecleer suggère à son ravisseur : « Maugres youre head, the cok shal heere abyde » (« Malgré vous, le coq restera avec moi »), sont certainement inspirées du français : « Maugre vostre, de cestui enpor je ma part ». Le dernier échange entre les deux bêtes est également une imitation du français. Installé dans un arbre, Chantecler s'était moqué de Renart à la fin de l'épisode en se reprochant sa propre erreur :

v. 450 « La male gote li cret l'oil
Qui s'entremet de someller
A l'ore que il doit veillier ».

Les vers de Chaucer traduisent fidèlement cette idée :

4621 « For he that wynketh, whan he sholde see,
Al wifully, God lat him nevere thee ! »

(« Car celui qui ferme les yeux quand il faut voir, que Dieu ne lui accorde jamais prospérité ! »)

Et l'amère réflexion du goupil à la fin est comme l'ècho des vers français :

> 4623 « But God yeve hym meschaunce,
> That is so undiscreet of governaunce
> That jangleth whan he sholde holde his pees ».

(« Que Dieu donne malheur à celui qui ne sait pas se retenir de parler quand il faudrait se taire ! »)

Quels sont les rapports entre *The Nonne Preestes Tale* et le premier épisode de la branche II de Renart ? A première vue les différences pourraient paraître bien plus considérables que les ressemblances. D'une comparaison des deux récits Mossé avait conclu que celui de Chaucer ne peut remonter qu'à une variante de la branche II, à une version qui a pu donner également le récit correspondant de *Reinhart Fuchs.* La différence la plus importante, c'est sans aucun doute dans le choix des noms propres. « Chauntecleer » est le seul nom que Chaucer ait retenu du français, tandis que « Renart », chose étonnante, a complètement disparu, et « Pinte » est remplacé par « Pertelote ». Le nom « Russell » ou « Roussel » convient au goupil, et bien qu'il désigne l'écureuil dans le *Roman de Renart,* il avait été donné à un fils de Renart dans *Renart le Nouvel* et dans *Reinaert de Vos.* Et pourtant, a remarqué Mossé, Chaucer n'ignorait pas le nom de « Renard », puisqu'il l'a employé dans *The Legend of Good Women.* Il n'a pas cependant fait d'autres allusions au *Roman de Renart* dans ses autres ouvrages, pas plus d'ailleurs que les autres grands poètes anglais de l'époque. Mossé en a conclu qu'à la fin du XIVème siècle le *Roman de Renart* n'était plus à la mode en Angleterre. Dans ce cas, il ne serait pas étonnant que Chaucer ait remplacé des noms français peu connus de ses lecteurs par d'autres plus familiers, en grande partie anglais, tels que les noms des chiens qui participent à la poursuite du goupil. Quant au changement bien plus important de « Renart » en « Russell », l'hypothèse a été avancée que ce conte est plein d'allusions historiques et que le nom « Russell » est le nom propre d'un personnage de l'époque.

Connaissant ce même récit sous plusieurs formes et dans plusieurs langues, nous pouvons tout simplement écarter cette dernière hypothèse assez extraordinaire. Mais contre des différences assez importantes on peut avancer des ressemblances tout aussi notables entre la branche II et le conte de Chaucer. Des tours de phrase, des détails communs aux deux récits, autoriseraient en effet à maintenir que Chaucer a bien pu connaître le poème de Pierre de Saint-Cloud dans la version que nous possédons, ou dans une des variantes telles que celle que l'édition Roques nous offre par exemple [1]. J'ai déjà fait ressortir les concordances qui existent entre les deux poèmes, français et anglais, dans les derniers échanges d'aménités entre les deux adversaires, et il en existe d'autres. Chaucer n'a certainement pas copié servilement la branche II, et même dans les détails il a traité sa matière avec une entière liberté. D'autre part, il ne serait peut-être pas impossible d'expliquer les changements que Chaucer aurait faits au récit de Pierre de Saint-Cloud en examinant un peu l'homme et son oeuvre. Les principales différences dans le poème anglais ne s'expliquent pas par un processus d'évolution du poème français ; elles sont plutôt l'apport délibéré d'un poète de talent et d'originalité. Or précisément *The Nonne Preestes Tale* est considéré comme étant peut-être le meilleur des contes de Chaucer, celui qui illustre le mieux son style et ses qualités littéraires : « If any one tale could be chosen to show the quintessence of Chaucer's wit, gaiety and learning, *The Nun's Priest's Tale* would be a fair choice », a écrit un critique [2]. On peut penser que Chaucer n'avait nullement l'intention d'imiter fidèlement l'histoire française de Renart et de Chantecler. Son tempérament et son époque exigeaient une autre manière littéraire

[1] Dans l'excellente introduction de son édition du poème de Chaucer *(The Nun's Priest's Tale,* Oxford, 1927), Kenneth Sisam soutient que Chaucer n'a pas pris sa matière directement à la branche II, mais qu'il a dû utiliser des versions qui descendaient en droite ligne du poème de Pierre de Saint-Cloud.

[2] Nevill Coghill, *The Poet Chaucer,* Oxford, 1949, p. 154.

que celle des trouvères de la fin du XIIème siècle. Le XIVème siècle voulait des descriptions, des digressions morales et philosophiques, de la rhétorique – l'auteur de *Renart le Contrefait* en avait donné l'exemple en traitant la même histoire de la branche II en plus de 2000 vers. Or, si Chaucer a fait un peu la satire de la digression dans *The Nonne Preestes Tale,* il a néanmoins traité trois de ses grands thèmes préférés : les songes, le mariage, la prédestination. « Dreams, matrimony, and predestination are three of the great Chaucerian themes, and here, in this Aesopian fable, they reappear in a new variation, with learning in their train, both philosophical, medical and literary » [1]. On a objecté par exemple que Chaucer a renversé les attitudes de Chantecler et de sa femme sur l'interprétation du rêve. Or, dit Coghill, dans la branche II Pinte avait donné au rêve de son époux une interprétation prophétique, et non médicale ; « Mais Chaucer connaissait mieux que cela le mariage : c'est le mari qui aurait des prétentions grandioses sur le sens de ses rêves, c'est la femme qui les ramènerait par le bon sens à leurs justes proportions. Et c'est la femme qui aurait tort ».

L'explication est ingénieuse, mais elle peut très bien nous aider à comprendre comment le poème français a pu aboutir au récit de Chaucer. *Renart et Chantecler* était pour lui un conte amusant sur lequel il pouvait broder à sa guise ; son tempérament et les goûts de l'époque suffisent à expliquer les transformations qu'il ne manqua pas d'y apporter. Il est même essentiel de souligner à quel point Chaucer est resté fidèle à l'esprit qui avait animé Pierre de Saint-Cloud. Il a conservé le traitement héroï-comique, la parodie, même l'anthropomorphisme qui avaient fait le charme de la branche II-Va, tout en les accommodant avec finesse au goût de ses lecteurs. Malgré l'étalage d'un vaste savoir, également apprécié de ses lecteurs, il a surtout gardé la joyeuse comédie, légèrement satirique, des anciennes branches françaises, sans rien introduire

[1] *Ibid.*, p. 154.

du ton moralisateur et didactique qui avait marqué tant de branches de Renart parues dans l'intervalle entre le poème de Pierre de Saint-Cloud et le sien. La douce moquerie de l'époque, de ses goûts, de la société aristocratique représentée par ce galant Chauntecleer, si généreux et si érudit, si vaniteux aussi, et les scènes comiques telles que la merveilleuse chasse épique des paysans, descendent en ligne droite des meilleures branches anciennes. Et si les histoires du goupil n'ont pas été généralement connues en Angleterre, il faut toutefois croire que Chaucer, fin lettré et traducteur du *Roman de la Rose*, a bien pu connaître et apprécier le *Roman de Renart* dans sa forme originale.

Le conte de Chaucer, si proche par l'esprit et la conception des vieilles branches françaises, apparaît pourtant à son tour comme un phénomène isolé dans la littérature anglaise du XIVème siècle. Après lui, on ne semble plus avoir écrit de Renart en Angleterre pendant un siècle, jusqu'en 1481, l'année de la publication par Caxton de sa traduction, dans un anglais fortement idiomatique, de la version en prose du *Reinaert II* flamand. Caxton n'a pas apporté de grands changements au texte flamand. Il a surtout supprimé ou changé les noms géographiques qui situaient le récit en Flandre. Ainsi par exemple, dans l'histoire du loup et de la jument, Isengrin annonce qu'il avait suivi des cours à Oxford. Le titre de l'œuvre, *The History of Reynard the Fox*, ainsi que le nom du goupil, proviennent du flamand. Mais une indication de la popularité du récit de Caxton, dont une seconde impression apparut en 1489, est fournie par le fait que l'anglais a gardé la forme « Reynard » comme nom propre du goupil, de même que « Bruin », nom donné à l'ours d'après le flamand ou plutôt le néerlandais « Bruyn ».

C'est surtout par la traduction de Caxton, dont les éditions et les adaptations se sont suivies à travers les siècles, que les histoires de Renart ont survécu en Angleterre. Mais les fables d'Eudes de Cheriton et de ses imitateurs, les contes anglo-normands de Nicole Bozon, et les deux poèmes qu'on vient d'examiner, indiquent que le *Roman de Renart* a été connu en Angleterre aux XIIIème et XIVème siècles. Il ne faut pas oublier qu'à cette époque l'épopée de Renart a presque certainement circulé dans sa forme française d'origine parmi la noblesse anglo-normande et les milieux instruits. Enfin, si l'on s'étonne encore de ne pas trouver davantage de souvenirs du vieux *Renart* en Angleterre, il faut tenir compte d'une influence importante dans les lettres anglaises du Moyen Age : un puritanisme qui existait dès le XIIIème siècle. Le tableau traditionnel de la littérature anglaise du Moyen Age, a observé F. Mossé, est composé surtout d'ouvrages de caractère religieux ou didactique. « N'existait-il donc rien d'autre ? Avant Chaucer, n'y avait-il pas de joyeux contes, de gaillards fabliaux pour divertir les Anglais du Moyen Age, ne chantait-on vraiment que des chansons pieuses ? Non, certes. Mais moines et clercs, qui copiaient et conservaient les manuscrits, ont exercé une si sévère censure que la quasi-totalité de ces contes et de ces chansons ont disparu et que nous ne pourrons jamais mesurer exactement l'étendue de ces pertes »[1]. Les fabliaux et les histoires joyeuses ont bien existé en Angleterre. Le *Roman de Renart* aussi – le critère des noms propres en fait foi. Chaucer apparaît donc dans *The Nonne Preestes Tale,* non plus comme une exception, un exemple isolé dans son siècle, mais, pour employer encore le terme de F. Mossé, « l'héritier d'une tradition » – le successeur en ligne directe de Pierre de Saint-Cloud et des trouvères français qui avaient raconté les histoires de Renart deux siècles plus tôt.

[1] *Le Roman de Renart en Angleterre*, p. 84.

CHAPITRE XVI

CONCLUSION GÉNÉRALE

Le *Roman de Renart* une œuvre médiévale : le grand problème de la ruse et de l'hypocrisie.

Si on considère que le nom de Renart a remplacé dans la langue française le vieux mot de « goupil », on peut affirmer qu'aucun autre héros de la littérature française du Moyen Age n'a laissé une empreinte aussi forte, un souvenir aussi durable. Et certainement le mot « goupil » n'avait jamais dû avoir la même signification que le nom du héros de Pierre de Saint-Cloud, qui s'était enrichi de certaines notions bien précises au cours de sa carrière littéraire de plus de trois siècles. Oeuvre comique appréciée de toutes les classes de la société, le *Roman de Renart* et ses multiples continuations étaient une création naturelle et spontanée de l'esprit français, et de la parodie aimable du début ils sont devenus un des moyens d'expression les plus puissants de l'esprit satirique du Moyen Age. Mais par son penchant inné vers le mal, par sa perversité et sa méchanceté qui ne connaissaient pas de limites, Renart avait vite fait de mettre les autres bêtes, caricatures de la société féodale, dans l'ombre et de concentrer toute l'attention des poètes sur lui-même. Sa ruse inépuisable et sa fausseté dépourvue de tout scrupule et de toute compassion lui confèrent de bonne heure une valeur symbolique. L'auteur de la branche XXIV avait attribué la création de Renart qui « nos senefie çaus qui sont plain de felonie » à Eve, source de tant de péchés aux yeux des gens du Moyen Age. L'auteur de *Renart le Contrefait* avait à son tour donné à Renart une place dans l'univers bien avant la Création. « Renart est mort, Renart vit, et Renart règne ! » s'était écrié Rutebeuf dans *Renart le Bestourné,* indiquant ainsi la nature éternelle de la ruse et de l'hypocrisie qu'il dénonce, tandis que dans le *Couronnement de Renart* et dans *Renart le Nouvel* le héros maléfique règne dans le monde entier.

En essayant, chacun à sa manière, d'expliquer l'origine et la nature de Renart, les poètes du Moyen Age cherchaient en effet à résoudre le problème de la ruse et de l'hypocrisie dans le monde. Jacquemart Gielée avait par moments associé Renart au Diable, dont il avait été amené à faire une création logique pour pouvoir expliquer l'existence du Mal dans le monde que Dieu avait créé, et plus d'un autre poète avait également confondu Renart avec le Mal en général. Plus d'un siècle avant Jacquemart Gielée, Heinrich der Glîchezaere avait posé le problème de la ruse et de la fraussété dans *Reinhart Fuchs,* dont la conclusion semble chercher la réponse en alliant Reinhart avec une puissance maléfique. Mais si le problème de la ruse et de la fausseté n'est en somme qu'un aspect du problème du Mal en général, Renart incarnait très spécifiquement la ruse, et plus particulièrement la ruse qui se déguise et qui devient hypocrisie. Et pour le Moyen Age l'hypocrisie incarnée le plus souvent par Renart était l'hypocrisie religieuse. Le danger était évidemment grand, le problème aigu : les puissances infernales se cachant, pour arriver à leurs buts, sous la robe de la religion qui leur était opposée. Voilà le problème qui angoisse Rutebeuf, Jacquemart Gielée, l'auteur du *Couronnement de Renart* et d'autres poètes de Renart et qui se trouve à la base de leur satire anticléricale. Jean de Meun avait résumé tout le problème dans la formule de Faux-Semblant, qui annonce qu'il cache sa renardie sous le manteau de papelardie. C'était le sens des proverbes et des dictons qui, en plusieurs langues, mettaient en garde contre la piété de Renart. « Vulpes per fraudulentiam », disait Eudes de Cheriton de certains moines, tandis qu'on répète encore aujourd'hui en Flandre le proverbe ancien : « Als de vos de passie preekt, Boer pas op u ganzen » – « Lorsque le renard prêche la passion, paysan, fais attention à tes oies ! » C'est à Louis XI, qu'un critique moderne a appelé à juste titre « ce renard aux amulettes », qu'on attribue le dicton à propos du dur sort des paysans soumis à la tenure seigneuriale : « Mieux vaut pour la terre faucon de manoir que renard d'église ». C'est encore la signification qu'on attachait de préférence à Renart dans l'iconographie du Moyen Age. Renart déguisé en moine – surtout en Mendiant – ou en prêtre et prêchant un auditoire crédule de volatiles, revient incessamment dans la sculpture des stalles d'églises en France, Belgique, Angleterre, Allemagne, Suisse, et même jusqu'en Espagne, où pourtant le *Roman de Renart* n'a pas laissé d'autres traces. Dans les manuscrits, même ceux d'ordre purement spirituel, tels que les missels et les psautiers, les enlumineurs médiévaux peignaient parfois des scènes inspirées des aventures de Renart, mais bien plus souvent ils s'amusaient à représenter Renart en moine ou en pèlerin, en prêtre ou même en haut prélat. C'était sans doute leur valeur symbolique, rappelant constamment au clergé la nécessité de se méfier de la piété feinte, qui explique que l'Eglise du Moyen Age acceptait ces représentations qui nous étonnent aujourd'hui. Plus tard, avec la Réforme, elles prenaient une valeur plutôt anticléricale et surtout anticatholique, exactement comme dans la littérature Renart devenait pour les protestants le symbole de la papauté, ainsi que témoigne le livre de John Bale, publié à Zurich en 1542 et intitulé « Yet a course at the Romysche Foxe, a dysclosynge or openynge of the manner of synne ». Mais avant de devenir un simple instrument des partis dans les luttes religieuses de la Réforme, Renart avait joué au Moyen Age un rôle important dans la pensée morale. C'était par sa ruse même, malgré le mal qu'il faisait, que Renart avait charmé les lecteurs du XIIème siècle, et par la suite le Moyen Age a trouvé dans notre héros, figure populaire et bien plus réelle que les créations allégoriques Fauvel et Faux-Semblant, ses semblables, l'incarnation de la ruse et de l'hypocrisie, deux aspects du Mal dont l'existence posait au monde médiéval un problème aigu et angoissant.

APPENDICE I

(Les manuscrits fournissant les variantes indiquées dans les notes sont indiqués ainsi : F — Palerme ; W — Wolfenbüttel ; P — Prague ; B — Breslau ; U — Utrecht ; C — Cortone.)

Epistola leonis ad asinum et leporem ut citent
vulpem ad presenciam suam [1].

Rex leo fortissimus animalium asino et lepori fidelibus suis gratiam suam et bonam voluntatem. Cum omne genus ferarum et omnis bestiarum terrestrium multitudo, tam mitium quam inmitium, nostre ditionis [2] subsint imperio et obediant sola deceptionis fabricatrix vulpecula contumax invenitur, que nostre potentie magnitudinem non veretur, eademque citata multotiens in nostra noluit curia comparere, pro cuius excessibus sedes nostra tota est impleta querelis, et conquerentes de ipsa nullam potuerunt assequi rationem [3]. Quapropter fidelitati vestre precipiendo mandamus, quatenus ipsam peremptorie citare curetis, ut pro sibi obiectis nostro se debeat conspectui presentare VII. Kal. aprilis [4], gallis et gallinis legitime responsura. Formam citationis, diem, coram quibus, et quicquid inde feceritis nobis postmodum per litteras vestras intimare [5] curetis. Datum etc. [6].

Rescriptum leporis ad leonem

Fortissimo regi regum, dominatori omnium generum ferarum et bestiarum que sub celo sunt, magnifico et excellentissimo domino leoni

[1] U — « Mandat leo Rex animalium Asino et Lepori, fidelibus suis, ut citent personaliter peremptorie vulpem, quod pro sibi obiectis septimo Kal. Aprilis coram ipso se debeat presentare gallis et gallinis legitime responsura ».

[2] F — iurisdicionis : PU — dominaciona.

[3] « assequi rationem » — « obtenir satisfaction ».

[4] VII. Kal. Aprilis — le 25 mars — Pâques ou l'Annonciation?

[5] « intimare » — « notum facere » (Ducange).

[6] C — « per vos vel saltem per vestras litteras intimare curetis. Valete semper. Data secus descriptura babilionis in obsidione silvarum in quibus quaedam fere pessime morabantur regni nostri anno quinto (. . . ?) ».

« secus descriptura babilionis » — peut-être une corruption de « secus scripturam leonis » ?

lepus suus humilis et devotus, cum sui recommendatione, ad vestigia pedum oscula [1]. Regalis magnificentie summos apices [2] et reverendos pronis vultibus et osculis suscipientes ad persequendum vestre iussionis officium, nobis iniunctum iuxta formam vestri mandati cum idoneis testibus, sine aliqua tarditate vulpem adiuimus citaturi, quam in quadam specu valde prerupta, nimie altitudinis, ultra horrenda Menala [3], que nec homini facilis erat nec feris adeunda, invenimus, rebellionis potius quam obedientie animum pretendentem. Cumque ad locum tam arduum ascendere nequiremus, cum alterum nostrum gravitas, alterum vero timor opprimeret, fidum amicum nostrum et fidelem socium, dominum caprum barbatum, senem et circumspectum in omnibus, sursum rogavimus ascensurum. Qui non moleste ferens nostrarum precum instantiam, ascendit ad locum, et ipse vulpecule egrotare similanti adventum nostrum et causam exposuit ; qui vix obtinuit, ut ipsa nobis ex illa supereminenti specula loqueretur, nedum ad nos vellet descendere mandatum regium susceptura ; per quandam tamen rimulam emisso capite cucullato, prorumpens in verba, quod non esset ad curiam citanda, exceptiones duplices allegavit : primo enim, se gravi dicebat infirmitate teneri ; secundo quod rediens ad cor [4] suum pro multis maleficiis dudum commissis religionis susceperat habitum, deo celi et non regi ferarum de cetero responsura, et ideo, reclusa in heremo, et contemplationi dedita, redire nullatenus vitam disposuit ad activam. Et volens instanter ostendere, se esse mutatam de vitio ad virtutem, me verbis leniciliandus [5], propter multa mala, que mihi fecerat, et multas persecutiones et innumerabiles, quas multotiens irrogarat ; qui, saniori utens consilio, fraudulentam reconciliationis gratiam evitavi. Nobis tamen volentibus plenius de ipsius infirmitate cognoscere, frater Asinus, cuius sensus in omni parte medicine theoricus noscitur, ipsius urinam sibi petiit presentari ; qua presentata nullius infirmitatis signa cognovit, sed potius erant sinthomata sanitatis. Denique attendentes quod nil proficiebamus ibidem, inde discessimus, et divertimus ad villam Menonis [6], que non multum distabat abinde, ibidem per-

[1] « pedum oscula » — « formula usitata in Chartis quae sacramenta fidelitatis regi a civitatibus jurata exhibent » (Ducange).

[2] « apices » — «pro scriptis, epistolis passim usurparant aevi inferioris Scriptores » (Ducange).

[3] « horrenda Menala » — un souvenir d'Ovide, *Métamorphose*, I, 219 : « Maenala transieram latebris horrenda ferarum ». Maenalus ou Maenala — nom d'une montagne en Arcadie.

[4] « rediens ad cor » — « reprenant ses sens » ; cf. italien, « (ri)tornare al cuore ».

[5] F — reconciliaturus.

[6] « ad villam Menonis » — Meno, nom propre otu commun du bouc (sans barbe). Le même mot que « menno » en italien, « rasé, sans barbe », malgré l'emploi de « barbatus » en parlant auparavant du bouc !

noctare credentes. Sed tot erant ibi lamenta, tot ploratus et ululatus, que galli et galline promebant de perditis filiis et filiabus, quos vulpes ipsa voraverat, quod ab ipso loco declinavimus, cum leta tristibus non concordent. Et cum transitum haberemus per quedam devia lustra [1], ecce frater lupus placido vultu nobis occurrit ; volens trahere nos in domum suam ; quod frater asinus penitus recusavit, stillans mihi in auribus hoc secretum, illa esse fugienda hospitia, que introrsum habent vestigia, retrorsum nulla [2], feris latronibus habitata.

Nocte vero superveniente iam nos requiescere oportebat ; et ecce camerarius domine vulpis [3] nobis occurrit, qui conducens nos in hospitium suum, gallinas, pullos, anseres, columbas, omniaque genera pennatorum mense apposuit et famem nostram multis deliciis terminavit. Sed, proch dolor ! ad primum galli cantum ecce clamor factus est. Venit enim fur et latro, lupus cum complicibus suis, et hostia pulsavit. Quo percepto vix per osticum ego evasi ; sed socius meus asinus utpote gravis et tardus ad fugam, lupinis faucibus preda remansit et esca. Que regie maiestati duxi presentibus intimandum ; nam ex illa fuga ita confracta sunt ossa mea, quod ad pedes celsitudinis vestre personaliter venire nequivi tot pericula relaturus. Attendat ergo, si placet, providentia vestra regia sui regni pericula, antequam crescant in inmensum ; sumatis gladium ad vindictam, multa enim ultioni debentur in regno vestro ; que si non fuerint in brevi tempore resecata, ita dilatabitur iniquitas et crescet malitia, quod nulla poterit succurrere medicina, iuxta illud :

Principiis obsta ; sero medicina paratur,
Cum mala per longas invaluere moras [4].

Quodsi vestris nuntiis et legatis talia facta sunt, quin aliis peiora fiant vestre magnificentie non est aliquatenus dubitandum.

[1] « devia lustra » — forêt, repaire des bêtes; cf. Ovide, *Métamorphoses*, III, 146.

[2] W — « que apertum habent introitum, non egressum »; cf. Esope et Horace, la fable du *Lion malade* (cf. aussi La Fontaine).

[3] F — « ecce simius domine vulpis camerarius ».

[4] « Principiis et seq. » — cf. Ovide, *Remed. amor.* 91-92.

APPENDICE II

TABLE CHRONOLOGIQUE DES BRANCHES ET DES ADAPTATIONS DU *ROMAN DE RENART*

	Françaises	*Autres*	
XIIème Siècle			
1174-1177	*Roman de Renart,* Branche II-Va.		
1178	III		
?	V		
	XV		
1178	IV		
	XIV		
1179	I		
1180-1190	X		
1190	VI	*Reinhart Fuchs*	1190-1200 ?
	XII		
	VIII		
1190-1195	Ia		
?	Ib		
1195-1200	VII		
1196-1200	XI		
XIIIème Siècle			
1200	IX	*Rainardo e Lesengrino*	(Début du Siècle)
	Chastoiement d'un père à son fils		
1202	XVI		
1205	XVII		
1205-1250	XIII, XVIII-XXVI		
		Fables et Paraboles d'Eudes de Cheriton	1219-1221
1229-1233	*Chansons* de Philippe de Novare	*Exempla* de Jacques de Vitry	1228-1240
		Reinaert de Vos	1200-1250 ?
		Of the Vox and of the Wolf	Vers 1250

1258	*Mémoires* de Philippe de Novare		
1260	*Récits d'un ménestrel de Reims*		
1261	*Renart le Bestourné*		
1263-1270	*Couronnement de Renart*		
1289	*Renart le Nouvel*		
XIVème Siècle			
		Epistola leonis ad asinum et leporem et le *Rescriptum leporis*	(Fin du XIIIème ou début du XIVème S.)
1319-1342	*Renart le Contrefait*		
		Contes moralisés de Nicole Bozon	1320
1330 ?	*Dit de la queue de Renart*	*Le Libro de buen amor*	1330
1354-1377	*Doutrine Renart* et *Dialogue de Renart et de la Loutre*	*Fables* de Jean de Sheppey (mort 1360)	
1360-1400 ?	*Renart Mestres de l'Ostel du Roy* de Jean de Condé		
		Reinaerts Historie	1375-1400
? -1406	Poèmes d'Eustache Deschamps (1346-1406)	*The Nonne Preestes Tale*	1381-1400
XVème Siècle			
		Libro de los gatos	(Fin du XIVème ou début du XVème S.)
1466	*Livre de Maistre Regnart* de Jean Tenessax		
		The History of Reynard the Fox	1481
1491-1498	*Fables* de Guillaume Tardif	*Bataille des renards* de Sébastien Brandt	1498
		Le Regnars traversans de Jean Bouchet	1500

BIBLIOGRAPHIE

I. OUVRAGES GÉNÉRAUX

BÉDIER, JOSEPH et HAZARD PAUL. *Histoire de la littérature française illustrée*, 2 vol. Paris: Larousse, 1923; nouv. éd. revue, 1949; tome I, du Moyen Age au XVIIème siècle inclus.

BOSSUAT, ROBERT. *Manuel bibliographique de la littérature française du Moyen Age*. Melun: D'Argences, 1951. (*Supplément* 1949-1953, paru en 1955.)

CALMETTE, JOSEPH. *Trilogie de l'histoire de France*: I, *Le Moyen Age*. Paris: Arthème Fayard, 1948.

COHEN, GUSTAVE. *La Vie littéraire en France au Moyen-Age*. Paris: Tallandier, 1949.

Histoire générale des civilisations: III, *Le Moyen Age*. Publiée sous la direction de MAURICE CROUZET. Paris: Presses Universitaires de France, 1955.

Histoire littéraire de la France; ouvrage commencé par des religieux bénédictins de la congrégation de Saint-Maur et continué par des membres de l'Institut (Académie des Inscriptions et Belles-Lettres). Paris, 1733-1950.

HOLMES, U.T.,Jr., ed. *The Mediaeval Period*. Vol. I of *A Critical Bibliography of French Literature*, D.C. CABEEN, general editor. Syracuse, N.Y.: Syracuse University Press, 1947.

A History of Old French Literature. New York: Crofts, 1948.

HUIZINGA, J. *Le Déclin du Moyen Age*. Paris: Payot, 1948.

LIGNY, HUMBERT. *L'Occident médiéval, la Belgique et l'Europe*. Bruxelles: Éditions Universitaires, 1947.

PARIS, GASTON. *La Littérature française au Moyen Age* (XIème-XIVème siècle). Paris: Hachette, 1888; 3ème éd. 1905; 4ème éd. 1909; 5ème éd. 1913.

SICILIANO, ITALO. *François Villon et les thèmes poétiques du Moyen Age*. Paris: A. Colin, 1934.

SUCHIER, H., und BIRCH-HIRSCHFELD, A. *Geschichte der französischen Literatur von den ältesten Zeiten bis zum Gegenwart*, 2 vol. Leipzig, 1913.

II. LE ROMAN DE RENART

Parmi les travaux très nombreux consacrés au *Roman de Renart*, je ne signale ici que ceux qui me paraissent les plus importants ou que j'ai utilisés dans cet ouvrage.

ÉDITIONS

Le Roman de Renart, publié d'après les manuscrits de la Bibliothèque du Roi des XIIIème, XIVème et XVème siècles, par D.-M. Méon. Paris: Treuttel et Würtz, 1826, 4 vol. *Supplément, variantes et corrections*, par P. Chabaille. Paris: Silvestre, 1835.

Le Roman de Renart, publié par Ernest Martin. Strasbourg: Trübner, 3 vol. in-8. I, *L'Ancienne Collection des branches*, 1882; II, *Les Branches additionnelles*, 1885; III, *Les Variantes*, 1887.

Observations sur le Roman de Renart, suivies d'une table alphabétique des noms propres, supplément de l'édition du Roman de Renart par Ernest Martin. Strasbourg, 1887.

Le Roman de Renart, édité d'après le manuscrit De Cangé par Mario Roques. Paris: Champion. I, *Première Branche*: *Jugement de Renart, Siège de Maupertuis, Renart Teinturier*, 1948; II, *Branches II-VI*: *Le Puits. La Naissance, Chantecler, La Mésange, Tibert, Les Deux Prêtres, Les Béliers, La Femme du vilain*, 1951; III, *Branches VII-IX*: *Renart et le Corbeau, Le Viol d'Hersent, L'«Escondit», Le Duel de Renart et d'Isangrin, Le Pèlerinage Renart*, 1955; IV, *Branches X-XI*: *Liétart, Renart et la mort de Brun, Les Vêpres de Tibert*, 1958. (Classiques Français du Moyen Age, 78, 79, 81, 85.)

Ces trois éditions, représentant chacune un des groupes de manuscrits, ont été décrites au chapitre II. On peut consulter aussi: Paulin Paris, *Les Aventures de Maître Renart et d'Ysengrin son compère, mises en nouveau langage, racontées dans un nouvel ordre et suivies de nouvelles recherches sur le Roman de Renart*, Paris, 1861, rééditions chez Crès, 1921, et Chantenay, 1947; Marc Boyon et Jean Frappier, *Roman de Renart* (*Extraits*), Paris (Classiques Larousse); Robert Bossuat, *Le Roman de Renard*, Paris, (Hatier, Connaissance des Lettres 49), 1957. Ces derniers présentent en résumé le texte selon l'édition Martin, avec notes explicatives.

ÉTUDES

Bourquelot, Félix. *Office de la fête des fous de Sens*. Sens, 1856.

Boussard, Jacques. *Le Gouvernement d'Henri II Plantagenêt*. Paris, 1956.

Büttner, Hermann. *Studien zu dem Roman de Renart und dem Reinhart Fuchs*. I. *Die Überlieferung des Roman de Renart und die Handschrift O*; II, *Der Reinhart Fuchs und seine französische Quellen*. Strasbourg, 1891.

(Ouvrage important sur le classement des manuscrits et sur les rapports entre le *Roman de Renart* et *Reinhart Fuchs.*)

CHAILLEY, JACQUES, *Histoire musicale du Moyen Age.* Paris, 1950.

DU TILLIOT. *Mémoire pour servir à l'histoire de la fête des fous.* Lausanne et Genève, 1741; 2ème éd. 1751.

FARAL EDMOND, dans BÉDIER et HAZARD, *Histoire de la littérature française illustrée,* I, p. 53-4.

FOULET, LUCIEN. *Le Roman de Renard.* (Bibliothèque de l'École des Hautes Études, fasc. 211.) Paris: Champion, 1914. (L'étude la meilleure et la plus complète sur le *Roman de Renart*: la genèse, la chronologie' la valeur littéraire et historique.)

GRAF, ADOLF. *Die Grundlagen des Reineke Fuchs.* Helsinki, 1920. (Sur les origines du *Roman de Renart.* Conteste en partie les conclusions de Foulet sur les origines littéraires et donne une part plus importante au folklore.) Folklore Fellows' Communications N° XXXVIII.

GRAVEN, JEAN. *Le Procès criminel du Roman de Renart*: *Étude du Droit criminel féodal au XIIème siècle.* Genève: Librairie de l'Université, Georg et Cie., 1950.

GRIMM, JACOB. *Reinhart Fuchs.* Berlin, 1834. *Sendschreiben an Karl Lachmann, über Reinhart Fuchs.* Leipzig, 1840. (Exposé de la théorie de l'origine «germanique» et folklorique de l'épopée animale; réfutée par Lucien Foulet.)

GUERLIN DE GUER, CHARLES. *Le Roman de Renart,* dans *La Revue des Cours et Conférences,* 1929 (15-30 juin). Poitiers, Paris, 1930.

HASKINS, CHARLES H. *Norman Institutions.* Cambridge, Mass., 1918.

JONCKBLOET, W.J.A. *Étude sur le Roman de Renart.* Groningue, 1863. (Étude périmée, mais parfois des idées ou explications intéressantes.)

JONIN, PIERRE. *Les Animaux et leur vie psychologique dans le Roman de Renart* (*Branche I*), dans *Annales de la Faculté des Lettres d'Aix,* XXV, fasc. 1-2, Gap, 1951.

LENIENT, CHARLES. *La Satire en France au Moyen Age,* 4ème éd. Paris: Hachette, 1893. (Ch. VIII, sur le *Roman de Renart.*)

LEO, ULRICH. *Die erste Branche des Roman de Renart nach Stil, Aufbau, Quellen und Einfluss. I, Die Anthropomorphism im Roman de Renart unter Berücksichtigung der Branche I.* Göttingen: Kaestner, 1917.

MAETERLINCK, LOUIS. *Le Genre satirique, dans la peinture flamande,* 2ème éd. Bruxelles: Van Oest, 1907. (Ch. III *L'Epopée animale et la satire par les animaux.*)
Le Genre satirique, fantastique et licencieux dans la sculpture flamande et wallonne. Paris: Jean Schemit, 1910.

NOGUÉS, JUAN. *Estudios sobre el Roman de Renard.* Salamanca, 1956.

PARIS, GASTON. *Le Roman de Renart*, dans *Journal des Savants*, 1894-95. Réimprimé dans G. PARIS, *Mélanges de littérature française du Moyen Age*, p. 337-423. Paris: éd. par M. Roques, 1912.

PARIS, PAULIN. *Les Aventures de Maître Renard, suivi de nouvelles recherches sur le Roman de Renard.* Paris, 1861. (Étude sur l'influence des contes latins du Moyen Age.)

ROTHE, AUGUSTE. *Les Romans de Renart examinés, commentés et comparés*, Paris, 1845. (Analyses périmées, remplacées par des éditions plus récentes des textes, mais commentaire encore de quelque valeur.)

SUDRE, LÉOPOLD. *Les Sources du Roman de Renart.* Paris: Bouillon, 1893. (Les vues de Sudre sur les sources du *Roman de Renart* ne sont plus admises depuis leur réfutation par Lucien Foulet, mais l'ouvrage contient un matériel intéressant sur les contes d'animaux.)

TILANDER, GUNNAR. *Remarques sur le Roman de Renart.* Göteborg, 1923.
Lexique du Roman de Renart. Göteborg, 1924.
Notes sur le texte du Roman de Renart. Paris: Champion. (Extrait de la *Zeitschrift für romanische Philologie*, XLIV, 1924, p. 658-721.)

VAN MIERLO, J. *Het vroegste Dierenepos in de Letterkunde der Nederlanden: Isengrimus van Magister Nivardus.* Gand, 1943.

VOIGT, ERNEST. *Ysengrimus, herausgegeben und erklärt.* Halle, 1884. Le texte de l'*Ysengrimus* a été traduit en allemand par ALBERT SCHOENFELDER, *Isengrimus, das mittelalterliche Tierepos aus dem Lateinischen verdeutscht.* Münster, Köln: Böhlau-Verlag, 1955.

VORETZSCH, CARL. *Der «Reinhart Fuchs» Heinrichs des Glîchezare und der «Roman de Renart».* Halle, 1890.
Altfranzösische Literatur, dritte Auflage, p. 374 sq. Halle, 1925. (Voretzsch a défendu, avec Sudre, la thèse des origines folkloriques et «nordiques» du *Roman de Renart*, en opposition aux vues de L. Foulet.)

WILMOTTE, MAURICE. *L'Auteur des branches II et Va du Renard et Chrétien de Troyes*, dans *Romania*, XLIV, 1915-17, p. 258-60.

TEXTES ET ÉTUDES utilisés pour illustrer l'influence du *Roman de Renart* dans la littérature française et provençale

ADENET LE ROI. *Bueves de Commarchis*, éd. par AUGUSTE SCHELER. Bruxelles, 1874.
Li Roumans de Berte aus grans piés, éd. par AUGUSTE SCHELER. Bruxelles, 1874.

AIMERIC DE PEGUILHAN. *The Poems of Aimeric de Peguilhan*, edited and translated by FRANK M. CHAMBERS and WM. P. SHEPARD. Evanston, Ill.: Northwestern University Press, 1950.

Aiol, Chanson de geste, éd. par JACQUES NORMAND et G. RAYNAUD. Paris: SATF, 1877.

Aliscans, Kritischer Text. ERICH WIENBECK, WILHELM HARTNACKE und PAUL RASCH. Halle: Niemeyer, 1903.

Alexandre, Le Roman d'. ALFRED FOULET, *The Medieval French Roman d'Alexandre*, vol. III. Princeton et Paris, 1949.

ANGLADE, (JOSEPH). *Histoire sommaire de la littérature méridionale au Moyen Age des origines à la fin du XVème siècle.* Paris, 1921.

Auberi le Bourgignon, dans P. TARBÉ, *Poètes champenois antérieurs au siècle de François Ier*, VI. Reims, 1851.

AUDIAU, JEAN, et LAVAUD, RENÉ. *Nouvelle Anthologie des troubadours, avec glossaire et index.* Paris: Delagrave, 1928.

BÉROUL. *Le Roman de Tristan*, poème du XIIème siècle, éd. par E. MURET, 4ème éd. Paris, Classiques Français du Moyen Age. 1947.

BRAKELMAN, JULES. *Les Plus Anciens Chansonniers français*; *Fortsetzung des 1891... erschienenen ersten Teiles.* Marburg, 1896.

CERVERI. *Obras completas del trovador Cerveri de Girona*, éd. par MARTIN DE RIQUER. Barcelona, 1947.

Les Proverbes de Guylem de Cervera, éd. par A. THOMAS, *Romania*, XV, 1886.

CHARLES D'ORLÉANS. *Poésies*, éd. par PIERRE CHAMPION. Classiques Français du Moyen Age. Paris, 1927.

Le Chevalier au Baril, dans *Zwei altfranzösische Dichtungen*, éd. par O. SCHULTZ-GORA, 4ème éd. Halle, 1919.

Courtois d'Arras, éd. par EDMOND FARAL, 2ème éd. Paris, Classiques Français du Moyen Age. 1922.

DUMÉRIL, ÉDÉLESTAND. *Poèmes inédits du Moyen-Age.* Paris, 1854.

ELIAS CAIREL. *Der Trobador Elias Cairel*, von HILDA JAESCHKE. Kritische Textausgabe mit Uebersetzungen und Anmerkungen. Romanische Studien, Heft 20, Berlin, 1921.

L'Évangile aux femmes, éd. par G. KEIDEL. Baltimore, 1893.

GAUTIER DE COINCY. *Les Miracles de la Sainte Vierge*, éd. par le chanoine A.-E. POQUET. Paris, 1857.

Gautier de Coincy et le Roman de Renart, par K. SNEYDERS de VOGEL, Jr., dans *Neophilologus*, XXXV, 1951, p. 241-3. Intéressant article sur le nombre important de mots rares empruntés par Gautier au *Roman de Renart* et qui indiquent des connaissances intimes.)

GEFFROY DE PARIS. *La Chronique métrique*, éd. par ARMEL DIVERRÈS. Publications de la Faculté des Lettres de Strasbourg, 1956.

Girart du Roussillon, Le Roman en vers de..., éd. par PROSPER MIGNARD. Paris et Dijon, 1858.

GOBIN DE REIMS, dans TARBÉ, *Chansonniers de Champagne aux XIIème et XIIIème siècles.* Reims, 1850. Cf. aussi P. Paris dans *Histoire littéraire de la France*, XXIII, 1856, p. 598-9.

Guilhem Molinier. *Las Flors del gay saber estier dichas Las leys d'amors*, ed. par A.-F. Gatien-Arnoult, 3 vol. Toulouse, 1841-3.

Guillaume le Clerc (de Normandie). *Le Bestiaire*, éd. par Robert Reinsch. Leipzig, 1890; 2ème éd., 1892.

Huon de Méry. *Li Tornoiemenz Antecrit...*, nach den Handschriften zu Paris, London und Oxford neu herausgegeben von Georg Wimmer. Marburg: N. G. Elwert, 1888.

Isopet I de Paris, dans *Recueil général des Isopets*, II, de Julia Bastin. Paris: SATF, 1930.

Jacques d'Amiens. *Li Remedes d'amors*, dans *Zwei alftranzösische Lehrgedichten von Jacques d'Amiens*, éd. par Gustav Koerting. Leipzig, 1868.

Jean Bodel. *La Chanson des Saisnes* (d'après le ms. L), éd. par Francisque Michel. Paris, 1839.

Jubinal, Achille. *Jongleurs et trouvères des XIIIème et XIVème siècles.* Paris, 1835.

Levy, Emile. *Provenzalisches Supplement-Wörterbuch, Berichtigungen und Ergänzungen zu Raynouards Lexique Roman*, 8 vol. Leipzig, 1894-1924.

Mahn, C.A.F. *Die Werke der Troubadours in provenzalischer Sprache*, 4 vol. Berlin, 1846-86.

Martin de Braga. *Moralia*, dans *Die altfranzösische Bearbeitung der «Formula vitae honestae» des Martin von Braga*, par Eugen Irmer. Erankenhausen, 1890.

Morawski, Joseph. *Proverbes français antérieurs au XVème siècle. Classiques Français du Moyen Age.* Paris, 1925.

Peire Cardenal. *Peire Cardenal, ein satiriker aus dem Zeitalter der Albigenserkriege*, von Karl Vossler. Munich, 1916.

Ramon Llull. *Caractère et origine des idées du B. Raymond Lulle*, de Jean-Henri Probst. Toulouse, 1912.

Raynouard, F.-J.-M. *Choix des poésies originales des troubadours*, 6 vol. Paris, 1816-21.

Le Reclus de Molliens. *Li Romans de Carité et Miserere*, éd. par A.G. Van Hamel, 2 vol. Paris, 1885.

Ricas Novas. *Les Poésies du troubadour Peire Bremon Ricas Novas, publiées avec une introduction, une traduction et des notes* de Jean Boutière. Bibl. mérid., Ière série, t. 21. Toulouse-Paris, 1930.

Le Roman de la Rose, par Guillaume de Lorris et Jean de Meun, publiés d'après les manuscrits, par Ernest Langlois, 5 vol. Paris: SATF, 1914-24.

Le Roman des Sept Sages, éd. par Jean Misrahi. Abbeville et Paris, 1933.

Tarbé, Prosper. *Les Chansonniers de Champagne aux XIIème et XIIIème siècles.* Reims, 1850.

Chansons de Thibault IV, Comte de Champagne et de Brie. Reims, 1851.

Li Vers de la Mort, poème artésien anonyme du milieu du XIIIème siècle, par Kurt Windahl. Lund, 1887. éd.

Violette, Roman de la, éd. par Fr. Michel. Paris, 1834.

Wackernagel, Wilhelm. *Altfranzösische Lieder und Leiche aus Handschriften zu Bern und Neuenburg, Bâle*. 1846.

III. LES MÉMOIRES DE PHILIPPE DE NOVARE

ÉDITION

Philippe de Novare, Mémoires (1218-1243), éd. par Charles Kohler. Classiques Français du Moyen Age 10. Paris, 1913.

ÉTUDES

Longnon, Jean. *Les Français d'Outremer au Moyen Age*, 2ème éd. Paris, 1929.

Paris, Gaston. *Les Mémoires de Philippe de Novare*, dans *Mélanges de littérature française*, p. 427-70.

Richter, Paul. *Das Geschichtswerk des Philippe de Nevaire, Beiträge zur Historiographie in den Kreuzfahrer-staaten*, dans *Mittheilungen des Instituts für österr. Geschichtsforschung in Wien*. Berlin, 1890.

IV. RUTEBEUF ET RENART LE BESTOURNÉ

ÉDITIONS

Bastin, Julia, et Faral, Edmond. *Onze Poèmes de Rutebeuf concernant la Croisade*. Documents relatifs à l'histoire des Croisades publiés par l'Académie des Inscriptions, I. Paris: Paul Geuthner, 1946. (Édition avec notices historiques et glossaire.)

Ham, Edward B. *Renart le Bestorné*. University of Michigan *Contributions in Modern Philology*, no. 9. Ann Arbor, 1947. (Cf. le compte-rendu d'E. Faral dans *Romania*, 278, 1948, où sont proposées des corrections indispensables.)

Jubinal, Achille. *Oeuvres complètes de Rutebeuf*. Paris, 1839, 2 vol: 3 vol., Paris, 1874.

Kressner, Adolf. *Rustebeufs Gedichte, nach den Handschriften der Pariser National Bibliothek*. Wolfenbüttel, 1885.

ÉTUDES

Bordier, H.-L. *Les Eglises et monastères de Paris, pièces en prose et en vers des IXème, XIIIème et XIVème siècles*. Paris, 1856.

CLÉDAT, LÉON. *Rutebeuf.* Les Grands Écrivains Français. Paris, 1891; 2ème éd., 1909.

DENKINGER, TIBERIUS. *Die Bettelorden in der französischen didaktischen Literatur des 13. Jahrhunderts, besonders bei Rutebeuf und im Roman de la Rose*, dans *Franziskanische Studien*, 2-3. Münster, 1915-1916.

FARAL, EDMOND. *La Vie quotidienne au temps de saint Louis*, Paris, 1942. Cf. aussi Compte-rendu de *Renard le Bestourné*, éd. de Ham, dans *Romania*, 278, 1948.

FOULET, ALFRED, dans Introduction de son édition du *Couronnement de Renard*, p. XLVII—XLIX.

LONGNON, JEAN. *Les Français d'Outremer au Moyen Age.*

KEINS, P. *Rutebeufs Weltanschauung im Spiegel seiner Zeit*, dans *Zeitschrift für romanische Philologie*, LIII, 1933, p. 569-75.

LEO, ULRICH. *Studien zu Rutebeuf, Entwicklungsgeschichte und Form des Renart le Bestourné und der ethisch-politischen Dichtungen Rutebeufs*, dans *Beiheft zur Zeitschrift für romanische Philologie*, LXVII, Halle, 1922.

WAILLY, NATALIS DE. *Jean, sire de Joinville, Histoire de saint Louis, Credo et lettre à Louis X.* Texte original accompagné d'une traduction. Paris, 1874.

V. LE COURONNEMENT DE RENART ET LE RÉCIT D'UN MÉNESTREL DE REIMS

ÉDITIONS

Le Couronnement Renart, dans le *Roman de Renart*, éd. MÉON, IV, 1826 p. 1-123.

FOULET, ALFRED. *Le Couronnement de Renard, poème du treizième siècle.* Princeton-Paris, 1929. (Elliot Monograph, 24.) (Cette édition critique remplace celle de Méon.) Voir compte-rendu d'ALFRED JEANROY, dans *Romania*, LVI, 1930, p. 131-4.

SCHULZE, A. *Textkritisches zum Couronnement de Renart*, dans *Zeitschrift für romanische Philologie*, LIII, 1933, p. 171-7. (Examen critique de l'édition d'A. Foulet, à laquelle il apporte quelques corrections.)

WAILLY, NATALIS DE. *Récits d'un ménestrel de Reims au treizième siècle*, Paris, 1876.

ÉTUDES

DUVIVIER, CHARLES. *Les Influences française et germanique en Belgique au XIIIème siècle; la querelle des (d')Avesnes et des Dampierre jusqu'à la mort de Jean d'Avesnes* (1257). Bruxelles, 1894, 2 vol.

FARAL, EDMOND, dans *Histoire de la littérature française illustrée*, p. 70-1.

LEO, ULRICH, dans *Studien zu Rutebeuf.*

LIGNY, HUMBERT. *L'Occident médiéval.* Bruxelles, 1947.

PIRENNE, HENRI. *Histoire de Belgique*, I-II. Bruxelles, 1920-32.

WILLEMS, LÉONARD. *Notes sur la querelle des Blauwvoets et des Isengrins*, dans *Bulletin de la Société d'Histoire et d'Archéologie de Gand*, n° 6, 1906, p. 253-85.

VI. RENART LE NOUVEL

ÉDITIONS

Renart le Nouvel, dans le *Roman de Renart*, éd. MÉON, IV. 1826.

Renart le Nouvel, publié d'après le manuscrit La Vallière (B.N. fr. 25.566), par HENRI ROUSSEL. Paris, 1961. (Remplace l'édition ancienne de Méon).

Le Livre de Maistre Regnard et de Dame Hersant sa femme, de JEAN TENESSAX. Paris: Philippe Le Noir (1521?).

ÉTUDES

FALK, GEORGES. *Les Idées philosophiques et sociales de Jean de Meun d'après le Roman de la Rose*; mémoire présenté à la Faculté des Lettres pour l'obtention du Diplôme d'Études Supérieures des Langues Classiques. Paris, 1947.

FRAPPIER, JEAN. *Étude sur la Mort le Roi Artu, roman du XIIIème siècle, dernière partie du Lancelot en Prose.* Paris: Droz, 1936.

HOUDOY, JULES. *Renart le Nouvel* dans *Mémoires de la Société des Sciences, de l'Agriculture et des Arts de Lille*, 4ème série, I. Paris-Lille, 1874. (Étude de peu de valeur aujourd'hui.)

HUON DE MÉRY. *Li Tornoiemenz Antecrit...*, éd. par GEORG WIMMER. Marburg, 1888.

LANGFORS, A. *Le Roman de Fauvel, par Gervais du Bus, publié d'après tous les manuscrits connus.* Paris: SATF, 1914-19.

LINCOLN, ANNE E. *Le Livre de Mestre Regnard et de Dame Hersant sa femme*, dans *Romanic Review*, XXIV, 1933, p. 223-33.

LITTLE, A.G. *Measures taken by the Prelates of France against the Friars* (*c.A.D.* 1289-1290), dans *Miscellanea Francesco Ehrle*, III (*Studi e testi* 39), p. 49-66. Rome, 1924.

NEUFCHÂTEAU, FRANÇOIS DE. *Fables et contes en vers, suivis des poèmes de la Lupiade et de la Vulpéide*, 2 vol. Paris, 1815.

ROBERTS, J.G. *Renart le Nouvel*: *Date and Successive Editions*, dans *Speculum*, XI, 1936, p. 472-7.

ROTHE, AUGUSTE. *Les Romans de Renard...* Paris, 1845.

ROUSSEL, HENRI. *Étude sur Renart le Nouvel du poète lillois Jacquemart Gielée*, thèse principale présentée a la Faculté des Lettres; 2ème partie, *Étude littéraire*. Paris, 1956.

SCHELER, AUGUSTE. *Dits et contes de Baudouin de Condé et de son fils Jean de Condé*, 3 vol. Bruxelles, 1866-7. (*Le Dit d'entendement*, III, p. 49-95.)

Teruel (Instituto de Estudios Turolenses), n° 13. JAIME CARUANA (GOMEZ DE BARREDA). *El Castillo de Alcañiz*. Teruel, 1955.

VAN MARLE, RAIMOND. *Iconographie de l'art profane au Moyen Age et à la Renaissance*: II, *Allégories et symboles*, La Haye: Martinus Nijhoff, 1932.

VII. RENART LE CONTREFAIT

ÉDITION

Le Roman de Renart le Contrefait, publié par GASTON RAYNAUD et HENRI LEMAÎTRE, 2 vol. Paris: Champion, 1914. V. aussi A. LANGFORS, *Notes et corrections au Roman de Renart le Contrefait*, dans *Romania*, XLIV, 1915-17, p. 91-7.

ÉTUDES

FARAL, EDMOND. *La Vie quotidienne au temps de Saint Louis*, p. 82-6. Paris, 1942.

Renart le Contrefait, dans *Histoire de la littérature française illustrée*.

FENLEY, G. Ward. *Faus-Semblant, Fauvel and Renard le Contrefait*: *A Study in Kinship*, dans *Romanic Review*, XXIII, 1932, p. 323-31.

HAM, EDWARD B. *Five Versions of the «Venjance Alixandre»*. Princeton: Princeton University Press; Paris, P.U.F., 1935. (Thème de la vengeance dans *Renart le Contrefait*, p. 76-8.)

LANGLOIS, CH.-V. *La Vie en France au Moyen Age, de la fin du XIIème au milieu du XIVème siècle*: II, *D'après les moralistes du temps*. Paris: Hachette, 1925.

MEYER, PAUL. *Alexandre le Grand dans la littérature française du Moyen Age*, II, p. 334-41. Paris, 1886.

MORAWSKI, JOSEPH. *Quelques sources méconnues du Roman de Renart le Contrefait*, dans *Zeitschrift für romanische Philologie*, XLIX, 1929, p. 536-44.

RAYNAUD, GASTON. *Renart le Contrefait et ses deux rédactions*, dans *Romania*, XXXVII, 1908, p. 245-83. (Étude du poème; indication des sources.)

WOOD, MARY MORTON. *The Spirit of Protest in Old French Literature*. New York, 1917.

VIII. LES DERNIÈRES BRANCHES FRANÇAISES

ÉDITIONS

EUSTACHE DESCHAMPS. *Oeuvres complètes*, publiées par MM. DE QUEUX DE SAINT-HILAIRE et GASTON RAYNAUD, 11 vol. Paris: SATF, 1878-1903.

GUILLAUME TARDIF. *Les Apologues de Laurent Valla translatés du Latin en François et suivis des ditz moraulx*. (Réimpression d'après l'exemplaire sur vélin de la Bibliothèque Nationale.) Le Puy, 1877.

LA MOTTE, HOUDART de. *Fables nouvelles*. Paris, 1719.

LARIVEY, PIERRE de. *Les Comédies facétieuses de Pierre de Larivey à l'imitation des anciens Grecs, Latins et modernes Italiens...*, 2ème éd. Rouen, 1601.

Roy Modus et de la Royne Ratio (*Les Livres du*), publiés avec introduction notes et glossaire, par GUNNAR TILANDER, 2 vol. Paris: SATF, 1932.

ÉTUDES

CHAMARD, HENRI. Sur la Fable, dans *Dictionnaire des lettres françaises, XVIème siècle*, publié sous la direction de Monseigneur GRENTE. Paris, 1951.

CLÉMENT, L., éd. *La Fontaine, Fables, Notice*. Paris, 1894.

EDELMAN, NATHAN. *Attitudes of 17th Century France toward the Middle Ages*. New York, 1946.

FAUCHET, CLAUDE. *Recueil de l'origine de la langue et poésie françoise, ryme et romans*, édition du Livre I par J.-G. ESPINER-SCOTT. Paris, 1938.

MASSIEU, ABBÉ GUILLAUME. *Histoire de la poésie française, avec une défense de la poésie*. Paris, 1739.

SAINT-MARC-GIRARDIN, M. *La Fontaine et les fabulistes*, 2 vol. Paris, 1867.

VULSON DE LA COLOMBIÈRE, MARC. *Le Vray Théâtre d'honneur et de chevallerie, ou le miroir historique de la noblesse*, 2 vol. Paris, 1648.

IX. PREMIÈRE CONCLUSION

BOUCHET, JEAN. *Les Regnars traversant les périlleuses voies des folles fiances du monde*. Paris: Vérard, 1500.

HAMON, AUGUSTE. *Un Grand Rhétoriqueur poitevin, Jean Bouchet*, 1476-1557? Paris, 1901.

HENRI, GUY. *Histoire de la poésie française au XVIème siècle*. Tome I, *L'École des rhétoriqueurs*. Paris: Champion, 1910. (Bibliothèque Littéraire de la Renaissance.)

JUSSERAND, J.J. *Histoire littéraire du peuple anglais*. Paris, 1894, t. I.; 2ème éd., 1896.

LANGFORS, A., éd. *Le Roman de Fauvel*. Paris, 1914-19.

LANGLOIS, ERNEST, éd. *Le Roman de la Rose*. Paris, 1914-24.

X. LA LITTÉRATURE MORALE ET DIDACTIQUE

ÉDITIONS

Chastoiement d'un père à son fils, dans *Petri Alphonsi disciplina clericalis*, éd. par A. HILKA et J.W. SODERHJELM. Helsingfors, (Annales Soc. Scient. Fennicae, XLIX, 4.) 1922. (Édition critique des deux dérivés français.)

EUDES DE CHERITON, dans LÉOPOLD HERVIEUX, *Les Fabulistes latins depuis le siècle d'Auguste jusqu'à la fin du moyen âge*: IV, *Eudes de Cheriton et ses dérivés*. Paris, lère éd. 2 vol., 1884: 2ème éd. 5 vol., 1893-9.

ÉTIENNE DE BOURBON. *Anecdotes historiques, légendes et apologues tirés du recueil inédit d'Étienne de Bourbon* par A. LECOY DE LA MARCHE. Paris: Société de l'Histoire de France. 1877.

ESPINOSA, AURELIO MACEDONIO. *Cuentos populares españoles, recogidos de la tradicion oral de España*, 3 vol. 2ème éd. Madrid, 1946. (Consejo Superior de Investigaciones Cientificas.)

Fabulae extravagantes, dans *Steinhöwels Aesop*, éd. par HERMANN OESTERLEY. Bibliothek des litterarischen Vereins in Stuttgart, 117. Tübingen, 1873. Cf. aussi A.-C.-M. ROBERT, *Fables inédites des XIIème, XIIIème et XIVème siècles*, 2 vol., Paris, 1925, pour des résumés en français de ces fables.

JACQUES de VITRY. *Die Exempla des Jacob von Vitry: Ein Beitrag zur Geschichte der Erzählungsliteratur des Mittelalters*, par GOSWIN FRENKEN, dans *Quellen und Untersuchungen zur lateinischen Philologie des Mittelalters*, Band V. I. Munich, 1914.

JEAN DE SHEPPEY. v. L. HERVIEUX, *Les Fabulistes latins*, IV.

NICOLE BOZON, LUCY TOULMIN-SMITH et PAUL MEYER. *Les Contes moralisés de Nicole Bozon*. Paris: SATF, 1889.

Romulus de Munich et *Romulus Mixte de Berne*. v.L. HERVIEUX, *Les Fabulistes latins...*

ÉTUDES

HERVIEUX, LÉOPOLD. *Notice sur Eudes de Cheriton et sur son oeuvre* lue à l'Académie des Inscriptions et Belles Lettres, 19 avril 1895. Paris, 1895.

LECOY, FÉLIX. *Recherches sur le Libro de buen amor de Juan Ruiz*. Paris, 1938.

MEYER, PAUL. *Notice d'un manuscrit de la Bibliothèque Philipps, contenant une ancienne version française des fables d'Eude de Cherrington* (*Cheriton*), dans *Romania*, XIV, 1885, p. 381-97.

PARIS, GASTON. *Léopold Hervieux, Eudes de Cheriton*, compte rendu dans *Journal des Savants*, 1884-5.

SCHMIDT, FR. WILH. VAL. *Petrus Alphonsi, disciplina clericalis*, zum ersten Mal herausgegeben. Berlin, 1827.

TACKE, O. *Die Fabeln des Erzpriesters von Hita im Rahmen der mitteralterlichen Fabelliteratur*, dans *Romanische Forschungen*, XXXI. Erlangen, 1912.

WELTER, J.-Th. *L'Exemplum dans la littérature religieuse et didactique du Moyen Age*. Paris, 1927.

XI. LA BRANCHE FRANCO-ITALIENNE

Rainardo e Lesengrino (d'après le manuscrit g), éd. par M. TEZA. Pisa, 1869.

Roman de Renart, édition MARTIN, Branche XXVII.

Roman de Renart (einschliesslich der franco-italienischen Fassung) in Auswahl, herausgegeben von HERMANN BREUER. Halle, 1929. (Samml. roman. Uebungstexte, 17.) (Contient la seconde partie de la branche XXVII.)

TODT, AUGUST. *Die franco-italienischen Renardbranchen* (diss. Giessen.) Darmstadt, 1903.

MULLER, J.W. *Reinaert in de Kanselarij*, dans *Tijdschrift voor nederlandsche Taal-en Letterkunde*, XXIX, p. 207-28. Leiden, 1910.

XII. REINHART FUCHS

ÉDITIONS

Reinhart Fuchs, éd. par KARL REISSENBERGER. Halle, 1886, Altdeutsche Textbibliothek, 7; 2ème éd., Halle, 1908.

Heinrichs des Glichezares Reinhart Fuchs, herausgegeben von GEORG BAESECKE, mit einem Beitrage von KARL VORETZSCH. Altdeutsche Textbibliothek, 7. Halle: Max Niemeyer, 1925.

Das mittelhochdeutsche Gedicht vom Fuchs Reinhart, nach den Casseler Bruchstücken und der Heidelberger Handschrift. Herausgegeben von GEORG BAESECKE. Zweite Auflage besorgt von INGEBORG SCHROEBLER. Halle: Niemeyer, 1952. (Bonne édition critique, avec Introduction intéressante, plus moderne que celle de Reissenberger.)

Reinhart Fuchs: *Das älteste deutsche Tierepos aus der Sprache des 12. Jahrhunderts in unsere übertragen*. Adaptation en allemand moderne de Georg BAESECKE. Halle, 1926.

Reinhart Fuchs, traduction française par JONCKBLOET dans *Étude sur le Roman de Renard*, p. 68-73 et 77-118. Groningue, 1863.

ÉTUDES

BÜTTNER, HERMANN. *Der Reinhart Fuchs und seine französische Quelle*, dans *Studien zu dem Roman de Renard und dem Reinhart Fuchs*. Strasbourg, 1891. (Comparaison des deux textes, toujours de valeur.)

GRIMM, JACOB. *Reinhart Fuchs*. Berlin, 1834.

Sendschreiben an Karl Lachmann über Reinhart Fuchs. Leipzig, 1840.

KLIBANSKY, ERICH. *Gerichtsszene und Prozessform in erzählender deutscher Dichtung*. Germanische Studien, 40. Berlin, 1925. (Sur le respect de la procédure judiciaire dans *Reinhart Fuchs*.)

MARTIN, ERNEST, dans *Prager Deutsche Studien*, VIII, 1908, p. 274-6, sur les allusions historiques dans *Reinhart Fuchs*.

SCHRÖBLER, INGEBORG. Introduction à l'édition de Baesecke, *Das mittelhochdeutsche Gedicht vom Fuchs Reinhart...*, Zweite Auflage, 1952. (Étude récente sur les manuscrits, l'auteur, le poème.)

VORETZSCH, KARL. *Der Reinhart Fuchs Heinrichs des Glîchezare und der Roman de Renart*. Halle, 1890. Les articles qui ont paru dans *Zeitschrift für romanische Philologie*, 1891-1892, ont été rassemblés dans l'Introduction de l'édition de Baesecke, 1925.

Zum mittelhochdeutschen Reinhart Fuchs: die Krankheit des Löwen, dans *Festschrift Georg Baesecke*, p. 160-75. Halle, 1941.

WALLNER, ANTON. *Reinhartfragen*, dans *Zeitschrift für deutsches Altertum*, 63, 1926, p. 214 seq. (Article sur les allusions historiques; hypothèse très contestable sur le sens du nom «Glîchesaere» — cf. Edward SCHROEDER, *Der Text des alten Reinhart*, dans *Gesellschaft der Wissenschaften zu Göttingen*, 1926, Berlin, 1927.)

XIII. REINAERT DE VOS ET REINAERTS HISTORIE

ÉDITIONS

Reinaert. Willems Gedicht Van den Vos Reinaerde und die Umarbeitung und Fortsetzung Reinaerts Historie, éd. par ERNEST MARTIN. Paderborn, 1874.

Van den Vos Reynaerde, 2e herz. druk, naar het Comburgse en Darmstadtse hs. door F. BUITENRUST HETTEMA uitgegeven, naar het Dyckse hs. door H. DEGERING. Zwolsche Herdrukken, 18. Zwolle, 1921.

Van den Vos Reinaerde, critisch uitgegeven door Prof. Dr. J.W. MULLER. Inleiding met aanteekeningen. Lijst van eigennamen. Tekst. Derde, opnieuw herziene en vermeerderde druk, met XVIII platen en een kaart. I: Tekst, II: Exeg. Commentaar. 3ème édition, Leiden: E.J. Brill, 1944. (Édition critique, avec Introduction et Observations, généralement utilisée jusqu'aujourd'hui.)

Van den Vos Reynaerde, I: Teksten. Diplomatisch uitgegeven naar de bronnen voor het jaar 1500 door Dr. W.Gs. HELLINGA. Zwolle: Tjeenk Willink, 1952. (Édition diplomatique de tous les manuscrits et fragments de *Reinaert de Vos* et de *Reinaerts Historie*, y compris la version latine *Reynardus Vulpes* et l'édition de *Reinaerts Historie*, Gouda,

1479. Cette édition des textes doit servir désormais de base aux études sur *Reinaert de Vos*. Elle sera complétée par deux autres volumes.)

Van den Vos Reynarde, uitgegeven, ingeleid en verklaard door Prof. Dr. P. DE KEYSER, 3ème éd. Antwerpen: De Nederlandsche Boekhandel, 1955. (Édition scolaire d'après le ms. de Comburg.)

Die Hystorie van Reynaert de Vos, naar den druck van 1479, éd. LOGEMAN. Zwolle, 1892.

DE KEYSER, PAUL. *Reinaerts Historie* (facsimile-uitgave) met inleiding. Antwerpen, 1938.

LEITZMANN, ALBERT. *Reinke de Vos*: nach der Ausgabe von Fr. Prien neu herausgegeben. Mit einer Einleitung von K. VORETZSCH. Altdeutsche Textbibliothek, 8. Halle: Niemeyer, 1925.

TINBERGEN, D.C., éd. *Van den Vos Reinaerde*, 14ème éd., illustrée. Groningen, 1956.

CLOSSET, FRANÇOIS. *La Littérature flamande au Moyen Age*. Bruxelles: Collection Nationale, 1946. (Bonne analyse de *Reinaert de Vos*, avec une étude critique.)

DELEPIERRE, OCTAVE. *Le Roman du Renard, traduit pour la première fois d'après un texte flamand du XIIème siècle*. Paris, 1838.

POTVIN, CHARLES. *Le Roman de Renart* (contenant une traduction en vers français du *Reinaert*.) Paris-Bruxelles, 1861.

MARTIN, ERNEST. *Das niederländische Volksbuch Reynaert de Vos nach der Antwerpener Ausgabe von* 1564 *abgedruckt*. Paderborn, 1876.

SCHOPPER, HARTMANN. *Speculum vitae anticae*: *De admirabili fallacia et astutia vulpeculae Reinikes libri quatuor, nunc primum ex idiomate Germanico latinitate donati*... Francfort, 1595.

Reynaert de Vos: *Reynier le Renard*, versions en prose néerlandaise et française, réimpression de l'édition plantinienne de 1566. Edition du Musée Plantin-Moretus. Anvers, 1924.

ÉTUDES

(*a*) *Sur Reinaert de Vos et Reinaerts Historie*

CAPART, JEAN. *Un Mythe égyptien dans le Roman de Renart*, dans *La Revue belge de philologie et d'histoire*, VIII, 1929, n° 1. (Sur un incident de *Reinaerts Historie*.)

DEFRESNE, A.A.A. *De Psychologie van «Van den Vos Reynaerde»*. Amsterdam, 1920.

DELBOUILLE, MAURICE. *La Composition du «Reinaert I», Arnout, Willem et le Roman de Renart français*, dans *La Revue belge de philologie et d'histoire*, VIII, 1929, n° 1, p. 19-52. (Bonne étude sur les influences françaises sur *Reinaert de Vos*.)

DE GRÈVE, MARCEL. *Rabelais au pays de Brueghel*, dans *Bibliothèque d'Humanisme et Renaissance*, XVIII, 1955, p. 154 et seq.

DE KEYSER, PAUL. Cf. *Observations* de son édition, *Van den Vos Reynarde. Esopet* (flamand), éd. par JOZEF DE COCK. Louvain, 1906.

GRAF, ADOLF. *Die Grundlagen des Reineke Fuchs. Folklore Fellows' Communications*, XXXVIII. Helsinki, 1920.

GRIMM, JACOB. *Reinhart Fuchs, Introduction*. Berlin, 1834.

HELLINGA, W.Gs. *Naamgevingsproblemen in de Reynaert*. Louvain-Bruxelles, 1952 (Onomastica Neerlandica.)

JANSSEN, W.A.F. *De Proloog van Vanden Vos Reinaerde*, dans *Leuvense Bijdragen*, 1952, n° 1-2, p. 76-84; 3-4, p. 93-112.

De Reinaert-kwestie op de helling, dans *Leuvense Bijdragen*, 1954, n° 1-2, p. 26-46.

KALFF, GERRITZ, dans *Geschiedenis der Nederlandsche Letterkunde*, I. Groningen, 1906. (Sur la parodie dans *Reinaert de Vos*.)

MAETERLINCK, LOUIS. *Le Genre satirique, fantastique et licencieux dans la sculpture flamande et wallonne*. Paris, 1910.

MOERKERKEN, PIETER HENDRIK VAN, JR. *De Satire in de Nederlandsche Kunst der Middeleeuwen*, ch. III. Amsterdam, 1904.

MULLER, J.W. Cf. son édition de *Van den Vos Reynaerde*, II, *Exegetische Commentaar*, pour ses ultimes conclusions sur le sens du poème; et I, *Introduction et observations sur les manuscrits, les origines et la composition de Reinaert de Vos*.

Reinaerts Avonturen en Rollen in en na de Middeleeuwen, dans *Verslagen en Mededeelen der Vlaamsche Academie*, p. 306-52. Gand, 1926.

STRACKE, DESIDERIUS. *Deken Herman uit den Reynaert*. Overgedrukt uit het *Tijdschrift voor Nederlandsche Taal-en Letterkunde*. Tilburg, 1923.

TEIRLINCK, ISIDOR. *De Toponymie van den Reinaert*. Uitgaven der Vlaamsche Academie, III. 19. Gand, 1910-12.

VAN DIEVOET, G. *Het Proces van den vos Reynaerde of een Vlaams Strafgeding uit de XIII e Eeuw*, (dans Handelingen van het 35. Congres van het verbond der Geschiedkundige en oudheidkundige kringen van België, p. 211-21).

VAN MIERLO, J. Chapitre sur *Reinaert de Vos* dans *Geschiedenis van de Letterkunde der Nederlanden*, éd. Prof. Dr. F. BAUR, I, *Letterkunde van de Middeleeuwen* éd. par J. VAN MIERLO. S'Hertogenbosch-Bruxelles, 2ème éd.

De definitive Oplossing in Zake den Reinaertproloog dans *Verslagen en Mededeelingen der Koninkl. Vlaamsche Academie voor Taal-en Letterkunde*, 1942, n° 8, p. 563-95. Gand, 1942.

De Proloog van de Reinaert. Zwolle, 1953.

Sporen van den Reinaert-Roman te Onzent in de negende Eeuw. Bruxelles-Den Haag, 1943.

WALCH, J.L. *Nieuw Handboek der Nederlandsche letterkundige Geschiedenis,* 2 ème éd., p. 152-163, *Satire op de Maatschappij: Het Diergedicht.* La Haye: Martinus Nijhoff, 1947.

WILLEMS, LÉONARD. *La Découverte d'un nouveau manuscrit du Reinaert.* Gand, 1908.

(*b*) *Sur Reinke de Vos et les versions postérieures*

BORGMANN, HEINRICH. *Ueber den Wert der hochdeutschen Reinke-Uebersetzung vom Jahre* 1544 *und ihr Verhältnis zu der niederdeutschen Vorlage einerseits und zu der späteren lateinischen Bearbeitung von Hartmann Schopper andrerseits.* Lingen (Ems), 1908.

BRANDES, HERMANN. *Die jüngere Glosse zum Reinke de Vos.* Halle, 1891.

LÜBBEN, AUGUST. *Reinke de Vos nach der ältesten Ausgabe* (*Lübeck* 1498) *mit Einleitung, Anmerkungen und einem Wörterbuch.* Oldenburg, 1867.

POSCA, ERNEST. *Die hochdeutsche Bearbeitung des Reineke Fuchs aus dem Jahre 1650* (Thèse Strasbourg.) Berlin, 1910.

WOLFF, EUGEN. *Reinke de Vos und satirisch-didaktische Dichtung, Deutsche National-Litteratur,* XIX. Stuttgart, s.d.

XIV. LES BRANCHES ANGLAISES

Of the Vox and of the Wolf, dans *A Selection of Latin Stories of the 13th. and 14th. centuries,* par THOMAS WRIGHT. London, 1842.

The History of Reynard the Fox, translated and printed by William Caxton, ed. EDWARD ARBER. Southgate, London, 1878.

The Nonne Preestes Tale, dans *The Complete Works of Geoffrey Chaucer,* ed. F.N. ROBINSON. Boston, 1933.

COGHILL, Nevill. *The Poet Chaucer.* Oxford University Press, 1949.

MOSSÉ, FERNAND. *Le Roman de Renart en Angleterre,* dans *Les Langues Modernes,* fasc. A, mars-avril 1951, p. 70-84 (tiré de son cours public au Collège de France, 1950).

SISAM, KENNETH, ed. *The Nun's Priest's Tale.* Oxford, 1927.

INDEX

TABLE DES MATIÈRES

1963
PWN — DSP
Imprimé en Pologne
ÉDIT. N⁰ 25952

www.ingramcontent.com/pod-product-compliance
Lightning Source LLC
LaVergne TN
LVHW090755070826
844660LV00022B/996

* 9 7 8 1 4 8 7 5 9 8 6 8 6 *